Teuber · Sacrificium litterae

Bernhard Teuber

Sacrificium litterae

Allegorische Rede und mystische Erfahrung
in der Dichtung des heiligen Johannes vom Kreuz

Wilhelm Fink Verlag

Gedruckt mit Unterstützung des Förderungs-
und Beihilfefonds Wissenschaft der VG Wort

Bibliografische Information Der Deutschen Bibliothek

Die Deutsche Bibliothek verzeichnet diese Publikation in der
Deutschen Nationalbibliografie; detaillierte bibliografische Daten sind
im Internet über http://dnb.ddb.de abrufbar.

ISBN 3-7705-3709-2
© 2003 Wilhelm Fink Verlag, München
Einbandgestaltung: Evelyn Ziegler, München
Herstellung: Ferdinand Schöningh GmbH, Paderborn

INHALTSVERZEICHNIS

IV. DIE *LLAMA DE AMOR VIVA* ALS ALLEGORIE DER LIEBESWUNDE

V. *KREUZESSCHRIFT*

VORWORT

Anna soror sponsa an consors? quid dicere fas est?
Annae, dic, animae dimidiaeque tuae.

Die nachfolgende Abhandlung bietet einen persönlichen Zugang zur Dichtung des spanischen Mystikers San Juan de la Cruz, der in seinem anthropologischen und theologischen, mehr noch in seinem kultur- und literaturgeschichtlichen Zusammenhang erschlossen wird. Im Rückgriff auf eine kleinere Vorarbeit ist die Studie im Wesentlichen zwischen 1991 und 1994 bei gelegentlichen Aufenthalten in Paris, vor allem aber in Madrid und München entstanden. Sie wurde im Sommersemester 1994 an der Ludwig-Maximilians-Universität München als romanistische Habilitationsschrift angenommen. Die jetzt vorgelegte Fassung ist an der Christian-Albrechts-Universität zu Kiel und dann erneut in München überarbeitet worden. Neuere Literatur wurde nach Möglichkeit berücksichtigt.

Die Schriften des Autors werden dezidiert – und seit dem 11. September 2001 nicht unzeitgemäß – in den Horizont einer radikalen Gottessuche gestellt, freilich ohne dass dabei die Antworten einer traditionellen Metaphysik fraglos übernommen würden. Vielmehr ist gerade die Frage nach dem unsichtbar-unsinnlichen Gott bei San Juan de la Cruz unauflöslich mit der Frage nach der sicht- und fühlbaren Materie, nach dem Menschenleib aus Fleisch und Blut, nach dem erotisch-sinnlichen Begehren verschränkt. Das macht seine Schriften – in allererster Linie seine betörende Liebeslyrik – zu einer schwer verdaulichen Kost, sei es dass die einen die Frage nach dem Heiligen für berechtigt halten, aber der Frage nach dem Leib ausweichen; sei es, dass die anderen die Frage nach dem Leib zwar stellen, diese nicht aber mit dem Heiligen zu artikulieren vermögen.

Um die wechselseitige Durchdringung der sakralen mit der profanen Sphäre zu verdeutlichen, wird gleich zu Anfang der Begriff der „Theopoetik" eingeführt. Er markiert in einem Nähe und Distanz der mystischen Dichtung zur Wahrheitsrede der Theologie, aber auch deren Zugehörigkeit und gleichzeitige Exterritorialität zur Lügenrede der Dichtung. Ja, er soll darüber hinaus ein Bedingungsverhältnis von theologischer Wahrheit und Lüge der Dichtung andeuten. So lässt sich Theopoetik möglicherweise verstehen als die literarische Spielart der „Theurgie", der gewaltsamen (und an sich frevelhaften) Beschwörung des souveränen Gottes durch einen sterblichen Menschen. Wenn sich aber der Ort Gottes in der mystischen Dichtung als ein Effekt poetischer Signifikanz, das heißt: literarischer Bedeutungsschöpfung, zu erkennen gibt, ist damit nicht ausgesagt, dass die theurgische Inszenierung bloßer Ausweis menschlicher Hybris oder trügerischer Illusion sei. Mit nicht geringerem Recht lässt sich nämlich vermuten, dass die Begabung des Menschen zur Theurgie ihren entscheidenden Ermöglichungsgrund im Zimzum oder in der Syn-

katabasis Gottes selbst findet. Gott gibt auf seine Kosten Welt und Mensch Raum
oder er lässt sich auf deren Niveau herab. Wenn jedoch der Mensch die Gottheit
wie sein Objekt behandeln und auch misshandeln kann, dann vielleicht deswegen,
weil sich diese aus freien Stücken zu seinem (Liebes-)Objekt erniedrigt hat. Gerade
die christliche Tradition hat die gleichsam perverse Dimension dieser Liebes-
Verstrickung – den liebevollen Schmerz Gottes an seiner freiwillig erlittenen Erniedrigung – in unersetzlichen Farben ausgemalt.

An dieser Stelle möchte ich allen danken, die auf vielfältige und manchmal
verborgene Weise die Entstehung meiner Arbeit begleitet haben. Die entscheidenden Anregungen und eine verständnisvolle Förderung erhielt ich über viele
Jahre hinweg von meinem akademischen Lehrer Rainer Warning in München.
Kritische Einwände, hilfreiche Verbesserungsvorschläge und Ermutigung habe
ich den Gutachtern und Mitgliedern der Münchner Fakultät sowie weiteren Lesern des Manuskripts zu danken: an erster Stelle meiner unvergessenen hispani-
stischen Lehrerin Ilse Nolting-Hauff (†1997), deren Monita ich in der vorliegenden Druckfassung gerecht zu werden suche; dann Werner Beierwaltes, Werner von Koppenfels, Jan-Dirk Müller, Michael Rössner und Wolf-Dieter Stempel; weiterhin Bruno Forte aus Neapel, Alois Maria Haas aus Zürich, Walter
Haug aus Tübingen, André Stoll aus Bielefeld und Hans Ulrich Gumbrecht aus
Stanford in Kalifornien, die allesamt als inspirierende Gesprächspartner oder
Gutachter Anteil nahmen.

Dank einer Einladung von Ramón Sarmiento González und einem Feodor-
Lynen-Stipendium der Humboldt-Stiftung verbrachte ich das Jubiläums-Jahr
1992 an der Universidad Autónoma de Madrid. Meine Frau und ich wohnten in
der Wohnung der befreundeten Familie Blumenstock-Catarineu aus Ulm an der
Avenida de América und ich fand aufgeschlossene Gesprächspartner in den Phi-
lologen Pablo Jauralde, Antonio Rey, Florencio Sevilla, Domingo Ynduráin und
vor allem in den Philosophen Félix Duque und Juan Barja. Hilfreich waren die
Begegnung mit Víctor García de la Concha in Salamanca und der freundschaftli-
che Austausch mit dem Karmelitenpater Teodoro Polo Cabezas aus Madrid,
vermittelt von seinem Mitbruder Ulrich Dobhan (jetzt in Rom).

Schließlich sei Carlos Oliveira, von dem ich viel über San Juan habe lernen dür-
fen, und dem Kreis von Münchner Studienfreunden und Kollegen sehr herzlich
gedankt, unter denen ich Johannes Hauck, Andreas Mahler, Wolfgang Matzat,
Wolfram Nitsch, Horst Weich und nicht zuletzt Kirsten Kramer ausdrücklich erwähnen möchte. Die Korrekturlesung und Erstellung des Registers unternahm
Britta Brandt, unterstützt von Frau Xuan Jing, Jörg Dünne, Stephan Lücke und
Kurt Hahn. Die Druckvorlage erstellte Martin Diz Vidal mit Unterstützung von
Olaf Repenning, Christoph Wolter und Swantje Grell, angeleitet von Stephanie
Schmidt-Janus. Dankbar bin ich meiner Mutter Maria Luisa und meinen Ge-
schwistern Carmen, Stephan und Luis mit ihren Familien für ihr stets stimulieren-
des Interesse. Das oben stehende Epigramm gilt der Mutter unseres kleinen Samu-
el, meiner Frau Annette, der das Buch *ut signaculum super cor* gewidmet ist.

München, den 16. Juli 2003   Bernhard Teuber

ZUR ZITIERWEISE

1. Vollständige bibliographische Hinweise finden sich im Literaturverzeichnis. Dort auch Angaben über Studien des Verfassers zum thematischen Umkreis dieses Buches.
2. Werke der antiken Literatur, der Kirchenschriftsteller und weiterer lateinisch schreibender Autoren werden unter dem gebräuchlichen lateinischen Titel angeführt. Die benutzte Ausgabe ist der Bibliographie zu entnehmen.
3. Die biblischen Schriften werden nach der Vulgata in der Ausgabe durch Robert Weber zitiert. Die interpunktionslose Schreibweise *per cola atque commata* ist beibehalten und jeweils durch Schrägstrich / markiert. Neuere Bibelübersetzungen wurden nötigenfalls herangezogen, insbesondere die französische *Bible de Jérusalem*.
4. Die Prosaschriften des Johannes vom Kreuz werden zitiert nach der 11. Ausgabe der *Obras completas* durch Lucinio Ruano (Biblioteca de Autores Cristianos, Madrid 1982). Folgende Siglen werden verwandt:
   - I-III Subida   Subida del Monte Carmelo, libros I-III
   - I-II Noche   Noche oscura, libros I-II
   - Cántico A   Cántico espiritual (Redacción de Sanlúcar)
   - Cántico B   Cántico espiritual (Redacción de Jaén)
   - Llama A   Llama de amor viva (Redacción definitiva)
5. Die Gedichte des Johannes vom Kreuz werden zitiert nach der kritischen Ausgabe durch Paola Elia (1989). Das Gedicht des *Cántico espiritual* zitieren wir in der Regel nach der interpolierten, vierzigstrophigen Version, von uns als *Cántico* C benannt. Die kleineren Gedichte werden nach dem Incipit bezeichnet, die größeren mit Hilfe folgender Siglen:
   - Noche oscura, vv. 1-40 «En una noche oscura...»
   - Cántico C, vv. 1-200   «¿Adónde te escondiste?...»
   - Llama, vv. 1-24   «¡O llama de amor viua!...»
6. Bei Zitaten aus Gedichten des Johannes vom Kreuz haben wir eine eigene deutsche Übersetzung beigefügt. Die Prosaschriften werden auf deutsch zitiert auf der Grundlage der fünfbändigen Übersetzung sämtlicher Werke durch Aloysius ab Immaculata Conceptione und Ambrosius a S. Theresia, Nachdruck der Ausgabe von 1925-1929. Abschnitte, die mit Asteriscus * versehen sind, wurden von uns wesentlich verändert. Die Stellenangaben in der genannten Ausgabe können sich von der spanischen Zählung unterscheiden. Folgende Siglen werden verwandt:
   I-III Aufstieg   Aufstieg zum Berge Karmel, Buch I-III (vol. I)
   I-II Nacht   Dunkle Nacht, Buch I-II (vol. II)
   Geistlicher Gesang   Geistlicher Gesang (vol. IV)
   Liebesflamme   Lebendige Liebesflamme (vol. III)
7. Zitaten aus dem Griechischen, Italienischen, Spanischen, Portugiesischen und Provenzalischen ist durchgehend eine deutsche Übersetzung beigegeben, wo nicht anders angeführt, unsere eigene. Obszöne Stellen wurden nach dem philologischen Brauch des 19. Jahrhunderts mit einer lateinischen Hilfsübersetzung versehen.

*... supplementum
sensuum defectui*

Einleitung
Der verschwundene Ochse

Ästhetik des Unsichtbaren

Beginnen wir mit einem von weit hergeholten Beispiel: Eine seit dem 12. Jahrhundert in China und später auch in Japan verbreitete Folge von kreisförmigen Bildern in Schwarz und Grau, mit Pinsel und Tusche auf Papier gemalt, erzählt die Geschichte von einem Ochsen und seinem Hirten in zehn aufeinanderfolgenden Episoden.[1]

1. Auf dem ersten Bild sucht ein schmächtiger Hirte allein in einer von Bäumen und Hügeln gebildeten Landschaft nach einem Ochsen.
2. Auf dem zweiten Bild findet der Hirte die Spur des Ochsens in den lehmigen Boden eingedrückt.
3. Auf dem dritten Bild findet der Hirte den Ochsen, von dem er allerdings nur den Schwanz am linken Bildrand des Kreises erkennen kann.
4. Auf dem vierten Bild gelingt es dem Hirten, den wild davonsprengenden Ochsen mit einem Strick einzufangen, den er ihm um den Nacken geworfen hat.
5. Auf dem fünften Bild nimmt der Hirte den Ochsen an den Zügel, macht sich daran, ihn zu zähmen, und zieht ihn hinter sich her.
6. Auf dem sechsten Bild reitet der Hirte, eine Flöte blasend, auf dem Rücken des mittlerweile gezähmten Ochsen, während im Hintergrund eine Seenlandschaft zu erkennen ist.
7. Auf dem siebten Bild sitzt der Hirte, der nach Hause zurückgekehrt ist, betend vor der Tür seiner Hütte, während hinter dem Berg die Sonne untergeht. Der Ochse ist jetzt nicht mehr zu sehen.
8. Das achte Bild zeigt einen vollkommen leeren Kreis. Ochse wie Hirte sind verschwunden – ebenso alles Umgebende. Das traditionelle chinesische Lobgedicht, das diesem Bild beigegeben wird, sagt im ersten Vers, der aus sieben Schriftzeichen besteht: „Peitsche und Zügel, Ochse und Hirt sind spurlos zu Nichts geworden."[2]

---

1 Wir halten uns im folgenden an die Darstellung in: *Der Ochs und sein Hirte. Eine altchinesische Zen-Geschichte,* erläutert von Meister Daizohkutsu R. Ohtsu, mit japanischen Bildern aus dem 15. Jahrhundert, übersetzt von Kôichi Tsujimura und Hartmut Buchner (1958), 6. Auflage, Pfullingen: Neske 1988.

2 Ibid. p. 41.

9. Auf dem neunten Bild sehen wir vom linken Bildrand des Kreises her einen Baum mit knorrigem Wurzelwerk; seine blühenden Zweige strecken sich bis zur Bildmitte hin aus.

10. Auf dem zehnten Bild ist der nunmehr einem Buddha gleichgewordene Hirte, beleibt, behäbig, nachlässig gekleidet und mit entblößter Brust, auf den Markt gekommen. Er ist ins Gespräch mit einem Vagabunden vertieft, der ihm gegenübersteht und dem Hirten des ersten Bildes verblüffend ähnlich sieht. In der traditionellen chinesischen Vorbemerkung zur zehnten Station heißt es: „Wie es ihm gefällt, besucht er die Weinkneipen und Fischbuden, um die betrunkenen Menschen zu sich selbst erwachen zu lassen.“[3]

Diese Bilderfolge wird auf den chinesischen Meister Guo An zurückgeführt, der um die Mitte des 12. Jahrhunderts am Tempel von Liang Shan bei Dingzhou im Norden des Landes wirkte. In Anlehnung an noch frühere Vorbilder malte er die einzelnen Stationen erstmals auf die hier beschriebene Weise und wurde in den folgenden Jahrhunderten sowohl in China als auch in Japan immer wieder nachgeahmt. Guo An verfaßte darüber hinaus auf jedes Motiv ein vierzeiliges Lobgedicht. Ein späterer Schüler fügte ein ausführlicheres Vorwort zur Bilderfolge insgesamt und ein kurzes Vorwort zu jeder der zehn Einzeldarstellungen hinzu. Zwei weitere Meister schrieben dann zu jedem Bild ein zweites beziehungsweise ein drittes Lobgedicht. So wurde die Bilderfolge seither in China mit diesen kanonischen Kommentaren überliefert und gedeutet. Weitere Erläuterungen sind später in Japan hinzugekommen. Die berühmteste heute noch erhaltene Darstellung der Geschichte vom Ochsen und seinem Hirten wird im Shohkoku-Tempel in Kyoto aufbewahrt. Der Künstler war der Malermönch Shubun, der von 1390 bis 1454 gelebt hat.

Es ist prinzipiell denkbar, die Illustrationen dieser Geschichte unter einem rein kunstgeschichtlichen Gesichtspunkt zu betrachten und zu erklären, so als handelte es sich um Szenen der japanischen Landschafts- oder Genremalerei. Das heißt dann, daß man die Maltechnik, die Pinselführung und die Anlage des Strichs, die Schattierungen der Tusche, die Aufteilung der Figuren, die Gestaltung des Hintergrunds, die verbleibenden leeren Flächen und dergleichen mehr beschreiben müßte. Eine solche Analyse der Geschichte vom Ochsen und seinem Hirten mag legitim und nützlich sein. Sie würde nichtsdestoweniger deren tieferen Sinngehalt verfehlen. Bei der dargestellten Geschichte handelt es sich nämlich um ein Lehrstück des Zen-Buddhismus. So versinnbildlicht der Hirte den übenden Zen-Jünger und der Ochse die sogenannte Buddha-Natur. Die zehn Stationen der Geschichte erzählen, wie auf dem Weg der Einübung die Buddha-Natur vom Jünger erstrebt, errungen und schließlich wieder preisgegeben werden muß. Die Bilderfolge stellt also nicht so sehr die zehn Episoden eines äußeren,

---

3 Ibid. p. 49.

Tafel I. – Shubun: *Der Ochs und sein Hirte* (Bild 1-5)

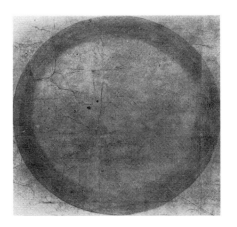

Tafel II. – Shubun: *Der Ochs und sein Hirte* (Bild 6-10)

anekdotischen Geschehens dar, als daß sie auf etwas Anderes verweist, das in ihr selbst nicht sichtbar zutage tritt und auf das allenfalls die zugehörigen Einleitungen und Lobgedichte oder die mündliche Lehre des Meisters hindeuten können.

Die Illustration vom Ochsen und seinem Hirten ohne Bezug auf die Tradition des Zen auszulegen wäre eine im schlechten Sinn unvollständige Annäherung des Interpreten an sein Objekt. Es wäre vergleichbar der Beschreibung eines christlichen Kreuzwegs, bei dem der Kunsthistoriker übersieht, daß die Szenen nicht die Geschichte irgendeines zufällig zum Tode Verurteilten dokumentieren sollen, sondern daß es in der Absicht des Künstlers stand, in den Stationen des Kreuzwegs den Kern der christlichen Heilgeschichte, das Leiden und Sterben des Gottessohnes am Kreuz, den Schmerz der Gottesmutter, der Jüngerinnen und Jünger, die Gebärden aller übrigen Beteiligten nachzuzeichnen. Auch in diesem Falle ist das sichtbar im Bild Festgehaltene nur teilweise und nicht in allem mit dem Bedeuteten identisch. Die Analyse hat die Aufgabe, den komplizierten Zusammenhang zwischen der Darstellung und dem Dargestellten herauszuarbeiten. Wie ein westlicher Kunsthistoriker eine Kreuzwegsdarstellung schwerlich ohne zureichende Kenntnisse der christlichen Religion interpretieren kann, so wird auch ein Sinologe oder ein Japanologe erst dann seiner Aufgabe gerecht, wenn er die Bilderfolge vom Ochsen und seinem Hirten vor dem Hintergrund des Zen zu behandeln versteht.

Unser Exkurs zum chinesischen und japanischen Weg des Zen steht gleich zu Anfang einer Untersuchung über die mystische Dichtung des christlichen, später heiliggesprochenen Karmelitenreformators Fray Juan de la Cruz alias Joannes a Cruce alias Johannes vom Kreuz, 1542 im kastilischen Fontiveros geboren und 1592 im andalusischen Úbeda gestorben. Die Abschweifung hat nicht nur die exemplarische Funktion, das Werk des Johannes vom Kreuz in einen interkulturellen und interreligiösen Horizont zu stellen, in den es unbedingt gehört und auf den wir – von einer bedeutungsvollen Ausnahme abgesehen – im weiteren Verlauf der Untersuchung nicht mehr zu sprechen kommen werden. Die Bezugnahme auf die Parabel vom verschwundenen Ochsen ist darüber hinaus selbst eine Parabel. Sie soll die Gefahr verdeutlichen, in die sich der Philologe unweigerlich begibt und in der er umkommen wird, wenn er die Dichtungen des Johannes vom Kreuz, um die es hier hauptsächlich gehen wird – *Noche oscura, Cántico espiritual, Llama de amor viva* –, allein aus dem Blickwinkel einer selbstgenügsamen Literaturwissenschaft traktieren möchte. Eine philologische Behandlung der Texte ist nützlich und legitim, und sie ist durchaus ein wesentliches Ziel dieser Arbeit. Eine solche Vorgehensweise steht aber in Gefahr, etwas zu übersehen, was nicht einen mehr oder weniger bedeutsamen Teilaspekt dieser Dichtung ausmacht, sondern worin sich ihr Geschick überhaupt entscheidet. Grob und vereinfachend gesprochen heißt dies: In der Dichtung des Johannes vom Kreuz werden Textwelten entworfen und dargestellt, die trotz all ihrer Kohärenz doch nicht für sich selber stehen, sondern für etwas ganz und gar Anderes, das seinerseits nicht Sache der Philologie sein kann.

Tafel III oben. – Goya: *La tauromaquia. El estudiante de Falces*
Tafel III unten. – Picasso: *La tauromaquita de Pepe Illo. Suerte de muleta*

Führen wir uns an dieser Stelle ein zweites Beispiel vor Augen, das im Bereich der spanischen Kultur allemal näherliegt als das chinesisch-japanische Lehrstück vom verschwundenen Ochsen. Eine einflußreiche Strömung der aktuellen ästhetischen Reflexion betrachtet den spanischen Stierkampf als ein Paradigma des Poetischen und beruft sich dabei auf französische Autoren wie den Ethnologen Michel Leiris oder den Kulturanthropologen Georges Bataille.[4] Der Stierkampf wird dabei – insbesondere von Leiris – als das Aufeinanderprallen zweier gegensätzlicher Odnungsprinzipien, des Lichts und der Finsternis, des Reinen und des Unreinen, gesehen, und den ästhetischen Reiz der Corrida macht nicht der Sieg des Einen über das Andere aus, sondern der Augenblick, in dem diese beiden Prinzipien sich im *pase,* im hautnahen Sich-aneinander-Vorbeibewegen gleichsam zu berühren scheinen, als wäre dies die Choreographie eines spielerischen Tanzes: ein Tanz, der nichtsdestoweniger für den Stierkämpfer wie für den Stier ein allerhöchstes Wagnis beinhaltet, da er doch zwangsläufig mit dem Tod des Einen, des Andern oder gar aller zwei enden muß.[5]

Es läßt sich ein Stierkampf denken, bei dem – ähnlich wie in der Zen-Geschichte der Ochse – auch der Stier selbst zum Verschwinden käme und unsichtbar würde. Der Stierkämpfer aber besäße dank einer besonderen schamanistischen Begabung die Fähigkeit, den Stier immer wieder zu lokalisieren und seine jeweiligen Bewegungen zu registrieren. Das Publikum jedoch – nehmen wir weiterhin an – sähe diesen Stier gerade nicht, sondern nur den Stierkämpfer und seine Gesten, mit denen er dem Stier auszuweichen und zugleich ihm so nah wie möglich zu kommen suchte. Wäre der Stierkämpfer über die Maßen geschickt, könnte das Publikum seine Vorführung für einen perfekt choreographierten Solo-Tanz halten, obwohl es doch in Wirklichkeit viel eher ein Pas-de-deux wäre. Die Zuschauer würden darum mit ihrer Hypothese vom Solo-Tanz den eigentümlichen Sinn der Bewegungen des Stierkämpfers verfehlen. Aber selbst wenn das Publikum wüßte, daß ein unsichtbarer Stier in der Arena zugegen ist, so könnte es dennoch nie und nimmer ausmachen, wo dieser Stier sich jetzt gerade aufhält. Den Bewegungen des Stierkämpfers wäre ja immer nur zu entnehmen, wo der Stier gerade nicht ist. Gleichwohl ließe sich – nach langer Übung – der scheinbare Tanz des Stierkämpfers als eine Art von Schrift oder Spur lesen, deren verborgenes Negativ, wie undeutlich wahrnehmbar auch immer, letztendlich keine andere Gestalt als die des unsichtbaren Stieres selbst zeichnen würde.

Der Stierkampf wird von Leiris und auch anderen mit einem erotischen Akt verglichen, ja als dessen offenkundiges Analogon verstanden:

Il n'est pas besoin de solliciter beaucoup les faits, ni de les fondre au creuset d'une interprétation symbolique, pour constater que la corrida tout entière baigne dans

---

4 Cf. das grundlegende Kapitel über eine am Modell des Stierkampfs ausgerichtete „Poetik des Opfers" bei Autoren wie Leiris, Bataille und Claude Simon in der Untersuchung von Wolfram Nitsch: *Sprache und Gewalt bei Claude Simon,* Tübingen: Gunter Narr 1992, pp. 13-24.

5 Cf. Michel Leiris: *Miroir de la tauromachie. Spiegel der Tauromachie* (1937/1980), München: Matthes & Seitz 1982, impr. pp. 50-78. Cf. id.: «De la littérature considérée comme une tauromachie» (1945/46), in: *L'Âge d'homme,* Paris: Gallimard 1988, pp. 9-24.

une atmosphère érotique. [...] Proximité de l'homme et de l'animal – unis en une
sorte de danse étroite – dans la série de passes; rythme de va-et-vient (suite de rap-
prochements et d'éloignements alternés, comme les mouvements du coït).[6]

Der Stierkämpfer und der Stier agieren wie ein – vermutlich homoerotisches –
Liebespaar. Der Stier, dessen phallische Natur Leiris hervorhebt,[7] gibt sich im
Taumel des Tanzes schließlich seinem jugendlichen Liebhaber hin, der in seinem
traje de luces (Lichtergewand) fast wie eine Braut herausgeputzt ist und zum
Schluß seinen Gegenspieler durchstößt. Im umgekehrten und für den Torero
höchst unglücklichen Fall jedoch kann ebensogut der Stier den Kämpfer auf die
Hörner nehmen und töten. Schließlich ist es im Extremfall denkbar, daß der
Matador nach einer falsch angesetzten *estocada* (die dem Stier bereits eine tödliche Verletzung beigebracht hat) seinerseits in einem letzten Akt verzweifelter Ge-
genwehr angegriffen und aufgespießt wird.

Wenn wir unser Gedankenexperiment von einer Corrida mit unsichtbarem
Stier konsequent fortsetzen, dann gelangen wir schließlich zu einem dritten Beispiel: Wir könnten uns – in Analogie zum beschriebenen Stierkampf – sogar ein
Liebesspiel vorstellen, dem wir als Zuschauer beiwohnen würden und bei dem
der eine Partner unsichtbar bliebe, beispielsweise der Mann – geradeso wie Cupido, dessen Anblick seiner Psyche so lange verwehrt war, oder wie Siegfried, der
beim Zusammensein mit Brunhild eine Tarnkappe trug. Der Vorgang, dem wir
unter solchen Umständen zuschauen dürften, bestünde aus Bewegungen, angedeuteten Umarmungen, Liebkosungen eines Körpers – sagen wir eines Frauen-
körpers -, der einen anderen Körper zu umschlingen, sich ihm hinzugeben, ihn
in sich aufzunehmen schiene, ohne daß wir diesen anderen Körper doch je zu
Gesicht bekämen. Allein die Partnerin könnte die körperliche Anwesenheit ihres
unsichtbaren Gegenübers mit ihrem Tastsinn erspüren. Für uns voyeurhafte Zuschauer müßte ein solches Schauspiel dem in einer Peepshow gebotenen zum
Verwechseln ähnlich sein – und doch wäre (beispielsweise) die Frau, die wir beobachten könnten, weder eine verführerische Striptease-Tänzerin noch eine sich
feilbietende Dirne, sondern eine aufrichtig Liebende. Die Gestalt ihres Mannes
aber hätten wir wiederum als ein Negativ aus den Bewegungen der Frau zu rekonstruieren.

Unsere drei Beispiele – vom verschwundenen Ochsen und seinem Hirten,
vom unsichtbaren Stier und seinem Torero, vom ungesehenen Liebhaber und
seiner Geliebten – zeigen an, wie wir die Gedichte des Johannes vom Kreuz in
dieser Untersuchung lesen werden: als Spuren oder Schrift, das heißt als sichtbare
Figurationen,[8] die mit einem unsichtbaren Andern in Verkehr stehen (im Sinne
einer anverwandelnden Zähmung, eines choreographierten Kampfes, einer erotischen Umarmung). Die Beispiele zeigen zugleich an, wie die Gedichte nicht gele-

---

6 Ibid. p. 84.
7 Cf. ibid. p. 84.
8 In der Sprache des Stierkampfes sind *los figuras* all jene, die sich im Laufe der Veranstaltung in
  der Arena auf eine Konfrontation mit dem Stier einlassen, um ihre Figuren an ihm zu zeigen.

sen werden sollen – weder als der Solo-Tanz eines virtuosen Stierkämpfers oder einer schamlosen Salome noch als eine übliche Corrida oder ein gewöhnlicher Liebesakt, bei dem beide Beteiligte fraglos und sichtbar zugegen wären.

Im Vokabular der christlichen Tradition, in der Johannes vom Kreuz lebte und schrieb, können wir die sichtbaren Figuren seiner Dichtung benennen. Es sind Figurationen der menschlichen Natur, besser gesagt der menschlichen Seele, die aus den drei Vermögen des Verstands, des Gedächtnisses und des Willens besteht und deren tiefstes Verlangen sich auf die Vereinigung mit dem Göttlichen richtet. Auch das unsichtbare Negativ der menschlichen Seele können wir im Vokabular der christlichen Tradition benennen. Es heißt dort Gott. Der Gott der christlichen Tradition ähnelt durchaus dem verschwundenen Ochsen der Zen-Geschichte, dem unsichtbaren Stier der Corrida oder dem ungesehenen Geliebten einer erotischen Umarmung. Wie die Buddha-Natur hält er sich im tiefsten Grund der menschlichen Seele verborgen.[9] In der Dunkelheit der Nacht kämpft er mit Jakob und läßt als Spur dieses Kampfes allein die Schrift auf dessen Körper zurück: die Verletzung am Hüftgelenk und den Segen des neuen Namens Israel.[10] Er entzieht sich der schlafenden Sulamith des Hohenlieds, vor deren Kammertür er schon zu stehen schien und an deren Körper die Spuren des Liebesbegehrens sichtbar sind: der bebende Leib, die von den Fingern tropfende Myrrhe, die zerflossene Seele.[11]

Theopoetik statt Theologie

Wenn die Ästhetik der Corrida eine Poetik begründet, dann dürfen wir im Falle des Johannes vom Kreuz diese Poetik ihrerseits auf eine Ästhetik der Absenz und der Dunkelheit beziehen, wie sie etwa Maurice Blanchot in seinen literarkritischen Essays formuliert hat.[12] Die genannten Gedichte aus der Feder des Johannes vom Kreuz sind in diesem Sinn als Schrift einer unsichtbaren Absenz zu verstehen oder als Spur einer Erotomachie, ja sogar einer Theomachie. Die Gedichttexte so zu lesen impliziert auch, daß wir (wie oben angedeutet) zwei An-

---

9 So jedenfalls lehren es unzählige mystagogische Schriften des Abendlandes, für die der Seelengrund recht eigentlich die Wohnstatt Gottes im Menschen darstellt.
10 Cf. Genesis 32,22-32.
11 Cf. Canticum 5,2-6.
12 «Et la littérature, par son mouvement, nie en fin de compte la substance de ce qu'elle représente. [...] La création littéraire, qui se donne l'illusion, lorsqu'elle revient sur chaque chose et sur chaque être, de les créer, parce que maintenant elle les voit et les nomme à partir du tout, à partir de l'absence de tout, c'est-à-dire de rien.» (Maurice Blanchot: «La littérature et le droit à la mort», in: *La Part du feu*, Paris: Gallimard 1949, pp. 291-331, ibid. 301 et 307.)
«Dans la nuit, tout a disparu. C'est la première nuit. Là s'approche l'absence, le silence, le repos, la nuit. [...] Mais quand tout a disparu dans la nuit, 'tout a disparu' apparaît. C'est l'autre nuit. La nuit est apparition du 'tout a disparu'. / [...] et le vide est maintenant une présence qui vient à sa rencontre.» (Id.: «Le dehors, la nuit», in: *L'Espace littéraire*, Paris: Gallimard 1955, pp. 213-224, ibid. 213 et 222.)

sätze, die bislang die einschlägige Forschung zur Dichtung des Johannes vom Kreuz maßgeblich geprägt haben, nicht mitvollziehen können:

1. Die Gedichte als rein profane Hervorbringungen zu lesen, das hieße eben, sie als den Solo-Tanz eines Toreros oder einer Striptease-Tänzerin mißzuverstehen und ihren konstitutiven Bezug zum unsichtbaren Andern (zum Stier oder zum Liebespartner) zu übergehen. Ein gewichtiger und in sich verdienstvoller Zweig der Forschung dieses Jahrhunderts ist diesen Weg gegangen, strebt letztlich eine Erklärung der Poesie aus sich selbst heraus an und mißachtet ihren Verweischarakter auf ein Anderes. Wiewohl die erzielten Resultate im allgemeinen für eine Interpretation überaus hilfreich sind, können sie auf der selbstgewählten methodischen Grundlage dennoch nicht das Ganze dieser Dichtung in den Blick nehmen.
2. Der andere Zweig der Forschung nimmt durchaus zur Kenntnis, welcher Veranstaltung er bei der Lektüre der Dichtung beiwohnt. Er rechnet mit dem Zugegensein von Stierkämpfer und Stier, von liebender Frau und männlichem Liebhaber. Aber in gewisser Weise überträgt sich das Delirium des schamanistisch begabten Stierkämpfers oder der hingebungsvoll tastenden Geliebten auf diese Forscher selbst. Sie glauben schon, den Stier oder den Liebhaber ebenso deutlich wahrzunehmen wie der Torero oder die Bettgefährtin, und sie gewahren überhaupt nicht seine essentielle Unsichtbarkeit, die erst der Ästhetik des Kampfes oder des Liebesspiels ihr unverwechselbares Siegel aufdrückt.

Aus dem bislang Gesagten ergibt sich mit innerer Notwendigkeit eine erste Konsequenz. Gegen eine rein profane, säkularisierende Kritik ist entschieden daran festzuhalten, daß das Anliegen der Gedichte auf Gott hin ausgerichtet ist, daß es sich um *poesía a lo divino* in einem sehr wörtlichen Sinn handelt. Wie die Liebende in den Dichtungen um die Zuwendung ihres Freundes wirbt, so umwirbt und umspielt der Dichter in seinen Texten gewissermaßen das Göttliche. Seine Dichtung ist demnach *Theomnestie,* sichtbare Liebeswerbung um die unsichtbare Gottheit. Gleichwohl können wir das Anliegen dieser Dichtung nicht im landläufigen Sinn ein „theologisches" nennen – und zwar nicht aus einem antitheologischen Affekt heraus, sondern aus einem ganz elementaren Grund, den die existierenden theologischen Untersuchungen zur Dichtung des Johannes vom Kreuz in der Regel unbeachtet gelassen haben. In den drei großen Dichtungen – und auch in einigen kleineren Gedichten – des Johannes vom Kreuz kommt das Wort Gott oder etwas ihm Synonymes überhaupt nicht vor.

Immer wieder zitiert und diskutiert worden ist die Tragweite von Martin Heideggers 1951 bei einem Vortrag in Zürich geäußerter Aussage:

> Wenn ich noch eine Theologie schreiben würde, wozu es mich manchmal reizt, dann dürfte in ihr das Wort „Sein" nicht vorkommen. Der Glaube hat das Denken des Seins nicht nötig. Wenn er das braucht, ist er schon nicht mehr Glaube. Das hat Luther verstanden, sogar in seiner eigenen Kirche scheint man das zu vergessen. Ich denke über das Sein im Hinblick auf seine Eignung, das Wesen Gottes theologisch

zu denken, sehr bescheiden. Mit dem Sein ist hier nichts auszurichten. Ich glaube, daß das Sein niemals als Grund und Wesen von Gott gedacht werden kann, daß aber gleichwohl die Erfahrung Gottes und seiner Offenbarkeit (sofern sie dem Menschen begegnet) in der Dimension des Seins sich ereignet, was niemals besagt, das Sein könne als mögliches Prädikat für Gott gelten. Hier braucht es ganz neue Unterscheidungen und Abgrenzungen.[13]

Wie immer man Heideggers Projekt einer außerontologischen Theologie beurteilen möchte, sein Konzept erscheint – bei aller metaphysikkritischen Brisanz der Intention – überraschend bieder angesichts der Radikalität einer poetischen Rede wie der des Johannes vom Kreuz, die zwar sozusagen „theologische" Ambitionen verfolgt, in der aber dennoch das Wort Gott nirgends vorkommt – und dies nicht etwa, weil hier der Dichter Gott auf Grund eines Zufalls, einer Nachlässigkeit oder eines Versehens vergessen hätte, sondern weil er (wie wir später sehen werden) auf Grund eines poetologischen Programms gestrichen wurde. Was Heidegger 1951 immer noch arglos voraussetzt, nämlich daß es für Gott einen aussprechbaren Namen schon geben wird und daß darum eine „Theologie", eine Rede von Gott, prinzipiell möglich ist, sofern man sie nur vor den Fährnissen onto-theologischer Verstrickung bewahrt, genau das ist bei Johannes vom Kreuz – fast vierhundert Jahre zuvor – immer schon zur Diskussion, wo nicht zur Disposition gestellt.

Hans Urs von Balthasar hat in der Dichtung des Johannes vom Kreuz den „theologisch" bedeutsameren Teil von dessen Werk ausgemacht.[14] Gerade angesichts dieser Einschätzung eines so gedankentiefen Theologen stellt sich gleichwohl mit aller Dringlichkeit die Frage nach dem Begriff jener „Theologie", die in dieser Dichtung zum Vorschein kommen soll, wenn doch dort von Gott gar nicht die Rede ist. Trifft nicht sehr viel eher die Feststellung zu, daß sich Johannes vom Kreuz in seiner Dichtung eines „theologischen" Diskurses bewußt entäußert? Sofern „Theologie" (spätestens seit der Scholastik) rational verantwortete Rede von Gott sein will, kann sie dort nicht in einem üblichen Sinne stattfinden, wo die Rede – statt von Gott – immerzu von etwas Anderem spricht? Bei Johannes vom Kreuz spricht die Dichtung nur von diesem Andern, nicht aber von Gott, und gerade darin provoziert sie – zumindest zum Nachdenken. Für das charakteristische Anliegen einer Liebeswerbung um die Gottheit, das sich in dichterischen Texten dieser Art Ausdruck verschafft, scheint allenfalls der Begriff

---

13 Martin Heidegger: „Zürcher Seminar" (Aussprache vom 6. November 1951), in: *Seminare*, ed. C. Ochwadt, Gesamtausgabe, vol. XV, Frankfurt am Main: Vittorio Klostermann 1986, pp. 423-439, ibid. 437.

14 „Und Juan hat durchaus recht, wenn er den lehrhaften Teil seines Werkes als einen versagenden, abfallenden Kommentar zu seinen Gedichten hinstellt, in denen die eigentliche, von keiner Prosa einholbare Aussage erfolgt. Wenn man ihm die Richtigkeit dieser Selbstbeurteilung zutraut und zubilligt, dann ist er als Dichter mehr Kirchenlehrer denn als Prosaist." (Hans Urs von Balthasar: „Juan de la Cruz", in: *Herrlichkeit. Eine theologische Ästhetik*, 2. Auflage, Bd. II, Teil II, Einsiedeln: Johannes 1962, pp. 463-531, ibid. 530 sq.)

der *Theopoetik* angemessen zu sein, wohingegen sich der Begriff der „Theologie" als ebenso mißverständlich wie in gewisser Weise entbehrlich erweist.[15]

Das nur in einem ungenauen Sinn als „theologisch" bezeichnete Anliegen der Dichtung des Johannes vom Kreuz ernstzunehmen, das heißt zuallererst, es nicht als ein „theologisches", sondern gerade als ein *theopoetisches* und *theomnestisches* zu behandeln. Umgekehrt gilt aber auch: Eben weil unsere Untersuchung für die konstitutiv theomnestische und theopoetische Dimension dieser Dichtung offen sein will, kann sie ihrem Gegenstand erst dann gerecht werden, wenn sie ihn nicht aus der Perspektive einer Allerweltstheologie in den Blick nimmt. Als eine theopoetische siedelt sich diese Dichtung immer schon außerhalb der Grenzen des neuzeitlich theologischen Diskurses an. Der philologische und vor allem der semiotische Ansatz unserer Untersuchung ist darum nicht etwas von außen Übergestülptes, sondern er kommt der Idiosynkrasie des Gegenstandes besonders entgegen. Er kann die theomnestische und theopoetische Dimension der Texte, die deren Herzstück bildet, als eigentümliche Manifestationen eines Sprachspiels beschreiben, das (wie sich noch zeigen wird) ein mystisches genannt werden darf. Wesentlich für dieses mystische Sprachspiel ist der unaufgebbare Bezug zum unsichtbaren Anderen, auf das die sprachlichen Figurationen verweisen, ohne es doch zu repräsentieren. Die Rhetorik kennt seit alters her ein Verfahren, welches den Sinneffekt eines solchen Verweises auf das nicht repräsentierbare, weil unsichtbare Andere besonders wirkungsvoll produzieren kann. Es ist die *Allegorie*. Johannes vom Kreuz bedient sich solch sichtbarer Allegorien für das Unsichtbare. Er wählt als das Material seiner Dichtung Liebesgeschichten und Liebesreden, in denen der sichtbare Eros der Menschen auf ein Anderes hinweist. Seine Texte sind demzufolge *erotische Allegorien*.

Allegorien sind rhetorische Figuren, die etwas fingieren, wobei diese allegorische Fiktion anstelle eines Andern steht, das ungesagt bleibt. Rainer Warning hat verschiedentlich darauf hingewiesen, „daß die poetische Fiktion selbst der systematische Ort aller Dekonstruktionsarbeit ist".[16] Von Haus aus ist die Fiktion damit imstande, vorgängige Wahrheitsreden aller Art zu dekonstruieren. Unter *Dekonstruktion* ist hier und im folgenden in Anlehnung an die einschlägigen Arbeiten von Jacques Derrida die Rückführung vordergründig oppositiver Terme

---

15 Nicht behandelt werden kann hier die Frage, wie eine solche Theopoetik ihrerseits auf das bei von Balthasar zielstrebig verfolgte Projekt einer theologischen Ästhetik zu beziehen wäre. Cf. die eindrucksvolle „Hinführung" zum Thema in: Id., *Herrlichkeit. Eine theologische Ästhetik*, 2. Auflage, Bd. I, Einsiedeln: Johannes 1961, pp. 25 sqq.

16 Rainer Warning: „Imitatio und Intertextualität. Zur Geschichte lyrischer Dekonstruktion der Amortheologie: Dante, Petrarca, Baudelaire", in: *Interpretation. Das Paradigma der europäischen Renaissance-Literatur* (Festschrift für Alfred Noyer-Weidner), edd. K. W. Hempfer, G. Regn, Wiesbaden: Franz Steiner 1983, pp. 288-317, ibid. p. 291. Cf. id.: „Gespräch und Aufrichtigkeit: Historisches und repräsentierendes Bewußtsein bei Stendhal", in: *Das Gespräch*, edd. id., K. Stierle (Poetik und Hermeneutik XI), München: Wilhelm Fink 1983, pp. 425-446, ibid. 425-430.

auf eine gründende Kategorie verstanden.[17] In der Regel erweist sich bei der Dekonstruktion einer gegebenen Opposition der eine ihrer beiden Terme als der gründende, so daß der gegensätzliche Term dann als ein gegründeter nur noch als eine besondere Variante des grundlegenden Terms, nicht mehr aber als dessen fraglos vorauszusetzendes Gegenteil betrachtet werden kann. In diesem Sinne ist Dekonstruktionsarbeit stets gerichtet, sie bewegt sich zu einer bestimmten Seite des Oppositionspaares hin. Wenn etwa Friedrich Nietzsche in seinem berühmten Aufsatz über Wahrheit und Lüge die wissenschaftliche Wahrheit als einen besonderen Fall des Irrtums zu entlarven trachtet, dann dekonstruiert er die Opposition von Wahrheit und Lüge nach der Seite der Lüge hin.[18] Entsprechendes gilt ganz analog für Johannes vom Kreuz: Wenn er in seinen mystagogischen Schriften, insbesondere in der *Subida del Monte Carmelo* (‚Aufstieg zum Berg Karmel'), das Nachtsein Gottes aufzeigt, vor dem alles Licht zur Finsternis werde, dann dekonstruiert er die Opposition von Licht und Finsternis nach der Seite der Finsternis hin. Das Licht ist nur noch der Sonderfall oder der Spezialeffekt einer allumfassenden göttlichen Finsternis.

Insofern die allegorischen und erotischen Figurationen, welche die Dichtung des Johannes vom Kreuz wesentlich bestimmen, Fiktionen sind, werden auch sie zum Ort einer Dekonstruktionsarbeit. In ihnen wird die Opposition von geistlicher „Theologie" und sinnlicher Theopoetik selbst dekonstruiert – und zwar nach der Seite einer theopoetischen Erotik hin. Die „theologische" Wahrheit erscheint so nicht mehr als das gründende Gegenteil, sondern als der gegründete Sonderfall oder Spezialeffekt einer umfassenden und gründenden Dynamik des erotischen Begehrens, das ständig neue Fiktionen hervortreibt. Daß solch allegorische Fiktionen immer neu erfunden werden, hat seine Ursache darin, daß sie das, worauf sie verweisen sollen, doch nicht benennen oder repräsentieren können, bleibt doch das Andere ein für allemal unsichtbar.

In der Unmöglichkeit der Benennung und der Repräsentation bekundet sich ein Mangel, der nach einer Ergänzung oder einem *Supplement* verlangt, um hier nochmals einen von Derrida geprägten Begriff zu benutzen.[19] So kommt eine unabschließbare Ersetzungsbewegung in Gang. Ein Supplement gibt das nächste, und es entsteht schließlich eine ganze Kette von Supplementen. Das Supple-

---

17 Exemplarisch wird dies durchgeführt in Derridas Aufsatz über Descartes. Obwohl Descartes von der Opposition zwischen Vernunft und Wahnsinn ausgeht, wird diese Opposition dennoch im Konzept des Cogito dekonstruiert, insofern es auf den Traum rekurriert. Cf. Jacques Derrida: «Cogito et histoire de la folie» (1964), in: *L'Ecriture et la Différence*, Paris: Seuil 1967, pp. 51-97. Zur Dekonstruktion allgemein cf. Jonathan Culler: *On Deconstruction. Theory and Criticism after Structuralism*, London; Melbourne; Henley: Routledge & Kegan Paul 1983.

18 Cf. Friedrich Nietzsche: „Über Wahrheit und Lüge im aussermoralischen Sinn" (1873, publ. 1903), in: *Werke*, edd. G. Colli, M. Montinari, III. Abteilung, 2. Band, Berlin: Walter de Gruyter 1968, pp. 367-384.

19 Der Supplementbegriff wird bei Derrida vor allem im Blick auf Rousseau entwickelt. Cf. Derrida: *De la grammatologie*, Paris: Minuit 1967, impr. pp. 203-234. Eine knappere Darstellung findet sich in seinem Aufsatz über Claude Lévi-Strauss. Cf. id.: «La structure, le signe et le jeu» (1966), in: *L'Ecriture et la Différence*, pp. 409-428.

ment, das an die Stelle eines Andern tritt, ist immer nur dessen uneigentlicher, vorläufiger Statthalter, und der Defekt oder die Absenz kann darum durch das Supplement nicht behoben, sondern nur immer weiter aufgeschoben werden. Das Supplement ist demnach nicht durch seine Äquivalenz, sondern durch seine Differenz zum abwesenden Andern charakterisiert, das uneinholbar bleibt und auf das es dennoch ersatz- oder behelfsweise – aus der Distanz einer erotischen Uneigentlichkeit heraus – verweist.

Zusammenfassend läßt sich sagen: Die allegorischen und erotischen Fiktionen in den Gedichten des Johannes vom Kreuz dekonstruieren die Opposition von „theologischer" Wahrheit und theopoetischer Erfindung nach der Seite des Erdichteten und des Erotischen hin – und zwar gerade insofern sie supplementär auf ein Anderes bezogen sind, das unsichtbar bleibt und das sie sichtbar ersetzen. Unsere Distinktion zwischen „Theologie" und Theopoetik darf also keineswegs als ein Versuch des *appeasement* zwischen den gegensätzlichen Ansprüchen einander befehdender Sprachspiele verstanden werden. Vielmehr tritt an ihnen ein Bedingungs- und Begründungsverhältnis in Erscheinung, demzufolge die „theologische" Wahrheitsrede immer erst aus der supplementären Struktur allegorischer Fiktionen hervorgehen kann.

Eine zweifache Genealogie

Unsere bisherigen Ausführungen haben mit den Hinweisen auf Leiris, Bataille und Blanchot, vor allem aber auf Nietzsche, Heidegger und Derrida die Dichtung des Johannes vom Kreuz sehr bewußt in einem Kontext ästhetischer und philosophischer Aktualität situiert, der sich zwangsläufig dem Verdacht des Anachronismus aussetzen wird. Es könnte die Vermutung aufkommen, es gehe uns hier um ein modisches *aggiornamento* im schlechten Sinn, bei dem man gar zu forsch oder gar zu holzschnittartig die Kategorien eines postmodernen Denkens auf einen Gegenstand appliziert, der sich einem solchen Erklärungsansatz verweigern oder nur sehr bedingt anpassen wird. Das Gegenteil scheint uns jedoch der Fall zu sein – allerdings nicht deswegen, weil unsere Gedichttexte postmodern *avant la lettre* zu nennen wären, sondern weil das postmoderne Denken seinerseits historische Wurzeln hat, die bis weit hinter die von ihm verabschiedete Moderne zurückreichen.

Wenn der vorliegenden Untersuchung eine postmoderne Lektüre der Dichtung des Johannes vom Kreuz gelingen sollte, dann kann dies nicht in dem plumpen Sinn geschehen, daß hier unbekannte und vorderhand überraschende Parallelen zwischen der Postmoderne und der spanischen Mystik entdeckt würden. Vielmehr wollen wir eine partielle (und das heißt unvermeidlich parteiische) Rekonstruktion des historischen Horizonts unternehmen, innerhalb dessen das Sprachspiel der mystischen Dichtung ausgetragen wurde und von dem her ihm erst seine Sinneffekte zuwachsen konnten. Es wird sich dabei zeigen, daß in den verschiedenen historischen Paradigmen, auf die wir Bezug nehmen wollen, immer schon und immer wieder Sinnmuster am Werk sind, die den postmodernen Kategorien entsprechen, wenn wir sie konsequent durchdenken (und ohne daß wir sie gewaltsam gegen den Strich bürsten müßten). Dies aber kann nur heißen, daß die Postmoderne selbst viele Kategorien nicht etwa neu entwickelt, sondern bereits anderswoher entlehnt hat. Der Anspruch auf Neuartigkeit und Originalität, den das postmoderne Denken vielerorts erhoben hat, wäre so gesehen zu überdenken, gewiß auch in Frage zu stellen.

Unsere Aufgabe darf nicht darin bestehen, über den auffälligen Affinitäten die unbestreitbaren Divergenzen zwischen Postmoderne und mystischem Sprachspiel zu übersehen; auf sie ist vielmehr mit allem Nachdruck hinzuweisen. Aber noch viel weniger kann es angehen, aus einem geschichtsphilosophischen oder geschichtsteleologischen *parti pris* heraus, das Offenkundige zu verleugnen und gegebene, durchaus wesentliche Übereinstimmungen zu bestreiten. Was damit freilich insgeheim zur Debatte steht, ist eine mögliche (wenngleich nicht die einzig mögliche) *Genealogie* des postmodernen Denkens. Genealogie wäre hierbei im Rekurs auf Nietzsche in dem Sinn aufzufassen, den Michel Foucault expliziert hat, nämlich als eine externe, verborgene Ermöglichungsstruktur, nicht aber als eine kontinuierliche Geschichte: Foucault zufolge versichert die Geschichte, daß ihr Objekt aus dem Immergleichen hervorgegangen und über alle Transformationen hinweg mit sich selbst substantiell identisch geblieben ist. Die Genealogie jedoch weise auf, daß ihr Objekt erst aus Brüchen und Diskontinuitäten hervorgehen konnte und sich somit einem Andern verdankt, mit dem es nicht identisch ist.[20] Wenn das postmoderne Denken über ein Verhältnis der Genealogie vom mystischen Sprachspiel abhängig wäre, dann würde damit zwischen dem Einen und dem Andern keine Identität, sondern eine Differenz behauptet – eine Differenz allerdings, die das Bedeutungsspiel des Verweisens vom Andern auf das Eine allererst ermöglichen würde. Wo die folgenden Überlegungen Konvergenzen zwischen dem mystischen Sprachspiel und der Postmoderne herausarbeiten, ist dies im Sinne einer (vielleicht provozierenden) Frage gemeint, welche die vorliegende Arbeit nur zu stellen, nicht aber schlüssig zu beantworten vermag: Was bedeuten, das heißt: worauf verweisen die Analogien zwischen dem miteinander Inkommensurablen, nämlich dem mystischen Sprachspiel und der Postmoderne?

Damit unsere Abhandlung überhaupt – wiewohl implicite – als eine mögliche Genealogie postmoderner Denkfiguren gelesen werden kann, muß sie auch ihrem eigenen Gegenstand – der mystischen Dichtung, die sie behandelt, – eine Genealogie zuschreiben. Genealogie bedeutet auch bei diesem zweiten Analyseschritt, daß zwischen dem generierenden Prinzip und dem Objekt der genealogischen Beschreibung Differenzen bestehen bleiben, daß also Übereinstimmungen

---

20 Cf. Michel Foucault: «Nietzsche, la généalogie, l'histoire» (in: Suzanne Bachelard et al.: *Hommage à Jean Hyppolite* [Collection Epiméthée], Paris: Presses Universitaires de France 1971, pp. 145-172), in: Foucault: *Dits et écrits*, edd. Daniel Defert, François Ewald, Paris: Gallimard 1994, vol. II, § 84, pp. 136-156.

und Gegensätze immer nur nur von Fall zu Fall, nicht aber generell oder ein für allemal konstatiert werden können. Eine solch genealogische Verortung der Dichtung des Johannes vom Kreuz kann unter zwei Gesichtspunkten erfolgen, sowohl diachron als auch synchron, und beidemal können wir uns hierbei auf wichtige Arbeiten der einschlägigen Forschung stützen. Für den Bereich der Synchronie werden wir uns auf den Begriff einer karmelitischen *scène de l'énonciation* berufen. Für den Bereich der Diachronie dagegen werden wir die philosophische Tradition des *Platonismus* und vor allem des *Neuplatonismus* in Anschlag bringen.

Synchron: eine karmelitische Genealogie

Es ist schwer möglich, von Johannes vom Kreuz zu sprechen, ohne sich zugleich auf seine erheblich ältere Lehrmeisterin zu beziehen: Theresia oder Teresa von Avila, unter ihrem spanischen Ordensnamen auch als Teresa de Jesús bekannt, 1515 in Avila geboren, 1582 in Alba de Tormes gestorben, 1617 selig- und 1622 heiliggesprochen. Bei aller Verschiedenheit der jeweiligen Charaktere handelt es sich sowohl bei dieser Nonne als auch bei diesem Mönch um zwei charismatische und überaus einflußreiche Gestalten, die auf je eigene Art und doch gemeinsam im Zeitalter der einsetzenden Gegenreformation und im Spanien Philipps II. gegen innerkirchliche Widerstände die Reform – oder besser gesagt eine Art von Neugründung – des Ordenszweigs der Unbeschuhten Karmeliten durchgesetzt haben. Das gesteckte Ziel war vorrangig ein geistliches, die Erneuerung des religiösen Lebens aus einer inneren Erfahrung heraus: Die menschliche Seele solle alles Äußerliche hinter sich lassen und sich im Gebet ganz und gar Gott hingeben, da er allein ihr unendliches Begehren werde stillen können.[21]

Für ihr Programm suchten Teresa, Johannes vom Kreuz und ihre Mitstreiter ein Publikum zu begeistern und wohl auch zu schaffen, sowohl unter Ordensleuten als auch unter Laien. Als ein geeignetes Instrument hierfür erwies sich die Literatur: die Autobiographie der Ordensgründerin, ursprünglich im Auftrag ihrer Beichtväter geschrieben; mystagogische Traktate unterschiedlicher Art; ein relativ schmales Corpus von Gedichten, die sehr oft zum Singen bestimmt waren. Wir haben uns angewöhnt, diese Gedichte mystisch zu nennen, vielleicht deswegen, weil sie plastisch Erfahrungen der nach Gott dürstenden Seele modellieren und gleichzeitig den Bedarf nach den Erfahrungen wecken, die sie beschreiben: Es sind oft Verführungsreden voll erotischer Bilder.

Die Bewegung der karmelitischen Ordensreform ist der kommunikative und situative Zusammenhang, in dem die einschlägigen Schriften des Autorenpaars

---

21 Zur Gestalt der Teresa von Avila cf. Américo Castro: «La mística y humana feminidad de Teresa la Santa», in: *Santa Teresa y otros ensayos*, Santander: Aldus 1929, pp. 7-63; Víctor García de la Concha: *El arte literario de Santa Teresa*, Barcelona; Caracas; México: Ariel 1978. Zur Darstellung der Gebetslehre der karmelitischen Mystiker und zu ihrer Rezeption in Frankreich cf. Manfred Tietz: *Saint François de Sales' 'Traité de l'amour de Dieu' (1616) und seine spanischen Vorläufer*, Wiesbaden: Franz Steiner 1973.

zu situieren sind. Dabei bestehen recht enge Beziehungen zu den Werken anderer geistlicher Schriftsteller der Epoche, die teilweise dem Augustiner-, dem Dominikaner- und insbesondere dem Franziskanerorden angehörten. Zu nennen ist an erster Stelle der Franziskaner Francisco de Osuna (1497-1542), dessen *Abecedario espiritual* von Teresa mit zahllosen Randbemerkungen versehen worden war und großen Einfluß auf sie ausgeübt haben muß, bevor man es konfiszierte (das Exemplar ist dennoch erhalten).[22] Aber Erwähnung verdienen auch Tomás de Villanueva (1486-1555), Pedro de Alcántara (1499-1562), Juan de Avila (1500-1569), Luis de Granada (1504-1582), Juan de los Angeles (1536-1609) oder Bernardino de Laredo (1482-1540), dessen *Subida del Monte Sión* (‚Aufstieg zum Berg Zion') Johannes vom Kreuz bei der Abfassung seiner *Subida del Monte Carmelo* inspiriert haben dürfte. Schließlich ist schon hier an Fray Luis de León (ca. 1527-1591) zu erinnern, der nach Teresas Tod ihre Schriften herausgab und auf den wir noch ausführlicher eingehen werden.

Der Kommunikationszusammenhang des reformierten Karmel kann als ein diskursives Feld gesehen werden, in dem eine prägnante Form der Subjektivität emergiert und ihren literarischen Ausdruck findet. Diese Einschätzung hat mit besonderem Nachdruck André Stoll vorgetragen, der bei Teresa zu Recht eine hochgradig subversive Schreibweise gesteigerter weiblicher Subjektivität ausmacht, welche alle gesellschaftlichen und diskursiven Ordnungsmuster konterkariert und unterminiert.[23] Was bei Stoll zu Recht als die vorrangig ästhetische Subjektivität der mystischen Schriftstellerin konzipiert ist, das wurde in neueren Studien aus feministischer Perspektive zugleich als eine Strategie der Selbstermächtigung der schreibenden Frau gedeutet.[24] Hans Ulrich Gumbrechts monumentale Geschichte der spanischen Literatur lädt schließlich dazu ein, die bei Teresa manifesten Erscheinungsformen weiblicher Subjektivität nicht nur auf die geschlechterspezifischen, sondern überhaupt auf die historischen Kommunikationsformen und auf die mentalitätsgeschichtlichen Gegebenheiten des Siglo de Oro zu beziehen und als die Eröffnung eines „inneren Evasionsraums" zu begrei-

---

22 Cf. hierzu und zum folgenden die grundlegende und umfangreiche Studie von Irene Behn: *Spanische Mystik. Darstellung und Deutung*, Düsseldorf: Patmos 1957. Auf Osuna geht ausführlich in ihrem informativen Vorwort ein Erika Lorenz: „Über das Was, Wie und Warum", in: Francisco de Osuna: *Versenkung. Weg und Weisung des kontemplativen Gebetes*, Freiburg i. Br.: Herder 1982, pp. 13-25.

23 Cf. André Stoll: „Poetische Rückeroberung der irdischen Paradiese des Ichs. Elemente einer (weiblichen) Liebestheorie", in: Teresa von Avila: *Von der Liebe Gottes* (Nach der deutschen Erstübersetzung von 1647), Frankfurt am Main: Insel 1984, pp. 86-176.

24 Cf. Alison Weber: *Teresa of Avila and the Rhetoric of Femininity*, Princeton, New Jersey: Princeton University Press 1990. Ein faszinierendes kulturelles Umfeld zeichnen zwei Autorinnen, die Teresas weibliches Schreiben nicht als Sonderfall, sondern als Regelfall auf die Kommunikationsstrukturen in frühneuzeitlichen Frauenklöstern generell zurückprojizieren. Cf. Electa Arenal, Stacey Schlau: *Untold Sisters. Hispanic Nuns in their own Works*, Albuquerque, New Mexico: University of New Mexico Press 1989.

fen, dessen literarische Hervorbringungen zu den Prozessen einer zunehmenden gesellschaftlichen Involution querstehen.[25]

Der reformierte Karmel läßt sich als ein kommunikativer Ort betrachten, dem genealogisch nicht nur Teresas hochgradig subjektive Schriften, sondern auch die Gedichte und Traktate des Johannes vom Kreuz entspringen. Nun hat gerade Gumbrecht in bezug auf Johannes vom Kreuz vermerkt, daß bei ihm im Gegensatz zu Teresa stets „ein Spannungsverhältnis zwischen diskursiver Vorgabe und Subjektivität" zu erahnen sei.[26] Anders als Gumbrecht vermutet, weist dieses Spannungsverhältnis möglicherweise nicht auf unterschiedliche Autorenindividuen oder Schreibweisen, sondern auf die Struktur des Kommunikationsortes selbst zurück. Jeder kommunikative Akt besitzt nach Emile Benveniste zwei einander ergänzende Dimensionen, zum einen die übermittelte Botschaft, das *énoncé*, und zum andern den situativen Rahmen dieser Äußerung, die *énonciation*.[27] Wo sich *énonciation* und *énoncé* komplementär aufeinander beziehen, da gibt es zwischen beiden kein Spannungsverhältnis, sondern eine symmetrische (kommensurable) Komplementarität von *énonciation* und *énoncé*, wie sie dem Schreiben der Teresa (zumindest oberflächlich) zugrunde zu liegen scheint.

In einer wegweisenden, bislang unübertroffenen Darstellung der europäischen Mystik des 16. und 17. Jahrhunderts hat der französische Jesuit und Historiker Michel de Certeau das mystische Sprachspiel über das Konzept einer *scène de l'énonciation* (,Äußerungsszene') zu charakterisieren gesucht.[28] Hierbei geht es um mehr als um einen billigen *calembour*, der im linguistischen Fachbegriff das ikonographische Motiv der *scène de l'annonciation* (,Verkündigungsszene') nachhallen läßt.[29] Vor allem aber geht es hierbei um mehr als um eine bloße Tautologie. Gewiß findet jeder kommunikative Akt an einem Ort der Äußerung statt, so daß die reine Existenz einer *scène de l'énonciation* keine Besonderheit des mystischen Sprachspiels hergibt. Aber Certeau versteht die *scène de l'énonciation* nicht in diesem trivialen, sondern in einem speziellen Sinn – und dies wiederum in zweifacher Hinsicht: Erstens ist sie ein Schauplatz im wörtlichen Sinn, eine Bühne, auf der etwas (nur zum Schein) gespielt oder aufgeführt wird; die *scène de l'énonciation* ist damit immer schon als ein Ort der Uneigentlichkeit gezeichnet. Zweitens ist das Genitivattribut *de l'énonciation* emphatisch zu verstehen; auf der genannten Bühne gibt es *énonciation* und sonst nichts, also vor allem kein *énoncé*. Im mystischen Sprachspiel findet mithin ein kommunikativer Akt statt, der zwar in einem situativen Rahmen verläuft, in dem aber keine Botschaft übermittelt

25 Cf. Hans Ulrich Gumbrecht: *Eine Geschichte der spanischen Literatur*, Frankfurt am Main: Suhrkamp 1991, vol. I, pp. 330-339, ibid. 331.

26 Cf. ibid. vol. I, p. 340.

27 Cf. Emile Benveniste: «L'appareil formel de l'énonciation», *Langages* 17 (mars 1970), 12-18, ibid. pp. 12 sq. Cf. quoque Tzvetan Todorov: «Problèmes de l'énonciation», ibid. 3-11.

28 Cf. Michel de Certeau: *La Fable mystique (XVIᵉ-XVIIᵉ siècle)*, Paris: Gallimard 1982, pp. 209-273, impr. 221-224.

29 Ganz wörtlich genommen ist die *annonciation* das unverzichtbare Vorspiel jener mystischen Gottesgeburt in der Seele, um die es der *scène de l'énonciation* zu tun ist.

wird. Wenn in der Alltagskommunikation die *enonciation* und das *énoncé* in komplementärer Symmetrie aufeinander bezogen sind, dann ist das Verhältnis von *énonciation* und *énoncé* im mystischen Sprachspiel ein asymmetrisches (inkommensurables) und supplementäres. Die *scène de l'énonciation* steht anstelle des *énoncé*, das ungesagt bleibt.

Was Certeau zur *scène de l'énonciation* des mystischen Sprachspiels im allgemeinen ausführt, das bezieht er ohnehin vorrangig auf die historische Konjunktur des 16. sowie 17. Jahrhunderts und das exemplifiziert er in einem eigenen Kapitel an der Aktivität des *conversar,* jener Kultur des geistlichen Austauschs, wie er in mündlicher oder schriftlicher Form in den karmelitischen Zirkeln der Zeit gebräuchlich war.[30] Teodoro Polo hat Certeaus Ansatz neuerdings in einer luziden Studie aufgegriffen und ihn ganz konkret auf eine eingehende Interpretation der Dichtung des Johannes vom Kreuz angewandt.[31] Polo kann nachweisen, daß die Gedichte und Prosaschriften immer schon vor dem spezifischen Hintergrund der karmelitischen *scène de l'énonciation* verfaßt wurden und auch nur im Hinblick auf deren Dynamik verständlich sind – bis hin zur Gestaltungsform und phonetischen Struktur der Texte. Wo wir im folgenden von einer karmelitischen *scène de l'énonciation* sprechen werden, da ist ein historisches Reden und Schreiben im Spanien des 16. Jahrhunderts gemeint. Es findet im institutionellen Umkreis der karmelitischen Gruppen statt; es zeichnet sich aus durch den inkommensurablen Überhang von Phänomenen einer *énonciation,* der kein klares *énoncé* mehr zu entsprechen scheint; die *énonciation* fungiert demnach als exzessives Supplement, und sie vertritt ein unsichtbares *énoncé* in seiner irreversiblen Abwesenheit. Den Gebrauch aber, der innerhalb der beschriebenen *scène de l'énonciation* von der Sprache gemacht wird, dürfen wir von nun an in einem präzisen Sinn und durchaus in Übereinstimmung mit dem späten Ludwig Wittgenstein als ein mystisches Sprachspiel bezeichnen.[32] Zwei Folgerungen lassen sich an die synchrone Genealogie des mystischen Sprachspiels, an seine Verwurzelung in der karmelitischen *scène de l'énonciation,* knüpfen:

1. Auch die Schriften der Teresa sind grundsätzlich auf den Horizont der karmelitischen *scène de l'énonciation* zu beziehen. Die der Teresa allseits attestierte Subjektivität erscheint damit in einem anderen Licht. Sie kann wie etwa bei Stoll als eine eminent ästhetische verstanden werden, das heißt als eine Mani-

---

30 Cf. Certeau: *La Fable mystique,* pp. 216-225.
31 Cf. Teodoro Polo: *San Juan de la Cruz. La fuerza de un decir y la circulación de la palabra (Valor teológico del 'hablar' místico),* Madrid: Espiritualidad 1993, pp. 105-109.
32 Cf. Ludwig Wittgenstein: *Philosophische Untersuchungen* (1958), §§ 7; 23 et passim, Frankfurt am Main: Suhrkamp 1977, pp. 19 et 28 sq. Das mystische Sprachspiel würde folglich die Sprache in bezug auf genau das verwenden, wovon nicht zu sprechen ist und worüber man – dem siebten und letzten Artikel des *Tractatus logico-philosophicus* zufolge – hätte Schweigen bewahren sollen: „Wovon man nicht sprechen kann, darüber muß man schweigen." (Id.: *Tractatus logico-philosophicus* [1922], in: *Werkausgabe,* vol. I, Frankfurt am Main: Suhrkamp 1989, p. 85.)

festation künstlerischer Souveränität im Sinne von Bataille.[33] Die supplementäre Struktur der *scène de l'énonciation* schließt aber aus, daß Teresas Subjektivität die einer erfüllten Eigentlichkeit wäre. Teresa ist zwar Ordensgründerin, *madre fundadora,* aber doch kein erfülltes *sujet fondateur* im neuzeitlichen Sinn.[34] Sie geht nicht in der Aktivität ihrer biographischen oder hagiographischen Rollen auf – und sei es auch die Rolle der Gründerin oder Schriftstellerin –, sondern diese Rollen verweisen allesamt auf ein ungestilltes Begehren, in dem sie ihrerseits gegründet ist. So gesehen wäre Gumbrechts Einschätzung der Teresa dahingehend zu befragen, ob ihre Subjektwerdung in der Schreibtätigkeit nicht immer eine vorbehaltliche, uneigentliche ist, welche die gängigen Muster einer erwachenden frühneuzeitlichen Subjektivität gerade durchbricht. Johannes vom Kreuz jedenfalls hat, wie wir sehen werden, die Schriften seiner Lehrerin gerade im Sinne jener supplementären Uneigentlichkeit gelesen und überschrieben, welche ihm die karmelitische *scène de l'énonciation* nahelegte.

2. Wenn alle literarischen Produktionen der karmelitischen Autoren auf die *scène de l'énonciation* verweisen, dann findet auch der langdauernde Forschungsstreit darüber ein Ende, ob die großen Dichtungen des Johannes vom Kreuz losgelöst von den zugehörigen Kommentaren gelesen werden dürfen oder nicht. Es geht bei dieser Debatte nicht um die methodisch unbestrittene Legitimität einer Gedichtlektüre, die weitgehend ohne den Rekurs auf die Prosakommentare auszukommen meint.[35] Vielmehr stehen sich jenseits dieser methodisch zu begründenden Entscheidung zwei gegensätzliche Ansichten gegenüber, die dennoch von den gleichen, nicht hinterfragten Prämissen ausgehen: Die einen meinen, die Gedichte seien gleichsam Signifikanten, die erst in den Prosaerklärungen ihr stabiles Signifikat finden würden.[36] Dagegen protestiert dann eine kaum weniger einseitige Gegenmeinung, derzufolge sich die Gedichte und Kommentare gegeneinander ausspielen ließen, weil sich ihre

33 Zum Begriff der Souveränität cf. schon hier Bataille: *La Souveraineté,* in: *Œuvres complètes,* vol. VIII, Paris: Gallimard 1976.

34 Den Begriff des *sujet fondateur* verwendet kritisch – gegen die neuzeitliche Subjektphilosophie gewandt – Foucault. Cf. id.: *L'Ordre du discours,* Paris: Gallimard 1971, pp. 49-51.

35 Angesichts der institutionellen Übermacht der Kirche und angesichts einer sehr traditionellen, vorkonziliaren Theologie wußte eine solche Haltung – zumal im Spanien der Franco-Zeit – gute Gründe auf ihrer Seite. Außerdem sah man die Kommentare (wenngleich zu Unrecht) als rein didaktische, ästhetisch unbedeutende Prosa an. Für eine von den Prosaerklärungen unabhängige Lektüre der Gedichte haben beispielsweise plädiert Dámaso Alonso: *La poesía de San Juan de la Cruz (desde esta ladera),* 1942, 3ª edición, Madrid: Aguilar 1958; Jorge Guillén: «Lenguaje insuficiente: San Juan de la Cruz o lo inefable místico», in: *Lenguaje y poesía. Algunos casos españoles,* Madrid: Revista de Occidente 1962, pp. 95-142; José Luis López Aranguren: «San Juan de la Cruz» (1963), in: *Estudios literarios,* Madrid: Gredos, pp. 9-92.

36 Diese Auffassung liegt weithin zugrunde in den überaus ertragreichen Arbeiten von Cristóbal Cuevas. Cf. id.: «Estudio introductorio», in: S. Juan de la Cruz: *Cántico espiritual. Poesías,* ed. C. C., Madrid: Alhambra 1978, pp. 1-103.

jeweiligen Bedeutungen widersprächen.[37] Was beide Positionen übersehen, ist die Tatsache, daß weder den Gedichten noch den Kommentaren jenes fraglose *énoncé* zuzuweisen ist, das sie immer schon voraussetzen. Als Produkt der *scène de l'énonciation* ist die Dichtung supplementär auf ein *énoncé* bezogen, das sie dennoch nicht auszudrücken vermag. Die Kommentare aber sind Supplemente zweiten Grades, da sie auf Gedichte verweisen, die ihrerseits supplementär sind. Demnach können wir Gedichte und Kommentare als Varianten voneinander betrachten, die sich jeweils an der Erfahrung der Supplementarität innerhalb der karmelitischen *scène de l'énonciation* abarbeiten, ohne sich diesbezüglich essentiell voneinander zu unterscheiden.[38] Im folgenden werden wir darum ohne Scheu und von Fall zu Fall Abschnitte aus den Prosaschriften zur Interpretation heranziehen und dabei feststellen dürfen, daß die Kommentare als Supplemente zweiten Grades die in den Gedichten aufscheinenden Probleme meist nicht etwa verharmlosen, sondern gerade ins Abgründige zu steigern verstehen.

Diachron: eine neuplatonische Genealogie

Daß sich die Renaissance als Epoche durch die enthusiastische Wiederbelebung eines platonischen Diskurses definiert, ist ein Gemeinplatz, der auch für Spanien gilt.[39] Platonisches Gedankengut wurde zu einem festen Bestandteil des kulturellen Wissens. Es prägte vor allem die zeitgenössische Auffassung der Liebe.[40] Von Italien her rezipierte man gewiß Marsilio Ficino oder die *Asolani* des Pietro Bembo, vor allem aber die *Dialoghi d'Amore* des Leone Ebreo (geschrieben um 1502, Erstdruck in Rom 1535) und die Lehrrede des Pietro Bembo über die Liebe im Schlußteil des vierten Buchs des *Cortegiano* von Baldassare Castiglione (1528). Juda Abarbanel alias Leone Ebreo war selbst sepharditischer Jude und 1492 aus Spanien vertrieben worden. Das schmälerte nicht die Wirkung seines

---

37 Einen Widerspruch zwischen Poesie und Prosa versucht in seinen Arbeiten akribisch nachzuweisen Domingo Ynduráin. Cf. id.: *Aproximación a San Juan de la Cruz. Las letras del verso*, Madrid: Cátedra 1990, pp. 19-50.

38 Unabhängig vom Supplementgedanken plädieren für eine – keineswegs konfliktfreie – Interrelation von Dichtung und Kommentar sowie für eine ästhetische Würdigung der Prosa Colin P. Thompson: *The Poet and the Mystic. A Study of the Cántico Espiritual of San Juan de la Cruz*, Oxford: Oxford University Press 1977, pp. 119-145; García de la Concha: *Filología y mística. San Juan de la Cruz, Llama de amor viva*, Madrid: Real Academia Española 1992, pp. 30-35. Den schönen Begriff des „Berührungsdenkens" wählt in seiner philosophischen Magisterarbeit Carlos Oliveira: *Das Verhältnis von Sinnlichkeit und Geist bei Juan de la Cruz. Zur philosophischen Interpretation seiner Gedichte*, München: Ludwig-Maximilians-Universität 1986.

39 Cf. Marcelino Menéndez y Pelayo: *Historia de las ideas estéticas en España*, ed. R. de Balbín, 4ᵃ edición, voll. I-II, Madrid: Consejo Superior de Investigaciones Científicas 1974, vol. I.

40 Cf. Alexander A. Parker: *The Philosophy of Love in Spanish Literature. 1480-1680*, ed. T. O'Reilly, Edinburgh: Edinburgh University Press 1985. Das Buch enthält ein eigenes Kapitel über Johannes vom Kreuz, der dort als Neuplatoniker charakterisiert wird. Cf. ibid. pp. 85-105.

Werks auf das spanische Publikum. Seine italienisch geschriebenen *Dialoghi* wurden 1564 ins Lateinische und zwischen 1568 und 1590 allein dreimal ins Spanische übertragen, zuletzt vom Inca Garcilaso de la Vega; aber bis in die Zeit des Cervantes hinein las man den Autor auch gern im Original. Der *Cortegiano* des Castiglione war schon 1534 von Juan Boscán ins Spanische übersetzt worden. Manch weiteres wird hinzugekommen sein. Insgesamt dürften sich die Quellen, aus denen sich das neuplatonische Denken und Reden im Spanien der Renaissance speiste, ziemlich buntscheckig und eklektizistisch darstellen. Ganz unterschiedliche Autoren und Texte neben- oder gar ineinander zu lesen erweist sich demnach nicht nur als der Notbehelf des Interpreten, sondern auch als ein getreues Spiegelbild der Rezeptionsverhältnisse, die für das damalige Spanien maßgeblich waren.

Die petrarchistische Liebesdichtung, später auch das Drama des Goldenen Zeitalters griffen neuplatonische Konzepte begierig auf – meist freilich weniger im denkerischen Vollzug als in Form einer spielerischen Rhetorik, aus der reizvolle Metaphern, Vergleiche oder Überredungsstrategien bezogen wurden. Auch daraus läßt sich immerhin erschließen, daß der Horizont neuplatonischen Wissens nahezu allgegenwärtig war. Die beiden wichtigsten neuplatonischen Dichter der spanischen Renaissance sind zweifelsohne Fray Luis de León (ca. 1527-1591) und der oft zu wenig beachtete Francisco de Aldana aus Neapel (1537-1578). Aldana verfaßt tiefsinnige Lehrgedichte, beschreibt aber in manchen Sonetten auch Szenen höchster erotischer Intimität und legt sie auf die neuplatonische Liebeslehre hin aus. Fray Luis orientiert sich in seiner Lyrik am Vorbild des Horaz, präsentiert aber darin immer wieder Inhalte eines christlichen Neuplatonismus. Das dichterische Anliegen des Fray Luis ist vielleicht mit dem des Boethius zu vergleichen: eine glänzende Gedanken- und auch Trostlyrik, der es um die formal perfekte Vermittlung einer vorgegebenen philosophischen Doktrin zu tun ist. Wie Boethius saß auch Fray Luis im Gefängnis. Gott sei Dank ist er aber nicht wie jener darin gestorben, sondern wieder rehabilitiert worden.

Vor diesem Hintergrund braucht es niemanden zu verwundern, daß auch die mystischen Autoren der Renaissance den zeitgenössischen Neuplatonismus kannten und aus ihren Texten sprechen ließen. Doch hatten die Mystiker darüber hinaus Anteil an einer weit umfassenderen Tradition, die über Dionysius vom Areopag bis zu Plotin, ja bis zu Platon zurückreichte. Die Beurteilung des neuplatonischen Einflusses auf die spanische Mystik geriet allerdings zu einem Problem, das sowohl forschungsgeschichtliche als auch philosophische Wurzeln hat. Im Brennpunkt dieser Debatte steht nicht zufällig Johannes vom Kreuz, der *doctor mysticus* κατ᾽ ἐξοχήν, dessen Denken oftmals vielschichtiger und voraussetzungsreicher ist als das der Teresa. Gerade darum stellt sich bei Johannes vom Kreuz die Einflußfrage mit um so größerer Dringlichkeit. Strittig sind in der Forschung die verschiedenen Traditionslinien, die sich in seinen Schriften verbinden. Ein weitgehend unproblematischer Weg führt über die direkte Lektüre der areopagitischen Schriften und weiterer Kirchenlehrer oder über die rheinisch-flämische Mystik mit Autoren wie Tauler, Ruusbroec und Thomas von Kempen, die in Spanien höchst populär waren.[41] Daneben aber werden immer wieder Bedeutung und Ausmaß des jüdischen sowie islamischen Erbes diskutiert, das im Spanien des 16. Jahrhunderts überaus virulent gewesen sein muß.

In jüngerer Zeit konnten vor allem Luce López Baralt (im Anschluß an die Untersuchungen des arabistischen Altmeisters Miguel Asín Palacios) sowie Catherine Swietlicki erstaunliche Anleihen der spanischen Mystiker beim Sufitum und bei der Kabbala aufzeigen.[42] Diese Parallelen lassen sich gewiß in jedem Einzelfall, nicht aber allesamt aus rein zufälligen Übereinstimmungen erklären. Daß die genannten Forscher bislang keine genauen Filiationen nachzuzeichnen vermochten, darf nicht als Argument gegen sie verwendet werden. Die monastische Kultur des 16. Jahrhunderts war sowohl von der Mündlichkeit als auch vom Medium der Handschrift geprägt. Die mündliche Überlieferung ist für uns heute unsichtbar geworden, und viele handschriftliche Zeugnisse wurden im Zuge der strenger werdenden Zensur bereits im 16. Jahrhundert oder später vernichtet. So bleiben möglicherweise als einzige Zeugnisse eines verschlungenen Rezeptionsprozesses die offenkundigen Berührungspunkte zwischen spanischer Mystik einerseits und den Lehren der Sufis oder der Kabbalisten andererseits. In ihrer eindrucksvollen Häufung erbringen diese Indizien einen augenscheinlichen Beweis dafür, daß von einer Beeinflussung auszugehen ist, obwohl genaue Vermittlungsstufen nicht mehr zu rekonstruieren sind.

Zu selten wurde bislang gefragt, warum das Gedankengut jüdischer Kabbalisten oder islamischer Sufis relativ mühelos von christlichen Autoren assimiliert werden konnte. Ein maßgeblicher Grund hierfür liegt zweifelsohne darin, daß alle drei Buchreligionen des Mittelmeerraums über Jahrhunderte hinweg mit dem Diskurs des Neuplatonismus koexistiert hatten, der von Haus aus weder jüdisch noch christlich noch islamisch war und dennoch alle drei Religionen tiefgreifend beeinflußte. Erst der Neuplatonismus gab jenes diskursive Fluidum ab, innerhalb dessen jüdische, christliche und islamische Geheimlehren ineinander übersetzbar, miteinander vergleichbar oder gar kompatibel wurden. Wenn wir darum im folgenden vorrangig den Zusammenhang zwischen der spanischen Mystik und zwei klassischen Repräsentanten des griechischsprachigen Neuplatonismus, nämlich Plotin und Dionysius vom Areopag, herausstreichen werden, dann schließen wir keineswegs aus, daß daneben auch jüdische oder islamische Überlieferungen von Belang gewesen wären, sondern wir gehen zu jenen Quellen zurück, die auch einem solchen sekundären Einfluß noch voraufliegen und ihn

---

41 Diese Traditionslinie zeichnen zwei Autoren nach. Cf. *Mediaeval Mystical Tradition and Saint John of the Cross*, By a Benedictine of Stanbrook Abbey, London: Burns & Oates 1954; Helmut Hatzfeld: *Estudios literarios sobre mística española* (1955), 2ª edición corregida y aumentada, Madrid: Gredos 1968.

42 Cf. Miguel Asín Palacios: *El Islam cristianizado. Estudio del 'sufismo' a través de las obras de Abenarabí de Murcia* (1931), 2ª edición, Madrid: Hiperión 1981; Luce López Baralt: *San Juan de la Cruz y el Islam. Estudio sobre las filiaciones semíticas de su literatura mística*, México: El Colegio de México 1985; Catherine Swietlicki: *Spanish Christian Cabala. The Works of Luis de León, Santa Teresa de Jesús and San Juan de la Cruz*, Columbia, Missouri: University of Missouri Press 1986.

darum überhaupt erst ermöglicht haben. Bekanntlich sind einige Traktate Plotins ins Arabische übersetzt worden, und im maurisch beherrschten, weithin arabischsprachigen Spanien des Mittelalters sind bezeichnenderweise die frühesten kabbalistischen Traktate entstanden. Plotins Bedeutung sowohl für die islamische als auch für die jüdische Mystik kann schwerlich überschätzt werden.[43]

Es war Jean Baruzi, der 1924 in seiner grundlegenden Untersuchung über *Saint Jean de la Croix et le Problème de l'expérience mystique* erstmals in einigen Bereichen auffällige Parallelen zwischen der Lehre des Plotin und des Johannes vom Kreuz aufzeigte, ohne damit auch eine direkte Kenntnis zu präjudizieren. Forschungsgeschichtlich war Baruzis Interpretation um die Mitte der 1920er Jahre ein Novum, theologisch eine Provokation. Denn die Grenze zwischen heidnischem Platonismus und Christentum, zwischen paganem und christlichem Neuplatonismus schien den meisten scharf gezogen. Baruzi aber behauptete, daß sich am Beispiel des Verhältnisses von Plotin zu Johannes vom Kreuz eine Trennungslinie gar nicht mehr klar markieren lasse. Besondere Brisanz gewann Baruzis Deutung im kulturellen Umfeld der 1920er Jahre. In diese Zeit fallen maßgebliche und eindrucksvolle Ansätze, die spanische Kultur des Goldenen Zeitalters insgesamt neu zu lesen – nicht mehr als einen monolithischen Block, sondern als eine heterogene und auch heterodoxe Vielfalt von Diskursen.[44] Johannes vom Kreuz, der 1926 offiziell zum Kirchenlehrer proklamiert werden sollte, wurde fast zeitgleich von Baruzi zu einem Wortführer des heterodoxen, des Andern Spanien ausgerufen. Insofern war Baruzi, der eine Zeitlang als Philosophielehrer am Pariser Collège Stanislas den jungen Jacques Lacan unterrichtete, gewiß ein würdiger Nachfolger des modernistischen Theologen Alfred Loisy auf dem Lehrstuhl für Religionsgeschichte am Collège de France. Ganz unabhängig von der kulturpolitischen Konjunktur der 1920er Jahre hat Baruzi in seiner grundlegenden Intention recht behalten: Die Wechselbeziehungen zwischen dem außerchristlichen und dem christlichen Platonismus sind enger, als man sich dies lange Zeit eingestehen wollte. Wir würden heute beide Richtungen weniger als gegensätzlich zueinander denn als Varianten voneinander verstehen, also die Opposition zwischen ihnen dekonstruieren. Das christliche Denken ist ohnehin erst spät und keineswegs überall eine Ehe mit dem aristotelischen Thomismus eingegangen. Außerhalb davon liegt ein – zum Teil unerforschter – Kontinent, zu dem gerade die mystische Literatur gehört.

Über das Gesagte hinaus hat Baruzis Deutung eine philosophische Dimension. Er vertritt einen emphatischen Begriff der mystischen Erfahrung, den er sowohl bei Johannes vom Kreuz als auch in Plotins Konzept der Schau wiederfin-

---

43 Von einer «convergencia en la raíz» (‚Übereinstimmung in der Wurzel‘) spricht in diesem Zusammenhang der ungemein hellsichtige José Angel Valente: «Sobre el lenguaje de los místicos. Convergencia y transmisión», in: *Variaciones sobre el pájaro y la red*, Barcelona: Tusquets 1991, pp. 166-186, ibid. 170. Eine jüngere Untersuchung des Verhältnisses von Johannes vom Kreuz und Plotin stammt von André Bord: *Plotin et Jean de la Croix*, Paris: Beauchesne 1996.

44 Zu erwähnen sind an erster Stelle der spanische Historiker Américo Castro und der französische Hispanist Marcel Bataillon.

det, den er aber maßgeblich im Bann von Bergsons lebensphilosphischem Intuitionsbegriff entwickelt haben dürfte. Baruzi zufolge gipfelt die mystische Erfahrung bei Johannes vom Kreuz letztendlich in einem noetischen Akt, der es ihm gestattet, Gott und in Gott die Welt zu erkennen – nicht im andeutenden Bild, sondern im Begriff selber: «Définitif échec de l'image, triomphe de la notion. Notion de Dieu et non des choses.»[45] Die plotinische ἐπιστροφή aus der Vielheit der Bilder zur vollkommenen Einfachheit des Einen wäre damit Wirklichkeit geworden. Ein sicheres Kennzeichen für die Unmittelbarkeit und die Authentizität der Erfahrung ist laut Baruzi die Sprache. Diese kann nur dann angemessener Ausdruck der mystischen Erfahrung werden, wenn sie sich des Symbols bedient.[46] Das Symbol ist für Baruzi weder *figure* noch *image,* sondern die Utopie eines Ausdrucks, der selbst schon anfanghaft Anteil besitzt an dem, was er bezeichnet. Im Symbol ist das Symbolisierte präsent, die semiotische Differenz zwischen Zeichen und Bedeutung, zwischen Signifikant und Signifikat ist getilgt – das heißt platonisch gesprochen, daß das εἴδωλον im παράδειγμα, das Abbild im Urbild aufgegangen ist. Das mystische Symbol ist demnach für Baruzi differenzlos, um nicht zu sagen differenzvergessen.

Den bedeutendsten Gegenentwurf zu Baruzis oben genannter Studie stellt die *Kreuzeswissenschaft* der Karmelitin Edith Stein dar, ein Buch, das wegen des Abtransports der Verfasserin 1942 nach Auschwitz als Fragment schließt. Von einer phänomenologisch geprägten Position aus problematisiert und verschiebt Edith Stein Baruzis Symbolkonzeption. Dem scheinbar unmittelbaren Symbol stellt sie das Kreuz als ein *Wahrzeichen* gegenüber, welchem Bedeutung in seiner Geschichte zuwächst, so daß es weder willkürliches Zeichen noch differenzloses Symbol ist.[47] Dementsprechend führt Edith Stein in ihre Interpretation als zentrale Kategorien das Kreuzesopfer und die Selbsthingabe des Liebenden ein, die bei Baruzi keine Rolle gespielt hatten. Unter dem Firnis einer poetischen Symbolsprache macht sie in ihrer phänomenologisch bestimmten Lektüre des Textes eine radikal erotisierte Erfahrung des Kreuzes sichtbar, deren ascetische Austerität mit dem lebensphilosophischen Konzept einer emphatischen Erfahrung bei Baruzi kaum mehr vermittelbar ist.

Aus einer theologischen Perspektive valorisiert Edith Stein das unübersehbar christliche Element bei Johannes vom Kreuz. Aber dieses selbst ist wiederum aufs engste mit der platonischen Tradition verknüpft, freilich nicht mit deren plotinischer, sondern mit deren konkurrierender areopagitischer Variante. Zur Vorbereitung ihrer *Kreuzeswissenschaft* hatte Edith Stein eingehend den Dionysius studiert und ihm eine kleine Monographie gewidmet.[48] In deren Mittelpunkt steht

---

45 Jean Baruzi: *Saint Jean de la Croix et le Problème de l'expérience mystique* (1924), 2ᵉ édition revue et augmentée d'une préface nouvelle, Paris: Alcan 1931, p. 708.
46 Baruzi, ibid. p. 328.
47 Cf. Edith Stein: *Kreuzeswissenschaft: Studie über Joannes a Cruce* (1941/42, publ. 1950), 2. verbesserte Auflage, Louvain: Nauwelaerts; Freiburg i. Br.: Herder 1954, pp. 32-36.
48 Cf. ead.: *Wege der Gotteserkenntnis. Dionysius der Areopagit und seine symbolische Theologie* (1941), edd. Waltraud Herbstrith, Veronika Elisabeth Schmitt, München: Kaffke 1979.

bezeichnenderweise die Analyse seiner symbolischen Theologie. Das theologische Symbol kann laut dem Dionysius niemals mit dem göttlichen Geheimnis koinzidieren, das es bezeichnet. Ihm bleibt die Differenz dazu stets eingezeichnet, kraft derer es eher verhüllt denn enthüllt. Ja, die unüberbrückbare Differenz zum Gemeinten macht erst eigentlich die Identität des theologischen Symbols aus. Es ist damit diametral dem mystischen Symbol entgegengesetzt, das Baruzi bei Johannes vom Kreuz entdeckt hatte.

Die beiden divergierenden Lesarten der Schriften des *doctor mysticus* durch Baruzi und Edith Stein besitzen ihr Korollar offenkundig in gegensätzlichen semiotischen Voraussetzungen: Baruzi optiert für eine differenzlose Semiotik des mystischen Symbols; Edith Stein geht von der differentiellen Struktur des areopagitischen Symbols aus. Der eine beruft sich auf Plotin, die andere auf Dionysius vom Areopag. Er liest mit den Augen Bergsons; sie liest mit den Augen Husserls. Das in dieser Debatte aufgeworfene Problem jedoch hat im Horizont unserer eigenen Gegenwart nichts von seiner philosophischen Aktualität eingebüßt, und es bleibt auch weiterhin mit der Frage des Neuplatonismus eng verknüpft. Ist ein Symbol ohne semiotische Differenz überhaupt zu haben? Und selbst wenn dem so wäre, ist ein differenzloses Symbol dann im neuplatonischen Kontext denkbar? Während der vergangenen Jahre hat Werner Beierwaltes in seinen Arbeiten zu heidnischen wie zu christlichen Platonikern aufgewiesen, wie dort der Widerstreit von Identität und Differenz nicht etwa übergangen, sondern durchgearbeitet und in seiner Bezogenheit auf das Prinzip des Einen gedacht wird.[49] Auf der Grundlage dieser differenzbewußten Neulektüre der platonischen Tradition geht er so weit, Heideggers pauschale Kritik der abendländischen Metaphysik als seins- und differenzvergessen in Zweifel zu ziehen. Beierwaltes sieht Heideggers diesbezügliches Grundanliegen in der metaphysischen Reflexion der Neuplatoniker auf die Differenz des Einen zum Sein seit bald zwei Jahrtausenden verwirklicht und betrachtet damit Heideggers Behauptung als widerlegt, die Metaphysik vergesse per se die Differenz.[50]

Ob man das bewußte Denken der Differenz bei den Neuplatonikern weiterhin unter der Kategorie der Metaphysik subsumieren will, wie Beierwaltes es vorschlägt, ist eine terminologische Entscheidung, auf die wir später noch einmal zurückkommen werden. Jedenfalls nimmt der Sache nach Jacques Derrida mittlerweile eine vergleichbare Position ein. In seinem in Jerusalem gehaltenen Vortrag *Comment ne pas parler* untersucht er Erscheinungsformen des Apophatischen bei Platon, Dionysius, Meister Eckhart und Heidegger. Derrida benennt unbestreitbare Divergenzen zwischen diesen – in sich durchaus unterschiedlichen – Paradigmen des Denkens und dem seinigen.[51] Aber nichtsdestoweniger betrachtet

---

49 Cf. Werner Beierwaltes: *Denken des Einen: Studien zur neuplatonischen Philosophie und ihrer Wirkungsgeschichte*, Frankfurt am Main: Vittorio Klostermann 1985; *Platonismus im Christentum*, Fankfurt am Main: Vittorio Klostermann 1998

50 Cf. id.: *Identität und Differenz*, Frankfurt am Main 1980, pp. 131-143.

51 Jacques Derrida, «Comment ne pas parler. Dénégations» (1986), in: *Psyché. Inventions de l'autre*, Paris: Galilée 1987, pp. 535-595. Derrida klassifiziert die Paradigmen, die er behandelt, als grie-

Derrida die herangezogenen Entwürfe offenbar als historisch je eigenständige Varianten einer weit umfassenderen Denkbewegung der Dekonstruktion überhaupt. Er schlägt sie damit zweifelsohne der Metaphysikkritik zu, deren Vorgeschichte dann koextensiv wird zur Geschichte der Philosophie überhaupt. In eine ähnliche und dennoch gegensätzliche Richtung zielen auch die stimulierenden Untersuchungen von Jean-Luc Marion, der in seinem Buch *Dieu sans l'être* eine metaphysikkritische Gotteslehre auf der Grundlage der areopagitischen Theologie entworfen hat.[52]

Die mystischen Gedichte des Johannes vom Kreuz lassen sich also über ihre diachrone Genealogie auf eine – in sich keineswegs einheitliche oder gar widerspruchsfreie – Tradition des neuplatonischen Denkens zurückführen. Dieser sehr weit verstandene Neuplatonismus wird darum ein wesentlicher Kontext sein, innerhalb dessen wir unsere mystischen Gedichte immer wieder zum Sprechen bringen wollen. Es wird allerdings nicht darum gehen, Johannes vom Kreuz einsinnig zum plotinisch oder areopagitisch inspirierten Dichter zu erklären, wobei der areopagitische Einfluß bei ihm zweifellos überwiegen dürfte. Wir möchten viel eher aufzeigen, wie die Texte die philosophisch vertretenen Positionen spielerisch aufnehmen, in Dialog mit ihnen treten und abarbeiten. Affinitäten sind eher von Fall zu Fall als grundsätzlich zu benennen. Die poetische Inszenierung von Dekonstruktion, Differenz und Supplementarität, der wir in unseren Gedichten allenthalben begegnen, wäre allerdings trotz ihrer Eigenständigkeit und konterdiskursiven Widerständigkeit ohne den Bezug auf das immer schon Vorausgedachte der platonischen Tradition ihrerseits nicht zu denken.

Zu These und Aufbau der Arbeit

Unsere Arbeit kann und will keine fest umrissene These zur mystischen Dichtung des Johannes vom Kreuz aufstellen oder verteidigen, die sich in ein paar knappen Sätzen resümieren und als Einleitung dem Hauptteil der Abhandlung vorausschicken ließe. Statt dessen möchten wir im Gang der Untersuchung die drei Hauptgedichte unseres Autors durchgehen, um an ihnen eine philologisch zu verantwortende Lektüre durchzuführen und vorzuführen. Zu diesem Zweck wird im ersten Teil ein Horizont rekonstruiert, das heißt aber allererst konstruiert und damit eröffnet, von dem her den Gedichten nach und nach disperse Sinneffekte in einem nicht totalisierbaren Bedeutungsspiel zuwachsen können. Zuerst soll die erotisch-allegorische Schreibweise der Gedichte als eine für die Renaissance charakteristische Reaktualisierung der patristischen Exegese des Hohenlieds ausgewiesen werden (Kapitel 1.1), die in überaus engem Bezug zur

---

chisch (Platon), christlich (Dionysius und Meister Eckhart), weder griechisch noch christlich (Heidegger). Seine eigene Position beschreibt er als dazu allemal exzentrisch, nämlich als jüdisch und arabisch (ibid. p. 562).

52 Cf. Jean-Luc Marion: *Dieu sans l'être* (1982), Paris: Presses Universitaires de France 1991.

Tradition der areopagitischen Theologie steht (1.2). Sodann ist ausgehend von
den Studien des Georges Bataille nach der Natur des erotischen Exzesses zu fragen, der auf der buchstäblichen Ebene der allegorischen Texte ausgetragen wird,
und hierbei ist dessen Nähe zur perversen Transgression und zur Institution des
Opfers zu erläutern (1.3). Es folgen eine weiterhin an Bataille orientierte Reflexion auf das Kreuzesopfer als Potlatsch (1.4) und eine auf René Girard und Certeau rekurrierende Deutung des christlichen Opferleibs als eines Supplements
(1.5). In Auseinandersetzung mit Rainer Warnings maßgeblicher Darstellung des
geistlichen Spiels im Mittelalter gelangen wir zu der Schlußfolgerung, daß das
mystische Sprachspiel als eine umdeutende Überschreibung des theologischen
Diskurses gelesen werden darf, die sich gerade jenseits von Orthodoxie und Häresie ansiedelt (1.6).
Sodann werden sich umfangreiche Interpretationen der drei großen Dichtungen in ihrer üblichen Reihenfolge anschließen: die *Noche oscura* wird als Allegorie
des Liebesopfers (Teil II), der *Cántico espiritual* als Allegorie der apophatischen
Liebeskunst (Teil III) und die *Llama de amor viva* als die Allegorie der Liebeswunde (Teil IV) vorgestellt. Der Behandlung der *Noche oscura* ist ein Kapitel
vorausgeschickt, in dem zentrale Elemente einer Poetik des Buchstabens bei Johannes vom Kreuz skizziert sind (Kap. 2.1). Der Interpretation des *Cántico espiritual* wiederum wird ein Kapitel vorangestellt, welches dessen vieldiskutiertes
Textproblem aus der Sicht der *critique génétique* als die Figur einer Opferung beschreibt (3.2). Der vierte Teil über die *Llama de amor viva* enthält schließlich einen Ausblick auf Teresas Bericht von ihrer Transverberation (Kap. 4.4). Inter-
pretatorisch liegt der Schwerpunkt weithin auf der Behandlung der buchstäblichen Ebene. Allerdings werden sich auch Einlassungen zu den Bedeutungseffek-
ten der geistlichen Textebene und zu theopoetischen Fragestellungen im oben
genannten Sinn als unvermeidlich erweisen. Quantitativ liegt der Schwerpunkt
auf dem *Cántico espiritual,* da er sowohl der längste als auch der provozierendste
und problemreichste der drei zu analysierenden Texte ist. Kapitel zum *Cántico
espiritual* gehen unter anderem ein auf die Verschränkung von Liebeswahn und
poetischer Sprechsituation (Kap. 3.2); Figuralität und Differenz (3.3); Plötzlichkeit und Epiphanie (3.4); Spiegelblick und mystischer Schau (3.5); Stimmenhören und Ekstase (3.6); Liebeslust und Todeserfahrung (3.7); Geschlechterdifferenz und Unnennbarkeit Gottes (3.8); Liebes- und Kreuzesopfer (3.9); Perversion und Gottesliebe (3.10); *ars erotica* und Apophatismus sowie Nichtigkeit des
Bösen und göttlicher Güte (Kap. 3.11).
Ein knappes Schlußkapitel (Teil V) versucht zuletzt – in Ergänzung zur Poetik
des Buchstabens – eine weitere poetologische Dimension ins Spiel zu bringen. Es
wird nämlich zu fragen sein, inwiefern sich der Opfergedanke, der im fiktiven,
uneigentlichen *énoncé* der Liebesgedichte immer wieder aufscheint, auch die
Ebene der *énonciation* erfaßt und strukturiert. In diesem Fall wäre die Dichtung
nicht mehr nur eine erotische oder allegorische Überschreibung des Kreuzesopfers, sondern sie geriete nunmehr selber zum semiotischen Akt einer supplementären Kreuzesnachfolge, das heißt sie wäre als ein *sacrificium litterae* – als Buch-

stabenopfer – zu beschreiben. Diese weitreichende – vielleicht tollkühne – Hypothese steht am Schluß der Arbeit und wurde ihr zugleich als Titel vorangestellt.

Das letzte Wort dieser Einleitung sollte dem Stil und dem Duktus der Untersuchung – insbesondere in den Interpretationskapiteln – gelten. Wir haben uns weitgehend für die Form eines Kommentars entschieden, der vom *close reading* einzelner Strophen und Verse ausgeht, die Dispersion ihrer Bedeutungseffekte nachzeichnet, problematisiert und dann zusätzliche (manchmal unerwartete) Kontexte ins Spiel bringt. Der kubanische Schriftsteller José Lezama Lima hat in einem tiefsinnigen Essay Johannes vom Kreuz bezeichnet als: «el humilde del sin sentido [...] quien destruye el sentido»[53] – ‚der Demütige des Sinnlosen, [...] der den Sinn zerstört'. Da wir mit Lezama Lima ebenfalls unterstellen, daß sich die Gedichte unseres Corpus der Zuschreibung eines stabilen Sinns widersetzen, konnte ein solcher Sinn auch in den einzelnen Stadien der Interpretation nirgendwo mit Gewißheit behauptet werden. Das Durchgehen der Texte sollte als ein Durch- oder Vorübergang, als ein *transitus*, verstanden werden, der nirgendwo hinführt und sich nirgendwo seßhaft macht – ein Exodus ohne Land der Verheißung. Wenn unsere Interpretationen einzelner Textstücke an ihr Ende kommen, dann jedenfalls selten deswegen, weil ein Sinn sich endlich erschlossen, sondern weil er sich nun endgültig verflüchtigt hat.

Die Übung des Textdurchgehens in einer Heimatlosigkeit, die sich des Sinns entledigt hat, ist vielleicht ein philologisches Äquivalent jener Selbsttechniken, die in der antiken Philosophie und später auch im Christentum als ἄσκησις oder *exercitium*, als μελέτη oder *meditatio* bezeichnet wurden und auf die Pierre Hadot sowie Michel Foucault in den letzten Jahren gleichermaßen die Aufmerksamkeit des Publikums gelenkt haben.[54] Sie entspricht aber auch jener Aktivität der *ruminatio*, des Wiederkäuens, als welche seit der Antike die Einverleibung des Gelesenen ins Gedächtnis gedeutet wurde.[55] Eine solch ascetische, meditative, ruminierende Lektüre ist den zu besprechenden Beispielen mystischer Dichtung auf eine herausragende Weise angemessen: Der mystische Text enthält in der Tat eine Aufforderung zur ἀναχώρησις, er verleitet das Subjekt, um nochmals eine Formulierung von Certeau aufzugreifen, zum Rückzug an einen Ort, wo es sich verirrt, verliert, ja zugrunde richtet, – *un lieu pour se perdre*.[56] Auf diese Besonderheit des mystischen Sprachspiels seien Leser und Interpreten hiermit hingewiesen. Erst wenn ebenso wie der chinesische Hirte seinen Ochsen seine Seele sich selbst in der Lektüre des Textes verloren hat, wird sie von sich behaupten dürfen:

53 Cf. José Lezama Lima: «Sierpe de don Luis de Góngora» (1950), in: *Analecta del reloj*, in: *Obras completas*, ed. C. Vitier, México: Aguilar 1977, vol. II, pp. 183-227, ibid. 188.

54 Cf. Pierre Hadot: *Exercices spirituels et Philosophie antique* (1981), 2ᵉ édition augmentée, Paris: Etudes Augustiniennes 1987; Foucault: *L'Usage des plaisirs*, Paris: Gallimard 1984, pp. 9-39.

55 Cf. Mary J. Carruthers: *The Book of Memory. A Study of Memory in Medieval Culture* (1990), Cambridge: University Press 1999, pp. 156-188.

56 Cf. Certeau: *La Fable mystique*, p. 43.

que andando enamorada
me hice perdidiza y fui ganada
(Cántico C, vv. 104 sq.)

[denn, wie ich so verliebt mich davonstahl,
lief in die Irre ich und war gewonnen.]

I
KONSTRUKTION EINES HORIZONTS

1.1. Die allegorische Exegese des Hohenlieds als Dekonstruktion

Theologische oder poetische Allegorie

Seit der Akademierede von Marcelino Menéndez y Pelayo im Jahre 1881, mit der sich die Philologie die Dichtung des Johannes vom Kreuz als ihren eigenen Gegenstand erschlossen hat,[1] wurde immer wieder auf die Abhängigkeit dieser Poesie vom alttestamentlichen Buch des Hohenlieds hingewiesen.[2] Jahrhundertelang hatte die weltliche Liebesdichtung einzelne ihrer Motive dem Hohenlied entlehnt. Aber Johannes geht sehr viel weiter: Zusätzlich zur Übernahme einzelner Stoffe richtet er insgesamt die Struktur der Liebesgeschichten, die seinen Dichtungen zugrunde liegen, am biblischen Vorbild aus. Während die *Noche oscura* nur einige Szenen und Bilder des Hohenlieds herausgreift und zu einer zusammenhängenden Geschichte gestaltet, kann der *Cántico espiritual* durchwegs als eine – freilich überaus eigenständige – Paraphrase des biblischen Bezugstextes verstanden werden; und die *Llama de amor viva* wäre wohl am treffendsten als eine *sermocinatio* charakterisiert, als eine Rede in Gegenwart des Geliebten, welche die Braut des Hohenlieds in ihrer Hochzeitsnacht gehalten haben könnte.

Etwas noch Entscheidenderes kommt hinzu: Johannes vom Kreuz verdankt dem alttestamentlichen Buch nicht nur die Motivik, sondern die Hermeneutik, die seine Dichtung bestimmen wird. Die erotischen Abenteuer der jeweiligen Gedichte sind bei Johannes vom Kreuz allesamt allegorisch gemeint. Sie stehen für die Liebe zwischen Gott und der Seele. Dies geht aus den beigegebenen Kommentaren und aus dem jeweils einschlägigen *argumentum* hervor, das sowohl der *Noche oscura* als auch der *Llama de amor viva* in den einzelnen Handschriften vorausgestellt und das dem *Cántico espiritual* in seiner späteren Fassung hinzugefügt ist. Der Autor setzt demnach für die Auslegung seiner eigenen Dichtung dieselbe allegorische Verstehenslehre voraus, die seit der Zeit der alten Kirche im Abendland für die Erklärung des Hohenlieds üblich gewesen ist.

Daß Johannes vom Kreuz biblische Vorgaben dichterisch umgestaltet, hat naheliegende Gründe: Seit jeher war der Kommentar zu einem biblischen Buch für einen geistlichen Schriftsteller ein probates Medium der eigenen theologischen Reflexion gewesen, und gewiß mußte das Hohelied als ganz besonders geeigneter

---

1 Cf. Marcelino Menéndez Pelayo: «La poesía mística en España» (1881), in: *Estudios y discursos de crítica histórica y literaria*, ed. E. Sánchez Reyes, vol. II (Edición Nacional, vol. VII), Santander: Aldus 1961, pp. 69-110.

2 Cf. hierzu ausführlich Alonso: *La poesía de San Juan de la Cruz*, pp. 113-122. An neueren Arbeiten zu diesem Thema ist an erster Stelle zu nennen die Untersuchung von Fernande Pépin: *Noces de feu: le symbolisme nuptial du 'Cántico espiritual' de saint Jean de la Croix à la lumière du 'Canticum Canticorum'*, Paris; Tournai: Desclée & Cie; Montréal: Bellarmin 1972.

Stoff erscheinen.[3] Aber im Spanien der Tridentinischen Reform und insbesondere seit der Einführung des Index verbotener Bücher ab dem Jahre 1551 war nicht nur die Verbreitung der Bibel in der Volkssprache streng untersagt, sondern auch der Versuch, sie in der Volkssprache zu kommentieren, stieß offensichtlich auf erhebliche Schwierigkeiten. Plastisch zeigt sich dies an zwei Beispielen: Teresa von Avila verfaßte 1566 einen Kommentar zum Hohenlied. Die meisten Manuskripte des Werkes wurden später auf ihre eigene Anweisung hin verbrannt, und erst 1611 konnte in Brüssel eine gedruckte Fassung unter dem Titel *Conceptos sobre el amor de Dios* erscheinen.

1562 hatte der Augustinermönch Fray Luis de León ebenfalls einen Kommentar zum Hohenlied mit einer beigefügten spanischen Übersetzung für die ihm befreundete Nonne Isabel Osorio geschrieben. Wegen der weiten Verbreitung des Manuskripts, welches das Übersetzungsverbot nicht beachtete, und wegen der dort geübten Kritik an einigen falschen Übersetzungen im Text der Vulgata war Fray Luis de León von 1572 bis 1576 eingekerkert worden. Fray Luis selber gab nach seiner Freilassung im Vorwort zu seinem Buch *De los nombres de Cristo* ('Über die Namen Christi') von 1583 die Anregung, aus der Not des Bibelverbots in der Volkssprache gewissermaßen eine Tugend zu machen und bibelähnliche Schriften auf spanisch zu verfassen, damit sie als ein Supplement der unzugänglich gewordenen Bibel dienen könnten:

> Todos los buenos ingenios en quien puso Dios partes y facultad para semejante negocio tienen obligación a occuparse en él, componiendo en nuestra lengua, para el uso común de todos, algunas cosas que, o como nascidas de las sagradas letras, o como allegadas y conformes a ellas, suplan por ellas, quanto es possible.[4]

> [Alle, die mit guter Begabung ausgezeichnet sind und in die Gott die Veranlagung und Fähigkeit zu einem entsprechenden Unternehmen gelegt hat, haben die Pflicht, dem nachzukommen. In unserer Sprache mögen sie zum allgemeinen Gebrauch aller einige Dinge niederschreiben, die entweder aus der Heiligen Schrift hervorgehen oder zu ihr hinführen und ihr entsprechen, damit sie diese ersetzen können, soweit dies möglich ist.]

Es liegt auf der Hand, daß die Gedichte des Johannes vom Kreuz genau Fray Luis' Vorschlag entsprechen. Als volkssprachliche Nachdichtungen, Ausschmückungen oder Erweiterungen eines biblischen Buches lassen sie doch den kanonischen lateinischen Text unangetastet und verstoßen damit nicht gegen das offizielle Verbot. Sie geben zugleich den Anlaß zu einer ähnlich breiten Kommentierung, wie ihn traditionellerweise der biblische Text selbst geboten hatte.[5]

---

3 Cf. Ulrich Köpf: "Hoheliedauslegung als Quelle einer Theologie der Mystik", in: *Grundfragen christlicher Mystik* (Studientagung Theologia mystica in Weingarten vom 7.-10. November 1985), ed. Margot Schmidt, Stuttgart; Bad Canstatt: Frommann-Holzboog 1987, pp. 51-72.

4 Fray Luis de León: *De los nombres de Cristo*, libro I, dedicatoria, ed. Cr. Cuevas, 5ª edición, Madrid: Cátedra 1986, p. 144.

5 Was die Erläuterung mystischer Gedichte in einem zusätzlichen Kommentar betrifft, so hat Luce López Baralt auf eine bemerkenswerte Parallele hingewiesen: Auch den mystischen Gedichten

Das Hohelied steigert die Weltlichkeit der alttestamentlichen Weisheitsliteratur in einem ungeahnten Ausmaß. Es ist das einzige Buch der Bibel, in dem das Wort Gott nicht vorkommt, weil dort nämlich überhaupt kein Gottesname erscheint – zumindest nicht nach den Fassungen der alten Sprachen.[6] Nicht nur die vielgerühmte Sinnlichkeit der geschilderten Liebesabenteuer, sondern gerade auch das gleichzeitige Fehlen des Gottesnamens mußte von der theologischen Hermeneutik der Juden und der Christen als Herausforderung empfunden werden. Sie reagierten darauf, sei es indem sie die Zugehörigkeit des Buchs zum biblischen Kanon überhaupt bestritten, sei es indem sie es allegorisch auslegten.[7] Diese Exegese konnte und wollte aber seit jeher keinen Sinn fixieren, sondern sie

---

der arabischen Sufis des Mittelalters sind Erklärungen beigegeben worden – sei es von den Autoren selbst (wie im Fall des Ibn 'Arabi) oder von späteren Schülern (wie im Fall des Ibn Al-Farid). Cf. Luce López Baralt: San Juan de la Cruz y el Islam, pp. 193-226. Allerdings zeigen das dem Meister Eckhart zugeschriebene mittelhochdeutsche Gedicht *Granum sinapis* und der zugehörige lateinische Kommentar, daß grundsätzlich nicht nur im Islam, sondern auch innerhalb des christlichen Bereichs außerkanonische oder gar volkssprachliche Poesie zum Vorwurf für einen geistlichen Kommentar werden konnte.

6 Ein besonderes Problem gibt der Vers in Canticum 8,6 auf. Die LXX lesen: „Περίπτερα αὐτῆς [scil. τῆς ἀγάπης] περίπτερα πυρός, φλόγες αὐτῆς" – ‚Ihre Funken [scil. der Liebe] Funken des Feuers, Flammen von ihr.‘ Hieronymus übersetzt in der Vulgata: „Lampades eius [scil. dilectionis] lampades ignis atque flammarum." Dem Wort φλόγες oder *flammae* entspricht im hebräischen Text der Ausdruck ‚Flammen von Jah‘, was entweder als profane Steigerungsformel gelesen werden kann oder aber als eine Kurzform des Tetragrammatons. Hierzu ausführlich cf. Roland E. Murphy: *The Song of Songs. A Commentary on the Book of Canticles or the Song of Songs* (Hermeneia. A Critical and Historical Commentary on the Bible), Minneapolis, Minnesota: Fortress Press 1990, pp. 191 sq.
Genau darin unterscheiden sich seit der Renaissance die Übersetzungen des Verses. Einen ausdrücklich religiösen Bezug stellen Luther, Fray Luis de León und die *Bible de Jérusalem* her. „Jr glut [scil. der Liebe] ist fewrig / vnd ein flamme des HERRN." (Die Großschreibung verwendet Luther als Entsprechung zum – von ihm unterstellten – hebräischen Tetragrammaton – «Las sus brasas [scil. del amor] son brasas del fuego de Dios.» (‚Ihre Gluten sind Gluten des Feuers Gottes.‘) – «Ses traits [scil. de l'amour] sont des traits de feu, une flamme de Y...»
Streng profan liest hingegen die Einheitsübersetzung: „Ihre Gluten sind Feuergluten, gewaltige Flammen." Ebenso Stephan Schreiner in einer jüngeren Nachdichtung: „Ihre Flammen sind Feuerflammen, sind wie Blitze."
Für eine wortspielerische Doppeldeutigkeit entscheiden sich Martin Buber und Franz Rosenzweig: „Ihre Flitze Feuerflitze, – eine Lohe oh von Ihm her!" (Hier scheint beim mündlichen Vortrag der Bezug der Lohe zum Geliebten offenkundig und wird erst in der Verschriftlichung auf etwas Anderes gelenkt.) Ähnlich geschickt die *Nova Vulgata* von 1979: „Lampades eius lampades ignis atque flammae divinae." (Das Adjektiv *divinus* ist im biblischen Latein den heidnischen Gottheiten vorbehalten und bezieht sich dort etwa auf die verabscheute Tempelprostitution.)
In jedem Fall konnte die griechische und lateinische Christenheit jahrhundertelang im Text des Hohenlieds keinerlei Anspielung auf den Gottesnamen ausmachen, und aller Wahrscheinlichkeit nach ist gerade im hebräischen Original jede Eindeutigkeit bewußt vermieden. Wenn demnach das Hohelied den Gottesnamen verwendet, dann am ehesten ironisch – ähnlich wie viele Jahrhunderte später Johannes vom Kreuz auch. Aber greifen wir dem Fortgang der Untersuchung nicht vor...

7 Cf. Wilhelm Riedel: *Die älteste Auslegung des Hoheliedes* (Inaugural-Dissertation zur Erlangung der Licentiatenwürde, vorgelegt der theologischen Fakultät zu Kiel), Naumberg a. S.: Lippert & Co. (G. Pätz'sche Buchdruckerei) 1898.

blieb ein unabschließbares Unternehmen, in dem sich das Subjekt in Beziehung zu einem Andern setzte.[8] Möglicherweise reflektiert sich in der Unabschließbarkeit der Hohelied-Allegorese nichts anderes als die Unnennbarkeit des göttlichen Namens selbst, den dieses Buch so beharrlich verschweigt.

Mit der Entscheidung für das Hohelied als allgegenwärtigen Bezugstext seiner Dichtung übernahm Johannes vom Kreuz in jedem Fall ein voraussetzungsreiches hermeneutisches Erbe. Schon Origenes, Gregor von Nyssa, Ambrosius, Gregor der Große, Beda Venerabilis oder Bernhard von Clairvaux – um hier nur die auch im Westen bekanntesten zu nennen – hatten das Hohelied in unterschiedlichen Zusammenhängen kommentiert. Mit geringfügigen Nuancen hatten sie dabei stets darauf hingewiesen, daß der in diesem Gedicht dargestellte *amor corporeus* eines Liebespaares allegorisch für den *amor sacer* der Kirche oder der Seele zu Gott stehe. In diesem Sinn heißt es bei Gregor dem Großen:

> Hinc est enim, quod in hoc libro, qui in Canticis canticorum conscriptus est, amoris quasi corporei uerba ponuntur: ut a corpore suo anima per sermones suae consuetudinis refricata recalescat et per uerba amoris, qui infra est, excitetur ad amorem, qui supra est. Nominantur enim in hoc libro oscula, nominantur ubera, nominantur genae, nominantur femora; in quibus uerbis non irridenda est sacra descriptio, sed maior dei misericordia consideranda est: quia, dum membra corporis nominat et sic ad amorem uocat, notandum est quam mirabiliter nobiscum et misericorditer operatur, qui, ut cor nostrum ad instigationem sacri amoris accenderet, usque ad turpis amoris nostri uerba distendit. Sed, unde se loquendo humiliat, inde nos intellectu exaltat: quia ex sermonibus huius amoris discimus, qua uirtute in diuinitatis amore ferueamus.[9]

Wenn wir ausgehend von Gregors prägnanter Darstellung in aller Knappheit die patristische und später mittelalterliche Exegese resümieren, können wir sagen, daß dort stets zwei Sinnebenen des Textes vorausgesetzt werden. Ein buchstäblicher Sinn oder *sensus litteralis* bezeichnet einen geistlichen Sinn oder *sensus spiritalis.* Die buchstäbliche Ebene des *amor corporeus,* der als ein niedriger *amor turpis* konzipiert ist, verweist, um bei Gregors Begriffsgebrauch zu bleiben, auf die geistliche Ebene des *amor sacer* oder *amor divinus,* der die edle Form der Liebe darstellt. Die Geschichte oder *historia* eines menschlichen Liebespaares bedeutet demzufolge von Fall zu Fall die Liebe der Synagoge zu Gott, der Kirche zu

---

8 Darauf hat Anne-Marie Pelletier in ihren rezeptionsästhetisch orientierten Arbeiten zur Hohelied-Exegese aufmerksam gemacht: «En d'autres termes, si le poème a été lu, inlassablement, selon ce mode d'une lecture personnelle fondée sur l'identification, c'est parce qu'en sa lettre il l'autorise et la stimule. C'est parce que le *Cantique* est, avant même de former du sens, pure forme signifiante, celle d'un dialogue tendu au lecteur, afin que celui-ci s'y implique et qu'il parle ses mots.» (Anne-Marie Pelletier: «Exégèse et histoire. Tirer du nouveau de l'ancien», *Nouvelle Revue théologique* 110 [1978], 641-665, ibid. 658.) Cf. ead.: *Lectures du Cantique des Cantiques. De l'énigme du sens aux figures du lecteur,* Romae ex Pontificio Instituto Biblico 1989. Weiteres zur Tradition der Hohelied-Auslegung auch bei Bernard McGinn: ''The Language of Love in Christian and Jewish Mysticism'', in: *Mysticism and Language,* ed. S. T. Katz, Oxford 1995, pp. 202-235
9 Gregorius Magnus in canticum, prooemium, cap. 3, CCSL 144, p. 4.

Christus, dann auch die Liebe der Seele zu Gott oder der Gottesmutter Maria zu ihrem Sohn.[10] Schematisch läßt sich die Beziehung zwischen Geist und Buchstaben des Textes, göttlicher und irdischer Liebe des gemeinten Sinns folgendermaßen darstellen:

SENSVS LITTERALIS	AMOR CORPOREVS
SENSVS SPIRITALIS	AMOR SACER

Die Aussagen der Kirchenschriftsteller über das Hohelied wurden in der Forschung überwiegend dahingehend interpretiert, daß die herkömmliche patristische Deutung dieses Buchs eben eine Spielart der bekannten allegorischen Exegese überhaupt sei.[11] So pauschal formuliert dürfte diese Auffassung unhaltbar sein. Seit alters her weisen ja sämtliche patristischen Kommentatoren die als häretisch verurteilte Auffassung des Theodor von Mopsuestia zurück, dem Hohenlied liege eine buchstäbliche *historia* im Sinne einer wirklich geschehenen Liebesgeschichte zwischen Salomon und einer ägyptischen Königstochter zugrunde und es müsse darum aus dem Kanon der biblischen Schriften ausgeschlossen werden. In der orthodoxen Auslegung von Juden wie Christen wird vielmehr die *littera,* der buchstäbliche Text, stets als eine reine Fiktion betrachtet, die ohne historischen Wahrheitsanspruch sei und nur auf einen übertragen gemeinten *sensus spiritalis* zu verweisen habe.

Hieraus geht hervor, daß die Allegorie im Hohenlied von besonderer Art ist und keineswegs gleichgesetzt werden darf mit jenem Allegoriebegriff, wie man ihn den geschichtlichen Büchern der Bibel zuschrieb und wie er vor allem von der antiochenischen Theologenschule in Auseinandersetzung mit Origenes und den Alexandrinern entwickelt worden war.[12] Für die Antiochener beinhaltet nämlich der *sensus litteralis* einen tatsächlich gegebenen *sensus historicus.* Nach dem äußerst einflußreichen Beispiel, das Paulus im Galaterbrief für die Allegorie gibt, hatte Abraham zwei Söhne: den Ismael von der Sklavin Hagar und den Isaak von der Freien Sara. Dieser buchstäbliche und historische Sachverhalt kann nun seinerseits zum Träger eines zusätzlichen *sensus spiritalis* werden, insofern damit die beiden Testamente, das Gesetz und die Gnade, die Synagoge und die Kirche bezeichnet sind.[13]

---

10 Cf. hierzu Friedrich Ohly: *Hohelied-Studien. Grundzüge einer Geschichte der Hoheliedauslegung des Abendlandes bis um 1200,* Wiesbaden: Franz Steiner 1958.

11 Cf. ibid. et Ulrich Köpf: Art. "Hoheslied", § III,1, ("Auslegungsgeschichte im Christentum. Alte Kirche bis Herder"), 1986, in: *Theologische Realenzyklopädie* (TRE), vol. XV, pp. 508-513.
Ohly versteht seine "Geschichte der Hoheliedauslegung" als die Geschichte bestimmter Bedeutungszuweisungen (ab wann wurde die Braut mit der Kirche, mit der einzelnen Seele, mit der Gottesmutter gleichgesetzt?). Was demgegenüber zu rekonstruieren bleibt, ist eine Genealogie, die danach fragt: Welche semiotischen Möglichkeitsbedingungen liegen solchen Sinnzuweisungen immer schon voraus?

12 Cf. Christoph Schäublin: *Untersuchungen zur Methode und Herkunft der antiochenischen Exegese,* Köln; Bonn: Peter Hanstein 1974.

13 Cf. epistola ad Galatas 4,21-31.

Das nach dem Urteil der Kirchenväter höchst eigenwillige Allegorieverständnis des Paulus, das sich zur Allegoriedefinition der Rhetorik querstellt, wurde zum Ausgangspunkt für die patristische Exegese.[14] Diese spezifische Variante einer historisch gesättigten Allegorie wird von Augustinus und Beda Venerabilis als *allegoria in facto* bezeichnet und von Dante in seinem *Convivio* (mit offenkundigem Blick auf Thomas von Aquin) als die berühmte Allegorie der Theologen.[15] Im Jahr 1570 erläutert Hieronymus Lauretus alias Jeroni de Lloret, der Abt des katalanischen Klosters Montserrat und Zeitgenosse des Johannes vom Kreuz, in seiner *Sylva allegoriarum totius sacrae scripturae*, einem immer wieder nachgedruckten Handbuch der Bibelexegese, diese Ausdrucksform ausführlich unter dem Namen der *allegoria spiritalis seu mystica*.[16]

Moderne terminologische Entsprechungen zur *allegoria spiritalis* wären einerseits die *figura* im Verständnis von Erich Auerbach und andererseits der sogenannte τύπος im Sinn der Definition von Heinrich Lausberg und anderen, die sich heute allgemein durchgesetzt hat.[17] Sowohl *figura* als auch τύπος sind jedoch im Laufe der Begriffsgeschichte stets mehrdeutig gewesen. Sie konnten gleichermaßen die genannte *allegoria in facto* wie auch deren Gegenstück bezeichnen. Dieses Gegenstück heißt bei Augustinus und Beda die *allegoria in verbis*, bei Hieronymus Lauretus die *allegoria grammatica seu litteralis* und bei Dante die Allegorie der Dichter, worin eine Wahrheit unter einer schönen Lüge versteckt sei: «ed è una veritade ascosa sotto bella menzogna».[18] Diese poetische Allegorie wird verstanden als eine Reihung von Metaphern, als Ausgestaltung eines Bildes, dem kein eigener Wahrheitswert zukommt.

Schon die alten Kirchenschriftsteller verstehen das Hohelied unzweifelhaft als eine solch rhetorische oder poetische Allegorie. Bei seiner Auslegung des Ho-

---

14 Cf. Jean Pépin: *Mythe et Allégorie. Les origines grecques et les contestations judéo-chrétiennes* (1958), Nouvelle édition revue et augmentée, Paris: Études augustiniennes 1976; id.: *La Tradition de l'allégorie de Philon d'Alexandrie à Dante*, Paris: Études augustiniennes 1987.

15 Für die einschlägigen Stellen cf. Augustinus de trinitate XV,9,15; Beda Venerabilis de schematibus et tropis II,2,12; Dante Alighieri: *Il Convivio*, II,1,3, ed. Maria Simonelli, Bologna: Riccardo Pàtron 1966, p. 31. Die Lehre des Thomas von Aquin zur theologischen Allegorie findet sich im Prolog zur *Summa theologiae* und ausführlicher noch in: Thomae Aquinatis quodlibetum VII q. 6.
Zur theoretischen Konzeption der Allegorie von der (christlichen) Antike bis zum Mittelalter cf. C. S. Lewis: *The Allegory of Love. A Study in Medieval Tradition* (1936), Reprinted, Oxford: University Press 1990, pp. 44-111; Johan Chydenius: «La théorie du symbolisme médiéval» (1960), *Poétique* 23 (1975), 322-341; Armand Strubel: «Allegoria in factis et allegoria in verbis», *Poétique* 23 (1975), 342-357.

16 Cf. Hieronymi Laureti sylva allegoriarum totius sacrae scripturae (1570), "Aditus in sylvam allegoriarum", fol. 1 v., Coloniae Agrippinae apud Hermannum Demen sub monocerote MDCLXXXI, Fotomechanischer Nachdruck der zehnten Auflage Köln 1681, Einleitung von Fr. Ohly, München: Wilhelm Fink 1971.

17 Cf. Erich Auerbach: "Figura" (1938), in: *Gesammelte Aufsätze zur romanischen Philologie*, Bern; München: Francke 1967, pp. 55-92; Heinrich Lausberg: *Handbuch der literarischen Rhetorik*, München: Hueber 1960, vol. I, § 900 sq.

18 Für die Stellenbelege bei Augustinus und Beda cf. supra n. 15; zu Hieronymus Lauretus cf. "Aditus", f. 1 recto, loc. cit.; zu Dante cf. *Il Convivio*, I,2.

henlieds empfiehlt Gregor, nicht gar zu lange bei der buchstäblichen *historia* zu verweilen, ähnlich hatte sich schon Origenes geäußert.[19] Kaum anders verfährt Bernhard, der zwar den verführerischen, ästhetischen Charakter des Textes anerkennt, aber dessen Funktion darin sieht, den Leser um so wirkungsvoller für die Erforschung des *sensus spiritalis* zu gewinnen.[20] Zu diesem Vorgehen mögen die Kommentatoren auch dadurch veranlaßt worden sein, daß die jeweiligen Übersetzungen des Hohenlieds zahlreiche dunkle Stellen enthielten. Oft wußten sich die Interpreten dann nur noch zu helfen, indem sie die absurd erscheinende *littera* einfach übersprangen und statt dessen einen akzeptablen *sensus spiritalis* herausarbeiteten. Der Text des Hohenlieds wurde somit in der Auslegungspraxis häufig eher als ein schwer verständliches *aenigma* denn als eine – dank aufeinander verweisender Metaphern – sich anschaulich erschließende *allegoria* behandelt.[21]

Allegoria tota

Eine entscheidende qualitative Änderung in der Geschichte der Auslegung des Hohenlieds markiert die Exegese des Fray Luis de León, die nur auf der Grundlage einer literalen Hermeneutik denkbar ist, wie sie in der Hebraistenschule von Salamanca praktiziert wurde.[22] Im Rückgriff auf den hebräischen Urtext legt Fray Luis eine vollständige Auslegung der buchstäblichen Ebene des Textes vor – und zwar in der schon erwähnten spanischsprachigen Erstfassung von 1562, die nur die *littera* kommentiert, ab 1580 allerdings auch in drei sukzessive erweiterten lateinischen Auflagen unter dem Titel *Explanatio in canticum canticorum,* worin

---

19 "Haec si non spiritaliter intelligantur, nonne fabulae sunt? [...] Necesse est igitur eum, qui audire scripturas spiritaliter nouit aut certe qui non nouit et desiderat nosse, omni labore contendere, ut non iuxta carnem et sanguinem conuersetur." (Origenis homilia in canticum, I,2, S.C. 37 bis, p. 74.)

20 "Et quidem jucundum eloquium, quod ab osculo principium sumit, et blanda ipsa quaedam Scripturae facies facile afficit et allicit ad legendum ita ut quod in ea latet, delectet etiam cum labore investigare, nec fatiget inquirendi forte difficultas, ubi eloquii suavitas mulcet." (Bernardi Clarae-Vallensis sermo in cantica I,5, P.L. 183, col. 787 B-C.)

21 Zum Unterschied zwischen echter *allegoria* und *aenigma* cf. Isidori Hispalensis etymologiae I,37,26. Zum Hohenlied als *aenigma* cf. Gregorius Magnus expositio in canticum, prooemium, cap. 1.

22 Zur Bibelauslegung der spanischen Humanisten allgemein cf. Carlos Carrete Parrondo: *Hebraístas judeoconversos en la Universidad de Salamanca* (Lección inaugural del curso académico 1983-1984), Salamanca: Universidad Pontificia 1983; Joseph Pérez: «La bible et les humanistes dans l'Espagne du XVIème siècle», in: *Homenaje al profesor Antonio Vilanova,* ed. Marta Cristina Carbonell, Barcelona: Universidad de Barcelona 1989, vol. I, pp. 505-520.
Zur hebraistischen Exegese des Fray Luis speziell cf. Emilia Fernández Tejero: «Fray Luis de León, hebraísta. El 'Cantar de los Cantares'», in: Fray Luis de León: *Aproximaciones a su vida y obra,* edd. C. Morón Arroyo, M. Revuelta Sañudo, Santander: Sociedad Menéndez Pelayo 1989, pp. 203-227. Hebraistische und kabbalistische Einflüsse in *De los nombres de Cristo* zeigt auf Natalio Fernández Marcos: «'De los nombres de Cristo' de fray Luis de León y 'De arcano sermone' de Arias Montano», ibid. pp. 63-93.

neben dem buchstäblichen immer auch der geistliche Sinn behandelt ist.[23] Im Gegensatz zur anspruchsloseren spanischen Version enthalten die lateinischen Fassungen umfangreiche rhetorische Erörterungen, besonders in der *Explanatio tertia* zum ersten Kapitel des Hohenlieds.

Fray Luis behauptet, daß der Text sinnvoll und kohärent als ein weltliches Liebesgedicht verstanden werden könne. Im Anschluß an die patristische Tradition, die zumindest implizit so verfahren war, klassifiziert Fray Luis gleich zu Eingang seiner Abhandlung explizit das Hohelied als eine rhetorische oder poetische Allegorie und hebt es damit von der theologischen Allegorie der anderen biblischen Bücher ab.[24]

> Itaque tota hujus libri [scil. Cantici canticorum] oratio figurata est, et allegorica. Allegoricam dico, non ea allegoria, quam D. Paulo auctore, inducunt Theologi, cum in sacris Litteris a litterae, quem vocant, sensu, allegoricum sensum distingunt: sed quam tradunt rhetores effici ex perpetua metaphora.[25]

In Ergänzung der patristischen Tradition deutet Fray Luis das Hohelied außerdem als eine, wie er sagt, *allegoria perpetua,* die ganz und gar dem entspricht, was Quintilian eine *allegoria tota* nennt. Die *allegoria tota* besteht nur aus übertragen gebrauchten Gliedern, die ein zusammenhängendes Bildfeld gestalten und das eigentlich Gemeinte nirgends ausdrücklich formulieren. Quintilian erläutert die Figur am Beispiel eines Horaz-Gedichts, das seit alters her als Allegorie des römischen Staates verstanden wurde, der nach dem Bürgerkrieg wieder zur Ruhe kommt, gleich wie ein Schiff von der stürmischen See in den sicheren Hafen zurückkehrt:

> Ἀλληγορία, quam inversionem interpretantur, aut aliud verbis, aliud sensu ostendit, aut etiam interim contrarium. prius fit genus plerumque continuatis translationibus, ut
>
> O navis referent in mare te novi
> fluctus: o quid agis? fortiter accipe
> portum,

---

23 Der spanische Kommentar zum Hohenlied findet sich in der Ausgabe: Fray Luis: *Exposición del Cantar de los Cantares,* in: *Obras completas castellanas,* ed. Félix García, 5 edición, Madrid: Biblioteca de Autores Cristianos 1991, vol. I.
Die lateinischen Kommentare erschienen in Salamanca erst 1580 (Biblioteca Nacional de Madrid, R/33.550) und dann in zweiter, überarbeiteter Auflage 1582 (B.N.M, U/1548) jeweils bei Lucas de Junta und schließlich in einer nochmals erweiterten Fassung 1589 (B.N.M., R/31369) bei Guillermo Foquel. Ein Neudruck, nach dem wir zitieren, stammt aus dem Jahr 1892. Fray Luis: *In Canticum canticorum triplex explanatio* (1589), in: *Magistri Luysii Legionensis (...) opera,* vol. II, Salmanticae: Rodríguez 1892.
24 Dieser Sachverhalt fand bislang in der Sekundärliteratur kaum Beachtung – auch nicht bei Karl Vossler oder bei Colin P. Thompson, dem wir die zweifellos beste Monographie zu Fray Luis aus jüngerer Zeit verdanken. Cf. Vossler: *Fray Luis de León,* München: Schnell & Steiner 1964; Thompson: *The Strife of Tongues. Fray Luis de León and the Golden Age of Spain,* Cambridge: University Press 1988, pp. 104-212.
25 Luisius in canticum, ed. cit. p. 16.

totusque ille Horati locus, quo navem pro re publica, fluctus et tempestates pro bellis civilibus, portum pro pace atque concordia dicit.[26]

Genau dieses Horaz-Gedicht zitiert Fray Luis ausführlich – samt einem Hinweis auf Quintilian – in seinem Kommentar, um es als ein Modell jenes Typs der poetischen Allegorie vorzustellen, worin das Hohelied abgefaßt sei.[27] Sodann fährt er – immer noch mit Blick auf das Gedicht des Horaz – fort:

Atque hoc allegoriae genus, etsi commune sit scriptis omnibus, tamen sacris est valde familiare litteris. Plurimum enim illae hoc figurae genere utuntur: nec in eo obscuritatem vitant, quam vitandam Cicero praecipit, sed illam potius affectant quodammodo, itaque sacrae allegoriae ad aenigmata interdum proprius accedunt. In hoc certe genere tota hujus carminis [scil. Cantici canticorum] oratio versatur. Est enim perpetua quaedam verborum allegoria, in qua sponsus pro Christo ponitur, sponsa pro Ecclesia, pro Ecclesiae autem partibus, atque viribus foeminei corporis membra nominantur, caput, oculi, ubera.[28]

Die herkömmlichen Deutungen hatten den Text des Hohenlieds niemals in solcher Radikalität als eine *allegoria perpetua* oder, um mit Quintilian zu reden, als eine *allegoria tota* aufgefaßt, sondern eher als eine *allegoria apertis permixta*,[29] als eine Allegorie, in der sich verschiedene Sinnschichten sowie übertragen und eigentlich gebrauchte Ausdrücke vermischten. Diese behutsame Lektüre des Hohenlieds als einer gemischten Allegorie hatte sich notwendigerweise aus dem Mangel jener umfassenden hebraistischen und Realienkenntnisse ergeben, die Fray Luis an den Tag legt und die es ihm gestatten, auch in vordergründig schwer verständlichen Passagen eine sinnvoll motivierte Liebessituation auszumachen.

Fray Luis' Plädoyer für eine buchstäbliche Lesung des Hohenlieds als einer poetischen *allegoria tota* darf keineswegs als implizite Leugnung von dessen spiritueller Bedeutung mißverstanden werden. Vielmehr erkennt Fray Luis den geistlichen Sinn des Textes durchaus an. Für Fray Luis ist das Hohelied keine weltliche, sondern geistliche Dichtung im täuschend echt wirkenden Kleid einer weltlichen *historia*. Salomon, der biblische Schreiber, hat den *sensus litteralis* des Buches nie im eigentlichen Sinn gemeint, er hat darin nicht etwa die Geschichte seiner eigenen Liebe zu einer Frau erzählen wollen, sondern er hat einen *sensus spiritalis* im Sinne gehabt, der sich auf etwas Anderes bezog als auf das, was er oberflächlich sagte:

Sed vera sine dubio sententia est, nullius amatorii sermonis re ipsa a Salomone habiti, aut cum uxore sua, aut cum aliqua alia foemina historiam referri in hoc libro, sed historicum ejus sensum eumdem mysticum esse, eumque totum versari in exprimendo, quantum Ecclesia, atque Christus ament inter se, quos Salomon inducit

---

26 Quintiliani institutio oratoria VIII,6,44. Cf. quoque Horati carmen I,14,1-3.
27 Cf. Luisius in canticum, ed. cit. p. 91.
28 Luisius in canticum, ed. cit. pp. 91 sq.
29 Cf. Quintiliani institutio oratoria VIII,6,47.

sumpta persona conjugum inter se amantium, et suos calores blandissimis verbis conferentium.[30]

Nach dieser Festellung des Fray Luis ist der *sensus historicus* des Buches von vornherein dessen *sensus mysticus*. Dieser paradox anmutende Gedankengang findet sich bei früheren Kommentaren zum Hohenlied nirgends mit solcher Prägnanz formuliert. Fray Luis arbeitet den zuvor zwar unterschwellig vorausgesetzten, aber nicht reflektierten Sachverhalt heraus, daß das Hohelied sowohl biblisches Buch als auch rhetorische Allegorie ist und darum immer schon an der Schnittstelle von theologischer und poetischer Allegorie steht.

Die Auslegung des Hohenlieds durch Fray Luis bewirkt zweierlei: Einerseits wird der *sensus litteralis* im Vergleich zu früheren Deutungen ungeheuer aufgewertet, da er nunmehr als ein sinnvolles Ganzes in Erscheinung treten kann. Andererseits aber wird für diesen *sensus litteralis* ein eigenständiger Sinn umso heftiger bestritten, da ja diese *allegoria tota* vollständig für ein Anderes stehe. Dem *sensus litteralis* wird mithin ein gewissermaßen ästhetischer Wert zugebilligt, ein Wahrheitswert gleichwohl abgesprochen. Fray Luis' Auffassung vom poetisch allegorischen Charakter des Hohenlieds ist nur schwer mit der klassischen Lehre vom vierfachen Schriftsinn bei Thomas von Aquin oder auch beim zeitgenössischen Hieronymus Lauretus zu artikulieren. Fray Luis behandelt nämlich das Hohelied nach denselben hermeneutischen Regeln wie die weltliche Dichtung.

Strukturell betrachtet steht die Auslegung des Hohenlieds bei Fray Luis der theologischen Poetik eines Dante oder Boccaccio weit näher als der patristischen Exegese antiochenischer Provenienz. Auch bei den italienischen Autoren des Trecento wird der buchstäbliche Sinn als ein *poeticum velamentum* oder als ein *fabulosus cortex* verstanden, der in sich keinerlei Aussagewert hat und worunter erst eine tiefere Wahrheit verborgen liegt.[31] Das Allegoriekonzept der theologischen Poetik wurde im 15. Jahrhundert auch in Spanien heimisch und im Umkreis der iberischen *Gaya Sciencia* von Dichtern wie Enrique de Villena, Juan de Mena und vor allem vom Marqués de Santillana propagiert.[32] Unter dem Einfluß des

---

30 Luisius in canticum, ed. cit. p. 85.
31 Die Begriffe finden sich beispielsweise im 14. Buch der *Genealogiae deorum gentilium* des Boccaccio. Cf. Genealogiae Ioannis Boccatii cum demonstrationibus in formis arborum designatis, Venetiis apud Bonetum Locatellum impensis Octaviani Scoti, 23 Febr. 1494/95, lib. XIV, capp. VI et IX, foll. 104 r. et 105 r. – Zur theologischen Poetik der Italiener allgemein cf. Reinhart Herzog: "Veritas fucata. Hermeneutik und Poetik in der Frührenaissance", in: *Die Pluralität der Welten. Aspekte der Renaissance in der Romania,* edd. K. Stierle, W.-D. Stempel (Romanistisches Kolloquium, vol. 4), München: Wilhelm Fink 1987, pp. 107-136.
32 «¿E qué cosa es la poesía – que en el nuestro vulgar gaya sçiençia llamamos – syno un fingimiento de cosas útyles, cubiertas o veladas con muy fermosa cobertura, conpuestas, distinguidas e scandidas por cierto cuento, peso e medida?» (Marqués de Santillana: Prohemio e carta al Condestable de Portugal, in: *Obras completas,* edd. A. Gómez Moreno, M. Kerkhof, Barcelona: Planeta 1988, pp. 437-454, ibid. p. 439.) – 'Und was ist die Poesie, die wir in unserer Volkssprache Fröhliche Wissenschaft nennen, wenn nicht eine trügerische Erfindung nützlicher Gegenstände, die bedeckt oder verschleiert sind unter einer sehr schönen Hülle und die abgefaßt, eingerichtet und eingeteilt werden nach einer bestimmten Zahl, einer bestimmten Betonung und einem bestimmten Maß?'

Marsilio Ficino und des florentinischen Neuplatonismus verfocht Leone Ebreo in seinen *Dialoghi d'amore* auf ganz ähnliche Weise die allegorische Natur der Dichtung.[33]

Angesichts der skizzierten geistesgeschichtlichen Umstände zeigt sich, daß Fray Luis mit seinem Hohelied-Kommentar die Grundlage für eine den biblischen Wortlaut selbst erfassende theologische Poetik zu schaffen sucht, die damit aus dem Heidentum aufs Jüdische und Christliche zurückgewendet wird. Ja, wir können sogar sagen, daß Fray Luis' Exegese die überkommene Opposition von theologischer und poetischer Allegorie dekonstruiert – und zwar nach der Seite der Poetik hin. Ein biblischer Text, der wie das Hohelied als göttlich inspiriert gilt und einen höchst bedeutsamen geistlichen Sinn transportiert, wird als eine erotische Fiktion ausgewiesen. Gott bedient sich – wie die Menschen auch – der dichterischen Erfindungsgabe, um in diesem Modus seine Wahrheit zu offenbaren.

Aus der Perspektive des Kommentars von Fray Luis rückt die abendländische Hohelied-Allegorese grundsätzlich in ein neues Licht: Ist nicht ganz generell die orthodoxe Hohelied-Auslegung, die nur den geistlichen Schriftsinn akzeptiert, seit der Patristik als ein Spiel der Dekonstruktion zu lesen, worin der permanente Widerstreit zwischen theologischer und poetischer Allegorie zugunsten der Poesie aufgelöst wird? Hat nicht diese Exegese des Hohenlieds seit jeher die Ansprüche der antiochenischen Allegorese auf die geschichtliche Wahrheit des Buchstabens verneint zugunsten einer poetischen Fiktion? Konnte nicht gerade in der Hohelied-Exegese ein alexandrinisches, ja ein geradezu origenistisches Konzept der Allegorie innerhalb der Orthodoxie selbst Wurzeln schlagen und weiterwirken? Die Fragen so zu stellen heißt schon, sie indirekt zu beantworten. Dann aber erwiese sich die allegorische Exegese des Hohenlieds im Abendland als der frühe Avatar einer theopoetischen Bewegung der Dekonstruktion.

Fray Luis' Allegorese des Hohenlieds betrachten wir als ein wichtiges heuristisches Interpretament, aus dem sich – zumindest in Teilen – eine implizite Poetik der Dichtung des Johannes vom Kreuz rekonstruieren läßt. Johannes vom Kreuz hat in Salamanca studiert, als Fray Luis dort lehrte, und wenn auch die Biographen über das Ausmaß der Beeinflussung rätseln, ist doch davon auszugehen, daß die exegetischen Auffassungen der dortigen Lehrer ihm auf die eine oder andere Weise bekannt wurden und ihre Wirkung auf den Studenten nicht verfehlt haben dürften. Die faszinierend kohärente und konkrete Gestalt der buchstäblichen *historia* in den Gedichten des Johannes vom Kreuz hat ihre Ursache ganz offensichtlich darin, daß der Autor dort die Form der *allegoria tota* bewußt anstrebt – sei es nun mit oder ohne ausdrückliche Kenntnis von Fray Luis' Auslegung des Hohenlieds. Zugleich trägt aber die buchstäbliche Ebene des poetischen Textes auch bei Johannes vom Kreuz keinerlei eigene Bedeutung, sondern sie verweist wie im Hohenlied auf einen *sensus spiritalis*. Die erotische *historia* eines

---

33 Cf. Leone Ebreo: *Dialoghi d'amore* II, ed. S. Caramella, Bari: Giuseppe Laterza & Figli 1929, p. 98.

Liebespaares ist demnach immer schon gemeint als eine schöne Lüge, als *bella menzogna*, die den Widerstreit zwischen Theologie und Poesie beizulegen hilft, indem sie – wie selbstverständlich – der Dichtung Recht gibt.

Symbol oder Allegorie

Wenn im literarhistorischen Umfeld der Renaissance die erotische Dichtung des Johannes vom Kreuz als allegorische intendiert ist, dann muß uns eine weithin eingebürgerte, moderne Deutung seiner Gedichte ausführlicher beschäftigen. Seit dem Erscheinen der schon erwähnten Studie von Jean Baruzi über *Saint Jean de la Croix et le Problème de l'expérience mystique* im Jahr 1924 ist es üblich geworden, die Scheidung zwischen Allegorie und Symbol, wie sie von den deutschen Idealisten und Romantikern eingeführt wurde, nunmehr auch auf die mystischen Gedichte des Johannes vom Kreuz zu übertragen. Es sei hier gestattet, kurz Goethes berühmt gewordene Bestimmung von allegorischer und symbolischer Dichtung aus seinen *Maximen und Reflexionen* in Erinnerung zu rufen:

> Es ist ein großer Unterschied, ob der Dichter zum Allgemeinen das Besondere sucht oder im Besondern das Allgemeine schaut. Aus jener Art entsteht Allegorie, wo das Besondere nur als Beispiel, als Exempel des Allgemeinen gilt; die letztere aber ist eigentlich die Natur der Poesie, sie spricht ein Besonderes aus, ohne ans Allgemeine zu denken oder darauf hinzuweisen. Wer nun dieses Besondere lebendig faßt, erhält zugleich das Allgemeine mit, ohne es gewahr zu werden, oder erst spät.
> Das ist die wahre Symbolik, wo das Besondere das Allgemeinere repräsentiert, nicht als Traum und Schatten, sondern als lebendig-augenblickliche Offenbarung des Unerforschlichen.[34]

In dieser so einflußreichen Auffassung ist die allegorische Schreibweise durch ihre Begrifflichkeit, Künstlichkeit, also semiotische Willkürlichkeit gekennzeichnet, die symbolische Schreibweise hingegen durch ihre Unmittelbarkeit, Natürlichkeit, ja semiotische Motiviertheit schlechthin. Die Allegorie ist entschieden endlich, allein das Symbol öffnet sich aufs Unendliche. Echte Dichtkunst darf in dieser Sicht nur symbolisch sein, insbesondere seit Hegels Verdikt gegen die Allegorie in seinen *Vorlesungen zur Ästhetik*.[35] Auch im 20. Jahrhundert ist diese ne-

---

34 Johann Wolfgang von Goethe, *Maximen und Reflexionen,* in: *Werke,* Hamburger Ausgabe, 8. überarbeitete Auflage, edd. E. Trunz, H. J. Schrimpf, München: C. H. Beck 1978, vol. XII, n° 751 sq., p. 471.

35 Cf. Georg Wilhelm Friedrich Hegel: *Vorlesungen über die Ästhetik* (1835-1838), II. Teil, 1. Abteilung, Kapitel III B 2, edd. Eva Moldenhauer, K. M. Michel, vol. I-III, Frankfurt am Main: Suhrkamp 1970.
Die übliche Unterscheidung von Allegorie und Symbol findet sich beispielsweise bei Albrecht Schöne: *Emblematik und Drama im Zeitalter des Barock,* München: C. H. Beck 1968, pp. 30-34. Die Geschichte und die Voraussetzungen ebendieser Unterscheidung beleuchtet hingegen Michael Titzmann: "Allegorie und Symbol im Denksystem der Goethezeit", in: *Funktionen und Formen der Allegorie* (Symposion Wolfenbüttel 1978), ed. W. Haug, Stuttgart: J. B. Metzler 1979, pp. 642-655.

gative Konzeption der Allegorie weithin vorherrschend geblieben, obwohl sie von so einflußreichen Autoren wie Benedetto Croce, später auch Hans Georg Gadamer und Hans Robert Jauß in Frage gestellt wurde.[36] Von daher nimmt es nicht wunder, daß die Herausarbeitung der Symbolik in der Poesie des Johannes vom Kreuz diese gerade von dem Vorwurf allegorischer, unkünstlerischer Beliebigkeit freizusprechen und statt dessen als ästhetisch geglückte Dichtung zu legitimieren sucht.

Baruzi bestreitet nicht vollkommen das Vorhandensein allegorischer Elemente bei Johannes vom Kreuz, aber er behauptet, daß dessen Dichtung dort der gelungenste Ausdruck mystischer Erfahrung sei, wo sie sich entschieden der Symbolik zuwende. Die traditionelle Allegorie der geistlichen Hochzeit lasse künstlerische Ausdruckskraft vermissen; doch im Zentrum der Dichtung stehe ja nicht diese konventionelle Allegorie, sondern vielmehr das Symbol der Nacht. Dieses Nachtsymbol übersetze nicht nur die mystische Erfahrung, sondern es falle untrennbar mit ihr zusammen:

> Un symbole mystique, qui n'arrive pas à nous faire percevoir, même dans le rythme des images, la profondeur de l'expérience, n'est qu'un pseudo-symbole. Le vrai symbole adhère à l'expérience. Il n'est pas la *figure* d'une expérience.[37]

Bei Baruzi ist das von ihm sogenannte mystische Symbol eng auf einen Bergson entlehnten, emphatischen Begriff der Erfahrung (*profondeur de l'expérience*) bezogen. Einer solchen Auffassung hat sich in Frankreich Paul Valéry implizit angeschlossen – und zwar in seinem überschwenglichen Lob einer barocken Übersetzung der Gedichte des Johannes vom Kreuz durch den französischen Karmeliten Cyprien de la Nativité de la Vierge.[38] Aber besonders in Spanien ist die symbolhafte Lesung schulbildend geworden – angefangen von Juan Ramón Jiménez bis hin zu Pedro Salinas, Jorge Guillén, Gerardo Diego und vor allem Dámaso Alonso. Gerade Dichter, die wie Valéry und Don Juan Ramón oder wie die Mitglieder der 1927er Generation durch die Schule des Symbolismus und des Modernismus gegangen waren, scheinen also für eine entsprechend symbolische Deutung der mystischen Poesie empfänglich gewesen zu sein – vielleicht auch deswegen, weil sie so auf einen bedeutenden Autor der literarischen Tradition ih-

---

36 Bei Croce ist deutliche Kritik an der gängigen Auffassung herauszuhören, auf die er Bezug nimmt. Cf. Benedetto Croce: *Estetica come scienza dell'espressione e linguistica generale* (1902), Bari: Giuseppe Laterza & Figli 1973, pp. 39 sq. Eine "Rehabilitierung der Allegorie" strebt ausdrücklich an Hans Georg Gadamer: *Wahrheit und Methode. Grundzüge einer philosophischen Hermeneutik* (1960), 2. Auflage, Tübingen: J. C. B. Mohr (Paul Siebeck) 1965, pp. 66-77. Aus literaturgeschichtlicher Sicht ist schließlich zu nennen die mittlerweile klassische Untersuchung von Hans Robert Jauß: "Entstehung und Strukturwandel der allegorischen Dichtung", in: *Grundriß der romanischen Literaturen des Mittelalters*, vol. VI,1, edd. id., E. Köhler, Heidelberg: Carl Winter 1968, pp. 146-244.

37 Jean Baruzi: *Saint Jean de la Croix et le Problème de l'expérience mystique*, p. 335.

38 Cf. Paul Valéry: «Cantiques spirituels» (1941), in: *Œuvres*, ed. J. Hytier, Bibliothèque de la Pléiade, Paris: Gallimard 1957, vol. I, pp. 445-457.

re eigene Poetik projizieren durften. Die angelsächsische Kritik ist einer solchen symbolisch ausgerichteten Auffassung weitgehend gefolgt.[39]

Bis in die Gegenwart hinein wird Johannes vom Kreuz als ein ausgesprochen symbolistischer Dichter gefeiert.[40] Noch in seiner 1992 gehaltenen Antrittsrede an der Real Academia Española de la Lengua hat Víctor García de la Concha ausführlich begründet, warum die Dichtung des Johannes vom Kreuz jegliche Form allegorischer Rede weit hinter sich lasse und den offenen Raum des Symbolischen erreiche, der die eigentliche Heimat der Dichtung sei:

> Únicamente el símbolo, por fundir idea y sentimiento, resulta instrumento lingüístico adecuado para producir la reviviscencia de la mística teología, en la que las cosas «se saben, mas juntamente se gustan». El símbolo, en fin, por esa su dinámica de compresión, es totalizador.[41]

> [Da in ihm Idee und Gefühl miteinander verschmelzen, erweist sich allein das Symbol als das angemessene sprachliche Instrument, durch welches die mystische Theologie, in der ‚an die Dinge weiß, aber zugleich auch verkostet‘, zum Leben erweckt werden kann. Dank seiner Dynamik der Verdichtung ist das Symbol letzten Endes totalisierend.]

Bei all dem ist gewiß zu berücksichtigen, daß eine der populärsten und wirkungsmächtigsten Symboltheorien unseres Jahrhunderts in C. G. Jungs Archetypenlehre vorliegt. Dort wird ebenfalls in der Tradition des deutschen Idealismus und der Romantik das Symbolische zuungunsten des Allegorischen stark aufgewertet.[42] Eine symbolhafte Lektüre des Johannes vom Kreuz kann darum implizit oder explizit immer den Verstehensrahmen der Jungschen Tiefenpsychologie für sich in Anspruch nehmen.[43]

Seit Walter Benjamins ursprünglich mißverstandenem Buch über den *Ursprung des deutschen Trauerspiels* von 1928 steht die Frage im Raum, ob nicht der idealistische und romantische Begriff der Allegorie "als der finstere Fond abgestimmt war, gegen den die Welt des Symbols hell sich abheben sollte".[44] Vor allem der flämisch-amerikanische Literaturkritiker Paul de Man hat in seinen Studien Benjamins Anfrage radikalisiert und die Auffassung vertreten, daß die Allegorie den differentiellen Charakter der Sprache und die semiotische Willkürlichkeit anerkenne, ja planmäßig inszeniere und daß sie somit von einer wesentlichen Negativität gezeichnet sei. Das sogenannte Symbol versuche hingegen, die

---

39 Cf. Gerald Brenan: *St. John of the Cross. His Life and Poetry,* Cambridge: University Press 1973; Thompson: *The Poet and the Mystic,* pp. 96-101.

40 Cf. Domingo Ynduráin: *Aproximación a San Juan de la Cruz,* pp. 14 sq.

41 Víctor García de la Concha: *Filología y mística,* p. 30.

42 Cf. Carl Gustav Jung: *Psychologische Typen* (1920), 9., revidierte Auflage (Gesammelte Werke, vol. VIII), Zürich; Stuttgart: Rascher 1960, pp. 515-523.

43 Darauf weist hin Francisco Ynduráin: «San Juan de la Cruz, entre alegoría y simbolismo», in: *Relección de clásicos,* Madrid: Prensa Española 1969, pp. 11-21.

44 Cf. Walter Benjamin: *Ursprung des deutschen Trauerspiels* (1928), ed. R. Tiedemann, 2. Auflage, Frankfurt am Main: Suhrkamp 1982, p. 139.

semiotische Differenz zu überspielen und spiegele darum eine trügerische Positivität, eine illusionäre Fülle dort vor, wo in Wirklichkeit semiotische Mangelwirtschaft herrsche.[45] In der Tat mögen manche Interpreten einem solchen Mißverständnis erlegen sein. Sogar Jorge Guillén charakterisiert in seinem brillanten Essay *Lenguaje insuficiente* Johannes vom Kreuz als einen Dichter, dem es gelingt, symbolische Fülle und Trunkenheit im Medium einer an sich unzulänglichen Sprache zu verdichten.[46]

Interpretationen dieser Art überlesen notgedrungen den provozierenden Sinn jener häufig zitierten Vorbemerkung zum Kommentar des *Cántico espiritual*,[47] wo Johannes vom Kreuz einen unaufhebbaren Mangelcharakter der menschlichen Sprache benennt, dem nach seiner Ansicht nicht einmal die biblische Offenbarung beizukommen vermag:

> [...] no pudiendo el Espíritu Santo dar a entender la abundancia de su sentido por términos vulgares y usados, habla misterios en extrañas figuras y semejanzas. De donde se sigue que los santos doctores, aunque mucho dicen y más digan, nunca pueden acabar de declararlo por palabras, así como tampoco por palabras se pudo ello decir. (Cántico B, prólogo 1.)

> [... und da der Heilige Geist den Überfluß seines Sinns nicht durch gewöhnliche und gebräuchliche Ausdrücke zu verstehen geben kann, spricht er Geheimnisse in seltsamen Figuren und Ähnlichkeiten. Woraus folgt, daß die heiligen Lehrer, wieviel sie auch sagen und noch in Zukunft sagen mögen, nie damit zu Ende kommen, es mit Worten zu erklären, wie es ja auch unmöglich war, es in Worten zu sagen.* (Geistlicher Gesang, Vorwort, p. 3.)]

Nach traditioneller Auffassung ist nicht der menschliche Schreiber (*hagiographus*), sondern Gott selbst der Verfasser (*auctor*) der Heiligen Schriften. Von der Sinnfülle seines Heiligen Geistes (*abundancia de su sentido*) behauptet nun Johannes vom Kreuz, daß sie nicht nur außerhalb der gewöhnlichen Sprache wohnt, sondern daß sie sich in ihr überhaupt nicht artikulieren kann. Fülle kann demnach nur in ihr Gegenteil verkehrt als ein Mangel und Unvermögen in Erscheinung treten: als ein *no poder,* welches die eigentlich gemeinten Geheimnisse (*misterios*) über den Umweg unpassender, fremdartiger Figuren und Gleichnisse (*extrañas figuras y semejanzas*) versprachlicht. Diese figurale – wir dürfen durchaus sagen: allegorische – Sprache ist mithin die nachträgliche Ersetzung oder das Supplement eines Eigentlichen, das sich immer schon entzogen hat. Die göttli-

---

45 Cf. Paul de Man: "The Rhetoric of Temporality" (1969), in: *Blindness an Insight. Essays in the Rhetoric of Contemporary Criticism,* 2nd edition, Minneapolis: University of Minnesota Press 1983, pp. 187-228, ibid. pp. 187-208.

46 Cf. Jorge Guillén: «Lenguaje insuficiente. San Juan de la Cruz o lo inefable místico», in: *Lenguaje y poesía. Algunos casos españoles* (Anglice 1961), Madrid: Revista de Occidente 1962, pp. 95-142, ibid. pp. 102 et 107.

47 Cf. Eulogio Pacho: «El 'Prólogo' y la hermenéutica del 'Cántico espiritual'» (Excerpta ex dissertatione ad lauream), Romae in facultate theologica collegii internationalis SS. Teresiae a Iesu et Ioannis a Cruce O.C.D. 1958.

che Macht, die dieses Sprachspiel in Gang setzt, erweist sich hierbei weniger als allmächtig denn als ohnmächtig: Der Heilige Geist in seiner Fülle wird gleichzeitig als ein Mängelwesen charakterisiert, das sich gar nicht in Sprache verständlich machen kann (*no pudiendo dar a entender*) – vielleicht deswegen, weil er das Andere der Sprache ist.

Die fremdartige, bildhafte Rede ist vor allem die Spur einer Unmöglichkeit.[48] Unmöglich ist eine Mitteilung im Modus der Eigentlichkeit. Darum sind die Kommentatoren der Heiligen Schriften herausgefordert, deren mangelnde Verständlichkeit durch Erklärungen zu beheben. Aber da der mitzuteilende Sinn (*sentido*) seiner Natur nach unmitteilbar ist, führt der Versuch zum Kommentar zu stetig neuer Rede, ohne daß diese den Sinn je einzuholen vermöchte. Kaum eindrucksvoller als in diesen knappen Andeutungen läßt sich die unabschließbare Differentialität der allegorischen Rede und der allegorischen Exegese beschreiben. Was aber Johannes vom Kreuz am Beispiel der biblischen Überlieferung und ihrer Deutung ausführt, das ist im Zusammenhang des Vorworts zum *Cántico espiritual* nicht nur Exegese der Heiligen Schriften, sondern gleichermaßen auch eine Verstehens- und Leseanleitung für seine eigenen Dichtungen. Gemäß dieser metapoetischen Aussage des Verfassers wären also die Abwesenheit und die Unmitteilbarkeit des Sinns für seine Gedichte konstitutiv, und es kommt uns so vor, als müßte jeder Ansatz zu einer symbolischen Lektüre insgeheim die radikale Negativität einer solchen – mystischen – Poetik wieder kassieren.

Innerhalb der großen Zahl kritischer Studien zu Johannes vom Kreuz wurde die verborgene Negativität seiner Dichtung bezeichnenderweise nicht bei den Verfechtern einer symbolischen Lesart, sondern bei seiner geistlichen Tochter Edith Stein erstmals klar herausgearbeitet. In der schon erwähnten *Kreuzeswissenschaft* aus den Jahren 1941/42 steht auch Edith Stein zunächst im Banne des bei Baruzi entwickelten Symbolkonzepts. In der *Noche oscura* betrachtet sie die Rede von der Nacht als einen "kosmischen Ausdruck", der dem romantischen Symbol nahekommt, wenngleich er in seiner Gestaltlosigkeit und Unfaßbarkeit den äußersten Grenzfall eines Symbols überhaupt darstellen dürfte. Im *Cántico espiritual* sieht sie hingegen das "Brautsymbol" als zentral an, unterzieht aber dabei den Symbolbegriff selbst einer paradoxalen Verkehrung, insofern hier das sichtbare Zeichen seinerseits vom unsichtbar gemeinten Zeicheninhalt her zu erschließen sei und nicht umgekehrt.[49] Dadurch wird für die Dichtung des Johannes vom Kreuz eine symbolische Dimension nurmehr in reduzierter, eigentümlich verfremdeter Form behauptet. Doch Edith Stein geht weiter: Sowohl die Nacht als "kosmischer Ausdruck" wie auch das "Brautsymbol" konfligieren ihrerseits mit dem Kreuz, welches schließlich die quasi symbolische Bedeu-

---

48 Analog hierzu spricht Polo von der «huella de una abundancia» (,Spur eines Überflusses') – Fülle, die sich sozusagen nur als ihr Negativabdruck manifestiert. Cf. Polo: *La fuerza de un decir*, p. 81.

49 Cf. Edith Stein: *Kreuzeswissenschaft*, pp. 35 sq. et 213 sq.

tungsstruktur der Gedichte aufzuzehren scheint. Bezeichnenderweise ist gerade das Kreuz für Edith Stein durch seine semiotische Natur festgelegt:

> Zwischen Kreuz und Leiden besteht keine unmittelbar faßliche Ähnlichkeit, aber auch kein rein willkürlich festgesetztes Zeichenverhältnis. Dem Kreuz ist seine Bedeutung durch seine Geschichte zugewachsen. Es ist kein bloßer *Naturgegenstand*, sondern ein *Werkzeug*, von Menschenhand zu einem ganz bestimmten Zweck verfertigt und gebraucht. Als Werkzeug hat es in der Geschichte eine Rolle von unvergleichlicher Tragweite gespielt. Von dieser Rolle weiß jeder etwas, der im christlichen Kulturkreis lebt. Darum führt das Kreuz durch seine anschauliche Gestalt unmittelbar hinein in die Sinnfülle, die damit verwoben ist. Es ist also ein Zeichen, aber eines, dem seine Bedeutung nicht künstlich angeheftet ist, sondern wahrhaft zukommt auf Grund seiner Wirksamkeit und seiner Geschichte. Seine sichtbare Gestalt weist auf den Sinnzusammenhang hin, in dem es steht. Dem werden wir gerecht, wenn wir es ein *Wahrzeichen* nennen.[50]

Edith Stein bestimmt demzufolge das Kreuz als ein *Wahrzeichen* weniger nach der Seite des Symbols denn nach der Seite des Emblems oder der Allegorie hin. Das Kreuz hat nicht wie das unendliche Symbol ein Signifikat, zu dem hin sich sein Signifikant in einem kontinuierlichen Prozeß ausweiten würde, sondern es besitzt eine *anschauliche Gestalt,* einen Zeichenkörper, und dieser begrenzte Zeichenkörper führt – offenbar unter Umgehung eines Signifikats oder eines Sinns – *unmittelbar hinein in die Sinnfülle, die damit verwoben ist.*
     Die Unmittelbarkeit des Kreuzeszeichens verweist offenbar weder auf sich selbst als einen Signifikanten noch auf ein Signifikat oder eine Referenz, die von ihm repräsentiert werden könnten, sondern auf den Leib des Gekreuzigten, der innerhalb einer endlichen Geschichte in metonymischer Kontiguität an dieses Werkzeug geheftet wurde und doch sein Anderes ist. Die Wirksamkeit des Kreuzes besteht nicht darin, daß es die ihm zukommende Sinnfülle schon immer beinhaltet hätte, sondern daß es sie zeitigt und hervorbringt, indem ihm der gemeinte, von Nägeln durchbohrte Leib anhaftet. Edith Stein skizziert das Kreuzeszeichen als materielles Dispositiv einer Geschichte des Leibes, der dem Sinn voraufliegt, weil er ihn trägt. Wie das Wahrzeichen des Kreuzes wäre demnach auch die Allegorie am besten als Zeichenkörper zu beschreiben, dem Sinn und Bedeutung nicht von sich aus anhaften, sondern in der Zeit zuwachsen, insofern sie sich unter den Bedingungen geschichtlicher Kontingenz und ihrer Sprachspiele entfalten. Der dabei entstehende Sinneffekt kann somit nicht den allegorischen Zeichenkörper selbst meinen, sondern immer nur dessen unbenannt Anderes, mit dem er als dessen Supplement verwoben ist.
     Es ist hier nicht der Ort, den philosophischen und theologischen Implikationen der *Kreuzeswissenschaft* weiter nachzugehen. Wir wollen vielmehr den skizzierten Ansatz in einen nur vorderhand überraschenden Kontext stellen. In seinem oben zitierten Aufsatz mit dem programmatischen Titel *The Rhetoric of*

---

50 Ibid. p. 33.

Temporality hat De Man 1969 den zeitlichen Aspekt der Allegorie in offenkundiger Anlehnung an Derrida und letztlich an Heidegger herausgearbeitet:

> The meaning constituted by the allegorical sign can then consist only in the *repetition* (in the Kierkegaardian sense of the term) of a previous sign with which it can never coincide, since it is of the essence of this previous sign to be pure anteriority. [...] Whereas the symbol postulates the possibility of an identity or identification, allegory designates primarily a distance in relation to its own origin, and, renouncing the nostalgia and the desire to coincide, it establishes its language in the void of this temporal difference.[51]

Für das allegorische Zeichen ist De Man zufolge seine Zeitlichkeit deswegen bestimmend, weil es nachträglich an die Stelle eines vorgängigen Zeichens tritt, mit dem es dank dessen reiner Vorzeitigkeit nie zusammentreffen kann. Somit bezeichnet die Allegorie immer auch die Zeitlichkeit ihres eigenen Bedeutungsspiels. Nicht nur eine abstrakte Zeitlichkeit, sondern eine konkrete Geschichtlichkeit und Leiblichkeit des semiotischen Prozesses ist in Edith Steins Auffassung vom Kreuz als *Wahrzeichen* unübersehbar vorausgesetzt, und Ziel ihrer Lektüre ist es offensichtlich, jene Stigmata aufzuspüren, die das Kreuz dem poetischen Text eingegraben hat.

Zwischen der zeitlichen Deutung der Allegorie bei De Man und der körpergeschichtlichen Semiotik des Kreuzes bei der Phänomenologin des Karmel bekundet sich also eine denkerische sowie sachliche Nähe, die nicht zuletzt darin wurzeln dürfte, daß sich beide Ansätze in je unterschiedlicher Weise auf Heidegger beziehen.[52] Nimmt man darum Edith Steins und De Mans Konzepte zusammen, so wird es vorstellbar, die erotische Dichtung des Johannes vom Kreuz als die endliche Allegorie einer Fleischlichkeit zu lesen, der Zeit, Geschichte und Sein zum Tod im Heideggerschen Sinn eingeprägt sind.[53] Die Affinität der beiden Entwürfe hat aber eine noch weiterreichende Dimension, die uns nicht weniger wichtig erscheint: Zeitlichkeit, Geschichtlichkeit und Leiblichkeit sind jeweils als Figurationen der Unverfügbarkeit gedacht. Die allegorische Sprache kann sich der Zeit, der Geschichte und des Leibes niemals bemächtigen, sie kann nur auf sie verweisen aus einer unaufhebbaren Distanz heraus – als auf ein Anderes, das zu ihr different ist und zu dem sie sich supplementär verhält. Eine solche Distanz zum Anderen nicht als Verhängnis, sondern als Ermöglichungsgrund eines Begehrens nach dem Maßlosen – hat Emmanuel Levinas in seinen philosophischen

---

51 De Man: "The Rhetoric of Temporality", loc. cit., p. 207.
52 Zum sowohl biographischen als auch philosophischen Verhältnis zwischen Heidegger und seiner ursprünglichen Kollegin cf. Hanna-Barbara Gerl, *Unerbittliches Licht. Edith Stein: Philosophie, Mystik, Leben,* Mainz: Grünewald 1991, pp. 95-104.
53 Unter Berufung auf die Arbeiten der María Zambrano betrachtet Angel Gabilondo ebenfalls die mystische Sprache des Johannes vom Kreuz als eine Instanz des Fleisches. Cf. Ángel Gabilondo: «La mística como lenguaje de la carne», in: *Edad de Oro,* 11 (1992, Universidad Autónoma de Madrid), 59-71. – Die philosophisch-theologischen Grundlagen einer ‚Hermeneutik der Endlichkeit' skizziert auch Bruno Forte: «La salutare finitezza dell'altro», in: *Ermeneutiche della finitezza,* ed. Giovanni Ferretti (Atti del settimo colloquio su filosofia e religione, Macerata 16 – 18 maggio 1996), Macerata; Pisa; Roma: Istituti Editoriali e Poligrafici Internazionali 1998.

Arbeiten eindringlich nachgezeichnet, und auch ihm geraten gerade die Zeit und der Eros zu Figuren einer radikalen Andersheit.[54] Auf eine so verstandene Andersheit, die ihrem Wesen nach ebenso unsichtbar und unbenennbar ist wie der Leib des Gekreuzigten oder der Gottesname im Hohenlied, zeigt auch bei Johannes vom Kreuz die Sichtbarkeit der erotischen Allegorie.

---

54 Cf. Emmanuel Levinas: *Le Temps et l'Autre* (1946/47), Paris: Fata Morgana 1979; *Totalité et Infini. Essai sur l'extériorité* (1961), 3ᵉ édition, The Hague; Boston; Lancaster: Martinus Nijhoff 1969.

1.2. Die areopagitische Theologie als Kritik der Metaphysik

Wiederkehr eines Verdrängten

Als 1630 im Verlag der Witwe Madrigal zu Madrid erstmals innerhalb Spaniens die Schriften des Johannes vom Kreuz vollständig erscheinen können, also einschließlich des zuvor nur im Ausland aufgelegten *Cántico espiritual,* da wird dem Band auch eine Charakteristik des Autors beigefügt, verfaßt vom königlichen Geschichtsschreiber Tomás Tamayo de Vargas, – und zwar (wohl im Blick auf die gesamteuropäische Bedeutung des Autors) in zweifacher Ausfertigung, spanisch und lateinisch. Unter anderem heißt es dort:

> Nos, quod nostri muneris est, illius scripta repetitis editionibus, & illustrationibus aucta, non nostris solum hominibus in pretio, verum exteris, in quorum linguas pronuper versa etiam audio... [sic, supple fortasse: nunc demum proponimus]. Ecce illa.

> I. Ascensus in montem Carmelum.
> II. Nox obscura.
> III. Flamma Amoris.
> IV. Cantica.

> In quibus Pietatis, & Doctrinae iudicio, plura sunt sacramenta, quam verba. Nec mirum, cum ille (ut de Dionysio Areopagita censuit Nicephorus) *Sublimi rerum divinarum contemplatione, sententiis & elocutione admiranda prorsus & excellentia, longeque ab aliis, quae pro hominum captu edita sunt, dissita composuit;* unde illi antiquissimo mysteriorum sublimium, quae *non licet homini loqui,* Theologo examussim comparatur novus hic tam *sublimis, ac excellens, & mente divinitus illustrata, Rerum divinarum Mysta, ac profundus scrutator.* Certe magni Dionysii in primis imitatorem se esse Ioannes noster (si attente rimeris) scriptorum etiam suorum non argumento solum, sed nominibus prodidit. Ille de *Arcana* seu *Mystica Theologia* scripsit; Hunc Mystici Doctoris titulo ipsa mysteriorum arcaniorum pertractatio, & merito insignivit. Ille *Hymnos divinos* modulatus est; Huius *Canticis* etiam *divinis* laeti congaudemus. Utrumque igitur propter sublimitatem scriptorum cum Chrysostomo *Volucrem coeli,* cum Athanasio *Multum in hac Theologia valentem,* cum Hilduino [ita secunda manus in margine correxit] *Fidei virtute illuminatum* ex voto, ex merito compellemus.[1]

---

1 Ex elogiis illustrium in Carpetania scriptorum viri nobilis D. Thomae Tamaio de Vargas historiographi regii, in: Obras del venerable i místico doctor F. Joan de la Cruz, Primer descalço i padre de la Reforma de N. Sᵗᵃ del Carmen. Dedicadas al serenissimo Sʳ Infante Cardenal, Arzobispo de Toledo, Don Fernando. Año 1630. Con privilegio. En Madrid. En casa la Viuda de Madrigal.

Bemerkenswert ist nicht so sehr der panegyrische Stil, der sich zahlreicher patristischer Testimonien bedient, die von den Verfassern auf Dionysius Areopagita gemünzt waren (unglaubwürdig wirkt aus heutiger Sicht das angebliche Lob durch Johannes Chrysostomus) und die nun einfach auf Johannes vom Kreuz angewandt werden. Bedeutsamer ist die durchgängige Parallelisierung der beiden Autoren: Nicht nur im Hinblick auf seine mystagogischen Prosaschriften wird Johannes als ein *Dionysius redivivus* vorgestellt, sondern gerade auch in Hinsicht auf sein poetisches Werk. Dies liegt daran, daß man in der Renaissance- und Barockzeit den Dionysius selber immer auch als einen Dichter sah, der geistliche Hymnen verfaßt habe, die in seine Werke eingegangen seien.

Der Vergleich des Johannes vom Kreuz mit dem Dionysius ist in der frühen Rezeption seines Werks keineswegs außergewöhnlich. Er stellt vielmehr einen wiederkehrenden Topos dar, dessen sich gerade auch die karmelitischen Autoren in den ersten Jahrzehnten des 17. Jahrhunderts bedienen, wenn sie die Schriften des Reformators kommentieren, bekannt machen und gegen Häresievorwürfe (meist nur implizit) in Schutz zu nehmen trachten.[2]

Selbstverständlich ist auch der neueren Forschung die Beziehung zwischen Dionysius und dem spanischen Karmeliten nie entgangen.[3] Wie schon früher erwähnt schrieb beispielsweise Edith Stein als Vorarbeit für die von ihr geplante *Kreuzeswissenschaft* eine kleine Studie zu Dionysius, die allerdings lange Jahre verschollen schien und erst 1979 publiziert wurde.[4] Im Gegensatz zu den Zeitgenossen und den unmittelbaren Nachfahren des Johannes vom Kreuz war freilich in unserem Jahrhundert die Beschäftigung mit Dionysius ganz überwiegend eine Sache weniger Spezialisten.

Im allgemeinen Bewußtsein des heutigen Publikums dürften die Schriften jenes griechisch schreibenden Mönchs weitgehend unbekannt sein, der wahrscheinlich um die Wende vom 5. zum 6. Jahrhundert in Syrien lebte und den wir unter seinem Decknamen als Dionysius Areopagita bezeichnen.[5] Um so

---

2 Certeau hat Hintergrund und Verlauf dieser publizistischen Kampagne ausführlich beschrieben. Ordenstheologen verfassen sowohl auf lateinisch als auch auf spanisch Traktate mit apologetischer Intention. Zu nennen sind Fray Tomás de Jesús mit seinen allgemeinen Schriften über das Gebet (*De contemplatione divina*, 1620; *Divinae orationis methodus*, 1623; *Orationis mentalis via brevis et plana*, 1623), vor allem aber Männer wie Fray Diego de Jesús (*Apuntamientos y advertencias*, 1618), Fray José de Jesús María (*Apología mística*, post 1624?) oder Fray Nicolás de Jesús María (*Elucidatio theologica*, 1631). Sie alle verteidigen die Rechtgläubigkeit des Ordensreformators und weisen auf dessen Übereinstimmung mit den theologischen Grundsätzen des Dionysius Areopagita und zahlreicher anderer Autoritäten hin. Cf. hierzu Certeau: *La Fable mystique*, pp. 179-208; Fortunato Antolín: «Introducción», in: *Primeras biografías y apologías de San Juan de la Cruz*, ed. F. A., Salamanca: Europa 1991, pp. 125-146.

3 Cf. Jean Krynen: *Denys le Mystique et saint Jean de la Croix. Contribution à l'étude de la tradition dionysienne en Espagne aux XVI siècle et à l'étude des sources de saint Jean de la Croix* (Thèse doctorale, Sorbonne 1955); Eulogio Pacho: Art. «Denys l'Aréopagite et saint Jean de la Croix» (1957), in: *Dictionnaire de spiritualité ascétique et mystique*, vol. III, coll. 399-408.

4 Cf. Edith Stein: *Wege der Gotteserkenntnis*.

5 Da wir den Namen Dionysius Areopagita als ein Pseudonym betrachten, das sich der Schriftsteller gab, um damit seine Namenlosigkeit (Anonymität) zu wahren, scheint uns das Epitheton Pseudo-Dionysius fehl am Platz. Im übrigen hat v. Balthasar das Notwendige zu dem tendenziö-

überraschender ist es darum, festzustellen, wie aktuell, ja wie *unheimlich* aktuell geradezu einiges aus diesen Schriften anmutet – und dies durchaus im Freudschen Sinne.[6] Die zeitgenössische Verachtung, wenn nicht Verleugnung des areopagitischen Erbes konnte sich lange Zeit auf prominente Vorbilder berufen. In drei einflußreichen Abhandlungen französischer Theoretiker aus dem Umkreis der Postmoderne, in Georges Batailles grundlegendem philosophischen Werk *L'Expérience intérieure* (1943), in Michel Foucaults Besprechung des Romanschaffens von Maurice Blanchot unter dem Titel *La pensée du dehors* (1966) und in Jacques Derridas programmatischem Aufsatz *La différance* (1968),[7] beeilen sich die Autoren jeweils, auf die offenkundigen Parallelen zwischen dem eigenen radikalen Denken und der von Dionysius begründeten negativen Theologie zu verweisen. Aber alle drei tun dies nur, um sich alsbald wieder davon zu distanzieren.

Bataille zufolge kommt dem Dionysius zwar durchaus das Verdienst zu, an gewissen Stellen auf die Negativität Gottes aufmerksam gemacht zu haben und somit in einen Gegensatz zur „positiven Theologie" der biblischen Offenbarung getreten zu sein; aber Dionysius habe dennoch an anderen Stellen die göttliche Negativität wieder zurückgenommen und in eine – aus Batailles Sicht – unhaltbare Positivität umgemünzt.[8] Somit gelangt Bataille zu der Auffassung, er könne sich bei seinem eigenen philosophischen Vorhaben letzten Endes gerade nicht auf Dionysius stützen. Für Foucault kündigt sich die denkerische Erfassung des *dehors* – dessen, was außerhalb jeglicher Ordnung bleibt, weil es sie erst von außen her begründet – bei Dionysius zwar an; aber spätere Autoren wie der Marquis de Sade oder eben Blanchot hätten ihn weit übertroffen.[9] Am schwersten tut sich schließlich Derrida, als er sein Konzept der *différance* vorstellt, gegenüber dem Dionysius eine eigene Position behaupten zu können, da nach seinem Eingeständnis die eigene Redeweise jener der negativen Theologie zum Verwechseln ähnlich sei:

> Si bien que les détours, les périodes, la syntaxe auxquels je devrai souvent recourir ressembleront, parfois à s'y méprendre, à ceux de la théologie négative. [...] Et pourtant ce qui se marque ainsi de la différance n'est pas théologique, pas même de l'ordre le plus négatif de la théologie négative, celle-ci s'étant toujours affairée à dégager, comme on sait, une supra-essentialité par-delà les catégories finies de l'essence et de l'existence, c'est-à-dire de la présence, et s'empressant toujours de

---

sen Gebrauch gesagt, den in meist diskreditierender Absicht eine vermeintlich historische Kritik von der Vorsilbe Pseudo gemacht hat. Cf. v. Balthasar: „Dionysius", in: *Herrlichkeit*, vol. II, pp. 145-214, ibid. 147 sq.

6 Cf. Sigmund Freud: *Das Unheimliche* (1919), in: *Studienausgabe*, edd. A. Mitscherlich et al., vol. IV (1970), Frankfurt am Main: Fischer 1982, pp. 241-274.

7 Den drei genannten Autoren sind jeweils eigene Kapitel gewidmet bei Jürgen Habermas: *Der philosophische Diskurs der Moderne. Zwölf Vorlesungen*, Frankfurt am Main: Suhrkamp 1985.

8 Cf. Bataille: *L'Expérience intérieure* (1943), Paris: Gallimard 1954, p. 16.

9 Cf. Foucault «La pensée du dehors» (*Critique* [juin 1966], 523-546), Id.: *Dits et écrits*, edd. Daniel Defert, François Ewald, Paris: Gallimard 1994, vol. I, § 38, pp. 518-539

rappeler que si le prédicat de l'existence est refusé à Dieu, c'est pour lui reconnaître un mode d'être supérieur, inconcevable, ineffable.[10]

Die Abgründigkeit der negativen Theologie ist demnach in den Augen Derridas eine nur scheinbare, die genau dort wieder eingeschränkt werde, wo den verneinenden Aussagen über die Gottheit die im Übermaß bejahenden Sätze hinzugefügt würden, um deren Sinn zu annullieren.

Seit den 1980er Jahren hat sich das Blatt in der aktuellen philosophischen Diskussion gewendet. Der späte Foucault besann sich im Zusammenhang seiner Arbeiten über die antike Erotik und die christliche Konzeption des Fleisches sowohl auf den Platonismus als auch auf die patristische Literatur, in deren weites Umfeld Dionysius bei aller Eigenart gehören würde; und Derrida hat 1986 in Jerusalem einen grundsätzlichen Vortrag über die negative Theologie gehalten, der überschrieben ist: *How to Avoid Speaking – Comment ne pas parler*. Daraus geht zunächst einmal hervor, daß Derrida inzwischen den Dionysius sehr gründlich gelesen hat, was nach seinen kursorischen Einlassungen im früheren Beitrag keineswegs sicher behauptet werden konnte. Sodann nimmt Derrida sein pauschales Urteil gegen die negative Theologie weitgehend zurück und setzt sich nunmehr intensiv mit den nicht länger verleugneten Affinitäten zwischen seinem Denken und der negativen Theologie auseinander. Schließlich wagt sich Derrida an eine eigenständige Interpretation des areopagitischen Ansatzes, welchen er über Meister Eckhart mit Heideggers Seinslehre artikuliert und letzten Endes als ein frühes Modell seiner eigenen philosophischen Rede charakterisiert, ohne dabei Divergenzen zu leugnen oder gar eine Identität zu behaupten.[11]

Derridas neue Sicht auf Dionysius verdankt sich nicht zuletzt Anregungen, welche er vom französischen Theologen Jean-Luc Marion empfangen hat. Marion, der sich selbst maßgeblich von Derrida beeinflußt zeigt, hat mit seinen Arbeiten zweifelsohne völlig neue Zugänge zum Denken des Dionysius eröffnet.[12] Die von Derrida mit Marion geführte Auseinandersetzung, die an vielen Stellen von *Comment ne pas parler* zu erkennen ist, erweist sich somit immer auch als ein jüdisch-christlicher Streit um Möglichkeiten und angemessenes Verständnis negativer Theologie überhaupt.

Die philosophische Kehrtwendung des späten Derrida oder – andersherum beobachtet – die überraschende Wiederkehr eines lange Zeit verdrängten Denkers in die philosophische Gegenwart zeigen an, daß es auf einer postmodernen Grundlage möglich ist, Dionysius mit neuen Augen zu lesen, und von Dionysius her sind selbstverständlich viele spätere mystische Autoren und Autorinnen der christlichen Tradition des Abendlandes neu zu erschließen. Dies bleibt auch nicht ohne Auswirkungen auf das Verständnis jener literarischen und künstleri-

---

10 Cf. Derrida: «La différance» (1967), in: Foucault et al.: *Théorie d'ensemble* (Collection «Tel Quel»), Paris: Seuil 1968, pp. 41-66, ibid. p. 44.

11 Cf. Derrida: «Comment ne pas parler. Dénégations» ("How to Avoid Speaking", Jerusalem, 1986), in: *Psyché. Inventions de l'autre*, Paris: Galilée 1987, pp. 535-595.

12 Cf. Marion: *L'Idole et la Distance*, Paris: Bernard Grasset 1977, pp. 183-250; *Dieu sans l'être*, pp. 109-155.

schen Moderne, die auf vielfältige Weise die mystische Tradition beerbt oder fortschreibt.[13] Eine Konstante im Denken des Dionysius ist die Frage danach, wie das von Grund auf Unsinnliche in der Sinnenhaftigkeit der Welt zur Erscheinung kommen kann, und Johannes vom Kreuz ist gerade als eminent sinnlicher, erotischer Schriftsteller berühmt. Darum ist für den Zusammenhang unserer Untersuchung zu fragen, ob und wie negative Theologie und Sinnlichkeit einander berühren. Wir werden versuchen, zwischen diesen beiden Gegensätzen, zwischen der negativen Theologie und dem Erotischen, keinen Widerspruch, sondern ein Bedingungsverhältnis aufzuzeigen.

Areopagitische Semiotik

Zunächst zum Werk und zur Person des genannten Dionysius Areopagita: Wir verfügen über eine Sammlung von Schriften, die meist als *Corpus Dionysiacum* oder *Corpus Areopagiticum* bezeichnet werden.[14] Dazu gehören neben neun Briefen vier Abhandlungen, nämlich erstens *De caelesti hierarchia* über die Ordnung der neun Engelschöre; zweitens als Fortsetzung davon *De ecclesiastica hierarchia* über die kirchlichen Sakramente und ihre Bedeutung für die Initiation ins göttliche Geheimnis; drittens *De divinis nominibus* über jene θεωνυμίαι ('Gottesbenennungen') oder *Theonymien,* die auf abstrakten Begriffen wie Güte, Licht oder Liebe beruhen; viertens *De mystica theologia,* worin die Unerkennbarkeit der Gottheit und die Gewichtigkeit der verneinenden Aussagen für die Gotteserkenntnis behandelt werden. Wahrscheinlich verlorengegangen, aber aus dem neunten Brief an Titus und aus anderen Stellen zu rekonstruieren ist die des öfteren erwähnte Schrift *De symbolica theologia.* Dort sollte die Kennzeichnung der Gottheit durch sinnliche Zeichen erläutert werden. So belehne die biblische Überlieferung Gott mitunter mit Körperorganen wie Magen oder Mund; mit Gefühlsregungen wie Zorn oder Trauer; mit Körperzuständen wie Rausch oder Schlaf; oder Gott werde als ein Lufthauch, als ein Feuer oder gar als ein Mischkrug bezeichnet.

Auf Grund einiger Textstellen, worin der Apostel Paulus als hochverehrter erster Lehrer des Autors genannt ist, wurde die Verfasserschaft dieser Abhandlun-

---

13 Auf Affinitäten zwischen der negativen Theologie und modernen ästhetischen Tendenzen hat aufmerksam gemacht Eckhard Nordhofen: „Flüchtige Materie. Über den verdeckten Zusammenhang von Ästhetik und Negativer Theologie", *Merkur* 514 (Januar 1992), 28-38.

14 Wir zitieren im folgenden auf der neu geschaffenen Textgrundlage des *Corpus Dionysiacum,* das 1990-1991 in zwei Bänden von Beate Regina Suchla, G. Heil und A. M. Ritter kritisch herausgegeben wurde. In *De mystica theologia* 1, 1000 A, ed. A. M. Ritter, p. 142, lin. 10 korrigieren wir allerdings und lesen nach der Grammatik mit den früheren Ausgaben: „πρὸς τὴν ὑπερούσιον τοῦ θείου σκότους ἀκτῖνα" – [πρὸς τὸν (sic) ὑπερούσιον τοῦ θείου σκότους ἀκτῖνα, Ritter] – ,hin zum überwesenhaften Strahl der göttlichen Finsternis'.

Hinweise auf weitere Ausgaben sowie auf lateinische, deutsche und französische Übersetzungen finden sich in der Bibliographie am Ende der Arbeit. Die beigegebenen Übersetzungen sind unsere eigenen, wurden aber jeweils mit bestehenden Übertragungen abgeglichen.

gen viele Jahrhunderte lang dem Apostelschüler Dionysius Areopagita zuge-schrieben. Dieser hatte sich nach der berühmten Predigt des Paulus auf dem Areopag als einer der wenigen Athener zum christlichen Glauben bekehrt.[15] Im 9. Jahrhundert zeichnet Hilduin, der Abt von Saint-Denis, eine Lebensbeschrei-bung auf, in welcher er den Pariser Bischof und Märtyrer Dionysius mit dem Apostelschüler identifiziert. Der Areopagit sei nach seiner Bekehrung Bischof von Athen gewesen und habe während dieser Zeit die ihm zugeschriebenen theologischen Werke verfaßt. Später sei er nach Gallien gekommen und als der erste Bischof von Paris auf dem Montmartre hingerichtet worden.

Erst die historische Kritik konnte definitiv nachweisen, daß das *Corpus Areopagiticum* sehr viel später entstanden sein muß. Philosophie- sowie liturgiege-schichtliche Gründe machen den Ausgang des 5. Jahrhunderts als Entstehungs-zeit und Syrien als Entstehungsort wahrscheinlich. Vermutlich war der Autor Mönch, so daß die Urheberfiktion unter dem Patronat des Areopagiten seiner ascetischen Selbstbescheidung entsprungen sein dürfte. Aber es besteht zugleich eine unbestreitbare Wahlverwandtschaft des syrischen Anonymus mit dem Di-onysius der Apostelgeschichte: Die zentrale Botschaft des gesamten *Corpus Areopagiticum* ist die Unerkennbarkeit Gottes, und gerade darum eignet sich als Au-torenpseudonym ganz vorzüglich der Name jenes Dionysius Areopagita, der zum christlichen Glauben dank der Predigt des Paulus vom unbekannten und – das meint auch – unerkennbaren Gott gefunden hat.[16]

Im folgenden sollen uns die semiotischen Vorstellungen des Dionysius be-schäftigen. Am einflußreichsten geworden ist seine grundlegende Unterschei-dung in *De mystica theologia* zwischen zwei theologischen Sprechweisen: Zum ei-nen gebe es die bejahende, affirmative, griechisch: kataphatische, zum andern die verneinende, negative, griechisch: apophatische Rede von Gott. Aus dieser Di-stinktion haben manche Abschreiber eine Kapitelüberschrift geprägt: ‚Welche die kataphatischen Aussagen über Gott, welche die apophatischen sind.' Daraus entstand dann der Begriff der affirmativen und der negativen Theologie. Obwohl Dionysius Raum für die kataphatische und für die apophatische Sprechweise läßt, haftet seinen Äußerungen doch ein systematischer Anspruch an, den wir hier kurz rekonstruieren müssen.

Die grundlegende Aussageweise ist für Dionysius die apophatische. Sie erweist sich als eine aufsteigende Stufenleiter, die den Theologen gewissermaßen zu Gott hinführt. Zunächst werden Gott nämlich die niedrigsten Attribute abgesprochen, dann die mittleren, zuletzt die höchsten, bis schließlich alles von ihm bestritten ist. Dennoch nähert man sich Gott gerade in diesem apophatischen Gang der beständigen Verneinungen, wohingegen man sich im kataphatischen Gang der Bejahungen nur von Gott entfernen kann, weil man hier von den höchsten Attri-buten zu den niedrigsten hinabsteigt. Die Notwendigkeit der Verneinungen er-gibt sich daraus, daß die Gottheit jenseits alles Seins ist und, wenn überhaupt,

---

15 Cf. Actus apostolorum 17,34.
16 „Ἀγνώστῳ θεῷ" (Actus apostolorum 17,23).

dann nur im Dunkel des Nichtwissens angemessen erkannt werden kann. Weiterhin greift Dionysius eine Formulierung des Clemens Alexandrinus auf und schreibt, daß in bezug auf das Göttliche nur die Verneinungen wahr seien. Alle Bejahungen hält er hingegen für unstimmig. Der Weg, der in *De mystica theologia* vorgezeichnet wird, besteht demnach darin, durch radikale Verneinung bis zur Gottheit vorzudringen, wobei allerdings von vornherein feststeht, daß diese sich in ihrer Verborgenheit immer entziehen wird, da Gott nach der ausdrücklich zitierten Formulierung des Psalmisten die Dunkelheit zu seinem Versteck gewählt hat oder gemäß dem ersten Brief an Timotheus in unzugänglichem Licht wohnt.[17] Dionysius verdeutlicht die apophatische Methode durch ein eindrucksvolles Gleichnis:

Εὐχόμεθα [...] καὶ τὸν ὑπερούσιον ὑπερουσίως ὑμνῆσαι διὰ τῆς πάντων τῶν ὄντων ἀφαιρέσεως, ὥσπερ οἱ αὐτοφυὲς ἄγαλμα ἐξαιροῦντες πάντα ἐπιπροσθοῦντα τῇ καθαρᾷ τοῦ κρυφίου θέᾳ κωλύματα καὶ αὐτὸ ἐφ᾽ ἑαυτοῦ τῇ ἀφαιρέσει μόνῃ τὸ ἀποκεκρυμμένον ἀναφαίνοντες κάλλος.[18]

[Und auch darum beten wir, daß wir den Überwesenhaften auf überwesenhafte Weise preisen, indem wir alles, was ist, von ihm abziehen. So tun es ja auch diejenigen, die aus einem einzigen Stück eine Bildsäule fertigen. Sie nehmen alle Hindernisse weg, die der reinen Schau des Verborgenen im Lichte stehen, und indem sie immer nur wegnehmen, lassen sie aus sich selbst heraus die verborgene Schönheit offenbar werden.]

Ziel der apophatischen Methode ist es demnach, die Gottheit allein durch die beständige Wegnahme von Attributen zu kennzeichnen: τῇ ἀφαιρέσει μόνῃ. Allerdings scheint das Gleichnis des Bildhauers, das Dionysius der neuplatonischen Tradition verdankt, dem zu widersprechen.[19] Der Bildhauer dringt ja bei seiner Arbeit zu einem Kern vor, den er unberührt lassen muß. Zwar nimmt er immerzu nur weg, aber am Ende bleibt doch ein unverbrüchlicher Rest bestehen. Dionysius scheint dieses Problem zunächst rein oberflächlich zu lösen, indem er für den materiellen Kern des Bildwerks metonymisch dessen verborgene Schönheit als *abstractum pro concreto* setzt: τὸ ἀποκεκρυμμένον κάλλος. Aber im Gesamtzusammenhang seines Denkens handelt es sich doch beileibe nicht um eine billige rhetorische Finte. Denn an anderer Stelle hebt er hervor, daß auch das Schöne – ebenso wie das Gute – in einem Verhältnis der Teilhabe zum Nicht-Sein stehe, sobald es in bezug auf die höchste Gottheit in Abrede gestellt werde:

---

17 „Et posuit tenebras latibulum suum." (Psalmus 17,12 iuxta LXX.) – „Lucem habitans inaccessibilem" (I epistola ad Timotheum 6,16).
18 Dionysius Areopagita de mystica theologia II, 1025 A-B.
19 Cf. Plotini enneades I,6,9,41-42.

Τολμήσει δὲ καὶ τοῦτο εἰπεῖν ὁ λόγος, ὅτι καὶ τὸ μὴ ὂν μετέχει τοῦ καλοῦ καὶ ἀγαθοῦ, τότε γὰρ καὶ αὐτὸ καλὸν καὶ ἀγαθόν, ὅταν ἐν θεῷ κατὰ
τὴν πάντων ἀφαίρεσιν ὑπερουσίως ὑμνεῖται.[20]

[So wagt es denn die Rede, auch dies noch zu sagen, daß sogar das, was nicht ist,
Anteil am Schönen und Guten hat. Denn auch, was nicht ist, ist dann schön und
gut, sobald man von Gott alle Eigenschaften abzieht, um ihn damit auf überwesenhafte Weise zu preisen.]

Die verborgene Schönheit, welche die apophatische Methode offenbar machen
soll, ist also keineswegs ein unbemerkt gebliebener Rest an Affirmation, sondern
vielmehr die offenbar werdende Schönheit des Nicht-Seins.

Es wird hier wie an anderen Stellen deutlich, daß bei Dionysius die Gottheit
einem Bereich zugeschrieben ist, der nicht mehr dem Sein angehört. Sofern man
von Gottes Sein sprechen will, handelt es sich dabei jeweils um eine
„θεωνυμικὴ οὐσιωνυμία"[21] (‚gottbenennender Wesensname‘), sozusagen um
die Figur einer *Usionymie,* die erst einem rhetorischen Verfahren metonymischer
Verschiebung entspringt: „Πάντων οὖν εἰκότως τῶν ἄλλων ἀρχηγικώτερον
ὡς ὢν ὁ θεὸς ἐκ τῆς πρεσβυτέρας τῶν ἄλλων αὐτοῦ δωρεῶν ὑμνεῖται."[22]
– ‚Zu Recht wird also, insofern diese Bezeichnung grundlegender ist als die anderen, Gott als der seiende gepriesen nach der ältesten Gabe, die anders ist als er.‘
Die Gottheit steht zum Sein in einer Relation der Urheber- oder Spenderschaft,
die eine fundamentale Andersheit einschließt. Darum kann Dionysius seinen berühmt gewordenen Satz aussprechen, in dem er nichts über Gott behauptet, sondern in bezug auf ihn nur immerzu verneint: „καὶ οὔτε ἦν οὔτε ἔσται οὔτε
ἐγένετο οὔτε γίνεται οὔτε γενήσεται, μᾶλλον δὲ οὔτε ἐστίν"[23] – ‚und weder war er noch wird er sein noch wurde er gezeugt noch wird er gezeugt noch
wird er gezeugt werden, ja überhaupt: er ist auch nicht.‘

Neben der Methode der konsequenten Verneinung, die in der scholastischen
Terminologie als *via negationis* bezeichnet wird, benutzt Dionysius innerhalb
seiner apophatischen Theologie eine zusätzliche Form der Aussage, nämlich die
sogenannte *via eminentiae.* Diese besteht darin, daß Bestimmungen, die der
Gottheit abgesprochen werden, gleichwohl im Übermaß – hyperbolisch, exzessiv
– von ihr behauptet werden. So wird die Gottheit etwa als übernaturhaft, über-
hell oder schließlich als überwesenhafte Urheberin bezeichnet: ὑπερούσιος
αἰτία.[24]

Es wird von Jacques Derrida auch noch in seinem Jerusalemer Vortrag die *via
eminentiae* als ein Rückfall aus der apophatischen Negativität in eine trügerische
Positivität gesehen, so als wäre beispielsweise die Bestreitung von Gottes Sein auf

---

20 Dionysius de divinis nominibus IV,7, 704 B.
21 Cf. ibid. V,1, 816 B.
22 Ibid. V,5, 820 B.
23 Ibid. V,4, 817 D.
24 Cf. Dionysius de divinis nominibus V,1; V,5; XI,6 et passim.

der *via negationis* eine Redensart, welche alsbald auf der *via eminentiae* durch die Behauptung von Gottes Überwesenheit korrigiert und kassiert würde. So schreibt Derrida mit Hinweis auf Dionysius, aber auch auf Meister Eckhart und damit auf die abendländische Tradition der negativen Theologie insgesamt:

> Non, j'hésiterais à inscrire ce que j'avance sous le titre courant de la théologie négative, précisément en raison de cette surenchère ontologique de l'hyper-essentialité qu'on trouve à l'œuvre aussi bien chez Denys que, par exemple chez Maître Eckhart.[25]

Hier stellt sich die Frage, ob Derridas Lektüre der *via eminentiae*, mit der er seine Kritik begründet, notwendig, ja ob sie überhaupt dem Kontext der zur Debatte stehenden Denktradition angemessen ist. Man kann die *via eminentiae* auch anders auslegen als Derrida, nämlich in dem Sinn, daß es sich hierbei keineswegs um eine logische Negation der Negation oder gar um eine hegelianische Aufhebung der *via negationis* handeln muß. Vielmehr bleibt der negative Sinn der apophatischen Aussagen unangetastet – trotz der *via eminentiae*. Auf diesen Sachverhalt hat insbesondere Bruno Forte in seiner philologisch ungemein exakten Interpretation des Prooemiums zu *De mystica theologia* hingewiesen.[26] Die griechische Präposition ὑπέρ, womit die Neologismen der *via eminentiae* gebildet sind, hat zunächst eine räumliche Bedeutung und meint, was über das Gegebene hinausreicht, weil es jenseits von ihm liegt. Die *via eminentiae* enthält, was sie überschreitet, nicht als ihre eigene Teilmenge, sondern sie verursacht es allererst, sie ist dessen transzendentaler Ermöglichungsgrund. Es gilt, die *via negationis* und die *via eminentiae* als ein spannungsvolles Kategorienpaar beieinanderzuhalten und sie nicht gegeneinander auszuspielen.

Bezeichnenderweise wurde dieser Zusammenhang bei manchen der frühen Übersetzer und Kommentatoren des Dionysius klar erkannt. So stellt Johannes Scotus Eriugena im 9. Jahrhundert im ersten Buch seines Lehrdialogs *Periphyseon* die einander befehdenden Redeweisen der kataphatischen und der apophatischen Theologie einander gegenüber, und er versucht alsdann, mit Hilfe der Formeln der *via eminentiae* eine überraschende Korrelation der beiden Sprechweisen aufzuzeigen:

> Fiat igitur, si placet, praesentis huius quaestionis solutio hoc modo: ut haec nomina quae adiectione „super" uel „plus quam" particularum de deo praedicantur, ut est superessentialis plus quam ueritas plus quam sapientia et similia, duarum praedictarum theologiae partium [scil. καταφατικῆς et ἀποφατικῆς] in se plenissime sint comprehensiua, ita ut in pronuntiatione formam affirmatiuae, intellectu uero uirtutem abdicatiuae obtineant. Et hoc breui concludamus exemplo: Essentia est, affirmatio; essentia non est, abdicatio; superessentialis est, affirmatio simul et abdicatio, in superficie etenim negatione caret, intellectu negatione pollet. Nam quae dicit: Superessentialis est, non quod est dicit sed quid non est; dicit enim essentiam non

---

25 Derrida: «Comment ne pas parler», loc. cit. p. 541.

26 Cf. Bruno Forte: «L'universo dionisiano nel prologo della 'Mistica teologia'», *Medioevo* (Rivista di storia della filosofia medievale), 4 (1978), 1-57.

esse sed plus quam essentiam, quid autem illud est quod plus quam essentia est non exprimit. Dicit enim deum non esse aliquod eorum quae sunt sed plus quam ea quae sunt esse, illud autem esse quid sit nullo modo diffinit.[27]

Der *via eminentiae* werden somit von Eriugena sowohl Elemente der Bejahung als auch der Verneinung zugebilligt. Nichtsdestoweniger ist bei ihm klar festgehalten, daß der negative Aspekt der grundlegende ist, weil nur er dem Gesagten seinen *intellectus,* seinen Sinn, verleiht, wohingegen die Affirmation ein Oberflächenphänomen bleibt, das sich allein auf der Ebene der *pronuntiatio* ansiedelt. Dem Eriugena gelingt es mithin, die Semantik der *via eminentiae* zu negativieren, indem er sie in der apophatischen Rede verankert und als einen Sonderfall der *via negationis* behandelt. Ein solch konsequenter Apophatismus scheint uns – über Eriugena hinaus – für das Sprachspiel der negativen Theologie insgesamt charakteristisch zu sein – besonders in ihren überbietenden Aussagen. Freilich gehört es auch zur oft nur untergründigen Wirkungsgeschichte dieses Denkens, daß gerade das Buch *Periphyseon* des Eriugena 1210 und 1255 als häretisch verurteilt wurde oder daß beispielsweise Thomas von Aquin die radikal negative Dimension der theologischen Verneinungen einschließlich der *via eminentiae* ganz erheblich einschränkte, indem er sie nur auf den *modus significandi* eines Namens, nicht aber auf die damit gemeinte *perfectio significata* bezogen wissen wollte.[28]

Kehren wir nunmehr zum Denken des Areopagiten zurück. Welche Funktion kann dort – abseits der *via eminentiae* – einer kataphatischen Theologie überhaupt zukommen? Wir haben bereits erwähnt, daß Dionysius die Aussagen dieser Methode für unstimmig hält. Da das Göttliche jenseits des Seins liegt und vom Sein durch eine unüberschreitbare Grenze getrennt ist, fehlen grundsätzlich zu seiner Darstellung geeignete Zeichen. Denn der Mensch muß zur Bezeichnung des Göttlichen seine hauseigenen Symbole gebrauchen, οἰκεῖα σύμβολα,[29] die sich gerade in bezug auf die Gottheit als untauglich erweisen.

Sofern sich die Theologie gewisser abstrakter Gottesnamen bedient und Gott beispielsweise als Leben oder als Güte preist, vermag die Rede einen gewissen Grad der Eigentlichkeit zu erreichen. Denn eine relative Ähnlichkeit zwischen diesen Namen und dem Benannten wird man nicht bestreiten können.[30] Aber genau darin liegt letzten Endes die Gefahr einer solchen Theologie, die Dionysius an anderer Stelle als eine philosophische bezeichnet.[31] Sie erweckt den falschen Eindruck, das Benannte sei durch die relative Ähnlichkeit der Namen zutreffend charakterisiert, während in Wirklichkeit auch diese Namen unstimmig bleiben müssen und auf keinen Fall mit der Wahrheit der apophatischen Rede konkurrieren können.

---

27 Johannis Scoti Eriugenae Periphyseon, liber I, 462 C-D, ed. Sheldon-Williams, pp. 82-84.
28 Cf. Thomas Aquinas: *Summa theologiae*, I q. 13 art. 3 resp.
29 Dionysius de divinis nominibus I,4, 592 C. Cf. οἰκεῖαι καὶ συμφυεῖς ἀναγωγαί (de caelesti hierarchia II,2, 140 A).
30 Dionysius de mystica theologia III, 1033 C-D.
31 Dionysius epistola IX,1, 1105 D.

Dieses Mißverhältnis macht sich die sogenannte symbolische Theologie für ihre Zwecke zunutze.[32] Wie die philosophische Theologie gehört auch die symbolische Theologie zum Bereich des Kataphatischen; philosophische und symbolische Theologie beruhen auf bejahenden Aussage. Doch während die philosophische Theologie für die Gottheit ähnliche Namen verwendet und damit der Verwechslung des Benannten mit dem Namen Vorschub leistet, erfindet die symbolische Theologie gerade unähnliche Bilder und zieht daraus ihren Gewinn:

Εἰ τοίνυν αἱ μὲν ἀποφάσεις ἐπὶ τῶν θείων ἀληθεῖς, αἱ δὲ καταφάσεις ἀνάρμοστοι τῇ κρυφιότητι τῶν ἀπορρήτων, οἰκειοτέρα μᾶλλόν ἐστι ἐπὶ τῶν ἀοράτων ἡ διὰ τῶν ἀνομοίων ἀναπλάσεων ἐκφαντορία.[33]

[Freilich sind im Hinblick auf das Göttliche die Verneinungen zwar wahr, die Behauptungen aber unstimmig angesichts der Verborgenheit des Unaussprechlichen. In bezug auf das Unsichtbare gilt somit eher, daß es dann auf eigentlichere Weise zur Erscheinung kommen wird, wenn es sich durch unähnliche Bilder bekundet.]

Die Unähnlichkeit, ja Uneigentlichkeit des gefundenen Bildes und die Angemessenheit, ja Eigentlichkeit des Verweises auf das Abgebildete bedingen einander. Daß sie die unaufhebbare Differenz zwischen dem Benannten und dem Namen, zwischen dem Abgebildeten und dem Abbild deutlich macht, ist gerade der Vorteil der symbolischen Theologie. Negation und Symbolik schließen also einander nicht aus, sondern sie sind, wie René Roques in seinen Untersuchungen zeigen konnte, sehr eng aufeinander bezogen.[34] Ja, aus der Sicht des areopagitischen Denkens sind, wenn überhaupt, dann nur in der symbolischen Theologie die Möglichkeiten des kataphatischen Sprechens voll verwirklicht. Die uneigentlichen Bejahungen der symbolischen Theologie inszenieren die apophatische Methode bewußt im Zeichen der Fiktion. Die kataphatische Theologie – und zwar in ihrer symbolischen Variante – ist nicht als eine Alternative zum apophatischen Sprechen zu nehmen, sondern als dessen Fortsetzung mit anderen Mitteln.

Da einerseits die überwesenhafte Gottheit weder sinnenhaft noch überhaupt wesenhaft ist und da andererseits die Theologen, die sie preisen, der Sphäre des Sinnenhaften und des Seins zugehören, ist die Rede von der Gottheit notwendigerweise und von Grund auf inkommensurabel mit ihrem Gegenstand. Die Menschen verfügen ja nur, wie wir gesehen haben, über οἰκεῖα σύμβολα, über ihnen vertraute Symbole, oder sozusagen über eine Semiotik für den Hausgebrauch, und diese Semiotik nach Hausmacherart kann der Gottheit niemals gerecht werden.

Für Dionysius ist die Natur der menschlichen Sprache grundlegend aporetisch, sie stößt an die unüberwindliche Grenze des Seins – und die Seinsgrenze ist

---

32 Dionysii epistola IX,1, 1105 D.
33 Dionysius de caelesti hierarchia II,3, 141 A.
34 Cf. das einschlägige Kapitel: «Symbolisme et théologie négative chez le pseudo-Denys», in: René Roques: *Structures théologiques de la gnose à Richard de Saint-Victor. Essais et analyses critiques*, Paris: Presses Universitaires de Fance 1962, pp. 164-179.

auch eine Grenze der Repräsentation dessen, was jenseits dieser Grenze liegt. Nichtsdestoweniger macht Dionysius aus der metaphysischen Not der Sprache eine theologische und ästhetische Tugend. Die Unfähigkeit der Sprache zur Repräsentation verdankt sich gerade göttlicher Menschenfreundlichkeit: In seiner Philanthropie setzt Gott an die Stelle der unmöglichen Repräsentation ein Anderes, einen heiligen Schleier, welcher das Göttliche nicht etwa repräsentiert, sondern verhüllt und dergestalt die Menschen in das unaussprechliche Geheimnis einführt:

> [...] ταῦτα καὶ ἡμεῖς μεμυήμεθα νῦν μὲν ἀναλόγως ἡμῖν διὰ τῶν ἱερῶν παραπετασμάτων τῆς τῶν λογίων καὶ τῶν ἱεραρχικῶν παραδόσεων φιλανθρωπίας αἰσθητοῖς τὰ νοητὰ καὶ τοῖς οὖσι τὰ ὑπερούσια περικαλυπτούσης καὶ μορφὰς καὶ τύπους τοῖς ἀμορφήτοις τε καὶ ἀτυπώτοις περιτιθείσης καὶ τὴν ὑπερφυῆ καὶ ἀσχημάτιστον ἁπλότητα τῇ ποικιλίᾳ τῶν μεριστῶν συμβόλων πληθυούσης τε καὶ διαπλαττούσης.[35]

> [(...) ebenso erfolgt auch jetzt unsere Einweihung ins Geheimnis auf eine uns gemäße Weise vermittels heiliger Schleier. Denn die empfangenen Weisungen und die heilige Ordnung der Überlieferung sind voll Menschenfreundlichkeit. Diese verhüllt mit Sinnenhaftem das Geistige und mit Wesenhaftem das Überwesenhafte; sie fügt Gestalten und Abbilder zum Gestaltlosen und Abbildlosen hinzu; und sie füllt und schmückt die übernaturhafte und ungeformte Einfachheit mit der Buntheit vielfältiger Symbole.]

Die vielfältigen Zeichen der symbolischen Theologie repräsentieren nicht das Überweltliche und Überwesenhafte, sondern sie sind sinnenhafte und wesenhafte Hinzufügungen zu dem, was sich der Repräsentation entzieht. Der für Dionysius zentrale Gedanke der Verhüllung des Göttlichen im theologischen Symbol setzt zuallererst eine Beziehung der Kontiguität, nicht aber der Identität zwischen Bezeichnetem und Bezeichnendem voraus. Die theologischen Symbole unterhalten zur Gottheit eine gewissermaßen metonymische Beziehung, und vielleicht auch darum fragt die symbolische Theologie ausdrücklich danach: „τίνες αἱ ἀπὸ τῶν αἰσθητῶν ἐπὶ τὰ θεῖα μετωνυμίαι"[36] – ‚welche die Umbenennungen vom Sinnenhaften her auf das Göttliche hin sind'.

Die Gottheit selbst ist gestalt- und abbildlos, und die bunte Vielheit (ποικιλία) sowie die Fülle (πληθύειν) der symbolischen Gestaltungen und Abbilder sind darum keinesfalls Kopien oder Portraits einer ihnen zugrunde liegenden Wirklichkeit, sondern vielmehr kreative Fiktionen, welche die leere Einfachheit der göttlichen Abbild- und Gestaltlosigkeit umhüllen (περικαλύπτειν) und ihr demzufolge etwas hinzufügen (περιτιθέναι). Deswegen auch bringen die unähnlichen, uneigentlichen Symbole das Göttliche auf eigentlichere Weise zur Erscheinung, als es noch so ähnliche Bildungen je vermocht hätten. Dionysius kennt einen eigenen Begriff für diese Erfindungen der symbolischen Theologie, den er neben gleichbedeutenden ähnlichen Formulierungen mehrmals verwen-

---

35 Dionysius de divinis nominibus I,4, 592 B.
36 Dionysius de mystica theologia III, 1033 A-B.

det: Er benennt sie nämlich, insbesondere im Eingangsteil von *De caelesti hierar-chia,* als ἱεϱοπλαστία, was von Ambrogio Traversari in seiner lateinischen Übersetzung treffend als *sacrum figmentum* wiedergegeben wurde.[37] In der Tat erscheint der Ausdruck an einer Stelle auch mit einem bezeichnenden Epitheton – und zwar als ποιητικὴ ἱεϱοπλαστία, was wiederum den dichterischen, hinzuerfundenen Charakter dieser Redeweise hervorheben kann.[38]

Die ἱεϱοπλαστία bekundet sich in den kirchlichen Sakramenten der ‚Überlieferung' (ἀπόδοσις) und vor allem in den göttlichen ‚Weisungen' (λόγια) selbst, also in den Heiligen Schriften. Die areopagitische Theorie der ἱεϱοπλαστία beinhaltet demnach immer auch eine Exegese der Heiligen Schriften und der Offenbarung. Die Heiligen Schriften sind für Dionysius ihrem Wesen nach dichterische Fiktionen, die ganz entschieden als solche gelesen werden wollen; und sie können deswegen nur im Modus einer hinzugedichteten Uneigentlichkeit verfaßt sein, weil eine eigentliche Sprache zur Beschreibung des vollkommen unsinnlichen göttlichen Geheimnisses nicht zur Verfügung steht.

Mit einem weiteren Begriff verdeutlicht Dionysius die unaufhebbar differente Beziehung zwischen Gott und der sinnenhaften Welt, zwischen dem Unaussprechlichen und dem Symbol, das es bezeichnen soll. In allen Erscheinungsformen der Materie hallt unaufhörlich ein ‚Nachklang' (ἀπήχημα) der göttlichen Schönheit und Güte wider, aus der sie hervorgegangen sind:

ἐπεὶ καὶ αὐτὴ [scil. ἡ ὕλη] πϱὸς τοῦ ὄντως καλοῦ τὴν ὕπαϱξιν ἐσχηκυῖα κατὰ πᾶσαν αὐτῆς τὴν ὑλαίαν διακόσμησιν ἀπηχέματά τινα τῆς νοεϱᾶς εὐπϱεπείας ἔχει καὶ δυνατόν ἐστι δι᾽ αὐτῶν ἀνάγεσθαι πϱὸς τὰς ἀΰλους ἀϱχετυπίας.[39]

[denn auch sie (scil. die Materie) hat vom wahrhaft Schönen her ihr Vermögen empfangen; in ihrer ganzen stofflichen Anordnung hallen gewisse Nachklänge der geistigen Pracht wider, und so ist es möglich, über sie zu den unstofflichen Urbildern emporgeführt zu werden.]

Alles Seiende ist demnach Echo eines Andern und deutet darauf zurück. Die sinnenhafte Materie ist in ihrer Andersheit die Spur der geistigen Gottheit. Der Bezug des Zeigens setzt nämlich die Differenz des Einen zum Andern voraus. In Fortsetzung dieses Gedankens führt Dionysius weiterhin aus:

---

37 Cf. Dionysius de caelesti hierarchia II,1, 137 A et II,3, 141 A; epistola IX,1; cf. quoque ἱεϱοπλάστως (de caelesti hierarchia II,1, 137 A), ἱεϱόπλαστος μόϱφωσις (de mystica theologia III, 1033 B). Andere Termini mit vergleichbarer Bedeutung sind beispielsweise ἱεϱὰ μόϱφωσις (de caelesti hierarchia II,1, 136 D), ἱεϱογϱαφία (ibid. II,1, 131 A; epistola IX,1, 1105 A), μοϱφοποιία (ibid. II,3, 140 B et II,5, 145 B), ἱεϱὰ ἀναπλάσματα (ibid. 2,3, 139 C), εἰκονογϱαφία (ibid. II,5, 145 B), συμβολικὴ θεοτυπία (de mystica theologia III, 1033 B), θεοπλαστία (epistola IX,1, 1105 B), ἱεϱὰ σύμβολα (ibid. IX,1, 1105 C).
38 Cf. Dionysius de caelesti hierarchia II,1, 137 B.
39 Dionysius de caelesti hierarchia II,4, 144 B-C.

Ἄλλως τε καὶ τοῦτο ἐννοῆσαι χρὴ τὸ μηδὲ ἓν τῶν ὄντων εἶναι καθόλου τῆς τοῦ καλοῦ μετουσίας ἐστερημένον, εἴπερ ὡς ἡ τῶν λογίων ἀλήθειά φησι „Πάντα καλὰ λίαν“.[40]

[Ansonsten gilt es auch zu bedenken, daß es nicht ein einziges unter den seienden Wesen gibt, das ganz und gar der Teilhabe am Schönen beraubt wäre, da es ja in den Weisungen der Wahrheit heißt: „Es war alles sehr schön.“]

In letzter Instanz vermögen sogar ‚schändliche Bilder‘ (αἰσχραὶ εἰκόνες),[41] die Gottheit zu symbolisieren, da ja auch das Schändliche und Schlechte niemals zur Gänze schändlich und schlecht sein kann. Es ergibt sich hieraus ganz generell die Möglichkeit der αἰσχρολογία, der *Aeschrologie*. Gemeint ist damit in unserem Zusammenhang eine Rede über schändliche, ja sogar obszöne Gegenstände, die um so wirkungsvoller auf ein Anderes verweisen, als sie nicht eigentlich gemeint sein können. Das Sprachspiel der Aeschrologie bedient sich mit besonderer Vorliebe der erotischen Themen, die dennoch nicht um ihrer selbst willen dargestellt werden, sondern durch die hindurch die Heiligkeit Gottes *sub contraria specie* erscheinen soll.[42]

Außerhalb der Metaphysik

Gemäß dem neuplatonischen Verständnis wird die Gottheit als das Eine oder absolut Einfache bestimmt, das der sinnlichen Anschaulichkeit vollkommen entrückt bleibt. Als überwesenhafte Urheberin des Seins ist die Gottheit jenseits all dessen, was ist. Die seienden Wesen können und sollen zwar gemäß ihrer Natur und gemäß ihren Kräften zur Gottheit emporstreben, aber Dionysius konstatiert auch, daß nicht einmal in der Ekstase der Einung die seienden Wesen mit dem Überwesenhaften verschmelzen werden.[43] Die Differenz bleibt unaufhebbar. Wenn die areopagitische Theologie nach jenem Gott sucht, den Dionysius preist, dann geht es ihr also um die Erforschung dessen, was außerhalb des Seins überhaupt steht und es von außen her verursacht, weil es nicht mit ihm identisch, sondern sein Anderes ist.

Die Erforschung des Seienden, sofern es ist, die Frage nach dem ὂν ᾗ ὄν, ist gemäß der Definition des Aristoteles das Geschäft der Metaphysik.[44] Auch dort noch, wo die aristotelische Metaphysik nach den Kategorien fragt, in denen das

---

40 Ibid. II,3, 141 C. Cf. Genesis 1,13 iuxta LXX.
41 Ibid. II,3, 141 B.
42 Den Hinweis auf die Aeschrologie, die im neuplatonischen Kontext üblich ist, verdanke ich Professor Beierwaltes. Im folgenden wird der Begriff von uns im erläuterten Sinn verwandt, nicht in seiner speziell philologischen Bedeutung als eine Bezeichnung für obszöne Gattungen, insbesondere der griechischen Literatur.
43 Dionysius de divinis nominibus V,1, 816 B.
44 „Ἔστιν ἐπιστήμη τις ἣ θεωρεῖ τὸ ὂν ᾗ ὂν καὶ τὰ τούτῳ ὑπάρχοντα καθ᾽ αὐτό.“ (Aristotelis metaphysica IV,1, 1003 a.) – ‚Es gibt eine Wissenschaft, welche das Seiende als Seiendes untersucht und das demselben an sich Zukommende.‘ (H. Bonitz.)

Seiende gründet,[45] sucht sie diese nicht außerhalb des Seins, sondern am Seienden selbst auf, und genau darin unterscheidet sie sich vom areopagitischen Ansatz, wo das Sein als Gabe eines Andern begriffen ist. Wenn Heidegger in unserem Jahrhundert den Blick der Philosophie auf das Sein des Seienden lenkt, wirft er damit einer aristotelisch konzipierten Metaphysik allemal vor, ein fraglos gedachtes ὂν ᾗ ὄν einfach vorauszusetzen, während es doch in Wahrheit in einem Andern erst gründe.[46] Man kann das vorbehaltlose Stellen einer solchen Frage nach dem Sein des Seienden, nach den Bedingungen der Möglichkeit des ὂν ᾗ ὄν und nach dessen Rückführbarkeit auf ein Anderes, als eine Kritik der Metaphysik bezeichnen, und dann ergibt sich daraus die logische Konsequenz, daß auch das areopagitische Denken von Haus aus immer schon ein außermetaphysisches oder metaphysikkritisches ist.

Verschiedentlich wurde vorgeschlagen, die strenge Grenzziehung zwischen dem Sein und dem Überwesenhaften bei Dionysius wie bei anderen Neuplatonikern als eine Manifestation dessen zu betrachten, was bei Heidegger die ontologische Differenz zwischen dem Seienden (bei Dionysius wären dies τὰ ὄντα) und dem Sein des Seienden (bei Dionysius wäre dies τὸ ὑπερούσιον) genannt wird.[47] Werner Beierwaltes hat in diesem Zusammenhang sehr eindringlich dargelegt, daß Heideggers Vorwurf der „Seinsvergessenheit" an die Adresse der abendländischen Metaphysik schlechthin insofern nicht aufrecht erhalten werden könne, als es gerade das innerste Anliegen der neuplatonischen Metaphysik seit Plotin gewesen sei, die absolute Differenz vom Begriff des Einen her, das von allem Seienden radikal unterschieden sei, zu denken.[48] Mit einer ähnlichen Intention hat Jacob Taubes die untergründige, verschwiegene Traditionslinie nachgezeichnet, die von verschiedenen Positionen der negativen Theologie bis hin zu Heideggers Vorlesung über *Was ist Metaphysik?* führt.[49] Sosehr Beierwaltes' prinzipielle Kritik an Heideggers tendenziösem Vergessen – wenn nicht Verschweigen – der neuplatonischen Tradition gerechtfertigt ist, sosehr stellt sich angesichts seiner Ausführungen die naheliegende Frage, ob die neuplatonische

---

45 Hier sind Begriffe zu nennen wie die πρώτη ἀρχή (‚erstes Prinzip‘), die πρώτη αἰτία (‚erste Ursache‘) oder τὸ πρώτως ὄν (‚das erste Seiende‘).

46 Cf. Heidegger: „Was ist Metaphysik?" (1929); „Einleitung zu: ‚Was ist Metaphysik?‘" (1949), „Zur Seinsfrage" (1955), in: *Wegmarken*, 2., erweiterte und durchgesehene Auflage, Frankfurt am Main: Vittorio Klostermann 1978, pp. 103-121 (103-121); pp. 361-377 (195-211); 380-419 (213-253).

47 „Die onto-theologische Verfassung der Metaphysik entstammt dem Walten der Differenz, die Sein als Grund und Seiendes als gegründet-begründendes aus- und zueinanderhält..." (Martin Heidegger: „Die onto-theo-logische Verfassung der Metaphysik", in: *Identität und Differenz*, Pfullingen: Günter Neske 1957, pp. 31-67, ibid. 63.)
Zur Nähe zwischen areopagitischem respektive neuplatonischem Denken einerseits und Heideggers Betonung der ontologischen Differenz cf. v. Balthasar: „Dionysius", loc. cit. p. 190; Beierwaltes: *Denken des Einen*, pp. 438-443.

48 Cf. Beierwaltes: *Identität und Differenz*, pp. 131-143.

49 Cf. Jacob Taubes: „Vom Adverb ‚nichts‘ zum Substantiv ‚das Nichts‘", in: *Positionen der Negativität*, ed. H. Weinrich (Poetik und Hermeneutik, vol. VI), München: Wilhelm Fink 1975, pp. 141-153.

Reflexion auf das Eine überhaupt noch unter der Bezeichnung der Metaphysik verhandelt werden sollte oder ob man sie nicht ebensogut – im oben erläuterten Sinn – als eine Kritik herkömmlich metaphysischer Positionen auffassen kann.

Betrachtet man den aufgeworfenen Problemkomplex aus der Perspektive von Autoren wie Derrida und Marion, dann könnte man formulieren, daß das neuplatonische Denken immer schon aus jener *clôture onto-théologique* – um mit einem Schlagwort Derridas zu sprechen – ausgebrochen sei, in welcher die Metaphysik einem Allerweltsverständnis zufolge notwendig gefangen bleibe. Marion hat den zur Debatte stehenden Sachverhalt in seiner Vergleichung der Theologien des Dionysius und des Thomas von Aquin im Hinblick auf die Frage nach den Gottesnamen durchgearbeitet. Während in der areopagitischen Konzeption jede Fixierung auf das Sein vermieden werde, vollziehe Thomas den entscheidenden Schritt zur Ontologisierung der Gotteslehre, indem er (in Abkehr von der griechischen Patristik und Auslegungstradition der Bibel) das Sein (lateinisch *Qui est*) zum wichtigsten Gottesnamen ausrufe.[50] Mit seiner Gegenüberstellung macht Marion deutlich, daß es innerhalb der Theologie zwei konfligierende Sprachspiele gibt, ein thomistisches und ein areopagitisches. Beide lassen sich offenkundig nicht ohne Mühe miteinander harmonisieren, und Marion zögert nicht, das eine als metaphysisch, das andere als außermetaphysisch zu qualifizieren.

Im Ausgang von den dargelegten Erwägungen möchten wir weniger im Sinn einer platten These denn einer unvermeintlichen Frage die areopagitische Theologie als eine Spielart der Metaphysikkritik kennzeichnen. Es kommt uns darauf an, die Parallelen stärker zu betonen als die Unterschiede und auf diese Weise nicht zuletzt die Aktualität eines wichtigen Traditionsstrangs des abendländischen Denkens für die gegenwärtige philosophische Diskussion aufzuzeigen. Gerade die spannungsvolle Nähe in der Sache erklärt unseres Erachtens auch am besten Derridas neuerwachtes Interesse an Dionysius, was eine letzte Verbindungslinie zwischen den beiden Denkansätzen bekunden wird.

Bereits in seinem Buch *De la grammatologie* (1967) hatte Derrida in Auseinandersetzung mit Rousseau die Schrift als eine Ersetzung der Stimme beschrieben und zur Bezeichnung dieses Sachverhalts den Begriff des Supplements eingeführt.[51] Obwohl die natürliche Stimme zunächst eine vollkommene Selbstgegenwart des Subjekts zu garantieren scheint, haftet ihr doch ein versteckter Mangel an, welcher zu einem bestimmten Zeitpunkt ihre Ersetzung durch die künstliche Schrift notwendig macht. Aber auch diese Ersetzung bleibt unvollkommen und mündet ihrerseits zwangsläufig in neue Versuche der Ersetzung. Eine nicht mehr abreißende Kette von Supplementen entsteht. Auslösendes Moment dieser supplementären Ersetzungen ist für Derrida die Tatsache, daß die Sprache selbst auf einen unaufhebbaren Mangel gegründet ist. Das Supplement tritt also stets

---

50 Cf. Marion: *Dieu sans l'être*, pp. 109-113. Cf. Thomae Aquinatis summa theologiae I q. 13, art. 11.
51 Cf. Derrida: *De la grammatologie*, pp. 203-234 et 379-445.

hinzu, ohne den grundlegenden Mangel zu beheben und die vorgängige Lücke schließen zu können. Vielmehr erfordert und ermöglicht die Unvollständigkeit des Supplements immer wieder neue und an sich unabschließbare Ersetzungsversuche.

Überraschenderweise kann Derridas postmodernes Supplementdenken eine kaum bestreitbare Genealogie in der areopagitischen ἱεροπλαστία finden. Denn die ἱεροπλαστία funktioniert in vielfacher Hinsicht auf eine ganz analoge Weise, wie sie Derrida für das Supplement voraussetzt: Daß die Gottheit jenseits und außerhalb des Seins steht, hat bei Dionysius notwendigerweise Auswirkungen auf die menschliche Sprache, da diese dem Sein und der sinnenhaften Welt stets verhaftet bleibt. Die Unaussprechlichkeit Gottes ist demzufolge in der sinnenhaften Sprache überhaupt nicht zu repräsentieren; sie macht vielmehr deren leeres Zentrum aus, welches die ständig neuen Bildungen der ἱεροπλαστία erzeugt. Die ἱεροπλαστία tritt immer nur zur grundlegenden Einfachheit der Gottheit hinzu. Aber das, was die ἱεροπλαστία hinzufügt, nämlich das Sinnenhafte, bleibt doch inkommensurabel zu dem, was es ersetzen sollte, nämlich das Geistige. Die Differenz zwischen beidem wird nicht ausgelöscht, sondern sie tritt sichtbar zutage. Wie sollte auch ein sinnenhaftes Abbild an die Stelle dessen treten können, was seiner Natur nach gerade unsinnlich und abbildlos ist? In der bunten Vielfalt (ποικιλία) und Teilbarkeit (μεριστὰ σύμβολα) der Symbole ist die virtuelle Unabschließbarkeit der symbolischen Ersetzungsversuche immer schon mitbezeichnet. Die ἱεροπλαστία ist demnach nicht die Repräsentation eines ursprünglich Verborgenen, dessen Geheimnis sie enthüllen würde, sondern sie hat vielmehr den Charakter eines umhüllenden Supplements, welches das Bezeichnete immer weiter aufschiebt und verborgen hält.

Die Originalität des Dionysius – und sein unübersehbarer Abstand zu Derrida – besteht darin, daß er die supplementäre Fiktion der ἱεροπλαστία nicht etwa als ein unentrinnbares Geschick deutet, sondern als menschenfreundliche Gabe, als einen Ort, an dem sich das Heilige zeigen kann. In der ἱεροπλαστία kommt zwar nicht zur Ansicht, aber eben zur Erscheinung, was sich in ihr nicht repräsentieren läßt und was nicht ist. Wo die Verhüllung des Verborgenen offenbar wird als dessen Verhüllung und sonst nichts, allein im Plötzlich dieses Augenblicks, da geschieht bei Dionysius – Epiphanie, Hierophanie, Theophanie. – Erst die Vermitteltheit der ἱεροπλαστία ermöglicht das Erscheinen des Heiligen. Bei Dionysius ist die ἱεροπλαστία nicht allein als ein Supplement des sich entziehenden Heiligen verstanden, sondern immer auch und vor allem Andern als ein heiliges Supplement.

Wir wissen nicht nur nach dem Ausweis seiner Biographen, daß Johannes vom Kreuz in der negativen Theologie bewandert war und schon früh – während seines Studiums in Salamanca – sowohl den Gregor von Nyssa als auch den Dionysius las.[52] Wir können dies auch aus seinem eigenen Schreiben rekonstruieren,

---

52 Unter den Schriften des Nysseners, die für Johannes vom Kreuz wichtig wurden, dürfte dessen *Vita Moysis* herausragen.

wenn wir es als Dokument einer kreativen Rezeption des areopagitischen Denkens betrachten. Dionysius wird in seinen Schriften mehrmals namentlich erwähnt – und zwar in der Regel mit Bezug auf den *rayo de tienieblas,* die θείου σκότους ἀκτίς (‚Strahl der göttlichen Finsternis‘), die zu Eingang von *De mystica theologia* erwähnt ist.[53] Wahrscheinlich stand Johannes vom Kreuz sogar eine handliche und preiswerte Ausgabe der areopagitischen Schriften zur Verfügung, die Johannes Brocarius 1541 in Alcalá de Henares aufgelegt und dem toledanischen Kardinalerzbischof Juan de Tavera gewidmet hatte.[54] Das Buch bietet einen sprachlich leicht verständlichen, gut lesbaren und mit hilfreichen Randglossen versehenen Text. Es enthält jene zwei Übersetzungen, die von den Humanisten der damaligen Zeit als die modernsten und besten angesehen wurden – nämlich das Gesamtwerk in der Übertragung durch den Florentiner Kamaldulenserabt Ambrogio Traversari (ca. 1436) sowie die Schriften *De divinis nominibus* und *De mystica theologia* zusätzlich auch noch in der Fassung des Marsilio Ficino (ca. 1492).

In seinen großen Dichtungen verbindet Johannes vom Kreuz das rhetorisch-poetische Verfahren der *allegoria tota,* wie es Fray Luis erläutert hatte, auf höchst originelle Weise mit der negativen Theologie des Areopagiten – und zwar insbesondere mit deren symbolischer Komponente. Gerade die erfundene Allegorie der Dichter, die auch das Hohelied prägte, war ja ihrerseits schon eine Spielart der ἱεροπλαστία und konnte Verwendung finden, um das göttliche Geheimnis in Worte zu hüllen. Daß solch allegorische Liebesdichtung eine reine Fiktion ist, erwies sich hierbei nicht als Manko, sondern als Vorteil, der *ex negativo* die Uneigentlichkeit dieser Rede verdeutlichte. Die erotische *historia* des sich verlierenden und wiederfindenden Paares ist ganz bewußt als eine ἱεροπλαστία konzipiert; sie wird eingesetzt – um hier erneut Dantes Formulierung aus dem *Convivio* zu gebrauchen – als eine *bella menzogna,* als eine schöne Lüge.[55]

Johannes vom Kreuz hat das von ihm benutzte Dichtungsverfahren niemals explizit als Allegorie bezeichnet, wiewohl er an manchen Stellen seiner Kommentare von den Metaphern in seiner Dichtung spricht.[56] Möglicherweise verzichtete er deswegen auf den Allegoriebegriff, weil er ihm im Hinblick auf den theologisch eingebürgerten Sprachgebrauch als zu belastet erschien. Die Theologen verstanden ja unter der Allegorie allein die historisch wahren Begebenheiten der Bibel, die einen zusätzlichen Sinn in sich trugen. Thomas von Aquin lehrte, menschliche Dichter könnten zwar Metaphern, nicht aber Allegorien benutzen.

---

53 Cf. S. Juan de la Cruz: *Subida del Monte Carmelo,* II,8,6; *Noche oscura,* II,5,3; *Cántico espiritual A* (Manuscrito de Sanlúcar), 13,6; *Cántico espiritual B* (Manuscrito de Jaén), 14,16; *Llama de amor viva B* (Redacción definitiva), 3,49, in: *Obras completas,* pp. 148; 361 sq.; 486; 629; 832. Cf. Dion. Areop. myst. theol. I,1, 1000 A.

54 Cf. D. Dionysii Areopagitae scripta cum D. Ignatii martyris epistolis & aliis quae D. Dionysii scriptis annectuntur, Compluti apud Ioannem Brocarium MDXLI (Biblioteca Nacional de Madrid, R 20.084).

55 Cf. Dante: *Il Convivio,* II,1,4, ed. Maria Simonelli, p. 31.

56 Der Begriff *metáfora* taucht auf in I Subida 15,1; II Noche 14, 1; II Noche 25,1 – I Aufstieg 15, p. 69; II Nacht 14, p. 130; II Nacht 25, p. 180.

Nur Gott bediene sich der Allegorie. Er verwende in den biblischen Schriften die Ereignisse der Heilsgeschichte in gleicher Weise wie die Menschen die Worte, nämlich, um damit etwas zu bezeichnen.[57] Aus den lateinischen Übersetzungen und Paraphrasen des *Corpus Areopagiticum* hat Johannes vom Kreuz dagegen einen Terminus beziehen können, der für die griechischen Wörter σχῆμα oder τύπος stand und sich auch zwanglos ins Spanische einfügte, nämlich *figura*. Dieser Begriff begegnet in den Schriften des Johannes vom Kreuz allenthalben. Er bezeichnet jenes rhetorische Verfahren der Substitution und der supplementären Erfindung, das bei Dionysius als ἱεροπλαστία charakterisiert ist.

Was in der ἱεροπλαστία oder *bella menzogna* des Johannes vom Kreuz nicht unverhüllt in Erscheinung treten kann, ist die unter dieser Lüge verborgene Wahrheit: Denn während in der *allegoria tota* das Gemeinte zwar nirgends eigentlich benannt wird, aber dennoch eine Übertragung in die eigentliche Sprache prinzipiell möglich bleibt – und davon geben Fray Luis' Kommentare des Hohenlieds ein beredtes Zeugnis -, rechnet die areopagitische Theologie gerade nicht mehr damit, daß das Verborgene überhaupt aussprechbar oder ansichtig zu machen wäre. Die Form der *allegoria tota* restituiert bei Johannes vom Kreuz keine Totalität des Sinns, sondern wie das areopagitische Symbol so schiebt auch sie den Sinn definitiv auf. Diese negative Potenz der *allegoria tota* hatte Fray Luis in seinen Kommentaren zum Hohenlied noch nicht abgesehen. Das ἀπόρρητον des ungesagten Sinns aber, seine Unaussprechlichkeit, können wir als eine Lücke darstellen:

LITTERA	AMOR CORPOREVS	AMOR CORPOREVS
SPIRITVS	AMOR SACER	

In einem eingebürgerten Sprachspiel, innerhalb einer *scène de l'énonciation,* wo die Existenz distinkter Sinnebenen (Buchstabe und Geist) sowie distinkter Gegenstände (irdische und göttliche Liebe) einfach vorausgesetzt wurde, da öffnet sich plötzlich eine Lücke, die dennoch nicht zu sehen ist, weil der immer gemeinte *amor sacer* sich jeder sinnenhaften Darstellung entzieht. So steht der *amor corporeus* für den *amor sacer*. Er zeigt ihn, indem er ihn verhüllt.

In bezug auf die Dichtung des Johannes vom Kreuz lassen sich die Ausführungen dieses und des vorausgegangenen Kapitels folgendermaßen zusammenfassen:

1. Im Zentrum der Dichtung des Johannes vom Kreuz steht kein Symbol im romantischen Sinn, sondern die im Hohenlied und in der Tradition vorgebildete Allegorie der *Psychomnestie,* das heißt des erotischen Werbens zwischen Gott und der Seele.

---

57 Cf. Thomae Aquinatis quodlibetum VII q. 6 art 3.

2. Allegorie ist hierbei verstanden als eine *allegoria tota* im Sinne Quintilians, die aus zusammenpassenden *metaphorae continuae* besteht. Die oft als symbolhaft gedeuteten Elemente wie vor allem die Nacht oder die Braut wären demnach als Einzelmetaphern aufzulösen, die insgesamt das allegorische Bildfeld konstituieren. Daß diese Allegorie als romantisches Symbol mißverstanden wurde, liegt nicht zuletzt daran, daß sie als *allegoria tota* ihren eigenen allegorischen Charakter besonders wirkungsvoll zu verbergen weiß.

3. Auf der Ebene von *littera* und *historia* wird das erotische Abenteuer eines Liebespaars modelliert. Da es sich um eine poetische, nicht um eine theologische Allegorie handelt, kommt der erotischen *historia* kein Wahrheitswert, sondern ein ästhetischer Wert zu, sie ist eine *bella menzogna,* die keinen Sinn in sich trägt.

4. Die poetische *allegoria tota* ist zugleich eine ἱεϱοπλαστία nach dem Verständnis der areopagitischen Theologie. Sie steht nicht mehr für einen auszudrückenden Sinn, den sie darstellen könnte, sondern anstelle der Unaussprechlichkeit dieses Sinns, der sich ihr unwiderruflich entzieht und als dessen Supplement sie fungiert.

5. Die bei Johannes vom Kreuz gewählte Ausprägung der supplementären ἱεϱοπλαστία ist folglich gekennzeichnet durch eine doppelte Negativität:

   a) Gegeben ist mit der *allegoria tota* des Gedichts immer nur der *sensus litteralis,* der ist aber nicht gemeint, sondern durchgestrichen, durchkreuzt.

   b) Gemeint ist mit der *allegoria tota* des Gedichts immer nur der *sensus spiritalis,* der kann aber nicht gegeben werden, weil er selber gibt: er bleibt somit ungesagt, abwesend.

Das Sprachspiel der erotischen Allegorie gründet mithin bei Johannes vom Kreuz in der doppelten Negativität von Suspension des *sensus litteralis* einerseits und Abwesenheit des *sensus spiritalis* andererseits. Man könnte diese Textstruktur eine allegorische Nichtung oder Durchkreuzung nennen, die in krassem Gegensatz zur sonst behaupteten symbolischen Fülle steht. Eine solchermaßen allegorische Lektüre versteht die Gedichte nicht im Zeichen einer Metaphysik der Präsenz, sondern sie hält den *sensus litteralis* der Gedichte negativ offen für die Zuschreibung eines *sensus spiritalis,* der gerade nicht zur Hand, nicht verfügbar ist, sondern aufgeschoben, abwesend, vielleicht seinerseits durchkreuzt erscheint. Wenn die Dichtung des Johannes vom Kreuz mystisch genannt zu werden verdient, dann wohl am ehesten in dem Sinne, daß ihre allegorische Struktur selbst auf das verweist, was sie nicht ist und daß sie nicht ist: Erfahrung der unmittelbaren Präsenz.[58] Im eigentlichen Sinn ist die erotische Poesie des Johannes vom Kreuz ἀλληγοϱία (Anderssprechen) oder – nach dem Übersetzungsvorschlag des Isi-

---

58 Hier unterscheidet sich unsere Lektüre von einer Ästhetik der Präsenz, wie sie vorausgesetzt wird bei George Steiner: *Real Presences. Is there anything in what we say?*, London; Boston: Faber and Faber 1989. Die ἱεϱοπλαστία bei Johannes vom Kreuz stillt kein Begehren nach Präsenz, sie will es erst wecken.

dor von Sevilla – *alieniloquium*,[59] und in einem damit ist sie auch ἱεροπλαστία (*sacrum figmentum*): Figur, die das Fremde, das Andere des Gemeinten ausspricht und paradoxerweise in die Fremdheit der Sinnenwelt eine Spur dessen einschreibt, was ihr inkommensurabel bleibt – die Heiligkeit Gottes.

---

59 „Allegoria est alieniloquium. Aliud enim sonat et aliud intellegitur." (Isidori etymologiae I,37,22.)

1.3. DER EROTISCHE EXZESS ALS PERVERSE TRANSGRESSION

Transgression und Exzeß

Nicht etwa in seinen Predigten über die poetische Allegorie des Hohenlieds, wohl aber im an Leander von Sevilla gerichteten Einleitungsbrief zu seinem Hauptwerk, den *Moralia in Iob,* die für das Mittelalter so einflußreich geworden sind, gibt Gregor der Große seinem Leser den Rat, den Buchstaben des Textes nicht vorschnell zu verabschieden.

> Aliquando autem qui uerba accipere historiae iuxta litteram neglegit, oblatum sibi ueritatis lumen abscondit, cumque laboriose inuenire in eis aliud intrinsecus appetit, hoc, quod foris sine difficultate assequi poterat, amittit.[1]

Gregor äußert seine Empfehlung zweifellos deswegen, weil er dies biblische Buch – eben im Gegensatz zum Hohenlied – für eine historisch beglaubigte Geschichte und damit für eine theologische *allegoria in facto* hält. Nichtsdestoweniger wollen wir im folgenden seinen Vorschlag beherzigen und uns dem Buchstaben jener poetischen Liebesgeschichten zuwenden, die Johannes vom Kreuz in seinen Allegorien dargestellt hat. Modelliert wird in jeweils unterschiedlicher Weise die Situation eines Liebespaares, das trotz mancher Schwierigkeiten letztlich zueinander findet und die Freuden erotischer Erfüllung genießt. Was liegt demnach näher, als diese erotische *historia* mit Hilfe jener Kategorien näher zu erschließen, die uns Georges Bataille, einer der großen Theoretiker der Erotik des 20. Jahrhunderts, bereitgestellt hat?

Unter dem Einfluß der Soziologie von Emile Durkheim und vor allem der Anthropologie von Marcel Mauss und in Absetzung vom surrealistischen *cénacle* um André Breton bildete sich 1938 in Paris die sehr kurzlebige Einrichtung des *Collège de sociologie,* zu dessen maßgeblichen Mitgliedern neben Bataille auch Roger Caillois sowie Michel Leiris gehörten.[2] Ziel der Gruppe waren kulturanthropologische Studien, die in einer regelrechten Soziologie des Heiligen (*sociologie du sacré*) gipfeln sollten. Vor diesem Hintergrund ist Batailles Buch *L'Erotisme* zu verstehen, das zwar erst 1957 erschien, aber eine Konzeption des Erotischen entwirft, in der sich die Reflexion auf die Anthropologie archaischer Gesellschaften mit einem ausgeprägten Interesse am Heiligen verbindet.[3] Jede Gesellschaft ist Bataille zufolge grundsätzlich gekennzeichnet durch den Widerstreit zwischen

---

1 Gregori Magni epistola ad Leandrum, cap. 5, in: Moralia in Iob.
2 Cf. Denis Hollier: *Le Collège de sociologie*, Paris: Gallimard 1939.
3 Cf. Bataille: *L'Erotisme*, Paris: Minuit 1957. Der erste, systematische Teil des Werks trägt den bezeichnenden Titel: «L'interdit et la transgression». Cf. ibid. pp. 33-162. Den *Erotisme* hat Bataille übrigens Michel Leiris gewidmet, so wie dieser ihm seinerseits zuvor seine Autobiographie *L'Age d'homme* zugedacht hatte.

einem Verbot, das die elementare Gewalt eingrenzt[4], und dessen zyklischer Überschreitung, der *Transgression*, die sich in zahlreichen Riten beobachten läßt. Besonders macht sich die Transgression in den tabuierten Bereichen des Todes und
der Fortpflanzung bemerkbar, deren naturhafte Gewaltsamkeit durch das Gebot
der Leichenbestattung und das Verbot des Inzests reguliert werden soll. Die Ge-
setze der gesellschaftlichen Ordnung versuchen die Bedrohlichkeit abzuwehren,
die für sie vom verwesenden und vom kopulierenden Körper ausgeht. Zugleich
manifestiert sich in diesen Verboten und im Unreinen, das von ihnen ausgegrenzt und mithin erst definiert wird, das Heilige.[5] Gerade die Begräbnis- oder
Hochzeitsriten basieren somit gleichermaßen auf dem Verbot, das sie begründet,
wie auf der Überschreitung, in der sie sich erst vollziehen. In der Transgression
der Ordnung und in der Überschreitung des Verbots gewärtigt das Subjekt das
Heilige.

Batailles Gedanke erinnert zunächst in vielem an Freuds bekannte Bestimmung des Festes in *Totem und Tabu*, wo es heißt: „Ein Fest ist ein gestatteter,
vielmehr ein gebotener Exzeß, ein feierlicher Durchbruch eines Verbotes."[6] Auch
Freud sieht in der Feier der Totemmahlzeit zwei Tabus des Totemismus verletzt:
die Schonung des Totemtiers, das geschlachtet wird, und das Inzestverbot, das
mißachtet werden darf.[7] So scheint es, als wären Batailles Begriff der Transgression und Freuds „Freigebung des sonst Verbotenen" zueinander synonym.[8] Allerdings ist die Transgression nicht nur eine Überschreitung des Verbots, sondern
zugleich auch die Gebärde einer wilden und unproduktiven Verausgabung, welche der nützlichen Arbeit diametral entgegengesetzt ist und die schließlich im
Selbstverlust des Subjekts gipfelt. Wenn sich also bei Freud das Subjekt (der
Sohn gegenüber dem Vater) und die Gesellschaft (die Gemeinschaft der Brüder)
in den Ritualien der Totemmahlzeit behaupten wollen, dann wollen sich das
Subjekt – und in einem weiteren Sinn auch die Gesellschaft – bei Bataille im Akt
der Transgression gerade verlieren.

Bataille setzt das Konzept der unproduktiven Verschwendung im *Erotisme*
weitgehend voraus. Theoretisch entwickelt und begründet hat er es schon sehr
viel früher, nämlich in *La Notion de dépense*, einem Artikel, der 1933 erstmals in
der Zeitschrift *La Critique sociale* erschienen ist. In dieser ökonomisch orientierten Frühschrift wird eine Wirtschaftslehre entwickelt, die statt auf der Pro-

---

4 Bataille spricht von «violence élémentaire» (*L'Erotisme*, p. 23). Der Begriff wird umformuliert
  zur «violence originaire» in der keineswegs unkritischen Weiterentwicklung von Batailles Denken
  bei René Girard: *La Violence et le Sacré*, Paris: Grasset 1972.
5 Batailles Auffassung des Heiligen steht in der Tradition des grundlegenden Werks zur Religions-
  soziologie von Emile Durkheim: *Les Formes élémentaires de la vie religieuse* (1912), 7ᵉ édition,
  Paris: Quadrige; Presses Universitaires de France 1985. Bei Durkheim ist das Heilige als doppeldeutig verstanden. Cf. hierzu auch das Kapitel «L'ambigüité du sacré» bei Roger Caillois:
  L'Homme et le Sacré, Paris: Gallimard 1950, pp. 41-76.
6 Sigmund Freud: *Totem und Tabu* (1912-1913), in: *Studienausgabe*, ed. A. Mitscherlich et al.,
  vol. IX, Frankfurt am Main: Fischer 1974, p. 425.
7 Ibid. p. 427 sq.
8 Ibid. p. 425.

duktion und der Gütererhaltung auf dem Prinzip des Verlustes (*perte*) und der unproduktiven Verausgabung (*dépense*) gründet.

> L'activité humaine n'est pas entièrement réductible à des processus de production et de conservation et la consommation doit être divisée en deux parts distinctes. La première, réductible, est représentée par l'usage du minimum nécessaire [...]. La seconde part est représentée par les dépenses dites improductives: le luxe, les deuils, les guerres, les cultes, les constructions de monuments somptuaires, les jeux, les spectacles, les arts, l'activité sexuelle perverse (c'est-à-dire détournée de la finalité génitale) représentent autant d'activités qui, tout au moins dans les conditions primitives, ont leur fin en elles-mêmes. Or, il est nécessaire de réserver le nom de *dépense* à ces formes improductives, à l'exclusion de tous les modes de consommation qui servent de moyen terme à la production.[9]

Das für Bataille maßgebliche anthropologische Modell einer unproduktiven Verausgabung ist der sogenannte Potlatsch, der bei nordamerikanischen Indianerstämmen in Alaska beobachtet und von Mauss beschrieben wurde. Es handelt sich um ein archaisches Fest des Schenkens, bei dem von den Beteiligten in großem Ausmaß Güter weggegeben, ja sogar mutwillig zerstört werden – allerdings, um dadurch gesellschaftliches Ansehen zu erringen. Bei Mauss wird der Potlatsch darum folgendermaßen geschildert:

> Mais ce qui est remarquable dans ces tribus, c'est le principe de la rivalité et de l'antagonisme qui domine toutes ces pratiques. On y va jusqu'à la bataille, jusqu'à la mise à mort des nobles qui s'affrontent ainsi. On y va d'autre part jusqu'à la destruction purement somptuaire des richesses accumulées pour éclipser le chef rival en même temps qu'associé (d'ordinaire grand-père, beau-père ou gendre).[10]

Mauss verortet den Potlatsch insgesamt im Rahmen einer archaischen Ökonomie der Gabe, die trotz ihrer grundsätzlichen Freiwilligkeit den Empfänger zu einer Gegenleistung oder Gegengabe verpflichtet. Bataille jedoch bürstet Mauss gegen den Strich, hebt einseitig den Aspekt einer *destruction purement somptuaire* hervor und betont somit die völlige Nutzlosigkeit des Potlatsch:

> Mais le don n'est pas la seule forme du *potlatch;* il est également possible de défier des rivaux par des destructions spectaculaires de richesse. C'est par l'intermédiaire de cette dernière forme que le *potlatch* rejoint le sacrifice religieux, les destructions étant théoriquement offertes à des ancêtres mythiques de donataires.[11]

Der Potlatsch gerät damit nach Batailles Verständnis zum Musterfall der unproduktiven Verschwendung, auf den sich sogar das religiöse Opfer zurückführen lasse. Der weitere Kontext nutzloser *dépense* ist für Bataille das Konzept einer *économie générale,* einer allgemeinen Ökonomie der Verschwendung und der Zerstörung von Gütern, die einer *économie restreinte* entgegengesetzt ist, welche

---

9 Bataille: *La Notion de dépense* (1933), in: *La Part maudite*, ed. J. Piel, Paris: Minuit 1967, pp. 23-45, ibid. p. 28.

10 Marcel Mauss: *Essai sur le don* (1902-1903), in: *Sociologie et Anthropologie*, ed. C. Lévy-Strauss, Paris: Quadrige; Presses Universitaires de France 1950, p. 152.

11 Bataille: *La Notion de dépense*, loc. cit. p. 33.

sich der Produktion, der Akkumulation und der Erhaltung von Gütern verschreibt.[12] In der *économie générale* bekundet sich eine sowohl im Menschen als
auch in der ganzen Natur tief verwurzelte Tendenz zum Überfluß, zum Übermaß, zum *gaspillage sans contrepartie*,[13] die sich in Ritualien und kulturellen
Manifestationen immer wieder Ausdruck verschafft, ganz besonders im Bereich
der Kunst.

In seinen ökonomischen Schriften erweist sich Bataille mithin als ein Denker
des Exzesses und der Maßlosigkeit. Sosehr Bataille darum im *Erotisme* das Zusammenspiel von Verbot und Transgression betont, aus dem das erotische Begehren des Subjekts erst entspringt, sosehr lädt seine Argumentation immer auch
dazu ein, die Notion der Transgression selbst nicht als ein Gründendes, sondern
als ein schon Begründetes zu nehmen, eben als ein Moment am Exzeß, dessen
Figur, nicht aber Ursprung sie ist.[14] Damit zeigt sich dann auch Batailles Bezug
zu Freud als weniger eng denn zunächst vermutet, nicht zuletzt deswegen, weil
zwischen Freud und Bataille der Einfluß von Mauss wirkt.

Neben dem Potlatsch im engen Sinn führt Bataille im *Erotisme* weitere ritua-
lisierte Formen der unproduktiven Verausgabung auf wie etwa den Krieg, die
Jagd und vor allem das blutige Opfer, das die entropische Zerstörung der sozialen Ordnung im Tod inszeniert und schon auf die erotische Vereinigung vor-
ausweist:

> Le sacrifice substitue la convulsion aveugle des organes à la vie ordonnée de l'animal.
> Il en est de même de la convulsion érotique: elle libère des organes pléthoriques dont
> les jeux aveugles se poursuivent au-delà de la volonté réfléchie de l'amant.[15]

In der Defloration, der Penetration oder der Entkleidung der Frau erhält das
Opfer seine Entsprechung im Bereich der Erotik.[16] Bataille konzipiert also letzt-
lich die erotische Begegnung nach dem Modell des Opfers (das wiederum ein
Potlatsch ist) und nicht etwa umgekehrt:

> Mais, dès maintenant, j'insiste sur le fait que le partenaire féminin de l'érotisme ap-
> paraissait comme la victime, le masculin comme le sacrificateur, l'un et l'autre se
> perdant dans la continuité établie par un premier acte de destruction.[17]

Auch hier bekundet sich, daß in letzter Instanz nicht die Übertretung des Verbots, sondern der Exzeß und der Wunsch nach Kontinuität mit dem Andern das
Wesen der erotischen Erfahrung ausmacht.

Für das Subjekt, von dem Bataille eine streng antikartesianische Auffassung
vertritt, heißt dies, daß es den Selbstverlust durch Selbstverausgabung im erotischen oder Todestaumel nicht nur in Kauf nimmt, sondern insgeheim geradezu

---

12 Cf. id.: *La Part maudite*, pp. 57-64.
13 Ibid. 76.
14 Der Begriff des *excès* spielt eine herausragende Rolle in der «Préface de 'Madame Edwarda'», cf.
   Bataille: *L'Erotisme*, p. 293-300.
15 Bataille: *L'Erotisme*, p. 102.
16 Cf. ibid. pp. 24 sq.
17 Cf. ibid. p. 25.

anstrebt. Im Übermaß dieses Selbstverlustes artikuliert sich, was Bataille auch die innere Erfahrung nennt – eine verinnerlichte Form weniger der Transgression denn der Opferung, die schließlich in die Kunst mündet.[18] Diese innere Erfahrung hat nicht nur in Tod und Eros, sondern in verwandter Form auch in der mystischen Ekstase ihren Platz. Im Sog dieser Bewegung des Verlusts gewinnt das Subjekt das, was Bataille andernorts die Souveränität nennt, ironischerweise nicht etwa als Machtvollkommenheit gedacht, sondern als radikale Geste der Selbstentmächtigung, ja der Selbstentäußerung.[19]

Tod und Perversion

Die provozierende Pointe von Batailles Sicht des erotischen Exzesses besteht darin, daß er ihn ebenfalls einer *économie générale* der Verschwendung zuordnet und ihn vom Bereich der menschlichen Fortpflanzung abkoppelt. Ein Allerweltsbegriff des Eros und der Sexualität ordnet deren Kraft bekanntlich dem Ziel der Arterhaltung und der Weitergabe des Lebens zu. So beginnt etwa Richard von Krafft-Ebing seine klassische *Psychopathia sexualis,* deren eigentlicher Gegenstand doch die sogenannte „konträre" Sexualempfindung sein soll, nichtsdestoweniger mit einer kurzen Charakteristik der normalen Sexualität:

> Die Fortpflanzung des Menschengeschlechts ist nicht dem Zufall oder der Laune der Individuen anheimgegeben, sondern durch einen Naturtrieb gewährleistet, der allgewaltig, übermächtig nach Erfüllung verlangt. In der Befriedigung dieses Naturdrangs ergeben sich nicht nur Sinnesgenuss und Quellen körperlichen Wohlbefindens, sondern auch höhere Gefühle der Genugtuung, die eigene vergängliche Existenz durch Vererbung geistiger und körperlicher Eigenschaften in neuen Wesen über Zeit und Raum hinaus fortzusetzen.[20]

Auch Bataille kennt einen solchen Naturtrieb, den er aber *érotisme* nennt und den er zunächst einmal strikt von der Sexualität unterscheiden will: «ce qui différencie l'érotisme et l'activité sexuelle simple étant une recherche psychologique indépendante de la fin naturelle donnée dans la reproduction et dans le souci des enfants.»[21] Die sexuelle Betätigung dient der gesellschaftlich nützlichen Prokreation, während der Eros auf die völlig unnütze Verschwendung hin ausgerichtet ist. Der Eros überführt das menschliche Wesen in einen Zustand der Kontinuität mit seinem Partner. Diese erotische Kontinuität zweier Leiber präfiguriert aber bereits den Tod und die Einswerdung des verwesenden Körpers mit der Materie. In einer komplexen Argumentation führt Bataille aus, daß die erotische

---

18 Cf. hierzu vor allem das zum Teil hoch aphoristisch verfaßte Buch von Bataille: *L'Expérience intérieure.*

19 Cf. Bataille: *La Souveraineté* (partim 1950-56), in: *Oeuvres complètes*, vol. VIII, Paris: Gallimard 1976.

20 Richard von Krafft-Ebing: *Psychopathia sexualis* (1886), Vierzehnte vermehrte Auflage, ed. A. Fuchs (1912), München: Matthes & Seitz 1984, p. 1.

21 Bataille: *L'Erotisme*, p. 17.

Aktivität in der Dauer der Zeit mit Notwendigkeit in den Tod führt und daß
sich daher die Unterscheidung des Sexuellen vom Erotischen letztlich doch nicht
aufrechterhalten läßt, weil nämlich die Erotik die Sexualität verschlingt. Die
prokreative Sexualität ist nur der Sonderfall einer unproduktiven Erotik, und wie
diese ist auch jene eng mit der Sterblichkeit des Menschen verquickt:

> Nous ne pouvons plus faire de différence entre la mort et la sexualité. La sexualité et
> la mort ne sont que les moments aigus d'une fête que la nature célèbre avec la multi-
> tude inépuisable des êtres, l'un et l'autre ayant le sens du gaspillage illimité auquel la
> nature procède à l'encontre du désir de durer qui est le propre de chaque être.
>
> A longue ou brève échéance, la reproduction exige la mort de ceux qui engendrent,
> qui n'engendrent jamais que pour étendre l'anéantissement (de même que la mort
> d'une génération exige une génération nouvelle).[22]

Bataille dekonstruiert die Opposition von Sexualität und Erotik nach der Seite
des Eros und des Todes hin. In seiner Zusammenführung des Eros mit dem Tod
ist allerdings wiederum keine freudianische Denkfigur zu erkennen, insofern ja
sonst der Geschlechts- und der Todestrieb als gegensätzlich gerichtete Kräfte
gelten müßten, nicht aber – wie bei Bataille – als Varianten voneinander. Sehr
viel eher ergibt sich eine sachliche Parallele zu Heideggers Zeit- und Existenzphilosophie. Wenn nämlich bei Bataille das Wesen der Sexualität als nichts anderes erscheint denn als eine besondere Art der erotischen Verausgabung, dann
wird die Sexualität selbst zum radikalen Ausdruck der Zeitlichkeit, der Sterblichkeit, des Seins zum Tod – oder mit Batailles eigenen programmatischen Worten
ausgedrückt: «De l'érotisme il est possible de dire qu'il est l'approbation de la vie
jusque dans la mort.»[23]
    In Batailles Verständnis wird eine grundlegende Distinktion des abendländi-
schen Wissens gegenstandslos, die in unterschiedlichen Ausgestaltungen seit der
Antike, insbesondere aber seit dem Aufkommen der christlichen Lehre vom
Fleisch die erotischen Diskurse geprägt hatte: nämlich die Unterscheidung zwischen Natur und Widernatur; zwischen einer zeugungswilligen Sexualität und
einem zeugungsunwilligen Verlangen nach bloßem Lustgenuß; zwischen erotischer Normalität und Perversion. Im perversen Akt wird das „normale Sexualziel", wie es Freud nennt, bewußt nicht erreicht.[24] Die Theologie hat solches
Verhalten über Jahrhunderte hinweg als eine bestimmte *species luxuriae,* eine Art
der Wollust, traktiert – und zwar als das *vitium contra naturam,* das Laster der
Widernatur, das seinerseits wiederum in mehrere Unterarten zerfiel. Bei Thomas
von Aquin heißt es dazu: „Luxuriosus non intendit generationem humanam, sed

---

22 Ibid. p. 69.
23 Ibid. p. 17.
24 „Als normales Sexualziel gilt die Vereinigung der Genitalien in dem als Begattung bezeichneten
    Akte, der zur Lösung der sexuellen Spannung und zum zeitweiligen Erlöschen des Sexualtriebes
    führt." (Sigmund Freud: *Drei Abhandlungen zur Sexualtheorie* I,2 [1904-1905], in: *Studienaus-
    gabe,* vol. V, Frankfurt am Main: Fischer 1972, p. 60.)

delectationem veneream: quam potest aliquis experiri sine actibus ex quibus sequitur humana generatio. Et hoc est quod quaeritur in vitio contra naturam."[25]

Es geht aus dem heutigen Sprachgebrauch nicht mehr klar hervor, daß im Verständnis der scholastischen und auch neuscholastischen Theologie der Begriff der Widernatur nicht allein jene Perversionen meint, welche eine *Psychopathologia sexualis* seit dem 19. Jahrhundert ausgemacht und katalogisiert hat. Die Kategorie trifft vielmehr auch all jene heterosexuellen Beziehungen, die nur eine *delectatio venerea* und eben keine Fortpflanzung anstreben, das sind in der Regel die außerehelichen Liebschaften. Eine besonders wirkmächtige Institution, in der eine solch perverse Erotik zwischen den Geschlechtern ihren Ausdruck findet, ist seit jeher die Prostitution gewesen, die Dirnenliebe, bei deren Vollzug eine Zeugung nicht nur nicht intendiert, sondern oft genug auch gar nicht möglich ist – zumindest wenn man vom Repertoire jener erotischen Praktiken ausgeht, die den Hetären seit der Antike mit Vorliebe zugeschrieben wurden. Bataille teilt diese herkömmliche Auffassung der Prostitution, weswegen er sie als einen wesentlichen Aspekt der Erotik behandelt und als ein Objekt präsentiert, welches das Begehren an sich zieht.[26]

Ein zentrales Anlagen von Bataille ist es demnach, mit der Opposition von Sexualität und Erotik gleichzeitig auch die Opposition von Normalität und Perversion zu dekonstruieren – und dies wiederum nach der Seite der Perversion hin. Während Freud in seinen *Drei Abhandlungen* die wohlfeile Unterscheidung zwischen Normalität und Perversion eher implizit in Zweifel zieht, läßt Batailles Ansatz das Erotische ganz ausdrücklich in der Perversion aufgehen. Die *activité sexuelle perverse* gehört für ihn, wie wir oben schon gesehen haben, zur *économie générale*. Auch der erotische Trieb ist darum für Bataille in letzter Instanz nicht natürlich und lebensfreundlich, sondern todesbesessen und widernatürlich. Im Eros strebt das Leben nach dem Andern seiner selbst, das aber sind seine Auflösung und sein Tod. So tendieren die erotische und die innere Erfahrung ihrem Wesen nach gleichermaßen zum perversen Exzeß und münden letzten Endes in ihre (Ver) Nichtung. Daß sie dies tun, leitet sich aus der Natur des Körpers selbst ab, aus einem Hang des Fleisches zum Exzeß, der ihm von Anbeginn inhärent ist: «Le mouvement de *la chair* excède une limite en l'absence de la volonté. *La chair* est en nous cet excès qui s'oppose à la loi de la décence.»[27]

Ekstatischer Eros

Wo Bataille ein Denker des erotischen Exzesses ist, da begreift er die Erfahrungen der Ekstase ein, seien sie erotischer oder mystischer Natur. Es kann hier nur angedeutet werden, daß in Batailles Konzeption des Eros – über welche Vermitt-

---

25 Thomae Aquinatis summa theologiae II-II q. 154 art. 11 ad 3.
26 So im Kapitel «L'objet du désir: la prostitution». Cf. Bataille: *L'Erotisme*, pp. 143-154.
27 Ibid. p. 102.

lungen auch immer – gewisse areopagitische Muster unschwer wiederzuerkennen sind. Im vierten Kapitel von *De divinis nominibus* entwickelt Dionysius seine Liebeslehre. Er legt dar, daß er den Gottesnamen Ἔρως für göttlicher und damit angemessener hält als den der Ἀγάπη.[28] Als Begründung führt Dionysius an, daß im Namen Eros der Aspekt eines überschwenglichen Begehrens schon mitbezeichnet ist. Im Eros wirkt eine überwesenhaft ekstatische Kraft, die man an der Agape nicht kennt.

Vor dem Hintergrund der neuplatonischen Tradition deutet Dionysius den göttlichen Eros demnach als Exzeß, als Ekstasis und als Selbstpreisgabe des Liebenden, der in seinem Überschwang aus sich heraustritt, um sich dem Geliebten zu eigen zu geben: „Ἔστι δὲ καὶ ἐκστατικὸς ὁ θεῖος ἔρως οὐκ ἐῶν ἑαυτῶν εἶ ναι τοὺς ἐραστούς, ἀλλὰ τῶν ἐρωμένων."[29] – ‚Es ist auch der göttliche Eros aus sich heraustretend (ekstatisch) und läßt nicht zu, daß die Liebhaber sich selbst gehören, sondern den Geliebten.' So verschenkt sich der überwesenhafte, göttliche Eros aus dem Übermaß seiner Güte in die Welt des Seins hinein, und doch verbleibt er ihr gegenüber in seiner Überwesenhaftigkeit unmitteilbar. Was der göttliche Eros mit dem Eros der anderen Seinsschichten gemein hat oder was der weltliche Eros am göttlichen Eros nachahmt, das ist aber nicht etwa dessen Selbstbewahrung und Beisichbleiben, sondern das ist gerade das Moment von Exzeß, Ekstasis und Selbstpreisgabe.

Auch im Zusammenhang seiner Erörterungen zur symbolischen Theologie im neunten Brief bekundet sich bei Dionysius der Gedanke nicht nur des Übermaßes, sondern sogar der Verbotsüberschreitung. So macht er bezeichnenderweise gerade im Hohenlied eine illegitime Hetärenliebe aus: „τὰς τῶν ᾀσμάτων προσύλους καὶ ἑταιρικὰς πολυπαθείας"[30] – ‚die Vielheit der grobsinnlichen und hetärenhaften Leidenschaften im Hohenlied'. Die lateinischen Übersetzer des Dionysius im Westen haben dessen Einschätzung des biblischen Buches weithin sinngetreu wiedergegeben.[31] Bei vielen alten Exegeten bis hin zu Fray Luis wird ohnehin regelmäßig darauf hingewiesen, daß das Verhalten der Braut dirnenhafte Züge trage oder zumindest mit dem einer Hetäre verwechselt werden könne.

Ausführlicher als das Thema der Dirnenliebe behandelt Dionysius an späterer Stelle die Bedeutung des göttlichen Berauschtseins, und er begründet diese Redeweise unter Bezugnahme auf den darin zum Ausdruck kommenden Über-

---

28 Cf. Dionysius Areopagita de divinis nominibus IV,12, 709 B.

29 Ibid. IV, 13, 712 A.

30 Cf. Dionysii epistola IX,1, 1105 B.

31 Cf. „materiales et alterutrales [sic – id est: adulterales] multipassibilitates" (Hilduin, ca. 832), „materiales et adulteras multas passiones" (Eriugena, ca. 1167), „materiales et amatorias et multas passiones" (Johannes Sarracenus, ca. 1167); „carnalem et materialem amorem et inhonestas passiones" (Th. Gallus, 1238); „carnales ac adamatorios quam plurimos affectus" (A. Traversari, ca. 1436), „multas illas et corporeas amatoriasque affectiones" (J. Périon, ca. 1536; L. Lanssel, 1615), „illas veluti corporeas et meretricias illecebras" (B. Cordier, 1634). Cf. *Dionysiaca. Recueil donnant l'ensemble des traductions latines des ouvrages attribués à Denys de l'Aréopagite*, ed. Ph. Chevallier, vol. I, Bruges: Desclée de Brouwer & Cie 1937, ad locum.

schwang: „θεὸς μεθύ ειν λέγεται διὰ τὴν [...] τοῦ θεοῦ παντελῆ καὶ ἄφα-
τον ἀμετρίαν"[32] – ‚von Gott wird gesagt, daß er berauscht ist, [...] wegen der
vollkommenen und unaussprechlichen Maßlosigkeit Gottes.' In beiden Fällen
scheint es, daß die Transgression des Verbots und der Exzeß zuallererst dem
göttlichen Eros selbst zugeschrieben werden. Aber sie sind ebenfalls an den heiligen Symbolen der Hetärenliebe und der Trunkenheit abzulesen; ja, daß es überhaupt eine Analogie zwischen beiden Bereichen geben kann, liegt begründet in
einer rauschhaft-ekstatischen „ἀμετρίας πάσης ὑπερβολή",[33] in einer
‚Übertreibung aller Maßlosigkeit'.

Unsere Ausführungen verdeutlichen, daß Batailles Theorie gerade deswegen
mit der erotischen Symbolik der areopagitischen Theologie in Zusammenhang
gebracht werden darf, weil für Bataille wie für Dionysius der Aspekt des Exzessiven konstitutiv ist. Nicht von ungefähr sind Begriffe wie ‚Übertreibung'
(ὑπερβολή) und Überlegenheit (ὑπεροχή), die terminologisch zugleich auf die
via eminentiae verweisen, bei Dionysius allgegenwärtig. Batailles starke Affinität
zur Tradition einer negativen, mystischen Theologie hat übrigens kein anderer so
frühzeitig bemerkt (wenngleich mit beißender Kritik kommentiert) wie Jean-
Paul Sartre.[34] Aber auch Bataille selbst bezieht in allerletzter Konsequenz den Exzeß, der die Grenzen übersteigt, auf ein Göttliches, welches wie bei Dionysius
das Andere der Vernunft ist:

> Il y a dans la nature et il subsiste dans l'homme un mouvement qui toujours *excède*
> les limites, et qui jamais ne peut être réduit que partiellement. De ce mouvement
> nous ne pouvons généralement rendre compte. Il est même par définition ce dont
> jamais rien ne rendra compte, mais nous vivons sensiblement dans son pouvoir:
> l'univers qui nous porte ne répond à nulle fin que la raison limite, et si nous tentons
> de la faire répondre à Dieu, nous ne faisons qu'associer déraisonnablement l'excès
> infini, en présence duquel est notre raison, et cette raison. Mais par l'excès qui est en
> lui, ce Dieu dont nous voudrions former la notion saisissable ne cesse pas, excédant
> cette notion, d'excéder les limites de la raison.[35]

Angesichts solcher Formulierungen wird man Bataille nicht als Atheisten im
landläufigen Sinn etikettieren wollen. Vor allem aber zeigt sich, daß für ihn der
Exzeß nicht auf die Überschreitung eines bloßen Verbots zielt, sondern auf ein
ganz Anderes, das sich immerzu entzieht. Geht man vom Exzeß und nicht mehr
von der Transgression als gründender Kategorie aus, dann strebt das Begehren
nicht bloß nach Übertretung, sondern nach etwas, das auch darüber noch hinausgeht, nach der *dépense* und nach dem Exzeß. Die Transgression wird dann wie
oben angedeutet zur Figur des Exzessiven, und in diesem Sinn kann man sowohl

---

32 Dionysii epistola IX,5, 1112 B-C.
33 Ibid. IX,5, 1112 C.
34 Cf. Jean-Paul Sartre: «Un nouveau mystique» (1943), in: *Situations*, vol. I, Paris: Gallimard
   1947, pp. 143-188.
35 Bataille: *L'Erotisme*, pp. 46 sq.

Batailles kunsttheoretische Schriften als auch seine eigenen literarischen Erzählungen lesen.[36]

Foucault hat diese Anregung, die in Batailles Studien implizit enthalten ist,
aufgegriffen. In seiner *Préface à la transgression,* einer postumen Huldigung an
Bataille, problematisiert er überaus vorsichtig, aber scharfsinnig, Batailles Konzept der *limite,*[37] um sie schließlich zu entsubstantialisieren, insofern sie zwar die
Bedingung der Möglichkeit von Transgression darstelle, aber in der modernen
Gesellschaft als soziologische Realität verloren gegangen sei. «La transgression est
un geste qui concerne la limite; c'est là, en cette minceur de la ligne, que se mani-
feste l'éclair de son passage, mais peut-être aussi sa trajectoire en sa totalité, son
origine même.»[38]

Die perverse Transgression war für die *sociologie du sacré* der Ort, wo sich das
Heilige offenbarte. Wenn diese perverse Transgression nun nicht mehr essentia-
listisch verstanden zu werden braucht, sondern ihrerseits ein ästhetisches Modell
abgibt, dann ist dies gleichwohl ein Modell, das zuallererst den Kontakt mit dem
Heiligen selbst in Szene zu setzen sucht, und es geschieht dies am Ort einer
supplementären Fiktion. Vielleicht ist dies nicht die unwesentlichste Gemeinsamkeit zwischen Bataille und Dionysius: Auch die perverse Transgression
kann (und soll) wie eine ἱεροπλαστία nach dem areopagitischen Verständnis
gelesen werden, als ein Supplement jenes Exzesses, der nicht darzustellen ist. In
einem solchen Sinn wird jedenfalls der erotische Exzeß bei Johannes vom Kreuz
zur Allegorie gemacht, zum erotischen Buchstaben seiner Dichtung – und sonst
nichts.

---

36 Vor allem ist hier zu denken an Bataille: *Lascaux ou la Naissance de l'art* (1955), Genève: Skira
   1992. Ausgehend vom Beispiel der steinzeitlichen Höhlenmalerei beschreibt der Autor, wie seit
   dem frühesten Beginn der Kunstgeschichte an die Stelle der Transgression deren Inszenierung im
   Medium der Kunst tritt.
37 Wie *excès* erweist sich auch *limite* als ein Schlüsselwort in der genannten «Préface de 'Madame
   Edwarda'». Cf. Bataille: *L'Erotisme,* pp. 293-300.
38 Cf. Foucault: «Préface à la transgression» (*Critique* 195-196 [août-septembre 1963], 750-769,
   ibid. 754), in: Id.: *Dits et écrits,* edd. Daniel Defert, François Ewald, Paris: Gallimard 1994, vol.
   I, § 13, pp. 233-250, ibid. 236.

1.4 Das Kreuzesopfer als Potlatsch

Transgression im Christentum

Als anthropologische Theorie ist Batailles Auffassung von der erotischen Opfererfahrung zunächst zeitlos gedacht und auf jede historische Periode übertragbar. Nichtsdestoweniger postuliert Bataille einen epochalen Einschnitt mit dem Aufkommen der christlichen Religion.[1] Der christliche Gott erscheint nicht mehr als ein ambivalent besetztes *mysterium fascinosum et tremendum,* wie es Rudolf Otto beschrieben hat,[2] sondern er verkörpert nurmehr den Bereich des moralisch Guten und Reinen. Demnach ist auch die rituelle Transgression der gottgegebenen Verbote nicht mehr erlaubt. Findet sie dennoch statt, verliert sie ihren transgressiven Charakter und gerät zur blasphemischen Profanation. Für Bataille bekundet sich demnach im Christentum bereits eine Verfallsstufe der Transgressionserfahrung. Gleichwohl sind die Profanationen des christlichen oder sozusagen nachchristlichen Zeitalters, wie sie exemplarisch im mittelalterlichen Hexensabbat oder in den Schriften des Marquis de Sade zum Ausdruck kommen, immer noch Statthalterinnen einer Transgression, die in ihrer archaischen Hochform der abendländischen Moderne abhanden gekommen sei.

Von seiner eigenen Position her macht Bataille gegen die prinzipielle Bejahung des Opfergedankens durch die Kirche keine Einwände geltend. Er wirft der christlichen Religion vielmehr umgekehrt vor, daß sie gerade keinen wahren Begriff der Transgression mehr besitze, sondern diese in einem einsinnigen Moralismus als Sünde verurteile. Was er im Christentum vermißt, ist nicht ein Zuviel, sondern ein Zuwenig an Reflexion auf die Natur des Opfers. Gerade die zeitweilig gestattete Überschreitung des Tötungsverbots ist für jedes Opferritual konstitutiv, wie Bataille in Anlehnung an einen Gedanken von Marcel Mauss und unter Berufung auf Roger Caillois näherhin ausführt.[3] Die Verkennung des Transgressionsbegriffs muß besonders schwer für die katholische Religion wiegen, deren Tradition Bataille selbst entstammt, steht doch in deren Mittelpunkt nicht nur das Kreuzesopfer Christi selbst, sondern darüber hinaus auch der regelmäßig erneuerte Ritus des Meßopfers. Nun gründet gerade die Kreuzigung auf der schlimmstmöglichen Transgression, die für Christen überhaupt vorstellbar ist, nämlich auf der Tötung des Gottmenschen; und dennoch ist diese schwer

---

1 Grundlegend ist hier das Kapitel «Le christianisme». Cf. Bataille: *L'Erotisme,* pp. 130-142.

2 Zur doppelgesichtigen Erscheinungsweise des Heiligen sowohl als ein *tremendum* wie auch als ein *fascinans* cf. Rudolf Otto: *Das Heilige* (1917), München: C. H. Beck 1987, 13-22 et 42-52. Bataille setzt dieses Konzept, das in Frankreich auch die Durkheim-Schule vertritt, ebenfalls voraus.

3 Cf. Bataille: *L'Erotisme,* p. 284.

sündhafte Transgression der christlichen Glaubensauffassung zufolge heilsnot-
wendig gewesen. Bataille führt hierzu aus:

> La principale difficulté réside dans la répugnance que le christianisme a générale-
> ment de la transgression de la loi. Il est vrai, l'Evangile encourage la levée d'interdits
> formels, pratiqués à la lettre, alors que le sens en échappe. Il s'agit dès lors de trans-
> gresser une loi, non malgré la conscience de sa valeur, mais en contestant cette va-
> leur. L'essentiel est que, dans l'idée du sacrifice de la Croix, le caractère de trans-
> gression est déformé. Ce sacrifice est bien un meurtre, il est sanglant. C'est une
> transgression dans le sens où cette mise à mort est bien un péché: c'est même de tous
> les péchés, le plus lourd. Mais dans la transgression dont j'ai parlé, s'il y a péché, s'il
> y a expiation, le péché et l'expiation sont la conséquence d'un acte résolu, qui même
> n'a pas cessé d'être conforme à l'intention. Cet accord de la volonté est ce qui rend
> de nos jours l'attitude archaïque inintelligible: c'est le scandale de la pensée. Nous ne
> pouvons concevoir sans malaise la transgression voulue d'une loi qui semble sainte.
> Mais le péché de la mise en croix est désavoué par le prêtre qui célèbre le sacrifice de
> la messe. La faute en est à l'*aveuglement* de ses auteurs, dont nous devons penser
> qu'ils ne l'auraient pas commise *s'ils avaient su. Felix culpa!* chante il est vrai l'Eglise:
> l'heureuse faute! Il est donc un point de vue tel que la nécessité de la commettre se
> révèle. La résonance de la liturgie s'accorde à la pensée profonde qui animait
> l'humanité première. Mais elle détonne dans la logique du sentiment chrétien. La
> méconnaissance de la sainteté de la transgression est pour le christianisme un fon-
> dement. Même si au sommet, les religieux accèdent aux paradoxes révoltants qui
> délivrent, qui excèdent les limites.[4]

In der kirchlichen Lehre werden also – nach Batailles Darstellung – Transgres-
sion und Sünde erst in eins gesetzt, sodann moralisch gerichtet und verleugnet.
Insofern sich die christliche Erlösung selbst einer Transgression verdankt, er-
scheint Bataille diese strikte Verwerfung als inkonsequent. Demzufolge zitiert er
auch jene berühmte Formulierung von der *felix culpa,* die sich im sogenannten
Exsultet, dem Lobgesang der römischen Osternachtsliturgie, findet und wo die
Sündenschuld Adams glücklich gepriesen wird, da sie – und in ihrer Folge die
Kreuzigung Christi – die notwendige Voraussetzung der Erlösung gewesen sei.

   In der Tat erinnert die Redeweise des *Exsultet,* wie Bataille feststellt, frappant
an eine archaische Ordnung, in der die Transgression und das Opfer zeitweilig
erlaubt sind. Aber wiewohl ihm dieser Sachverhalt keineswegs entgeht, scheint
Bataille der Formel von der *felix culpa* trotzdem nur einen untergeordneten Stellenwert beimessen zu wollen. Denn er macht eher beiläufig darauf aufmerksam,
noch dazu in Form einer *concessio,* die üblicherweise gerade für die nicht zurei-
chenden Argumente Verwendung findet.[5] Die Rede von einer *felix culpa* ist
demnach für Bataille ein liturgisches Kuriosum, dessen provozierender Sinn zwar
unwissentlich – geradezu nach Art einer Freudschen Fehlleistung – die Wahrheit
ausspreche, aber doch weit davon entfernt sei, die Inhalte christlicher Lehre kor-

---

4 Ibid. pp. 99 sq. Eine inhaltlich parallele Darstellung des hier entwickelten Gedankengangs findet
  sich ibid. pp. 289 sq.
5 Zur Funktion der *concessio* cf. Wolfram Nitsch: Art. „Concessio" (1994), in: *Historisches Wörterbuch der Rhetorik,* vol. II coll. 309-311.

rekt wiederzugeben, und darum nur außerhalb der christlichen Religion in seiner vollen Tragweite zu erfassen sei. Der christliche Glaubenssinn selbst jedenfalls könne eine solche Vorstellung nicht nachvollziehen, und wo sich im Lauf der Geschichte einzelne Gläubige zu derlei Auffassungen verstiegen hätten, da sei die Grundlage des christlichen Glaubens immer schon preisgegeben.

Batailles Kritik am bewußtlos vollzogenen Opfer der christlichen Kirche gründet demnach auf der Voraussetzung, daß die Formel von der *felix culpa* zwar der Sache nach genau das Richtige treffe, daß sie aber gerade nicht innerhalb des Christentums zu verorten sei, sondern dessen Lehrgebäude sprenge. Erwiese sich allerdings die Annahme Batailles als unzutreffend, dann müßte auch seine scharfe Kritik am christlichen Opferbegriff einer Korrektur unterzogen werden, – oder anders ausgedrückt: Es könnte dann gezeigt werden, daß Batailles Opferbegriff mit dem Opferbegriff der christlichen Tradition Wesentliches gemein hat und gerade darum auf Texte der christlichen Mystik Anwendung finden kann – ohne daß damit etwas über den christlichen oder außerchristlichen Charakter dieser Mystik präjudiziert ist.

Nun muß man Bataille allein schon aus biographischen Gründen – er hat eine Zeitlang am Priesterseminar von Saint-Flour studiert – eine gewisse Vertrautheit mit theologischen Fragestellungen zubilligen. Dennoch stellt sich die Frage, ob das Seminar dieses kleinen Städtchens mitten im französischen Zentralmassiv der geeignete Ort sein konnte, tiefere Einsichten in jene komplexen Problemfelder an der Grenze von Anthropologie, Philosophie und Theologie zu gewinnen, mit denen sich Bataille in späteren Jahren beschäftigen sollte. Darum wollen wir an dieser Stelle unsererseits eine historische Rekonstruktion jenes Gebrauchszusammenhangs in Angriff nehmen, innerhalb dessen der Rede von der *felix culpa* traditionellerweise ihr Sinn zugewachsen ist. Daß wir uns dabei auf einen zentralen und gut erforschten Text der römischen Liturgie beziehen können, erweist sich als großer Vorteil. Denn wiewohl unsere eigene Lektüre weniger eine theologische denn eine theopoetische sein wird, gilt doch gerade innerhalb der Theologie seit früher Zeit der Grundsatz: *Lex orandi, lex credendi.*[6] Bis zu einem gewissen Grade wird man daher die herausragenden Gebetstexte der Kirche auch als Dokumente ihrer Lehre interpretieren dürfen, und insofern wir uns hierbei auf das historische Paradigma der altkirchlich-patristischen Epoche berufen werden, lassen sich kontroverstheologische oder konfessionalistische Engführungen in der Argumentation weitgehend vermeiden. Vor allem aber kann innerhalb einer philologischen Untersuchung Batailles These von der Transgressionsfeindschaft des Christentums nirgends plastischer überprüft und diskutiert werden als in der Konfrontation mit einem konkreten Text.

---

6 Cf. K. Federer: Art. „Lex orandi – lex credendi" (1961), in: *Lexikon für Theologie und Kirche*, vol. VI, coll. 1001 sq.

Liturgie und Blutopfer

Die Formel von der *felix culpa* entstammt wie erwähnt dem *Exsultet,* jenem hymnischen Lobgesang, den der Diakon einmal im Jahr während der Lichtfeier der Osternachtsliturgie vor der Osterkerze intoniert. Man geht allgemein davon aus, daß der Gesang schon zu Beginn der österlichen Nachtwache von Karsamstag auf Ostersonntag bei der abendlichen Entzündung des Lichts angestimmt wurde, welche zu diesem Anlaß mit der Weihe und dem feierlichen Anstecken einer wächsernen Osterkerze verbunden war. Einem Beleg bei Hieronymus ist zu entnehmen, daß gegen Ende des vierten Jahrhunderts dieser Brauch in Italien allgemein verbreitet war und dem jeweiligen Diakon die Aufgabe zufiel, eine eigene Preisrede auf die Kerze zu verfassen, eine *laus cerei,* die in einer der epideiktischen Gattung eigentümlichen Kunstprosa gehalten war und ein am vierten Buch der *Georgica* ausgerichtetes Lob der Bienen enthalten haben muß.[7] Vielleicht erklärt sich aus der damit gegebenen engen Verquickung des liturgischen Festvortrags mit der klassischen lateinischen Dichtung die erstaunliche Tatsache, daß der Lobpreis auf die Osterkerze ein Sondergut allein der westkirchlichen Liturgien geblieben ist und im Osten fehlt, wiewohl inhaltliche Motive der griechischen Osterhomiletik durchaus in das lateinische Kerzenlob eingeflossen sind.

Nach und nach müssen die Jahr für Jahr ad hoc geschaffenen Lobreden durch feste, immer wieder benutzte Fassungen ersetzt worden sein. Jedenfalls sind acht altkirchliche Formularien überliefert, die in den westlichen Teilkirchen in Gebrauch waren oder es zum Teil noch immer sind.[8] Allerdings hat vor allem das sogenannte gallikanische Formular, welches – wie einige andere auch – mit dem Ruf: „Exsultet iam angelica turba caelorum!" anhebt und darum für gewöhnlich nach seinem Anfangswort benannt wird, in einem weiten Bereich Verbreitung gefunden.[9] Es ist wahrscheinlich an der Wende vom 4. zum 5. Jahrhundert – auf jeden Fall aber nach Ambrosius – in Südgallien oder Norditalien entstanden,

---

7 Cf. Hieronymi ad Praesidium epistola XVIII (epistula attributa), P.L. 30, coll 182-188.
8 Cf. Hermannus A. P. Schmidt: *Hebdomada sancta*, vol. I: Contemporanei textus liturgici; vol. II: Fontes historici, Romae; Friburgi Brisgoviae; Barcinone: Herder 1956-1957. Schmidt bietet das ursprüngliche gallikanische (Wende vom 4. zum 5. Jahrhundert) und das ambrosianische (vielleicht 6. Jahrhundert) Formular; die in Süditalien verbreitete Fassung von Benevent (auch als Vetus Itala benannt); zwei Lobreden des Ennodius (Beginn des 6. Jahrhunderts), ein kurzes Osterlob des Gelasius (um 600) sowie schließlich die mozarabische Licht- und Kerzenweihe nach Isidor von Sevilla (Beginn des 7. Jahrhunderts). Cf. ibid. vol.II, pp. 627-650 et 824-826.
Bis heute in Gebrauch sind die Versionen der ambrosianischen und (mit Einschränkungen) der mozarabischen Liturgie. Die Texte aller überlieferten Osterpraeconien mit kritischem Apparat sind auch ediert bei Heinrich Zweck: *Osterlob und Taufe: Studien zu Struktur und Theologie des Exsultet und anderer Osterpraeconien unter besonderer Berücksichtigung der Taufmotive,* Frankfurt am Main; Bern; New York: Peter Lang 1986. Hinausgehend über Schmidt berücksichtigt Zweck das *Praeconium paschale Escurialense* (wahrscheinlich 7. Jahrhundert).
9 Cf. L. Kunz, H. Lausberg: Art. „Exsultet iam angelica turba" (1959), 1. Liturgisch (L.K.); 2. Hymnologisch (H.L.), in: *Lexikon für Theologie und Kirche,* vol. III, coll. 1318 sq.

und es wurde mit der Zeit zum allein üblichen Kerzenlob des römischen Ritus.[10] Im Anschluß an das Tridentinische Konzil wurde diese gallikanische Version in einer stilistisch sowie inhaltlich geglätteten Form, wobei das Bienenlob fast gänzlich getilgt wurde, ins Missale Romanum von 1570 aufgenommen, und abgesehen von einigen eher geringfügigen Korrekturen behielt der Text seine Gestalt auch im erneuerten lateinischen Meßbuch von 1970 weitgehend bei, von wo aus er in die verschiedenen Volkssprachen übertragen wurde.[11]

In der Tradition der epideiktischen Gattung stehend, war das *Exsultet* zunächst als eine Lobrede auf die Kerze bestimmt. Zugleich handelt es sich aber auch um ein Gebet, welches im Akt der Rede die Kerze weihen und Gott als Opfer darbringen soll, wobei die brennende Kerze als ein Sinnbild Christi aufgefaßt wird:

In huius igitur noctis gratia,
suscipe, sancte Pater, incensi huius sacrificium vespertinum,
quod tibi in hac cerei oblatione sollemni,
per ministrorum manus
de operibus apum, sacrosancta reddit Ecclesia.
[...]
Oramus ergo te, Domine,
ut cereus iste in honorem tui nominis consecratus,
ad noctis huius caliginem destruendam,
indeficiens perseveret.[12]

Noch wichtiger ist die darüber hinausgehende pragmatische und semantische Funktion des Preisgesangs. Da der Text am Anfang der liturgischen Feier steht, kommt es ihm zu, überhaupt die nächtliche Situation für die anwesende Gemeinde zu definieren. Auf das Invitatorium und den Wechselgesang zwischen Diakon und Gemeinde folgt im Präfationston ein Lobpreis des unsichtbaren göttlichen Vaters und seines eingeborenen Sohnes, was dann in der auf Christus bezogenen Aussage gipfelt:

Qui pro nobis aeterno Patri Adae debitum solvit,
et veteris piaculi cautionem pio cruore detersit.[13]

---

10 Cf. Guido Fuchs; Hans Martin Weikmann: *Das Exsultet. Geschichte, Theologie und Gestaltung der österlichen Lichtdanksagung*, Regensburg: Friedrich Pustet 1992, p. 17.
11 Eine historisch-kritische Ausgabe jüngeren Datums liegt vor bei Zweck: *Osterlob und Taufe*, pp. 28-37. Die tridentinische Fassung und ihre Überarbeitung von 1955 bietet wiederum Schmidt: *Hebdomada sancta*, vol. I, pp. 133-139. Die erneuerte Textfassung von 1970 findet sich unter anderem bei Fuchs; Weikmann: *Das Exsultet*, pp. 29-35. Sie ist weiterhin abgedruckt mit deutscher Übersetzung in: *Te Deum laudamus. Große Gebete der Kirche. Lateinisch-deutsch*, ed. Adolf Adam, Freiburg i. Br.: Herder 1987, pp. 128-135.
12 Exsultet, lin. 63-67 et 77-80. Der Wortlaut entspricht hier der frühen Überlieferung (da die erneuerte Fassung von 1970 „laudis huius sacrificium" bietet). Unsere Zeileneinteilung und -zählung ist fortlaufend und lehnt sich an Fuchs und Weikmann an, die dem erneuerten Missale von 1970 folgen.
13 Exsultet, lin. 31 sq.

Christus hat demnach die Schuld des Adam beglichen und die Schrift auf dem Schuldbrief, der die Wiedergutmachung der alten Sünde einklagte, durch sein Blut ausgelöscht.[14] Dieser Gedankengang, der das Geheimnis der christlichen Erlösung und insofern auch den zentralen Inhalt des Osterfestes zusammenfaßt, wird in der Folge näherhin ausgeführt – und zwar nach der Art einer vielschichtigen Anamnese, welche Vorbilder aus der alttestamentlichen Geschichte aufruft und auf das Kreuzesgeschehen sowie auf die Auferstehung bezieht:

> Haec sunt enim festa paschalia,
> in quibus verus ille Agnus occiditur,
> cuius sanguine postes fidelium consecrantur.
> Haec nox est,
> in qua primum patres nostros, filios Israel
> eductos de Aegypto,
> Mare Rubrum sicco vestigio transire fecisti.
> Haec igitur nox est,
> quae peccatorum tenebras columnae illuminatione purgavit.
> Haec nox est,
> quae hodie per universum mundum in Christo credentes,
> a vitiis saeculi et caligine peccatorum segregatos
> reddit gratiae, sociat sanctitati.
> Haec nox est,
> in qua, destructis vinculis mortis,
> Christus ab inferis victor ascendit.[15]

Die Reihe der fünf jeweils mit *haec...* eingeleiteten Sätze benennt vordergründig fünf Ereignisse: die Opferung des wahren Osterlammes Christus in Entsprechung zur Schlachtung des Pascha-Lammes; den Auszug der Israeliten aus Ägypten und ihren Durchzug trockenen Fußes durch das Rote Meer; die Feuersäule, die das Volk auf seinem nächtlichen Weg durch die Wüste führt; die Absage der Täuflinge an die Sündhaftigkeit der Welt und ihre Eingliederung in die Ordnung der Gnade, die bekanntlich in der Osternacht erfolgt; schließlich die Auferstehung Christi aus dem Reich der Unterwelt. Am Anfang wird auf Christi Opfertod, am Ende auf seine Auferweckung hingewiesen, so daß diese beiden Ereignisse die dazwischen geschilderten Geschehnisse aus dem Alten Testament und der Taufliturgie einrahmen.

Die einschlägigen Kommentare erklären die Sprechweise des Gebets als typologisch, da in der Tat die Opferung des Pascha-Lamms als Typus oder Vorbild der Kreuzigung Christi, der Zug durchs Rote Meer als Typus der christlichen

---

14 Cf. Fuchs; Weikmann: *Exsultet*, pp. 51 sq.
15 Exsultet, lin. 31-46. – Lin. 33 lautet in den ältesten Handschriften: „eiusque sanguis postibus consecratur" („und sein Blut wird den Türpfosten geweiht'), ab dem 9. Jh.: „eiusque sanguine postes consecrantur" („und durch sein Blut werden die Türpfosten geweiht'), im 13. Jh. nach einem römisch-franziskanischen Missale mit dem Zusatz: „eiusque sanguine postes fidelium consecrantur". Das Tridentinische Meßbuch von 1570 hat einen Relativsatz daraus gemacht: „cuius sanguine postes fidelium consecrantur".

Taufe angesehen wird, und besonders das Motiv der Taufe spielt, wie Heinrich Zweck gezeigt hat, in allen Formularien des Osterlobs eine herausragende Rolle.[16] Jedoch bezeugen die angeführten alttestamentlichen Geschehnisse nicht bloß typologische Parallelen zum Erlösungsgeheimnis oder zum Taufsakrament, sondern sie bringen auch eine ganz bestimmte Form der temporalen Deixis ins Spiel, so daß alttestamentlicher Typus und neutestamentliche oder kirchliche Erfüllung miteinander zusammenfallen. Das anaphorisch fünfmal wiederkehrende Demonstrativpronomen *haec*... reißt nämlich die Grenze zwischen dem *énoncé* und der *énonciation*, zwischen den erinnerten Heilsereignissen und der liturgischen Sprechsituation nieder. Was sich an anderen Texten der römischen Liturgie nur punktuell beobachten läßt, geschieht im *Exsultet* in ungewöhnlicher Häufung: Die Sprache des Gebets bedient sich gleich fünfmal der identifizierenden anaphorischen Deixis, um die nächtliche Liturgie zum Raum und vor allem zur Zeit der erzählten Heilsereignisse selbst umzudeuten. Der blutige Opfertod Christi, der am Ende des Präfatonteils im historischen Perfekt gepriesen worden war: *pio cruore detersit,* wird mit dem darauffolgenden Demonstrativum und dem Präsens der Verben plötzliche reale Gegenwart: *Haec sunt enim festa paschalium, in quibus verus ille Agnus occiditur eiusque sanguis postibus consecratur.*[17]

Zunächst stellt sich das fünfmalige *haec*... als ein rhetorisch eindrucksvolles Beispiel jener Deixis am Phantasma dar, die Karl Bühler beschrieben hat.[18] Die Origo des Zeigfelds, auf welche die anaphorischen Zeigwörter fünfmal Bezug nehmen, verdankt sich nicht einer außersprachlich-situativen *demonstratio ad oculos*. Sie kommt vielmehr erst innerhalb des Gesagten zustande, da die anaphorischen Demonstrativpronomina auf Plätze im Aufbau der Rede zeigen. Wir dürfen eine solche Origo demnach in Anlehnung an Bühler eine phantasmatische nennen. Allerdings ist in unserem Zusammenhang eine auffällige Besonderheit zu beachten: Innerhalb des Ritus liegt das Zeigfeld ohnehin nicht der liturgischen Rede vorauf, sondern es wird erst durch sie konstituiert. Was also linguistisch vorderhand und ausschließlich als eine Deixis am Phantasma zu beschreiben wäre, das gewinnt gerade in der Liturgie eine eigentümliche Kraft, so daß die textinterne Deixis letztlich die rituelle Sprech- und Zeigsituation verbindlich zu definieren vermag: Die liturgische Deixis ist phantasmatisch und performativ in einem. In scholastischer Terminologie entspricht diesem Phänomen der Begriff der *forma sacramenti.* Damit ist jene konventionelle sprachliche Formel gemeint, die der an sich vieldeutigen, rein materiellen *substantia sacramenti* erst ihre sakramentale Natur verleiht.

Ein weiteres Merkmal des gallikanischen *Exsultet* fällt auf: Ab dem zweiten Satz der Reihung wird dem jeweiligen Zeigwort die Zeitbestimmung *nox* beigefügt, so daß über das gemeinsame Merkmal der Nächtlichkeit die situative Origo

---

16 Cf. Zweck: *Osterlobpreis und Taufe.*
17 Wir zitieren diesmal den Wortlaut nach der ältesten Überlieferung.
18 Cf. Karl Bühler: *Sprachtheorie: Die Darstellungsfunktion der Sprache* (1934), Stuttgart; New York: Gustav Fischer 1982, pp. 121-140.

des nächtlichen Gottesdienstes in die phantasmatische Origo der liturgischen Rede hineinversetzt wird. Im vierten Satz, der ausdrücklich die nächtliche Taufinitiation zum Inhalt hat und darum am klarsten auf die außersprachliche Situation Bezug nimmt, erscheint das vereindeutigende Zeitadverb *hodie,* dem dann das Präsens der zugehörigen Verbalformen entspricht. Dadurch wird es möglich und nötig, auch das *hic et nunc* der Taufnacht auf die Schlachtung des wahren Osterlamms als seine phantasmatische Origo zurückzubeziehen. Für die Zeit der Liturgie fallen damit nicht nur Taufnacht und Schlachtung des Lammes ineinander, sondern mehr noch: Das Heute der nächtlichen Taufliturgie wird kraft der Deixis am Phantasma in jene wahre Pascha-Nacht zurückversetzt, in der auch Christus geopfert und auferweckt wurde. Mithin ist das Taufsakrament Vergegenwärtigung des Kreuzesopfers und der Auferstehung. Zugleich aber geraten die Bestreichung der Türpfosten, der Durchzug durchs Meer und die Wanderung im Schein der Feuersäule in den Sog des phantasmatischen Zeigfelds, das durch die Anaphernreihung markiert wird.

Alle drei Stationen beziehen sich auf einzelne Zeremonien des Taufritus, was sich freilich mit voller Deutlichkeit manchmal erst den außergallikanischen Parallelformularien entnehmen läßt. Die Weihe der Türpfosten mit dem Blut des Lammes wird in der patristischen Exegese als ein alttestamentlicher Typus der Segnung mit dem Kreuzeszeichen gedeutet: Im Alten Bund habe das Blut des Pascha-Lamms an Pfosten und Türsturz das Volk vor dem vorüberschreitenden Würgeengel und vor dem Tod der Erstgeborenen bewahrt. Diesem Brauch entspreche bei den Christen die *signatio frontis,* da sie auf die Stirn des Gläubigen das Mal des blutgetränkten Kreuzesholzes aufpräge. Bei Lactanz etwa heißt es:

> Extendit ergo [scil. Iesus Christus] in passione manus suas orbemque dimensus est, ut iam tunc ostenderet ab ortu solis usque ad occasum magnum populum ex omnibus linguis et tribubus congregatum sub alas suas esse uenturum signumque illut maximum atque sublime frontibus suis suscepturum, cuius rei figuram Iudaei etiamnunc exhibent, cum limina sua de cruore agni notant.[19]

In den Zeugnissen begegnet ausdrücklich die Gleichsetzung der Stirn mit dem Türbalken und häufiger noch mit dem Türpfosten.[20] Der Ritus der Stirnbezeichnung ist dabei ein fester Bestandteil des Taufzeremoniells.

Die Erwähnung des Zugs durchs Meer bedeutet sodann das Bad der Taufe, worin Satan wie die Streitmacht des Pharao untergeht, während der Täufling als neuer Mensch gerettet wird; und der Glanz der Feuersäule versinnbildlicht schließlich die Prozession hin zum Taufbecken, wobei die brennende Kerze vorangetragen wird. Während die gallikanische Fassung die beiden letztgenannten

---

19 Lacantanti divinae institutiones IV,26,36-37.
20 Bei Augustinus heißt es unter Bezugnahme auf den Türpfosten: „Cuius [scil. Iesu Christi] passionis et crucis signo in fronte hodie tamquam in poste signandus es, omnesque Christiani signantur." (Augustinus de catechizandis rudibus XX,34.) Die Lactanz- und Augustinus-Abschnitte sowie weitere Parallelstellen sind ausführlich erläutert bei Zweck: *Osterlob und Taufe,* pp. 326-332.

Aspekte implizit voraussetzt, bringt sie das ambrosianische Formular plastisch zum Ausdruck:

> Ecce iam ignis columna resplendet, quae plebem Domini beatae noctis tempore ad salutaria fluenta praecedat, in quibus persecutor mergitur, et Christi populus liberatus emergit.[21]

Wie wir gesehen haben, ist das zentrale Ereignis, welches die phantasmatische Origo der Osternacht konstituiert, die Schlachtung des Pascha-Lamms mit der darauffolgenden Bestreichung der Türpfosten. Es handelt sich also um geläufige Bilder des Alten Testaments. Wenn aber die beiden Verben des ersten Satzes im Präsens stehen, dann vor allem deswegen, weil schon an dieser Stelle *occiditur* den realen Vollzug der eucharistischen Opferung, *consecrantur* den realen Vollzug der Stirnbezeichnung im Heute der nächtlichen Mysterienfeier ankündigt. Die Riten der Schlachtung und der Bestreichung kennzeichnen das jüdische Pascha-Fest, und sie sollen in Gestalt der Eucharistie und der Taufe eine ihnen entsprechende Vergegenwärtigung im Rahmen der christlichen Liturgie finden.

Ein Blick auf die anderen Osterpraeconien läßt vermuten, daß das gallikanische *Exsultet* mit der Rede von der Bestreichung noch eine weitere, versteckte Gleichsetzung zwischen dem jüdischen und dem christlichen Ritual herzustellen versucht. In Anlehnung an Paulus sieht die alte Kirche die Taufe in Entsprechung und gewissermaßen als geistliche Fortsetzung der fleischlichen Beschneidung, wie sie im Judentum üblich ist. Mehrere der spätantiken Formularien stellen darum in einer oft recht kruden Manier die blutige Beschneidung der unblutigen Taufe gegenüber. Meist haftet solchen Vergleichen eine notorisch antijudaistische Tendenz an. Die jüdische Tradition gerät den Verfassern unversehens zur Projektionsfläche, auf der sie ein blutig-archaisches Ritual ausmachen, welches im Christentum vorgeblich überwunden sei. Eine klare Sprache führt in dieser Sache wiederum das ambrosianische Osterlob:

> Ecce vetera transierunt, et facta sunt omnia nova: nam circunscisionis Mosaicae mucro iam scabruit, et Iesu Navae acuta lapidum obsolevit asperitas: Christi vero populus insignitur fronte, non inguine: lavacro, non vulnere: chrismate, non cruore.[22]

Während im Alten Bund die Beschneidung der Männer die unerläßliche kultische Voraussetzung für deren Teilnahme am Pascha-Mahl ist, wie es das Buch

---

21 Ibid. p. 646.
22 Benedictio cerei Ambrosiana, apud Schmidt: *Hebdomada sancta*, vol. II, pp. 645-647, ibid. 647. Das Beschneidungsmotiv ist mit der gleichen Schärfe behandelt in den beiden Osterpraeconien des Ennodius: „Procul hinc aberit lanista Iudaicus, qui per cicatrices inguinum animas sibi adquisitas tot solet numerare quot vulnerat." (Benedictio cerei I Ennodi, ibid. pp. 633-635, ibid. 635.) – „Tempus est, quo corpora nostra vel animae redemptori Christo feriato mucrone dedicentur, quo salus per vulnera non quaeratur, quo sacerdotis dextera lanistae opus abiuret, quo consecrationem impleat fides lympha signaculum, quo humanum genus unde decidit fons reducat." (Benedictio cerei II Ennodii, ibid. pp. 635-637, ibid. p. 637.) Mit einer sehr viel dezenteren Andeutung begnügt sich Isidor von Sevilla im mozarabischen Osterlob: „Adest nox lumine donata [...]. In qua mercedem sanguinis praesentat unda baptismatis." (Benedictio lucernae mozarabica, ibid. pp. 648 sq., p. 649.)

Exodus und das Buch Josua (Jesus Nave) zu erkennen geben,[23] verleiht im Neuen Bund allein die Taufe die Berechtigung zur Teilnahme an der Eucharistie. Wie in anderen Osterpraeconien wird dieser Sachverhalt auch hier durch antithetische Formulierungen dargestellt, die in ihrer Polemik schwer zu überbieten sind. Der zitierte ambrosianische Text spielt die reinen, nicht tabuierten Vorstellungsbereiche von *frons, lavacrum* und *chrisma* gegen die unheimlichen Assoziationen aus, die von den unreinen Begriffen *inguen, vulnus* und *cruor* wachgerufen werden. Der Taufritus umfasse eine Segnung oben an der Stirn, ein reinigendes Bad und eine heilende Salbung mit Chrisamöl. Die Beschneidung hingegen erfolge unten am männlichen Glied, und sie hinterlasse eine blutende Wunde, die den Körper offenkundig verunreinigt und verstümmelt.[24] So bekundet sich vordergründig eine Opposition von oben und unten, Geist und Körper, Reinheit und Verunreinigung, Heilung und Verstümmelung.

Wenn wir davon ausgehen, daß dem altkirchlichen Publikum nicht nur die topische Antithese von Beschneidung und Taufe, Befleckung mit Blut und Waschung mit Wasser, sondern wahrscheinlich auch der obszöne Gegensatz von Geschlecht und Stirn bekannt war, dann gewinnt die Redeweise des gallikanischen *Exsultet* eine ganz unerwartete Bedeutung: Sie setzt nämlich gerade nicht die unblutige Taufe der blutigen Beschneidung entgegen, sondern sie interpretiert die Segnung der Stirn selbst als einen blutigen Ritus: Vordergründig identifiziert sie die *signatio frontis* mit der Bestreichung der Türpfosten. Hintergründig läßt sich jedoch ein weiterer blutiger Ritus der jüdischen Religion auf metonymischem Weg hinzuassoziieren, nämlich die Beschneidung – und dies um so eher, als das Explicandum (die Bezeichnung der Stirn) hier den christlichen Initiationsritus meint, der folgerichtig nach seiner Ergänzung durch den Typus der alttestamentlichen Initiation verlangt. Die Kühnheit des gallikanischen *Exsultet* besteht folglich darin, daß es zwar wie die anderen Osterpraeconien die jüdische Initiation zu überbieten trachtet, aber nicht etwa nach oben, sondern nach unten – nicht im Geist, sondern nach dem Fleisch. Die Taufinitiation der Christen ist nicht bloß eine Verwundung unten am Geschlecht, wie sie die Christen bei den Juden imaginieren, sondern sie ist eine Befleckung oben an der Stirn, eine Salbung mit dem Blut des geschlachteten Pascha-Lammes, ja möglicherweise sogar mit dem Blut der Beschneidung.

Gewiß kann der Einwand erhoben werden, daß die Sprechweise der Liturgie hier eine metaphorische sei: Sie würde dann keine Identität der typologischen Vorbilder mit dem aktuellen Ritus behaupten, sondern diesen nur – in Erinnerung an die vorausgegangenen Heilsereignisse – mit Hilfe tropischer Rede darstellen und ausschmücken wollen. Allein eine solche Analyse der liturgischen Rede ist bestenfalls auf der semantischen Ebene möglich – und zwar gerade in unzu-

---

23 Cf. Exodus 12,43–49 et Iosue 5,2–12. Zur Beschneidung als kultischer Voraussetzung der Teilnahme am Pascha-Mahl und des weiteren zur patristischen Sicht der Beschneidung überhaupt cf. Zweck: *Osterlobpreis und Taufe*, pp. 297–311.

24 Zur ausführlichen Diskussion der ambrosianischen Antithese und zu parallelen Modellen weiterer Osterpraeconien cf. ibid. pp. 297–311.

lässiger Absehung von der Pragmatik. Darum haben auch die Kommentare, die den typologischen Charakter der Osterpraeconien betonen, zwar Recht, aber sie haben die Besonderheit dieser Textgruppe damit erst zur Hälfte erfaßt.

Nehmen wir die pragmatische Dimension ernst, dann zeigt sich: Die Semantik der typologischen Vorbilder ist keineswegs ein bloßes Mittel der Darstellung oder der Ausschmückung, sondern sie wird in der phantasmatischen Deixis des Gebets vergegenwärtigt und damit zu einem ganz wesentlichen Bestandteil des Ritus gemacht. In diesem Sinn ist es zu verstehen, wenn es im ambrosianischen Osterlob heißt: „Nam quae patribus in figura contingebant, nobis in veritate proveniunt."[25] Der Katechumene erhält in der Osternacht Anteil an Christi Tod und Auferstehung, und im phantasmatischen Zeigfeld der Liturgie vollzieht er zugleich jene blutigen Ritualien an seinem eigenen Leib, welche im Neuen Testament Christus selbst erlitten hat und welche im Alten Testament die Erlösung nur bezeichnen sollten. Zwar geschieht dies alles überwiegend in der Sprache des deutenden Gebets, aber über diese Sprache konstituiert sich ja die Origo der rituellen Sprechsituation. Wie die Zeit der Liturgie vermittels der Deixis am Phantasma zur Zeit der vergegenwärtigten Heilsereignisse umgedeutet wird, so werden auch die scheinbar unblutigen Handlungen des Rituals vermittels anaphorischer Signale ins phantasmatische Zeigfeld blutiger Opferhandlungen hineinversetzt.

Zwei rhetorische Strategien überlappen sich demnach in den unterschiedlichen Fassungen des Osterlobs: Einerseits und vordergründig scheinen die blutigen Typen des Alten Bundes im christlichen Ritus, insbesondere im Bad der Taufe und im eucharistischen Mahl, verinnerlicht, vergeistigt und unblutig überboten zu werden. Andererseits und hintergründig aber wird auf der pragmatischen Ebene der christliche mit dem jüdischen Ritus in eins gesetzt, ja in gewisser Weise sogar als dessen blutige Überbietung definiert. Das kühne Bild der blutverschmierten Stirn, die das gallikanische *Exsultet* dem Täufling zuschreibt, legt jedenfalls beredtes Zeugnis von dieser Tendenz zur Steigerung ins Extrem ab. Die antijudaistische Polemik, welche einige Osterpraeconien durchzieht, sollte deshalb nicht darüber hinwegtäuschen, daß die christlichen Mysterien nichtsdestoweniger nicht nur typologisch als jüdische Zeremonien erläutert, sondern außerdem über die Deixis am Phantasma mit ihnen identifiziert werden.

Die christliche Osternacht dürfen wir so gesehen nicht mehr nur und nicht mehr so sehr als eine überbietende Abschaffung des jüdischen Rituals verstehen. Vielmehr treibt sie phantasmatische Mimesis an dessen blutigen Zeremonien. Vermittels des begleitenden Gebets trachtet solche Mimesis danach, jene körperbezogenen Riten zu vergegenwärtigen, auf welche die christliche Religion schon verzichtet zu haben meinte: Gerade die blutigen Elemente des vorgeblich überwundenen jüdischen Kults üben eine unverkennbare Faszination auf die Verfasser der Osterpraeconien sowie auf ihre Gemeinden aus, und unbeschadet aller polemischen Abgrenzungsversuche wird letzten Endes gerade der verleugnete

---

25 Benedictio cerei Ambrosiana, loc. cit. p. 646.

Aspekt des rituellen Blutopfers in die christliche Liturgie mit hineingenommen, phantasmatisch immer wieder neu vergegenwärtigt und in dieser Weise der Nachwelt überliefert.

Die Ineinssetzung der christlichen Liturgie mit überkommenen blutigen Zeremonien erfolgt im Medium der phantasmatischen Deixis des Gebets, während die außersprachlichen Ritualien – für sich allein betrachtet – in der Tat einen gänzlich unblutigen Charakter tragen. In ihrer materiellen Substanz (die scholastische Terminologie spricht darum von der *substantia sacramenti*) besteht die Taufe wirklich nur aus einem Bad im Wasser, verbunden mit einer Segnung oder Salbung an der Stirn; die Eucharistie wirklich nur aus Brot und Wein. Insofern diese außersprachlichen Riten dennoch auf einstmals blutige Ereignisse verweisen, sind sie als Zeichen zu beschreiben, die einem Abwesenden Anwesenheit verleihen. Der liturgische Signifikant besteht aus einer unblutigen Zeremonie, und gleichwohl ist sein Signifikat eigentlich ein blutiges Geschehen, das in ihm unblutig verkörpert wird. Aus diesem Spiel von fort und da, worin sich die Abwesenheit des Blutes im christlichen Ritus und die Anwesenheit des Blutes im vergegenwärtigten Heilsgeheimnis überschneiden, erwächst jene semiotische Differenz, von welcher die christliche Liturgie ganz allgemein strukturiert wird. Die unblutigen rituellen Signifikanten sind von sich aus nicht in der Lage, ihre blutige Bedeutung einsichtig zu machen. Es bedarf dazu der deutenden Sprache des Gebets, der *forma sacramenti,* welche den konstitutiven Mangel des christlichen Rituals, seine Unblutigkeit, erst beheben muß. Dementsprechend deutet das Gebet den an sich unblutigen Ritus zu einem Blutopfer um. Aber da die liturgische Rede die Ebene der Sprache und nicht die des Körpers erfaßt und nur dort operieren kann, behebt sie den zugrunde liegenden Mangel dennoch nicht.

Die gründende Differenz zwischen dem unblutigen Ritual und dem phantasmatisch vergegenwärtigten Blutopfer wird in der Sprache der Liturgie letzten Endes nicht getilgt, sondern sie liegt ihr als die Bedingung ihrer Möglichkeit voraus, und sie gibt sich in der rituellen Deixis am Phantasma zu lesen. Der liturgischen Rede wächst somit die Funktion eines Supplements zu. Ja, die Liturgie erweist sich insgesamt als ein supplementäres Ritual: Denn sie ersetzt unblutig und sprachlich, was seinem Wesen nach blutig und körperlich ist. Der sakramentale Ritus tritt an die Stelle des unersetzlichen Blutopfers, und er wird somit zum Ort einer phantasmatischen, supplementären Vergegenwärtigung, ohne daß die Liturgie bereits diesseits ihrer sprachlichen Form (in Absehung von der *forma sacramenti*) allein aus ihrer materiellen Substanz heraus (kraft der *substantia sacramenti*) mit der blutigen Origo des geopferten Leibes identisch zu werden vermöchte.

Schon an dieser Stelle unserer Interpretation läßt sich absehen, daß Bataille einen Sachverhalt richtig eingeschätzt hat: Der Text des gallikanischen *Exsultet* enthält eine Sicht des Ritus und des Opfers, die seiner eigenen Auffassung durchaus nahesteht – bis hin zu dem Punkt, daß auch im *Exsultet* die Transgression nicht etwa unvermittelt stattfindet, sondern daß sie anderswohin verschoben und im Medium der liturgischen Sprache vollzogen wird. Allerdings ist der Prosa-

Hymnus des *Exsultet* kein liturgisches Kuriosum, sondern er wird in der alten Kirche in jeder Osternacht auf dem Höhepunkt des Kirchenjahres feierlich verkündet: Damit steht dann auch die Lehre von der *felix culpa,* die in diesem Gebet enthalten ist, nicht etwa am Rande der christlichen Religion, sondern geradewegs im Zentrum eines ihrer historischen Paradigmen.

Schuld am Exzeß

Nachdem die phantasmatische Origo der Osternachtsliturgie mit der Opferung des wahren Pascha-Lamms in eins gesetzt worden ist, fährt der Text des gallikanischen *Exsultet* damit fort, die überragende Bedeutung dieses Vorgangs für die Menschheit herauszustellen. Im Anschluß an eine kurze, sentenzartige Formulierung, folgen parallel zu den fünf vorausgegangenen, mit *haec...* eingeleiteten Zeitbestimmungen fünf Ausrufe auf *o...,* die schließlich mit einer erneuten Charakterisierung der Osternacht auf der Grundlage eines Schriftzitats abgeschlossen werden:

> Nihil enim nobis nasci profuit, nisi redimi profuisset.
> O mira circa nos tuae pietatis dignatio!
> O inaestimabilis dilectio caritatis:
> ut servum redimeres, Filium tradidisti!
> O certe necessarium Adae peccatum,
> quod Christi morte deletum est!
> O felix culpa,
> quae talem ac tantum meruit habere Redemptorem!
> O vere beata nox,
> quae sola meruit scire tempus et horam,
> in qua Christus ab inferis resurrexit!
> Haec nox est, de qua scriptum est:
> Et nox sicut dies illuminabitur:
> et nox illuminatio mea in deliciis meis.[26]

Die Kommentatoren haben vor allem auf das Stilmittel des Paradoxons hingewiesen, das die zitierten Formulierungen enthalten: Zuerst macht ein geringfügig abgeändertes Ambrosius-Zitat am Anfang dieser zweiten Reihe den Nutzen des Geborenseins vom Nutzen des Erlöstwerdens abhängig. Sodann wird erneut Gottvater angerufen und seine *pietas,* seine Barmherzigkeit, zu den Menschen überschwenglich gepriesen. In Anlehnung an paulinisches Gedankengut wird hervorgehoben, daß Gott für den Freikauf eines Sklaven seinen eigenen Sohn

---

26 Exsultet, lin. 47-60.

Tafel IV. – Illustration zum Vers „O felix culpa!"
Exsultet-Rolle Nr. 3 von Troia (Süditalien)

dahingegeben habe.[27] Diese Formulierung nimmt den früher geäußerten Gedanken, daß Adams Schuldbrief durch das Blut des Gottessohnes gelöscht worden sei, auf und konkretisiert ihn: Der Sklave wurde mit dem Blut des Sohnes
freigekauft. Die paradoxale Struktur dieser Redeweise liegt in der Unverhältnis-
mäßigkeit des Kaufpreises begründet: Der Sklave ist sehr viel weniger als der
Sohn wert. Somit wurde bei diesem Kauf ein viel zu hoher Preis entrichtet, und
es bleibt nach Abzug des Lösegeldes offenkundig ein überschüssiges *Surplus* zurück, das gar nicht aufgebraucht werden kann. Der Loskauf des gefallenen Menschen ist also kein Tauschhandel im ökonomischen Sinn, sondern sehr viel eher
einem Akt des Potlatsch und der unproduktiven Verschwendung vergleichbar.

Bataille berichtet unter Berufung auf Marcel Mauss, daß beim Stamm der
nordamerikanischen Tlingit manche Häuptlinge während der Potlatsch-Feiern
ihre Sklaven getötet hätten:

> A une époque relativement récente, il arrivait qu'un chef Tlingit se présente devant
> son rival pour égorger quelques-uns de ses esclaves devant lui. Cette destruction était
> rendue à une échéance donnée par l'égorgement d'un nombre d'esclaves plus
> grand.[28]

Vor diesem ethnographischen Hintergrund wird nun klarer, was das gallikanische *Exsultet* mit der Antithese von Sohn und Sklave meint: In einem giganti-
schen Potlatsch hat Gottvater nicht etwa nur einen Sklaven, sondern den eigenen
Sohn in den Tod gegeben. Das göttliche Erlösungsopfer kann darum gerade
nicht als eine Form der Gegengabe für Adams noch unbeglichene Schuld angesehen werden. Im Übermaß des Opfers wurde diese Schuld zwar restlos verzehrt,
aber zugleich auch unendlich übertroffen. Weil das göttliche Blutopfer uner-
meßlich weit über den Wert des freizukaufenden Sklaven hinausgeht, ist es eben
nur als ein souveräner Akt höchster Verschwendung zu begreifen.

Es zeigt sich, wie eng Batailles Begriff der unproduktiven Verausgabung auf
das christliche Erlösungsmodell zu beziehen ist: Beide Konzepte funktionieren
innerhalb einer *économie générale,* die nicht auf Nützlichkeit und Produktion aus
ist, sondern auf Exzeß und Verschwendung. Das *Exsultet* schreibt diese Verschwendung der Gottheit selbst zu, und es sollte darum gerade nicht durch die
spätere Brille einer rationalisierenden Theologie gelesen werden: Dort versucht
man bekanntlich – etwa mit Hilfe der mittelalterlichen Satisfaktionslehre des
Anselm von Canterbury -, den vom Gottessohn entrichteten Blutzoll als ver-
nunftgemäß, angemessen oder gar notwendig auszuweisen. Somit wird das Kreuzesopfer dann in jene *économie restreinte* eingepaßt, die der völlig nutzlose Exzeß
der göttlichen Hingabe gerade übersteigen muß.

---

27 „Qui etiam Filio suo non pepercit / sed pro nobis omnibus tradidit illum / quomodo non etiam
     cum illo omnia nobis donabit?" (Epistola ad Romanos 8,32.) – „At ubi venit plenitudo temporis
     / misit Deus Filium suum / factum ex muliere factum sub lege / ut eos qui sub lege erant
     redimeret / ut adoptionem filiorum reciperemus." (Epistola ad Galatas 4,4 sq.) Zur theologi-
     schen Bedeutung des Gedankengangs cf. Wiard Popkes: *Christus traditus. Eine Untersuchung zum
     Begriff der Dahingabe im Neuen Testament,* Zürich; Stuttgart: Zwingli-Verlag 1967
28 Bataille: «La notion de dépense», loc. cit. p. 33.

Die beiden folgenden Ausrufe der Reihe richten sich an Adams notwendige Sünde und an die glückselige Schuld des Menschen. Diese Sprechweisen sind ebenfalls vor dem Hintergrund unserer Ausführungen zu interpretieren. Nach dem Gesagten ist die Wortfügung *certe necessarium* wahrscheinlich am ehesten als eine ironische aufzufassen: Adams Sünde ist gewiß nicht notwendig im eigentlichen Sinn, sondern sie ist gerade der (eigentlich) überflüssige Anlaß, welcher jenes überwältigende Opfergeschehen in Gang bringt, worin Gott seinen eigenen Sohn preisgibt – und zwar jenseits aller Notwendigkeit. Entsprechendes gilt für die *felix culpa*, in welcher die etymologische Bedeutung des Adjektivs im Sinne von ‚fruchtbar‘, ‚befruchtend‘ – in der alten Sakralsprache gar ‚opferwürdig‘ – erhalten geblieben ist.[29] Die menschliche Schuld wird glücklich gepriesen, weil sie etwas hervorbringt oder sich für etwas darbringt, was im Verhältnis zu ihrer eigenen Natur nur als maßloser Exzeß zu beschreiben ist. So erscheint die Schuld zu guter Letzt als ein Moment am Übermaß ihrer Tilgung. Im Mittelpunkt der beiden Ausrufe steht also das Faszinosum der überwältigenden Exuberanz, das im göttlichen Erlösungsopfer zum Vorschein kommt: Es ist jene *part maudite,* jener verfemte und doch auch geheiligte Teil, aus dem der Exzeß eines jeden Opfers erst erwachsen kann:

> La victime est un surplus pris dans la masse de la richesse utile. Et elle ne peut en être tirée que pour être consumée sans profit, à jamais détruite en conséquence. Elle est, dès qu'elle est choisie, la *part maudite,* promise à la consumation violente.[30]

Theologisch wird der Gedanke der *felix culpa* üblicherweise mit der patristischen Vorstellung einer *renovatio in melius* erklärt, die eine bloße *renovatio in pristinum* überbietet und bei Ambrosius, Augustinus sowie in anderen liturgischen Texten belegt ist.[31] Die in Sünde gefallene Menschheit wird nicht etwa wieder in ihre angestammten Rechte eingesetzt, sondern sie erhält eine nun viel größere Würde zugesprochen, die ihren früheren Rang weit übertrifft. Das Theologumenon der *felix culpa* weiß offensichtlich noch um den überbordenden Charakter der *part maudite* im archaischen Opfer, und es interpretiert gerade darum das christliche Kreuzesopfer – in höchstmöglicher Steigerung – aus der Wirksamkeit dieses Exzesses heraus.

Wie die Rezeptionsgeschichte beweist, wurde das Konzept der *felix culpa* von späteren Theologen oft nicht mehr verstanden. Abt Hugo von Cluny ordnete um das Jahr 1068 an, die Ausrufe an die notwendige Sünde Adams und an die glückselige Schuld aus den liturgischen Handschriften auszuradieren.[32] Unter dem Einfluß der Cluniazenser verbreiteten sich purgierte Fassungen des *Exsultet* in Frankreich und Deutschland, nicht aber in Italien. So war die Formel von der *felix culpa* auch Thomas von Aquin bekannt, und er bringt sie an einer Stelle der

---

29 *Felices arbores* sind nach Macrobius die Obstbäume, von deren Früchten den höheren Göttern geopfert werden darf.
30 Bataille: *La Part maudite,* p. 97.
31 Fuchs; Weikmann: *Das Exsultet,* pp. 64-72. Dort auch Hinweise auf weitere Literatur.
32 Cf. ibid. pp. 67 sq. et H. Schmidt: *Hebdomada sancta,* vol. II, pp. 644 sq.

Summa theologiae gleichberechtigt mit der Bibel als Autorität dafür bei, daß die menschliche Natur nach dem Sündenfall einer größeren Gnade als zuvor teilhaftig geworden sei.[33] Vielleicht ist es auf den Einfluß dieses Zitats bei Thomas zurückzuführen, daß die umstrittenen Verse seit dem Spätmittelalter wieder restituiert und schließlich ins Tridentinische Meßbuch aufgenommen wurden.

Während sich die Auffassungen vom konstitutiven Exzeß des Opfers sowohl im *Exsultet* als auch bei Bataille weitgehend entsprechen, wird die Frage nach dem Subjekt dieses Opfers jeweils unterschiedlich beantwortet. Für Bataille begeht derjenige die Transgression, der die Tötung ausführt, – so auch bei Jesu Kreuzesopfer, das ohne menschliche Täterschaft nicht zustande gekommen wäre. Die Tötung bedarf zwangsläufig des Henkers; das Opfer ist notwendigerweise angewiesen auf den opfernden Priester. Beides steht für Bataille in einem notwendigen Bedingungsverhältnis zueinander: «Il est donc un point de vue tel que la nécessité de la commettre [sc. l'heureuse faute] se révèle.» Eine solche Logik der Notwendigkeit, wie sie Bataille hier für das Kreuzesopfer ansetzt, entspricht eher der buchhälterischen Logik einer *économie restreinte* als dem nutzlosen Exzeß der *économie générale*, wie ihn Bataille ansonsten voraussetzt und wie ihn jedenfalls die Rhetorik der Osterpraeconien zu formulieren trachtet. Die liturgische Rede verschreibt sich nämlich ganz offensichtlich der *économie générale,* und sie betrachtet das Kreuzesopfer demzufolge nicht als die einfache Überschreitung eines Verbots, sondern als einen Akt der Verausgabung, als Ausdruck eines allerhöchsten Exzesses, in dem zu guter Letzt auch noch die Unterscheidung von Geopfertem und Opferndem unmöglich wird.

Agentin der Opferhandlung ist die Gottheit selber – und zwar im Wechselspiel zwischen der ersten und der zweiten göttlichen Person: Gottvater, der den Sohn gleichsam in einem Potlatsch dahingibt, und Gottsohn, der aus liebevollem Mitleid sein Opferblut umsonst vergießt und so die Schrift auf dem alten Schuldbrief auslöscht: *veteris piaculi cautionem pio cruore detersit.* Indem er sich selbst aufopfert, ist der Sohn nicht nur Opferlamm, sondern zugleich auch jener Opferpriester, dessen unreflektierte Abwesenheit Bataille an der christlichen Transgressionsvergessenheit moniert hatte. Tatsächlich wird allerdings der Gesichtspunkt der Übertretung des Tötungsverbots in der christlichen Konzeption des Opfers nicht verdrängt, wie Bataille unterstellt, sondern in einer höchstmöglichen Steigerung der überschwenglichen Souveränität der Gottheit selbst zugeschrieben. Sie offenbart sich als das eigentliche und alleinige Subjekt der Transgression und der Selbstaufopferung. Die *économie génerale* des innertrinitarischen Dramas, das sich zwischen Gottvater und Sohn abspielt, bedarf darum keiner weiteren Mitspieler, wohl aber des staunenden Publikums: Nicht zusätzliche Opferpriester, sondern Zuschauer sind hier gefragt.

---

33 „Nihil autem prohibet ad aliquid maius humanam naturam productam esse post peccatum: Deus enim permittit mala fieri ut inde aliquid melius eliciat. Unde dicitur Rom. 5,20: *Ubi abundavit iniquitas, superabundavit et gratia.* Unde et in benedictione Cerei Paschalis dicitur: *O felix culpa, quae talem ac tantum meruit habere Redemptorem!*" (Thomae Aquinatis summa theologiae III q. 1 art. 3 ad 3.)

Die glücklich gepriesene Schuld der Menschheit im allgemeinen und der in der Osternacht anwesenden Täuflinge im besonderen besteht nicht darin, daß sie Christi Tod verursacht hätten, sondern vielmehr darin, daß sie ihm den Anlaß geboten haben, den Opfertod souverän auf sich zu nehmen. So konnte aus Adams Schuld paradoxerweise am Kreuzesbaum deren absolutes Gegenteil hervorgehen, wie es etwa das mozarabische Osterpraeconium zum Ausdruck bringt: „De arbore creata nox criminis: sed de ligno genita lux salutis.‟[34] Die parallelisierende und zugleich antithetische Verschränkung des Motivs vom Paradiesbaum mit dem Kreuzesholz ist überhaupt topisch, und sie findet sich in weiteren liturgischen Texten, so beispielsweise in besonders eindrucksvoller Gestaltung in der Präfation vom heiligen Kreuz, die zum Bestand der fränkischen Liturgie gehörte und im Anhang von Alcuins Schriften überliefert ist.[35] Dort heißt es: „Qui salutem humani generis in ligno Crucis constituisti: ut, unde mors oriebatur, inde vita resurgeret.‟[36]

In einem ähnlichen Sinn ist die Illustration zum *necessarium peccatum* und zur *felix culpa* auf einer mittelalterlichen *Exsultet*-Rolle zu deuten: Aus den höchsten Blättern des Baums der Erkenntnis, um den sich die Schlange windet und von dem Adam und Eva gerade essen, erhebt sich im darüber befindlichen Bild, das sich ohne Zwischenraum anschließt, das Kreuz, an dem Christus hängt. Von einem Engel begleitet, fängt Ecclesia zur Linken in einem Kelch das Blut aus der Seitenwunde Christi auf, während zur Rechten ein weiterer Engel Synagoga vom Kreuz vertreibt.[37] Einen materiellen Zusammenhang zwischen dem Paradiesbaum und dem Kreuzesholz stiftet auch die Erzählung von der Kreuzauffindung, die Jacobus de Voragine unter Berufung auf das apokryphe Nikodemus-Evangelium, wenngleich mit erheblichen Vorbehalten, in seiner *Legenda aurea* wiedergibt: An der Pforte zum irdischen Paradies habe der Erzengel Michael Adams Sohn Seth einen Zweig vom Baum der Erkenntnis ausgehändigt, den dieser auf das Grab seines Vaters gepflanzt habe. Daraus sei ein großer Baum entsprossen, und Salomon habe ihn umgehauen. Aus dem Holz dieses Baumes aber sei lange Zeit später und nach einer Reihe wunderbarer Begebenheiten das Kreuz Jesu gezimmert worden, welches schließlich die Kaiserin Helena am Kalvarienberg habe ausgraben lassen.[38]

---

34 Benedictio lucernae mozarabica, loc. cit. p. 648.

35 Josef Andreas Jungmann: *Missarum sollemnia. Eine genetische Erklärung der römischen Messe* (1948), Fünfte, verbesserte Auflage (voll. I-II), Wien; Freiburg; Basel: Herder 1962, vol. II, p. 151.

36 Praefatio de sancta Cruce, in: *Missale Romanum ex decreto SS. concilii Tridentini restitutum*, editio VII, Ratisbonae: Fr. Pustet 1933, p. 332.

37 Es handelt sich um die Rolle 3 der Kathedrale von Troia in Süditalien aus dem 12. Jh. Abbildung und Erläuterung bei Fuchs; Weikmann: *Das Exsultet*, p. 68 sq. Zu den *Exsultet*-Rollen allgemein cf. ibid. pp. 112-117.

38 Cf. Jacobus a Voragine de inventione sanctae crucis, in: Legenda aurea, cap. LXVIII (64), ed. Th. Graesse (1890), Reproductio phototypica editionis tertiae, Osnabrück: Otto Zeller 1965, pp. 303-311.

Heilsökonomie

Die Finten forensischer Rhetorik, welche die Verfasser der Osterpraeconien bra-vourös beherrschen, erlauben es ihnen, die menschliche Mittäterschaft am göttli-chen Opfertod weitgehend auszublenden. Die epideiktische Technik verbindet sich hierbei mit der theologischen Absicht: Die Großartigkeit von Christi Opfer-tod würde in der Tat geschmälert, wäre dieser nicht durch die souveräne Ent-scheidung der Gottheit, sondern durch das Tun des Menschen bewirkt worden. Im ambrosianischen Formular bekundet sich diese Strategie, das göttliche Pascha-Opfer als das ausschließliche Selbstopfer der Gottheit darzustellen: „ut [...] una victima per semetipsam tuae maiestati semel oblata, mundi totius expia-ret offensam".[39] Noch weiter geht das Kerzenlob des Ennodius, wo das göttliche Opfer unabhängig von allen heidnischen Opferriten und unabhängig von menschlicher Mitwirkung überhaupt erfolgt:

> Non enim hic turicremis Panchaeus adoletur ignis altaribus, non ad triste ministe-rium extremum mugiens bos percussa litabitur, non bidentum fetus carnificis potius quam sacerdotis mucro desecuit: sufficit ad reparationem aeternitatis perditae, quod non a nobis sed pro nobis agnus occisus est.[40]

> [Kein arabischer Weihrauch wird nämlich als Brandopfer auf den Altären darge-bracht. Keine brüllende Kuh wird traurig ihre letzte Pflicht erfüllen und als glück-verheißendes Opfer geschlachtet werden. Kein Fleischer, ich will nicht sagen Prie-ster, hat noch mit seinem Messer die jungen Opferschafe zerhauen. Um die verlore-ne Ewigkeit wiederzugewinnen, genügt es, daß das Lamm nicht von uns, sondern für uns getötet worden ist.]

Das Gebet des Ennodius distanziert sich zunächst von den blutigen Opferbräu-chen des paganen Kults. Darüber hinaus aber versetzt der Verfasser mit der zen-tralen Antithese: *non a nobis, sed pro nobis* die Gemeinde in die Position einer unbescholtenen Empfängerin der geschlachteten Opfergabe, und er spricht sie somit von der fragwürdigen Rolle einer Täterin frei, die selber das Opfertier schlachten müßte. Denn normalerweise lädt, wer ein Blutopfer darbringt, Schuld auf sich,[41] wie dies im ambrosianischen Osterlob noch durchscheint: „Huius [scil. Iesu Christi] enim tantummodo cruor non creat piaculum bibentibus, sed salu-tem."[42] Während das vergossene Blut der anderen Opfertiere die Entsühnung der Opfergemeinde in irgendeiner Form erforderlich macht, gereicht allein das Op-ferblut des wahren Pascha-Lamms den Trinkenden zum ausschließlichen Heil.

---

39 Benedictio cerei Ambrosiana, loc. cit. p. 646.
40 Benedictio cerei I Ennodii, loc. cit. p. 635.
41 Auch Bataille erwähnt diesen Gesichtspunkt – wiederum unter Berufung auf Mauss: «C'est ainsi que dans son *Essai sur le Sacrifice*, il [scil. Marcel Mauss] dit en deux phrases que les Grecs regar-daient le sacrifice des Bouphonia comme le crime du sacrificateur.» (Bataille: *L'Erotisme*, p. 284.) Zu Mauss' Vorstellung vom Opfer cf. Henri Hubert, M. Mauss: *Essai sur la nature et la fonction du sacrifice* (1899), in: Mauss: *Œuvres*, I. Les fonctions sociales du sacré, Paris: Minuit 1968, pp. 191-354, ibid. p. 294.
42 Benedictio cerei Ambrosiana, loc. cit. p. 646.

Die Textarbeit der zitierten Gebete strebt offenkundig danach, die Kategorie des Fremdopfers aus dem Kreuzesgeschehen zu eliminieren und statt dessen den Aspekt des Selbstopfers hervorzuheben. Das Opfergeschehen wird als ganzes auf die Logik einer *économie générale* zurückgeführt, worin Geopferter und Opfernder in einem Subjekt zusammenfallen. Darum ist es an dieser Stelle gut möglich, Bataille gegen sich selbst zu wenden: Bei der Interpretation des aztekischen Menschenopfers in der *Part maudite* hat Bataille insbesondere den intimen Umgang der Henker mit ihren Gefangenen hervorgehoben. Die scheinbar so gegensätzlichen Rollen des Opfernden und des Geopferten sind, wie er ausführt, eng miteinander verbunden, ja sie scheinen ihm nahezu austauschbar.[43] In idealtypischer Betrachtungsweise habe das Menschenopfer der Azteken außerdem gewisse Züge einer freiwilligen Selbstaufopferung getragen.[44] Ganz ähnlich argumentierte Bataille schon viele Jahr zuvor in der *Expérience intérieure,* wo er sich mit Nietzsches Fabel vom Tollen Menschen auseinandersetzt, der die Nachricht vom Gottesmord verkündet. In diesem Zusammenhang beschreibt Bataille unter der Kapitelüberschrift: «Sur un sacrifice où tout est victime» die Merkmale eines aus seiner Sicht idealen Opfers, worin sich der Opfernde im Akt des Opferns selbst den Tod gibt:

> Ce sacrifice *que nous consommons* se distingue des autres en ceci: le sacrificateur lui-même est touché par le coup qu'il frappe, il succombe et se perd avec sa victime.[45]

Kaum irgendwo kommt Bataille der liturgischen und teilweise auch neutestamentlichen Auffassung vom souveränen Kreuzesopfer Christi näher als hier. Auch Jesus Christus ist ja, wie es der Hebräerbrief ausführlich erläutert, Hoherpriester und blutige Opfergabe in einem: Er erlernt im Leiden den Gehorsam gegenüber dem Vater und bringt sich selbst als makelloses Opfer dar, indem er sein eigenes Blut für das Volk vergießt – und nicht das fremde Blut von Böcken und Kälbern.[46] Eine all dem sehr ähnliche Denkfigur scheint in Batailles Opfermodell wiederzukehren, das sich somit als weit weniger originell erweist, als man vordergründig hätte meinen können.

Nicht von ungefähr fehlt in den zitierten Gebeten der kirchlichen Liturgie jene moralisierende Verdammung der Kreuzigung, die Bataille dem Christentum gerade vorhält. Wollte man nämlich die Verantwortung für Jesu Tod in letzter Instanz tatsächlich menschlichen Tätern aufbürden – sei es als Sündenschuld, sei es als gestatteten Exzeß -, so müßte dies auf Kosten der Freiwilligkeit und Einmaligkeit des Kreuzesopfers gehen. Dieses würde aus der Maßlosigkeit der *économie générale* herausgelöst und wieder an das wohlfeile Kalkül der *économie restreinte* zurückgebunden. Aus dem Lob des Kreuzes, das die Gebete formulieren

---

43 Cf. Bataille: *La Part maudite,* pp. 89 sq.
44 «Les authentiques théologiens [scil. des aztèques] mettaient au-dessus des autres le sacrifice volontaire de Nanauatzin.» (Ibid. p. 98.)
45 Bataille: *L'Expérience intérieure*, p. 176.
46 Cf. epistola ad Hebraeos 4,14-10,22.

wollen, spräche statt dessen plötzlich das unverhohlene Ressentiment der Christen gegen diejenigen, die ihren Meister zu Tode gebracht hätten.

Aus diesem naheliegenden Grunde nimmt die liturgische Rede an den erwähnten Stellen keinen Bezug auf die Exekutoren. Selbst noch in den *Improperien* des Karfreitags, wo Gott in Form der fiktiven Klagerede eines enttäuschten Liebhabers zum Volk Israel spricht, ist die Stilisierung am ehesten einer tragischen zu vergleichen.[47] Die Lieblosigkeit, die Gott seinem Volk vorhält, ist eine Art von tragischer ἁμαρτία,[48] ein Fehlverhalten, das in überhaupt keinem vergleichbaren Verhältnis steht – weder zum Übermaß der Güte, welche Gott seinem Volk erwiesen hat, noch zur Maßlosigkeit des Schmerzes, den er nun auf sich nimmt. Auch diese rhetorische Strategie entspricht dem Prinzip einer tragischen Verausgabung, wie sie bei Bataille ausdrücklich postuliert ist.[49] Die Transgression der ἁμαρτία ist nicht mehr Ursache, sondern Moment an einem tragischen Exzeß, der sie maßlos überschießt. Der Liturgie gelingt es damit weithin, eine ressentimentgeladene Deutung des Kreuzesopfers überhaupt zu vermeiden.

Unser Befund ist um so auffälliger, als die christliche Tradition durchaus das Ressentiment gegen jene Gruppe kennt, der seit alters her alle Schuld an Jesu Kreuzigung aufgeladen wurde: Es seien die angeblich ungläubigen Juden gewesen, die darum jahrhundertelang als das Volk der Gottesmörder beschimpft wurden. Schuldzuweisungen an das Judentum finden sich bereits in Teilen des Neuen Testaments und dann vor allem in der antijudaistischen Polemik der Kirchenschriftsteller und ihrer Nachfolger. Sogar hinter Batailles Aussagen von der allüberragenden Sünde der Kreuzigung und von der mutmaßlichen Verblendung der Täter lassen sich unschwer noch die Stereotypen jener althergebrachten Judenschelte ausmachen, die dem Ressentiment entspringt. Der Begriff des Ressentiments ist hierbei durchaus im Sinne Nietzsches zu verstehen. Er muß allerdings auf das Verhältnis der Christen zu den Juden bezogen werden, insofern deren gemeinsame Geschichte weithin von einem Ressentiment geprägt war, das die Christen gegen die Juden hegten.[50]

---

47 Cf. Improperia, in: *Te Deum laudamus*, pp. 124-127.

48 Zum Begriff der ἁμαρτία als eines tragischen Fehlers cf. Aristotelis poetica 13, 1453 a.

49 Ausdrücklich begreift Bataille das Tragische als einen Ausdruck der *dépense*. «Sous leur forme majeure, la littérature et le théâtre [...] provoquent l'angoisse et l'horreur par des représentations symboliques de la perte tragique (déchéance et mort).» (Bataille: *La notion de dépense*, loc. cit. p. 30.) – Zu einer solchen Tragödie gestalten die *Improperien* die Beziehung Gottes zu seinem Volk aus.

50 Ressentiment ist bei Nietzsche gleichbedeutend mit Rachsucht. Der Begriff trifft auch die Botschaft vom Kreuz, die Nietzsche als eine Erfindung der „sublimen Rachsucht" Israels auffaßt: „Und wüßte man sich andrerseits, aus allem Raffinement des Geistes heraus, überhaupt noch einen *gefährlicheren* Köder auszudenken? Etwas, das an verlockender, berauschender, betäubender, verderbender Kraft jenem Symbol des ‚heiligen Kreuzes' gleichkäme, jener schauerlichen Paradoxie eines ‚Gottes am Kreuze', jenem Mysterium einer unausdenkbaren letzten, äußersten Grausamkeit und Selbstkreuzigung Gottes *zum Heile des Menschen?...*" (Friedrich Nietzsche: *Zur Genealogie der Moral* I, 8 [1887], in: *Werke*, edd. G. Colli, M. Montinari, VI. Abteilung, 2. Band, Berlin: Walter de Gruyter 1968.)

In seiner eigenen Argumentation übernimmt gerade auch Bataille die Grund-
annahme des christlichen Ressentiments, nämlich daß es überhaupt einen
Schuldigen am Kreuzesopfer gebe – sozusagen einen Gottesmörder, den man
dann eben im Judentum auszumachen suchte. Diese herkömmliche Bewertung
des Sachverhalts kehrt Bataille allerdings um und wendet sie kritisch gegen das
Christentum: Der angebliche Gottesmord ist zwar Frevel, aber als höchster Akt
der Transgression ist er trotzdem gerechtfertigt, und er darf vor allem nicht als
moralische Verfehlung gebrandmarkt werden, wie es das Christentum zu Unrecht tut. Doch wiewohl und eben weil Bataille die Täter exkulpiert, erkennt er
unterschwellig jenen Vorwurf an, den erst die Logik des Ressentiments gegen sie
hervorgebracht hat. Ähnlich wie bei seinem Lehrmeister Nietzsche spricht also
aus Batailles Verteidigung des Gottesmordes immer noch das Ressentiment der
Christen gegen die Juden – diesmal allerdings unter vertauschten Vorzeichen.

Unsere Absicht war eine andere: Am historischen Paradigma der Osterpraeco-
nien und verwandter Gebete sollte eine spezifisch liturgische Rhetorik des Kreuzesopfers nachgezeichnet werden, in welcher der neidlose Lobpreis an die Stelle
des haßerfüllten Ressentiments tritt und damit eine geradezu therapeutische
Funktion gewinnt. Die liturgischen Texte setzen die Gottheit selbst als höchste
Transgressionsinstanz, und sie sind somit davon entlastet, aus Ressentiment die
Übertretung einem angeblich jüdischen Sündenbock anlasten zu müssen. Im
Zeichen einer verschwenderischen *économie générale* feiert Gottvater einen un-
erhörten Potlatsch, darin der eigene Sohn anstelle des Sklaven getötet wird. Der
Sohn aber verwaltet das Amt des Hohenpriesters und gibt sich hierbei als sein eigenes Opfer in den Tod. Die liturgische Rhetorik modelliert somit den Kreu-
zestod Christi ausschließlich als einen souveränen Akt der blutigen Selbstopferung – und sonst nichts. Was freilich die unüberbietbare Selbstverausgabung und
die Ununterscheidbarkeit von Opferndem und Geopfertem angeht, so berührt
sich Batailles Verständnis des Opfers ironischerweise gerade an diesen zentralen
Punkten aufs engste mit dem Kreuzeskonzept der von ihm bekämpften christlichen Tradition.

Die Beobachtung, daß die von Bataille benutzten Kategorien weithin der
christlichen Tradition entstammen, darf nicht Anlaß zu einer gefährlichen *genetic
fallacy* bieten, die unter Berufung auf die historische Herkunft eines Denk-
musters dessen andersartige Funktion in einem neuen Zusammenhang verkennt.
Zwar zeigt die von uns vorgeschlagene Lesung enge Berührungspunkte zwischen
Batailles Anthropologie und dem christlichen Opferverständnis auf, aber Ba-

---

Indem Nietzsche freilich die Lehre vom gekreuzigten Gott als Ausgeburt des „jüdischen Hasses"
bezeichnet, verwechselt er gewissermaßen das Judentum mit dem Christentum, haben doch die
Christen Jahrhunderte lang in ihrem Ressentiment den Juden vorgeworfen, sie hätten Jesus aus
Haß ans Kreuz geschlagen. Den Kern dieser christlichen Unterstellung übernimmt Nietzsche
unbesehen, indem er den Juden zwar nicht mehr die Kreuzigung, wohl aber die Erfindung des
Kreuzesopfers vorwirft, was nicht ohne paradoxe Konsequenzen bleibt: Gerade in seiner erbitter-
ten Invektive gegen das Christentum spricht aus Nietzsches Mund nichts anderes als das alte
Ressentiment der Christen gegen die Juden.

tailles religionskritisches Denken läßt sich trotzdem nicht rechristianisieren. In der Tat treten die Unterschiede offen zutage: Batailles *économie générale* will und kann keineswegs mit der christlichen Heilsökonomie identifiziert werden. Obwohl Bataille höchst unbefangen christlich beeinflußte Konzepte wie das Böse, die Sünde oder das Opfer verwendet, sind wesentliche Glaubensinhalte des Christentums wie die Vergebung der Sünden im Kreuzesopfer oder gar die Auferstehung des Gekreuzigten bei ihm preisgegeben. Bataille beerbt zwar die christliche Tradition in wesentlichen Teilen, aber er schreibt sie nicht ungebrochen fort.

Die Bewegungsrichtung der menschlichen Existenz ist für Bataille wesentlich als eine Transgression von oben nach unten vorgezeichnet: ein Verschmelzen und Einswerden des Geistes mit der Materie, ein Übergang vom Leben zum allverschlingenden Tod. Im Christentum hingegen ist dem Menschen ein umgekehrter Weg in Aussicht gestellt, der als eine Transgression von unten nach oben zu fassen wäre: ein Aufstieg vom Stofflichen, Leiblichen und Sinnlichen zum Geistigen hin, letztlich ein Übergang vom Tod zum Leben überhaupt. Freilich steht die christliche Transgression nach oben keineswegs in einer schlichten Opposition zur Transgression nach unten, sondern beide Wege sind eng ineinander verschlungen. Die christliche Transgression nach oben bedarf der Transgression nach unten als der Bedingung ihrer Möglichkeit. An der Anastasis-Ikone der Ostkirche bekundet sich dieser Sachverhalt anschaulich: Die ἀνάστασις, die Auferstehung Christi, ist dort stets als κατάβασις dargestellt, als Abstieg zur Hölle. Das Sichherablassen der rein geistigen Gottheit in die menschliche Fleischesnatur bis zum Tod am Kreuz oder die Nachfolge des Jüngers bis zur Hingabe seines Leibes und Blutes im Martyrium sind ihrem Wesen nach radikale Transgressionen nach unten. Dementsprechend gründet die christliche Heilsökonomie notwendigerweise in einer *économie générale,* wie sie von Bataille beschrieben wurde.

Daß Batailles Anthropologie keine christliche ist, heißt darum nicht, daß sie christlichen Vorstellungen vollkommen widerspricht, sondern daß sie deren Vorgaben nur bis zu einem gewissen Punkte nachvollzieht. Die Transgression nach unten hat Batailles Konzeption mit dem Christentum gemeinsam. Man könnte sogar behaupten, daß die Radikalität von Batailles Transgressionsbegriff überhaupt erst vor dem Hintergrund der christlichen Tradition recht verständlich wird, aus der er bezogen ist. Die Vorstellung einer Transgression nach oben hingegen, welche der Transgression nach unten unverhofft entwächst, ist ein zusätzliches, geradezu überschüssiges Merkmal der christlichen Anthropologie, ein exzessives Element, worin sie auch noch die Ordnung der *économie générale* überschreitet. Diese christliche Transgression nach oben wäre so vielleicht als ein Exzeß zweiter Ordnung zu beschreiben, der die *économie générale* der Transgression nach unten schon unabdingbar voraussetzt, dann aber überschießt, durchkreuzt und der Dynamik der Heilsökonomie einschreibt. Diesen Rahmen der christlichen Heilsökonomie hat Batailles *économie générale* bewußt zerbrochen, um sich von deren Fesseln zu lösen. Die christliche Heilsökonomie selbst vermag aber gerade nicht auf die *économie générale* als ein wesentliches Moment ihrer selbst zu verzichten. Für die Heilsökonomie ist die *économie générale* noch nicht alles, aber ohne sie wäre alles nichts.

1.5. Der christliche Opferleib als Supplement

Wenn wir uns bislang auf Batailles Theorie berufen haben, um die Dynamik des christlichen Kreuzesopfers zu erläutern, dann auch deswegen, weil er mit großer Entschiedenheit die Opfererfahrung auf den erotischen Exzeß bezieht. Jenseits der Kategorien von Verbot und Übertretung, die dem Exzeß der eigentlichen Opferung immer nur als Momente eines umfassenden Ganzen zugeordnet sind, gestattet uns Batailles Modell, nicht nur das Opfer als Objekt des erotischen Verlangens zu interpretieren, sondern in Entsprechung dazu auch das Subjekt als eine Instanz zu begreifen, die sich über ihr Begehren nach Opferung allererst konstituiert. Mit Bataille wollen wir dieses Begehren als ein durchaus erotisches Opferungsbegehren verstehen. Insofern die Erotik des Opfers nicht prokreativ ist, erweist sie sich im früher erläuterten Sinn als eine perverse Veranstaltung.

Grundsätzlich kennt das Opferungsbegehren des Subjekts zwei unterschiedliche Ausformungen: Es kann sich entweder um ein Verlangen nach dem Fremd- oder aber nach dem Selbstopfer handeln. Im ersten Fall sucht das Subjekt die Kontinuität mit dem sich verströmenden Blut und dem sich auflösenden Körper des fremden Opfers, mit dem es sich zwar identifiziert, mit dem es aber dennoch nicht identisch werden kann. Im zweiten Fall hingegen erstrebt das Subjekt die Auflösung des eigenen Körpers im Opfertod, der ihm den restlosen Übergang in die Kontinuität der Materie ermöglichen soll. Aus der Perspektive Batailles ist diese Form des Opfers die vollkommenere, da nur in ihr der Hiat zwischen Opferndem und Geopfertem zum Verschwinden kommt.

Betrachtet man unter diesem Gesichtspunkt die weiter oben erläuterten Texte der Liturgie, dann fällt auf, daß sie die vollkommene Hingabe Christi an den göttlichen Vater offenbar im Horizont eines unstillbaren Opferungsverlangens interpretieren, das schließlich im blutigen Selbstopfer des Sohnes am Kreuz seine letzte Erfüllung findet. So gesehen mündet das Gottesbegehren Christi, in dem sich der Sohn nach dem Vater verzehrt, in ein radikal erotisches Begehren nach Selbstopferung. Es wird sich im folgenden herausstellen, daß das Konzept des erotischen Opferungsbegehrens für die Interpretation einzelner Paradigmen der christlichen Religion einen hohen Erklärungswert beanspruchen darf.

In unserem Zusammenhang erweist es sich als hilfreich, René Girards Theorie von der mimetischen Struktur des menschlichen Begehrens in unsere Überlegungen einzubeziehen. Nach Girards Prämisse entfaltet sich das Begehren eines Subjekts stets in einer triangulären Konstellation.[1] Das Subjekt richtet sein Begehren nicht etwa auf einen Gegenstand um seiner selbst willen, sondern vielmehr auf

---

1 Cf. René Girard: *Mensonge romantique et Vérité romanesque*, Paris: Bernard Grasset 1961, pp. 15-18. Girard spricht in diesem Werk durchgehend von einem *désir triangulaire*.

ein Objekt, das schon von einem andern begehrt wird und nur dank dem Begehren des andern als begehrenswert erscheint. Also ahmt das begehrende Subjekt in
seinem Verlangen nach dem Objekt den Wunsch eines Vorbilds nach, das seinerseits dieses Objekt schon begehrt. Das begehrende Subjekt ist ein Schüler oder
Jünger (*disciple*), der einem Vorbild (*modèle*) nacheifert. Dieses Vorbild bezeichnet Girard auch als einen Mittler des Begehrens (*médiateur du désir*), insofern der
Schüler das Objekt immer nur über die Vermittlung durch das Vorbild zu begehren vermag.

Während Girard – zumindest in seinen frühen Schriften – dem Vorbild ein
authentisches Begehren, ein *désir selon Soi,* zuzubilligen scheint, ist das Begehren
des Schülers immer vom Begehren des Andern her fremdbestimmt, so daß es
Girard ein *désir selon l'Autre* nennt. Jedenfalls ist das menschliche Begehren für
Girard von Grund auf mimetisch angelegt.[2] In dieser Hinsicht entspricht im übrigen der von Girard hervorgehobene Wunsch nach Mimesis voll und ganz den
neuplatonischen Liebeslehren, die ebenfalls stets betont haben, daß der Liebende
den Geliebten nachahme, um sich ihm anzugleichen; und vor diesem Hintergrund darf man wohl davon ausgehen, daß auch das mimetische Begehren, das
Girard beschreibt, ein durchaus erotisches ist, selbst wenn er dies nicht deutlich
zu erkennen gibt. Am Beispiel des Don Quijote, der den Ritter Amadis für sein
eigenes Rittertum zum Vorbild gewählt hat, weist Girard auf den engen Zusammenhang von Nachahmung des Begehrens und Nachfolge im Sinn der christlichen Religion hin: «L'existence chevaleresque est l'*imitation* d'Amadis au sens où
l'existence du chrétien est l'imitation de Jésus-Christ.»[3]

Bereits im Kolosserbrief des Paulus wird der Habitus der Gläubigen als ein
Verhältnis der auf Gott gerichteten Nachahmung beschrieben, welches so auch
am Selbstopfer des Gottessohnes partizipiert: „Estote ergo imitatores Dei sicut
filii carissimi // et ambulate in dilectione / sicut et Christus dilexit nos / et tradidit se ipsum pro nobis / oblationem et hostiam Deo in odorem suavitatis."[4]
Demzufolge kann der Apostel an anderer Stelle von sich selber sagen: „Qui nunc
gaudeo in passionibus pro vobis / et adimpleo ea quae desunt passionum Christi
/ in carne mea pro corpore eius / quod est ecclesia."[5] Girard spielt darüber hinaus
ausdrücklich auf ein Grundlagenwerk der mittelalterlichen Frömmigkeitsgeschichte an, nämlich auf den Traktat *De imitatione Christi* eines vermutlich unbekannten Verfassers. Es liegt davon eine Fassung aus dem Jahr 1470 vor, die oft
dem Thomas von Kempen zugeschrieben, in Wirklichkeit aber wohl eher auf der
Grundlage einer älteren Quelle von ihm abgeschrieben wurde. Nachfolge Christi

---

2 Aus diesem Grund hat Girard später den treffenden Begriff des *désir mimétique* geprägt. Cf. id.:
   Des choses cachées depuis l'origine du monde, Paris: Bernard Grasset 1978, pp. 14-18 et passim.
   Soweit Girard in dieser Studie sein Konzept des mimetischen Begehrens beschreibt, überzeugen
   uns seine Befunde. Die davon ausgehenden Weiterungen seiner Theorie sind hingegen überaus
   problematisch.
3 Id.: *Mensonge romantique*, p. 16.
4 Epistola ad Ephesios 5,1-2.
5 Epistola ad Colossenses 1,24.

wird bei Thomas von Kempen ebenfalls als ein Verhältnis der Nachahmung begriffen – so etwa, wenn in einem Dialog der Gläubige bekennt:

> Domine Iesu, quia arta erat vita tua et mundo despecta: dona mihi te cum mundi despectu imitari. Non enim maior est servus domino suo: nec discipulus super magistrum. Exerceatur servus tuus in vita tua: quia ibi salus mea, et sanctitas vera. Quidquid extra eam lego vel audio: non me recreat nec delectat plene.[6]

Wie schon bei Paulus, der sich an den Leiden erfreut, die er nach Christi Vorbild im Fleisch seines Körpers für andere auf sich nimmt (*qui nunc gaudeo in passionibus pro vobis... in carne mea*), so wird auch in *De imitatione Christi* die Nachahmung, welche die Teilhabe am Kreuz einschließt, als etwas nicht nur moralisch Erstrebenswertes, sondern als etwas durchaus Lustvolles, als Ziel eines gewissermaßen erotischen Begehrens empfunden, das imstande ist, die tiefe Sehnsucht des Menschen vollständig zu erfüllen (*me recreat... delectat plene*).

Unter der genannten Voraussetzung liegt es nahe, ausgehend von Girards Modell ein Grundmuster des christlichen Begehrens überhaupt zu beschreiben. Stifter der christlichen Religion ist Jesus Christus als der Sohn Gottes. Dessen Liebesbegehren ist vollkommen auf den Vater ausgerichtet, und es überträgt sich in seinem Wirken und seiner Lehre auf die von ihm gestiftete Jüngergemeinde. Das Gottesbegehren Christi steht somit nicht für sich allein, sondern es zielt einerseits auf den Vater, und es zieht andererseits die Jünger in die Nachfolge, also in die *imitatio Christi*. Es begründet somit eine mimetische Triangulation zwischen drei Instanzen, nämlich dem Vater, dem Sohn und dem Jünger:

1. Der Sohn ist in seinem Liebesbegehren ganz auf den Vater verwiesen. Da der Vater für den Sohn das absolute Ziel des Begehrens ist, opfert er ihm in seinem Liebesbegehren alles auf – sogar sich selbst.
2. Der Gottessohn wird dem Jünger zum Vorbild und zieht ihn an, da er das Liebesbegehren nach dem Vater auf ihn überträgt und an ihn vermittelt.
3. Der Jünger ahmt Christus als sein Vorbild nach, indem er sein Liebesbegehren auf dasselbe oder denselben richtet wie sein Meister – nämlich auf den Vater.

Im Sinne Girards wäre wohl das Liebesbegehren Christi nach dem Vater als ein *désir selon Soi* aufzufassen. Das Begehren des Jüngers nach Gott hingegen erwiese sich als ein *désir selon l'Autre,* da es Christi als seines Mittlers bedarf, und es ist mimetisch, weil der Jünger nicht von sich aus Gott begehrt, sondern nach Maßgabe des Vorbilds, das ihm der Meister liefert. Auf jeden Fall sind Jüngerschaft oder Nachfolge Christi mimetische Reflexe, die über eine trianguläre Ordnung vermittelt sind. Die Einbindung des Jüngers in diese Konstellation ist die Voraussetzung seiner je eigenen *imitatio Christi*.

In letzter Konsequenz treibt das Gottesbegehren den Sohn dazu, den Willen des Vaters vollkommen zu erfüllen und sich ihm in Erfüllung dieses Willens am

---

6 Thomas a Kempis de imitatione Christi, liber III, cap. 56.

Kreuz als Opfer darzubringen.[7] Aus diesem Grund also läßt sich sein Gottesbegehren als ein radikales Verlangen nach Selbstopferung, ja sogar als ein Kreuzigungsbegehren bezeichnen. Mit unserer ganz konventionellen Deutung der Gestalt Christi als des Sohnes, der sich opfert, entfernen wir uns zugegebenermaßen wieder von Girard, der in seinen späteren Schriften den Opfercharakter der Kreuzigung gerade zu bestreiten sucht.[8] Wenn jedoch Christus das Opfer freiwillig auf sich nimmt, es sogar wünscht, dann muß sich das Kreuzigungsbegehren des Meisters in letzter Konsequenz auf den Jünger übertragen, der ihm nachfolgt und sein Begehren nachahmt. Allerdings schließt die zeitliche Struktur des mimetischen Begehrens aus, daß der Jünger sein eigenes Opfer – in identischer Wiederholung – an die Stelle des vorgängig vom Meister erbrachten Opfers setzt. Vielmehr muß der begehrende Jünger einen Weg suchen, wie er selbst das Kreuzesopfer des Meisters statt durch differenzlose Identifikation durch nachträgliche Mimesis an sich verwirklichen kann – aus der Distanz der Nachfolge heraus.

Ein mögliches Mißverständnis gilt es abzuwehren: Das Selbstopfer des Meisters und das mimetische Opferungsbegehren des Jüngers sind nicht einfacher Ausdruck einer verhängnisvollen sadomasochistischen Verstrickung; sie sind vielmehr notwendigerweise ein *effectus absentiae*. In ihnen gestaltet sich eine maßlos begehrende und sich verzehrende Liebe zum unerreichbaren, weil abwesenden Geliebten – des Meisters zum Vater, aber auch des Jüngers zum Meister und durch diesen hindurch zum Vater. Wenn die Liebenden in der erotischen Vereinigung, wie Bataille meint, sich einander hinopfern, dann ist eine solche Reziprozität des Opfers dort nicht mehr möglich, wo einer der Partner körperlich nicht zugegen ist. In einem solchen Fall bleibt dem Anderen nurmehr der Vollzug des Selbstopfers in Ermangelung des abwesenden Geliebten. Das Opfer seiner selbst wird damit zur Spur der höchsten Vereinigung mit dem Geliebten – und zwar in dessen Absenz.

Das christliche Opferungsbegehren wendet sich an einen geliebten, aber abwesenden Adressaten. Es bringt ihm den eigenen Leib als eine Gabe dar und hofft, daß diese angenommen wird. Über die reine Annahme des Opfers hinaus wird eine Gegengabe nicht erwartet. Sowohl das Opfer Christi als auch das Opfer des Jüngers ist in diesem Sinn ganz nutzlose Gabe, Potlatsch, Geschenk, das sich allein einer Logik des maßlosen Begehrens, der vollkommenen Verschwendung und der überfließenden Liebe verschrieben hat und das somit jegliche Ökonomie eines nutzbringenden Gabentausches weit hinter sich läßt: *admirabile commercium*.

Eine weitere Besonderheit kennzeichnet das christliche Opferungsbegehren. Das nachgeahmte Modell, auf das der Jünger sein Liebesbegehren richtet, der gekreuzigte Leib Christi selbst, ist nicht zugegen, sondern unwiderruflich abwe-

---

7 „Meus cibus est ut faciam voluntatem eius qui misit me." (Ioannes 4,34.)
8 Cf. id.: *Des choses cachées*, pp. 266-273; 324-340 et passim. Gerade dieser Aspekt von Girards Theorie hat zum Teil scharfe Kritik hervorgerufen. Cf. Lucien Scubla: «Le christianisme de René Girard et la nature de la religion», in: *Violence et Vérité. Autour de René Girard*, Colloque de Cerisy, ed. Michel Dumouchel, Paris: Bernard Grasset 1985, pp. 242-257.

send. Michel de Certeau hat auf das konstitutive Fehlen des Körpers innerhalb der christlichen Religion hingewiesen:

> En effet le christianisme s'est institué sur *la perte d'un corps* – perte du corps de Jésus, doublée par la perte du «corps» d'Israël, d'une «nation» et de sa généalogie. Disparition fondatrice en effet. Elle spécifie l'expérience chrétienne par rapport à l'assurance qui tient le peuple juif ancré dans sa réalité biologique et sociale, donc à un corps présent, distinct et localisé, séparé d'entre les autres par l'élection, blessé par l'histoire et gravé par les Ecritures. La parole chrétienne ne prend forme «catholique» (universelle) et «pentecostale» (spirituelle) qu'au titre du détachement qui la sépare de son origine ethnique et d'une hérédité. Dans la tradition juive, le Texte ne cesse d'écrire, corriger et déplacer un corps vivant, qui est son autre, le corps du peuple ou de ses membres. [...] Dans la tradition chrétienne, une privation initiale de corps ne cesse de susciter des institutions et des discours qui sont les effets et les substituts de cette absence: corps ecclésiastiques, corps doctrinaux, etc. Comment «faire corps» à partir de la parole? Cette question ramène celle, inoubliable, d'un deuil impossible: «Où es-tu?»[9]

In der Trauer um Jesu entzogenen Leichnam und um die verlorene Leiblichkeit erkennt Certeau nicht nur die Grundlage der christlichen Religion allgemein, sondern insbesondere auch das Schibboleth, wodurch sie sich wesentlich von ihrer jüdischen Wurzel unterscheide. Man wird aus dieser Perspektive die auffallend blutige Rhetorik der kirchlichen Liturgie als das unverkennbare Symptom einer unabschließbaren Trauerarbeit aufzufassen haben, welche das Christentum angesichts des erlittenen Körperverlusts leistet. Vornehmlich die Sakramente vergegenwärtigen und verkörpern den abwesenden Leib Christi, als dessen (mystisches) Supplement sich die Kirche in ihrer Liturgie versteht:

> La parole «évangélique», née de cette disparition, doit prendre elle-même en charge la production de corps ecclésiaux, doctrinaux ou «glorieux», destinés à être les substituts du corps manquant. La parole même devient ce qui fait 'sacrement' a la place du corps.[10]

Wenn wir allerdings das lacanistische Konzept des *corps manquant* bei Certeau mit dem Opfergedanken bei Bataille verknüpfen, dann wird ein zusätzlicher Gesichtspunkt klar: Der verschollene Leichnam, dessen Anwesenheit die Liturgie erinnert, dessen Wiederkehr sie erwartet und den sie in seiner Abwesenheit vergegenwärtigt, ist ein blutig geschlachteter Opferleib, der an seinem Fleisch sowohl die Wundmale der eigenen Opferung trägt als auch die Spuren jenes jüdischen Opferkults, als dessen Bezwingerin sich die christliche Kirche voreilig mißverstanden hat. Aber gerade im geopferten, entzogenen und phantasmatisch vergegenwärtigten Leib und Blut Christi lebt das überlieferte und vorgeblich überlebte Ritual auf eine eigenartige Weise fort: Es bildet das jüdische Herzstück der christlichen Religion.

---

9 Certeau: *La fable mystique*, pp. 109 sq.
10 Id.: «Lacan: une éthique de la parole» (1982), in: *Histoire et Psychanalyse entre science et fiction*, Paris: Gallimard 1987 (pp. 168-196), p. 189.

Trotz oder vielleicht gerade wegen seiner unwiderruflichen Anteriorität in der Zeit und seiner Abwesenheit im Raum begründet der gekreuzigte Opferleib Christi nicht etwa die Abschaffung des Opfers schlechthin, wie Girard nicht ohne Naivität meint, sondern der Opferleib gerät gerade umgekehrt zu einem mimetischen Dispositiv, das unentwegt das liebende Begehren der Jüngergemeinde entfacht und stetig neue Nachahmungen ermöglicht, die das Vorbild nicht ersetzen können, nicht nur weil die zeitliche und auch räumliche Distanz zwischen dem vorgängigen Opfer des Meisters und dem Opferungsbegehren des Jüngers unaufhebbar bleibt, sondern insofern der Opferleib des Meisters selbst endlich und damit notwendigerweise unvollständig ist: „et adimpleo ea quae desunt passionum Christi / in carne mea pro corpore eius",[11] hat es ja an der oben zitierten Stelle des Kolosserbriefs geheißen. Folgerichtig vollzieht auch das mimetische Begehren keineswegs ein neuerliches Kreuzesopfer, sondern es erschafft nachahmende Ersatzbildungen oder Supplemente des Kreuzesopfers. Sie treten an die Stelle des vorgängig geschlachteten und entzogenen Opferleibs Christi und ersetzen diesen in seiner Abwesenheit am anwesenden Leib des Jüngers: Eine unabschließbare Kette supplementärer Opferungen wird somit in Gang gesetzt, die allesamt auf das Selbstopfer Christi am Kreuz verweisen und den geliebten Opferleib nachträglich im Modus der Uneigentlichkeit nachahmen.

Es ist hier nicht der Ort, nach dem theologischen Stellenwert einer supplementären Vergegenwärtigung des Leibes und einer supplementären Opferung, sei es in der Liturgie oder außerhalb, zu fragen oder gar das zwischen den Konfessionen kontrovers diskutierte Thema zu erörtern, wie sich das nachahmende Opfer der Kirche (die Eucharistie) oder des Jüngers (die Nachfolge) zum einmaligen Kreuzesopfer Christi genauerhin verhalte. Die diesbezüglichen Standpunkte erweisen sich ohnehin als weniger gegensätzlich, sobald man sich des grundlegend supplementären Charakters einer jeden Vergegenwärtigung und einer jeden Opferhandlung bewußt ist, die im Zeichen der Nachträglichkeit und des Anderswo zum ohnehin endlichen Kreuzesopfer Christi noch hinzukommt. Ein anderer wichtiger Gesichtspunkt muß allerdings in unserem Zusammenhang hervorgehoben werden: Die Geschichte der Christenheit selbst läßt sich über lange Strecken als Abfolge bestimmter Paradigmen verstehen, die jeweils durch einen vorherrschenden Typus des supplementären Opfers und ein ihm korrespondierendes Modell der Körperlichkeit charakterisiert sind. Ohne Anspruch auf Vollständigkeit oder strenge Systematik seien wenigstens vier dieser Paradigmen kurz benannt, die für den Westen von herausragender Bedeutung waren:

1. *Martyrium:* Besonders in der frühen Christenheit erweist sich das Martyrium als ein grundlegendes Modell der Nachfolge. Seine somatische Grundlage ist der grausam gefolterte, blutende oder verblutende, mitunter sogar zerstückelte Körper. In seinem Leiden, das schließlich in die Hinrichtung mündet, vollzieht der gemarterte Jünger das Kreuzesopfer Christi nach. Bezeichnender-

---

11 Epistola ad Colossenses 1,24.

weise imitieren gerade die gekreuzigten Märtyrer den Tod Christi nur unvollkommen. Gemäß der Überlieferung wird Petrus mit dem Kopf nach unten, Andreas in Schrägstellung gekreuzigt – in Ersetzung und Abweichung von der aufrechten Haltung Christi. Im Fall der Eulalia wird anstelle des männlichen Körpers des Meisters ein weiblicher Leib ans Kreuz geschlagen. Deutlich bekundet sich in der Distanz dieser Bilder zum Vorbild der supplementäre Charakter des Martyriums. Er haftet auch noch den Gräbern und Gebeinen der Blutzeugen an, verweist doch deren sichtbare Präsenz ex negativo auf das leere Grab und den entzogenen Leichnam Christi.

2. *Ascesis:* Vor allem nach der Konstantinischen Wende gewinnen ascetische, anachoretische und monastische Bewegungen eine große Bedeutung. Die Asceten sterben nicht den Martertod, sondern sie setzen sich statt dessen einem erbitterten Kampf mit den Dämonen und den Lastern aus. Sie töten ihre eigenen fleischlichen Begierden ab. Eine berühmte Formulierung besagt sogar, daß das Liebesbegehren des Jüngers ans Kreuz geschlagen wird. Die somatische Grundlage der Ascese ist vorzugsweise entweder der männliche Soldaten- oder der weibliche Jungfrauenleib: Während der *miles Christi* erbittert gegen die Begierden, die seinen Körper zu verzehren drohen, ankämpft und sie in Schach hält, erstrebt die Jungfrau die geistliche Hochzeit mit Christus, auf den sie ihr Begehren ganz ausrichtet und dem sie sich in vollkommener Liebe hinzugeben wünscht. Die Ascese wird dabei sowohl als Imitation des Kreuzesopfers wie auch als ein Ersatz des Martyriums aufgefaßt, das nach dem Toleranzedikt von Mailand seine Notwendigkeit verloren hat.

3. *Impressio stigmatum:* Mit der Gestalt des Franz von Assisi tritt ab dem 13. Jahrhundert der stigmatisierte Körper in Erscheinung. In einem Zustand der mystischen Entrückung schaut der Jünger einen Seraph, und es werden ihm die Wundmale Christi aufgeprägt, die an seinem Körper haften bleiben. Voraussetzung hierfür ist ein tief empfundenes Liebesbegehren des Jüngers nach dem Meister, das schließlich den körperlichen Habitus des begehrenden Subjekts erfaßt und ihm eine dauerhafte Nachahmung von Christi Kreuzesleiden ermöglicht. Die Stigmatisierung selbst wird von den Zeitgenossen als Ausdruck der Liebeseinung mit dem Geliebten interpretiert.

4. *Transverberatio:* Teresa von Avila prägt das Bild der Transverberation oder Durchbohrung. In eine mystische Vision versetzt, fühlt die Jüngerin, wie ihr Herz von der feurigen Lanze eines Engels durchbohrt wird. Die Transverberation wird als eine geistig wie körperlich ungeheuer aufwühlende innere Erfahrung geschildert, die allerdings keine äußerlichen Spuren am Körper hinterläßt. Offensichtlich ist der mimetische Zusammenhang der Transverberation der Jüngerin mit der Durchbohrung Christi am Kreuz durch den Speer des Soldaten einerseits, mit dem von einem Schwert durchbohrten Herzen der Gottesmutter andererseits. Die Engelserscheinung knüpft darüber hinaus an die bekannte Ikonographie der Stigmatisierung des Franziskus an.

Das Gemeinsame dieser vier Paradigmen christlicher Körperlichkeit besteht darin, daß dem Leib ein erotisches Verlangen zugebilligt wird, welches als ein liebendes Opferungsbegehren codiert ist. Das ascetische Subjekt des Christentums ist also, wie Michel Foucault in seinen Ausführungen zur Archäologie der altkirchlichen Sexualität zu Recht bemerkt hat, begehrendes Subjekt oder *vir desideriorum* – freilich in einem geschlechterübergreifenden Sinn.[12] Die Einübung solcher Körpermodelle erfolgt zweifellos über jene Diskurse, die Foucault in seinen Spätschriften als Manifestationen der Selbsttechnik (*technique de soi*), der Ästhetik der Existenz (*esthétique de l'existence*) oder gar der Lebenskunst (τέχνη τοῦ βίου) charakterisiert hat.[13] Das Subjekt setzt sich in ein Verhältnis zu sich selbst und konstituiert sich damit erst als Subjekt. Während manche ascetische Praktiken das Begehren auszutreiben suchen, zielt die hier beschriebene Variante der christlichen Selbsttechnik grundsätzlich in die entgegengesetzte Richtung: Die Ascese ist nicht platte Verneinung des erotischen Begehrens, sondern bestenfalls dessen zeitweilige Einklammerung und allmähliche Läuterung, ja sogar Steigerung durch die maßlose Liebe zum abwesenden Geliebten.[14]

Im Verlauf des ascetischen Weges wird das Begehren von allen sinnlich-körperlichen Objekten abgezogen und auf das geistige Wesen Gottes hin umgepolt, dem sich das liebende Subjekt als Opfer darbringt. Angesichts der Abwesenheit des Geliebten treten die Symptome dieser erotischen Selbstopferung freilich nirgendwo sonst als am hingegebenen Körper selbst zutage: Das Subjekt verzichtet auf die Stillung seiner sinnlichen und erotischen Leidenschaften, und aus Liebe zum unerreichbaren Gott richtet es sich in seiner unbefriedigten Leiblichkeit auf diesen hin aus. So erweist sich der begehrende Körper nicht mehr als Hindernis, sondern als Bedingung der Möglichkeit einer gleichsam asymptotischen Annäherung an die Gottheit: Er gerät zum metonymischen Zeichen ihrer fernen Nähe, ja durch ihn hindurch scheint unerwartet das Heilige in und trotz seiner Abwesenheit auf. Der Leib selbst wird sozusagen hierophan.

Mittlerweile haben wir ein Bild der christlichen Religion gewonnen, das durch die Merkmale der erotisch-mimetischen Nachfolge und des supplementären Opferungsbegehrens bestimmt ist. Das leere Zentrum der christlichen Imagination ist, wie wir gesehen haben, der entzogene Leib Christi, dessen Liebesbegehren nach dem Vater sich auf die Jüngergemeinde übertragen hat, so daß sie das göttliche Selbstopfer auf supplementäre Weise nachahmt und den abhandenen Opferleib vergegenwärtigt. Unabhängig davon, ob die Riten der Nachahmung innerhalb oder außerhalb der Liturgie stattfinden, sind sie in beiden Fällen auf den

---

12 Cf. Foucault: «Le combat de la chasteté» (*Communications* 35 [1982], 15-25), in: Id.: *Dits et écrits*, edd. Daniel Defert, François Ewald, Paris: Gallimard 1994, vol. IV, § 312, pp. 295-308.

13 Cf. Foucault: *L'Usage des plaisirs*, pp. 9-19.

14 Die einflußreiche Unterscheidung zwischen einem außerchristlichen Eros und einer angeblich spezifisch christlichen Agape, wie sie vom schwedischen Theologen Anders Nygren nachgezeichnet worden ist, verliert hier ihren Sinn. Die Gottesliebe des Asceten trägt nämlich selbst die unverkennbaren Züge des erotischen Begehrens. Cf. Anders Nygren: *Eros und Agape*, transt. Irmgard Nygren (1930), Berlin: Evangelische Verlagsanstalt 1955.

grundlegenden Mangel der christlichen Religion bezogen, nämlich auf die Abwesenheit des geliebten, sichtbar blutenden Leibs Christi. Er wird stets durch ein *corpus vicarium* vertreten, sei dies die Materie eines Sakraments oder auch der gemarterte, mortifizierte, stigmatisierte, transverberierte Leib eines Jüngers respektive einer Jüngerin. Aus all dem ließe sich möglicherweise folgern, daß ein dem Christentum eigentümlicher Umgang mit dem Körper darin besteht, Körperlichkeit insgesamt im Modus des Supplements wahrzunehmen und zu modellieren.

Der christliche Körper wäre unter diesem Gesichtspunkt wesentlich ein erotisch begehrender Opferleib, der zum Supplement des gekreuzigten Leibs Christi bestimmt ist. Zu untersuchen wäre, inwiefern einzelne historische Paradigmen christlicher Körpermodellierung auf das Grundmuster eines supplementären Kreuzesopfers zurückbezogen werden können oder nicht. Wo ein solcher Rückbezug nicht möglich ist, weil sich keine supplementäre Verschränkung von Leib, Liebesbegehren und Kreuzesopfer beobachten läßt, erhebt sich allerdings die Frage, welchen Erkenntniswert die Rede von einer christlichen Körpermodellierung überhaupt noch beinhalten kann. Umgekehrt ist festzustellen, daß gerade in jenen Körperbildern, welche die mystische Rede hervorbringt, der liebend begehrende Opferleib überaus häufig im Mittelpunkt steht. Mystische Dichtung könnte somit in einem sehr allgemeinen Sinn bestimmt werden als die sprachliche Inszenierung eines supplementären Opferleibs.

1.6. MYSTISCHES SCHREIBEN
ALS ÜBERSCHREIBEN

Unser Versuch der Konstruktion eines Horizonts für die mystische Dichtung des Johannes vom Kreuz ist unter der Hand zu einer fragmentarischen Archäologie christlicher Religion geraten. Dabei wurden historische Figurationen des Supplementären sichtbar, die sich im Begriff der poetischen Allegorie und des areopagitischen Symbols einerseits, in den Kategorien des perversen Exzesses, der Opferung und des begehrenden Opferleibs andererseits kristallisierten. Wenn nunmehr das mystische Schreiben des Johannes vom Kreuz in einem solchen Kontext erörtert werden soll, dann stellt sich die Frage, wie es sich grundsätzlich zu diesen Vorgaben verhält – *affirmative an negative*. Wird die Dichtung den christlichen Horizont, aus dem sie hervorgeht und in dem sie steht, reflektieren oder aber sprengen? Ist sie als eine dezidiert geistliche Dichtung letztlich noch mit den Ansprüchen der kirchlichen Orthodoxie vereinbar, oder erweist sie sich umgekehrt als heterodox, wenn nicht gar häretisch?

Das Problem des Verhältnisses von mystischer Literatur und diskursiver Theologie bedarf, wie uns scheint, einer systematischen Erörterung. Darum liegt es nahe, bei unseren Überlegungen anzuschließen an Rainer Warnings paradigmatische Studie über einen thematisch verwandten, aber zeitlich entfernten Gegenstand – und zwar das geistliche Spiel des Mittelalters.[1] Wie eng sich archaisches Opferritual und christliche Religiosität über lange historische Wegstrecken hinweg miteinander berührt haben und wie spannungsreich doch ihr Verhältnis war, wird dort eindringlich herausgearbeitet. Insbesondere am Beispiel der Passionsspiele kann Warning nachweisen, daß die Kreuzigung Christi in vielen Fällen zu einem archaisch grausamen Sündenbockritual umgedeutet und als solches genüßlich ausgespielt wurde.[2] Die Passionsspiele arteten damit in eine geradezu identische Wiederholung des Kreuzesopfers aus und traten vor allem im Spätmittelalter in eine deutliche Konkurrenz zur christlich einzig legitimen Opfervergegenwärtigung innerhalb der Meßliturgie. Begierig griff man hierbei die einschlägigen Vorgaben der patristischen Exegese und der mystischen Visionsliteratur auf.[3]

Warnings Interpretation betont zu Recht die Gegenstrebigkeit zwischen der offiziellen Schultheologie einerseits und der drastischen Grausamkeit des rituellen Spiels (oder auch der mystischen Literatur, sofern sie motivliche Vorlagen für die Spiele bereitstellte) andererseits. Im Verhältnis zur scholastischen, ja sogar

---

1 Cf. Rainer Warning: *Funktion und Struktur. Die Ambivalenzen des geistlichen Spiels*, München: Wilhelm Fink 1974.
2 Cf. ibid. pp. 184-243.
3 Cf. ibid. pp. 213-218, impr. 213.

nominalistischen Theologie der Epoche steht das geistliche Spiel (ebenso wie auch die mystische Rede) immer schon am Rande, wenn nicht jenseits der Grenze der Orthodoxie. Während die Theologie und die Liturgie – in offensichtlicher Überanstrengung des Begriffs – das christliche Kerygma zu verkünden suchen, zu dessen Wesen seine Unanschaubarkeit gehört, regrediert das geistliche Spiel schnell wieder in den Bereich einer geschichtslosen, archetypischen Mythologie.[4] Das geistliche Spiel ist darum – so Warnings provozierende Pointe – nicht nur und nicht einmal in erster Linie die beflissen didaktische Veranschaulichung christlicher Heilsgeheimnisse, sondern immer schon deren Anderes: Das geistliche Spiel erweist sich in diesem Sinne als eine höchst ambivalente Veranstaltung, denn es bringt unter dem Deckmantel der christlichen Verkündigung gerade das auf die Bühne, was die offizielle Theologie auszugrenzen sucht. Nicht zuletzt deswegen sei es nach der Reformation und dem Tridentinischen Konzil weitgehend abgeschafft worden.

Warning gelangt zum vorderhand überraschenden Ergebnis seiner scharfsinnigen Analyse nicht zuletzt deswegen, weil er im hermeneutischen Horizont der dialektischen Theologie argumentiert und sich damit auf eine starke Lesart des Christentums zu stützen vermag, die insbesondere auf die protestantische Theologie unseres Jahrhunderts eine ungeheure Faszination ausübte.[5] Deutlich bekundet sich die Nähe zur dialektischen Theologie am für die Beweisführung zentralen Begriff des Kerygmas, an dessen Entwicklung Rudolf Bultmann bekanntlich maßgeblichen Anteil genommen hat und den Warning in origineller Weise dem archetypischen Mythos als seinen genuin christlichen Widerpart gegenüberstellt.[6] Stark verkürzt ließe sich sagen: Für die dialektische Theologie besteht das Wesen des Christentums im reinen Kerygma, das „Jesus Christus, den Gekreuzigten und Auferstandenen, als Gottes eschatologische Heilstat verkündigt",[7] und in der Annahme dieser transzendenten Glaubenswahrheit durch den Menschen. Diesem Kerygma, das an ihn ergangen ist, muß sich der Mensch im Glaubensgehorsam bedingungslos unterwerfen, da er von sich aus nicht über die Möglichkeit eines natürlichen Zugangs zur Heilsoffenbarung verfügt. Vielmehr trifft das Kerygma den Menschen gerade abseits aller anthropologischen Vermittlung und Plausibilität. Es steht demzufolge in einem denkbar schroffen Gegensatz nicht nur zum historischen und lebensweltlichen Erfahrungswissen (die Gestalt des historischen Jesus läßt sich nicht rekonstruieren, statt dessen muß der kerygmatische Christus im Glauben bekannt werden), sondern gerade auch zu einer unveräußerlichen

---

4 Zur Unanschaubarkeit cf. ibid. pp. 26 sq. Warning folgt zudem der philosophischen Anthropologie von Arnold Gehlen: *Urmensch und Spätkultur*, 2. Auflage, Frankfurt am Main: 1964. Cf. Warning: *Funktion und Struktur*, pp. 27, 76 sq., 217.
5 Cf. Winfried Härle: Art. „Dialektische Theologie", in: *Theologische Realenzyklopädie*, vol. VIII, Berlin; New York: Walter de Gruyter 1981, pp. 683-696.
6 Cf. Walter Schmithals: Art. „Bultmann, Rudolf", in: *Theologische Realenzyklopädie*, vol. VII, Berlin; New York: Walter de Gruyter 1981, pp. 387-396; zum Kerygma im besonderen cf. ibid. pp. 391 sq.
7 Rudolf Bultmann, *Theologie des Neuen Testaments* (1948-1953), ed. Otto Merk, 7., durchgesehene, erweiterte Auflage, Tübingen: Mohr 1977, p. 2.

natura humana, die der Mythos und der Ritus der Religionen immer schon voraussetzen (das biblische Gotteswort darf vom Menschen gerade nicht mythologisch, sondern nur existential verstanden werden).

Aus der Sicht dialektischer Theologie hat der christliche Glaube für historische Empirie und ihre narrative Vermittlung, für mythische Figurationen oder gar für Opferleistungen von seiten des Menschen, wie sie aus den anderen Religionen bekannt sind, letztlich keinen Platz mehr. Jedes Ausspielen der christlichen Heilsgeschichte im Ritus ist ein „Zurückspielen" in den archetypischen Mythos und damit eine Abkehr vom unanschaulichen Kerygma.[8] Jede Austragung eines Opferrituals bedeutet *eo ipso* die Leugnung der alleinigen Heilswirksamkeit des ein für allemal erbrachten Kreuzesopfers Jesu Christi und mithin ein Rezidiv ins Heidentum. Wo das anthropologisch verwurzelte Bedürfnis nach Anschaubarkeit, Mythisierung oder Ritualisierung dennoch zutage tritt, da ist es tendenziell immer schon sündhaft und widerchristlich oder zumindest latent häretisch.

Selbst wenn man die radikale Auffassung der dialektischen Theologie nicht bis zu ihren extremen Konsequenzen mitvollziehen will, legen es Warnings Ausführungen zunächst einmal nahe, für die mystische Literatur grundsätzlich ähnliche Verhältnisse zu postulieren, wie er sie für das geistliche Spiel aufgezeigt hat. Denn auch die mystische Rede steht in einem unleugbaren Spannungsverhältnis zu den Denkmustern der eingebürgerten Schultheologie, und gerade die Tatsache, daß zahlreiche Vertreter der mystischen Tradition über die Jahrhunderte hinweg immer wieder von den zuständigen kirchlichen Instanzen als Häretiker verdächtigt oder gar verurteilt wurden, muß als Indiz einer tiefgehenden Antinomie der beiden Bereiche gewertet werden.

Sosehr freilich die von Warning erhobenen Befunde der Eigenart der geistlichen Spiele und der Struktur ihres mittelalterlichen Publikums gerecht werden, wo theologisches Schulwissen und rituelle Drastik der theatralischen Effekte letztlich nicht mehr miteinander zu vermitteln sind, sowenig läßt sich seine Deutung auf den Texttypus der mystischen Literatur einfach extrapolieren. Den mystischen Autoren und – wie die feministische Forschung ergeben hat – auch den Autorinnen wird man in der Regel einen weit höheren Grad an theologischer Bildung und Reflexion zugestehen, als man ihn von den oft anonymen Verfassern der geistlichen Spiele erwarten darf, die offensichtlich immer wieder in die Häresie abdrifteten.[9]

So erscheint es gerechtfertigt, im Fall der mystischen Literatur den Bezug zur dialektischen Theologie und damit die starke Lesart des Christentums überhaupt zugunsten einer schwachen Lesart aufzugeben. Die Beziehung zwischen Kerygma und Mythos braucht dann nicht mehr nach Maßgabe der dialektischen Theolo-

---

8 Cf. Warning: *Funktion und Struktur,* pp. 30 sq.

9 Die Spiele erweisen sich als „Produkt jenes niederen Klerus, dem seine Autoren zumeist entstammten und der den dogmatischen Ansprüchen der Universitätstheologie sehr viel ferner stand als der eher mythischen Religiosität seiner bürgerlichen Auftraggeber" (ibid. p. 236).

gie im Sinne einer strengen und an sich unversöhnlichen Opposition aufgefaßt
zu werden, sondern sie kann als eine unvollkommene Überschreibung verstanden
werden, welche zwei Terme übereinander stehen läßt. Die mythisch-archety-
pische Markierung des hinzutretenden Terms – beispielsweise das Ausagieren des
Ritus oder die Repristination des Opfers – bedeutet darum weniger die Tilgung
des vorgängigen Terms, nämlich des orthodoxen Kerygmas, sondern eher dessen
nachträgliche Umdeutung und Ergänzung nach Art des *bricolage*. Die Operation
der Überschreibung selbst ist hierbei als *récriture* eines vorausliegenden Textes zu
verstehen, der nach Gérard Genette als autoritative Vorgabe oder Hypotext angenommen, aber zugleich im Akt des Neuschreibens nachhaltig verändert wird, so
dass sich der entstehende Hypertext nicht nur durch seine Ähnlichkeit mit dem
Hypotext, sondern gerade auch durch seine Differenz auszeichnet.[10]
    Die schwache Lesart des Christentums scheint uns auch deshalb angemessen,
weil man dem anthropologischen Interesse am Leib und dem dekonstruktiven
Duktus des mystischen Denkens schwerlich mit den oppositiven, weithin körperlosen Kategorien der dialektischen Theologie wird beikommen können. Gerade
das Verhältnis zwischen der Unanschaubarkeit des Kerygmas und der Anschaulichkeit des Mythos oder der Erzählung, zwischen Geist und Körper, zwischen
dem Kreuzesopfer Jesu Christi und seiner rituellen Vergegenwärtigung in oder
auch außerhalb der Eucharistie wird bei den mystischen Autoren kaum als eine
einsinnige Oppositionsbeziehung modelliert oder im Sinne eines Entweder-oder
entschieden, sondern es wird als ein komplexes Bedingungsgefüge in Szene gesetzt. Zwar arbeitet die mystische Literatur sehr häufig gerade jene Aspekte der
Glaubenslehre heraus, die im schultheologischen Pensum eher ausgegrenzt bleiben, aber sie setzt diese selten einfach gegen die Orthodoxie ins Recht, sondern
sie macht sich eher daran, den orthodoxen Diskurs so wiederzulesen und zu
überschreiben, daß von nun an heterogene Elemente in diesen Text Eingang finden können.
    Wenn wir uns einer schwachen Lesart des Christentums befleißigen, gilt es
letzten Endes, den logozentrisch geprägten Begriff des Kerygmas überhaupt zu
entsubstantialisieren und damit die starke Opposition zwischen kerygmatischer
Wahrheitsrede und mythischer Häresie zu dekonstruieren. Nicht von ungefähr
charakterisiert Bultmann das Kerygma als die *viva vox evangelii*.[11] Er konzipiert
also das Kerygma nach dem Modell der selbstgegenwärtigen Stimme, um es vielleicht gerade so nicht nur vor den Fährnissen der Schriftlichkeit, sondern der
Sprachlichkeit überhaupt zu bewahren. Das Kerygma wäre demzufolge reine,
körperlose Selbstgegenwart, die bezeichnenderweise von der Materialität der Heiligen Schriften und von deren Sinneffekten gänzlich unberührt bliebe.[12] Entscheidet man sich hingegen für die Dekonstruktion, dann müßte dem Kerygma ein

---

10 Cf. Gérard Genette: *Palimpsestes. La littérature au second degré*, Paris: Seuil 1982.
11 Cf. Bultmann, cit. apud Schmithals, loc. cit. p. 392.
12 Zur Selbstgegenwart der Stimme als dem Ausdruck des Logozentrismus cf. Jacques Derrida: *La
    Voix et le Phénomène* (1967), 4ᵉ édition, Paris: Presses Universitaires de France 1983.

Sprachkörper ebenso zuerkannt werden wie den mit ihm konkurrierenden my-thischen Erzählungen. Entscheidet man sich weiterhin für die Entsub-stantialisierung, dann müßte das Kerygma wieder als ein einfacher Text, als eine vorläufige Lesart der Tradition genommen werden, die insofern unautorisiert ist, als ihr Sinn – auch nachträglich – durch andere, neu hinzukommende Lesarten umgedeutet, modifiziert oder ergänzt werden kann.

Dem Willen zur Wahrheit des Kerygmas steht in Gestalt der mystischen Lite-ratur nicht eine kritische Gegenrede gegenüber, sondern die mystische Rede konstituiert sich allererst als prinzipiell unabschließbare Neulektüre, Reinterpre-tation und Überschreibung eines Textes, den sie aus der Tradition bezogen hat und von dem sich zumindest nachträglich erweist, daß er angesichts der wesentli-chen Unvollständigkeit seines Sinns Kerygma im emphatischen Verständnis niemals gewesen ist.[13] Nur vor dem Hintergrund dieser unablässigen Überschrei-bungs- und Umschreibungsarbeit der Tradition ist es zu erklären, daß die mysti-sche Rede von der Schultheologie je nach Fall verurteilt oder assimiliert wurde. Denn die mystische Rede löscht die Semantik des traditionellen Textes nicht einfach aus, sondern setzt sie in der Regel voraus. Aber im Akt des Überschrei-bens verschiebt sie die überkommenen Inhalte und trägt sie in einen neuartigen Rahmen ein, situiert sie in einer anderen *scène de l'énonciation*. Die bislang aus-geblendeten Voraussetzungen oder Folgerungen der Tradition werden dabei aus einem anderen Blickwinkel ins Auge gefaßt, und sie treten so in ein neues Licht.

Die hier angestrebte Lesung des mystischen Sprachspiels mag manche Leser überraschen. Spätestens seit Henri Bergson ist es in vielen einschlägigen Studien zur gängigen Münze geworden, die mystische Rede als den konsequenten – ja ge-radezu notwendigen – Kontrapost eines in sich geschlossenen theologischen Sy-stems zu verstehen, das sich durch eine strenge Orthodoxie zu definieren sucht.[14] Wie Dynamik und Statik, wie Intuition und Mechanik werden demzufolge auch mystische Heterodoxie und rechtgläubige Dogmatik als Oppositionen gewertet, die einander zwangsläufig ausschließen. Wenngleich diese eingebürgerte Deu-tung wichtige Aspekte des mystischen Sprachspiels treffen mag, hat sie gleich-wohl einen unvertretbar hohen Preis zu entrichten: Der dogmatische und theo-logische Horizont, vor dem die mystische Rede so schmeichelhaft porträtiert wird, muß dann nämlich in einer Holzschnittartigkeit gezeichnet werden, die der Vielfalt der ihn konstituierenden Texte nicht gerecht werden kann und zudem

---

13 Jeder Akt der Überschreibung (*récriture*) impliziert einen vorgängigen Akt der Neulektüre (*relecture*) des zu überschreibenden und schon früher von anderen gelesenen Textes. Zur Diffe-renz zwischen dem überschriebenen und dem überschreibenden Text sowie zum agonalen Ver-hältnis zwischen überschriebener Autorität und überschreibendem Autor beziehungsweise zwi-schen herkömmlicher und neuartiger Lektüre cf. Harold Bloom: *The Anxiety of Influence. A Theory of Poetry*, Oxford: University Press 1973; id.: *A Map of Misreading*, Oxford: University Press 1975.

14 Cf. Henri Bergson: *Les Deux Sources de la morale et de la religion* (1932), 64ᵉ édition, Paris: Pres-ses Universitaires de France 1951.

die wechselseitige historische Durchdringung des mystischen mit dem theologischen Sprachspiel vernachlässigen muß.

Wir haben uns in den vorausgehenden Kapiteln zu einem umgekehrten Vorgehen entschlossen: Aufgezeigt und rekonstruiert werden sollte schwerpunktmäßig gerade jener Strang der theologischen Tradition, innerhalb dessen sich die mystische Rede wie ein Fisch im Wasser bewegt. Unsere Konstruktion eines Horizonts wie auch unsere Lesung der mystischen Rede impliziert darum notwendigerweise eine stillschweigende Archäologie der christlichen Tradition. Inwieweit allerdings der hierbei sichtbar gemachte Traditionsstrang für das Christentum insgesamt repräsentativ oder marginal ist, ob er von der theologischen Reflexion einzuholen oder doch eher als heterodox einzustufen wäre, ist eine Frage, die mit der Anlage dieser Untersuchung unvermeidlich gestellt, deren Antwort aber außerhalb ihrer Grenzen zu suchen ist. Wenn jedenfalls die mystische Rede, wie oft vermutet wurde, der Stachel im Fleisch der christlichen Theologie ist, dann kaum deswegen, weil sie einfach mit der Orthodoxie bräche oder sich offen der Häresie verschriebe, sondern weil sie sich einen völlig neuen Standpunkt erschafft, der jenseits von Häresie und Orthodoxie liegt. Einer Theologie, die ihr Geschick mit der Distinktion von Orthodoxie und Häresie verknüpft, gibt die mystische Rede in der Tat zu denken – nämlich, daß die Frage nach Orthodoxie oder Häresie, der sich jene Theologie erst verdankt, von Anfang an falsch gestellt sein könnte.

II
DIE *NOCHE OSCURA* ALS ALLEGORIE DES LIEBESOPFERS

2.1. ELEMENTE EINER POETIK
DES BUCHSTABENS

Biographische Daten

Juan de Yepes y Alvarez (so der weltliche Name unseres Dichters) wird 1542 als drittes Kind seiner Eltern in Fontiveros bei Arévalo in der altkastilischen Provinz Avila geboren.[1] Er entstammt einer Familie, die nach dem vorzeitigen Tod des Vaters in bittere Armut gerät. Der Vater Gonzalo de Yepes, an sich Sohn einer toledanischen Adelsfamilie, war mit Catalina Alvarez eine nicht standesgemäße Ehe eingegangen und darum enterbt worden. Der kleine Juan verlebt eine entbehrungsreiche Kindheit. Die Mutter muß als Weberin für den Lebensunterhalt aufkommen. Der mittlere der drei Brüder stirbt, vielleicht an Unterernährung. Dennoch kann Juan an der Jesuitenschule von Medina del Campo studieren, wo er sich als begabter Schüler hervortut. Gleichzeitig arbeitet er als Almosensammler für das dortige Spital und erhält eine Ausbildung in verschiedenen Handwerken.

1563 tritt er unter dem Namen Fray Juan de Santo Matía in den Karmelitenorden ein und wird zum Theologiestudium nach Salamanca geschickt, wo er ein dreijähriges Studium absolviert.[2] Kurz nach seiner Priesterweihe und

---

1 Die maßgebliche neuere Biographie ist die des Karmelitenpaters Crisógono de Jesús: *Vida de San Juan de la Cruz* (1945), in: S. Juan de la Cruz: *Obras completas*, edd. Crisógono de Jesús et al., 10ᵃ edición, Madrid: Biblioteca de Autores Cristianos 1975. Insgesamt sind wir über das Leben des Johannes vom Kreuz aus zahlreichen zeitgenössischen Quellen unterrichtet, die sowohl frühen Lebensbeschreibungen als auch den Akten des Seligsprechungsprozesses entstammen. Cf. Alonso de la Madre de Dios: *Vida virtudes y milagros del santo padre fray Juan de la Cruz, maestro y padre de la Reforma de la Orden de los Descalzos de Nuestra Señora del Monte Carmelo* (ante 1635), ed. F. Antolín, Madrid: Espiritualidad 1989. Cf. quoque José de Jesús María (Quiroga), Alonso de la Madre de Dios, Jerónimo de San José (Ezquerra): *Primeras biografías y apologías de San Juan de la Cruz*, ed. Junta de Castilla y León, Salamanca: Europa 1991.
Bei all diesen Berichten ist in der Regel eine stark hagiographische Tendenz anzunehmen (sie wurden im Hinblick auf den Seligsprechungsprozeß verfaßt), die der Forderung nach historiographischer Verläßlichkeit in einem modernen Sinn oft entgegensteht. Auf diesen Tatbestand hat immer wieder hingewiesen der karmelitische Historiker Teófanes Egido: «Claves históricas para la comprensión de San Juan de la Cruz», in: Salvador Ros et al.: *Introducción a la lectura de San Juan de la Cruz*, ed. Junta de Castilla y León, Salamanca: Europa 1991, pp. 59-124.
Weiterführende Darstellungen aus jüngerer Zeit, die neuere Forschungsansätze berühren und über das entschieden Biographische hinausreichen, finden sich bei Ulrich Dobhan: *Johannes vom Kreuz, Lehrer des ,neuen Denkens'. Sanjuanistik im deutschen Sprachraum*, Würzburg: Echter 1991. Empfehlenswert ist auch der Sammelband: *Juan de la Cruz, espíritu de llama* (Estudios con ocasión del cuarto centenario de su muerte [1591-1991]), ed. Otger Steggink, Roma: Institutum Carmelitanum; Kampen, The Netherlands: Kok Pharos Publishing House 1991.
2 Eine faszinierende Rekonstruktion des Studiengangs liegt mittlerweile auf der Grundlage von weithin noch erhaltenen Dokumenten der Salmanticenser Universitätsverwaltung vor. Der positivistische Ansatz des Verfassers gestattet allerdings nur einen Blick auf die offizielle, dokumen-

Primiz kommt er 1567 mit Teresa von Avila in Medina del Campo zusammen. Sie versucht, ihn dazu zu bewegen, sich dem männlichen Zweig des unbeschuhten Karmel anzuschließen, den sie soeben gegründet hat. Nach einer Zeit der Überlegung stimmt der junge Mönch zu und nimmt von nun an den Ordensnamen Juan de la Cruz, Joannes a Cruce, Johannes vom Kreuz, an. Er zieht mit einigen Gefährten nach Duruelo in der Provinz Avila, wo am 28. November 1568 der erste Männerkonvent der Unbeschuhten Karmeliten eingeweiht wird. Das Experiment währt allerdings nur zwei Jahre, bis 1570, dann muß der für seine ascetische Strenge berüchtigte Konvent verlegt werden. Nichtsdestoweniger bleibt Johannes vom Kreuz sein weiteres Leben ein glühender Verfechter der von Teresa begonnenen Reform des Karmel. Eine tiefe Freundschaft muß ihn mit der Ordensgründerin verbunden haben, die um 27 Jahre älter ist als er. Jedoch ist der Briefwechsel zwischen beiden vernichtet worden. Johannes vom Kreuz wird Novizenmeister und leitet 1571 als Rektor das Universitätskolleg des Ordens in Alcalá de Henares. Unter Teresas Priorat wird er dann nach Avila ans Menschwerdungskloster als Spiritual und einflußreicher Berater berufen, wo er zwischen 1572 und 1577 tätig ist. Später wirkt Johannes vom Kreuz an verschiedenen Orten Andalusiens und Kastiliens, vor allem in der Gegend von Jaén, in Baeza, Granada und Segovia. Immer wieder ist er auch als Seelsorger an den Frauenkonventen des Karmel tätig. Gegen Ende seines Lebens, im Juni 1591, wird er auf einem Ordenskapitel in Madrid aller Leitungsfunktionen im Orden enthoben und soll sich nach Mexiko verfügen. Im Herbst erkrankt er jedoch, findet Unterkunft im Karmelitenkonvent der andalusischen Stadt Ubeda und stirbt um die Mitternacht vom 13. auf den 14. Dezember. Der Leichnam wird später nach Segovia überführt. Die Seligsprechung erfolgt erst 1675 unter Klemens X., die Heiligsprechung 1726 unter Benedikt XIII. Pius XI. proklamiert ihn 1926 zum Kirchenlehrer.

Der Reformeifer des Johannes vom Kreuz ruft schwerwiegende Konflikte innerhalb des Karmelitenordens hervor, wo sich Beschuhte und Unbeschuhte gegenüberstehen. Während die einen die abgemilderte Ordensregel befolgen, treten die anderen für die bedingungslose Rückkehr zur sehr viel strengeren ersten Regel aus dem Jahr 1226 ein. Aus diesem Grund wird Johannes vom Kreuz 1577 von seinen beschuhten Mitbrüdern aus Avila entführt und in einem Kloster in Toledo eingekerkert. Nach einer neunmonatigen Gefangenschaft unter entwürdigenden Bedingungen gelingt ihm in einer Augustnacht des Jahres 1578 die Flucht – mit Hilfe einer Art von Strickleiter, die er sich zuvor heimlich angefertigt hat. Er findet am nächsten Morgen zunächst Unterschlupf im Kloster San José der ihm freundlich gesinnten Karmelitinnen und wird noch am gleichen Abend im Hospital de Santa Cruz untergebracht, wo er sich mehrere Monate versteckt hält. Im Herbst des Jahres gelangt er dann nach Andalusien. Im Ge-

---

tarisch belegbare Seite des Studienalltags im 16. Jahrhundert. Cf. Luis Enrique Rodríguez-San Pedro Bezares: *La formación universitaria de Juan de la Cruz*, ed. Junta de Castilla y León, Salamanca: Europa 1992.

fängnis hat Johannes vom Kreuz den Zeugnissen zufolge den *Cántico espiritual* sowie seine Romanzendichtung verfaßt. Wahrscheinlich erst nach dem geglückten Ausbruch scheint er das Gedicht von der *Noche oscura* niedergeschrieben zu haben. Auch die *Llama de amor viva* ist jüngeren Datums. Die zugehörigen Kommentare sind allesamt erst später entstanden, insbesondere während der in Granada verbrachten Jahre zwischen 1582 bis 1588, unter anderem als Prior des Convento de los Mártires von 1582 bis 1585. Es handelt sich um die *Subida del Monte Carmelo* und die *Noche oscura del alma,* die jeweils das Gedicht der *Noche oscura* zum Vorwurf nehmen; dann um die Prosaerklärungen sowohl zum *Cántico espiritual* als auch zur *Llama de amor viva.*

Literaturgeschichtliche Koordinaten

Die Dichtung des Johannes vom Kreuz vereinigt in sich die beiden Hauptströmungen der spanischen Literatur des Goldenen Zeitalters.[3] Dies ist einerseits die einheimische, volkstümliche Tradition, die zahlreiche mittelalterliche Anklänge enthält, die in die kastilischen Lieder- und Romanzensammlungen Eingang gefunden hat und die üblicherweise den Achtsilber verwendet. Andererseits ist es die hohe, gelehrte Dichtung mit höfischem Einschlag, die unter dem maßgeblichen Einfluß von Juan Boscán und Garcilaso de la Vega das Vorbild der italienischen Petrarchisten imitiert und den Elf- sowie Siebensilber verwendet. Aber wiewohl Johannes vom Kreuz diese beiden Modelle weltlicher Dichtung aufgreift, bedient er sich einer weiteren Technik, die seit langem bei den Zeitgenossen üblich war. Er schreibt Themen und Texte aus der hohen oder volkstümlichen Literatur dergestalt um, daß in ihnen eine zusätzliche und unerwartete Sinnebene aufscheint, die den Worten eine religiöse Bedeutung verleiht. Johannes vom Kreuz ist keineswegs der erste, der sich dieser Art von religiöser Dichtung verschreibt. So wurde etwa 1549 in Valladolid anonym eine Sammlung geistlicher Lieder veröffentlicht,[4] und 1575 ließ Sebastián de Córdoba eine religiöse Bearbeitung weltlicher Gedichte drucken, in der die Sonette und Eklogen des Boscán und des Garcilaso geistlich umgedichtet wurden. Derlei religiöse Kontrafakturen profaner Ausgangstexte heißen auf spanisch Versionen *a lo divino,*[5] und so war auch die genannte Umarbeitung der Gedichte von Boscán und Garcilaso allgemein unter dem Kurztitel *Boscán a lo divino* bekannt.[6] Das Verfahren der sogenannten *divinización* oder Divinisierung weltlicher Ausgangstexte

---

3 Cf. Alonso: *La poesía de San Juan de la Cruz,* pp. 21-23.

4 Cf. *Cancionero espiritual* (Valladolid,1549), ed. B. W. Wardropper, Valencia: Castalia 1954.

5 Die grundlegende Darstellung stammt von Bruce W. Wardropper: *Historia de la poesía lírica a lo divino en la cristiandad occidental,* Madrid: Revista de Occidente 1958.

6 Es gibt eine moderne Ausgabe des zweiten, dem Garcilaso gewidmeten Werkteils. Cf. Sebastián de Córdoba: *Garcilaso a lo divino,* ed. G. R. Gale, Ann Arbor, Michigan: University of Michigan Press; Madrid: Castalia 1971. Der Nachdruck erhält ein substanzreiches Vorwort des Herausgebers. Cf. Glen R. Gale: «Introducción», ibid. pp. 13-70.

macht es erforderlich, daß der Dichter die Inhalte der von ihm gewählten Modelle mit einer religiösen Bedeutung nachträglich überschreibt.

Dámaso Alonso nimmt zwar an, daß Johannes vom Kreuz die Werke des Garcilaso und Boscán auch aus unmittelbarer Lektüre kannte, er hat aber vor allem die Einflußlinien nachgezeichnet, die von Sebastián de Córdoba zu Johannes vom Kreuz führen, zumal dieser in der Einleitung zur *Llama de amor viva* Córdobas Gedichtsammlung *Boscán a lo divino* ausdrücklich erwähnt.[7] Den Unterschied zwischen Johannes vom Kreuz und Córdoba macht Alonso vor allem in der entweder mittelmäßigen oder aber überragenden Begabung zweier unterschiedlicher Dichtertalente aus. Er übersieht dabei, daß auch die Schreibweisen der beiden Autoren gänzlich verschieden sind. Wie wir weiter oben gesehen haben, verwendet Johannes vom Kreuz zumindest in den großen Dichtungen mit italienischem Versmaß die Form der *allegoria tota*. Die übertragene, religiöse Bedeutung geht nur aus einem voran- oder nachgestellten *argumentum,* nicht aus dem Gedichttext selbst hervor. Gerade dieses Verfahren vermeidet aber Sebastián de Córdoba. Wenn bei ihm überhaupt allegorische Strukturen begegnen, dann erweisen sich diese bestenfalls als *allegoria permixta* – und zwar aus Gründen didaktischer Eindeutigkeit. So kommt bei Córdoba nicht nur ab und zu der Name Christus vor, sondern in der Nachdichtung von Garcilasos zweiter Ekloge erscheint sogar der Gekreuzigte selbst an der Quelle, an der sich das Liebespaar sodann trennen wird:

> Solo un pastor estava levantado
> sobre aquel árbol, con el rostro y frente
> herido y con espinas coronado.[8]

[Nur ein Hirte stand erhöht / auf jenem Baum, sein Antlitz und seine Stirn / waren verwundet und mit Dornen gekrönt.]

Johannes vom Kreuz leistet die Arbeit der geistlichen Umgestaltung sehr viel subtiler, wenn er in seine Fassungen nur versteckte Anspielungen auf die Heilige Schrift, insbesondere das Hohelied, auf die Kirchenschriftsteller oder auf die Liturgie aufnimmt. Wenn bereits die petrarchistische Dichtung allgemein aus einem kenntnisreichen Spiel intertextueller Verweise besteht,[9] dann erweist sich die Dichtung des Johannes vom Kreuz zweifelsohne als eine nochmalige Steige-

---

7 Cf. Alonso: *La poesía de San Juan de la Cruz,* pp. 37-76. Über Córdoba hinaus werden weitere Einflußlinien der *poesía a lo divino,* oft aus franziskanischer Tradition, aufgezeigt bei Emilio Orozco: *Literatura y mística: Introducción a la lírica de San Juan de la Cruz,* Madrid: Guadarrama 1959. Eine neuere Untersuchung zur Poetik des Johannes vom Kreuz innerhalb des zeitgenössischen Umfelds religiöser Dichtung stammt von Fernando Lázaro Carreter: «Poética de San Juan de la Cruz», *Asterisco Cultural* (Publicación de la Fundación Germán Sánchez Ruipérez), n° 5 (1992), 34-40.
8 Córdoba: *Egloga* II, vv. 451-453, ed. Gale, p. 184.
9 Cf. Warning: „Petrarkistische Dialogizität am Beispiel Ronsards", in: *Die Pluralität der Welten: Aspekte der Renaissance in der Romania,* edd. K. Stierle, W.-D. Stempel (Romanistisches Kolloquium, vol. 4), München: Wilhelm Fink 1987, pp. 327-358.

rungsform poetischer Dialogizität.[10] Sie setzt nämlich den in sich schon dialo-
gischen Petrarchismus voraus und hybridisiert ihn ihrerseits mit zahlreichen
weiteren Textformen und Zitaten.[11]

Johannes vom Kreuz und Sebastián de Córdoba unterscheiden sich nicht allein durch eine vollkommen allegorische oder eine stark didaktische Schreibweise. Damit geht weiterhin eine ganz unterschiedliche Affektmodellierung einher.
Córdoba steht eindeutig in der Tradition der christlichen Psychomachie, und er
fordert in seiner Umdichtung der Eklogen des Garcilaso geradezu zum Kampf
gegen die dort verherrlichten Affekte auf. Die Leidenschaften, insbesondere die
sinnlichen Begierden, sollen gezügelt und schließlich ausgelöscht werden. Wo
beispielsweise Garcilaso in seiner fünften *Canción* die Geliebte flehentlich gebeten hatte, von ihrer abweisenden Kälte abzulassen, da ruft der Sprecher bei
Córdoba in einer Apostrophe die Keuschheit (*castidad*) persönlich an und preist
deren unnachgiebige Tapferkeit:

> *¡O fuerça poderosa*
> *que hazes valeroso al más cobarde!*
> *¡O castidad hermosa!,*
> *que si la carne arde,*
> *le hazes que se yele y que se guarde.*[12]

[O machtvolle Stärke, / die du noch den feigsten Menschen mutig machst! /
O wunderschöne Keuschheit, / die du das Fleisch, wenn es brennt, / wieder
gefrieren läßt, auf daß es sich bewahrt.]

Im Gegensatz zu Córdoba plädieren die Petrarchisten gerade nicht für den Af-
fektverzicht, und genausowenig tut dies Johannes vom Kreuz: Bei ihm ermöglichen erst die hemmungslos ausgelebten Begierden der fiktiven Frauengestalten
die Begegnung und den erotischen Genuß in Gemeinschaft mit dem Geliebten.
Johannes vom Kreuz steht so gesehen mit seiner Affektkonzeption dem Petrarchismus erheblich näher als dem Córdoba. Denn bei Johannes vom Kreuz geht
es nicht um den schieren Kampf der Seele gegen die Affekte wie in der Psychomachie, sondern um die Anerkennung der Affekte, um ihre Steigerung und letzt-
endliche Transposition. Wir können diese affektive Haltung – in Anlehnung an
die oben erwähnte Theomnestie – eine *Psychomnestie* nennen, ein erotisches
Werben zwischen der Seele und ihrem Göttlichen Geliebten. Anders als die Psychomachie will die Psychomnestie die Affekte nicht einfach vernichten, sondern
reinigen, retten und transfigurieren. Darum nimmt sie den Affekthaushalt für die
Zwecke einer ascetischen Selbstkultur in Dienst. Die Psychomnestie treibt die
erotischen Leidenschaften des Subjekts geradezu hervor, aber sie verschiebt diese

---

10 Zum Verhältnis von Poesie und Dialogizität cf. Renate Lachmann: „Dialogizität und poetische
   Sprache", in: *Dialogizität*, ed. ead., München: Wilhelm Fink 1982, pp. 51-62.
11 Zum Textverfahren der Hybridisierung cf. Michail Bachtin: „Das Wort im Roman" (Russice
   1934/35, publ. 1965), in: *Die Ästhetik des Worts*, ed. R. Grübel, transtt. R. Grübel, Sabine Reese, Frankfurt am Main: Suhrkamp 1979, pp. 154-299, ibid. 195.
12 Córdoba: Canción V, vv. 66-70, ed. Gale, p. 137.

sodann von der profanen auf die Ebene der Gottesbegegnung. Drei Konsequenzen ergeben sich hieraus für die drei großen Dichtungen des Johannes vom Kreuz und ihr Verhältnis zur zeitgenössischen italianisierenden Dichtung:

1. Die allegorischen Dichtungen des Johannes vom Kreuz sind auf der buchstäblichen Ebene von profanen Liebesdichtungen ununterscheidbar. Darum entspricht die in ihnen vorgenommene Modellierung der Affekte den Mustern, die wir von Boscán und Garcilaso, aber im Grunde auch schon von Petrarca her kennen und die wir beispielsweise gleichfalls bei Fernando de Herrera und weiteren spanischen Petrarchisten finden. Freilich ist die herkömmliche Rollenbesetzung der Liebessituation eine umgekehrte. Sprecherin ist in offenkundiger Anlehnung an das Schema einer iberischen *cantiga de amigo* auch hier eine liebende Frau, die sich in Sehnsucht nach einem weithin abwesenden Geliebten verzehrt und somit gleichsam die Qualen einer provenzalischen *amor de lonh,* einer Fernliebe, ertragen muß. In Folge dieser Situation der Trennung vom Geliebten trägt die Dichtung des Johannes vom Kreuz ebenso wie ihre Vorbilder die überaus markanten Züge einer *Poesie der Einsamkeit,* wie sie von Karl Vossler beschrieben und als für die iberische Lyrik besonders charakteristisch angesehen wurde.[13]

2. Im Gegensatz zur weltlichen – insbesondere petrarchistischen – Dichtung ist jegliche Anspielung auf die sonst übliche Amor-Mythologie vollständig aus den Texten des Johannes vom Kreuz gestrichen. Bei ihm erscheinen immer nur zwei Partner, Liebende und Geliebter, aber es fehlt die vermittelnde Personifikation des Liebesgottes. Dieses Fehlen des Amor braucht nicht an der religiösen Dimension der Dichtung an sich liegen, denn Amor läßt sich ja durchaus in einem christlichen Sinn als die göttliche Person des Heiligen Geistes auflösen, und so erscheint er beispielsweise auch in Teresa von Avilas berühmtem Gedicht *Alma buscarte has en mí...*[14] Die Abwesenheit des Liebesgotts verleiht allerdings den dargestellten Liebessituationen vorderhand einen durchschlagend profanen Charakter. Es gibt nur noch die irdischen Liebenden und keinen Hinweis mehr auf eine göttliche Macht, wie sie sich andernorts in der Gestalt des Amor gerade verkörpert findet.

3. Wie im Petrarchismus beginnen auch bei Johannes vom Kreuz die Liebeserlebnisse der Protagonisten als unglückliche Schmerzliebe, weil sich die Liebende vom Geliebten getrennt weiß. Aber dieses anfängliche Liebesunglück wandelt sich in den großen Dichtungen alsbald, weil die Liebenden zueinanderfinden oder zueinanderkommen, so daß ihrer Sehnsucht nicht nur eine af-

---

13 Cf. Karl Vossler: *Poesie der Einsamkeit in Spanien,* München: C. H. Beck 1940.
14 «De tal suerte pudo amor / alma en mí te retratar / que ningún sabio pintor / supiera con tal primor / tal imagen estampar.» (Sta. Teresa de Jesús: «Alma buscarte has en mí...», vv. 3-7, in: *Obras completas,* ed. Efrén de la Madre de Dios, O. Steggink, 6ᵃ edición, Madrid: Biblioteca de Autores Cristianos 1979, p. 503.) – ‚Auf solche Weise vermochte Amor, / oh Seele, dich in mir zu portraitieren, / daß kein noch so begabter Maler / mit solcher Meisterschaft / ein solches Bild drucken könnte.'

fektive, sondern auch eine sinnliche Erfüllung zuteil wird. Die Texte suggerieren jedenfalls, daß die Liebenden sich körperlich vereinigen. Gerade in diesem Gesichtspunkt unterscheidet sich die Dichtung des Johannes vom Kreuz grundlegend vom genuinen Petrarchismus, wo den Liebenden eine Erfüllung ihres Verlangens versagt bleibt. Gleichzeitig steht Johannes vom Kreuz damit den Liebesgedichten des Francisco de Aldana überaus nahe, der ebenfalls sinnlich-erotische Situationen von plastischer Eindeutigkeit modelliert. Hintergrund dieser engen Affinität dürfte der überaus starke Einfluß neuplatonischer Liebeslehren sein, die von beiden Autoren sehr intensiv rezipiert wurden.[15]

Spanische Paraphrasen des Hohenlieds

Eine weitere Linie des intertextuellen Einflusses, die von der Forschung oft vernachlässigt wurde, ist zu vermerken. Der *Cántico espiritual* kann weitgehend, die *Noche oscura* und auch die *Llama de amor viva* können zumindest streckenweise als Nachdichtungen oder auch als überaus eigenständige Umarbeitungen, ja sogar Fortsetzungen des Hohenlieds gelten. Aus diesem Grund stehen diese Werke in einer engen Beziehung zu mindestens drei weiteren zeitgenössischen Hohelied-Dichtungen in kastilischer Sprache. Es handelt sich um zwei möglichst wortgetreue Nachdichtungen – zum einen in elfsilbigen Achtzeilern oder Oktavreimen (*octavas rimas*), zum anderen in fünfzeiligen Strophen aus Sieben- und Elfsilbern (*liras*) –, die beide dem Fray Luis de León zugeschrieben wurden, wiewohl bislang nur die Attribution der Oktavreime allgemeine Anerkennung gefunden hat; sodann um die weit freiere und umfangreichere Nachdichtung des Benito Arias Montano, die in der einzigen erhaltenen Handschrift den lateinischen Titel *Paraphrasis super cantica canticorum* trägt. Die *Paraphrasis* ist in *silvas* gehalten, das heißt in unregelmäßig langen Strophen aus Elf- und Siebensilbern ohne feste Ordnung.[16]

Eine Entstehungszeit läßt sich nur für die *Paraphrasis* ermitteln. Diese wurde anscheinend 1554 fertiggestellt, und 1561 übersandte der Autor seinem Freunde

---

15 Cf. Parker: *The Philosophy of Love*, pp. 61-71; 81-105; José Lara Garrido: «Introducción», in: Francisco de Aldana: *Poesías completas castellanas*, ed. J. L. G., Madrid: Cátedra 1985, pp. 9-116, ibid. 50-85.

16 Cf. Fray Luis de León: *El Cantar de los Cantares en octava rima*, in: *Obras completas castellanas*, ed. Félix García, 5ª edición revisada, Madrid: Biblioteca de Autores Cristianos 1991, vol. II, pp. 1021-1039; auctor incertus (Fr. Luis?): *Los Cantares del rey Salomón en versos líricos*, in: Fr. Luis: *Obras completas castellanas*, ed. F. García, 2ª edición, Madrid: Biblioteca de Autores Cristianos 1951, pp. 1705-1722; Benito Arias Montano: *Paraphrasis super cantica canticorum de Salomón en modo pastoril del maestro Benedicto Arias Montano* (Biblioteca Nacional de Madrid, Ms. 3977). Die *Paraphrasis* wurde seit 1791 mehrmals ediert, aber stets unvollständig oder lücken- und fehlerhaft. Nähere Angaben hierzu in der Bibliographie.

Fray Luis auf dessen Bitte hin eine Abschrift.[17] Fray Luis zitiert im letzten Kapitel seines Kommentars zum Hohenlied drei Verse daraus.[18] Für die Oktavreime wird angenommen, daß sie Fray Luis eben im Zusammenhang der Niederschrift des spanischen Kommentars zum Hohenlied für die salmantinische Nonne Isabel Osorio verfaßt haben könnte, also in den Jahren 1561/62. Sprachliche, stilistische und metrische Merkmale weisen die Schrift ohnehin als ein eher frühes Werk aus. Die Fünfzeiler hingegen sind zweifellos ausgereifter und eleganter. Das älteste Manuskript liegt in Oxford und ist vom 21. Juli 1595 datiert, das sind vier Jahre nach dem Tod von Fray Luis. Allerdings scheint den Fünfzeilern nicht der hebräische Bibeltext, sondern die Vulgata zugrunde zu liegen, weshalb die Zuweisung an Fray Luis umstritten bleibt.[19] Eine Hypothese besagt nun, er könnte die Dichtung während seines Gefängnisaufenthalts zwischen 1572 und 1576 angefertigt haben, als ihm der Zugang zu hebräischen Büchern verwehrt war.[20]

Unbezweifelbar enthält der *Cántico espiritual* eine Reihe von Anklängen sowohl an die *Paraphrasis* des Arias Montano als auch darüber hinaus an die Oktavreime und an die Fünfzeiler. Johannes vom Kreuz muß diese Werke nicht nur gekannt, sondern sie sich auch gut eingeprägt haben – und zwar schon vor seiner Gefangenschaft in Toledo im Jahr 1577/78. Aus der Tatsache, daß Johannes offenbar zu diesen handschriftlich zirkulierenden Dichtungen Zugang hatte, ist weiterhin abzuleiten, daß der Einfluß, den Fray Luis und sein hebraisierendes Umfeld, ja möglicherweise sogar Arias Montano auf ihn ausübten, maßgeblicher gewesen sein könnte, als in der Regel angenommen wurde.[21] Allerdings imitiert und variiert Johannes nicht einfach die genannten Texte, die ihm als Vorgaben dienen. Sie sind ihm weit eher ein Palimpsest, das er überschreibt, so daß sich seine eigene Dichtung davon deutlich abhebt. Aber manche Rätsel, welche die *Noche oscura* und vor allem der *Cántico espiritual* dem Leser aufgeben, sind leichter zu lösen, wenn man sie erst einmal auf das zeitgenössische Verständnis des Hohenlieds bezieht, wie es sich in der Dichtung von Arias Montano, in den Oktavreimen des Fray Luis und in den Fünfzeilern bekundet.

---

17 Cf. Félix García: «Introducción», in: Fray Luis de León: *Obras completas castellanas,* 5ª edición (1991), vol. I, pp. 51-69, ibid. 51-53.

18 Cf. Fray Luis: *Exposición del Cantar,* VIII,14, ibid. vol. I, p. 209.

19 In seiner neuesten Ausgabe von 1991 bestreitet Félix García rundweg die Verfasserschaft des Fray Luis für die Fünfzeiler, allerdings ohne seine Ablehnung zu begründen. Cf. ibid. vol. II, p. 1021.

20 Weitere Angaben finden sich in einer langen Anmerkung des Herausgebers. Cf. Fr. Luis: *Obras completas castellanas,* ed. F. García, 2ª ed. (1951), ibid. pp. 1705 sq.

21 Die Kenntnis der kastilischen Dichtung des Fray Luis durch Johannes ist überzeugend und mit zahlreichen Beispielen belegt bei Francisco García Lorca: *De Fray Luis a San Juan: La escondida senda,* Madrid: Castalia 1972.

Erotische Imagination als Poetik der Kontemplation

Die Mystagogie der *Subida al Monte Carmelo* stellt dem Übenden vordergründig ein Aufstiegsschema vor Augen, an dem er seinen Weg der inneren Erfahrung ausrichten soll. Von unten nach oben, vom sinnlichen zum vernunftbegabten Teil der Seele immer weiter emporsteigend, soll der Mensch alle behandelten Gegenstände hinter sich lassen – das Verhaftetsein an die äußeren Sinne, dann an die inneren Sinne; die natürlichen Apperzeptionen und Phantasien; die übernatürlichen Apperzeptionen, Visionen und Auditionen; die drei Seelenvermögen des Verstandes, des Gedächtnisses und des Willens insgesamt.[22] So scheint die Abhandlung unentwegt Oppositionen zu konstruieren und durchzuspielen, in denen der tieferstehende, sinnenverhaftete Term zugunsten des höherstehenden, geistigeren Terms abgewertet wird. Gleichwohl zeigt sich beim Durchgang durch den Text, daß nach und nach auch alle höherstehenden Terme negiert werden. Wenn das Ziel der Seele die Einung mit Gott oder – wie es in der *Subida* auch immer wieder heißt – die Erfahrung der Kontemplation ist, dann wird diese Erfahrung dennoch immer nur negativ beschrieben: Sie vermittelt ein Nichtwissen, *noticias oscuras, confusas y generales* – ,dunkle, konfuse und allgemeine Kenntnisse'. Die Kontemplationserfahrung unterscheidet sich somit vom Wissen des Alltagsbewußtseins mit seinen klaren, distinkten und partikularen Kenntnissen, die insbesondere auch allen sprachlichen Äußerungen anhaften, insofern die Sprache üblicherweise als ein System klarer und distinkter Benennungen angesehen wird.

Johannes vom Kreuz diskutiert den Gegensatz von Sinnlichem und Geistigem beispielsweise an der vielmals erörterten Unterscheidung zwischen gegenständlicher, sinnenverhafteter Meditation (Betrachtung) und gegenstandsloser, rein geistiger Kontemplation (Beschauung).[23] Auch die Meditation ist eine Tätigkeit, die das Vorhandensein klarer und distinkter Bewußtseinsinhalte sowohl voraussetzt als auch immer wieder erzeugt. Die Meditation läßt nicht nur eine bereits geweckte Imagination spielen, sondern sie bringt sie allererst zum Spielen, indem sie ihr die zu betrachtenden Inhalte vorgibt und das Bewußtsein damit erfüllt. Insofern ist die Meditation an die Imaginationsfähigkeit und Phantasiebegabung des Menschen überaus eng gekoppelt. Doch alle sinnenhaften Eindrücke, alle klaren und distinkten Unterscheidungen, alle Imagination und sogar alle Meditation gilt es im Zuge des Aufstiegs zum Berg Karmel aufzugeben, weil sie allesamt die Kontemplation nicht nur behindern, sondern letzten Endes verunmöglichen.

Die *Subida* ist vordergründig ein mystagogisches Werk, das die Methode der Kontemplation lehrt und deswegen Meditation wie Imagination als jene unvoll-

---

22 Für eine präzise und zugleich kompetente Darstellung der Mystagogie, insbesondere der *Subida*, aus einer nicht streng fachtheologischen Sicht cf. López Aranguren: «San Juan de la Cruz», loc. cit.

23 Der Übergang von der diskursiven Meditation zur Kontemplation wird ausführlich behandelt im zweiten Buch der *Subida* (cf. II Subida 12-15 – II Aufstieg 11-13).

kommenen Vorstufen verwirft, derer sich die Seele nach und nach entledigen soll:

> Destas noticias sobrenaturales unas son corporales, otras son espirituales. Las corporales son en dos maneras: unas que por vía de los sentidos corporales exteriores las recibe [scil. el alma], otras por vía de los sentidos corporales interiores, en que se comprehende todo lo que la imaginación puede comprehender, fingir y fabricar.
> Las espirituales son también en dos maneras: unas distintas y particulares, y otra es confusa, oscura y general. Entre las distintas y particulares entran cuatro maneras de aprehensiones particulares, que se comunican al espíritu no mediante algún sentido corporal, y son: visiones, revelaciones, locuciones y sentimientos espirituales. La inteligencia oscura y general está en una sola, que es la contemplación que se da en fe. En ésta habemos de poner el alma, encaminándola a ella por todas esotras comenzando por las primeras y desnudándola de ellas. (II Subida 10,3 sq.)

> [Von diesen übernatürlichen Erkenntnisarten sind die einen körperlich, die anderen geistig. Die körperlichen sind wiederum zweifach: die einen werden auf dem Wege der äußeren leiblichen Sinnesorgane vermittelt, die anderen auf dem Wege der inneren leiblichen Sinne, worunter all das inbegriffen ist, was die Phantasie erfassen, erdichten und bilden kann.
> Die geistigen sind ebenfalls zweifach: die einen sind deutlich erkennbar (distinkt) und gesondert (partikular), die anderen hingegen unklar (konfus), dunkel und allgemein (generell). Bei der Gruppe der deutlich erkennbaren und gesonderten (geistigen Erkenntnisarten) unterscheidet man wiederum vier Arten, die dem Geiste nicht vermittels eines körperlichen Sinnes zuteil werden, nämlich: Gesichte (Visionen), Offenbarungen, Ansprachen (Auditionen) und geistige Empfindungen. Die dunkle und allgemeine Einsicht ist nur eine einzige, nämlich die Beschauung (Kontemplation), wie sie im Glauben zuteil wird. Und in diese müssen wir die Seele einführen, indem wir sie auf dem Wege über alle anderen zu ihr geleiten, bei den allerersten beginnend und sie derselben entkleidend. (II Aufstieg 9, pp. 114 sq.)]

Dies ist im übrigen eine der ganz wenigen Stellen, wo die *Subida* überhaupt – noch dazu eher beiläufig und andeutungsweise – das Stadium der Kontemplation näher charakterisiert. Was wir dabei über die Kontemplation erfahren, ist vor allem ihre elementare Differenz zu allen anderen Formen der Wahrnehmung kraft der Dunkelheit, Konfusion und Allgemeinheit der in ihr vermittelten Einsicht (*inteligencia*). Die kontemplative Einsicht ist eben keine Kenntnis im üblichen Sinn, sondern ein Nichtwissen. So kommt es zu dem Paradoxon, daß eines der weltberühmten Werke der ascetisch-mystischen Literatur nahezu durchwegs von dem handelt, was nicht sein eigentlicher Gegenstand ist. Johannes vom Kreuz hat sich die Methode der negativen Theologie vollkommen zu eigen gemacht: Er kommentiert immerzu jene Erfahrungen, in denen die Seele Gott doch nicht finden kann – und sonst nichts. Diese außerkontemplativen Erfahrungen aber sind allesamt (von der niedersten Form erotischer Lust bis hin zur übernatürlichen Offenbarung) jene Äquivalente der Sinnlichkeit und der Imagination, die es beharrlich abzuweisen gilt.

Gleichwohl kann die Seele den Zustand der Kontemplation nicht ohne die Apprehensionen der Imagination und der Sinnlichkeit, sondern erst durch sie hindurch erlangen: *encaminándola por todas esotras comenzando por las primeras y desnudándola de ellas* (‚indem wir sie auf dem Wege über alle anderen geleiten, bei den allerersten beginnend und sie derselben entkleidend'). Die Kontemplation ist demnach an die Imagination gekoppelt, nicht obwohl, sondern weil sie deren Negation ist. Die Kontemplation operiert parasitär auf eben jenen imaginären Apprehensionen, von denen sie sich gerade unterscheidet. Zwischen Imagination und Kontemplation besteht ein Bedingungsverhältnis: Zwar ist die Kontemplation das Andere der sinnenhaften Imagination, aber ohne Sinnlichkeit und Imagination, als deren Negation sie sich erst konstituiert, hätte die Kontemplation dennoch keinen Bestand. Insofern kann auf das Verhältnis von Imagination und Kontemplation im Denken des Johannes vom Kreuz jene gelungene Formel von einer *negati affirmatio* Anwendung finden, die Werner Beierwaltes in anderem Zusammenhang geprägt hat.[24]

Wiewohl dies bislang noch kaum geschehen ist, liegt es von der Sache her überaus nahe, die Sinnlichkeit, die Imagination und das diskursive Denken mit dem Phänomen der Sprachlichkeit generell in Zusammenhang zu bringen. Wo Johannes vom Kreuz über die Sinne, die Imagination oder die diskursive Gestalt der klaren und distinkten Erkenntnis redet, da handelt er implicite immer schon von der menschlichen Sprache: Ihr akustischer Klang ist eine sinnlich wahrnehmbare Gegebenheit; sie erzeugt im Bewußtsein imaginäre Apprehensionen, und als eine sowohl klare wie auch distinkte Nomenklatur verleiht sie schließlich dem Denken seine diskursive Prägung. Wenn die poetische Sprache bei Johannes vom Kreuz auf die Erfahrung der Einung und der Kontemplation verweisen soll, dann kann sie diese Funktion nicht abseits ihrer sinnlichen und imaginären Potenz erfüllen, sondern wiederum nur durch sie hindurch.

In letzter Konsequenz ist die Imagination nicht als die Feindin der Wahrheit, sondern als ihre Genossin anzusehen, freilich weder in der Rolle einer Magd noch in der eines verdoppelnden Spiegelbilds. Das Imaginäre, das kein eigentlicher Ausdruck des Wahren sein kann, ist nichtsdestoweniger dessen verrückte Figur – das heißt dessen Supplement. Weder darf die Imagination eigentlich (wörtlich, buchstäblich) genommen werden, noch ist sie in ihrer Uneigentlichkeit (Übertragung, Geistlichkeit) durch ein Anderes zu ersetzen. In dieser frei gesetzten Unersetzbarkeit aber erweist sich das Imaginäre als eine Allegorie der Wahrheit selbst, auf die es verweist. Es ist der materiale Ermöglichungsgrund einer Zeiggeste, die von sich selbst wegdeutet in Richtung auf ein Anderes hin.

---

24 Der Ausdruck ist bezogen auf die philosophische Rhetorik des Johannes Scotus Eriugena, der als einer der bedeutenden Denker der Negativität im Abendland dem Johannes vom Kreuz in vielem seelenverwandt ist. Cf. Beierwaltes: „Negati affirmatio: Welt als Metapher – Zur Grundlegung einer mittelalterlichen Ästhetik durch Johannes Scotus Eriugena", in: *Jean Scot Erigène et l'Histoire de la philosophie* (Actes, Laon, 7-12 juillet 1975), ed. R. Roques, Paris: Editions du CNRS 1977, pp. 263-275.

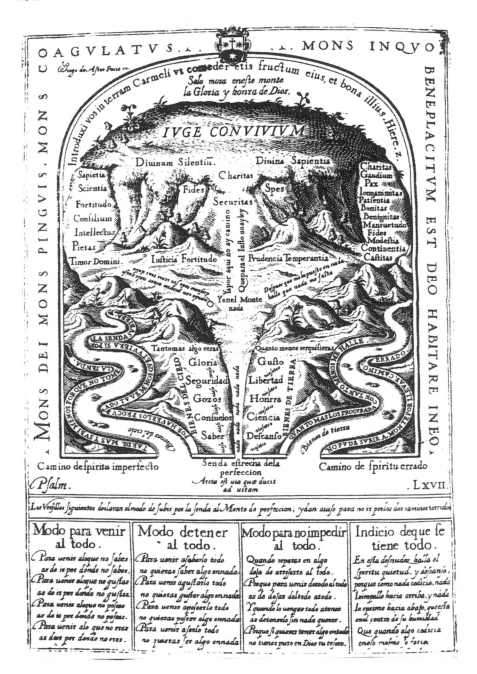

Tafel V. – Diego de Astor: Ansicht des Karmelberges (Kupferstich)
Subida del Monte Carmelo, Madrid 1618 (Erstausgabe)

In der imaginären Sprache der Poesie realisiert sich die unverzichtbare, sinnenhafte Apprehension dessen, was sich aller Sinnlichkeit und Imagination gleichwohl entzieht. Darum bedient sich die Sprache der Gedichte ganz folgerichtig einer Modellierung, welche diese Unmöglichkeit einprägsam zum Ausdruck bringt. Im Medium der poetischen Imagination – auf der buchstäblichen Ebene eines allegorischen Textes – wird die Erfahrung der Kontemplation nachgebildet, imitiert, das heißt sie wird als Wahrheitsrede negiert und als supplementäre Fiktion affirmiert – *negati affirmatio*. Hier stehen weder Kontemplation gegen Imagination noch Wahrheit gegen Erfindung im Widerstreit. Vielmehr treten Sinnlichkeit und Imagination sichtbar als ein unaufgebbares Moment an der gänzlich unsinnlichen, rein geistigen Kontemplation in Erscheinung.

Johannes vom Kreuz schreibt in seinen Gedichten nicht im Namen einer entfesselten Imagination gegen die Geltungs- und Wahrheitsansprüche der Kontemplation an, sondern er schreibt umgekehrt gerade die Imagination als die Wahrheit der Kontemplation aus. Dabei können wir vier Kategorien für seine Poetik des buchstäblichen Sinns benennen, der seinerseits nichts anderes sein will als eine sinnenhafte *imitatio contemplationis*. Es sind der Exzeß, die Konfusion, die Uneigentlichkeit und schließlich die Profanation.

Excessus

Die Dichtung modelliert den – vorzugsweise erotischen – *excessus,* die Erfahrung der Ekstase oder des Außersichseins innerhalb der in den Texten vorausgesetzten oder aktualisierten Liebessituationen. Die Ekstase an sich kann grundsätzlich immer in zwei Richtungen erfolgen, wie Thomas von Aquin vermerkt, nämlich geistlich-erkenntnismäßig zu etwas Höherem oder aber sinnlich-begierdemäßig zu etwas Niedrigerem hin:

> Respondeo dicendum quod extasim pati aliquis dicitur, cum extra se ponitur. Quod quidem contingit et secundum vim apprehensivam, et secundum vim appetitivam. Secundum quidem vim apprehensivam aliquis dicitur exta se poni, quando ponitur extra cognitionem sibi propriam: vel quia ad superiorem sublimatur, sicut homo, dum elevatur ad comprehendenda aliqua quae sunt supra sensum et rationem, dicitur extasim pati, inquantum ponitur extra connaturalem apprehensionem rationis et sensus; vel quia ad inferiora deprimitur; puta, cum aliquis in furiam vel amentiam cadit, dicitur extasim passus.[25]

Der in den Gedichten begegnende Exzeß ist eindeutig eine sinnliche Ekstase nach unten hin. Freilich kann diese schlechte Ekstase im uneigentlichen Sinn durchaus für etwas Besseres stehen. Dementsprechend heißt es in den sogenannten *Apuntamientos* (‚Erläuterungen') von 1618, einem Nachwort zum noch unvollständigen spanischen Erstdruck der Werke des Johannes vom Kreuz, das Diego de Jesús verfaßte, im Hinblick auf die verschiedenen Sprechweisen der mystischen Theologie über den Exzeß:

---

25 Thomae Aquinatis summa theologiae I-II q. 28 art. 3. Cf. ibid. II-II q. 175 art. 2.

Por esto declaran mucho más los términos imperfectos y, digámoslo así, viciosos por exceso, como decir, furor y soberbia; porque bien se ve que la corteza y lo malo que allí se representa cuando a nosotros se aplican, está muy lejos de Dios. Y así que tomar esos términos que dicen exceso y cosa fuera de todo orden, concierto y razón, es confesar que el bien a que los aplicamos es de puro bien y de puro sobreperfecto, tal que excede todo orden, todo medio y concierto natural y cuanto con nuestra razón alcanzamos.[26]

[Deswegen erklären sehr viel mehr die unvollkommenen Begriffe und diejenigen, die sozusagen auf Grund ihres Übermaßes fehlerhaft sind wie beispielsweise Wahnsinn und Übermut. Denn es ist gut zu erkennen, daß die äußere Schale des Ausdrucks und das Böse, das man mit diesen Vorstellungen verbindet, sofern es sich auf uns bezieht, von Gott weit entfernt ist. Und wenn man so diese Begriffe verwendet, die ein Übermaß und eine Sache bezeichnen, die außerhalb jeglicher Ordnung, Übereinstimmung und Vernunft steht, so heißt dies zu bekennen, daß das Gute, auf das man sie bezieht, ganz und gar gut und ganz und gar übervollkommen ist, so daß es jegliche natürliche Ordnung, jegliches Mittel und jegliche Übereinstimmung übersteigt und auch sonst alles, was wir mit unserer Vernunft zu erreichen vermögen.]

Der erotische Exzeß verweist zwar auf etwas im Übermaß Gutes (*de puro bien*) und Vollkommenes (*sobreperfecto*), er ist aber dennoch selber etwas höchst Unvollkommenes (*imperfecto*) und Lasterhaftes (*vicioso por exceso*). Der Exzeß ist das pure Gegenteil dessen, was er bezeichnet.

Confusio

Seit alters her wird dem Delirium des Liebenden und seinem Erleben im erotischen Exzeß eine unklare, konfuse Wahrnehmung zugeschrieben, die bestenfalls aufs Allgemeine geht und alles Partikulare vernachlässigt. Dieser Effekt einer apperzeptiven *confusio* prägt auch die Liebessituation der Gedichte. Die Unterscheidung zwischen dem erlebenden Ich der Geliebten und dem fremden Ich des Liebespartners, zwischen innen und außen, zwischen Selbst- und Fremdaffektion erweist sich immer von neuem als problematisch oder doppeldeutig.

Die *confusio* der Liebessituation verweist auf ein Anderes, nämlich auf die Kontemplation. Wie in der Kontemplation an die Stelle einer klaren, distinkten und partikularen Wahrnehmung Dunkelheit, Konfusion und Allgemeinheit treten, so reproduziert auch die erotische Dichtung genau diese Art der Wahrnehmung auf der Ebene des buchstäblichen Textes. Das Gesagte ist weithin dunkel und vor allem konfus. Wir werden bei unseren Textinterpretationen auf zahlreiche Fälle stoßen, wo sowohl die Semantik einzelner Lexeme und Fügungen als auch die syntaktische Ordnung der Konstruktion insgesamt zwei- oder mehrdeutig ist.

---

26 Diego de Jesús (Salablanca): *Apuntamientos y advertencias en tres discursos para más fácil inteligencia de las frases místicas y doctrina de las obras espirituales de nuestro Padre San* [sic] *Juan de la Cruz* (1618), in: S. Juan de la Cruz: *Obras completas,* ed. Silverio de Santa Teresa, vol. I, Burgos: Monte Carmelo 1929, pp. 347-395, ibid. 357. Cf. Certeau: *La Fable mystique,* pp. 179-208, ibid. 192-194.

In einer bahnbrechenden Untersuchung hat Erika Lorenz die sprachlichen Verfahren, die Johannes vom Kreuz anwendet, vor allem im Blick auf die Semantik mit Hilfe eines modernen filmtechnischen Begriffs beschrieben – und zwar als eine *surimpression d'images,* als eine Mehrfachbelichtung.[27] Bei Mehrfachbelichtungen werden unterschiedliche oder gegensätzliche Bildinhalte nicht etwa in einer größeren Struktur aufgelöst, sondern sie bleiben als einzelne erkenntlich. Genau dies trifft auf den Textbefund der Gedichte zu, und so scheint uns der historische, vom Autor selbst schon benutzte Begriff der *confusio* genau dieses Phänomen einer fortwährenden *surimpression d'images* angemessen zu beschreiben. Denkbar wäre es außerdem, auf einen weiteren Begriff zurückzugreifen, nämlich auf die berühmte *coincidentia oppositorum* des Nicolaus Cusanus. Allerdings ist die *coincidentia oppositorum* oder *coincidentia contradictoriorum* bei Cusanus ein starker Begriff, der allein Gott vorbehalten und darum innerhalb der Paradiesmauer eingeschlossen bleibt.[28]

Wie Cusanus kann der Philosoph oder Theologe zwar mit den Mitteln der Vernunft über die Möglichkeit einer *coincidentia oppositorum* in Gott spekulieren, er kann aber diese Erfahrung nicht selbst nachvollziehen. Die Erfahrung der *confusio* ist hingegen ein schwacher Begriff. Sie prägt das Erleben der erotischen Verausgabung und des Wahnsinns und gehört dem weltlichen Bereich an. Gleichwohl ahmt sie κατ' ἔλλειψιν (*iuxta defectum*) die göttliche *coincidentia oppositorum* auf eine uneigentliche Weise nach. In der *confusio* fallen nicht die Gegensätze essentiell zusammen, wie sie in Gott zusammenfallen, aber dem Menschen scheint es so, als ob sie zusammenfielen. Darum kann die Scheinhaftigkeit und Uneigentlichkeit des Zusammenfalls der Gegensätze in der *confusio* wiederum Verweischarakter annehmen: Die *confusio* zeigt auf das Andere, das sie nicht ist. Sofern die *confusio* Gegensätze sowie Oppositionen erfaßt und diese als austauschbar erscheinen läßt, entspricht sie im übrigen der Dekonstruktion. Ja, die *confusio* erweist sich hier geradezu als eine ihrer spezifisch historischen Gestalten, das heißt als ihr früher Avatar.

Wir haben aus dem sprachlichen Merkmal der *confusio,* das in den Texten angelegt ist, eine praktische Konsequenz gezogen. Die Gedichte werden von uns weitgehend ohne sinnzergliedernde Interpunktion wiedergegeben und auch ohne solche Interpunktionszeichen gelesen. Dies entspricht ohnehin der Praxis der Handschriften des 16. Jahrhunderts, wo Satzzeichen sehr viel seltener gesetzt werden. Allerdings finden dort jene beiden Satzzeichen durchaus Verwendung,

---

27 Erika Lorenz: «Surimpressions d'images dans le langage mystique de saint Jean de la Croix», in: *Saint Jean de la Croix (1591-1991),* Etudes rassemblées par A. Vermeylen, Les Lettres romanes (Louvain-la-Neuve: Université Catholique de Louvain), numéro hors série (1991), pp. 9-24.

28 „Unde in ostio coincidentiae oppositorum, quod angelus custodit in ingressu paradisi constitutus te Domine videre incipio. [...] Ita quia tu es Deus omnipotens es intra murum in paradiso. Murus autem est coincidentia illa, ubi posterius coincidit cum priore, ubi finis coincidit cum principio, ubi alpha et omega sunt idem." (Nicolaus Cusanus de visione Dei, cap. X, in: *Die philosophisch-theologischen Schriften,* lateinisch-deutsch, 1964, ed. L. Gabriel, Sonderausgabe zum Jubiläum, Wien: Herder 1989, vol. III, pp. 134 et 136.) Cf. quoque Bredow: Art. „Coincidentia oppositorum" (1971), in: *Historisches Wörterbuch der Philosophie,* vol. I, coll. 1022 sq.

die unmittelbar auf die *scène de l'énonciation* verweisen, nämlich das Ausrufe- und das Fragezeichen. Darum haben auch wir alle kurzen Wortfolgen, die eindeutig mit einem Ausruf oder einer Frage verbunden sind, durch Ausrufe- und Fragezeichen gekennzeichnet – und zwar nach der heute üblichen Art sowohl mit einleitendem (¡... – ¿...) als auch mit ausleitendem (...! – ...?) Satzzeichen. Sämtliche Punkte und Kommata haben wir jedoch getilgt. So werden zum einen die Satzgrenzen verunklart, und zum andern können zahlreiche Satzglieder ἀπὸ κοινοῦ auf unterschiedliche Teile bezogen werden. Die philologische Forschung hat die Tragweite des systematisch angestrebten Effekts konfuser Mehrdeutigkeit, wie er sich aus den Gedichttexten erschließen läßt, bislang weitgehend vernachlässigt.[29] Die bewußte Modellierung von *confusio* als eine poetologische Kategorie anzusetzen könnte hier Abhilfe schaffen.

Improprietas

Alles in den Gedichten Gesagte ist niemals das Gemeinte, sondern es steht im Zeichen einer radikalen Uneigentlichkeit und trägt seine Bedeutung immer nur in einem vorbehaltlichen, unzutreffenden Sinn. Diese Differenz zwischen dem Gesagten und dem Gemeinten ist die Möglichkeitsbedingung des allegorischen Verfahrens. Soweit sich freilich zwischen dem Gesagten und dem Gemeinten dennoch eine Analogie abzeichnet, ist hierbei in der Regel das areopagitische Konzept einer ἀνόμοιος ὁμοιότης (‚unähnliche Ähnlichkeit‘) und zudem die theologisch gängige Lehre von der *je größeren Unähnlichkeit* vorausgesetzt, wie sie etwa auf dem IV. Laterankonzil definiert wurde: „quia inter creatorem et creaturam non potest similitudo notari, quin inter eos maior sit dissimilitudo notanda".[30] In Entsprechung und Steigerung dieses Prinzips heißt es im zweiten Buch der *Subida* über die Ähnlichkeit oder Analogie zwischen Gott und den Geschöpfen, die dort *proporción* genannt wird:

> Y por cuanto todas las cosas criadas, como ya está dicho, no pueden tener alguna proporción con el ser de Dios, de ahí se sigue que todo lo que imaginare a semejanza della no puede servir de medio próximo para la unión con El, antes, como decimos, mucho menos. [...] Por lo cual, el alma que hubiere de llegar en esta vida a la unión de aquel sumo descanso y bien por todos los grados de consideraciones, formas y noticias, ha de pasar y acabar con ellas, pues ninguna semejanza ni proporción tienen con el término a que encaminan que es Dios. (II Subida 12,4 sq.)

---

29 Eine bemerkenswerte Ausnahme von dieser Beobachtung stellt neben dem Aufsatz von Erika Lorenz dar die in dieser Hinsicht vorzügliche Studie von Luce López Baralt: *San Juan de la Cruz y el Islam.* Zur angestrebten Mehrdeutigkeit der Dichtung cf. ibid. pp. 19-85.
Zu erwähnen ist hier schließlich das schwierige, aber eindrucksvolle Dokument einer kreativen Rezeption, das die Betonung ebenfalls auf Effekte der Mehrdeutigkeit legt und seinen Niederschlag gefunden hat in einem hochgradig avantgardistischen Roman. Cf. Juan Goytisolo: *Las virtudes del pájaro solitario,* Barcelona: Seix Barral 1988.

30 Concilium Lateranense IV de trinitate (1215), in: Enchiridion symbolorum, definitionum et declarationum, § 806, edd. H. Denzinger, A. Schönmetzer, editio XXXVI emendata, Barcinone; Frigurgi Brisgoviae; Romae: Herder 1976.

[Weil nun, wie gesagt, alle geschaffenen Dinge in keiner Analogie zum göttlichen Wesen stehen, so ergibt sich daraus, daß alles, was man sich nur immer ihnen Ähnliches vorstellen mag, nicht nächstliegendes Mittel sein kann zur Vereinigung mit Gott, im Gegenteil, daß es weit hinter demselben zurückbleibt. (...) Will also die Seele in diesem Leben zur Vereinigung mit jenem höchsten Gute und jener vollkommenen Ruhe gelangen, dann muß sie stufenweise hinweggehen über all die Erwägungen, Bilder und Eindrücke und muß mit ihnen fertig werden, da sie ja in keinem Verhältnis der Ähnlichkeit oder Analogie zu Gott, ihrem Ziele stehen, zu dem sie doch strebt.* (II Aufstieg 11, pp. 217 sq.)]

Der Verzicht auf eine *proprietas* der gebrauchten Wörter und Bedeutungen hat dabei einen ascetischen Sinn. Er ist Teil einer umfassenden Selbsttechnik der Entäußerung, die nicht von ungefähr als *desapropio* (,Enteignung') bezeichnet wird und die schließlich auch auf die semiotische Ebene durchschlägt.

Adquiere [scil. el hombre] más gozo y recreación en las criaturas con el desapropio dellas, el cual no se puede gozar en ellas si las mira con asimiento de propiedad, porque éste es un cuidado que como lazo ata al espíritu en la tierra y no le deja anchura de corazón. (III Subida 20,2.)

[Man empfindet mehr Freude und Befriedigung an den Geschöpfen, wenn man davon abläßt, sie zu eigen zu haben, eine Freude, wie sie der nie kosten wird, dessen Herz sich in den Besitz derselben zu setzen sucht. Denn diese Unruhe bindet den Geist wie mit einer Schlinge an die Erde und gestattet dem Herzen keine Bewegungsfreiheit.* (III Aufstieg 19, pp. 333 sq.)]

Das uneigentliche, allegorische Sprechen ist in einem tieferen Verständnis eine Rede der Preisgabe und des Sichverlierens, die keinen Anspruch auf Eigentum an Sinn erhebt, die sich aber gerade deswegen frei durch die Welt der sprachlichen Zeichen bewegen kann.

Profanatio

Wenn in den Texten profane Liebesgedichte allegorisch für einen geistlichen Sinn stehen und nicht gemeint sind, dann ergibt sich daraus im Kontext der abendländischen Liebeslyrik ein überraschender Sinneffekt. Seit dem italienischen *Dolce Stil Novo* ist es üblich, die Geliebte mit göttlichen Attributen zu versehen, sie zu vergöttlichen.[31] Entsprechendes kann dann sinnverkehrt auch für den männlichen Geliebten gelten. Diese Textstrategie der weltlichen Liebesdichtung deutet das Geliebte zu einem gleichsam göttlichen Wesen um. Das Verfahren läßt sich als eine metaphorische, das heißt uneigentliche Divinisierung verstehen. Aber gerade im Kontext des spanischen Petrarchismus war die möglicherweise blasphemische oder latent häretische Tendenz eines solchen Stilmittels immer bewußt und wurde gern komisch ausgebeutet. Schon in einem Sonett des Marqués de Santillana bezeichnet der Dichter – natürlich nicht ohne Ironie –

---

31 Zur engelgleichen Stilisierung der Herrin und zur religiösen Stellung des *Dolce Stil Novo* allgemein cf. Hugo Friedrich: *Epochen der italienischen Lyrik,* Frankfurt am Main: Vittorio Klostermann 1964, p. 76-83.

seine widerstrebende Geliebte als eine *ydola,* einen weiblichen Götzen, dem er verfallen sei:

> *Por ventura dirás, ydola mía,*
> *que a ti non plaze del mi perdimiento,*
> *antes repruevas mi loca porfía.*[32]

[Du wirst möglicherweise sagen, mein weibliches Götzenbild, / daß dir mein Verlorensein nicht gefällt / und daß du eher meine verrückte Zudringlichkeit verdammst.]

Ebenso schilt in der *Celestina* der Diener Sempronio seinen Herrn Calisto als einen Ketzer, weil dieser in der Rhetorik des petrarchistischen Frauenlobs die Vorzüge seiner Geliebten Melibea schildert.[33] Allerdings ist der Vorwurf des widerchristlichen Götzendiensts hier ebensowenig ernst gemeint wie beim Marqués de Santillana.

Insofern die Dichtung des Johannes vom Kreuz weltliche Muster als ihr Material verwendet, begegnet uns auch dort die Strategie der Divinisierung, sie tritt allerdings in ein gänzlich anderes Bedeutungsspiel ein. Der irdische Geliebte wird mit göttlichen Wesenszügen belehnt, niemals freilich mit dem Gottesnamen an sich, und zugleich steht dieser Geliebte allegorisch anstelle der Gottheit. Eher als von einer – allemal ambivalenten – Divinisierung, wie sie die profane Dichtung kennzeichnet, können wir im Fall der allegorischen Liebesdichtung des Johannes vom Kreuz von einer Strategie der regelrechten Profanation sprechen. Die Attribute werden von der Gottheit, der sie eigentlich zuständen, abgezogen und auf den tieferstehenden menschlichen Geliebten der buchstäblichen Ebene übertragen. Indem die Dichtung die göttlichen Epitheta einem bloßen Menschen zuspricht, werden diese zunächst einmal entweiht.

Hieraus erwächst ein paradoxaler Sinneffekt: Die vom Gedicht aufgesagte Profanation der Gottheit ist nicht in einem buchstäblichen Sinn gemeint, da ja auch der mit göttlichen Attributen belehnte Geliebte nicht eigentlich gemeint ist, sondern für etwas Anderes steht. Das Textverfahren der Vergöttlichung eines bloß irdischen Geliebten führt demnach gerade in der geistlichen Dichtung zu einer besonderen Pointe: Es bewirkt dort nicht etwa die – ohnehin tautologische – Divinisierung der Gottheit selbst, sondern gerade umgekehrt deren Profanation, da die Eigenschaften und Attribute des Heiligen nunmehr an den irdischen Adressaten verschwendet werden.

Die auffällige Profanation des Göttlichen ist vor dem Hintergrund der allegorischen Struktur der Dichtung niemals eigentlich, sondern immer nur uneigentlich gemeint, sie steht für ein unaussprechliches Gegenteil, für eine allerhöchste

---

32 Marqués de Santillana: Soneto VI, vv. 9-11, in: *Obras completas,* ed. edd. A. Gómez Moreno, M. Kerkhof, Barcelona: Planeta 1988, p. 55.

33 «... no basta loco, sino ereje, [...] porque lo que dizes contradize la christiana religión.» (Fernando de Rojas: *La Celestina,* auto I, ed. P. M. Piñero Ramírez, Madrid: Espasa Calpe 1983, p. 104.) – ‚... verrückt reicht nicht aus, sondern ketzerisch, [...] denn was du sagst, widerspricht der christlichen Religion.'

Divinisierung, die zwar dem irdischen, nicht aber dem Göttlichen Geliebten mit rhetorischen Mitteln zugeschrieben werden kann. Jene Form der Allegorie freilich, in der das schiere Gegenteil des Gemeinten gesagt wird (in unserem Fall Profanation anstelle der Divinisierung), beschreibt schon Quintilian als die Figur der Ironie:

> Ἀλληγορία, quam inversionem interpretantur, aut aliud verbis, aliud sensu ostendit, aut etiam interim contrarium. [...] In eo vero genere, quo contraria ostenduntur, εἰρωνεία est: inlusionem vocant.[34]

Auch Isidor von Sevilla wertet die Ironie als eine der sieben Unterarten der Allegorie: „Allegoria est alieniloquium, aliud enim sonat, aliud intelligitur [...]. Ironia est sententia per pronuntiationem contrarium habens intellectum."[35] Die als Divinisierung daherkommende Profanation, die ein ganz wesentliches Kennzeichen der Liebesdichtung des Johannes vom Kreuz ausmacht, ist bei ihm dergestalt mit der Allegorie verwoben, daß sie zu einer ironischen wird. Ironisch steht sie anstelle einer divinisierenden Rede, für die es keine Sprache gibt.

Am Köder des Begehrens

Das Sprachspiel der mystischen Dichtung ist, wie wir gesehen haben, notwendigerweise auf der Ebene der Phantasie und der Imagination angesiedelt. Das Imaginäre wird von der mystischen Rede in den Dienst genommen, um auf ein Anderes zu verweisen, auf die Liebeseinung in der kontemplativen Erfahrung. Dieser Verweisungszusammenhang ist ein paradoxal verschränkter: Er ist nicht so beschaffen, daß das Imaginäre an ihm das einfache Gegenstück der kontemplativen Erfahrung wäre, sondern vielmehr so, daß sich die kontemplative Erfahrung überhaupt nur im Medium des Imaginären zur Sprache bringen läßt, innerhalb dessen sie sich trotzdem nicht vollzieht.[36]

Die mystische Dichtung setzt nicht etwa die Imagination und ihre Phantasiegebilde gegen die Kontemplation ins Recht, sondern sie schreibt die Kontemplation uneigentlich als jene imaginäre Veranstaltung aus, die sie eigentlich nicht ist. Der Zusammenhang zwischen dem Imaginären und der Kontemplation erweist sich damit als ebenso notwendig wie willkürlich: Das Imaginäre ist selbst das Medium der Kontemplation, es ist jedoch ein Medium, das nirgendwohin vermittelt; vielleicht darum hat man oft gesagt, es sei ein Schleier.[37]

---

34 Quntiliani institutio oratoria VIII, 6,44 et 54.
35 Isidori Hispalensis etymologiae I,37,22 et 23.
36 Zur Begriffsgeschichte von *phantasia* respektive *imaginatio* cf. M. Fattori; M. Bianchi edd. *Phantasia. Imaginatio* (V° Colloquio Internazionale, Roma, 9-11 gennaio 1986), Roma: Edizioni dell'Ateneo 1988.
37 Zur Begriffsgeschichte der Kontemplation cf. Marc-Aeilko Aris: *Contemplatio. Philosophische Studien zum Traktat Benjamin Major des Richard von St. Victor*, Frankfurt am Main: Josef Knecht 1996.

Wenn es im mystischen Sprachspiel nicht um die ewige Wiederkehr des harmlosen Widerstreits von Imagination und Wahrheit geht, sondern – weniger harmlos – um die Wahrheit der Imagination an sich, dann ist diese Wahrheit allerdings nicht als eine substantiell oder essentiell erfüllte zu verstehen, sondern als eine zu allem exzentrische. Sie kann von nichts und niemandem gefüllt oder gesättigt werden, am allerwenigsten kann sie sich an der Imagination selbst satt essen, da diese ihren unstillbaren Hunger erst hervortreibt. Johannes vom Kreuz beschreibt diese Ermöglichungsstruktur der Imagination über den Begriff des ‚Köderns‘ (cebar). Durch den Köder werden die Anfänger auf den Weg der Kontemplation gelockt, und dies soll auch so sein:

> De donde los que imaginan a Dios debajo de algunas figuras déstas, o como un gran fuego o resplandor, o otras cualesquier formas, y piensan que algo de aquello será semejante a El, harto lejos van dél; porque, aunque a los principiantes son necesarias estas consideraciones y formas y modos de meditaciones para ir enamorando y cebando el alma por el sentido (como después diremos), y así le sirven de medios remotos para unirse con Dios – por los cuales ordinariamente han de pasar las almas para llegar al término y estancia del reposo espiritual -, pero ha de ser de manera que pasen por ellos y no se estén siempre en ellos, porque de esa manera nunca llegarían al término, el cual no es como los medios remotos ni tiene que ver con ellos; así como las gradas de la escalera no tienen que ver con el término y estancia de la subida, para lo cual son medios; y si el que sube no fuese dejando atrás las gradas hasta que no dejase ninguna y se quisiese estar en alguna dellas, nunca llegaría ni subiría a la llana y apacible estancia del término. (II Subida 12,5.)

> [Wollte man sich demnach Gott unter irgendeinem Bilde solcher Dinge vorstellen, wie etwa als großes Feuer oder als Lichtglanz oder sonst etwas Ähnliches, oder meinte man, etwas Derartiges sei ihm ähnlich, so würde man weit fehlgehen. Wohl mögen solche Erwägungen und Bilder und Betrachtungsweisen für Anfänger notwendig sein, um die Seele durch das Sinnliche verliebt zu machen und zu ködern. Doch dienen sie auch da nur als entferntes Mittel zur Vereinigung mit Gott, und es müssen die Seelen in der Regel durch sie hindurchgehen, um zum Ziel und in das Gemach der geistlichen Ruhe zu gelangen. Doch muß es auch dabei bleiben, daß sie nur hindurchgehen und nicht dauernd darin verweilen, denn sonst würden sie nie ans Ziel kommen; denn dieses ist nicht nach Art der entfernten Mittel und hat nichts mit ihnen gemein. Es ist da wie bei den Stufen einer Treppe, die ja gleichfalls mit dem Ziel, das ist mit dem Zimmer, zu dem man emporsteigt, nichts weiter zu tun haben, als daß sie das Mittel sind, um zu diesem zu gelangen. Wollte darum einer, der zu diesem Gemach emporsteigen will, nicht alle Stufen nehmen, ohne auch nur eine wegzulassen, oder wollte er auf einer derselben stehenbleiben, dann würde er nie nach oben gelangen, würde nie ins freundliche helle ersehnte Ruhegemach kommen. (II Aufstieg 11, pp. 127 sq.)]

Diese Stelle erinnert frappant an den Abschluß von Wittgensteins *Tractatus logico-philosophicus,* wo der Leser ebenfalls die Leiter vergessen soll, auf der er bis zum Gipfel des Verstummens emporgestiegen ist.[38] Der Abschnitt ist aber vor al-

---

38 Cf. Wittgenstein: *Tractatus logico-philosophicus,* in: *Werkausgabe,* vol. I, p. 85.

lem bemerkenswert wegen der positiven Bewertung des Köders.[39] Diese ist auf platonische Tradition zurückzuführen, begegnet etwa schon bei Ficino, und sie wird hier wie an anderen Stellen der Traktate unbekümmert übernommen.[40] Obwohl Sinnenhaftes und Imaginäres keinen Wert in sich tragen und von der Seele abgetan werden sollen, dienen sie dennoch als ein unverzichtbares Lockmittel. Die sinnlichen Reize – und allein sie! – können die Seele letzten Endes dazu verleiten, das gänzlich Unsinnliche, das Inkommensurable zu begehren. Noch einmal erweisen sich die Sinnlichkeit, die Imagination – ja, die erotische Dichtung überhaupt – als ein supplementäres Dispositiv: Die imaginären Apprehensionen rufen das Begehren der Seele hervor, und weil sie es nicht von sich aus stillen können, schieben sie es immer weiter auf. Wenn die Seele diese Dynamik durchschaut und, statt sich in den Köder der Sinnlichkeit zu verbeißen, immer weiterschreitet, dann wird sich auch ihr Begehren immer mehr steigern – bis ins Unendliche: «En este hambriento grado se ceba el alma en amor, porque según la hambre es la hartura.» (II Noche 19,5.) – ‚Vor Hunger schmachtend beißt die Seele auf dieser Stufe am Köder der Liebe an, denn nach dem Maß des Hungers ist auch das Maß der Sättigung.'* (II Nacht 19, p. 157.)

Sich in den Köder der Liebe zu verbeißen heißt, sich von der Sehnsucht nach der Liebe treiben zu lassen, vom Verlangen nach dem puren Verlangen, nicht etwa nach der Befriedigung dieses Verlangens. Der unendliche Aufschub wird zur Ermöglichungsstruktur eines unendlichen Begehrens, worin Hunger und Sättigung ununterscheidbar werden, weil der Hunger selbst zur Figur der Sättigung gerät oder auch umgekehrt. José Angel Valente spricht in genau diesem Sinn von einer unendlichen Begierde nach dem Begehren – *avidez infinita del desear*.[41] Es verdankt sich den imaginären Apprehensionen, die es dennoch zu überwinden strebt; es schreibt sich darum auch von der Sprache erotischer Dichtung her. Schließlich wurde ein solches Begehren nach dem Begehren über das Konzept der Fernliebe (*amor de lonh*) schon in der Dichtung der Troubadours thematisiert.[42] Wenn die Dichtung des Johannes vom Kreuz eine Funktion

---

39 Die Grundbedeutung von *cebo* und vom abgeleiteten Verbum *cebar* ist eindeutig die des Köderns und Einfangens. So heißt es im Wörterbuch von Sebastián de Covarrubias aus dem Jahr 1611: «CEBO. Se dixo del nombre latino *cibus*, porque es la comida que se echa a las aves, animales y peces, para cogerlos en la trampa, en la red, en el ançuelo.» (Sebastián de Covarrubias: *Tesoro de la lengua castellana*, s. v. «cebo».) – ‚Cebo – Köder. Das Wort kommt von lateinisch *cibus*, denn es ist das Futter, das man den Vögeln, Tieren und Fischen hinwirft, um sie in der Falle, im Netz oder am Angelhaken zu fangen.'

40 Cf. Marsilius Ficinus de amore II,2 et V,7. Zur Tradition der Metapher vom Köder bis hin zur englischen Literatur der frühen Neuzeit äußert sich ausführlicher Werner von Koppenfels: „Esca et hamus amoris. Versuch einer historischen Liebesmetaphorik" (1973), in: Id.: *Bild und Metamorphose. Paradigmen einer europäischen Komparatistik*, Darmstadt: Wissenschaftliche Buchgesellschaft 1991, pp. 13-60.

41 Cf. Valente: „Verbum absconditum", in: *El pájaro y la red*, pp. 202-220, ibid. 216.

42 Bekanntlich ist die *amor de lonh* der Troubadours nicht etwa auf den tatsächlichen Gewinn der besungenen Herrin, sondern auf einen Liebesgenuß ohne Besitz des Liebesobjekts ausgerichtet. Jaufré Rudel kann demnach singen: «Ver ditz qui m'apella lechai / Ni desiron d'amor de lonh, / Car nulhs autre jois tant no·m plai / Cum jauzimens d'amor de lonh.» – ‚Die Warheit sagt, wer

hätte, wie man landläufig sagt, dann gewiß die (aber kann man das dann noch
eine Funktion nennen?), in ihren sichtbaren Figurationen ein unendliches Begehren nach dem unsichtbaren Andern zu entfesseln. Doch die sinnliche Liebesdichtung vermag genausowenig wie alle anderen sinnlichen Apprehensionen das
Begehren, das sie erzeugt, je zu stillen, sie zeugt es immer nur fort. In dieser Bewegung bezeugt die Dichtung, daß auch sie das Begehren nicht gründet, sondern
daß sie ihrerseits allererst in ihm gründet.

---

mich lüstern genannt hat / und begierig nach Liebe aus der Ferne, / denn keine andere Freude
gefällt mir so sehr / wie der Genuß der Liebe aus der Ferne.‘ (Jaufré Rudel, «Lanquan li jorn son
lonc en may», vv. 43-46, in: *Les Troubadours,* edd. et transtt. René Nelli, René Lavaud [1960],
Paris: Desclée de Brouwer 2000, vol. I, pp. 52; 54.)

2.2. Geistlich oder buchstäblich lesen?

Im Anschluß an die im vorausgehenden Kapitel erstellte Skizze einer Poetik des Buchstabens bei Johannes vom Kreuz wenden wir uns nunmehr seinem ersten großen und vielleicht berühmtesten Gedicht zu, das meist als *Noche oscura* betitelt wird.[1] Die zugrunde gelegte metrische Form ist die sogenannte *lira garcilasiana*. Es handelt sich dabei nämlich um Fünfzeiler nach einem italienischen Schema, das in Spanien von Garcilaso eingebürgert wurde. In den fünfzeiligen Strophen wechseln sich Sieben- und Elfsilber in fester Reihenfolge ab. Bereits in der Versgebung spiegeln sich somit die Tendenzen der hohen, höfischen Dichtung wider, aber gleichzeitig läßt sich dank den refrainartigen Wiederholungen und dem Überwiegen der Parataxe auch der Stil der volkstümlichen Literatur erkennen. Der Text soll hier gleich zu Eingang unserer Ausführungen als ganzer vorgestellt werden. Das achtstrophige Gedicht hat folgenden Wortlaut:

> *En una noche escura*
> *con ansias en amores inflamada*
> *¡o dichosa ventura!*
> *salí sin ser notada*
> 5 *estando ya mi casa sosegada*
>
> *A escuras y segura*
> *por la secreta escala disfraçada*
> *¡o dichosa ventura!*
> *a escuras y encelada*
> 10 *estando ya mi casa sosegada*

---

1 Um die Dichtung von der gleichnamigen mystagogischen Abhandlung zu unterscheiden, werden wir für die letztgenannte in der Regel vereindeutigende Zusätze wie Prosaerklärung, Traktat und dergleichen mehr verwenden. Wo nur von der *Noche oscura* die Rede ist, beziehen wir uns immer auf das Gedicht oder Lied. Für die Datierung existiert das Jahr 1582 als ein *terminus ante quem.* Paola Elia resümiert die vorherrschende Auffassung, wenn sie angibt, daß das Gedicht entweder noch im Gefängnis oder kurz nach der Flucht, dann wohl in Andalusien, niedergeschrieben worden sei. Cf. Paola Elia ad locum, in: *Juan de la Cruz: Poesie,* ed. P. E., p. 152.
Eine maßgebliche Interpretation des Textes aus jüngerer Zeit, die gerade dessen beunruhigende Aspekte herausarbeitet, findet sich bei André Stoll: „San Juan de la Cruz: 'En una noche oscura'. Itinerarium extaticum oder Kryptische Durchquerung der Liebesgärten", in: *Die spanische Lyrik von den Anfängen bis 1870,* ed. Manfred Tietz, Frankfurt am Main: Vervuert 1997, pp. 325-354. – Wenn wir die *Noche oscura* als die *erste* der großen Dichtungen bezeichnen, dann ist die Ordnungszahl in Entsprechung zur üblich gewordenen Reihenfolge in den Ausgaben gemeint, nicht aber in einem chronologischen Sinn (aller Wahrscheinlichkeit nach wurde ja der *Cántico espiritual* früher gedichtet – und mit Sicherheit im Gefängnis).

En la noche dichosa
en secreto que nadie me veýa
ni yo miraua cosa
sin otra luz y guía
15   *sino la que en el coraçón ardía*

Aquésta me guiaua
más cierto que la luz del mediodía
adonde me esperaua
quien yo bien me sabía
20   *en parte donde nadie parecía*

¡O noche! que guiaste
¡o noche! amable más que el aluorada
¡o noche! que juntaste
amado con amada
25   *amada en el amado transformada*

En mi pecho florido
que entero para él solo se guardaua
allí quedó dormido
y yo le regalaua
30   *y el ventalle de cedros ayre daua*

El ayre de la almena
quando yo sus cabellos esparcía
con su mano serena
en mi cuello hería
35   *y todos mis sentidos suspendía*

Quedéme y oluidéme
el rostro recliné sobre el amado
cessó todo y dexéme
dexando mi cuydado
40   *entre las açucenas oluidado*

* * *

In einer dunklen Nacht,
voll Sehnsucht, in Liebe entflammt,
o glückliches Geschick!
da brach ich auf, ohne bemerkt zu werden,
5   als mein Haus schon zur Ruhe gekommen war.

In Dunkelheit und Sicherheit,
über die geheime Leiter, in Verkleidung,
o glückliches Geschick!
im Dunklen und im Verborgnen,
10   als mein Haus schon zur Ruhe gekommen war.

> In der glücklichen Nacht,
> im geheimen, daß niemand mich sah,
> noch ich etwas schaute,
> ohne anderes Licht und Geleit
15   außer dem, das in meinem Herzen brannte.

> Dieses führte mich
> sicherer als das Licht des Mittags
> dorthin, wo auf mich wartete,
> von dem ich ganz genau wußte,
20   an einem Ort, wo niemand erschien.

> O Nacht, die du geleitet!
> O Nacht, liebenswerter als das Morgenrot!
> O Nacht, die du vereint hast
> Geliebten mit Geliebter,
25   Geliebte in den Geliebten verwandelt!

> An meiner blühenden Brust,
> die für ihn allein sich unversehrt bewahrte,
> dort war er eingeschlafen,
> und ich liebkoste ihn,
30   und es kam vom Fächeln der Zedern Lufthauch.

> Der Lufthauch der Zinne,
> als ich sein Haar durchkämmte,
> mit seiner unbekümmerten Hand
> verletzte er mich am Hals
35   und ließ alle meine Sinne schwinden.

> Da blieb ich und vergaß mich,
> neigte das Gesicht auf den Geliebten;
> alles hörte auf, ich ließ mich fallen,
> ließ ab von meiner Sorge,
40   unter weißen Lilien vergessen.

Der Text selbst erweist sich als eine kurze Ich-Erzählung. Das Subjekt der Äuße-rung, das *sujet de l'énonciation,* welches Bericht erstattet, und das *sujet de l'énoncé,* das Subjekt, von welchem erzählt wird, sind miteinander identisch, und die zahl-reichen Ausrufe, denen ein propositional belegbarer Inhalt schwer zuzuordnen ist, belegen, daß die *énonciation* das *énoncé* überwiegt. Es handelt sich um eine weibliche Figur, die vom eigenen glücklichen Liebesabenteuer berichtet und ge-fühlsmäßig noch ganz unter dem Eindruck des Erlebten zu stehen scheint. Oder aber: Der Bericht von diesem Abenteuer erweckt in ihr genau jene Gefühle, un-ter deren Eindruck sie damals stand. Der in den Versen 3 und 8 zweimal wieder-holte Ausruf *¡o dichosa ventura!* (‚oh glückliches Geschick!‘) beinhaltet sowohl das Moment des Zufalls, ja der Gefahr, die sich mit dem Liebesabenteuer zu verbinden scheint, als auch deren erfolgreiche Überwindung und den glücklichen Ausgang.

In den insgesamt acht Strophen gibt die Sprecherin also den Ablauf der Liebesbegegnung mit ihrem Geliebten wieder, die ihr zu einem unbestimmt bleibenden Zeitpunkt der Vergangenheit zuteil geworden ist. Da sie in heftiger Liebe zu ihrem Freund entbrannt ist, flieht die Erzählerin zuerst des Nachts aus ihrem Haus (Strophen I-II). In der Dunkelheit erreicht sie einen einsamen Ort, an dem sie sich wohl mit dem Geliebten verabredet hat (III-IV). Das Paar findet sich und vollzieht alsbald die körperliche Vereinigung (V). Darauf schläft der Geliebte ein (VI). Die Geliebte aber kostet die Wonnen der Liebe voll aus und erweist dem schon schlafenden Freund ihre hingebungsvolle Zärtlichkeit (VII), bis daß ihr die Sinne schwinden und sie in süßem Schlummer Erquickung findet (VIII). Das unbedingte Verlangen der Sprecherin nach dem Geliebten, das sich in Vers 2 ausdrückt: *con ansias en amores inflamadas* (‚voll Sehnsucht, in Liebe entflammt‘), scheint den Text zunächst in den Zusammenhang der petrarchistischen Liebeslyrik einzurücken. Aber dank dem zweimaligen μακαρισμός (‚Seligpreisung‘) der *ventura* (‚Geschick‘), hebt sich das Gedicht doch auch wieder sehr deutlich von jenem Kontext ab, den es gleichwohl evoziert. Italienisch *ventura* bezeichnet bei Petrarca im allgemeinen das zutiefst ambivalente Liebesschicksal des Dichters. Zum einen beschert ihm die *ventura* als ein glücklicher Zufall immer wieder Gunsterweise der einseitig geliebten Dame, beispielsweise ihren reich bestickten Handschuh:

> *Mia ventura e Amor m'avean sí adorno*
> *d'un bello aurato et serico trapunto,*
> *ch'al sommo del mio ben quasi era aggiunto,*
> *pensando meco: A chi fu quest'intorno?*[2]

[Mein Geschick und Amor hatten mich so reich ausstaffiert / mit einer schönen, golddurchwirkten Stickarbeit aus Seide, / daß ich beinahe schon zum Gipfel meines Glücks gelangt war / und bei mir dachte: Wen hat diese Hülle umgeben?]

Zum andern aber verursachen eben diese Zufälle auch das unvorstellbare Leid des Liebenden. So ruft der Dichter die magnetische, unwiderstehliche Anziehungskraft der Laura auf ihn an als: «O cruda mia ventura!»[3] – ‚o mein grausames Geschick!‘ Auch andernorts führt er über die *ventura*, die er durchleben muß, immer wieder beredte Klage:

> *poi che la dispietata mia ventura*
> *m'à dilungato dal maggior mio bene,*
> *noiosa, inexorabile et superba,*[4]

[... seitdem mein erbarmungsloses Schicksal / mich von meinem größten Gut entfernt hat, / auf seine launische, unerbittliche und hochmütige Art.]

---

2 Francesco Petrarca: *Canzoniere* CCI, vv. 1-4, ed. U. Dotti, Milano: Feltrinelli 1979, p. 208.
3 Ibid. CXXXV, v. 28, ed. Dotti, p. 121.
4 Ibid. CXXVII, vv. 15-17, ed. U. Dotti, p. 159.

Im spanischen Petrarchismus ist das Schicksal der Liebenden vielleicht als noch unglücklicher denn bei Petrarca einzuschätzen. Jedenfalls ist im poetischen Sprachgebrauch des Garcilaso de la Vega spanisch *ventura* weithin synonym mit seinem Antonym, nämlich mit *desventura*. So heißt es:

> *Parecerá a la gente desvarío*
> *preciarme deste mal do me destruyo:*
> *yo lo tengo por única ventura.*[5]

[Den Leuten wird es Unvernunft scheinen, / daß ich mich jenes Übels glücklich preise, das mich vernichtet: / doch ich halte es für mein einzig glückliches Schicksal.]

Wenn der Sänger von Garcilasos zweiter *Canción* durch die menschenleere Landschaft streift, führt er folgerichtig seine trostlose Situation auf das unglückliche Schicksal zurück, in das seine Herrin ihn mit ihrer Zurückweisung gestürzt hat, und er stilisiert sich in dieser Klage durchaus zu einem jener Dichter der Einsamkeit, die von Karl Vossler beschrieben wurden.[6] So heißt es etwa in der zweiten Strophe dieses Lieds:

> *Mas ¿qué haré, señora,*
> *en tanta desventura?*
> *¿A dónde iré si a vos no voy con ella?*
> *¿De quién podré yo ahora*
> *valerme en mi tristura*
> *si en vos no halla abrigo mi querella?*[7]

[Aber was soll ich tun, Herrin, / bei einem so unglückseligen Schicksal? Wohin soll ich mich wenden, wenn ich mich damit nicht an Euch wende? / Auf wen kann ich jetzt / in meiner Traurigkeit mich stützen, / wenn meine Klage nicht bei Euch Aufnahme findet?]

Die Bedeutungsähnlichkeit von *ventura* und *desventura* wird in der dritten *Canción* sogar zu einem Wortspiel ausgenutzt:

> *Tengo sola una pena,*
> *si muero desterrado*
> *y en tanta desventura:*
> *que piensen por ventura*
> *que juntos tantos males me han llevado,*
> *y sé yo bien que muero*
> *por solo aquello que morir espero.*[8]

[Nur etwas bereitet mir Kummer, / wenn ich in der Verbannung sterbe / und in so großem Mißgeschick (*desventura*), / daß man aus einem Zufall heraus (*por ventura*) meinen könnte, / daß mich so viele Übel zusammen dahinge-

---

5 Garcilaso de la Vega: Soneto 36, vv. 12-14, in: *Poesías castellanas completas,* ed. E. L. Rivers, Madrid: Castalia 1972, p. 72.

6 Zum Thema der *soledad* bei Garcilaso cf. Vossler: *Poesie der Einsamkeit in Spanien,* p. 72.

7 Id.: Canción II, vv. 14-19, ed. Rivers, p. 80.

8 Id.: Canción III, vv. 20-26, ed. Rivers, p. 84.

rafft haben, / und dabei weiß ich genau, daß ich sterbe / nur wegen jenes
Übels, um dessentwillen ich zu sterben hoffe.]

Die Liebende der *Noche oscura*, die sich des Nachts auf die Suche nach dem Geliebten macht und ihr Schicksal glücklich preist, erinnert somit gerade ex negativo an all die Figuren des Petrarchismus, die ihr grausames Schicksal bejammern
und zum Teil ebenfalls auf einer nächtlichen Suche sind, so etwa der von seiner
Camila verlassene Albanio in der zweiten Ekloge.[9] Im Gegensatz hierzu wird in
der *Noche oscura* die Sehnsucht der liebenden Frau ihre Erfüllung finden – und
dies erfahren wir schon aus den Ausrufen der ersten beiden Strophen.

Gerade die unverkennbaren, wenngleich distanzierenden Anspielungen auf die
weltliche Liebesdichtung gestatten es uns von vornherein, das Gedicht durchgängig auf der buchstäblichen Ebene zu lesen und es als die Wiedergabe eines
galanten Abenteuers zu betrachten. Allerdings ist dem Gedicht ebenso wie in anderen Abschriften so auch in der kostbaren, vom Autor mit eigenhändigen Kor-
rekturnotizen versehenen Handschrift des Karmelitinnenkonvents von Sanlúcar
de Barrameda in Andalusien, der wir hier folgen, eine Inhaltsangabe, ein *argumentum,* vorangestellt, das folgendermaßen lautet:

> *Canciones del alma*
> *que se goza de auer llegado*
> *al alto estado de la perfección*
> *que es la unión con Dios*
> *por el camino de la negación espiritual*
> *de el mesmo author*
>   (Noche oscura, argumentum).
> [Lied der Seele,
> die sich freut, den hohen Stand der Vollkommenheit,
> was die Einung mit Gott ist,
> auf dem Weg der geistigen Verleugnung
> erreicht zu haben.
> Vom selben Verfasser.]

Dadurch scheinen der Dichter oder doch zumindest der Abschreiber respektive
die Abschreiberin darauf hinwirken zu wollen, daß sich der Leser nicht gar zu
lange bei den beiläufigen und rein weltlichen Stationen eines amourösen Erlebnisses aufhält. Vielmehr schlägt er eine geistliche Deutung der erzählten Begebenheit vor, der in etwa folgendes Schema zugrunde liegt: Die Geliebte, von der
das Gedicht spricht, ist die menschliche Seele; der Liebhaber ist mit Gott gleich-

---

9 «La quinta noche, en fin, mi cruda suerte [...] // hizo que de mi choza me saliese / por el silencio
de la noche 'scura / a buscar un lugar donde muriese, // y caminando por do mi ventura / y mis
enfermos pies me condujeron, / llegué a un barranco de muy gran altura.» (Id.: Egloga II, vv.
533; 536-542, ed. Rivers, p. 151.) – ,In der fünften Nacht schließlich ließ mein grausames
Schicksal [...] // mich aus meiner Hütte aufbrechen / durch die Stille der dunklen Nacht, / um
einen Ort zu suchen, wo ich sterben könnte, // und wie ich so dahin lief, wohin mein Geschick /
und meine kranken Füße mich führten, / gelangte ich zu einem Steilufer von sehr großer Höhe.'

zusetzen; und die Begegnung der beiden Liebenden bedeutet schließlich die Einung der Seele mit Gott.

Über drei aufsteigende Stufen gelangt der Mystiker nach der neuplatonisch vorgegebenen Tradition zur Erfahrung der Einung mit Gott. Zunächst begibt er sich auf den Läuterungsweg, die *via purgativa,* die durch ascetische Übung und Selbstverleugnung geprägt ist und im *argumentum* als *negación espiritual* (,geistige Verleugnung') bezeichnet wird. Der Läuterungsweg entspräche somit dem Geschehen der ersten beiden Strophen, die auch der Stoff der zugehörigen Prosaschriften sind, nämlich der *Subida del Monte Carmelo* und der *Noche oscura.* Sodann folgt der Erleuchtungsweg, die *via illuminativa,* auf der die Seele bereits das göttliche Licht zu erkennen beginnt. Der Erleuchtungsweg bestimmt demnach die Strophen III und IV. Die letzte Stufe ist schließlich der Einungsweg, *via unitiva* oder auch *via transformativa* genannt. Dort vereinigt sich die Seele zur Gänze mit Gott und erfährt dabei eine bleibende Verwandlung. Dieses äußerste Stadium, welches mitunter auch als theopathischer Zustand bezeichnet wird, ist in den vier letzten Strophen erreicht, wo die Sprecherin in Vers 25 ausdrücklich einen Prozeß der Umgestaltung benennt: *amada en el amado transformada»* (,die Geliebte in den Geliebten verwandelt').

Trotz alledem scheint uns eine rein geistliche Lesart des Gedichts noch zu keinem zufriedenstellenden Ergebnis zu führen, da sie den buchstäblichen Sinn allzu voreilig verabschieden muß. Selbstverständlich soll hier nicht die Berechtigung einer Lektüre angezweifelt werden, die nach dem übertragenen Sinn fragt. Jedoch sind wir der Auffassung, daß sich zunächst einmal auf der Ebene des buchstäblichen Sinns Sachverhalte abzeichnen, die wir nicht ungestraft übergehen dürfen und die sich auch nicht auf so einfache Weise auf einen geistlichen Sinn hin übersteigen lassen, wie es das vorausgeschickte *argumentum* glauben machen könnte. Angesichts solcher Schwierigkeiten möchten wir das Liebesabenteuer des Gedichts weitgehend vor dem Hintergrund von Georges Batailles Konzeption der Erotik lesen, zugleich aber auch seine Affinität zu sowohl älteren als auch zeitgenössischen Bezugstexten deutlich machen. Diese Vorgehensweise wird es uns gestatten, im Lied der *Noche oscura* ein Bedeutungsspiel zu entdecken, das die etwas schlichten Gleichsetzungen, die wir skizziert haben, weit hinter sich läßt. Soviel sei schon hier gesagt: Der Bericht der liebenden Frau erzählt von einer inneren – und damit eben auch von einer erotischen – Erfahrung in jenem starken Sinn, den Bataille diesen Notionen gegeben hat.

2.3. ÜBERSCHREITEN UND SCHÄNDEN

Als erster hat wohl Karl Vossler darauf aufmerksam gemacht, daß die Beziehungen der Paare bei Johannes vom Kreuz regelmäßig im Zeichen einer „heimlichen, unerlaubten Liebe" stehen.[1] Dieser Befund gilt ganz besonders für das Lied der *Noche oscura*. Von Anfang an wird die geschilderte Szenerie von einem Schimmer der Transgression beschienen, der trotz Vosslers Hinweis vielen Interpreten entgangen ist. Zunächst sind die Begleitumstände der heimlichen Flucht zu betrachten. Das Mädchen wartet in den Versen 5 und 10 ab, bis alle im Haus eingeschlafen sind: *estando ya mi casa sosegada* (‚und als mein Haus schon zur Ruhe gekommen war‘). Dann steigt es aus ihrer Schlafkammer herab, wozu es eine Leiter (*escala*), wahrscheinlich eine Strickleiter benutzt, und gelangt ins Freie. Wer das Verhalten des Mädchens um jeden Preis hätte vereiteln müssen, das sind gemäß dem spanischen Ehrenkodex, der im 16. und 17. Jahrhundert herrscht, die männlichen Verwandten, in erster Linie der Vater und die Brüder. Deren unbezweifelbarer Autorität entzieht sich die Verliebte mit Hilfe einer List. Indem sie aber das Gesetz der Ehre mit Füßen tritt, setzt sie sich bezeichnenderweise über ein Verbot hinweg, das zur damaligen Zeit Grundlage der spanischen Heiratsregeln war.

Weiterhin ist zu bedenken, daß hier nicht etwa der Liebhaber unbemerkt in die Kammer seiner Freundin einzudringen sucht, so daß ihr selbst nur ein geringer Anteil an Schuld zuzuschreiben wäre. Während ein solcher Handlungshergang in zahlreichen Novellen und Liebeserzählungen üblich ist, nimmt in unserem Gedicht die Entwicklung den genau umgekehrten Gang: Das Mädchen ergreift selbst die Initiative, und wenn es im Schutz der Dunkelheit das väterliche Anwesen verläßt, kompromittiert es damit nicht nur seine eigene Ehre, sondern auch die seiner Familie. Die zum Zweck der Flucht angelegte Vermummung wehrt der Gefahr, wiedererkannt zu werden. Mit Hilfe der Verkleidung entledigt sich die Liebende zugleich ihrer bisherigen Identität. Sie wird zur Herumtreiberin. Moralisch entschuldbar ist ihr Verhalten nur insofern, als sie in ihrem brennenden Liebesverlangen ohnehin nicht zurechnungsfähig ist, also schon von vornherein außerhalb der moralischen Ordnung und ihrer Normen handelt. Sie erinnert auch an die Heldinnen zahlreicher Novellen und *Comedias,* die sich in Verkleidung auf die Suche nach ihren untreu gewordenen Verlobten machen werden – nur daß in ihrem Fall ein Verlobungsversprechen noch gar nicht vorge-

---

1 „Wenn man hingegen dem Wortlaut seiner flüsternden, kosenden, trunkenen Strophen glaubt, so ist es die geheime, unerlaubte, nimmersatte, abenteuerliche und inbrünstige Liebe seiner schmachtenden Seele." (Vossler: *Poesie der Einsamkeit in Spanien*, p. 260.)

legen hat. Unverkennbar trägt die Ausreißerin der *Noche oscura* damit die Züge eines Flittchens oder – historisch gesprochen – einer *pícara.*

Dieser Eindruck festigt sich im weiteren Verlauf des Gedichts. Nicht von ungefähr rufen das Motiv des nächtlichen Stelldicheins insgesamt, dann vor allem der Gegensatz zwischen lieblicher Nacht und hereinbrechendem Tag in Vers 22: *noche amable más que el aluorada* (,Nacht liebenswerter als das Morgenrot') und die vermutlich morgendliche Brise mit der Erwähnung der Turmzinne in Vers 31: *el ayre de la almena* (,der Lufthauch der Zinne') jeweils die Erinnerung an beliebte Themen des Tagelieds respektive des Alba-Lieds hervor, das eine der gebräuchlichsten Gattungen in der provenzalischen Dichtung des Mittelalters war.[2] Auch dort verletzt das Liebespaar, das zueinanderkommt, die herrschenden Ehegesetze, weil in diesem Fall die Dame verheiratet ist. Die Liebenden fürchten somit die Rückkehr des eifersüchtigen Ehemanns und werden am Morgen vom Wächter auf dem Turm, vom Rauschen des Windes oder auch vom Gesang eines Vogels geweckt und gewarnt. Viele dieser Motive haben auch auf die Dichtung der Iberischen Halbinsel gewirkt und wurden dort in unterschiedlicher Weise aufgegriffen.

Noch mehr ins Gewicht fallen allerdings die Anknüpfungen an die mittelalterliche Gattung der galizisch-portugiesischen sowie spanischen *Cantiga de amigo.*[3] Dort besingt ein Mädchen die Liebe zu seinem Freund und führt dann oft ebenfalls Klage über die Trennung vom Geliebten am Morgen nach dem heimlichen, nächtlichen Treffen. Wenn das Gedicht auf diese Strömungen der mittelalterlichen Literatur anspielt, dann einerseits, um sie zu überbieten, denn hier wird nicht das Unglück der Trennung, sondern das Glück des Zusammenseins beschrieben; zum andern aber auch, um die Tatsache hervorzuheben, daß wir es hier mit einer außerehelichen, grundsätzlich illegitimen Beziehung zu tun haben, also jener Form der unerlaubten Liebe, der beispielsweise Juan de Mena einen eigenen Traktat gewidmet hat. Dort bestimmt er seinen Gegenstand – in Abgrenzung zur ehelichen Liebe – folgendermaßen:

> E amor otra vez se subdivide en dos partes, la una es en amor líçito e sano, la otra en no líçito e insano. Amor sano e líçito e honesto es aquel que viene por intervenimiento de matrimonio conjugal. [...] Vengamos pues al amor no líçito e insano, e digamos quáles son aquellas cosas que provocan e aquexan los coraçones de los mortales a bien querer e amar, e dilatemos e fagamos este capítulo más grande que los otros por contemplación del amor.[4]

> [Die Liebe wiederum untergliedert sich in zwei Teile: zum einen in die erlaubte und gesunde Liebe, zum andern in die nicht erlaubte und wahnsinnige Liebe. Gesunde, erlaubte und ehrenhafte Liebe ist diejenige, die durch den Abschluß einer ehelichen

---

2 Cf. Friedrich Dietz: *Die Poesie der Troubadours,* 2. vermehrte Auflage von K. Bartsch (1883), Hildesheim: Georg Olms 1966, pp. 133 sq.

3 Cf. José Joaquim Nunes: «Introdução», in: *Cantigas d'Amigo dos Trovadores Galego-Portugueses,* ed. id., vol. I, Coimbra: Imprensa da Universidade 1928.

4 Juan de Mena: *Tratado de amor,* in: *Obras completas,* ed. M. A. Pérez Priego, Barcelona: Planeta 1989, pp. 379-391, ibid. 380 sq.

Verbindung zustande kommt. (...) So wollen wir also nunmehr zur nicht erlaubten und wahnsinnigen Liebe gelangen und darlegen, welches die Gründe sind, welche die Herzen der Sterblichen dazu bewegen und dazu drängen gern zu haben und zu lieben. Hierbei wollen wir weiter ausholen und dieses Kapitel länger als die anderen machen, um die Liebe darin einer Betrachtung zu unterziehen.]

Auch in der *Noche oscura* geht es um ein solches Verhältnis unerlaubter, wahnsinniger Liebe, wie sie Juan de Mena beschreibt und wie sie die spanische Tradition seit dem *Libro de buen amor* des Arcipreste de Hita unter dem Namen des *loco amor* (,verrückte Liebe') kennt.[5] Schwerlich dürfte es sich also bei der Verbindung der Sprecherin mit ihrem Geliebten um eine jener berüchtigten Geheimehen handeln, die auf dem Konzil von Trient im übrigen verboten wurden. Vielmehr ist zweifelsohne der Tatbestand der Verführung einer Jungfrau erfüllt. Es liegt also nach dem juristischen und theologischen Sprachgebrauch ein sogenanntes *stuprum* vor.

Das Liebespaar stellt sich außerhalb der *loi de l'alliance*, des Gesetzes des Ehebundes, das laut Michel Foucault die vorneuzeitliche Ordnung der Erotik begründet.[6] Diese *loi de l'alliance* steht hier repräsentativ für die gesellschaftliche Ordnung schlechthin, die das Paar übertritt. Bekanntlich war nach der gängigen Lehre die körperliche Vereinigung nur Ehegatten mit der Absicht der Fortpflanzung gestattet. Wenn aber in unserem Gedicht die Beziehung der Liebenden eine außereheliche und außergesetzliche ist, dann ist von vornherein anzunehmen, daß sie in ihrer Umarmung den bloßen Genuß der Lust suchen, die reine *delectatio venerea*, und daß sie nicht die Zeugung intendieren, jene *humana generatio*, die allein den Vollzug des Liebesaktes rechtfertigen könnte.

Daß das Paar einen perversen Liebesakt vollziehen könnte, suggeriert der Text des Gedichts auf eine überaus raffinierte Weise in den letzten drei Strophen. Der Geliebte ist in Strophe VII an der blühenden Brust seiner Freundin eingeschlafen, und sie erweist ihm Liebkosungen, fächelt ihm wahrscheinlich sogar frischen Wind zu. In einer neueren Untersuchung des Gedichts wurde zu Recht auf die selbstbewußt initiative, angeblich sogar androgyne Attitüde der liebenden Frau aufmerksam gemacht.[7] Jedenfalls hebt sich ihre Aktivität von der Passivität des schlafenden Geliebten ab. Als sie schließlich in der letzten Strophe, in Vers 37, selber einschläft und ihr Gesicht auf den Geliebten senkt: *el rostro recliné sobre el amado* (,das Gesicht neigte ich auf den Geliebten'), ist damit auf jeden Fall eine Bewegungsrichtung von oben nach unten angedeutet. Zu einer solchen Geste

---

5 «Enpero, por que es umanal cosa el pecar, si algunos, lo que non les consejo, quisieren usar del loco amor, aquí fallarán algunas maneras para ello.» – (Arcipreste de Hita: *Libro de buen amor*, „Intellectum tibi dabo...", ed. et transt. H. U. Gumbrecht (Klassische Texte des Romanischen Mittelalters), München: Wilhelm Fink 1972, p. 66.) – ,Weil andererseits das Sündigen etwas Menschliches ist, finden solche, die sich, was ich ihnen nicht rate, auf die törichte Liebe einlassen wollen, hier einige Wege dazu.'

6 Cf. Foucault: *La Volonté de savoir* (Histoire de la sexualité, vol. I), Paris: Gallimard 1976, pp. 50-54.

7 Cf. José C. Nieto: *San Juan de la Cruz, poeta del amor profano*, San Lorenzo de el Escorial: Swan, Avantos & Hakeldama 1988, pp. 221-228.

läßt sich unschwer jene erotische Figur assoziieren, die bei Apuleius mit dem poetischen Namen einer *pendula Venus* bezeichnet wird.[8] Wiewohl eine solche Stellung seit alters her als besonders lustvoll gilt, ist sie dennoch – oder gerade deshalb – nach mittelalterlichem und frühneuzeitlichem Verständnis dem Paar nicht gestattet, weil dadurch eine mögliche Schwängerung der Frau verhindert werden könnte. Im *Decameron* hat Boccaccio aus ebendiesem Tabu die komische Pointe der vierten Novelle des ersten Tages gemacht.[9] Vor einer solchen Folie betrachtet kommt das Liebesabenteuer der *Noche oscura* einem *vitium contra naturam* zumindest sehr nahe, es gerät wie von selbst zu einem regelrecht perversen Exzeß. Das Begehren, welches die Liebenden zueinanderführt, findet so gesehen seine Erfüllung gerade in der Übertretung, in der Transgression jener erotischen Gebote und Verbote, die ihnen die Gesellschaft auferlegt hat.

Halten wir des weiteren fest, daß sich der erotische Akt der Transgression, der die bestehenden rechtlichen und religiösen Normen verletzt, laut Vers 40 inmitten weißer Lilien vollzieht: *entre las açucenas* (‚unter weißen Lilien‘). Die weiße Blüte der Lilie wird üblicherweise mit der Tugend der Keuschheit und Reinheit in Verbindung gebracht. In den Darstellungen der Verkündigung an Maria dient die Lilie als das Attribut des Erzengels oder gar der seligen Jungfrau selbst. Auch heilige Männer wie Thomas von Aquin, Antonius von Padua oder Aloisius Gonzaga, ja sogar der heilige Joseph von Nazareth in jugendlicher Gestalt, werden seit dem Zeitalter der Gegenreformation gern durch weiße Lilienblüten gekennzeichnet, die auf die Tugend einer lebenslangen, jungfräulichen Keuschheit hindeuten sollen.[10] In unserem Gedicht kommt der Lilie eine analoge Funktion zu: Ihre weiße Farbe bezeichnet, wo nicht mehr die Keuschheit, so doch die Jungfräulichkeit, die das Mädchen in seiner Hingabe an den Geliebten soeben verloren hat.

Nach dem Verständnis zahlreicher – auch außerchristlicher – Kulturen und Religionen führt der erotische Vollzug zur rituellen Unreinheit der beteiligten

---

8 Cf. Apulei metamorphoseon liber II,17,4. Das Gemeinte ist auf die plastische Formel zu bringen: *prona pendet dum supinus iacet*. Obszöne Sachverhalte sowie laszive italienische und insbesondere spanische Texte werden hier und im folgenden nach dem philologischen Brauch des 19. Jahrhunderts – sofern möglich – auf lateinisch wiedergegeben.

9 Ein junger Mönch, der das besondere Liebesspiel seines Abtes mit einer jungen Frau beobachtet hat und von diesem wegen eines ganz konventionellen Abenteuers mit dem selben Mädchen getadelt worden war, entschuldigt sich dafür: «Messere, io non sono ancora tanto all'ordine di san Benedetto stato, che io possa avere ogni particolarità di quello apparata; e voi ancor non m'avevate mostrato che i monaci si debban far dalle femine priemere come da' digiuni e dalle vigilie.» (Giovanni Boccaccio: *Decameron,* I,4, ed. M. Marti, 1950, Milano: Rizzoli 1974, vol. I, pp. 50 sq.) – ‚Non tam diu, mi domine, ordini sancti Benedicti ascitus sum ut iam omnes regulas huic ordini proprias discere potuissem, neque tu umquam me admonuisti monachos a mulierculis esse premendos tamquam ieiuniis uigiliisque premerentur.‘

10 Während bei Thomas, Antonius und Aloisius die Lilie ohnehin konventionelles Attribut ist, erscheint sie bei Joseph am blühenden Patriarchenstab, oder aber auf El Grecos Bild „Der heilige Joseph und das Jesuskind" aus Toledo bringen vom Himmel herabschwebende Engel weiße Lilien herbei.

Partner.[11] Als entsprechend widersprüchlich und provozierend sollten wir darum jene abschließende *Szene* des Gedichts einstufen, in der sich die Liebenden ausgerechnet zwischen weißen Lilien vereinigen und somit verunreinigen. Von der befleckenden Kopulation des Liebespaares werden zwangsläufig auch die Lilien und die Reinheit des Heiligen, worauf sie emblematisch verweisen, in Mitleidenschaft gezogen. Wir müssen sogar einen Schritt weitergehen: Im christlichen Kontext ist die erotische Trangression nicht mehr wie in den heidnischen Religionen zyklisch gestattet, sondern auf Dauer untersagt. Eine rituelle Besudelung des Heiligen ist nicht vorgesehen und wird demzufolge als dessen dauerhafte, eigentlich sündhafte Entweihung empfunden. Der schockierende Zusammenprall von Reinheit und Befleckung, von keuscher Lilie und fleischlicher Lust erweist sich demnach auch als die blasphemische Schändung des Heiligen. In der letzten Strophe des Gedichts kommt es mit der Besudelung der weißen Lilien zur Heirat von Transgression und Sakrileg.

Im dritten Buch der *Subida del Monte Carmelo* behandelt Johannes vom Kreuz die negativen Auswirkungen, die sich daraus ergeben, wenn die Seele sich dem Genuß natürlicher, das heißt auch körperlich-sinnlicher Güter verschreibt. Die Anekdote, die der *Noche oscura* zugrunde liegt, wirkt vor dieser gestrengen Paraenese zum ascetischen Verzicht wie eine narrativ anschauliche Illustration dessen, was der mystagogische Traktat in eher allgemein gehaltenen Formulierungen mit aller Schärfe verurteilt.

No es oscuro ni oculto hasta dónde llegue y cuánta sea esta desventura nacida del gozo puesto en las gracias y hermosuras natural, pues que cada día por esta causa se ven tantas muertes de hombres, tantas honras perdidas, tantos insultos hechos, tantas haciendas disipadas, tantas emulaciones y contiendas, tantos adulterios, estupros y fornicios cometidos y tantos santos caídos en el suelo, que se comparan a *la tercera parte de las estrellas del cielo derribadas con la cola de aquella serpiente en la tierra* (Apocalypsis 12,4); *el oro fino, perdido su primor y lustre, en el cieno; y los ínclitos y nobles de Sión que se vestían de oro primo, estimados en vasos de barro quebrados, hechos tiestos* (Lamentationes 4-1 sq.). – (III Subida 22,3.)

[Es ist kein dunkles und verborgenes Geheimnis, wie weit man sich in dieser Hinsicht verirren kann und welch ein Unheil aus dem Genuß der Anmut und der natürlichen Schönheit entsteht. Dadurch kommen, wie man tagtäglich sieht, so viele Menschen zu Tode, so viele Familien verlieren ihren guten Leumund, so viele werden in ihrer Ehre gekränkt, so viel Hab und Gut wird verschwendet, so viel Eifersucht und Streit entsteht, so viele Ehebrüche, Verführungen unbescholtener Mädchen und Akte der Unzucht werden begangen. Ja, selbst Heilige stürzen zu Boden – und zwar in solcher Zahl, daß sie dem dritten Teil der Sterne gleichkommen mögen, die durch den Schweif des Drachen vom Himmel herabgerissen und zur Erde niedergeworfen werden (Apocalypsis 12,4). „O wie das reine Gold verdunkelt und verblichen sein Glanz und seine Schönheit! Die berühmten und edlen Söhne Sions, die mit dem feinsten Gold bekleidet waren, wie sind sie den irdenen Gefäßen gleich

---

11 Cf. Roger Caillois: *L'Homme et le Sacré,* Paris: Gallimard 1950. Einschlägig hierfür sind zwei Kapitel: «Sainteté et souillure», cf. ibid. pp. 45 sqq.; «Les rites sexuels de purification des Thonga», cf. ibid. pp. 187 sqq.

geworden, die in Scherben zerbrochen sind!" (Lamentationes 4,1 sq.)* – (III Aufstieg 21, p. 342.)]

Wo das Gedicht eine *dichosa ventura* rühmt, da verwendet die Prosaerklärung den Begriff der *desventura* auf unzweideutig negative Weise. Die Warnung des Autors gilt dem Ehr- und Vermögensverlust einer ganzen Familie (*honras perdidas, haciendas disipadas*), der Kränkung der männlichen Familienmitglieder (*insultos hechos*), der daraus resultierenden Blutrache, die mit dem Tod eines oder mehrerer Beteiligten enden wird (*emulaciones y contiendas, tantas muertes de hombres*). Dies alles hat aber seine Ursache in erotischen Eskapaden, oft genug in der Verführung eines jungen Mädchens (*estupro*), weil es selber oder ein skrupelloser Freier sich an seiner natürlichen Schönheit (*hermosura natural*) erfreuen und sich daraus sinnlichen Genuß (*gozo*) verschaffen will. Das ehrlose Verhalten der Sprecherin und ihres Geliebten, das in der erotischen Fiktion der *Noche oscura* nicht nur ausgiebig geschildert, sondern auch verherrlicht wird, hätte im wirklichen Leben das Zeug dazu, eine echte Familientragödie auszulösen und die Protagonistin wie ihre Verwandten ein für allemal ins Unglück zu stürzen.

Im Anschluß daran führt Johannes vom Kreuz unter Anspielung auf die Apokalypse und die Klagelieder des Jeremia aus, daß gerade heiligmäßige Menschen, deren Glanz besonders hell zu strahlen schien, die allerhöchste Gefahr laufen, den Verlockungen der Sinneslust zu erliegen und in Sünde zu fallen. Sodann verdeutlicht er seinen Gedankengang mit drastischen Bildern, in denen das bislang entworfene apokalyptische Scenario seine wirkungsvolle Steigerung findet:

¿Hasta dónde no llega la ponzoña de este daño? ¿Y quién no bebe poco o mucho deste cáliz dorado de la mujer babilónica del Apocalipsis? (Apocalypsis 17,3 sq.) Que en sentarse ella sobre aquella gran bestia que tenía siete cabezas y diez coronas da a entender que apenas hay alto ni bajo, ni santo ni pecador a quien no dé a beber de su vino, sujetando en algo su corazón, pues, como allí se dice de ella, *fueron embriagados todos los reyes de la tierra del vino de su prostitución* (Apocalypsis 17,2): y a todos los estados coge, hasta el supremo e ínclito del santuario y divino sacerdocio, asentando su abominable vaso, como dice Daniel, *en el lugar santo* (Daniel 9,27), apenas dejando fuerte que poco o mucho no le dé a beber del vino de este cáliz, que es este vano gozo; que por eso dice que *todos los reyes de la tierra fueron embriagados de este vino,* pues tan pocos se hallarán que, por santos que hayan sido, no les haya embelesado y trastornado algo esta bebida del gozo y gusto de la hermosura y gracias naturales. (III Subida 22,4.)

[Bis wohin wird der Gifttrank dieses Übels nicht dringen? Wo findet sich jemand, der nicht mehr oder weniger aus dem vergoldeten Kelch des in der Geheimen Offenbarung genannten Babylonischen Weibes trinkt? Indem es sich auf das große Tier setzt, das sieben Köpfe und zehn Hörner hat (Apocalypsis 7,3 sq.), gibt es zu verstehen, daß es weder Hohes noch Niedriges, weder Heiligen noch Sünder gibt, dem es nicht von seinem Wein zu trinken gibt und dessen Herz es sich nicht auf irgendeine Weise gefügig macht. Denn in der Tat heißt es dort von diesem Weib: „Und es berauschten sich alle Könige der Erde vom Weine seiner Hurerei." (Apocalypsis 17,2.); und alle Stände fängt dies Weib ein, bis hin zum höchsten und weithin berühmten Heiligtum, dem göttlichen Priesterstand, und es setzt sein abscheuliches Gefäß, wie es bei Daniel heißt, am heiligen Ort nieder (Daniel 9,27). Kaum einen wird das Weib auslassen, weil er so stark ist, daß es ihm nicht mehr oder weniger viel zu trinken geben kann vom Wein dieses Kelches, das ist der eitle Sinnesgenuß. Darum heißt es, daß alle Könige der Erde trunken geworden sind von diesem Wein. Denn es wird nur ganz wenige geben, seien sie auch noch so heilig gewesen, die nicht irgendwie in Verzückung gerieten und deren Kopf nicht verdreht wurde vom Getränk des Genusses und des Geschmacks an der natürlichen Schönheit und Anmut.* (III Aufstieg 21, pp. 342 sq.)]

Vielleicht wirkte der Bezug etwas gewollt, den wir weiter oben zwischen Transgression und Blasphemie, zwischen unerlaubter Sinneslust und Entweihung weißer Lilienblüten postuliert hatten. Die hier angeführte Stelle aus der *Subida del Monte Carmelo* zeigt jedoch an, daß Johannes vom Kreuz selbst eine solche Affinität sieht und daß nach seiner Argumentation der hemmungslose Genuß körperlicher Schönheit geradezu mit Notwendigkeit zur Profanation des Heiligen führen muß. Gewiß ist von den erotischen Verlockungen grundsätzlich jeder Mann und wohl auch jede Frau bedroht, der Autor des mystagogischen Traktats keineswegs ausgeschlossen. Aber stärker noch als die Allgemeinheit scheinen die Priester gefährdet zu sein, wobei Johannes vom Kreuz gerade hier wiederum sich selbst mitmeinen dürfte. Als geweihte Diener der Kirche stehen die Priester an der Spitze der kirchlichen Hierarchie und figurieren so sichtbar das Heilige. Wo sie der erotischen Versuchung erliegen und sich verunreinigen, wird auch das Heilige, dem sie dienen, auf eine unvorstellbare Weise in den Schmutz gezogen.

Sinnbild und Inbegriff einer ins Extrem gesteigerten blasphemischen Entweihung ist im oben zitierten Abschnitt der ‚goldene Kelch‘ des Babylonischen Weibes aus der Apokalypse, das auch als die Hure Babel bekannt ist.[12] Die verführerische Verruchtheit dieser Gestalt strukturiert die Semantik des zugrunde liegenden Gedankengangs, und sie erreicht ihren Höhepunkt, als das Weib seinen Kelch – in einer phantasmatischen Klitterung aus Motiven des Buches Daniel und der Geheimen Offenbarung – im Heiligtum des Tempels niedersetzt: *asentando su abominable vaso... en el lugar santo* (‚indem es sein abscheuliches Gefäß am heiligen Ort niedersetzt‘). Daß gerade am Gipfel der Entrüstung das zuvor gebrauchte Wort *cáliz* (Kelch) nunmehr durch *vaso* (‚Gefäß‘) ersetzt wird, muß dabei obszönen Assoziationen Tür und Tor öffnen: Es ist hier nicht mehr nur der ‚Kelch‘, sondern eben auch das *vas naturale* des Weibes, ja sogar dessen *vas aversum* gemeint (wofür sowohl das in restriktivem Sinn auslegbare Epitheton *abominable,* ‚abscheulich‘, spricht als auch das Verbum *asentar,* ‚niedersetzen‘, in dem unüberhörbar die *asentaderas,* ‚Sitzbacken‘, nachklingen). In unerhörter Schamlosigkeit bietet das Babylonische Weib im heiligen Bezirk des Tempels seinen Körper feil und bedient seine Freier mit den einschlägigen Leistungen seines Gewerbes.

---

12 Den ‚gülden Becher‘ (so Luther), lateinisch *poculum aureum* (cf. Apocalypsis 17,4), gibt Johannes vom Kreuz im Spanischen nicht als *vaso* (‚Becher‘, ‚Gefäß‘), sondern als *cáliz dorado* (‚goldener Kelch‘) wieder, eine Fügung, die zwangsläufig an den Meßkelch sowie an den eucharistischen Einsetzungsbericht erinnert: „Hic est enim calix sanguinis mei...“

Selbstverständlich scheint an dieser Stelle des Textes die Institution der altorientalischen Tempelprostitution durch, allerdings ex negativo: Während sich die Tempeldirne am heiligen Ort dem Pilger hingibt, um ihm so den Zugang zum Göttlichen zu gewähren und von ihm möglicherweise ein Kind zu empfangen, ist dieses Ritual nunmehr vollkommen entstellt und in sein krasses Gegenteil verkehrt: Die Hure Babel verstrickt sich selbst und ihre Freier in einen sündhaften Akt perverser Ausschweifung. Das Zusammensein wird keine Frucht bringen, sondern Verwüstung, schenkt doch das Babylonische Weib keinem Kind das Leben, sondern schändet es statt dessen den Tempel und das Heilige, wofür jener einst gestanden hat. Die pagane Transgression, von Bataille und Caillois konzipiert als ein im Grunde für jedermann erschwingliches Entrée zum Heiligen, ist in der phantastischen Imagination des Johannes vom Kreuz zum blasphemischen Frevel der höchsten Potenz entartet; noch Schlimmeres ist zumindest für eine christlich geprägte Einbildungskraft des Siglo de Oro kaum vorstellbar. Dadurch aber macht Johannes vom Kreuz zu einer ästhetischen – ja theopoetischen – Tugend, was Bataille und andere Vertreter des *Collège de sociologie* für das anthropologische Defizit der christlichen Religion gehalten haben, nämlich die Undenkbarkeit des gestatteten Exzesses oder der rituellen Profanation. Wo ein solcher Exzeß, wo eine solche Profanation unter allen Umständen verboten bleiben, da erst gewinnen Überschreitung und Schändung tragische Erhabenheit, so daß sie auf das schlechthin Inkommensurable verweisen können.

Übernimmt man bei der Lektüre des Liebesabenteuers der *Noche oscura* die Auffassung der zitierten Prosaschriften und setzt man in Übereinstimmung damit die strenge Verurteilung sinnlicher Liebe und die ihr innewohnende Entelechie zur Blasphemie voraus, dann wirkt das erotische Erlebnis der jungen Frau nicht mehr anekdotisch und harmlos, wie es zunächst erschienen war. Vielmehr erweist sich die Erotik der *Noche oscura* erst aus einer solchen Perspektive als jene souveräne Geste einer radikalen Transgression, die selbst das bei Bataille Gedachte noch übertrifft und deren eigentümliche Qualität dem Leser ohne Rekurs auf die mystagogischen Schriften verborgen geblieben wäre. Die Liebende hat auffällige Ähnlichkeiten mit einer Dirne, und wenn sie und ihr Gespiele die weißen Lilien schänden, erwächst dies mit logischer Konsequenz aus der Natur des sinnlichen Begehrens an sich, dessen Trieben sie sich hemmungslos überantworten. Dennoch strahlt ein Faszinosum von der Unbedingtheit einer Liebe aus, die keine Rücksichten mehr kennt, die sich und andere bedenkenlos ins Unglück stürzt, die nicht einmal mehr vor dem Frevel der Blasphemie zurückschreckt. Aus der erotischen Verstrickung der Gedichtsprecherin kann es keine Rückkehr mehr in ein Leben der alltäglichen Ordnung geben. Wer sich einer solchen Liebe verschreibt, hat sich darum immer schon selber preisgegeben, und insofern trägt die erotische Verfallenheit der Sprecherin durchaus die Züge des Tragischen. Ihr selbst ist freilich – dem Überschwang ihrer Rede nach zu urteilen – der latent tragi-

sche Aspekt ihrer Erfahrung gar nicht bewußt.[13] Er kann nur für diejenigen unter
den Lesern manifest werden, die den Kontext der Prosaschriften für ihre eigene
Deutung mit hinzunehmen und somit die Perspektive der tragischen Ironie gewinnen.

Grundsätzlich können wir am vorliegenden Textbeispiel die Besonderheit jener Antinomie aufzeigen, die bei Johannes vom Kreuz unbestritten zwischen
erotischer Poesie und mystagogischer Prosa herrscht. Die weithin gängige Deutung betont hier die unauflöslichen Widersprüche zwischen beiden Gattungen
und tendiert dazu, gegen das eine das andere auszuspielen.[14] Zwei Seelen hätten
in der Brust des Autors geschlagen, so daß der Mystagoge und der Dichter meist
getrennte Wege gegangen und unterschiedliche literarische Formen angewandt
hätten. Zu gegensätzlich seien jedenfalls die ascetische Austerität der Lehrschrif-
ten und die unbekümmerte Erotik der Gedichte, als daß eine Vermittlung zwischen dem einen und dem andern gelingen könnte. Auch mit unserem Lektürevorschlag wollen wir selbstverständlich nach keiner Vermittlung im Hegelschen
Sinne suchen. Genausowenig aber wollen wir uns einer philologischen Sensati-
onshascherei befleißigen, welche die Dichtung der Einfachheit halber, wenn
nicht aus Denkfaulheit, schlichtweg gegen die Prosaschriften hält und als deren
insgeheimen Widerruf auslegt.[15] Vielmehr geht es uns um eine Synopse, welche
die getrennten Gegensätze zusammenbringt und die sich als sinnvolle Alternative
zu jenem naiven Lesemodell erweisen könnte, das immer von neuem den un-
entscheidbaren Konflikt zweier Texttypen registriert, weil es sich von der Mühsal
eines Durchgangs durch die Prosaschriften dispensiert wissen möchte. Für eine
solch alternative Inbezugsetzung von Gedicht und Prosa erweist sich Batailles
Konzept der Transgression als unverzichtbar.

Viel ist darüber debattiert worden, ob die poetische Rede im Vergleich zu diskursiven Wissensformationen einen ästhetischen Mehrwert erwirtschaften könne.[16] Auch im Fall der Schriften des Johannes vom Kreuz scheinen poetische
Texte und mystagogische Abhandlungen, die in einem sehr weiten Sinn dem
diskursiven Bereich angehören, miteinander im Widerstreit zu liegen. Dennoch
machen wir hier eine paradoxal anmutende Beobachtung: Die Gedichte annullieren zwar in gewisser Weise die Aussagen der Prosakommentare, aber sehr viel

---

13 Auf die tragische Dimension der Dichtung des Johannes vom Kreuz hat mich Carlos Oliveira in
   einer Reihe von für mich hoch interessanten Gesprächen aufmerksam gemacht.
14 So beispielsweise Domingo Ynduráin in verschiedenen Arbeiten. Cf. D. Ynduráin: *Aproximación
   a San Juan de la Cruz.*
15 Ein solcher Vorwurf kann leider dem Buch von José Nieto nicht ganz erspart werden, der die
   außerbuchstäbliche Lesbarkeit des Lieds der *Noche oscura* überhaupt bestreitet und auch jeglichen Zusammenhang zwischen den kommentierenden Prosaschriften und dem Gedicht leugnet.
   Cf. Nieto: *San Juan de la Cruz, poeta del amor profano.* Eine ausführlichere Auseinandersetzung
   mit diesen Thesen haben wir in einer Besprechung von Nietos Monographie geführt. Cf. *Romanische Forschungen* 104 (1993), 493-499.
16 In einer ausführlichen Studie ist der Verfasser dieser Zeilen der aufgeworfenen Frage am Beispiel
   der karnevalesken Literatur im Frankreich und Spanien der frühen Neuzeit nachgegangen. Cf.
   *Sprache, Körper, Traum: Zur karnevalesken Tradition in der romanischen Literatur aus früher Neu-
   zeit*, Tübingen: Niemeyer 1989, impr. pp. 51-53.

mehr noch parasitieren sie an deren Geltungsansprüchen. Letzten Endes erhellt der transgressive Charakter der Dichtung erst aus Passagen wie der oben zitierten; und etwas Bedeutsameres kommt hinzu: Die Gedichte beschreiben nicht nur jene Regelverletzungen, die im Kommentar verworfen werden, sondern sie realisieren diese auch selbst und konstituieren sich dabei als Transgression der Prosa. Nicht wer die Dichtung zusammen mit den mystagogischen Abhandlungen liest, sondern wer sie ohne diese liest, verharmlost und simplifiziert demzufolge die erotische Poesie des Johannes vom Kreuz. Denn noch bevor die Kommentare der Dichtung irgendeine Bedeutung zuweisen, bekundet sich in ihnen vor allem andern jenes Verbot, das die Dichtung sodann überschreitet und aus dessen Überschreitung allein sie ihre tragische Würde bezieht. Das anthropologische Spiel von Verbot und Überschreitung reproduziert sich also im ästhetischen Zusammenspiel von Kommentar und Poesie. Nicht auszudenken ist aber die Transgression ohne ihren Bezug zum Verbot, die Dichtung ohne ihre Referenz auf den Prosakommentar.

Mag die erotische Transgression der lyrischen Sprecherin in der *Noche oscura* noch so radikal, mag der kaum verhüllte Akt der Blasphemie am Ausgang des Gedichts noch so heroisch sein: beides steht nur auf der buchstäblichen Ebene des Textes und ist nicht eigentlich gemeint. Das eigentlich Gemeinte, die Liebeseinung der Seele mit Gott, ist allerdings unaussprechlich und wird nirgendwo im Gedicht aufgesagt. Das Gesagte unterhält zum Gemeinten immer nur eine Beziehung der unähnlichen Ähnlichkeit oder gar der je größeren Unähnlichkeit. So können wir bei unserer Interpretation selbst dort, wo wir die theopoetische Intention des Textes in Rechnung stellen wollen, grundsätzlich keine positiven Aussagen über das Gemeinte machen. Dennoch scheinen sich zwei Analogien abzuzeichnen: Die erotische Transgression ist die unähnliche Figur des göttlichen Exzesses, die blasphemische Schändung ist die unähnliche Figur des Heiligen.

Der allegorische Text des erotischen Gedichtes tritt als jener Ort in Erscheinung, über den hinaus nichts mehr zu sprechen übrigbleibt. Der Ort der erotischen Allegorie markiert folglich einen rhetorischen *constat d'échec*, eine Grenze des Sagbaren und des Denkbaren zugleich. Bis zu dieser Grenze hin wurde alles in Worte gefaßt, wurde alles durch die Sprache in Dienst genommen. Das Gemeinte liegt folglich nicht mehr innerhalb, sondern außerhalb. Gottes Heiligkeit manifestiert sich nicht diesseits von Transgression und Profanation, aber auch noch in der Überschreitung und in der Schändung bekundet sich das Göttliche (anders als Bataille vermutet) nicht. Der erotische Körper, von dem das Gedicht unablässig spricht, wird damit zu einem Grenzpfosten der sprachlich bekannten und erkennbaren Welt, zu einem Grenzposten an einer Grenzsäule – wie etwa ein Säulenheiliger am Rande der Wüste: Sein Leib zeigt auf das unsichtbare Andere, das er nicht ist, weil es immer jenseits seiner selbst erst beginnt.

2.4. Opfernacht

Am Hals verwundet

Das Liebesabenteuer, von dem im Lied der *Noche oscura* die Rede ist, stellt sich nicht nur als Transgression und Blasphemie dar, sondern es läßt darüber hinaus eine noch weit beunruhigendere Seite erahnen. Der Liebesgenuß der Frau zeichnet sich vor einem Hintergrund der Gewalt ab, der zwar zunächst verborgen bleibt, den allerdings unsere Interpretation freilegen soll. Ein über eine nahegelegene Zinne streichender Luftzug scheint in Strophe VII die Geliebte am Hals zu verletzen:

> *El ayre de la almena*
> *quando yo sus cabellos esparciá*
> *con su mano serena*
> *en mi cuello hería*
> *y todos mis sentidos suspendía*
>
> (Noche oscura, vv. 31-35).

> [Der Lufthauch der Zinne,
> als ich sein Haar duchkämmte,
> mit seiner unbekümmerten Hand
> verletzte (er) mich am Hals
> und ließ alle meine Sinne schwinden.]

Die Verletzung oder auch der bloße Schmerz, welche die *mano serena* ('heitere, unbekümmerte Hand') der Sprecherin zufügt, ist in Anlehnung an die Topik der petrarchistischen Liebesdichtung vordergründig zu einem *dulce malum* abgemildert und gemahnt zugleich an das Motiv der Liebeswunde, welches in der weltlichen wie in der geistlichen Literatur eine lange Tradition kennt. Freilich treten vor diesem Hintergrund die Unterschiede zu den Vorbildern erst deutlich zutage. Als Verursacher ist hier weder (wie beispielsweise in den mystagogischen Traktaten der Viktoriner) der christliche Gott noch (wie in der Liebespoesie) die heidnische Personifikation des Knaben Amor genannt, der seine Liebespfeile verschießt. Getroffen ist auch nicht das Herz des Kavaliers, sondern der Hals der Dame, durch den die lebenswichtigen Schlagadern führen und der metonymisch für die Brust oder gar den Schoß stehen könnte. Beide Lesarten bringen Bedeutungen ins Spiel, welche die Modelle eher auszugrenzen versuchen, und derlei Textmerkmale machen darum eine streng wörtliche Lesung der Stelle überhaupt erst möglich.

Die poetischen Verfahren der Überschreibung, die in diesem Zusammenhang Anwendung finden, sind komplex und erfordern einen eingehenden Kommentar. Bereits die nächtliche Flucht der Geliebten hatte Bezug genommen auf das

dritte und vierte Kapitel des Hohenlieds. Ebenso nimmt die Umgebung, in der
sich die Liebenden des Nachts finden, das Dekor der biblischen Landschaft auf:
die Felder, in denen Sulamith die Nacht mit ihrem Bräutigam verbringen will[1];
die Zedern des Libanon[2]; die erfrischenden Winde[3]; schließlich die Lilie der Täler.[4] Nichtsdestoweniger wird der Interpret in Vers 31 durch den *ayre de la almena* (‚Lufthauch der Zinne‘) verunsichert. In der Textüberlieferung findet sich sogar eine Variante, die für eine *lectio facilior* optiert, nämlich für: *el ayre del aurora*
(‚der Lufthauch des Morgenrots‘).[5] Offensichtlich schreibt diese Variante aus,
was sich die meisten Leser der Stelle ohnehin denken werden, nämlich daß der
hier gemeinte Wind ein Bote des herannahenden Morgens sein dürfte. Aber die
Fügung *ayre de la almena* will mehr aussagen als nur dies.

Gewiß wecken im Tagelied, wie wir gesehen haben, sowohl der Wind als auch
der Wächter, der auf der Spitze eines Turms postiert ist, manchmal das schlafende Paar. Aber diese Entsprechung bleibt doch recht vage und entfernt. Bestenfalls gestattet sie, daß wir uns eine zinnenbewehrte Mauer vorstellen, die sich in
der Nähe der Lagerstätte des Liebespaares befindet; und angesichts der von Zinnen bekränzten Stadtmauern kastilischer Städte wie Avila, Segovia oder Toledo
erweist sich dies ohnehin als eine überaus naheliegende Assoziation. Zugleich
verschafft der hochgelegene Aufenthalt zwischen Zinnen auf dem Wehrgang einer Mauer oder gar auf der Spitze eines Turmes in heißen Sommernächten an-
genehme Erfrischung, da dort oben – im Gegensatz zur Enge der untengelegenen
Stadt – ein kühlender Wind weht. In der zweiten Ekloge des Sebastián de
Córdoba besteigt – ebenfalls in einer dunklen Nacht – der Schäfer Sylvano, der
den sinnlichen Teil der Seele verkörpert, nachdem er seine Geliebte Celia (die
Seele) verloren hat, einen Turm, wo er sich in glücklicheren Zeiten am Wehen
des Windes erfreuen konnte:

> *Esta [scil. suerte] me hizo, al fin que me saliesse*
> *por el silencio de la noche escura*
> *a buscar un lugar donde muriesse,*
> *y encaminado por mi desventura,*
> *estos enfermos pies me conduxeron*
> *sobre una torre de muy grande altura;*
> *mis ojos el lugar reconocieron,*
> *que alguna vez miré de allí contento*
> *los favores de amor que se me dieron.*
> *Allí entre dos almenas hize assiento,*
> *y acuérdome que ya con ella estuve*
> *las noches de verano al fresco viento.*[6]

---

1 Cf. Canticum 7,11.
2 Cf. ibid. 1,16 et 5,15.
3 Cf. ibid. 4,16.
4 Cf. ibid. 2,1 sq. et 2,16.
5 So in einer Handschrift des 17. Jahrhunderts, die aus dem Karmelitinnenkonvent des andalusischen
 Baeza stammt (heute Biblioteca Nacional de Madrid, Ms. 8795). Beschrieben wird der Codex von
 Paola Elia in: Juan de la Cruz: *Poesie,* ed. P. E., L'Aquilea; Roma: Japadre 1989, p. 88.
6 Córdoba: Egloga II, vv. 533-547, ed. Gale, p. 186.

[Mein grausames Geschick ließ mich schließlich aufbrechen / hinaus in die
Stille der dunklen Nacht, / um einen Ort zu suchen, wo ich sterben könnte,
// und von meinem Mißgeschick geleitet, / führten mich diese kranken Füße
/ auf einen Turm von großer Höhe; // meine Augen erkannten den Ort wieder, / denn manchesmal hatte ich von dort zufrieden herabgeschaut / auf die
Gunstbeweise der Liebe, die man mir zukommen ließ. // Dort setzte ich mich
zwischen zwei Zinnen nieder, / und ich erinnere mich, daß ich dort schon
mit ihr gewesen bin / während der Sommernächte im frischen Wind.]

Dámaso Alonso hat darauf aufmerksam gemacht, daß sich die *Noche oscura* an
diese Stelle von Córdobas zweiter Ekloge anlehnen dürfte.[7] Allerdings zeigt sich
gerade hier besonders auffällig, daß die *Noche oscura* nicht nur Córdobas *poesía a
lo divino* überschreibt, sondern daß sie förmlich dagegen anschreibt. In der Tat
wird in der *Noche oscura* gerade nichts darüber gesagt, daß sich das Paar auf einen Turm oder eine Mauer begeben hätte. Möglicherweise ist der *ayre de la almena* nichts als eine Metapher, die nicht eine Brise meint, die von einer Zinne
herweht oder an ihr entlangstreift, sondern einen Luftzug, der ebenso erfrischend
ist wie der Wind, der auf der Spitze eines zinnenbewehrten Turms oder einer
Stadtmauer weht.

Alonso hat folgerichtig den *ayre de la almena* nicht nur mit Córdoba, sondern
auch mit einer weiteren Stelle des Hohenlieds in Zusammenhang gebracht, wo
ebenfalls eine Zinne erwähnt ist.[8] Es lohnt sich, diese Spur weiterzuverfolgen.
Die Verse, die Alonso nennt, sind folgende:

Soror nostra parva et ubera non habet / quid faciemus sorori nostrae in die quando
alloquenda est / si murus est aedificemus super eum propugnacula argentea.[9]

Der Gedankengang will sagen: Wenn die Schwester eine zu flache Brust behalten
sollte, wird man ihr ein silbernes Gehänge geben und ihre Magerkeit zum Verschwinden bringen. Das *propugnaculum* bezeichnet demnach metaphorisch ein
Schmuckstück, das sich in metonymischer Beziehung zur weiblichen Brust befindet. Im unmittelbar folgenden Vers sagt darum auch die Schwester über sich:
„Ego murus et ubera mea sicut turris."[10] In einem weiteren Zusammenhang erscheint im Hohenlied eine Zinne, nämlich in einem Beschreibungslied der Braut
– und dies wiederum in Verbindung mit dem weiblichen Hals. Diese von Alonso
nicht eigens erwähnte Stelle steht unseres Erachtens dem vorliegenden Gedankengang der *Noche oscura* noch näher:

Sicut turris David collum tuum, quae aedificata est cum propugnaculis / mille clypei
pendent ex ea omnis armatura fortium.[11]

Auch hier bezeichnen *turris* und *propugnaculum*, Turm und Zinne, als Metaphern den Hals und den Halsschmuck. Wiederum müssen wir uns vorstellen,

---

7 Cf. Alonso: *La poesía de San Juan de la Cruz,* pp. 54-56.
8 Cf. ibid. pp. 120-122.
9 Canticum 8,8 sq.
10 Canticum 8,10.
11 Canticum 4,4.

daß dieser Schmuck über die Brüste der Braut hängt. Das *propugnaculum,* die Zinne, ist demnach im Kontext des Hohenlieds regelmäßig als ein metaphorisches Attribut des weiblichen Busens aufgefaßt. Ausdrücklich zeigt sich dies in den Formulierungen der *Paraphrasis super cantica canticorum* des Arias Montano. Er läßt den Bräutigam, den er Theolampo genannt hat, an seine Braut Eumenia folgende Worte richten:

> *Tu cuello y tu garganta tan lozana*
> *es la torre galana*
> *que hizo el rey David para defensa*
> *de sus almenas cuelgan mil adargas.*[12]

> [Dein Hals und deine so üppige Brust / ist der stattliche Turm, / den der König David zu seiner Verteidigung baute, / von seinen Zinnen hängen tausend Schilde.]

Die *almena* oder Zinne kann im Zusammenhang der spanischen Hohelied-Rezeption den Schmuck an der Brust oder – metonymisch – vielleicht sogar die Brust selbst bezeichnen. Dann ist es aber auch möglich, die Fügung *ayre de la almena* nicht mehr nur als eine Brise zu lesen, die von der Zinne eines Turms herkommt oder an ihr entlangstreicht, sondern auch als einen Luftzug, der über den Hals, über das Halsgehänge und über die Brüste der Frau weht. Bezeichnenderweise wurde ja schon kurz zuvor in Strophe VI die Brust benannt:

> *en mi pecho florido*
> *que entero para él solo se guardaua*
> (Noche oscura, vv. 26 sq.),

> [an meiner blühenden Brust,
> die für ihn allein sich unversehrt bewahrte.]

Die ‚blühende Brust‘ ist ihrerseits Metonymie und Euphemismus für den ungenannt bleibenden Schoß der jungfräulichen Geliebten. Wie es aus der Kenntnis des Hohenlieds nicht anders zu erwarten war, erscheinen dann in Strophe VII die Zinne und der Hals, *almena* (v. 31) und *cuello* (v. 34), in enger semantischer Beziehung zueinander, um sowohl metaphorisch (*almena*) als auch metonymisch (*cuello*) auf die Brust und letztlich auf den Schoß der Frau zu verweisen.

Die Geliebte reagiert auf die Empfindung des Windes mit einer kühnen Personifikation, denn sie belehnt die Luft in Vers 33 mit einer *mano serena,* einer ‚heiteren, unbekümmerten Hand‘, die auch – als Wortspiel gedeutet – eine ‚Handvoll Nachttau‘ sein könnte.[13] Unserer Auffassung nach benützt die Sprecherin hier erneut eine Art von Metonymie, wobei sie nicht die Ursache für die Wirkung, sondern die Wirkung für die Ursache setzt. Das metonymische Ver-

---

12 Arias Montano: *Paraphrasis,* cap. IV, fol. 281 v.

13 Substantivisch gebraucht kann *sereno* (und selten *serena*) den ‚Nachttau‘ bezeichnen, was schon allein deswegen gut paßt, weil auch der Bräutigam des Hohenlieds naß vom Tau ist, als er Einlaß bei seiner Freundin begehrt: „quia caput meum plenum est rore et cincinni mei guttis noctium." (Canticum 5,2.)

fahren besteht darin, daß der Vorgang beschrieben wird, so als wäre der Wind die Ursache des Schmerzes, wohingegen der vom Wind hervorgerufene Schmerz in Wirklichkeit die Folge einer Verletzung ist, deren ganz andere Ursache uns das Gedicht erraten läßt: Die Geliebte hat schon vorher eine Wunde empfangen, die ihr der Liebhaber geschlagen hat, und sie fühlt deren Schmerz neu entbrennen, als der taubringende Wind durch den Garten und über ihren Körper streift. Es scheint so, als hätte der Liebhaber seiner Geliebten Gewalt angetan – und sei es der unvermeidliche Schmerz der ersten Liebesnacht. Zwar hat das unaufhörliche Weitergleiten der rhetorischen Tropen das Theater der Grausamkeit anderswohin verschoben, aber gerade darum gibt sich die uneigentliche Rede als eine Spur zu lesen. Der ‚Lufthauch der Zinne' ist zum Statthalter einer Gewalt geworden, die unbenannt bleibt und dem Geliebten nur in der uneigentlichen Brechung des rhetorischen Figurenspiels zugeschrieben werden kann.

Eine solche Zuweisung wird sogar syntaktisch möglich, wenn wir *el ayre de la almena* als eine Apposition oder Coda zur vorausgegangenen sechsten Strophe betrachten, welche den dort entfalteten Sinnzusammenhang beschließt. Das Fehlen der Interpunktionszeichen in den Handschriften gestattet prinzipiell eine solche Verlegung der Satzgrenzen. Auch die ebenfalls in *liras garcilasianas* gehaltene Lyrik des Fray Luis de León verwendet vergleichbare Enjambements mit strophenübergreifenden Satzkonstruktionen.[14] Im Fall der *Noche oscura* würde also mit dem temporalen Nebensatz in Vers 32: *quando yo sus cabellos esparcía* (‚als ich seine Haare durchkämmte') ein neues Satzgefüge anheben, für dessen Hauptsatz zwanglos der Geliebte selbst als Subjekt in Frage käme. Die versehrende Hand wäre nicht mehr allein die des Windes, sondern ebenso die des Liebhabers selbst.

Die Hand des Geliebten wird so gesehen für die Frau zur Quelle eines nur über das Tastempfinden vermittelten Lustschmerzes, und es gilt dabei durchaus in Rechnung zu stellen, daß das Wort *mano* in der erotischen Dichtung des Siglo de Oro wie auch in einer hebraisierenden Auslegungstradition der Bibel einen obszönen Nebensinn tragen kann.[15] Entscheidet man sich für diese aeschrologische Lesart, läßt sich ein weiterer Bedeutungsaspekt des Ajektivs *sereno* einbringen, das so viel wie ‚schamlos' oder ‚unverschämt' heißt, allerdings erst dann, wenn man in ein niedrigeres Sprachregister wechselt, nämlich in die Sprache der

---

14 Beispiele finden sich etwa in der Ode an Francisco Salinas zwischen Strophe I und II oder in der geistlichen Dichtung über Maria Magdalena zwischen den Strophen IV und V sowie IX und X. Cf. Fray Luis de León: *Poesía*, ed. J. F. Alcina, Madrid: Cátedra 1987, pp. 81 et 97 sq.

15 Als Beleg seien hier zwei Verse aus einem satirischen Spottgedicht auf einen impotenten Mann angeführt: «Reloj con pesas sin mano / vano.» (*Floresta de poesía erótica del Siglo de Oro*, Con su vocabulario al cabo por orden del a.b.c., edd. P. Alzieu, Y. Lissorgues, R. Jammes, Toulouse: Université de Toulouse-Le Mirail 1975, n° 79, vv. 225 sq, p. 197.) – ‚Horologium, quod habet pondera, sed manu caret, / nihil valet.' Im spanisch-lateinischen Register erotischer Metaphern, das der zitierten Anthologie beigegeben ist, erscheint für den Eintrag «mano» dementsprechend der lateinische Vermerk „penis". Cf. ibid. p. 343.
Daneben scheint auch in der jüdischen Exegese eine Auffassung verbreitet gewesen zu sein, daß in bezug auf gewisse Bibelstellen (Canticum 5,4; Isaias 57,8-10) die ‚Hand' als Metapher des männlichen Phallus zu deuten sei. Cf. Emilia Fernández Tejero: «Fray Luis de León, hebraísta», loc. cit.

Germanía, eine spanische Entsprechung des Rotwelsch.[16] In einem solchen Zusammenhang wäre dann auch der nasse Tau in jenem erotischen Sinn zu lesen, den zweifelsohne schon das Hohelied suggerieren will. Wiewohl die Redeweise von der *mano serena* vordergründig mit der Hand des geliebten Wesens ein Attribut der petrarchistischen Dame zitiert, könnte dennoch der inhaltliche Gegensatz zu Petrarca kaum größer sein. Dort gibt sich die Hand der Geliebten den Augen des Liebenden zu schauen, nicht aber seinem Tastsinn zu spüren, und sie bleibt für ihn in der Distanz des nur Sichtbaren ein ferner, letztlich unerreichbarer Fetisch.[17] So ist zusammenfassend festzuhalten: Die rhetorische Ununterscheidbarkeit der ‚taubenetzten' Hand des Windes von der ‚lockeren Hand' des Geliebten produziert in unserem Gedicht einen eindrucksvollen ersten Effekt jener *confusio,* welche die Liebesekstase insgesamt kennzeichnet.

Der spannungsvolle Bezug zu Petrarca zeigt sich erneut in den letzten beiden Strophen der *Noche oscura.* Sie sind vermutlich einem Abschnitt aus der *Canzone* CCCXXV nachgebildet, den sie überschreiben und wiederum in erotischer Direktheit überbieten. Bei Petrarca beobachtet der unglückliche Dichter in der Blüte seiner Jugend und seiner Liebe Laura, wie sie auf einem Balkon steht, und er gerät dabei in Verzückung:

> *Ma sí com'uom talor che piange, et parte*
> *vede cosa che li occhi e 'l cor alletta,*
> *cosí colei per ch'io son in pregione,*
> *standosi ad un balcone,*
> *che fu sola a' suoi dí cosa perfetta,*
> *cominciai a mirar con tal desio*
> *che me stesso e 'l mio mal posi in oblio.*
> *I' era in terra, e 'l cor in paradiso,*
> *dolcemente oblïando ogni altra cura,*
> *et mia viva figura*
> *far sentia un marmo e 'mpiér di meraviglia.*[18]

[Doch bisweilen gibt es einen Menschen, der klagt und zugleich etwas sieht, was die Augen und das Herz verlockt. Ebenso erging es mir: Als diejenige auf einem Balkon stand, um deretwillen ich gefangen bin und die in ihren Tagen das einzige vollkommene Wesen war, begann ich sie mit so großem Verlangen anzuschauen, daß ich mich selbst und mein Unglück vergaß. // Ich war auf der Erde und das Herz im Paradies, auf wonnevolle Weise vergaß ich jede

---

16 «SERENO: En la Germania vale desvergonzado. Juan Hidalgo en su Vocabulario. Lat. *Petulans. Effrons, tis.»* *Diccionario de Autoridades,* vol. III, s. v. «sereno».) – ‚Heiter. Im Rotwelsch bedeutet es so viel wie schamlos. So Juan Hidalgo in seinem Wörterbuch. Lateinisch: *petulans, effrons, -ntis.'*

17 «O bella man, che mi destringi 'l core, / e 'n poco spatio la mia vita chiudi; / man ov'ogni arte et tutti loro studi / posero Natura e 'l Ciel per farsi honore.» (Petrarca: *Canzoniere,* CIC, v. 1, ed. Dotti, p. 207.) – ‚O schöne Hand, die du mir das Herz zuschnürst, / und innerhalb eines kurzen Zeitraums mein Leben beenden wirst; / Hand, in die all ihre Kunst und all ihr Wissen / die Natur und der Himmel gelegt haben, um sich damit Ehre zu machen.'

18 Petrarca: *Canzoniere* CCCXXV, vv. 39-49, ed. Dotti, p. 288.

andere Sorge, und spürte, wie mein lebendiges Gesicht, von Verwunderung
erfüllt, zu Marmor erstarrte.]

Lauras Anblick versetzt den unglücklich Liebenden in einen Zustand der Entrückung, der über topische Motive als eine religiös mystische Ekstase gezeichnet
ist. Die Seele, die für kurze Zeit ins Paradies fliegt, hat sich vom Körper getrennt,
der auf der Erde verbleibt: *I' era in terra, e 'l cor in paradiso* (,ich war auf der Erde
und das Herz im Paradies'), so wie dies nach der vorherrschenden Auffassung
auch bei der Entrückung des Saulus vor Damaskus der Fall gewesen sein soll.[19]
Der Körper erstarrt, das Subjekt vergißt sich und weiß von keiner andern Sorge
mehr: *dolcemente obliando ogni altra cura* (,auf wonnevolle Weise vergaß ich jede
andere Sorge'). Im Zusammenhang von Petrarcas *Canzone* ist all dies freilich nur
die Vorbereitung auf das Erscheinen der Fortuna, die in diesem Zustand zum
Dichter sprechen und ihn belehren wird.

In der *Noche oscura* sind die Verhältnisse anders dargestellt: Auslösendes Moment des Ohnmächtigwerdens der Sprecherin ist nicht eine über den Gesichtssinn vermittelte Schau, sondern eine taktile Empfindung: Der von der
Wunde hervorgerufene Schmerz und die Süßigkeit der verspürten Lust vermischen sich und führen dazu, daß die Geliebte in Vers 35 die Besinnung verliert: *todos mis sentidos suspendía* (,ließ alle meine Sinne schwinden'). Die Frau
verfällt in Vers 36 in Selbstvergessenheit: *quedéme y olvidéme* (,da blieb ich und
vergaß mich'); sie läßt sich fallen: *dexéme* (v. 38) und gibt sich schließlich in Vers
39 ganz auf: *dexando mi cuydado* (,ließ ab von meiner Sorge'). Anders als bei
Petrarca endet im Vergessen der Sprecherin auch der Text des Gedichts. Eine
Situation des Petrarchismus wird also in der *Noche oscura* aufgegriffen, durchge-
spielt und so radikal erotisiert, daß der petrarchistische Rahmen dabei völlig ge-
sprengt wird.

Was am Ende bleibt, ist nicht die sinnerfüllte Lehrrede einer allegorischen
Personifikation, wie sie Petrarcas Fortuna darstellt, sondern das leere *dejamiento*,
die Gelassenheit, das Ablassen oder Seinlassen. Das *dejamiento* ist als ein Schlüs-
selbegriff anzusehen, auf den sich in der ersten Hälfte des 16. Jahrhunderts die
spanischen Erasmisten, Alumbrados und Iluminados gleichermaßen beriefen und
welcher der Inquisition als häresieverdächtig galt. Der Begriff selbst entspricht
dabei dem theologischen Konzept von lateinisch *resignatio* sowie der *gelazenheit*
der deutschen Mystiker, und es finden sich dazu auch islamische Parallelen. Das
Wort wird hier allerdings gar nicht in einem mystagogischen, sondern in einem
deutlich erotischen Zusammenhang verwendet. Es bezeichnet nicht die ascetische
Abkehr von weltlichen Verpflichtungen,[20] sondern das Sichverlieren des Subjekts
im Sinnestaumel der Liebesekstase.

---

19 Cf. II epistola ad Corinthios 12,1-5.
20 In den Prosaschriften des Johannes vom Kreuz ist der Begriff *cuidado* fast durchwegs im negativen, abwertenden Sinn verwendet. Es kommt für die Seele stets darauf an, sich vom *cuidado* freizumachen.

Das *dejamiento* ist das genaue Gegenstück zum *cuidado*, zur Sorge, der man sich im weltlichen wie im sozialen Leben hingibt. Der *cuidado* ist auch eng mit den von Norbert Elias beschriebenen Werten der höfischen Gesellschaft verbunden. Die höfische Sorge erlegt dem Subjekt ein maßvolles, rational ausgerichtetes Verhalten auf und verlangt von ihm vollkommene Selbstbeherrschung.[21] Bezeichnenderweise prägt der *cuidado* in besonderem Maße die höfischen Liebesbeziehungen; so treibt er etwa das junge Mädchen dazu, die Jungfräulichkeit unversehrt zu bewahren, um nicht in Unehre zu fallen. Im petrarchistischen Vokabular der Spanier meint *cuidado* überdies alle imaginären Apprehensionen des Liebenden in bezug auf das geliebte Wesen – sei es die Sorge um den sich entziehenden oder abweisenden Liebespartner oder sei es metonymisch dazu das angestrebte Ziel des erotischen Begehrens, die geliebte Person an sich. Der vollkommen Liebende verzehrt sich sein ganzes Leben lang in der Sorge um seine Geliebte, und wie die *ventura*, das Liebesgeschick, so ist auch der *cuidado*, die Liebessorge, eine gänzlich ambivalente Erfahrung, die dem Betroffenen zwar allen Kummer der Welt bereitet, die er aber dennoch um nichts in der Welt missen möchte. Wie Garcilaso in seinen ersten drei Sonetten ausführt, die allesamt das Thema des *cuidado* behandeln, wird die Sorge des Liebenden erst mit dem Ende des Lebens ihrerseits an ihr Ende kommen:

> *Y el que más cierto espero es aquel día*
> *que acabará la vida y el cuidado.*[22]

[Und was ich mit der größten Gewißheit erwarte ist jener Tag, / an dem mein Leben enden wird und meine Liebessorge.]

Aber wiewohl dieser ersehnte Tag den Dichter von der Last seiner Sorge erlösen wird, so kann er doch bei dieser Vorstellung nicht glücklich werden. Denn ohne Sorge zu sein, das bedeutet für ihn auch, daß er dann ohne jene Liebe leben muß, für die er auch den schlimmsten Kummer noch in Kauf zu nehmen bereit ist:

> *Mas cuando del camino 'stó olvidado,*
> *a tanto mal no sé por dó he venido;*
> *sé que me acabo, y más he yo sentido*
> *ver acabar conmigo mi cuidado.*[23]

[Aber wenn ich den zurückgelegten Weg vergessen habe, / weiß ich nicht, wie ich in solches Unglück geraten konnte; / ich weiß, daß es mit mir zu Ende geht, doch noch mehr hat mir wehgetan, / zu sehen, daß mit mir auch meine Liebessorge enden wird.]

Kehren wir von Garcilaso zur Sprecherin der *Noche oscura* zurück. Wenn sie am Ende des Liebesabenteuers ihre Sorge vergessen darf, dann steht vor dem Hintergrund von Garcilasos Dichtung nicht mehr nur eine erfüllte gegen eine uner-

---

21 Cf. Norbert Elias: *Die höfische Gesellschaft* (1969), Frankfurt am Main: Suhrkamp 1983.
22 Garcilaso: Soneto 3, vv. 7 sq., ed. Rivers, p. 39.
23 Id.: Soneto 1, vv. 5-8, ed. Rivers, p. 37.

füllte Liebe, sondern das Ende des *cuidado* konnotiert hier das Sterben der sich sorgenden Person. Im petrarchistischen Kontext ist das Erlöschen des *cuidado* ein sicheres Symptom dafür, daß der Tod des Liebenden eingetreten ist. Gerade die Erfüllung der Liebe wird demnach in der *Noche oscura* als eine Todesphantasie ausgeschrieben.

Es ließe sich Heideggers Existenzphilosophie mit Batailles Anthropologie verknüpfen, und die Sorge wäre dann als ein Existential anzusehen, das die gesellschaftliche Ordnung und das Verbot überhaupt erst begründet: Die Sorge gestattet die Institution der Arbeit, die Selbsterhaltung des Individuums und die Aufrechterhaltung der Diskontinuität. All dies bringt Bataille als Ermöglichungsgrund des Verbots in Anschlag, und er begreift es im Widerstreit zur Transgression und zum Taumel der erotischen Verausgabung. Indem die Geliebte in der letzten Strophe ihre Sorge fahren läßt, wird sie zu einem souveränen Subjekt im Sinne Batailles: Sie willigt ein in den Verlust und ins Vergessen ihrer selbst. Sie schlägt einen Weg ein, der geradlinig zum Fall, zum Sturz, zum Ruin führt. Sie tritt eine schwindelerregende Talfahrt an, die sie in den Abgrund reißt. Vor ihrem inneren Auge bricht jene Welt zusammen, in der man das sorgende und das erinnernde Bewußtsein vom Umsorgten und vom Erinnerten, das Subjekt vom Objekt unterscheiden konnte, und alles mündet ein in den Strom universaler Selbstauslöschung:

> *cessó todo y dexéme*
> *dexando mi cuydado*
> *entre las açucenas oluidado*
>
> (Noche oscura, vv. 38-40).

> [Alles hörte auf, ich ließ mich fallen,
> ließ ab von meiner Sorge,
> unter weißen Lilien vergessen.]

Die Ohnmacht, die Selbstvergessenheit, das Sichgehenlassen kündigen den Tod der Geliebten als eines erfüllten Subjekts an. Dieses Subjekt ist tödlich getroffen durch den Riß jener Wunde, die an ihm klafft, weil der unaussprechliche Geliebte sie ihm geschlagen hat.

In einer bislang unveröffentlichten Studie hat Carlos Oliveira weitere Aspekte der Todesthematik in der *Noche oscura* eingehend behandelt.[24] Unter anderem erinnert er daran, daß das Emblem der Lilie mehrdeutig ist, da es ja nicht nur die Reinheit, sondern eben auch den Tod bezeichnen kann. In der Tat haben manche Kirchenväter die Lilie als eine Figur von Christi Tod und Auferstehung gedeutet, und im Brauchtum findet die Lilie seit jeher als Aufbahrungs- und Grabesschmuck Verwendung. Ein schöner Beleg hierfür steht unter der Eintragung „lilium" bei Hieronymus Lauretus in seiner *Sylva allegoriarum*. Es heißt dort näm-

---

24 Cf. Carlos Oliveira: *Das Verhältnis von Sinnlichkeit und Geist bei Juan de la Cruz* (Philosophische Magisterarbeit), München: Ludwig-Maximilians-Universität 1986, pp. 169-175.

lich unter anderem: „Lilia flores quidem sunt sepulchri, sed citò marcescentes.
Unde designant genus humanum: cujus gloria est ut facile marcescens."[25]

Offenkundig haftet der Lilie eine Todeskonnotation an, aber im Kontext des
Hohenlieds ist sie zugleich eine hochgradig erotische Blume, heißt es doch dort:
„Dilectus meus mihi et ego illi qui pascitur inter lilia."[26] Der Geliebten, die sich
ihrem Liebhaber zwischen weißen Lilien hingibt und die sich selbst dabei vergißt, wird eine Erfahrung an der Grenze der Liebe und des Todes zuteil. Die Gebärde einer maßlosen erotischen Verausgabung erschöpft ihre Kräfte. Sie nimmt
dem Subjekt die Möglichkeit, den Akt der Transgression, den es vollzogen hat,
auch zu überleben. Indem sich das Subjekt nicht nur verliert, sondern indem es
inmitten der Totenlilien buchstäblich zugrundegeht, versinkt es in eine Nacht,
der kein Morgen mehr folgen wird. Die Liebende fühlt sich in einen Abgrund
gezogen, dessen unbekannte Dunkelheit sie mehr anzieht als das Licht des hellen
Tages. In dieser Vorahnung hat sie in Vers 22 ausgerufen: ¡o noche! amable más
que el aluorada (‚o Nacht, liebenswerter als das Morgenrot!').

Das geschlachtete Lamm

Wir haben schon kurz darauf hingewiesen, daß sich in Strophe V die Liebenden
körperlich vereinigen. Bei einer ersten Analyse könnten wir demnach davon ausgehen, daß diese Episode den Kern der Erzählung und deren herausragendes Ereignis ausmacht. Vergegenwärtigen wir uns darum nochmals den Wortlaut der
Stelle:

> ¡O noche! que guiaste
> ¡o noche! amable más que el aluorada
> ¡o noche! que juntaste
> amado con amada
> amada en el amado transformada
> (Noche oscura, vv. 21-25).

> [O Nacht, die du geleitet!
> O Nacht, liebenswerter als das Morgenrot!
> O Nacht, die du vereint hast
> Geliebten mit Geliebter,
> Geliebte in den Geliebten verwandelt!]

Die Strophe besteht aus einer Reihe von drei immer länger werdenden Ausrufen.
Bezeichnenderweise driften in dieser anscheinend zentralen Strophe die Er-
zählsituation und der Erzählinhalt, die énonciation und das énoncé, auseinander.
Es lohnt sich, zunächst die propositionale Seite zu betrachten, die den Ausrufen
zugrunde liegt, das heißt jenes gedankliche Substrat, dem das énoncé der drei

25 Hieronymi Laureti sylva allegoriarum, s. v. „lilium", p. 625.
26 Canticum 2,16.

Relativsätze zugeordnet ist. Die Nacht hat die Sprecherin zum Geliebten geführt und beide miteinander verbunden. Im dritten Relativsatz erfahren wir dann, daß Geliebte und Geliebter in dieser Nacht ineinander verwandelt wurden.

Die Verwandlung des Liebenden in den Geliebten und umgekehrt ist eines der zentralen Konzepte der neuplatonischen Liebeslehre. Es geht dabei um jene vollkommene Wechselseitigkeit der Liebe, die Marsilio Ficino den *amor mutuus* nennt. Er führt dazu, daß der Liebende nicht nur ein Bildnis des Geliebten in seine Seele meißelt, sondern daß er sich auch in den Geliebten zu verwandeln sucht und umgekehrt.[27] Castiglione erwähnt denselben glühenden Wunsch des Liebenden nach Verwandlung in den andern.[28] Beim schon vorher erwähnten Leone Ebreo wird der Sachverhalt vom Gesprächspartner Philon gegenüber der ihn befragenden Sophia folgendermaßen dargestellt:

> La propria diffinizione del perfetto amore de l'uomo e de la donna è la conversione de l'amante ne l'amato, con desiderio che si converti l'amato ne l'amante. E quando tal amore è eguale in ciascuna de le parti, si diffinisce conversione de l'uno amante ne l'altro.[29]

> [Die eigentliche Definition der vollkommenen Liebe zwischen Mann und Frau ist die Verwandlung des Liebenden in den Geliebten mit dem Verlangen, daß sich der Geliebte in den Liebenden verwandeln möge. Und wenn eine solche Liebe in jeder der Parteien gleich stark ist, dann definiert man sie als Verwandlung des einen Liebenden in den andern.]

Im Verlauf des Gesprächs macht Philon auch deutlich, daß ein solcher Wunsch nach Verwandlung ineinander Mann und Frau folgerichtig zur körperlichen Vereinigung, zur *unione coppulativa*, führen wird.[30] Begriffe wie lateinisch *commutatio* oder *transformatio*, italienisch *conversione* oder spanisch *transformación* können demnach im neuplatonischen Kontext durchaus als euphemistische Benennungen des Liebesakts fungieren.

Wenden wir uns nunmehr der stark markierten *énonciation* der Strophe zu, die zweifelsohne gegenüber dem *énoncé* im Vordergrund steht. Während die Inhaltsebene in den Relativsätzen der Verse 23 bis 25 den Tatbestand des vollzogenen Liebesakts präsupponiert, lenkt die Ebene der *énonciation* unsere Aufmerksamkeit gerade von diesem Gegenstand ab. Die Sprecherin gebraucht nämlich die rhetorische Figur der Apostrophe und ruft in den Versen 21 bis 23 dreimal hintereinander die Nacht an, in deren Schutz allein die Verbindung hat

---

27 „Quotiens duo aliqui mutua se benivolentia complectuntur, iste in illo, ille in isto vivit. Vicissim huiusmodi homines se commutant et seipsum uterque utrique tribuit, ut accipiat alterum." (Ficinus de amore II,8, in: Marsile Ficin: *Commentaire sur le Banquet de Platon*, ed. R. Marcel, Paris: Les Belles Lettres 1956, p. 156.)

28 «... acciò che [...] noi da noi stessi alienati, come veri amanti, nello amato possiam transformarsi» (Baldassare Castiglione: *Il libro del Cortegiano* IV,70, ed. E. Bonora, Milano: Mursia 1972, p. 349) – „... auf daß [...] wir, uns selbst entfremdet, als wahrhafte Liebende uns in den Geliebten verwandeln können'.

29 Leone Ebreo: *Dialoghi d'Amore*, libro I, ed. S. Caramella, Bari: Giuseppe Laterza & Figli 1929, p. 50.

30 Ibid. p. 49.

stattfinden können: *¡o noche!* („o Nacht!'). Die unvergleichliche Nacht ist aufgefaßt als die Bedingung der Möglichkeit dafür, daß das Begehren der Liebenden
zur Erfüllung gelangt. Die Strophe ist demzufolge primär durch ihre drei auffälligen, anaphorischen Ausrufe mit ihrer affektstarken Interjektion strukturiert.
Die Erzählerin wählt diesen Umweg nur scheinbar aus Gründen der Schicklich-
keit. Weit bedeutsamer erscheint uns allerdings die Tatsache, daß der exzessive
Affekt, der sich in der rhetorischen Gedankenfigur einer Apostrophe auf der
Ebene der *énonciation* bekundet, hier supplementär auf das in den Hintergrund
gedrängte *énoncé* bezogen ist, so daß es die Kommunikationsgegebenheiten der
mystischen *scène de l'énonciation* im Text des Gedichtes nachbildet.[31]

In der dreifachen Apostrophe, welche die Länge einer ganzen Strophe umfaßt,
wird die Nacht in derselben Weise angerufen wie zweimal zuvor in den Versen 3
und 8 das ‚glückliche Geschick': *¡o dichosa ventura!,* und schon in Vers 11 hat die
Nacht am Glück der liebenden Frau teil: *en la noche dichosa* („in der glücklichen
Nacht'). Der Begriff einer *beata nox,* einer ‚glückseligen Nacht', und deren förmliche Anrufung in einer Reihe von Apostrophen eröffnen nunmehr ein intertex-
tuelles Feld, das von grundlegender Bedeutung für die Ökonomie des Lieds von
der *Noche oscura* ist, wiewohl es in der einschlägigen Forschung nur vereinzelt gesehen wurde. Die Apostrophe der Nacht übernimmt ganz bewußt die entsprechenden rhetorischen Ausrufe, von denen das *Exsultet,* das gallikanische Osterlob, durchsät ist und das wir in einem früheren Kapitel ausführlich vorgestellt
haben.[32]

Das *Exsultet* ist, wie wir uns erinnern, jener feierliche Lobgesang, den der Diakon während der Lichtfeier der Osternachtsliturgie vor der zu beräuchernden
und zu weihenden Kerze anstimmt und worin die Erlösung der Menschheit in
Christi Opfertod und Auferstehung überschwenglich gepriesen wird.[33] Der
Hymnus erinnert an die Nacht der Auferstehung Christi und setzt diese in eins
mit jener anderen Nacht, die ihr vorausging, ja die sie präfigurierte und in der
die Hebräer noch unter der Knechtschaft des Pharao ihr erstes Pascha feierten.
Familienweise schlachteten sie ein Lamm und bestrichen mit dessen Blut die
Pfosten und den Sturz der Türen, bevor sie aus Ägypten auszogen und trockenen
Fußes das Rote Meer durchquerten. Das Gebet faßt diesen Sachverhalt bekannt-
lich folgendermaßen zusammen:

---

31 Auf das Verschwinden des an sich unsagbaren *énoncé* hat in einem wichtigen Beitrag aufmerksam
    gemacht Viviana Isabel Cardenas: «Le poème de la ‚Noche oscura' ou l'indicible dans les
    interstices du dire», in: *Saint Jean de la Croix (1591-1991),* Etudes rassemblées par A.
    Vermeylen, pp. 37-47.
32 Die Beziehung zwischen dem *Exsultet* und der *Noche oscura* wurde allerdings behandelt in einer
    gründlichen Untersuchung von John Sullivan. "Night and Light: The Poet John of the Cross
    and the ‚Exsultet' of the Easter Liturgy", *Ephemerides Carmeliticae* (Teresianum Romae) 30
    (1979), 52-68.
33 Lucinio Ruano verweist in seiner Gesamtausgabe wohl auf den liturgischen Bezugstext, sieht aber
    den Sinn des Zitats vor allem im Exodus-Gedanken, nicht im Opfermotiv. Cf. S. Juan de la
    Cruz: *Obras completas,* ed. L. R., 11ª edición, p. 32.

Haec sunt enim festa paschalia,
in quibus verus ille Agnus occiditur,
cujus sanguine postes fidelium consecrantur.[34]

Zum begeisterten Preisgesang fügt sich also im *Exsultet* das Gedächtnis, ja der Bericht eines blutigen Opfers. Die universelle Mittlerschaft, die im liturgischen Gebet gefeiert wird, gründet in der Opfernacht des Pascha-Festes. In diesem Sinn ruft der Diakon im weiteren Verlauf des Gesangs aus:

O vere beata nox, quae exspoliavit Aegyptios, ditavit Heraeos!
Nox, in qua terrenis caelestia, humanis divina junguntur![35]

Wir haben weiter oben ausgeführt, warum das Osterlob im Verständnis der alten Kirche immer sehr viel mehr ist als der bloße Bericht oder das Gedächtnis eines vergangenen Opfers. Auch in seiner mittelalterlichen und dann tridentinischen Gestalt, als die Taufliturgie kein fester Bestandteil der Osternacht mehr war, behält das *Exsultet* eine ausgeprägt rituelle Funktion: Der Text begleitet dort eine unblutige Opfergeste, nämlich die Darbringung der Kerze, und der überkommene Text kann darum ganz ausdrücklich formulieren:

In huius igitur noctis gratia,
suscipe sancte Pater, incensi huius sacrificium vespertinum:
quod tibi in hac Cerei oblatione solemni,
per ministrorum manus,
de operibus apum sacrosancta reddit Ecclesia.[36]

Im Gesang des *Exsultet* bringt die Kirche die brennende Kerze Gott als Opfer dar. Diese Kerze bezeichnet freilich nichts anderes als den geschlachteten Opferleib Christi selbst. Darum heißt es in der tridentinischen Rubrik, die dem letztangeführten Absatz unmittelbar vorausgeht:

Hic Diaconus infigit quinque grana incensi benedicti in Cereo in modum crucis, hoc ordine:

1
4 2 5
3

---

34 Exsultet, in: *Missale Romanum ex decreto Concilii Tridentini restitutum* (1570), editio XVII, Ratisbonae: Sumptibus et typis Friderici Pustet 1933, p. 226. Wir zitieren hier und im folgenden das *Exsultet* nach dem Tridentinischen Meßbuch von 1570, das eine schon früher verbreitete Fassung verpflichtend machte. Der Karmelitenorden betete ursprünglich nach dem Ritus des Heiligen Grabs, den die Unbeschuhten allerdings 1586 zugunsten des römischen Ritus aufgaben. Das *Exsultet* muß in beiden Riten identisch gewesen sein.

35 Exsultet, ibid. p. 230. Der Hinweis auf die Beutenahme bei den Ägyptern ist in der Neufassung von 1970 gestrichen. Die Neufassung ist abgedruckt in: *Te Deum laudamus. Große Gebete der Kirche.* Lateinisch-deutsch, ed. A. Adam, Freiburg i. Br.: Herder 1987, pp. 128-134.

36 Exsultet, ibid. p. 229. Die Neufassung von 1970 ersetzt „incensi huius sacrificium vespertinum" durch „laudis huius sacrificium vespertinum". Seit dem Mittelalter wurde *incensum* als Weihrauch verstanden, ursprünglich war das Partizip Perfekt allerdings sinngemäß auf *cereus* bezogen und meinte die Gabe der brennenden Kerze.

Wenn das Eindrücken der Weihrauchkörner in das Wachs der Kerze die Kreuzigung darstellen soll, dann bedeutet das Entzünden der Kerze, das kurz darauf
erfolgt, die Auferstehung.[37] Das Ritual, das in den Pausen des Gesangs auszu-
führen ist, vereindeutigt und verdoppelt also in einem sinnenfälligen Zeichen
den Inhalt des vom Diakon vorgetragenen Textes. Die Osterkerze verweist auf
den gekreuzigten und auferstandenen Leib Christi mit den fünf Wundmalen,
und im Kontext der tridentinischen Frömmigkeit besitzt diese Zeremonie zweifelsohne einen sakramentalienhaften Status. Der rituelle Sitz im Leben des
Osterlobs ist demnach gerade dort zu berücksichtigen, wo wir die intertextuelle
Beziehung zwischen dem *Exsultet* und dem Lied der *Noche oscura* aufzeigen wollen.

Ganz offenkundig verwendet unser Gedicht die Figur der Apostrophe an die
Nacht in enger Anlehnung an die Formulierungen des Osterlobs. Zugleich para-
phrasiert es das liturgische Vorbild aber dergestalt, daß wir den Text nun auf die
Liebesvereinigung des Paares zu beziehen haben:

> ¡O noche! que juntaste
> amado con amada
> amada en el amado transformada
> (Noche oscura, vv. 23-25).

> [O Nacht, die du vereint hast
> Geliebten mit Geliebter,
> Geliebte in den Geliebten verwandelt!]

Zu dieser erotischen Wendung des Inhalts paßt es gut, daß das Verbum des Rela-
tivsatzes nicht mehr in der neutral referierenden dritten, sondern in der affektiv
appellierenden zweiten Person erscheint. Die Nacht wird hierdurch noch stärker
zu einer gleichsam persönlichen Instanz stilisiert.

Warum tritt überhaupt das Motiv des Liebespaares plötzlich an die Stelle der
liturgischen Antithesen, in denen sich Himmel und Erde, Menschliches und
Göttliches gegenüberstehen? Wenngleich an der Oberfläche des Textes diese Oppositionen von geradezu kosmischem Sinngehalt durch die Figuren des Liebhabers und seiner Geliebten ersetzt sind, so soll deswegen dennoch nicht jegliche
Erinnerung daran begraben werden. Im petrarchistischen System geht man davon aus, daß das Publikum die intertextuelle Reichweite der Gedichte erkennen
wird, mit denen es in Berührung kommt. Wörtliche Zitate, Motivanleihen oder
indirekte Anspielungen sollen als solche wahrgenommen werden. Dies galt nicht
nur für die weltliche Literatur, sondern in noch stärkerem Maße für die religiöse
Literatur *a lo divino,* insofern diese die Überschreibung einer profanen Vorgabe
voraussetzt. Allerdings haben wir es in der *Noche oscura* gerade nicht mit einem
geistlichen Text im konventionellen Sinn zu tun, der Anleihen bei einem weltlichen Muster macht, sondern mit einer Liebesallegorie, die sich religiöser Anspie-

---

37 Die nächstfolgende Rubrik schreibt vor: „Hic Diaconus accendit Cereum cum una ex tribus
    candelis in arundine positis." (Exsultet, ibid. p. 230.)

lungen bedient, um ihren auf der buchstäblichen Ebene ganz profanen Gegenstand zu divinisieren.

Die Opferstruktur, die dem jüdischen und dem christlichen Pascha innewohnt und die in der Kreuzigung ihren Gipfelpunkt erreicht, wird also in der erotischen Überschreibung, die unser Gedicht vornimmt, nicht gelöscht, sondern in Dienst genommen. Das Gedicht schreibt die Liebeserfahrung ins Herz der Opfernacht und der Kreuzigung ein. Damit wird der buchstäbliche und fleischliche Akt der Liebenden in ein umfassendes Opfergeschehen hineingestellt, das Liebespaar partizipiert gewissermaßen am Opfer Christi.

Das Thema des Opfers beherrscht unterschwellig auch die Strophe VII – und zwar im rätselhaften Bild der schon diskutierten Halswunde, welche die Geliebte trägt. Die ganz körperlich zu nehmende Versehrung im Schoß der Geliebten ist auch das Wundmal iher Opferung. Die Geliebte erscheint damit beinahe selbst wie ein rituell geschlachtetes Opferlamm. Daneben enthält sogar der Vers 33 mit seiner Rede von der *mano serena* (‚unbekümmerte Hand') einen letzten Anklang an das *Exsultet*. Auch die österliche Doxologie gegen Ende des Preisgesangs verwendet nämlich das Lexem *serenus* an auffälliger Stelle: Nachdem der Diakon darum gebetet hat, die Osterkerze möge die Nacht hindurch bis zum Aufgang des Morgensterns brennen, deutet er das Gestirn zum auferstandenen Christus um, indem er hinzufügt:

> Ille, inquam, lucifer, qui nescit occasum.
> Ille qui regressus ab inferis, humano generi serenus illuxit.[38]

Die intertextuelle Einbeziehung des *Exsultet* erhärtet demnach aufs neue unsere These, daß die verwundende Hand des Windes, metonymisch verschoben, für die Hand des Liebhabers und für deren unsagbares Tun stehen kann. Wenn aber der Geliebte dank der *mano serena* aufs äußerste erotisiert erscheint, dann wird er nun ebenso stark divinisiert und gibt sich erst in dieser gleichsam göttlichen Erotisierung auf die Gestalt des auferstandenen Christus hin zu lesen.

Ausgehend von den christologischen Attributen, die wir im Text ausfindig gemacht haben, legt sich noch einmal eine Rückschau auf die Liebeswandlung in Strophe V nahe. Die Dunkelheit der Nacht verwehrt es der Sprecherin und ihrem Zuhörer oder Leser, einen Blick auf den unsichtbar bleibenden Geliebten zu werfen. Abgesehen von der taktilen Empfindung einer *mano serena,* die wir ihm allemal nur metonymisch zuordnen konnten, besitzen wir keine Beschreibung des geheimnisvollen Freundes. Allerdings wissen wir aus Vers 25, daß die Geliebte sich in ihn verwandelt hat: *amada en el amado transformada* (‚Geliebte in den Geliebten verwandelt'). Aus den Zügen der verwandelten Geliebten müßte sich demnach ein Bild des Geliebten rekonstruieren lassen. Auffälligstes Kennzeichen der Geliebten war die Wunde an ihrem Hals, ihre Ähnlichkeit mit einem geschlachteten Opferlamm. Diese Wunde war ihr im selben Augenblick geschlagen

---

38 Exsultet, ibid. p. 231. Diese eigenwillige Doxologie markiert strukturell das Ende des eigentlichen Lobpreises der Osterkerze. In den älteren Fassungen – und noch in der tridentinischen – folgte darauf eine kurze Oration für Hirten der Kirche und Regierende.

worden, da sie sich in den Geliebten verwandelt hatte, ihm gleichförmig geworden war. Könnte der Geliebte auch eine solche Wunde tragen? Wäre er ebenfalls
ein Opferlamm?

Daß in der Liebeswandlung dem Liebenden Wunden geschlagen werden, welche dieser vom Geliebten empfängt und welche ihn diesem ähnlich machen, ist
innerhalb der christlichen Tradition keineswegs ungewöhnlich. So heißt es bei
Bonaventura in der *Legenda maior* über das Leben des Franz von Assisi im Kapitel über die Stigmatisierung:

> Postquam igitur verus Christi amor in eamdem imaginem transformavit amantem,
> quadraginta dierum numero, iuxta quod decreverat, in solitudine consummato, su-
> perveniente quoque solemnitate Archangeli Michaelis, descendit angelicus vir Fran-
> ciscus de monte, secum ferens Crucifixi effigiem, non in tabulis lapideis vel ligneis
> manu figuratam artificis, sed in carneis membris descriptam digito Dei vivi.[39]

Als ein wahrer Freund und Liebhaber Christi verwandelt sich Franziskus in der
Ekstase am Berg La Verna in seinen Geliebten und empfängt dessen Wundmale.
Wie ein zweiter Mose steigt er alsdann vom Berg herab, von woher er allerdings
keine steinernen Gesetzestafeln mitbringt, sondern das Bildnis des Gekreuzigten,
das sich in der Liebesbegegnung seinem Fleisch eingeschrieben hat.

Analog hierzu dürfen wir uns die Liebende der *Noche oscura* vorstellen. Die
Wunde, die sie empfangen hat, ist nicht ein rein individuelles Erkennungs-
merkmal, vielmehr wurde es ihr vom verletzten Geliebten aufgeprägt, dem sie
sich ihrerseits in der Liebeswandlung angeglichen hat. Vielleicht ist auch er schon
wie die Geliebte zu Tode verletzt und verblutet an ihrer Brust, während es oberflächlich so aussehen mag, als sinke er mit Vers 26 nur in den Schlaf der erotischen Erschöpfung: *en mi pecho florido* (‚an meiner blühenden Brust‘). Die blühende Brust der Geliebten wäre dann gerötet vom vergossenen Blut des Freundes.

Sofern sich der Geliebte als ein Verwundeter darstellt wie der Gekreuzigte,
würde sich in der Vereinigung des Paars der *Noche oscura* Batailles Notion der
Opferung als Selbstopferung erfüllen: «Le sacrificateur lui-même est touché par
le coup qu'il frappe, il succombe et se perd avec sa victime.»[40] Doch anders als die
Rede von Bataille ist die Rede der *Noche oscura* eine allegorische Rede des Buchstabens. Mag auch die Liebesszene des ungleichen Paars zur Pascha-Nacht, zur
Kreuzigung oder zu deren supplementärem Nachvollzug durch Franziskus stilisiert sein: All dies ist dennoch nicht gemeint. Mehr noch: Die zitierten Texte
und Bilder der christlichen Tradition sind ihrerseits nicht weniger imaginär und
sinnenverhaftet als die im Text des Gedichtes ausgespielten erotischen Phantasi-
en der liebenden Frau. Heiliges und Profanes, Geistliches und Buchstäbliches
werden demnach dekonstruiert – und zwar nach der Seite des Profanen und des

---

39 Bonaventurae legenda maior sancti Francisci, cap. XIII, in: Legendae S. Francisci Assisiensis saeculis XIII et XIV conscriptae, vol. I (Analecta Franciscana, ed. patres collegii S. Bonaventurae),
   Ad Claras Aquas; Florentiae: Ex typographia collegii S. Bonaventurae 1926-1941, p. 617.
40 Bataille: *L'Expérience intérieure*, p. 176.

erotischen Buchstabens hin. Auch den sakralen Opfermodellen der Religion wohnen nicht jene Wahrheitswerte inne, die das *Collège de sociologie* ihnen unbedenklich attestiert hatte, sondern sie sind *belle menzogne,* und als solche werden sie profaniert und ironisch gerettet. Alles, was im Gedicht gesagt wird, das sind immer nur imaginäre Apprehensionen: die körperliche Vereinigung des Paares, die Stigmatisierung des heiligen Franziskus, ja selbst noch die Opferung Christi am Kreuz. Die Wahrheit der sinnenhaften Imagination des Buchstabens liegt darum nicht in den erotischen Inhalten dieser Imagination selbst, sondern darin, daß diese ein Supplement, eine verbergende Hülle der Wahrheit sind. So verweist die allegorische Imagination auf ein unsichtbares Anderes, das sich ihr entzieht, weil es mit ihr weder identisch ist noch kommensurabel: ἀσυμμέτρως – *sans commune mesure.*

2.5. LUFTHAUCH

Transgression, Perversion und Profanation, erotische Vereinigung und Opferung haben sich im Laufe unseres Durchgangs durch die *Noche oscura* nach und nach als ebensoviele imaginäre Apprehensionen erwiesen, die als allegorische Figurationen im Text stehen und auf ein Anderes verweisen, das sie doch nicht zu benennen vermögen. Insofern hält der Text des Gedichtes seinen Lesern und Interpreten gewissermaßen einen Spiegel vor Augen, in den sie eher sich selbst und ihre Phantasmen hineinprojizieren, als daß sie eine vorgegebene Bedeutung herauslesen würden. Wahrscheinlich ist dies die metapoetische Botschaft der *Noche oscura,* daß sich Sinn nicht festhalten läßt, weil er in einem rhetorischen Spiel beweglicher Bedeutungen immer erst imaginiert und hervorgebracht werden muß und weil er sich dann sofort wieder dem Interpreten entzieht. Diese unaufhörliche Fluchtbewegung des Sinns aber ist zugleich immer schon seine eigentliche und tiefste Bedeutung, nämlich daß er sich als Spur eines Andern zu lesen gibt.

Wir wollen unsere Interpretation der *Noche oscura* damit beschließen, das wir uns in einem letzten Versuch noch einmal die Strophe VI vornehmen, um dort vor allem am Vers 30 die rhetorische Fluchtbewegung des Sinns nachzuzeichnen:

> *En mi pecho florido*
> *que entero para él solo se guardaua*
> *allí quedó dormido*
> *y yo le regalaua*
> *y el ventalle de cedros ayre daua*

> [An meiner blühenden Brust,
> die für ihn allein sich unversehrt bewahrte,
> dort war er eingeschlafen,
> und ich liebkoste ihn,
> und es kam vom Fächeln der Zedern Lufthauch.]

Bislang wissen wir: Der Geliebte ist in den Armen seiner Freundin eingeschlafen, und sie liebkost ihn. Doch worin bestehen diese Liebkosungen? Jedenfalls läßt die Bewegung eines Fächers Wind aufkommen. Nur kennen wir weder das Wie noch das Woher. Die Form *ventalle* ist nämlich doppeldeutig. Sie kann sowohl vom Substantiv *ventalle* als auch vom Verbum *ventar* gebildet sein.[1] Gehen wir darum zunächst möglichst schematisch vor.

---

1 «Ventalle. El amoscador, porque ultra de echar las moscas, causa con el movimiento un ayre fresco.» (Covarrubias: *Tesoro de la lengua castellana,* s. v. «ventalle».) – ‚Fächer. Die Fliegenpatsche, denn abgesehen davon, daß sie die Fliegen vertreibt, verursacht sie durch ihre Bewegung auch einen frischen Luftzug.'

1. Nehmen wir an, *ventalle* sei ein Substantiv. Dann ist das auslösende Moment des Windes:

a) ein ‚Fächer‘ (*ventalle*) im eigentlichen Sinn, der Zedernluft herbeifächelt (*de cedros ayre* ist als Inversion zu lesen für *el ayre de cedros*);

b) ein ‚Fächer‘ im eher übertragenen Sinn, weil er aus einem abgebrochenen Zedernzweig besteht (*ventalle de cedros*), mit dem die Frau dem Freund Luft zufächelt;

c) überhaupt kein Fächer, sondern eine Zeder, die nur zu einem Fächer metaphorisiert wurde (*ventalle de cedros*), weil der Wind durch sie hindurchbläst und sie wie einen Fächer bewegt.

Selbstverständlich schließen nicht alle diese Möglichkeiten einander aus, sondern sie können teilweise miteinander kombiniert werden und sich überlappen. Für die liebende Frau bedeutet all dies, daß sie entweder die Ausführende ist, die mit ihrem Fächeln den Wind hervorruft (1 a, 1 b), oder aber die Empfängerin, der ein fremder Fächer (ein nahegelegener Zedernbaum) den Wind erst zufächelt (1 c).

2. Nehmen wir an, *ventar* sei ein Verbum. Dann ist der Adressat der Fächerbewegung der Geliebte, weshalb *ventar* mit dem Pronomen *le* zu *ventalle* verbunden ist (wie im 16. Jahrhundert üblich, wird das Schluß-r des Infinitivs mit dem Anlaut-l des Pronomens assimiliert). In diesem Fall ist die Frau auf jeden Fall das ausführende Subjekt des Fächelns. Woher aber kommt der Wind?

a) Der Wind entsteht aus der Fächerbewegung, welche die Frau zum Geliebten hin ausführt; sie fächelt ihm frische Luft zu; der substantivierte Infinitiv *el ventalle* ist das grammatikalische Subjekt des Satzes.

b) Daneben gibt es aber auch die umgekehrte Möglichkeit. Der Wind kann ebensogut vom Geliebten herkommen, und genau in diesem Sinn läßt Arias Montano in seiner *Paraphrasis super cantica canticorum* den Bräutigam Theolampo in überaus selbstbewußten Tönen von sich behaupten:

> *Por el mi olor de todos soi amado,*
> *y al dulce mouimiento*
> *del pasajero viento*
> *de mi espira un aliento*
> *de gran suauidad aconpañado.*[2]

[Um meines Duftes willen bin ich bei allen beliebt, / und im sanften Wehen / des vorüberziehenden Windes / strömt von mir ein Atem aus, / der von großer Süßigkeit begleitet ist.]

«VENTAR. v. n. Lo mismo que Ventear.» (*Diccionario de Autoridades,* vol. III, s. v. «ventar».) – ‚Zufächeln (*ventar*), intransitives Verbum, das gleiche wie Fächeln (*ventear*).‘

«VENTEAR. Vale asimismo poner, sacar ù arrojar alguna cosa al viento, para enxugarla ò limpiarla. Lat. *Vento exponere, Ad ventum movere,* vel *agitare.*» (Ibid. vol. III, s. v. «ventear».) – ‚Fächeln. Es bedeutet weiterhin irgendeine Sache in den Wind stellen, hängen oder dort ausschütteln, um sie so zu trocknen oder zu reinigen. Lateinisch: *vento exponere, ad ventum movere vel agitare.*‘

2 Arias Montano: *Paraphrasis super cantica canticorum,* fol. 274 r.

Sobald wir die Verse der *Noche oscura* aus der Perspektive der *Paraphrasis* des Arias Montano lesen, müssen wir den Text erneut als einen uneigentlichen nehmen und ausgeprägt tropische Lesarten ins Spiel bringen. Die ‚Zedernluft‘ (*de cedros ayre*) ist nicht mehr der eigentlich gemeinte Duft orientalischer Nadelbäume, sondern vielmehr eine Metapher für den würzigen Atem des Geliebten, von dem es im Hohenlied ausdrücklich heißt: „Species eius ut Libani electus ut cedri / guttur illius suavissimum et totus desiderabilis."[3] Zugleich ist der Geliebte nun nicht mehr der Empfänger des Lufthauchs, sondern dessen Spender, und die Geliebte ist nicht mehr die Spenderin, sondern die Empfängerin.[4] Die größere erotische Intimität zwischen der Geliebten und dem Geliebten, die sich in der Berührung der Andern durch den Atem des Einen mitteilt, entspringt einer rhetorischen Strategie der Enteigentlichung.

Lassen wir es mit diesen fünf – gewiß nicht vollzähligen – Bedeutungsdistinktionen für nur einen Vers bewenden. Interpreten, die sich hier für eine einzige Option des Sinns entscheiden wollten, würden notgedrungen das poetologische Programm der planmäßig inszenierten *confusio* mißachten, die das Nebeneinander, Ineinander und Übereinander von verschiedenen, ja gegensätzlichen Apprehensionen zuläßt.

Ausgehend von der Kategorie der *confusio* läßt sich eine gewissermaßen harmlose, mimetische Konstellation der Liebesszene denken: Das Paar hat zusammengefunden; die Liebende fächelt dem schlafenden Geliebten zu und spürt seinen Atem; währenddessen kommt leichter Wind auf und rauscht durch die benachbarten Zedern. Die in Ekstase geratene Sprecherin kann all die unterschiedlichen Tatbestände nicht mehr klar unterscheiden, sondern in einem Zustand konfuser Erfahrung nimmt sie dies alles gleichzeitig wahr und versprachlicht es dementsprechend. Doch darüber hinaus gibt es eine weitere Sichtweise des Phänomens. Die unterschiedlichen Deutungen entspringen unterschiedlichen sprachlichen Beziehbarkeiten – einerseits auf der Ebene der Syntax, weil in der Wortfolge *y el ventalle de cedros ayre daua* die Gruppe *de cedros* ἀπὸ κοινοῦ konstruiert werden kann, um sowohl mit *ventalle* als auch mit *ayre* verbunden zu werden; andererseits auf der Ebene der Rhetorik, weil einzelne Wörter (*ventalle – ventalle de cedros – de cedros ayre*) im eigentlichen oder im übertragenen Sinn, als *verba propria* oder als *verba translata* aufgefaßt werden können.

Die Sprache erweist sich im vorliegenden Fall nicht als ein klares und distinktes System von Bezügen zwischen Wörtern und Gegenständen, sondern gerade umgekehrt als ein virtuell unabschließbares Spiel von aufschiebenden Verweisen,

---

3 Canticum 5,15 sq.

4 Es gibt im sogenannten Codex Hispalensis (Biblioteca Nacional de Madrid, Ms. 3446), einer aus Sevilla stammenden Handschrift des 17. Jahrhunderts, die Lesart: *y en ventalle de cedros ayre daua*. Die naheliegendste Lesung ist hier: ‚Als ich ihm zufächelte (wörtlich: beim Ihm-Zufächeln), gab er Zedernluft von sich.‘ Das heißt, daß im zweiten Teil des Verses der Geliebte zum Subjekt aufsteigt, während in der Infinitivkonstruktion noch die Sprecherin das handelnde Subjekt ist.

die ihr Ziel nicht treffen, so daß die supplementäre Bewegung der Zeichen wichtiger wird als eine stabile Referenz. Die Sprache des Gedichts konstituiert sich als jene *scène de l'énonciation,* die Michel de Certeau beschrieben hat. Es gibt ein Wort unserer Strophe, das in seiner Semantik den Effekt des unabschließbaren und uneinholbaren semiotischen Spiels austrägt. Es heißt *ayre,* ,Luft', und weil wir nie sicher waren, ob der in den Strophen VI und VII genannte ,Luftzug' von weither oder aber aus dem Mund des Geliebten kam, hatten wir mit ,Lufthauch' übersetzt.

Ein deutlicher Bezugspunkt für den *ayre* beider Strophen ist vor allem Petrarca mit dem Motiv der *aura,* das schon rein lautlich der spanischen Form *ayre* verhältnismäßig nahekommt. Bei Petrarca ist die *aura* ein nahezu numinoses Attribut, das phonetisch und metonymisch auf die Geliebte verweist und dem Dichter ihre einst fraglose Präsenz schmerzhaft in Erinnerung ruft:

> *Erano i capei d'oro a l'aura sparsi*
> *che 'n mille dolci nodi gli avolgea,*
> *e 'l vago lume oltra misura ardea*
> *di quei begli occhi, ch'or ne son sí scarsi.*[5]

> [Es flogen die goldenen Haare ausgebreitet im Wind, / der sie zu tausend lieblichen Strähnen geformt umspielte, / und über die Maßen leuchtete das edle Licht / jener schönen Augen, die jetzt so geizig damit umgehen.]

In der Dichtung der spanischen Renaissance ist Petrarcas Motiv der *aura* weit weniger gebräuchlich. Eine Ausnahme bilden allenfalls Fray Luis de León, der freilich kein Liebesdichter ist,[6] und Fernando de Herrera, der neben *aire* gelegentlich sogar das seltenere Wort *aura* verwendet.[7] Der numinose Aspekt des ,Lufthauchs' spielt allerdings bei beiden keine Rolle. Auffällig ist darum die Tatsache, daß der ,Lufthauch' nicht nur in allen drei großen Gedichten des Johannes

---

5 Petrarca: *Canzoniere* XC, vv. 1-4, ed. Dotti, p. 132. – In Entsprechung zur oben zitierten Stelle der *Paraphrasis* wird in einem anderen Sonett Petrarcas die *aura* auf den Mund der Geliebten und auf ihr Ausatmen bezogen, allerdings wohl in einem metaphorischen Sinn: «... et l'angelico canto et le parole, / col dolce spirto ond'io non posso aitarme, / son l'aura inanzi a cui mia vita fugge.» (Petrarca: *Canzoniere* CXXXIII, vv. 12-14, ed. Dotti, p. 170.) – ,... und der engelhafte Gesang und die Worte, vor ihrem süßen Hauch, vor dem ich mir nicht zu helfen weiß, / sind der Wind, vor dem mein Leben dahinflieht.'

6 «El aire el huerto orea / y ofrece mil olores al sentido; / los árboles menea / con un manso ruido, / que del oro y del cetro pone olvido.» (Fr. Luis: «Vida retirada», vv. 55-60, ed. Alcina, p. 73.) – ,Der Windhauch durchbläst den Garten / und bietet den Sinnen tausend Düfte an, / er bewegt die Bäume / mit sanftem Klang, / so daß man Gold und Szepter vergißt.'

7 So in einer Petrarca-Nachahmung: «El oro crespo al aura esparzida / y el resplandor de bella luz hermoso...» (Fernando de Herrera: *Poesía castellana original completa* I, n° 44, vv. 1 sq., ed. C. Cuevas, Madrid 1985, p. 267.) – ,Das lockige Gold im Winde ausgebreitet / und der prächtige Glanz von schönem Licht...'
Mit einem Adynaton ist das Motiv des *aire* in einer Ekloge verknüpft, wo der Schäfer Salicio Cytherea anruft: «Ven, no esparziendo al aire tus olores, / Citerea, ni en mirto coronada, / ni mesclando las rosas a las flores.» (Ibid. n° 28, p. 218, vv. 46-48.) – ,Komm, ohne deine Düfte in den Wind zu streuen, / Cytherea, und ohne dich mit Myrten bekränzen zu lassen / und ohne Rosen unter die Blumen zu mischen.'

vom Kreuz auftaucht, sondern daß er auch wie bei Petrarca als ein gleichsam göttliches Fluidum in Erscheinung tritt, das metonymisch auf den Geliebten oder zumindest auf die Liebessituation bezogen ist. Gleichwohl bedarf dieser Bezug in der *Noche oscura* einer komplizierteren und auch prekäreren rhetorischen Entschlüsselungsarbeit als bei Petrarca. Wir können in unserer Aussage noch weiter gehen: Der Bezug des *ayre* auf den Geliebten und auf die Liebessituation ist ein Produkt rhetorischer Schöpfung. Erst diese läßt den Geliebten und die erotische Situation im *ayre* präsent werden. Der *ayre* ist damit eine Ermöglichungsstruktur, durch die der Geliebte Präsenz erlangt.

Deutlich hat sich die Notwendigkeit rhetorischer Verschiebungs- und Verdichtungsarbeit an der Personifikation der *mano serena* in Vers 33 gezeigt. Hier hatten wir es mit einer rhetorischen Figur zu tun, die zunächst nur dem *ayre* und erst nachträglich in einem metonymischen Sinn auch dem Geliebten zugeschrieben werden konnte. Ähnlich ist es mit den beiden vorausgehenden Versen, wo es heißt:

> *el ayre de la almena*
> *quando yo sus cabellos esparcía*
>
> (Noche oscura, vv. 31 sq.)

> [der Lufthauch der Zinne,
> als ich sein Haar durchkämmte...]

Daß die Liebende die Haare des Geliebten durchkämmt, ergibt sich erst, als der Wind weht. Somit wird eine typisch petrarchistische Situation evoziert, die in Spanien vor allem aus Garcilaso bekannt ist.[8] Zahlreiche Handschriften wie der oben genannte Codex Hispalensis haben in Anlehnung an die Topik bei Petrarca und dann bei Garcilaso den Vers 32 stets so gelesen, als wäre nicht die Liebende, sondern der Wind Subjekt und als würde er das Haar des Geliebten durchstreifen: *quando ya su cabello esparcía* (,als er – der Lufthauch – schon sein Haar durchkämmte'). Die in den verläßlicheren Handschriften bewahrte und heute allgemein akzeptierte Lesart läßt sich dagegen gerade so begründen, daß einmal mehr ein petrarchistisches Motiv (die Schau des wehenden Haares) in sinnlicher Direktheit (das zum Greifen nahe und tatsächlich berührte Haar) überboten wird.

Unabhängig von der Frage, wer letztlich die ausführende Instanz ist (der Wind oder die Geliebte), bleibt eines zu konstatieren: Das ,Durchkämmen des Haars' wird erst durch das Wehen des *ayre de la almena* eingeleitet, also durch eine schwierige, tropisch zu deutende Fügung, und nichts kann uns garantieren, daß nicht auch die in den Strophen VI und VII genannten einfachen Tätigkeiten der Sprecherin ihrerseits in irgendeinem Sinne tropisch zu verstehen sind. Sowohl *y yo le regalaba* (,und ich liebkoste ihn') in Vers 29 als auch *quando yo sus*

---

8 «... y en tanto que'l cabello, que'n la vena / del oro s'escogió, con vuelo presto / por el hermoso cuello blanco, enhiesto, / el viento mueve, esparce y desordena» (Garcilaso: Soneto XXIII, vv. 5-8, ed. Rivers, p. 59) – ,... und während der Wind das Haar, das man in der Ader des Goldes ausgewählt hat, in schnellem Flug um den schmucken, weißen, hochragenden Hals bewegt, durchkämmt und in Unordnung bringt...'

cabellos esparcía („als ich sein Haar durchkämmte') in Vers 32 könnten etwas anderes meinen, als wir bislang immer vermuteten.

Es geht nicht darum, nun für die *Noche oscura* ein alternatives Scenario zu rekonstruieren und eine andere Anekdote zu erzählen – etwa in dem Sinn, daß es hier in Wirklichkeit um die Flucht aus dem Gefängniskerker in Toledo geht oder um eine Nacht des Gebets in der freien Natur oder in der Zelle eines Klosters. Vielmehr geht es darum, uns endlich einzugestehen, daß wir in unserer bisherigen Lektüre nicht ohne rhetorische Totalisierungen, ohne imaginäre Apprehensionen, ausgekommen sind. Unsere Lektüre stand im Zeichen einer fraglos vorausgesetzten Metaphysik der Präsenz des Geliebten; und wir haben die Möglichkeit einer solchen Lektüre um den Preis erkauft, daß wir drei beunruhigende Verse der Strophe IV bislang ausgeklammert haben:

> *adonde me esperaua*
> *quien yo bien me sabía*
> *en parte donde nadie parecía*
>
> (Noche oscura, vv. 18-20).

> [Dorthin, wo auf mich wartete,
> von dem ich ganz genau wußte,
> an einem Ort, wo niemand erschien.]

In diesen Versen wird ein denkbar starker Gegensatz formuliert: Die Sprecherin weiß ganz genau von ihrem Geliebten und wo er auf sie wartet, und gleichwohl ist dies an einem Ort, wo niemand erscheint. Die naheliegendste Lesung ist hier zweifellos, daß – weil gar niemand erscheint – auch der Geliebte selber nicht erscheint. In dieser Spannung zwischen dem unstillbaren Verlangen nach dem Geliebten einerseits und seiner Erscheinungslosigkeit andererseits wurzelt die Rede der liebenden Sprecherin. Was ihr sodann widerfahren ist, hat möglicherweise Luís de Camões in der paradoxalen Einleitung eines berühmten Sonetts ausgedrückt:

> *Transforma-se o amador na cousa amada,*
> *por virtude do muito imaginar;*
> *nao tenho, logo, mais que desejar,*
> *pois em mim tenho a parte desejada.*[9]

[Es verwandelt sich der Liebhaber in das geliebte Wesen / kraft der Tatsache, daß er es sich heftig einbildet; / so brauche ich dann nichts mehr zu ersehnen, / denn in mir habe ich den ersehnten Teil.]

Die Imagination des Liebenden verleiht dem abwesenden Geliebten eine Anwesenheit in der Abwesenheit, nämlich im Liebenden selber, insofern der sich in den Geliebten verwandelt. Von einer Verwandlung in den Geliebten berichtet die Sprecherin der *Noche oscura* in Strophe V, und mit Camões gelesen kann dies heißen, daß die Verwandlung auch – und vielleicht gerade – in der Abwesenheit des Geliebten, aber in der Imagination der Geliebten erfolgt ist. Liebe wäre dann

---

9 Luís de Camões: *Poesia lírica,* ed. Isabel Pascoal, Biblioteca Ulisseia s. a., p. 90.

verstanden als eine Selbstaffektion und eine Selbsttechnik des Subjekts, die das Selbst dergestalt auf ein Anderes hin transformiert, daß Selbst- und Fremdaffektion ununterscheidbar werden – so wie der Atem der zwischen den Liebenden hin- und herstreicht.

In der konfusen Erfahrung, die der Verwandlung folgt, verweist alles auf den Geliebten – aber nicht im Modus seiner Präsenz, sondern im rhetorischen Spiel des verweisenden Aufschubs, das heißt der semiotischen Differenz. Die ekstatische *confusio* der Liebeswandlung gestattet es, alles als Spur zu lesen und auch umgekehrt jede Spur zu einem Supplement der Präsenz zu figurieren. Der Text des Gedichts senkt all diese Spuren und all diese Figurationen in ein Medium, in ein Fluidum ein, worin sie erst Gestalt gewinnen können. Es erscheint in unserem Gedicht als *de cedros ayre* und in einem damit als *el ayre de la almena* – der Atem der Liebenden, den sie im Augenblick höchster Intimität miteinander austauschen und der dennoch unverfügbar bleibt. Noch einmal andernorts spricht Johannes vom Kreuz von einem *silbo de aire delgado* (‚Säuseln eines feinen Luftzugs‘).[10]

Das Säuseln der Luft und des Atems ist ungreifbar wie das Element, in dem es spielt. Das gilt selbst dort, wo der Lufthauch sich zu sprachlichen Klängen figuriert – und wären es die Worte der Heiligen Schriften. Auch in ihnen verkörpert sich ein pures Transitorium, ein Vorübergang des Göttlichen und sonst nichts:

> De donde se ve que, aunque los dichos y revelaciones sean de Dios, no nos podemos asegurar en ellos, pues nos podemos mucho y muy fácilmente engañar en nuestra manera de entenderlos; porque ellos todos son abismo y profundidad de espíritu, y quererlos limitar a lo que de ellos entendemos y puede aprehender el sentido nuestro no es más que querer palpar el aire y palpar alguna mota que encuentra la mano en él; y el aire se va y no queda nada. (II Subida 19,10.)

> [Hieraus ersehen wir, daß wir uns auf die Aussprüche und Offenbarungen, seien sie auch von Gott, nie so sicher verlassen dürfen. Wir können uns eben in der Art, wie wir sie verstehen, oft und sehr leicht täuschen. Denn sie alle sind ein tiefer Abgrund des Geistes, und wollten wir sie auf das beschränken, was wir an ihnen verstehen und was unsere Sinne zu erfassen vermögen, so hieße das ebensoviel wie nach der Luft haschen zu wollen und dabei doch nur ein Staubfädchen zu erhaschen, das in der Hand davon zurückbleibt; die Luft aber verflüchtigt sich, und es bleibt nichts. * (II Aufstieg 17, pp. 180 sq.)]

---

10 Cf. Cántico B, 14-15,14 – Geistlicher Gesang 14-15, p. 121. Der Ausdruck übersetzt den *sibilus aurae tenuis* der Vulgata in der Theophanie des Propheten Elija am Berg Horeb (cf. III Regum 19,12). Elija galt nach der Überlieferung als der Gründer des Karmelitenordens.

III
DER *CÁNTICO ESPIRITUAL* ALS ALLEGORIE DER LIEBESKUNST

3.1. DAS TEXTPROBLEM ALS FIGUR
DER OPFERUNG

Eine Geschichte der Überlieferung

Die beiden unterschiedlichen Fassungen des *Cántico espiritual* stellen nicht nur die längste, sondern gewiß auch die am schwersten lesbare Dichtung des Johannes vom Kreuz dar – und dies gilt gleichermaßen für die jeweils beigegebene Prosaerklärung gleichen Titels. Über die Entstehung des Gedichts sind wir streckenweise gut informiert.[1] So berichtet eine Zeugin im Seligsprechungsprozeß, daß Johannes vom Kreuz die ersten einunddreißig Strophen 1578 im Gefängnis von Toledo niedergeschrieben und das Heft (*cuadernillo*), das noch weitere Gedichte enthielt, bei seiner Flucht mit sich genommen habe. Zu einem späteren Zeitpunkt sind dann – wahrscheinlich nach und nach – acht weitere Strophen hinzugekommen, die ihm den Vorwurf für den ersten Prosakommentar boten, der ein Gedicht von neununddreißig Strophen behandelt.

Die älteste Textgrundlage dieses Werkes liefert die Handschrift des Karmel von Sanlúcar de Barrameda in Andalusien, die als Datum das Jahr 1584 angibt. Sie ist von einer fremden Hand geschrieben, wurde aber von Johannes vom Kreuz sorgfältig durchgesehen, wie zahlreiche, zum Teil ausführliche Korrekturen und Ergänzungen am Rand von der Hand des Verfassers belegen. In einem ebenfalls eigenhändigen Eingangsvermerk bezeichnet Johannes das sorgfältig verbesserte und ergänzte Exemplar ausdrücklich als *borrador,* als einen Entwurf, von dem eine weitere Kopie angefertigt worden sei: «Éste es el borrador de que ya se sacó en limpio – fr. Juan de la †.» – ‚Dies ist der Entwurf, von dem schon eine Reinschrift gemacht wurde – Bruder Johannes vom †.‛ Das durchgesehene Manuskript hatte demnach bereits als Vorlage für mindestens eine weitere Abschrift gedient. Davon muß die Familie jener Handschriften abstammen, welche die im *borrador* angebrachten Zusätze bereits enthalten. In der Forschung wird diese verbesserte Fassung von Sanlúcar als *Cántico A* bezeichnet.

Heute geht man davon aus, daß Johannes vom Kreuz auch nach der Redaktion dieser Fassung weiter am *Cántico* arbeitete, daß er das Werk umstrukturierte, ergänzte und veränderte – wahrscheinlich über mehrere Stadien hinweg.[2] Belegt wird diese Vermutung durch eine gewichtige Familie von Manuskripten, die ein avanciertes Stadium der vor allem stilistischen Revision des *Cántico A* erkennen

---

1 Einschlägig hierzu die ausführliche Untersuchung von Roger Duvivier: *La Genèse du ‛Cantique sprituel‛ de saint Jean de la Croix,* Paris: Les Belles Lettres 1971.
2 Eine gute und zuverlässige Darstellung der Textfrage, an die wir uns weitestmöglich anlehnen, findet sich bei Cristóbal Cuevas: «Estudio preliminar», in: S. Juan de la Cruz: *Cántico espiritual. Poesías,* ed. id., Madrid: Alhambra 1979, pp. 1-100, ibid. 9-22.

lassen und darum vom Karmelitenforscher Eulogio Pacho als *Cántico A'* etiket-
tiert und herausgegeben wurden.[3] Den Endpunkt dieser Revisionsarbeit dokumentiert schließlich die Handschrift, die im Karmel von Jaén, ebenfalls in Andalusien gelegen, aufbewahrt und in der Forschung als *Cántico B* bezeichnet wird.[4]
Das Gedicht, welches dem *Cántico B* zugrunde liegt, umfaßt nicht mehr neununddreißig, sondern vierzig Strophen, wobei die hinzukommende Strophe:
«Descubre tu presencia...» an elfter Stelle eingefügt ist. In der Folge ist die Reihenfolge der Strophen im Vergleich zum *Cántico A* umgestellt – und zwar ab der
sechzehnten Strophe.

Dem Text des Gedichts ist im *Cántico B* ein ausführliches *argumentum* unmittelbar nachgestellt, welches in der früheren Fassung vollkommen fehlt und auf
den ersten Blick eine Bemühung um eine stärker didaktische Ausrichtung des
Werks erkennen läßt. Die Erläuterungen des Gedichts werden explizit auf die
drei klassischen Phasen des mystischen Wegs – *via purgativa, via illuminativa, via
unitiva* – bezogen, denen im Kommentar zum Gedicht der Beginn des Liebesdienstes der Seele an Gott, das geistliche Verlöbnis und schließlich die geistliche
Vermählung zugeordnet seien. Ausgehend von den letzten Strophen, so heißt es,
würde schließlich ein Ausblick auf die jenseitige Schau der Seligen gegeben, nach
der allein sich noch die Seele sehne, wenn sie die geistliche Vermählung erst vollzogen habe.

Es wäre schließlich eine dritte Fassung anzusetzen, die man folgerichtig als
den *Cántico C* bezeichnen müßte. Die Version C hat in der Überlieferung des
Cántico und in seiner Wirkungsgeschichte eine herausragende Rolle gespielt, da
sie faktisch lange Zeit als einziger *textus receptus* fungierte.[5] Dennoch wurde diese
Variante von den modernen Editoren als bloße Hybride abgewertet und keines
eigenen Siglums für würdig befunden. Unter dem *Cántico C* verstehen wir jene
Fassung, welche die zusätzliche Strophe des *Cántico B* an der vorgesehenen elften
Stelle in die Fassung des *Cántico A* interpoliert, ansonsten aber die Reihenfolge
des *Cántico A* unverändert läßt. Dieser Version C begegnen wir überraschenderweise in nahezu sämtlichen frühen Drucken des *Cántico*. Abgesehen von der ältesten französischen Übersetzung durch René Gaultier 1622 in Paris bietet nur
der spanische Erstdruck des Jahres 1627 in Brüssel einen reinen, nicht interpolierten *Cántico A* – und dies wohl deswegen, weil die Vorlage ein neununddrei-
ßigstrophiges Manuskript der Ana de Jesús gewesen zu sein scheint. Aus ihrem

---

3 Cf. S. Juan de la Cruz: *Cántico espiritual: Primera redacción y texto retocado*, ed. Eulogio Pacho,
   Madrid: Fundación Universitaria Española 1981. Weiterhin gibt es ein jüngeres Faksimile des
   Cántico A nach dem Manuskript von Sanlúcar. S. Juan de la Cruz: *Cántico espiritual y poesías*,
   Manuscrito de Sanlúcar de Barrameda, Edición facsímil y transcripción, ed. Junta de Andalucía,
   vol. I-II, Madrid: Turner 1991.
4 Auch vom Cántico B wurde eine Faksimile hergestellt. S. Juan de la Cruz: *Cántico espiritual y
   poesías*, Manuscrito de Jaén, Edición facsímil y transcripción, ed. Junta de Andalucía, vol. I-II,
   Madrid: Turner 1991. Zum neuesten Forschungsstand bezüglich des *Cántico B* cf. José Angel
   Valente: «Noticia incierta», ibid. vol. II, pp. XIII-XX; José Lara Garrido: «Prólogo», ibid. vol. II,
   pp. XXI-LXVI.
5 Cf. C. Cuevas: «Estudio preliminar», loc. cit. 13-15.

Umkreis ging die Brüsseler Drucklegung hervor, allerdings erst sechs Jahre nach ihrem Tod.

Ana de Jesús war zuvor Priorin in Granada gewesen, und ihr hatte Johannes während seines dortigen Aufenthalts die Erklärungen gewidmet, wie dies dem Prolog des Jahres 1584 ausdrücklich zu entnehmen ist. Im Jahre 1604 hatte Ana de Jesús Spanien verlassen müssen, und sie war schließlich über Frankreich in die Spanischen Niederlande gekommen. In ihren letzten Lebensjahren hatte sie das Amt der Priorin im Brüsseler Karmel inne, wo sie 1621 starb. Nach Brüssel (und dementsprechend auch schon nach Frankreich) dürfte sie die ihr bekannte Erstfassung, den neununddreißigstrophigen *Cántico A,* mitgebracht haben, und entweder ist ihr die vierzigstrophige Umarbeitung nicht mehr bekannt geworden oder sie zog ihr ganz bewußt die Erstfassung A vor. Von den Niederlanden aus hatten Ana de Jesús und ihre Gefährtinnen wahrscheinlich auch gar keinen Zugriff mehr auf die mittlerweile in Spanien zirkulierenden Überarbeitungen des *Cántico B* mit vierzig Strophen oder auf die interpolierte Version C. Jedenfalls gab die Brüsseler Nachfolgerin der Ana de Jesús den *Cántico* nach der Version A in Druck.[6]

Anders verhält es sich bereits mit der italienischen Werkausgabe von 1622 in Rom. Sie bietet den Gedichttext selbst sowohl auf spanisch als auch in italienischer Übersetzung nach der Version C, interpoliert also die elfte Strophe aus dem *Cántico B* und übernimmt von dort auch den zugehörigen Kommentar. Ebenso verfährt die erste in Spanien gedruckte Ausgabe des *Cántico* von 1630 in Madrid: Sie enthält wiederum den *Cántico C* unter Interpolation der elften Strophe samt Kommentar aus dem *Cántico B*. Entsprechendes gilt für die lateinische Ausgabe von 1639 in Köln, die den Gedichttext des *Cántico* im Original und in lateinischer Übersetzung bringt, wobei wiederum die Version C gewählt wird. Diesen einflußreichen Beispielen folgen auch die spanischen Ausgaben mehr als ein halbes Jahrhundert lang, bis 1703 der Karmelitenpater Andrés de Jesús María erstmals die Version des *Cántico B* zur Grundlage seiner Ausgabe von Sevilla macht. Von da an wird der *Cántico C* vom *Cántico B* verdrängt. Zu Beginn des 20. Jahrhunderts, in den Jahren 1912 bis 1914, entscheidet sich der karmelitische Herausgeber Gerardo de San Juan de la Cruz zu einem revolutionären Schritt: Er nimmt in seine Gesamtausgabe der Werke zwei Fassungen des *Cántico* gleichberechtigt auf, nämlich die Versionen A und B. Sein Mitbruder Silverio de Santa Teresa wird ihm in den Jahren 1929 bis 1931 anläßlich seiner eigenen Neuausgabe der Werke in dieser Entscheidung folgen. Seither enthalten die meisten spanischen Ausgaben sowohl die Fassung A als auch die Fassung B des *Cántico*. Darüber hinaus verfügen wir dank einer monumentalen kritischen Ausgabe durch Eulogio Pacho sogar über eine Synopse von *Cántico A* und *Cántico A'*. Was allerdings durch die wissenschaftlichen Ansprüchen genügende Editionsphilologie mittlerweile – und nach unserer Auffassung zu Unrecht – verdrängt

---

6 Zur Rolle der Ana de Jesús in der Überlieferung des *Cántico A* äußern sich Valente: «Noticia incierta», loc. cit. vol. II, pp. XIV sq.; Lara: «Prólogo», loc. cit. vol. II, pp. XIX-XXII.

wurde, ist die von uns so titulierte Version C des *Cántico*. Diese fristet heutzutage ein Schattendasein; sie begegnet bestenfalls noch in Anthologien und populären Ausgaben des Gedichts oder in Übersetzungen.

Nicht allzu lange nach der bahnbrechenden Doppelausgabe des *Cántico A* und *Cántico B* durch P. Gerardo löste im Jahr 1922 Dom Philippe Chevallier aus Solesmes eine Kontroverse aus, welche die einschlägige Forschung Jahrzehnte lang in Atem halten sollte.[7] Die von Dom Chevallier aufgestellte, in Einzelheiten immer wieder modifizierte These besagte ursprünglich, daß sowohl die interpolierte elfte Strophe als auch die Abänderungen und Hinzufügungen des *Cántico B* insgesamt nachträgliche Fälschungen seien. Bereits 1924 machte sich Jean Baruzi in seinem grundlegenden Werk *Saint Jean de la Croix et le Problème de l'expérience mystique* diese Auffassung zu eigen, die außerhalb Spaniens zahlreiche Anhänger fand, aber auf Grund der Handschriftenlage im strengen Sinn weder bewiesen noch widerlegt werden konnte.[8] Die bekanntgewordenen Handschriften des *Cántico B* waren sämtlich undatiert und stammten nach Ansicht der Skeptiker erst aus dem 17. Jahrhundert. Die ersten gedruckten Ausgaben, welche zumindest für die elfte Strophe und den zugehörigen Kommentar die Existenz des *Cántico B* belegten, waren wie erwähnt ebenfalls erst ab den 1620er Jahren erschienen.

Rein rechnerisch ergab sich eine Zeitspanne von mehreren Jahrzehnten zwischen der ersten dokumentierten Abschrift des *Cántico A* im Jahre 1584 und dem Erstbeleg für den vierzigstrophigen *Cántico C* in der römischen Ausgabe 1622, die erst über dreißig Jahre nach dem Tod des Johannes vom Kreuz 1591 erfolgte und die ihrerseits Handschriften der Familie B vorauszusetzen scheint. Weiterhin ist bis heute nicht befriedigend geklärt, warum der spanische Erstdruck der Werke des Johannes erst 1618 in Alcalá de Henares zustande kam – und zwar selbst dann noch ohne den *Cántico,* der in Spanien nicht vor 1630 aufgelegt wurde.[9] All dies mußte zu teilweise phantasievollen Hypothesen Anlaß bieten. Man sah in den ersten Jahrzehnten des 17. Jahrhunderts Fälscher am Werk, deren Ziel darin bestanden habe, die Schriften des Johannes didaktisch aufzubereiten, aber zugleich auch zu entschärfen und zu verwässern. Es wurden sogar Personen ausfindig gemacht, denen man die Durchführung dieses Projekts zuschrieb. Der

---

7 Cf. Philippe Chevallier: «Le *Cantique spirituel* de saint Jean de la Croix, a-t-il été interpolé?», *Bulletin hispanique* 24 (1922), 307-342. Zu Einzelheiten der Debatte und weiterer bibliographischen Angaben cf. Cuevas: «Estudio preliminar», loc. cit.

8 Cf. Jean Baruzi: *Saint Jean de la Croix et le Problème de l'expérience mystique,* pp. 10-42.

9 Zwei Gründe werden vor allem angeführt: Ordensinterne Querelen und Intrigen, unter denen Johannes bekanntlich schon in den letzten Lebensjahren zu leiden hatte, hätten nicht nur zu seiner Marginalisierung zu Lebzeiten geführt, sondern sie hätten auch noch lange Zeit nach seinem Tod eine Veröffentlichung seiner Werke verhindert. Alternativ oder ergänzend hierzu nimmt man weiterhin an, der Orden habe gefürchtet, eine Publikation würde die Inquisition auf den Plan rufen. Auffälligerweise wird die Herausgabe der Werke 1618 durch eine Kampagne vorbereitet und begleitet, in welcher verschiedene karmelitische Theologen in eigenen Abhandlungen die Rechtgläubigkeit des Johannes vom Kreuz nachzuweisen suchen, und tatsächlich wird der Inquisition die Erstausgabe der Schriften denunziert, sie wird allerdings nicht verurteilt.

Karmelitentheologe Tomás de Jesús (1564-1627) habe in enger Anlehnung an die Schriften des Augustinereremiten Agustín Antolínez (1554-1626) die Version B des *Cántico* hergestellt.[10]

Im Jahre 1991 konnte diese Debatte einen – vorläufigen? – Abschluß finden. Auf einem internationalen Symposion in Rom stellte José Guillermo García Valdecasas eine bis dahin unbekannte Handschrift des *Cántico B* vor, in deren Besitz er auf merkwürdigen Umwegen gelangt sei.[11] Am Eingang des Manuskripts ist vermerkt, daß es auf Anweisung der Priorin María de Jesús aus dem Konvent San José in Sanlúcar im Jahre 1593 kopiert wurde.[12] Es handelt sich mithin um den ersten – und bislang einzigen – handschriftlichen Zeugen des *Cántico B,* der sicher zu datieren ist. Nach Auffassung von Eulogio Pacho ist das gefundene Manuskript authentisch, weist aber zahlreiche Schreibfehler und Lücken auf, die in anderen Zeugen der Familie B vermieden sind.[13] Dies beweise hinlänglich, daß das neugefundene Dokument seinerseits auf eine bessere – und ältere – Vorlage zurückgehen muß.

Ein lange gesuchtes *missing link* in der Überlieferungsgeschichte des *Cántico B* ist dank dem überraschenden Manuskriptfund aufgetaucht. Es kann nämlich nicht nur der datierbare Erstbeleg für die umstrittene elfte Strophe des *Cántico B* und für den zugehörigen Kommentar auf einen Schlag aus dem Jahr 1622 ins Jahr 1593 vorverlegt werden, sondern gleichzeitig ist nunmehr auch gesichert, daß die Version B des *Cántico* zu diesem Zeitpunkt in ihrer vollständigen Form vorlag. Hierbei ist das Jahr 1593 als *terminus ante quem* aufzufassen, da die benutzte Vorlage noch älter sein muß. Berücksichtigt man dies, so ist die Existenz des *Cántico B* knapp zwei Jahre nach dem Tod des Autors am 13. Dezember 1591 gesichert; für seine letzten Lebensjahre kann sie zumindest als wahrscheinlich gelten. Vielleicht darf man mit P. Eulogio sogar in die zweite Hälfte der 1580er Jahre als Abfassungszeit zurückgehen. Schließlich ist die erstmals 1622 belegte Version C nach der neuen Quellenlage definitiv als die jüngste ausgewiesen, da sie die neununddreißig Strophen des *Cántico A* von 1584 mit der elften Strophe des *Cántico B* kombiniert, der nunmehr seit mindestens 1593 bekannt

---

10 So die Vermutung, die Jean Krynen zu beweisen sucht: Cf. Jean Krynen: *Le Cantique spirituel de saint Jean de la Croix commenté et refondu au XVIIe siècle: un regard sur l'histoire de l'exégèse du Cantique de Jaén* (Acta Salmanticensia), Salamanca: Universidad de Salamanca 1948; id. *Saint Jean de la Croix et l'Aventure de la mystique espagnole,* Toulouse: Presses Universitaires du Miral 1990.

11 Cf. José Guillermo García Valdecasas: «Un nuevo e importante manuscrito de San Juan de la Cruz», *ABC Literario* (4 de mayo de 1991), p. VIII.

12 «... y trasladado por mandado de su Reverencia, la madre María de Jesús, priora de las Descalzas del glorioso San José de Sanlúcar La Mayor, año de 1593» – ,... und übertragen auf Anweisungen ihrer Ehrwürden, der Mutter Maria von Jesu, Priorin der Unbeschuhten beim ruhmreichen St. Joseph von Sanlúcar im Jahr 1593'.

13 Cf. Eulogio Pacho: «Cántico Espiritual definitivo», *ABC Literario* (4 de mayo de 1991), pp. IX sq.; «Una novedad reveladora sobre el 'Cántico espiritual'», *Insula,* n° 534, año XLVI (junio de 1991), 1 sq.

ist.[14] Dem enspricht auch, daß die Manuskripte für die Prosaerklärungen entweder die Lesart A oder B bieten, nirgends aber die Lesart C, die nur im Druck vorkommt. Für den Gedichttext selbst lassen sich immerhin zwei handschriftliche Zeugen der Variante C namhaft machen, in denen die zusätzliche Strophe jeweils nachträglich interpoliert wurde und die beide aus dem Karmel von Valladolid stammen.[15]

Figuren der Autorschaft

Die langlebige, aber stets umstrittene Fälschungshypothese Dom Chevalliers und seiner Gefolgsleute ist nach dem neuesten Fund von der materiellen Seite her endgültig erschüttert worden. Darüber hinaus hatte sie aber seit jeher auch eine methodische Dimension, die hier zu diskutieren ist. Die Verfechter der Fälschungshypothese hielten die gleichzeitige Existenz zweier in sich widersprüchlicher Fassungen ein und desselben Werkes für unmöglich. Sie trafen also eine implizite Annahme darüber, was es heißt, als Autor zu schreiben, und sie setzten einen ganz bestimmten Begriff des Textes voraus. Man ging davon aus, daß der Autor einen Text planmäßig und weitgehend widerspruchsfrei niederschreibt, daß es ihm somit gelingt, eine endgültige, abgeschlossene Textgestalt herzustellen, die dann im nachhinein zur Veröffentlichung freigegeben und dem Publikum überlassen wird. Der Autor ist demnach als ein selbstmächtiges Subjekt konzipiert, der Text wird als Produkt eines erfolgreich zu Ende geführten Arbeitsprozesses verstanden.

Die literaturwissenschaftliche Methode der sogenannten *critique génétique,* die in den vergangenen Jahrzehnten in Frankreich entwickelt wurde, hat solche Grundannahmen über die Autorschaft und den abgeschlossenen Charakter eines Werkes, wie sie unausgesprochen auch der Fälschungshypothese zugrunde lagen, nachdrücklich in Zweifel gezogen. Es wurde hervorgehoben, daß die Ermächtigung eines schreibenden Subjekts, das einen verläßlichen Text produziert, eng mit der Entwicklung des Autorenrechts und der Druckerlaubnis oder des Im-

---

14 Krynen hingegen hatte einen allmählichen Fälschungsprozeß angenommen: zunächst Einfügung der elften Strophe und des zugehörigen Kommentars, im Anschluß daran Umstellung und Umarbeitung des übrigen Textes.

15 Die Codices befinden sich weiterhin im Besitz der Karmelitinnen von Valladolid und tragen die Bezeichnungen Ms. 89 (antea 21) sowie Arch. n° 83 (antea 7-I). In Ms. 89 wurde die elfte Strophe offenbar auf einem gesonderten Blatt eingefügt, was im Text nach der zehnten Strophe vermerkt ist: «Aquí faltó una [scil. canción] ques la del papelito.» – ‚Hier fehlte eine [scil. Strophe], nämlich die auf dem Zettel.' Der eingelegte Zettel ist nicht erhalten. In Arch. n° 83 hat eine zweite Hand – vermutlich nach dem Tod der ursprünglichen Schreiberin Catalina del Espíritu Santo im Jahre 1608 – die Strophe interpoliert und die nachfolgende Strophenzählung entsprechend berichtigt. Der anschließende Prosakommentar bringt jedoch nur die 39 Strophen der Fassung A. Cf. Lucinio Ruano: «Guión bibliográfico», §§ B.I,5,6 et B.VII,5, in: S. Juan de la Cruz: *Obras completas,* ed. id., pp. 914 et 921; Paola Elia ad locum, in: Juan de la Cruz: *Poesie,* ed. ead., L'Aquila; Roma: Japadre 1989, pp. 103 sq. et 138.

primaturs durch den Autor (*bon à tirer*) verknüpft ist. Während seit der Erfindung des Buchdrucks zunächst kirchliche und staatliche Zensoren über die Druckerlaubnis entschieden hatten, räumten seit der Wende vom 18. zum 19. Jahrhundert einschlägige Rechtsinstitute in den bürgerlichen Gesellschaften dem Autor selbst die Möglichkeit ein, einen Text vor sich für abgeschlossen und gegenüber dem Verlag für druckfertig zu erklären. Dem Autor wird erstmals das Recht zuerkannt, seinen Text in einer intentional vorgegebenen Form durch einen Verlag vervielfältigen zu lassen und über ihn juristisch zu verfügen.[16]

Aus dem Schreibprozeß geht in der Regel zunächst eine vorläufige, unfertige Textgestalt hervor, die aus Skizzen und Aufgesetztem, aus Streichungen oder Korrekturen bestehen kann und die man üblicherweise als *avant-texte* bezeichnet. Dem *avant-texte* gegenüber erweist sich das druckfertige Werk, dem das Imprimatur erteilt wurde, als ein homogenisiertes und idealisiertes Textkonstrukt. Im Akt der Gewährung der Druckerlaubnis wird die prinzipiell offene Gestalt des *avant-texte* widerrufen, und alle Spuren der Schreibarbeit werden sorgfältig gelöscht. Die Kategorie des Imprimaturs tritt also von außen und als etwas Fremdes zum *avant-texte* hinzu. Das *bon à tirer* erweist sich als so bedeutsam, weil es das abgeschlossene, publikationswürdige Werk weniger im nachhinein bestätigt denn überhaupt erst konstituiert, indem es andere mögliche Gestalten des Textes, die sich vielleicht ebensogut aus dem *avant-texte* erstellen ließen, verleugnet, ausgrenzt und entautorisiert. Das Korollar des *bon à tirer* ist beinahe notwendigerweise, um den Sachverhalt durch ein Wortspiel zu erläutern, ein *bon à jeter*. Der vorläufige *avant-texte* wird zum Abfall erklärt: er fällt fortan unter den Tisch und tritt nicht mehr in Erscheinung. Ziel der *critique génétique* ist es daher, die konkreten Spuren des Arbeitsprozesses und die Materialität des Geschriebenen, auch des Aufgesetzten, zu sichern und die mit dem Imprimatur oder der Drucklegung immer schon verworfenen Gestalten eines Textes nachträglich noch einmal sichtbar zu machen. Ein scheinbar abgeschlossener Text wird gewissermaßen von seiner Kehrseite her neu gelesen, nämlich von dem her, was er gerade auszuschließen, vielleicht sogar zu verschweigen sucht.

Die *critique génétique* ist Archäologie oder Genealogie im Sinne Nietzsches und Michel Foucaults.[17] Sie erkundet und beschreibt die materiellen Möglichkeitsbedingungen eines Textes. Sie ist keine idealistische Quellen- oder Werkgeschichte, weil sie keine im Entstehungsprozeß durchgehaltene Kontinuität oder Inspiration nachweist. Statt dessen zeigt sie gerade die Brüche und Widersprüche auf, aus denen das Werk hervorgegangen ist und die es in seiner fertigen Gestalt oft zu verbergen trachtet. Die *critique génétique* macht die Gewalt kenntlich, die

16 Cf. Jean-Louis Lebrave: «La critique génétique: une discipline nouvelle ou un avatar de la philologie?», *Genesis* (Revue internationale de critique génétique, Paris: Jean-Michel Place), 1 (1992), 33-72, ibid. 42-46.

17 Cf. Foucault: «Nietzsche, l'histoire et la généalogie» (in: Suzanne Bachelard et al.: *Hommage à Jean Hyppolite* [Collection Epiméthée], Paris: Presses Universitaires de France 1971, pp. 145-172), in: Foucault: *Dits et écrits*, edd. Daniel Defert, François Ewald, Paris: Gallimard 1994, vol. II, § 84, pp. 136-156.

dem *avant-texte* angetan wurde, damit es überhaupt zum druckfertigen Werk gerinnen konnte. Die Geschichte der offiziell konstituierten, gedruckten Werke kann gewissermaßen als eine Geschichte der Sieger betrachtet werden. Die *critique génétique* aber möchte gegen die Hypostasierung eines solchen siegreichen Werkes jene Preise benennen, um die der offizielle Text erkauft wurde. Die textgenetische Methode zielt somit – wenn es hier erlaubt ist, eine Parallele zum Denken Walter Benjamins ins Spiel zu bringen, – auf das Eingedenken.[18] Die *critique génétique* gedenkt gewissermaßen der Opfer. Gemeint sind jene Gestalten und Schichten eines Textes, die preisgegeben, ja geopfert wurden und auf deren verschwiegenem Fundament die Konstruktion des schließlich triumphierenden Werks nur errichtet werden konnte. Das fertige, siegreiche Werk wird von der *critique génétique* gegen den Strich gebürstet.

Der Text, den das selbstmächtige Autorsubjekt des Imprimaturs verfaßt, wird in der Regel als eine Botschaft verstanden, die für den Leser auf eine sehr elementare Weise lesbar ist: Der Autor schreibt Zeichen, Buchstaben nieder, die an die Findigkeit eines Lesers appellieren. Dieser soll imstande sein, den aufgespürten Signifikanten des Textes ein festes Signifikat zuzuweisen. Lesen bezeichnet demnach sowohl im etymologischen Wortsinn des lateinischen Verbums *legere* ein Aufsammeln geschriebener Zeichen (Buchstaben) durch den Lesenden als auch im Sinn des griechischen Verbums ἀναγιγνώσκειν eine daraus erwachsende Kombinatorik, dank welcher der Leser in den einmal aufgefundenen Zeichen eine Bedeutung wiedererkennt, die ihm, insofern er sie ja wiedererkennt, grundsätzlich schon zuvor bekannt gewesen sein muß. Während die sammelnde Tätigkeit des *legere* virtuell unabschließbar ist, steht ein Lesen, das als ἀναγιγνώσκειν verstanden wird, im Zeichen des Logozentrismus: Die Lektüre ist komplexitätsmindernd, sie reduziert die Vielfalt und Unordnung der Zeichen auf die geordnete Einheitlichkeit eines vorgegebenen Sinns, dem sie untergeordnet ist.

Die Schreibtätigkeit des Johannes vom Kreuz läßt sich weder durch das Institut des Imprimaturs und die Selbstermächtigung des schreibenden Subjekts definieren, noch ist sie darauf ausgerichtet, einen im erläuterten Sinn lesbaren Text herzustellen. Nicht nur erstreckt sich der Einfluß des Imprimaturs ganz überwiegend auf die Zeitspanne des 19. und 20. Jahrhunderts, sondern er betrifft zudem ausschließlich gedruckte Literatur. Bernard Cerquiglini hat überzeugend nachgewiesen, daß die Editionsphilologie des 19. Jahrhunderts über die Ermächtigung eines Autors hinaus in ihren Methoden vor allem auf die Erstellung einer gedruckten Textgestalt erpicht ist: Es müsse daher zum Anachronismus führen, wenn diese Methoden auf die mittelalterliche Literatur angewandt würden, die den starren Text- und Autorbegriff des 19. Jahrhunderts nicht kenne und deren Medium ohnehin das unautorisierte, von Hand zu Hand abgeschriebene und

---

18 Cf. Benjamin: „Über den Begriff der Geschichte", in: *Illuminationen,* Frankfurt am Main: 1974, pp. 251-263. Zum Eingedenken bei Benjamin neuerdings cf. Stéphane Moses: „Einge-denken und Jetztzeit", in: *Memoria. Vergessen und Erinnern,* edd. A. Haverkamp, Renate Lachmann (Poetik und Hermeneutik, vol. XV), München: Wilhelm Fink 1993, pp. 385-405.

dabei bedenkenlos umgearbeitete Manuskript sei, nicht aber das gedruckte Buch, das ein für allemal fixiert und beliebig oft zu vervielfältigen ist. Für Cerquiglini erhält darum der Text der volkssprachlichen mittelalterlichen Literatur den Status einer Variablen, so daß er sich nach zwei Seiten hin unterscheidet: einerseits vom autorisierten und respektierten Text einer lateinisch schreibenden Autorität, andererseits vom unveränderlichen, modernen Text, wie ihn der Buchdruck, das moderne Autorenrecht und die Philologie des 19. Jahrhunderts gleichermaßen voraussetzen.[19]

Wie man weiß, bediente sich auch der literarische Verkehr im Spanien des Siglo de Oro zu einem beträchtlichen Teil der Manuskripte als seines materiellen Mediums. Die grundsätzliche Variabilität des Materials muß dementsprechend auch auf die Gestalt der überlieferten Texte durchgeschlagen sein. Manches spricht für die Annahme, daß im Goldenen Zeitalter die Parallelen zur mittelalterlichen Manuskriptkultur stellenweise ausgeprägter waren als zur modernen Ordnung, die vom Imprimatur und vom Buchdruck beherrscht wird. Dem Manuskript wurde zweifelsohne auch deswegen der Vorzug zuteil, weil sich so wenigstens bis zu einem gewissen Grad die strengen – insbesondere kirchlichen – Zensurbestimmungen umgehen ließen. So hat Ilse Nolting-Hauff kürzlich in einem programmatischen Aufsatz zum Problem der Zensur im Siglo de Oro an Quevedos konkretem Beispiel gezeigt, daß die Druckfassungen der *Sueños* grundsätzlich, die handschriftlichen Fassungen nur in bestimmten Fällen zensiert wurden.[20] Auf zwei Bereiche trifft die Bedeutung der Manuskriptkultur in gesteigerter Weise zu: Die Dichtung fand, wenn überhaupt, dann oft erst spät den Weg zu den Druckpressen, und auch die klösterliche Kultur bediente sich gern – angesichts der zunehmend verschärften Überwachung theologischer Schriften durch die Inquisition freilich oft gezwungenermaßen – handgeschriebener Texte.[21]

Für den Fall des Johannes vom Kreuz kommt zur allgemein historischen Situation ein besonderes Charakteristikum hinzu: Teodoro Polo hat jüngst in Anlehnung an Michel de Certeau nachgezeichnet, wie sich die poetische Rede des Johannes auch aus internen Gründen einen eigenen kommunikativen Rahmen geschaffen hat.[22] Die Lieder verlangten von sich aus nach Gesang und lautem

---

19 Cf. Bernard Cerquiglini: *L'Eloge de la variante: histoire de la philologie* (Des travaux), Paris: Seuil 1989, pp. 31-69.

20 Cf. Ilse Nolting-Hauff: „Literatur und Zensur am Beispiel der 'Sueños' von Quevedo", in: *Textüberlieferung, Textedition, Textkommentar* (Kolloquium zur Vorbereitung einer kritischen Ausgabe des 'Sueño de la muerte' von Quevedo), ed. ead., Tübingen: Gunter Narr 1993, pp. 31-51, ibid. 41 sq.

21 Für die Lyrik seien Johannes vom Kreuz und Góngora genannt. Selbst im Fall dieser herausragenden Gestalten wurden die Gedichte erst postum im Druck veröffentlicht. – Über die Bedeutung von Manuskripten im monastischen Umfeld gibt der Fall des Fray Luis de León beredte Auskunft: Sein spanischer Hoheliedkommentar scheint auch ungedruckt so weite Verbreitung gefunden zu haben, daß er die Inquisition zum Einschreiten veranlaßte. Die große Zahl der (bis heute) erhaltenen Handschriften der beiden Reformatoren des Karmel bestätigt das Bild von einer anderen Seite.

22 «Los poemas sanjuanistas abren y fundan un nuevo espacio comunicativo en un universo cerrado. [...] Ellos constituyen un cuadro o una escena donde se insinúa un ‚delirio', que no se

Vortrag, dann aber auch nach Dialog, Kommentar und Niederschrift des Gehörten. So produzierte die Dichtung selbst eine *scène de l'énonciation,* ein Universum der Kommunikation, innerhalb dessen die Texte in gesungener und geschriebener Form zu zirkulieren begannen, alsdann erläutert, neu abgeschrieben
und wieder verändert wurden – sei es vom ursprünglichen Autor, sei es von den
Schreibern und Schreiberinnen. Daß sich in dieser Bewegung Mündlichkeit und
Schriftlichkeit beständig überlagerten und daß sich Interferenzen zwischen den
beiden Äußerungsweisen mit Notwendigkeit einstellen mußten, hat Paola Elia zu
Recht festgehalten.[23] Diese Tatsache erklärt den überraschend großen Reichtum
an unterschiedlich überlieferten Varianten in der Dichtung des Johannes vom
Kreuz. Certeau und Polo wollen in der Zirkulation und im freien Flottieren der
dichterischen Äußerungen eine Figur erkennen, die das Sprechen des Heiligen
Geistes selbst nachahmt,[24] der sich jeglicher Habhaftmachung entzieht, da er
weht, wo er will. Freilich ist diese spirituelle Interpretation gerade deswegen
möglich, weil die Gegebenheiten der Kommunikationssituation sie auf der materiellen Ebene nahelegen.

Vor dem skizzierten Hintergrund gewinnen zwei Auffälligkeiten der Überlieferungsgeschichte und des Werkzusammenhangs – insbesondere in bezug auf den
Cántico espiritual – ihr Profil. Zum einen konstatieren wir bei Johannes vom
Kreuz einen Gestus der bewußten Selbstentäußerung, der in eine Strategie der
regelrechten Entautorisierung seiner Schriften mündet; zum andern ist das Corpus der Schriften in seiner Struktur so angelegt, daß es gerade kein lesbares Signifikat im Sinne eines Wiedererkennungseffekts produziert.

Entautorisierung als Opferung der Autorschaft

Was Polo auf einer kommunikationstheoretischen Ebene als unablässige Zirkulation der dichterischen Rede beschreibt, die ihr Publikum zum aktiven Mit-
schöpfer des Textes statt zum passiven Rezipienten macht, wurzelt im materiellen Umgang mit den Texten und Handschriften, wie er innerhalb des Karmel
üblich war. Eulogio Pacho führt diesen Sachverhalt in der detaillierten Studie
aus, die er seiner Ausgabe des *Cántico* voranstellt.[25] Offensichtlich wurden Manuskripte und Abschriften der Werke und Dichtungen sorglos weitergegeben und
dann ihrerseits kopiert. Besonders trifft dies auf die verschiedenen Fassungen des

---

funda en ninguna referencia externa.» – ‚Die Gedichte des Johannes vom Kreuz eröffnen und
begründen in einem geschlossenen Universum einen neuen Raum der Kommunikation. [...] Sie
formen ein Bild oder eine Bühne, auf der sich ein Delirium andeutet, das sich auf keine äußere
Referenz stützt.' (Polo: *La fuerza de un decir,* p. 105.) Darüber hinaus cf. Certeau: *La Fable mystique,* pp. 243-273.

23 Cf. Paola Elia: «La poesía de Juan de la Cruz entre la oralidad y la escritura», *Insula,* n° 537, año
XLVI (septiembre de 1991), 7-9.

24 Cf. Certeau, op. cit. pp. 243-245; Polo, op. cit. pp. 205-207.

25 Cf. Eulogio Pacho: «Introducción», in: S. Juan de la Cruz, *Cántico espiritual: Primera redacción y
texto retocado,* ed. id., Madrid: Fundación Universitaria española 1981.

Cántico zu. So existieren nicht nur Manuskripte des Gedichts, deren Textstand sich auf die ursprünglichen einunddreißig Strophen beschränkt und demzufolge bereits kurz nach der Kerkerhaft niedergeschrieben wurde, sondern auch für die Prosaerklärungen sind Textzeugen vorhanden, die ganz verschiedenen Phasen der Arbeit am Werk entstammen.

Anscheinend übten Johannes vom Kreuz oder seine Mitarbeiter so gut wie keine Kontrolle über die einmal herausgegebenen Texte aus. Sie scheinen auch nichts dagegen unternommen zu haben, daß frühere Fassungen zu einem Zeitpunkt im Umlauf blieben, da schon eine neuere, umgearbeitete Version vorlag. Bereits im 18. Jahrhundert hat der karmelitische Herausgeber Andrés de la Encarnación diesen Zusammenhang richtig eingeschätzt: Ihm zufolge betrachtete Johannes zwar den *Cántico A* nach der eigenhändig korrigierten Handschrift von Sanlúcar als einen bloßen Entwurf (*borrador*), hielt ihn aber dennoch für so lesenswert, daß er ihn aufbewahren ließ, wiewohl diese erste Fassung der späteren des *Cántico B* nicht mehr entsprochen habe:

> Cuando el Santo no quemó este *borrador*, le estimó aun en presencia del segundo trabajo. [...] Ni en su estimación quiso dexase de correr la escritura primera por haberse ya hecho la segunda; por lo que no sería contra su intención que corriesen las dos.[26]

> [Als der Heilige diesen *Entwurf* nicht verbrannte, bekundete er damit seine Wertschätzung dafür auch noch im Angesicht der Überarbeitung. (...) Und aus dieser Wertschätzung heraus wollte er auch nicht, daß die erste Niederschrift aus dem Umlauf gezogen würde, nur weil nun die zweite fertiggestellt war; darum widersprach es wohl seiner Absicht nicht, daß beide Fassungen im Umlauf blieben.]

Dementsprechend nimmt Andrés de la Encarnación an, daß sich zwei konkurrierende Versionen gegenüberstehen, ohne daß die eine zugunsten der anderen kassiert werden müßte. So gesehen zeigt sich an Johannes paradigmatisch ein Autorsubjekt, das sich absichtlich einer Kontrolle und Bewertung des von ihm stetig überarbeiteten Textes begibt. Grundsätzlich muß man zwar davon ausgehen, daß der Autor die Umarbeitung des *Cántico A* in Angriff nahm, weil er die frühere Version als noch unvollkommen empfand; aber gerade darum wird aus dem Vorgehen des Johannes zugleich ersichtlich, daß er die spätere Umarbeitung trotzdem nicht für eindeutig überlegen eingeschätzt hat.

Über die Unwägbarkeiten einer abenteuerlichen Überlieferungsgeschichte hinaus gewinnt die Tatsache, daß das einzig erhaltene Manuskript mit eigenhändigen Anmerkungen sowohl als *borrador* gekennzeichnet wie auch vom Autor signiert ist, eine emblematische Bedeutung.[27] Der *borrador* wird zwar beglaubigt,

---

26 P. Andrés de la Encarnación: *Memorias historiales*, Biblioteca Nacional de Madrid, Ms. 13482, cit. apud: Lucinio Ruano: «Nota introductoria al 'Cántico espiritual'», in: S. Juan de la Cruz: *Obras completas*, ed. id., 11ª edición, Madrid: Biblioteca de Autores Cristianos 1982, pp. 423-433, ibd. 428.

27 Viele Handschriften wurden aus Angst vor der Inquisition zerstört – so auch der allergrößte Teil des Briefwechsels.

aber eben nicht als abgeschlossenes Werk, sondern in seiner Funktion als *avant-texte,* der auf eine überarbeitete und bereits fertiggestellte Reinschrift verweist. Die frühere und die spätere Fassung stellen sich darum wechselseitig in Frage, ohne daß der Autor einer der beiden Varianten ein definitives Imprimatur verliehen und sie in den Rang eines autorisierten Textes erhoben hätte. Indem der Autor den *avant-texte* als solchen firmiert, weigert er sich, eine frühere Version einfach zu verwerfen, und indem Johannes die spätere Version nicht als die allein verbindliche autorisiert hat, hat er der früheren Version eine prekäre Beglaubigung auch nicht vollends entzogen.

Nach den Annahmen der *critique génétique* konstituiert sich das abgeschlossene Werk letzten Endes darin, daß der Autor eine der möglichen Varianten des Textes opfert und eine andere mit dem Imprimatur versieht, um sich in diesem Gestus als Autor der siegreichen Variante zu affirmieren.[28] Johannes jedoch verschiebt einen solchen Opfermechanismus auf eine andere Ebene. Indem er letztlich keine der Versionen autorisiert, sondern als gleichermaßen gut bezeugte Varianten nebeneinander stehen läßt, vollzieht er gerade nicht den alles entscheidenden Schritt zur Autorschaft – oder besser gesagt: Nachdem er sich jeweils als vorläufiger Autor einzelner Varianten erwiesen hat, opfert er letzten Endes nicht etwa eine Variante der anderen, um in diesem Opfer den autorisierten Text zu beglaubigen und sich als dessen Autor zu bestätigen, sondern er opfert seine eigene Autorschaft. Johannes opfert sich selbst als den Autor seines Textes, der darum nie mehr als ein autorisierter zur Welt kommen wird. Es liegt nahe, einen solchen Gestus der Entautorisierung als ein schriftstellerisches Analogon jener ascetischen Selbsttechnik zu verstehen, die bei Johannes vom Kreuz regelmäßig unter Begriffen wie *desasimiento* (‚Loslassen‘), *desapropio* (‚Enteignung‘), *desnudez* (‚Nacktheit‘), *pobreza* (‚Armut‘) dargestellt wird.

Die Autorität der einen Version des *Cántico* findet sich angesichts des Geltungsanspruchs der jeweils anderen Variante immer wieder von neuem suspendiert, und beide Fassungen treten zueinander in ein Verhältnis des freien Spiels. Dieses unautorisierte Spiel aber gründet darin, daß der Autor sich selbst entautorisiert hat. So bekundet sich in der Entautorisierung des Autors die Figur eines verschwenderischen Selbstopfers. Der Autor opfert sich, aber sein Opfer trägt keine nützliche Frucht, es erzeugt keinen autorisierten Text, sondern es entautorisiert auch noch das Spiel seiner möglichen Varianten. Das Opfer der Entautorisierung durchkreuzt den Platz der Autorität, es zeigt auf die nunmehr leere Stelle, wo sie gelegen hat, und sonst nichts.

---

28 Den Opferbegriff verwendet – freilich nur beiläufig – Gerhard Neumann im Blick auf die Destillation eines literarischen Werkes aus dem *avant-texte,* also aus dem bloß Aufgeschriebenen: „Die ‚Schrift‘ muß dem ‚Werk‘ geopfert werden, damit der ‚Autor‘ geboren werden kann." (Gerhard Neumann: „Der verschleppte Prozeß: Literarisches Schaffen zwischen Schreibstrom und Werkidol", *Poetica,* 14 [1982], 92-112, ibid. 110, n. 15.)

Unlesbarkeit als Opferung des Sinns

Bereits die komplementären Abhandlungen *Subida del Monte Carmelo* und *Noche oscura* sind jeweils unvollendet. Die Frage, ob ein schon fertiggestellter Schluß eventuell im nachhinein einer ordensinternen Zensur zum Opfer gefallen ist, hat die Forschung über längere Zeit hinweg beschäftigt, da der Text relativ unvermittelt abbricht – und zwar je nach Handschrift an zwei unterschiedlichen Stellen. So hören einige Manuskriptversionen bereits mit dem Kapitel 45 des dritten Buches auf, während andere noch zwei weitere Kapitel – teilweise ausdrücklich als *borrador* gekennzeichnet – hinzufügen. Diese Nachträge schließen inhaltlich nicht an die unmittelbar vorausgegangenen Kapitel an, und sie sind bis auf den weggelassenen Rahmen identisch mit dem dreizehnten Brief, der die Belehrung eines Ordensmannes über den mystischen Weg zum Inhalt hat.[29] Doch auch wenn man die Zugehörigkeit der beiden nachgetragenen Kapitel zum Werk akzeptieren sollte, führt Johannes in der *Subida* das angekündigte Programm dennoch in keiner Weise zu Ende. Er bleibt in der Erörterung des Willens stecken, der sich zur Liebe läutern soll und in dem er darum das wichtigste Seelenvermögen erblickt, wohingegen der Verstand und das Gedächtnis vorher vollständig abgehandelt worden sind.

Die *Subida* – wie auch die *Noche oscura* – beziehen sich jeweils locker auf das zu kommentierende Gedicht, behandeln es freilich nur bis zum Ende der zweiten respektive bis zum ersten Vers der dritten Strophe. Beiden Abhandlungen liegt, wie schon der Titel verrät, der theoretischen Konzeption nach ein Aufstiegsschema zugrunde. Die Seele erklimmt entweder den Karmel-Berg, indem sie immer mehr Befriedigungen und Güter hinter sich läßt, bis sie schließlich ans Ziel gelangt, oder sie dringt immer tiefer in die Nacht ein, wo sie zuletzt in der völligen Abkehr von allen irdischen Empfindungen des göttlichen Lichtes gewahr werden soll. So läßt das Aufstiegsschema den Leser erwarten, daß der Autor über die Propädeutik der Negationen hinweg irgendwann einmal auf ein positiv formulierbares Ziel zu sprechen kommt, nämlich auf die Einung der Seele mit Gott. Die unvollendete Gestalt der Texte enttäuscht aber diese Lesererwartung in zweierlei Hinsicht. Zunächst spart sie eine Reihe noch ausstehender Stufen des Aufstiegs zum Berg oder des Eintritts in die Nacht aus, insofern diese einfach nicht mehr behandelt werden. Des weiteren verunmöglicht die Unfertigkeit der Abhandlungen aber überhaupt jegliche Rede über jenen positiven Kern der Doktrin, der ursprünglich angekündigt worden war. Baruzi stellt hierzu fest:

> Andrés de la Encarnación note avec profondeur que Jean de la Croix n'a nulle part abordé le problème essentiel, celui qui domine, nous le sentons, toute sa pensée. Il n'a jamais scruté l'union, telle qu'elle se réalise par «la notion universelle et confuse,

---

29 Vorgeschlagen wurde, die Textpassagen nicht erst als Hinzufügung zum letzten Kapitel zu nehmen; vielmehr würden sie das Kapitel 17 des dritten Buches sinnvoll ergänzen. Cf. hierzu ausführlicher José Vicente Rodríguez: «¿Borradores sanjuanistas?», in: S. Juan de la Cruz: *Obras completas*, ed. id., 4ª edición, Madrid: Espiritualidad 1992, p. 412.

c'est-à-dire par la foi». La *Montée du Mont Carmel* étudie le chemin qui mène à l'union, non l'union. Ni dans le «Cántico» ni dans la «Llama», Jean de la Croix n'examinera l'union ainsi entendue. Et c'est, selon Andrés de la Encarnación, un clair indice que Jean de la Croix l'a déjà fait ailleurs. Problème toujours annoncé, jamais traité.[30]

Wie Baruzi weiter ausführt, betrachtete der bereits erwähnte Andrés de la Encarnación die merkwürdig berührende Aussparung als ein unlösbares Geheimnis des Autors: «Luego nos resta aún este secreto grande por saber; y sin duda es grande; pues es el fin último de todos los secretíssimos escritos del santo.»[31] – ,Dann bleibt uns noch übrig, dies große Geheimnis zu wissen, und zweifellos ist es groß, denn es ist das letzte Ziel der geheimsten Schriften des Heiligen.' Wahrscheinlich habe Johannes die Abschrift und Weitergabe seiner diesbezüglichen Schriften Unbefugten förmlich untersagt, sie also einem geheimen Zirkel vorbehalten.

Baruzi schließt die Hypothese eines Abschreibverbots oder einer nachträglichen Verstümmelung des ursprünglich vollständigen Textes durch den Autor nicht völlig aus, er neigt aber eher zu der Vermutung, die fehlenden Partien könnten wegen ihrer allzu großen Kühnheit einer nachträglichen Fremdzensur von seiten des Ordens zum Opfer gefallen sein:

> Mais, que ce soit Jean de la Croix lui-même qui ait mutilé sa pensée ou que d'autres, après sa mort, se soient chargés de la sinistre besogne, nous sommes de plus en plus acculés à une stricte alternative: ou bien Jean de la Croix a troublé d'une défaillance son ardeur créatrice et, par deux fois, exactement à l'heure où ses plus chères notions allaient être approfondies en elles-mêmes, a soudain renoncé à sa tâche, ou bien la hardiesse de ses vues nous prive de son œuvre véritable. Le double inachèvement de la *Montée du Mont Carmel* et de la *Nuit obscure* est suspect. [...] Nous assistons, en tout cas, à un travail de déformation.[32]

Über den materiellen Schwierigkeiten, vor welche uns die komplizierte Überlieferungslage stellt, haben Baruzi und die, die ihm gefolgt sind, das gravierendere sachliche Problem übersehen: Ist es wirklich nur auf rein äußerliche Zufälligkeiten, auf das schwer ergründbare Unvermögen, ja die Selbstzensur des Autors oder aber auf die böswillige Fremdzensur der mißgünstigen Ordensoberen zurückzuführen, daß Johannes das Ziel und Zentrum seiner eigenen Unterweisung nicht zu formulieren vermag? Anders ausgedrückt: Hat es überhaupt je eine vollständige Textgestalt gegeben, und ist das notorische *inachèvement* der heute vorliegenden Abhandlungen nur die Spur eines spät einsetzenden *travail de déformation,* einer erst nachträglichen Entstellung?

Die Frage so zu stellen bedeutet indirekt auch schon, sie zu beantworten: Ganz unabhängig vom nicht vollends durchgeführten Programm der *Subida* sowie der *Noche oscura,* unabhängig auch von der unbestrittenen Feindseligkeit der

---

30 Cf. Baruzi: *St Jean de la Croix et le Problème de l'expérience mystique,* pp. 14 sq. Baruzi bezieht sich auf Äußerungen des Andrés de la Encarnación in Ms. 3180 der Biblioteca Nacional de Madrid.
31 Ms. 13482 (Biblioteca Nacional de Madrid), cit. apud Baruzi, op. cit. p. 15.
32 Baruzi, op. cit. pp. 15 sq.

späteren Ordensleitung ist für Johannes – so die hier vertretene These – eine explizite sprachliche Darstellung der Einungserfahrung gar nicht möglich. Es geht also nicht darum, daß die Einung von ihm an Orten beschrieben worden wäre oder doch hätte beschrieben werden können, die im Lauf der Überlieferungsgeschichte und für uns verschüttet wurden. Die Erfahrung der Einung hat keinen Ort, auch und vor allem nicht im Geschriebenen. Sie kann darum auch nirgends gelesen werden. Die Reihe der aufeinander verweisenden Traktate, deren nicht völlig geklärte Entstehungs- wie Überlieferungsgeschichte und schließlich vor allem die Dichtungen selbst sind nicht als Dokumente, sondern als Monumente oder Symptome anzusehen: Sie sprechen unaufhörlich von der Unmöglichkeit einer Darstellung der Einung und damit von ihrer eigenen Unlesbarkeit.

Die scheinbar unerklärliche Abwesenheit einer ausführlichen Darstellung der Einung, die Andrés de la Encarnación erstaunt hatte, ist ein Geheimnis paradoxaler Natur. Seine Gründe liegen ganz offen zutage, werden aber in ihrer schlichten Offenbarkeit von den Lesern übersehen und bleiben ihnen eben darum verborgen – genau wie in Poes Erzählung *The Purloined Letter* der Brief der Königin, der offen auf dem Kaminsims des Ministers lag, so lange nicht entdeckt werden konnte. Es geht also darum, Baruzis Argumentationsstruktur umzukehren: Es ist nicht die Erfahrung der Einung von Johannes anderswo ausgesprochen worden und dies tollkühne Bekenntnis alsdann wieder verlorengegangen, zurückgenommen oder zerstört worden, so daß an seiner Stelle nun eine schwer zu schließende Lücke klaffte, die uns eine gnädigere Überlieferungsgeschichte erspart hätte. Vielmehr ist in den erhaltenen Textbestand, der die Überlieferungslücken gewissermaßen als ein Rand umsäumt, immer schon die Reflexion darauf eingeschrieben, daß das, worum es in den Texten eigentlich geht, nirgends ausgesagt werden kann. In einer verblüffenden, aber in sich logischen Konsequenz tritt das, was nicht gesagt werden kann, als *inachèvement,* als Lücke, als fehlgeschlagene Durchführung des intendierten Programms in Erscheinung.

Strukturell lassen sich die großen Dichtungen des Johannes vom Kreuz zuallererst als Signifikantenketten verstehen, und der ihnen beigegebene Kommentar verspricht, ihnen jeweils ein Signifikat zuzuordnen. Wenn aber in der *Subida* und in der *Noche oscura* der Kommentar nicht zu Ende geführt wird, sondern abbricht, dann mißlingt folgerichtig auch die Zuordnung des Signifikats. Nicht anders verhält es sich in den Prosaerklärungen der *Llama de amor viva,* deren letztes Kapitel in beiden Fassungen mit einer *praeteritio* endet, die im letzten Satz der früheren Version sogar in eine regelrechte Aposiopese mündet: «Y por eso, aquí lo dejo.» (Llama A, 4,17.) – ‚Und deswegen lasse ich es hier sein.‘ Offenkundig bewältigt der Kommentar nicht das Pensum, welches das Gedicht ihm aufgegeben hat. Das Gedicht verstreut Signifikanten, ohne daß diese letztlich auf ein Signifikat zurückgeführt würden. Hierdurch entsteht systematisch Unlesbarkeit im oben beschriebenen Sinn. Die Leser lesen wohl Zeichen auf, aber sie erkennen diese nicht mehr wieder: *legunt, ἀλλ' οὐκ ἀναγιγνώσκουσιν.*

Man könnte meinen, daß sich gerade die Prosaerklärungen des *Cántico* von den geschilderten Fällen unterscheiden. Im *Cántico* ist in allen drei erhaltenen Versionen das jeweils vorgegebene Programm durchgeführt. Der Text bricht weder unvermittelt ab wie in der *Subida* und in der *Noche oscura,* noch spart er den Schlußteil des Gedichtes absichtlich aus wie in der *Llama.* Vielmehr finden sich vordergründig jede Strophe und jeder Vers kommentiert. Wäre damit schon der *Cántico* als ein lesbarer Text ausgewiesen? Genau an dieser Stelle der Untersuchung ist es erforderlich, die doppelte Ausarbeitung und die sich daraus ergebenden Widersprüchlichkeiten in unsere Überlegungen mit einzubeziehen.

Wir hatten bereits gesehen, daß das *argumentum* der späten Version B das im Gedicht beschriebene Verhältnis des Liebespaares über die Stufen des Liebesdienstes, des Verlöbnisses und der Vermählung zu beschreiben sucht. Etwas ähnliches unternimmt auch die nachgetragene *divisio* in der Fassung A, die den bisherigen Ablauf des Geschehens noch einmal rekapituliert (cf. Cántico A, 27,3). Verlassen wir uns auf derlei Hinweise als eine heuristisch hilfreiche Vorgabe, dann können wir im Gedicht ohne große Mühe deutliche Anklänge an eine solche Entwicklung ausmachen (wir beziehen uns zunächst auf die Strophen- und Verszählung der Version C). Die Phase des Liebesdienstes würde bis zur Strophe XVII C reichen und hätte die Begegnung der Sprecherin mit dem Geliebten an der Quelle in den Strophen XII-XIII C zum Höhepunkt. Die Strophen XVIII-XIX C würden die Szene in der *interior bodega,* dem inneren Weinkeller, enthalten, die tatsächlich mit einer Art von Verlobungsversprechen – zumindest von seiten der Frau – beschlossen wird: «Allí le prometí de ser su esposa.» (Cántico C, v. 95.) – ‚Dort versprach ich ihm, seine Braut zu sein.‘ Mit den Strophen XXVIII-XXIX C und dem Eintritt der Braut in den Garten würde schließlich das Stadium der Vermählung erreicht, da in Strophe XXIX C ein Heiratsversprechen angedeutet wird:

> *allí conmigo fuiste desposada*
> *allí te di la mano*
> (Cántico C, vv. 142 sq.)

> [dort wurdest du mit mir vermählt;
> dort gab ich dir die Hand.]

Gehen wir von dieser elementaren und nächstliegenden Lesung des Gedichtes aus, dann stellen wir fest, daß bereits die Version A des Kommentars eine weit konfusere Zuordnung vornimmt. Das Verlöbnis wird nämlich gleich zwei verschiedenen Szenen zugeschrieben: Vorrangig wird es in der Quellenszene situiert, näherhin in Strophe XII A – allerdings auffälligerweise nicht im Kommentar zu dieser Strophe selbst, sondern erst in der Erklärung der Folgestrophe XIII A und dann noch einmal ganz ausdrücklich in der rückblickenden Zusammenfassung (cf. Cántico A, 13-14,2 et 27,3). Daneben wird freilich ebenso die Weinkellerszene der Strophe XVII-XVIII A als Bild des Verlöbnisses genommen (cf. Cántico A, 18,3), so daß die Verlobung auf merkwürdige Weise gedoppelt er-

scheint. Die Vermählung selbst wird zwar eindeutig der Gartenszene der Strophen XXVII-XXVIII A zugeordnet (cf. Cántico A, 27,3), aber dies geschieht um
den Preis einer neuerlichen Inkohärenz. Die Beschreibung des Hochzeitsbetts in
Strophe XV A kommt nämlich so bereits vor der Vermählung zu stehen. Halten
wir fest: Die narrative Struktur des Gedichttextes und die Prosaerklärung A
stimmen nicht vollständig überein. Der Prosakommentar reduziert allerdings
nicht etwa die narrative Komplexität des Gedichts, sondern er steigert sie.

Die Umstellung der Strophen in der Fassung B läßt die inhaltliche Ausgestaltung von Verlöbnis und Vermählung zunächst unverändert. Das Verlöbnis wird
erneut der Quellenszene in den Strophen XII-XIII B, die Vermählung der Gartenszene in den Strophen XXII-XXIII B zugeschrieben. Da aber auch der Prosakommentar B wiederum die Weinkellerszene mit dem Verlöbnis gleichsetzen will
(cf. Cántico B, 27,3.6.9) und diese Episode erst die Strophen XXVI-XXVII B
umfaßt, umrahmt die Verlobung gewissermaßen die Vermählung, wenn nicht
angemessener zu sagen wäre, daß das Verlöbnis der Vermählung ebenso vorausgeht, wie es auf sie folgt.

Schon an dieser Stelle lassen unsere Beobachtungen die gängige These, daß
der Cántico B stärker didaktisch ausgerichtet sei, als eher fragwürdig erscheinen.
Denn wenn der Kommentar der Fassung A den Wortlaut des Gedichts nur unge-
fähr und keineswegs widerspruchsfrei erläutert hat, dann beseitigt der Cántico B
zwar manche Inkohärenzen (beispielsweise rückt das Hochzeitsbett in Strophe
XXIV B nunmehr unmittelbar hinter das Treueversprechen in XXIII B), aber er
produziert zugleich neue Widersprüchlichkeiten. Besonders fällt auf, daß die
Strophen XXII-XXIII B vom Kommentar im nachhinein plötzlich als Rede der
Braut ausgewiesen werden (cf. Cántico B, 24,2), obwohl dort eindeutig der
Bräutigam zu sprechen schien, da er für die Braut die dritte, für sich selbst aber
die erste Person Singular verwendete, und als eine Rede des Bräutigams waren
die beiden Strophen zunächst auch von der unmittelbar zugehörigen Prosaerklärung deklariert worden (cf. Cántico B, 22,1.2 et 23,1.2).

Man kann die nachträgliche Zuschreibung der Strophen XXII-XXIII B an die
Braut als eine bloß irrtümliche Übernahme aus dem Kommentar zu Strophe XV
A ansehen, wo in der Tat die beiden vorausgegangenen Strophen XIII-XIV A
unbestreitbar der Braut zugefallen waren (cf. Cántico A, 15,2). Man kann aber
auch annehmen, daß der Kommentar zu Strophe XXIV B im nachhinein die
bisherige pragmatische Rahmung der beiden vorausgegangenen Strophen wieder
zur Disposition stellt, daß hier plötzlich eine Sprecherin konstituiert wird, die
zuvor ihrerseits ein männliches Sprechersubjekt durch sich hindurch hat reden
lassen. In einem solchen Fall würde der Cántico B nicht allein die Entwicklung
der narrativen Struktur, sondern darüber hinaus auch die pragmatische Zuordnung der Redepartien verunklaren. Die Version B könnte dann allerdings noch
weniger als der Cántico A ein klar erkennbares Signifikat des vorgegebenen Gedichts erwirtschaften. Statt dessen würde sie gerade umgekehrt auf die Destruktion vorschneller und scheinbar evidenter Sinnzuweisungen hinarbeiten, indem sie
diese wieder in Frage stellt oder letzten Endes revoziert.

Nirgends tritt diese sinnkritische Tendenz des *Cántico B* deutlicher zutage als in der Prosaerklärung der Strophen XXXVI-XL B. Waren die wortgleichen Strophen XXXV-XXXIX A von Johannes in der frühen Version auf die Einung der Seele mit Gott im irdischen Leben bezogen worden, so verschiebt der *Cántico B* die vollkommene Einungserfahrung bewußt in die jenseitige Welt hinein. Man wollte in dieser Umdeutung eine Unterwerfungsgeste des Autors gegenüber den Ansprüchen kirchlicher Orthodoxie oder gar den Beweis für die Fälschungshypothese entdecken. Johannes persönlich sei davon überzeugt gewesen, daß die Seele im irdischen Leben mit Gott zu einer vollkommenen Einheit verschmelzen könne. Aber da diese Vorstellung der offiziellen kirchlichen Lehre zuwider laufe, hätten Johannes oder spätere Fälscher die Einung ins Jenseits verlagert. Nun wird man ohnehin in den Schriften des Johannes schwerlich einen Beleg für ein so schlichtes Verschmelzungskonzept finden, wie es derlei Interpretationen voraussetzen müssen. Darüber hinaus ist aber vor allem zu beachten, daß der *Cántico B* noch entschiedener als die Version A das Begehren der Seele nach der Einung mit Gott unablässig weiter verschiebt: von den ersten Begegnungen mit dem Geliebten weg zum geistlichen Verlöbnis hin; vom geistlichen Verlöbnis weg zur geistlichen Vermählung hin; schließlich von der geistlichen Vermählung weg aufs jenseitige Leben hin. Aber selbst dort wird das Begehren nach Einung nicht etwa gestillt, sondern die Seele in ihrer ganzen Unersättlichkeit wird nunmehr in eine Bewegung der Einung hineingerissen, die endgültig unendlich ist.

Wenn semiotisch gesprochen die Einung das eigentliche Signifikat des Gedichts und seines Kommentars ist, dann suggeriert der *Cántico B* noch deutlicher als die frühere Variante A, daß dieses Signifikat nirgendwo präsent ist – auch nicht und am allerwenigsten am Ende des Gedichts. Gerade dort, wo der Schlußteil des *Cántico A* noch eine prekäre Präsenz der Einung und damit des Gedichtsinns angedeutet hatte, führt die Textbewegung des *Cántico B* in den unendlichen Abgrund hinein und sonst nichts. Die sinndestruierende Umarbeitung des *Cántico A* zum *Cántico B* ist damit als der bewußte Versuch des Johannes zu werten, sich von einem Schreiben im Zeichen der Präsenz des Signifikats zu lösen und die Signifikanten seiner Dichtung gleichsam ins Leere laufen zu lassen. Genau hieraus erwächst in letzter Konsequenz die Unlesbarkeit des *Cántico*.

Wie die Suspension der Autorschaft, so ist auch die planmäßig hergestellte Unlesbarkeit eingebunden in eine Ökonomie des Opfers. Geopfert wird zum einen das Signifikat des Gedichts, die Produktion und Aneignung jenes Sinns, auf dessen Beherrschung der Autor verzichtet hat. Geopfert wird aber auch das Signifikantenmaterial selbst, das keiner nützlichen Verwendung mehr zugeführt, sondern nurmehr verschwendet werden kann. Es produziert gerade keine verläßlichen Sinneffekte und wird somit ganz umsonst verbraucht. Am Ende seiner Lektüre macht darum der Leser selbst die Erfahrung des Opfers: Er hat alle Bedeutungszuweisungen preisgeben müssen, und es bleibt ihm nichts mehr, was da noch für ihn zu lesen wäre. Aller Sinn, den er dem Gedicht untergeschoben hat, ist entglitten, er hat sich aufgelöst und ist dahingegeben in die reine Unverfügbarkeit eines semiotischen Opfers.

Variantentriade

Nur die Versionen A und B des *Cántico* gehen offenbar auf eine Redaktion durch Johannes selbst zurück, allerdings nicht auf eine Autorisierung im Sinne des Imprimaturs. Neben diesen Fassungen muß auch die hybride – weil interpolierte – Version C als eine philologisch legitime Variante des *Cántico* anerkannt und endlich wieder rehabilitiert werden. P. Eulogio faßt die negativ wertende *communis opinio* der heutigen Forschung zusammen, wenn er die Vorgehensweise des Editors beschreibt, der 1630 die erste Ausgabe des *Cántico* in Spanien herausbrachte und sich – wie sein römischer Vorgänger – für die Version C entschieden hatte:

> Realizaba [scil. el editor] así un texto híbrido, sin respaldo en algún original de garantía. [...] Pese a semejante «pastiche», sentó plaza e hizo fortuna. Fue el texto leído universalmente.[33]

> [Er (scil. der Herausgeber) erstellte einen hybriden Text, der durch kein beglaubigtes Original gestützt war. Nichtsdestoweniger eroberte sich solch ein «Pastiche» einen Platz und machte sein Glück. Es wurde zum Text, der allgemein gelesen wurde.]

Was bei P. Eulogio kritisch gemeint ist und die Version C als ernstzunehmende Textgestalt disqualifizieren soll – das Fehlen eines vom Autor beglaubigten Originals und der nachträgliche, pastichehafte Charakter der Umarbeitung -, kann auf der Grundlage der *critique génétique* auch gegen den Strich gebürstet und als ein bedeutender Vorzug der Lesart C ausgewiesen werden.

Wie wir gesehen haben, hat Johannes vom Kreuz bereits die widerstreitenden Versionen A und B entautorisiert, indem er sie gleich gültig nebeneinander stehen ließ. Dann aber erweist sich die Tatsache, daß man ihm im strengen Sinn keine Autorschaft an der Textgestalt des *Cántico C* zuschreiben kann, weniger als ein grundlegender Unterschied denn als eine Analogie zu den anderen beiden Fassungen. Noch sehr viel klarer als an den Versionen A und B läßt sich gerade an der Variante C ablesen, daß der Schreibprozeß des *Cántico* einen Text ohne Autor und ohne Autorität zu produzieren sucht. Die Version C ist nämlich zweifellos die am wenigsten autorisierte Fassung des *Cántico*. Aber indem gerade die Variante C das Projekt der Entautorisierung am weitesten vorantreibt, verwirklicht sie auch am radikalsten ein Programm, das in allen drei Versionen des *Cántico* immer schon angelegt ist: das Opfer der Autorschaft. Die Hybride C erweist sich aus dieser Sichtweise nicht mehr als eine problematische Deformation, sondern als eine auf ihre Weise besonders gelungene Variante des *Cántico*.

Wie aber ist es einzuschätzen, daß die Versionen A und B von Johannes selbst redigiert wurden und der *Cántico C* offenbar erst im nachhinein von seinen Schülern, Lesern oder Herausgebern erstellt wurde? Die Opferung der Autorschaft entspringt also in den Varianten A und B einem absichtsvollen Strategem

---

33 Pacho: «Una novedad reveladora», loc. cit. p. 1.

des Johannes vom Kreuz, wohingegen sie in der Fassung C dem Verfasser erst von außen her auferlegt wird. Hierzu ist zweierlei festzustellen: Zum ersten bedarf gerade auch die nachträgliche Fremdredaktion des *Cántico C* der Entautorisierung der Fassungen A und B sowie der Selbstentmächtigung des Autors als der Bedingung ihrer Möglichkeit. Die Fremdkonstitution des *Cántico C* erfolgt nicht einfach gegen die Intention des Autors, sondern sie schreitet den Raum aus, den ihr niemand sonst eröffnet hat als der sich entmächtigende Autor selber. Zum zweiten verschränken sich die Entmächtigung des Autors und die Ermächtigung seines Publikums gerade innerhalb jener *scène de l'énonciation,* die Certeau und Polo zufolge den historischen Kommunikationsrahmen des Karmel charakterisiert. Die dichterische Rede zirkuliert dort in großer Freiheit und provoziert geradezu die eigenständige Umformungs- oder Überschreibungsarbeit auf seiten der Adressaten und Adressatinnen.

Auf der Grundlage eines traditionellen Konzepts der Autorschaft müßte die Variante C als eine unzulässige Interpolation oder gar Korruptel des Textes verurteilt werden. Im Hinblick auf die karmelitische *scène de l'énonciation* aber ist der *Cántico C* gerade als jene Textgestalt zu werten, die ihre Abhängigkeit vom historischen Kommunikationszusammenhang, für den sie verfaßt wurde, am deutlichsten zu erkennen gibt. Der Variante C des *Cántico* ist es auffälliger noch als den Versionen A und B eingeschrieben, daß das Publikum dem hohen Anspruch gerecht geworden ist, den ihm die Dichtung des Johannes gestellt hat. Der *Cántico C* kann so gesehen als philologisch rehabilitiert gelten.

Wenngleich wir die Version C des *Cántico* als legitime Variante betrachten, wollen wir sie dennoch nicht den beiden anderen Fassungen vorziehen und diese verwerfen. Bislang war man ja üblicherweise nur von den zwei Fassungen A und B des *Cántico* ausgegangen, die jeweils als eigenständige Werke des Verfassers aufzufassen seien. Oft hatte man dabei zu einer Art von Kompromiß gefunden: Soweit es sich um den Text des Gedichts allein handle, sei am besten die Version A als Textgrundlage zu wählen; wolle man hingegen das Gedicht mitsamt der Prosaerklärung lesen, solle man sich besser für die überarbeitete und ausführlichere Variante B entscheiden. Dadurch wurden freilich die beiden widersprüchlichen Fassungen sowohl des *Cántico* wie auch der zugehörigen Kommentare als jeweils abgeschlossene Werke gedeutet, und das interne Konfliktpotential des *Cántico* und der Prosaerklärungen, die sich einer Kristallisation zum in sich stimmigen Werk widersetzen, wurde unzulässig entschärft.

Der *Cántico* besitzt eine in sich höchst widersprüchliche Gesamtgestalt, denn sein Text konstituiert sich erst im Widerstreit seiner drei charakteristischen Varianten. Sein Strophenumfang differiert, die Ordnung seiner Strophenfolge ist nicht fixiert, und seine Beglaubigung durch Autorisierung ist ungesichert. Der *Cántico* umfaßt entweder die biblische Zahl der Vollkommenheit von vierzig Strophen in den Fassungen B und C oder die eklatant unvollkommene Zahl von nur neununddreißig Strophen in der Fassung A. Es wird noch davon zu sprechen sein, was es bedeutet, daß die Strophe XI B oder XI C in der Variante A absent ist. Im Hinblick auf die Interpolation dieser Strophe ergibt sich eine Opposition der Versionen A vs. B-C. Des weiteren ist die Anordnung der Strophen unterschiedlich. Die Kritik vertritt weithin die Meinung, daß der Geschehnisverlauf in der früheren Variante A sowie in der weithin identischen Fassung C spontaner und natürlicher wirke. Wir dürfen deshalb von einem *ordo naturalis* in den Versionen A und C sprechen, der in der umgearbeiteten Version B in einen *ordo artificiosus* verändert worden ist. Im Hinblick auf die Strophenordnung ergibt sich eine Opposition der Versionen A-C vs. B. Schließlich sind die Varianten A und B durch zahlreiche Handschriften bezeugt und können aller Wahrscheinlichkeit nach auf eine absichtsvolle Autorredaktion (*voluntas auctoris*) zurückgeführt werden. Dies ist bei der Fassung C nicht möglich, da sie offenbar erst für die Zwecke der Drucklegung erstellt wurde. Somit ergibt sich im Hinblick auf die Autorredaktion die Opposition der Versionen A-B vs. C. Schematisch läßt sich das Spiel der drei Varianten folgendermaßen darstellen:

	Cántico A	Cántico B	Cántico C
INTERPOLATIO	-	+	+
ORDO NATVRALIS	+	-	+
VOLVNTAS AVCTORIS	+	+	-

In Zukunft sollten wir – sowohl im Hinblick auf den Gedichttext als auch auf die Erläuterungen – nicht mehr von zwei Versionen, sondern von den drei Fassungen A, B und C ausgehen, die als charakteristische Varianten innerhalb eines umfassenden Zusammenhangs stehen. An die Stelle dreier in sich abgeschlossener Werke tritt also das unabschließbare Spiel einer Triade von sich widerstreitenden Varianten. Alle drei sind aufeinander bezogen, verweisen aufeinander und stellen sich doch wechselseitig in Frage, da sie unvereinbare Ansprüche erheben. Die Variantentriade entspringt keinem unbeschädigten und autorisierbaren Original, das aus einem wieder rückgängig zu machenden *travail de déformation* entstanden wäre, sondern das Spiel der drei Versionen bildet gerade die Unsichtbarkeit und Unerreichbarkeit des Originals ab. Es konfiguriert ein Sprechen, das ebenso ursprungslos ist wie die Rede des Heiligen Geistes, die es zum Ausdruck bringen soll.

Den *Cántico* als Variantentriade zu lesen hat angesichts der widersprüchlichen Merkmale der einzelnen Versionen weitreichende Konsequenzen. Bei der Interpretation sind nämlich nunmehr folgende Besonderheiten des Textes zu berücksichtigen:

1. Erstens müssen wir uns einen Text vorstellen, dessen interpolierte Strophe eine Variable ist, insofern sie je nach Version entweder abwesend oder aber anwesend sein kann.

2. Zweitens müssen wir die Reihenfolge der Strophen und dementsprechend die Beziehung der einzelnen Episoden zueinander sowohl nach dem *ordo naturalis* als auch nach dem *ordo artificiosus* untersuchen.

3. Drittens müssen wir nicht nur die Autorredaktion, sondern auch die *scène de l'énonciation* als Ort der Textkonstitution ernstnehmen. Dann aber haben wir nicht nur die Version C insgesamt, sondern auch die weiteren Abweichungen auf der Ebene einzelner Verse und Wörter als grundsätzlich legitime Varianten des Gesamttextes zu betrachten. Erst recht ist eine solche Legitimität für die Figurenvermerke am Rand zu veranschlagen, aus denen jeweils hervorgeht, wer die nebenstehenden Strophen und Verse zu sprechen hat.

In diesem Sinne können wir uns an keinen der bisherigen Herausgeber direkt anschließen, da diese jeweils nur eine oder gegebenenfalls zwei Fassungen des *Cántico* ausgewählt und als in sich abgeschlossene Werke behandelt haben.[34] Selbst die jüngste kritische Ausgabe der Dichtungen durch Paola Elia, die dank dem Umfang und der Genauigkeit ihres Apparats bahnbrechend ist, kann in bezug auf den *Cántico* nicht überzeugen. Die Editorin folgt im dargebotenen Haupttext ausschließlich der Handschrift von Sanlúcar und der dort enthaltenen Version A. Sie muß folgerichtig die interpolierte Strophe XI B-C in den kritischen Apparat verbannen, wobei sich überdies ein sinnentstellender Druckfehler einschleicht, und sie kann die abweichende Strophenfolge der Version B überhaupt nicht berücksichtigen.[35] Trotz großer Verdienste um die Sicherung der Überlieferungslage im einzelnen hat es die Herausgeberin bewußt vermieden, sich dem umfassenden Textproblem – variable Interpolation, wechselnde Strophenanordnung, Zusammengehörigkeit gegensätzlicher Versionen – wirklich zu stellen. Der Herausforderung, die der *Cántico* sowohl für die Lektüre als auch für die Editionspraxis darstellt, konnte sie dadurch nicht gerecht werden.

Es geht im erläuterten Zusammenhang nicht in erster Linie um das rein technische Problem der graphischen Darstellung einer Variantentriade. Natürlich erhebt sich die materielle Frage danach, wie man drei Varianten gleichberechtigt miteinander edieren kann. Drei Lösungen scheinen uns hier denkbar: entweder im Druck hintereinanderstehend oder in der Synopse dreier nebeneinandergesetzter Kolumnen oder gar auf einem Bildschirm als eine tatsächlich variable

---

34 Wir müssen uns bei diesem Überblick auf die herausragenden Ausgaben der letzten Jahre beschränken: P. Eulogio (1982) und Paola Elia (1989 und 1990) entscheiden sich für den *Cántico A*. Cristóbal Cuevas (1979) und Domingo Ynduráin (1983) hingegen votieren für den *Cántico B*. Lucinio Ruano (1982) bietet im Gedichtteil seiner Gesamtausgabe den *Cántico A,* dem er am Schluß die interpolierte Strophe als vierzigste hinzufügt – eine Hybride, die diesmal in der Tat hochproblematisch ist. Nur José Vicente Rodríguez (1992) wählt einen anderen Weg: Er druckt im Gedichtteil seiner Gesamtausgabe die Versionen A und B nebeneinanderstehend ab. – Nach der angegebenen Reihenfolge cf. S. Juan de la Cruz: *Cántico espiritual*, ed. Eulogio Pacho, Madrid: Fundación Universitaria Española 1981; *Poesie*, ed. Paola Elia, L'Aquila; Roma: Japadre 1989*; Poesías,* ed. Paola Elia, Madrid: Castalia 1990; *Cántico espiritual*, ed. Cristóbal Cuevas, Madrid: Alhambra 1983; *Poesía,* ed. Domingo Ynduráin, Madrid: Cátedra 1983; *Obras completas,* ed. Lucinio Ruano, 11ª edición, Madrid: Biblioteca de Autores Cristianos 1982; *Obras completas,* 4ª edición, ed. José Vicente Rodríguez, Madrid: Espiritualidad 1992.

35 Cf. Juan de la Cruz: *Poesie,* ed. Paola Elia (1989), pp. 135-149. Der Vers 55 B-C ist im Apparat folgendermaßen wiedergegeben: «sino con la dolencia [sic] y la figura»; korrekt müßte er jedoch heißen: «sino con la presencia y la figura» (ibid. p. 138).

Textgestalt, dargestellt mit Hilfe des Window-Verfahrens eines Computerprogramms, wie dies Cerquiglini in anderem Zusammenhang in die Diskussion gebracht hat.[36] Grundsätzlich scheinen uns alle drei Methoden vertretbar. Allerdings würden wir der synchronen und horizontalen Synopse vor der vertikalen und diachronen Aneinanderreihung den Vorzug geben.[37] Weit wichtiger aber als die Entscheidung für oder gegen eine bestimmte Technik der Realisierung durch den Herausgeber ist die Erkenntnis des Lesers und Interpreten, daß der *Cántico* nicht die neutrale Kompilation dreier jeweils unabhängiger, in sich abgeschlossener Werke sein kann, sondern daß er eben als jene konfliktreiche Variantentriade auf uns gekommen ist, die wir beschrieben haben. Künftige Editionen können dem in angemessener Weise Rechnung tragen. Für uns aber gilt es auf jeden Fall, das triadische Textmodell des *Cántico* in unsere Überlegungen einzubeziehen und für unsere Interpretation fruchtbar zu machen.

---

36 Cf. Cerquiglini: *Eloge de la variante,* pp. 105-117.
37 Am nächsten käme diesem Ansatz zweifelsohne die Lösung, für die sich schon José Vicente Rodríguez entscheidet, wenngleich er die Variante C noch nicht einbezogen hat.

3.2. AUSSER SICH
(CÁNTICO ESPIRITUAL I-VIII C)

A deliratione principium

Der *Cántico espiritual* ist grundsätzlich und zunächst einmal als eine sehr freie Nachdichtung des Hohenlieds zu verstehen,[1] die allerdings nicht vollkommen unvermittelt, sondern in Anlehnung an die gängige Hohelied-Exegese und an die Modelle der stark petrarchistisch orientierten Hohelied-Dichtung der Zeitgenossen erfolgt. Hieraus ergeben sich weitreichende Konsequenzen, die wir zusammenfassend gleich zu Anfang unseres Durchgangs durch den *Cántico espiritual* im Hinblick auf dessen Version C verdeutlichen wollen (die entsprechenden Einzelheiten ließen sich sinngemäß auch auf die Varianten A oder B übertragen). Diese Grundannahmen sollen dann im Laufe der weiteren Interpretationsarbeit an konkreten Beispielen und Textbezügen aufgegriffen sowie ausführlich erläutert werden.

1. Der *Cántico espiritual* ist ein *carmen bucolicum*. Die Sprechsituation ist also nicht narrativ, sondern dramatisch. Es treten zwei Schäfer auf, eine liebende Frau und ihr Geliebter, im folgenden auch bezeichnet als Braut (*esposa*) und Bräutigam (*esposo*).
2. Quantitativ überwiegt bei weitem die Rede der Braut. Der Bräutigam spricht nur in drei kürzeren Einlassungen, nämlich in Strophe XII C in den Versen 57b bis 60, sodann in den Strophen XXVIII-XXXI C und schließlich in den Strophen XXXIV-XXXV C. Das sind weniger als sieben vollständige Strophen in einem Text von immerhin vierzig Strophen, also ungefähr ein Sechstel.
3. Es läßt sich eine rudimentäre Liebeshandlung rekonstruieren, insbesondere wenn man hierbei die üblichen Kommentare zum Hohenlied sowie die Vorgaben und Muster der Hohelied-Dichtung insgesamt zu Grunde legt:
   a) Außer sich vor Liebesschmerz bricht die verlassene Braut auf und macht sich in einer bukolischen Landschaft auf die Suche nach dem entflohenen und abwesenden Geliebten (Strophen I-XI C).
   b) Es kommt zu einer plötzlichen Begegnung zwischen Braut und Bräutigam an einer Quelle, wo die Braut gerade Rast macht. Sie gerät dabei unverzüglich in eine Liebesekstase (XII-XIII C).
   c) Nachdem der Geliebte offenbar wieder entschwunden ist, irrt die Braut völlig verzückt durch die Landschaft und gibt sich ihren Liebesphantasien hin (XIV-XVII C).

---

1 Cf. Fernande Pépin: *Noces de feu*, passim; Thompson: *The Poet and the Mystic*, pp. 60-80.

d) Es kommt zu einer Begegnung mit dem Bräutigam in einem Weinkeller, wo die Frau in die Liebeskunst eingeführt wird. Nachdem sie dem Geliebten die Treue versprochen hat, hängt die Braut ihren bisherigen Beruf als Schäferin an den Nagel, um nurmehr ihrem Bräutigam zu Diensten zu stehen (XVIII-XXI C).

e) Weitere Liebesblicke, Zärtlichkeiten und Koseworte werden zwischen dem Paar ausgetauscht; Kränze werden geflochten, Rosenschmuck gerichtet – vielleicht schon für ein bevorstehendes (Hochzeits-) Fest (XXII-XXVII C).

f) Unter dem Apfelbaum eines Gartens liegt das Paar beieinander. Der Bräutigam vermählt sich mit der Braut, und diese versinkt in Schlaf (XXVIII-XXXI C).

g) Das Paar durchwandert eine Gebirgslandschaft und freut sich in den Felshöhlen an gemeinsamen Liebesspielen, bis es ganz zuletzt zu vollkommener Ruhe findet (XXXII-XL C).

Die dargestellten Elemente des Textes sind einerseits dessen Grundmuster, worin er mit der übrigen Schäfer- und Hohelied-Dichtung der Epoche übereinstimmt; sie sind aber andererseits zugleich eine Folie, von der sich der *Cántico espiritual* selbst auf Grund zusätzlicher Textmerkmale wieder abhebt. Aus der Machart des Textes erwachsen nämlich eine Reihe von Problemen, welche die genannten Bezugstexte nicht aufgeben. Die Liebende des *Cántico espiritual,* die vom Bräutigam getrennt ist, befindet sich in einer typisch petrarchistischen und zugleich bukolischen Einsamkeitssituation, wie sie insbesondere von Karl Vossler für die iberische Dichtung beschrieben wurde.[2] Bekanntlich imaginiert der Liebende unter solchen Umständen unentwegt die Geliebte, findet überall ihre Spuren und erkennt sie in allem wieder. Der einsame petrarchistische Liebhaber ist in der Regel dem Liebeswahn verfallen. Diese Annahme macht in verkehrter Rollenbesetzung auch der *Cántico espiritual,* aber gleichzeitig sprengt er die gängigen Muster petrarchistischer Einsamkeitsdichtung.

Der Text ist so angelegt, daß nicht nur die Braut in ihrem Erleben, sondern in ihrem aktuellen Reden vom Liebeswahn ergriffen wird – und zwar unwiderruflich. Dies bedeutet, daß der Wahnsinn nicht mehr wie in zahlreichen petrarchistischen Vorbildern ein Charakteristikum der besprochenen Liebessituation auf der Ebene des *énoncé* ist, sondern daß die Sprecherin selbst die Züge einer Wahnsinnigen trägt und daß damit ihre eigene Rede zu einer Wahnrede gerät, die auf Grund der dramatischen Sprechsituation unvermittelt an den Leser herantritt. Da ist niemand mehr, der zu unterscheiden wüßte, was an der Rede der Braut der Ausdruck ihres Wahns ist und was gegebenenfalls noch den Ansprüchen der Vernunft genügen könnte. Immer steht die Möglichkeit offen, das Gesagte für verrückt zu erklären. Aus diesem Grund determiniert das Liebesdelirium insgesamt die *énonciation* der Rede und stellt zugleich jedes noch denkbare *énoncé* der Dichtung in Frage.

---

2 Cf. Vossler: *Poesie der Einsamkeit,* pp. 92-102.

Näherhin charakterisiert sich die irre Liebesrede der Braut über die Kategorien des *excessus,* der *improprietas,* der *profanatio* und der *confusio* auf den unterschiedlichen Ebenen des Textes:

1. *Excessus* auf der phonetischen und metrischen Ebene: Immer wieder wurde auf die Häufung von Alliterationen, Paronomasien, Binnenreimen und auf den betörend gleichbleibenden Rhythmus der meisten Verse hingewiesen.[3] Die fortwährend wiederkehrenden Lautfiguren strukturieren das phonetische Material der Sprache.[4] Es entstehen jene Effekte, die Roman Jakobson als Glossolalie beschrieben und ausdrücklich auf ekstatische Zustände russischer Häresiarchen bezogen hat.[5] Anders als allerdings Jakobson in bezug auf die poetische Sprache annimmt, lassen sich im *Cántico espiritual* die lautlichen Ähnlichkeiten zwar noch aufeinander beziehen, aber letztlich kann sich gerade keine semantische Äquivalenz zwischen dem phonetisch Gesagten und dem unaussprechlich Gemeinten ergeben. Die lautliche Gleichförmigkeit produziert statt dessen einen nutzlosen, kommunikativ unproduktiven Exzeß, der den erotischen Exzeß der delirierenden Sprecherin auf der phonetischen Ebene der Sprache reproduziert, ihm aber keinen Sinn verleiht.[6]
2. *Confusio* auf der syntaktischen Ebene: Das Delirium der Liebenden bewirkt, daß syntaktische Beziehungen in großem Ausmaß unklar oder doppeldeutig sind, insbesondere was die Subjekt-Objekt-Relationen oder die Unterscheidungen von Selbst- und Fremdaffektion betrifft.
3. Auf der rhetorischen Ebene ergeben sich drei Möglichkeiten der delirierenden Liebesrede:
   a) *Improprietas:* Die Rede ist häufig durch Metaphern charakterisiert, die nicht immer leicht zu entschlüsseln sind. Insbesondere finden auffällige Tierbilder Verwendung (die Geliebte wird als Taube, der Geliebte als Hirsch benannt). An all diesen Fällen bekundet sich die Tendenz der Liebessprache und der Wahnrede zu rhetorischer Uneigentlichkeit.
   b) *Confusio:* Bei manchen Ausdrücken der Rede ist es unklar, ob sie im tropischen oder aber im eigentlichen Sinn gemeint und zu verstehen sind. Hieraus erwächst ein komplexes Spiel von Mehrdeutigkeiten. Wo die konfusen Ausdrücke metaphorisch und uneigentlich interpretiert werden, wächst ihnen häufig eine erotisch-sinnliche Bedeutung zu, ja sie können dann oft zur Aeschrologie geraten, das heißt als eine offen obszöne Rede verstanden werden.

---

3 Cf. Thompson: *The Poet and the Mystic,* pp. 91-96.
4 Zum Begriff einer "recurrent figure of sound" cf. Roman Jakobson: "Linguistics and Poetics", in: *Style in Language,* ed. Th. A. Sebeok, Cambridge, Massachusetts: M.I.T. Press 1960, pp. 350-377, ibid. 358 sq. et 367.
5 Cf. id.: «Glossolalie», *Tel Quel* 26 (été 1966), 3-9.
6 «El exceso místico se insinúa y se desliza también en los excesos melódicos.» (Polo: *La fuerza de un decir,* p. 96.) – ‚Der mystische Exzeß gleitet unvermerkt in die melodischen Exzesse über, in denen er sich andeutet.'

c) *Profanatio:* In Entsprechung zur divinisierenden Sprechweise der weltlichen Liebesdichtung finden sich in der delirierenden Rede Stilisierungen des Geliebten zu einem göttergleichen Wesen. Solche Verfahren der Divinisierung geben sich immer auch als Profanation göttlicher Attribute zu lesen – und zwar erst recht in ihrer Anwendung auf den nur irdischen Geliebten der buchstäblichen Ebene. Angesichts des grundlegend allegorischen Charakters der Dichtung erweist sich diese profanierende Tendenz dennoch als nicht eigentlich gemeint, sondern sie löst sich auf zu einer ironischen Profanation.

4. *Confusio* auf der pragmatischen Ebene: Das Delirium der Braut bewirkt letzten Endes, daß auch die Sprechsituation verunklart wird – und dies auf allen drei Ebenen der Deixis:

a) Wer spricht? Die Zuschreibung der einzelnen Redepartien an die Braut oder den Bräutigam, von der wir ausgegangen waren, wird systematisch verunklart und gerät bei näherem Hinsehen zum Problem. Es wird möglich, das Gedicht als den einzigen langen Monolog eines delirierenden Subjekts zu lesen, das Stimmen hört oder erinnert.

b) Wann wird gesprochen? Das Verhältnis von Sprechzeitpunkt und besprochener Zeit wird bei näherem Hinsehen systematisch verunklart. Insbesondere läßt sich bei näherem Hinsehen weder eine eindeutige Sukzession der besprochenen Ereignisse noch ihre Vorzeitigkeit respektive Nachzeitigkeit in bezug auf den Sprechzeitpunkt erkennen. Die besprochenen Szenen können auf Erinnerungsfetzen, Erwartungshaltungen und Plänen, Wunschphantasien oder aber auf zeitgleichen Wahrnehmungen beruhen. Die konfuse Verwendung der Tempora und Modi tut dazu ihr Übriges – Vermengung von historischem Perfekt und iterativem Imperfekt, Futur- und Konditionalformen bei weitgehender Aussparung des Präsens.

c) Wo wird gesprochen? Das Verhältnis von Sprechort und besprochenen Orten wird bei näherem Hinsehen systematisch verunklart. Es ist keineswegs sicher zu entscheiden, ob die Sprecherin sich tatsächlich an den besprochenen Orten aufhält oder ob sie auch diese nur in ihrer Phantasie imaginiert.

Insgesamt inszeniert die konfuse Pragmatik das Spiel von Präsenz und Absenz mit den Mitteln der Deixis (Präsenz oder Absenz des sprechenden Geliebten; zeitliche Präsenz oder Absenz der besprochenen Geschehnisse; räumliche Präsenz oder Absenz der besprochenen Orte).

In den letzten Jahren hat insbesondere Luce López Baralt zu Recht in ihren Arbeiten auf die *poética del delirio* bei Johannes vom Kreuz eindringlich hingewiesen und diese aus dem Einfluß semitischer – hebräischer wie arabischer – Sprachmuster und Dichtungstraditionen abgeleitet.[7] Sie läßt allerdings außer acht, daß dieses poetische Delirium immerzu ein inszeniertes ist, da es ursächlich an jene

---

7 Luce López Baralt: *San Juan de la Cruz y el Islam,* pp. 33-53.

Situation des Liebeswahns gekoppelt bleibt, in den die fiktive Sprecherin des Textes – die Braut – verfallen ist. Diese unauflösliche Verschränkung der konfusen poetischen Rede mit dem Delirium einer liebenden Frau, die außer sich ist, macht das Gedicht noch abgründiger, als wenn sich darin nur die Tendenzen einer mehrdeutigen orientalischen Dichtung spiegeln würden.

Alle Merkmale der delirierenden Liebesrede führen dazu, daß sich im *Cántico espiritual* in geradezu idealtypischer Ausprägung eine überwuchernde *scène de l'énonciation* verkörpert, während ein zugehöriges *énoncé* angesichts des Überschwangs des Deliriums nicht mehr zuverlässig rekonstruiert werden kann. Jedenfalls markieren die Interjektionen, Ausrufe und Apostrophen, die Imperative und Hortative des Textes, über deren performatives Gelingen wir kaum je etwas erfahren, die irreversible Vorherrschaft einer supplementären *énonciation*. Diese *scène de l'énonciation* scheint weniger auf die Präsenz denn auf die Absenz eines *énoncé* zu verweisen, das sich entzogen hat und für uns Leser ebenso unsichtbar geworden ist wie der Geliebte für seine irre Braut.

Biblische Bukolik

Der *Cántico espiritual* steht in einer engen Beziehung zu den erwähnten spanischen Hohelied-Dichtungen des 16. Jahrhunderts. Wir meinen damit wie erinnerlich die *Paraphrasis super cantica canticorum* des Benito Arias Montano, die Oktavreime des Fray Luis und die ihm mitunter zugeschriebenen lyrischen Fünfzeiler, deren Autorschaft allerdings als ungesichert gilt.[8] Schließlich kann mitunter zum Vergleich auch das lateinische *Carmen ex voto* des Fray Luis herangezogen werden, welches schon in seiner Erstausgabe von 1580 der lateinischen *Explanatio in canticum canticorum* beigefügt wurde und, wie der Vorspann aus elegischen Distichen zu erkennen gibt, als Dank für die Rettung aus schweren Stürmen des Lebens verfaßt wurde.[9] Es handelt sich sodann um eine originelle Nachdichtung des Hohenlieds, die sich als hochambitioniertes Beispiel der christlichen Renaissance-Poetik zu erkennen gibt. Der Dichter selbst wird in seinem Enthusiasmus entrückt und hört aus dem geöffneten Himmel Jünglinge und Mädchen abwechselnd (wie im *Carmen saeculare* des Horaz) Teile des Hohenlieds rezitieren – im fehlerlosen Versmaß der zweiten asklepiadeischen Strophe.

---

8 Cf. Benito Arias Montano: *Paraphrasis super cantica canticorum* (Biblioteca Nacional de Madrid, Ms. 3977); Fr. Luis de León: *El Cantar de los Cantares en octava rima*, in: *Obras completas castellanas*, ed. F. García, 5ª edición, 1991, vol. II, pp. 1021-1039; auctor incertus (Fr. Luis?): *Los Cantares del rey Salomón en versos líricos*, in: Fr. Luis: *Obras completas castellanas*, ed. Garcia, 2ª edición, 1951, pp. 1705-1722.

9 Cf. Fr. Luis: Votum et ad Dei genitricem Mariam carmen ex voto, in: *Poesía*, ed. Alcina, pp. 211-219.

Sowohl für Arias Montano als auch für Fray Luis ist das Hohelied geistliche Hirtendichtung. Dementsprechend lehnen sich ihre Versionen an die Konventionen der bukolischen Gattung an. Dies zeigt sich bereits an der Sprechsituation, die weitgehend dramatisch ist. In Abhebung vom biblischen Befund spricht allerdings bei Arias Montano in einem Prolog zu Beginn ein bukolischer Dichter, der durch das Tal von Zion streift und dort die Liebesklage einer Hirtin um ihren Bräutigam vernimmt, der sich von ihr für kurze Zeit entfernt hat. Es folgen die acht Kapitel des biblischen Buches, jeweils mit einer eigenen Überschrift als *Canción* bezeichnet und durchnumeriert. Mit der ersten *Canción* hebt die Braut zu sprechen an, die nach ihrem Bräutigam mit Namen Theolampo ruft. Es schließt sich ein erneuter Einschub des bukolischen Dichters an, bevor er das Wort dem inzwischen augenscheinlich zurückgekehrten Theolampo überläßt, der seine Braut mit dem Namen Eumenia anruft. Über die weiteren sieben Kapitel hinweg wird dieser Sprecherwechsel zwischen Braut und Bräutigam beibehalten. Der bukolische Dichter tritt nicht mehr als Sprecherfigur in Erscheinung. Manche Partien müßten wohl einem Chor zugeschrieben werden, wie es auch spätere Herausgeber getan haben. In der Handschrift selbst finden sich freilich nur die Sprecherangaben für Braut und Bräutigam an den jeweiligen Stellen – und auch dies nur bis einschließlich zum fünften Kapitel. Dennoch ist die Personaldeixis so gehalten, daß die jeweilige Zuordnung der Redeteile an die Braut, den Bräutigam oder gegebenenfalls den Chor keine größeren Schwierigkeiten bereitet.

Etwas anders stellt sich die deiktische Struktur in den Oktavreimen des Fray Luis dar. Weil er enger dem biblischen Text folgt, ist die Sprechsituation streng dramatisch durchgeführt. Es fehlen ein Vorwort oder die Stimme eines bukolischen Dichters. Auch hier ist die Kapitelzählung in Anlehnung an die biblische Einteilung angegeben. Das achte Kapitel trägt zudem in der ältesten Handschrift eine an diesem Ort gebräuchliche lateinische Glosse: „Petit incarnationem", die besagen will, daß dort bereits die Menschwerdung des Göttlichen Bräutigams angedeutet sei. Die Rede ist verteilt auf insgesamt drei Sprechinstanzen, nämlich Braut, Bräutigam und Gefährtinnen, was dem Vorwort des Fray Luis zum Hohelied-Kommentar entspricht:

> Porque se ha de entender que este Libro en su primer origen se escribió en metro, y es todo él una égloga pastoril, donde con palabras y lenguaje de pastores, hablan Salomón y su Esposa, y algunas veces sus compañeros, como si todos fuesen gente de aldea.[10]

> [Denn man muß verstehen, daß dieses Buch ursprünglich in Versen geschrieben war, und es ist insgesamt eine Hirtendichtung, wo mit den Worten und in der Sprache der Hirten Salomon und seine Braut und an manchen Stellen deren Gefährten sprechen, als wären sie Leute vom Dorf.]

---

10 Fray Luis: *Exposición del Cantar de los Cantares*, prólogo, in: *Obras completas castellanas*, ed. García, 5ª edición, 1991, vol. I, p. 72.

Auch bei Fray Luis sind das Zeigfeld der Rede und der Wechsel der Sprecher eindeutig festgelegt und der Bezug zum biblischen Original ist klar.

Die Fünfzeiler sind schließlich ebenfalls ohne Einmischung eines bukolischen Dichters und rein dramatisch angelegt. Sie sind wiederum in die acht biblischen Kapitel gegliedert. Allerdings fehlen ausdrückliche Personenangaben am Rande. Nichtsdestoweniger können an Hand der zahlreichen Vokative und Selbstprädikationen die jeweiligen Sprechinstanzen weitgehend eindeutig erschlossen werden. Wie in den Oktavreimen müßte man auch in den Fünfzeilern neben Braut und Bräutigam einen Chor der Töchter Jerusalems ansetzen. Dennoch bleiben in den Fünfzeilern wegen des Fehlens der Sprecherangaben gelegentliche Unklarheiten in der Zuordnung der Redepartien bestehen. Diese sind dann allerdings nicht beabsichtigt, sondern notgedrungen auf die bereits unklaren Verhältnisse des biblischen Textes selbst zurückzuführen. Im allgemeinen bemühen sich nämlich alle drei erläuterten Nachdichtungen des Hohenlieds um eine klare und widerspruchsfreie Zuordnung der Textpassagen zu den sprechenden Personen. Denn als ständiger Bezugspunkt dient ja die bukolische Dichtung, und aus ihr geht stets zweifelsfrei hervor, wer die agierenden *dramatis personae* sind und welche Partien sie zu sprechen bekommen.

Die drei zeitgenössischen Versionen der kastilischen Hohelied-Dichtung haben wir kurz vorgestellt, um aufzuzeigen, wie unterschiedlich hierzu sich die deiktische Struktur des *Cántico espiritual* verhält, insbesondere wenn wir die Divergenzen der drei Varianten A, B und C einbeziehen. Was in den Oktavreimen ganz vermieden werden konnte und was in der Paraphrasis sowie in den Fünfzeilern bestenfalls Ausnahme oder unvermeidliche Akzidenz war – die Unmöglichkeit einer klaren Zuordnung von Sprechinstanz und Gesprochenem – ist im *Cántico espiritual*, wie wir zeigen werden, zum textgestaltenden Prinzip erhoben.

Auf und davon

In allen drei Versionen des *Cántico espiritual* ist zu Beginn der ersten Strophe durch den Randvermerk *Esposa* die Braut als Sprecherin der nun folgenden Rede ausgewiesen, und diese reicht mindestens bis zur vierten Strophe. Dem entspricht die Personaldeixis der ersten Strophe, in der sich die verwundete Frau an den verschwundenen Geliebten wendet, der mit einem Vokativ ausdrücklich angerufen und mit einem entflohenen Hirsch verglichen wird:

> *¿Adónde te escondiste?*
> *amado y me dejaste con gemido*
> *como el cieruo huiste*
> *auiéndome herido*
> *salí tras ti clamando y eras ydo*
> (Cántico C, vv. 1-5).

[Wo hast du dich verborgen,
Geliebter, und voll Stöhnen mich zurückgelassen?
Entflohen bist du wie der Hirsch,
doch war ich schon verletzt,
ich lief dir nach, laut schreiend, du warst fort.]

Aus dieser Strophe können wir zunächst ein ganz einfaches Grundmuster der Sprechsituation im *Cántico espiritual* entwickeln: Sprecherin ist die anwesende Braut; sie spricht in der zweiten Person Singular zu ihrem abwesenden Geliebten, welcher als der eigentliche Adressat ihrer Rede zu gelten hat. Mithin können wir im weiteren Verlauf des Textes alle weiteren Anrufungen, die sich nicht an diesen Geliebten selbst, sondern an andere Personen oder Gegenstände richten, als Apostrophen bezeichnen. Zu erwähnen ist auf der semantischen Ebene der Vergleich des Geliebten mit einem – entweder scheuen oder gar schon verwundeten – Hirsch. Hirsch wie Hirschkuh sind hochgradig emblematische Tiere, die unter anderem auch den Liebenden oder die Liebende bezeichnen, insbesondere wenn sie von einem Pfeil getroffen sind.[11] Bereits in der ersten Strophe begegnen wir zwei oft unbemerkt gebliebenen Effekten syntaktischer *confusio*.[12] In Vers 2 ist unklar ob sich der Präpositionalausdruck *con gemido* (,mit Klagen') auf das Ich der Sprecherin oder auf den entsprungenen Hirsch bezieht. Würde der Hirsch stöhnen, könnte dies wiederum auf den Schmerz einer Verwundung hinweisen. Noch folgenreicher ist die *confusio* in Vers 4, da hier die Partizipialkonstruktion *auiéndome herido* (,mich verletzt habend') ἀπὸ κοινοῦ zu beziehen ist – auf den vorausgehenden Vers mit *cieruo* (,Hirsch') oder auf den folgenden Vers mit dem Verbum *salí* (,ich lief hinaus'). Entweder ist dann der Hirsch oder die Braut das Subjekt der Verletzung. Im zweiten Fall hätte sie sich selber verletzt, ihre Liebeswunde wäre also ein Produkt der Selbst-, nicht der Fremdaffektion. Wir werden nach und nach weitere Beispiele einer konfusen Verursachung der Liebeswunde kennenlernen.

In der zweiten Strophe wendet sich dann die Sprecherin vom Geliebten ab und statt dessen den Hirten zu, die sie darum bittet, ihrem Freund eine Botschaft von ihr auszurichten, sofern sie ihn treffen sollten:

---

11 Der wahrscheinlich längste – zweieinhalbspaltige – Lexikonartikel bei Covarrubias ist der Eintragung *ciervo* (,Hirsch') gewidmet. Cf. Covarrubias: *Tesoro de la lengua castellana*, s. v. «ciervo», pp. 416 sq. Bei Vergil wird Dido mit einer vom Pfeil getroffenen Hirschkuh verglichen: „Virtur infelix Dido totaque uagatur / urbe furens, qualis coniecta cerua sagitta." (Vergili Aneis IV, 68 sq.)

12 Nicht zustimmen können wir demnach Thompson, wo er schreibt: "Strict ambiguity occurs only once, *Cántico A* 17's 'En la interior bodega / de mi Amado beuí', where the latter phrase could either qualify bodega',(I drank *in my Beloved's* wine-cellar) or modify 'beuí' (in the wine-cellar I drank *from my Beloved*)." (Thompson: *The Poet and the Mystic*, p. 89.)

Pastores los que fuerdes
allá por las majadas al otero
si por ventura vierdes
aquel que yo más quiero
decilde que adolesco peno y muero
(Cántico C, vv. 6-10.)

[Hirten, wenn ihr euch aufmacht
dort an den Hürden zu der Höh hinauf,
wenn ihr mit Glück den seht,
den ich am liebsten mag,
sagt ihm, daß ich bin krank und leide, sterbe!]

Schwierig ist es, Sprechzeit und Sprechort dieser Rede genauer festzulegen. Einerseits deutet die Sprecherin vage eine Vorgeschichte an: Der Geliebte hat sie verwundet, ist wieder entflohen und hat sich verborgen; daraufhin ist sie ihm offenbar gefolgt, um ihn zu suchen. Sie glaubt sich also verlassen und befindet sich nun irgendwo draußen. Aus der Hohenlied-Dichtung stünde zu erwarten, daß die Braut durch die bukolische Landschaft streift, um ihren Geliebten zu finden, und in der Tat kündigt die Sprecherin dieses Vorhaben an:

Buscando mis amores
yré por essos montes y riberas
(Cántico C, vv. 11 sq.)

[Nach meiner Liebschaft suchend
will ich durch diese Berg und Täler ziehn...]

Das Demonstrativadjektiv *esos* und das Futur *yré* des Verbums zeigen an, daß der Ort, zu dem die Sprecherin will, ihr noch fernliegt und daß die Realisierung der angestrebten Handlung noch aussteht.[13] Auch in den folgenden Strophen finden sich keine präsentischen Verben, welche umstandslos auf ein *hic et nunc* der Sprechsituation zu beziehen wären.[14]

Es überwiegt bis einschließlich Strophe XII C der illokutionäre Aspekt: Anrufe, Aufforderungen und Fragen herrschen vor, aus denen aber keine konkreten Informationen über den augenblicklichen Standpunkt der Sprecherin zu entnehmen sind. Ein kontrastiver Blick auf die zweite *Canción* des Garcilaso de la Vega verdeutlicht, welche Sprechsituation innerhalb der üblichen petrarchisti-

---

13 «Para aludir a lo que no está presente, lo determinamos con datos que lo especifiquen (aquí empleamos sobre todo *ese*).» – ‚Um auf das hinzuweisen, was nicht anwesend ist, bestimmen wir es durch Angaben, die es verdeutlichen (hier verwenden wir vor allem *ese*).‘ (*Esbozo de una nueva gramática de la lengua española*, ed. Real Academia Española, Madrid: Espasa-Calpe 1974, § 2.6.2 a, p. 214.)

14 «Y todos quantos vagan...» (‚und alle, die umherziehn...‘) in Strophe VII C enthält eine allgemeine, zudem iterative Aussage, die nicht unmittelbar auf die Sprechsituation zu beziehen ist.

schen Einsamkeitslandschaft erwartbar gewesen wäre und daß der *Cántico espiritual* diese Erwartung nicht einlöst:

> *La soledad siguiendo*
> *rendido a mi fortuna*
> *me voy por los caminos que se ofrecen,*
> *por ellos esparciendo*
> *mis quejas d'una en una*
> *al viento, que las lleva do perecen.*[15]

[Der Einsamkeit folgend, / in mein Schicksal ergeben, / gehe ich die Wege entlang, die sich bieten, / und an ihnen entlang streue ich / meine Klagen, eine nach der anderen, / in den Wind, der sie hinträgt, wo sie vergehen.]

Bei Garcilaso erkennen wir unschwer eine Origo, von der aus der Sprecher redet: Er hat sich in die Einsamkeit zurückgezogen und zieht einen Weg entlang, auf dem er seine Klage anstimmt. Im *Cántico espiritual* hingegen bleibt von allem Anfang an ungewiß, ob sich die Sprecherin tatsächlich aufgemacht hat, ihren Geliebten zu suchen, oder ob sie all dies nur in ihrer Phantasie erlebt. Daß die Suche nach dem Geliebten in bukolischer Landschaft ein gängiger Topos ist – gerade in den Hohelied-Nachahmungen -, heißt nicht automatisch, daß sie darum dem *Cántico espiritual* als aktuelle Sprechsituation zugrunde liegen müßte. Vielmehr könnte vor dem Horizont dieser literarischen Tradition eine solche Suche von der Sprecherin ebensogut phantasiert werden.

Sprache verleihen

Unsere interpretatorische Vermutung bestätigt sich eindrucksvoll in der vierten und fünften Strophe. Während der *Cántico B* ohne neuen Vermerk diese Abschnitte der Rede der Braut zuschreibt, enthalten die Versionen A und C jeweils die Angaben *Pregunta a las criaturas* (,Frage an die Geschöpfe') für Strophe IV und *Respuesta de las criaturas* (,Antwort der Geschöpfe') für die Strophe V. Die Herausgeber und Kommentatoren beschäftigte vor allem die Frage, ob diese Vermerke tatsächlich von Johannes oder bloß von den Kopisten stammten.[16] Da man dann zu der – unbeweisbaren – Auffassung gelangte, es handle sich um nachträgliche Hinzufügungen von späterer Hand, meinte man, in den Ausgaben getrost darauf verzichten zu können. Wir betrachten freilich diese Randvermerke als authentische Hervorbringungen der karmelitischen *scène de l'énonciation,* und insofern sollen sie hier auch nicht einfach eliminiert, sondern interpretiert wer-

---

15 Garcilaso de la Vega: Canción II,1-6, ed. Rivers, p. 80.
16 Diese Diskussion und unterschiedliche Auffassungen sind referiert in seinem ungemein material-reichen und darum hilfreichen Kommentar zum *Cántico espiritual* bei Domingo Ynduráin: «Introducción», in: S. Juan de la Cruz: *Poesía* (1983), ed. D. Y., 6ª edición, Madrid: Cátedra 1990, pp. 11-233, ibid. 44-55.

den. Halten wir fest, daß die Sprecherin zunächst in der Tat die Wälder und Gebüsche nach dem Verbleib des Geliebten fragt:

> ¡O bosques y espesuras!
> plantadas por la mano del amado
> ¡o prado de verduras!
> de flores esmaltado
> decid si por vosotros ha passado!
>
> (Cántico C, vv. 16-20)

> [O Wälder und Gebüsche,
> gepflanzt von des Geliebten Hand,
> o Wiesen grüner Kräuter,
> mit Blumen übersät,
> sagt mir, ob er an euch vorüberging!]

Erneut liegt eine Apostrophe vor. Die Sprecherin wendet sich vom eigentlichen Adressaten ab, ruft unbelebte Gegenstände an, nämlich Wälder und Büsche der umgebenden Natur, und diese antworten auch sogleich in der fünften Strophe:

> Mil gracias derramando
> passó por estos sotos con presura
> e yéndolos mirando
> con sola su figura
> vestidos los dexó de hermosura
>
> (Cántico C, vv. 21-25.)

> [Verströmend tausendfache Anmut
> ging er in Eil vorbei an diesen Büschen,
> und wie er hin zu ihnen schaute,
> allein mit seinem Blick
> ließ er in Schönheit sie gekleidet stehn.]

Laut den Randvermerken der Versionen A und C sprechen hier die Geschöpfe zur Braut (die Angabe fehlt allerdings in der Ausgabe von 1630). Die Lokaldeixis versetzt die Sprechinstanz in den Raum der *sotos* (‚Büsche‘, ‚Haine‘), da das adjektivische Demonstrativpronomen *estos* die Anwesenheit des Sprechenden am besprochenen Ort signalisiert.[17] In der Tat sind die Geschöpfe – zumindest als eine *pars pro toto* – mit den Hainen identisch, an denen der Bräutigam vorübergeschritten ist.

---

17 «Con los pronombres de la primera serie alude el que habla o escribe al lugar o al período de tiempo en que se encuentra en el momento que habla o escribe: *esta casa, esta ciudad, este año, este siglo.*» – ‚Mit den Pronomina der ersten Reihe weist der Sprechende auf den Ort oder Zeitraum hin, worin er sich im Augenblick des Sprechens oder Schreibens befindet: *dieses Haus, diese Stadt, dieses Jahr, dieses Jahrhundert.*' (*Esbozo de una nueva gramática,* § 2.6.2 a, p. 214.)

Sprechen diese Geschöpfe wirklich zur Braut? Befindet sie sich also in einer märchenhaften Welt des Wunderbaren? Ist nicht gar das mirakelhafte Sprechen der Geschöpfe der beste Beleg für die rein religiöse Dimension des Textes? So könnte man fragen, und so hat die Kritik durchaus gefragt – bis hin zur Konsequenz, daß die Sprecherangaben am Textrand inauthentisch und zu tilgen seien, da sie einseitig eine fabulöse Sprechsituation präjudizieren würden.[18] Weniger Schwierigkeiten bereitet freilich die simple Annahme, daß auf die Apostrophe der vierten Strophe nunmehr komplementär dazu eine προσωποποιία oder *sermocinatio* folgen könnte. Bekanntlich wird durch die προσωποποιία belebten oder auch unbelebten Gegenständen Sprache verliehen, eine eigene Rede zugeschrieben. Bei Quintilian ist darum die *sermocinatio* notwendigerweise mit einer *fictio personae* verbunden,[19] während die προσωποποιία in der *Rhetorica ad Herennium* als *conformatio* bezeichnet und folgendermaßen charakterisiert wird:

> Conformatio est cum aliqua quae non adest persona confingitur quasi adsit, aut cum res muta aut informis fit eloquens, et forma ei et oratio adtribuitur ad dignitatem adcommodata aut actio quaedam [...]. Haec conformatio licet in plures res, in mutas atque inanimas transferatur.[20]

Jonathan Culler hat implizit auf den engen Zusammenhang von Apostrophe und *sermocinatio* hingewiesen. Indem der Sprecher einen unbelebten Adressaten anredet, personifiziert er ihn oder macht ihn gewissermaßen zu einem Subjekt, und demnach ist es nur folgerichtig, daß diese personifizierte Instanz ihrerseits eine Antwort in menschlicher Rede erteilt.[21] Genau dieser Zusammenhang liegt in der vierten und fünften Strophe des *Cántico espiritual* vor, wo wir nach der Anrufung der Geschöpfe durch die Braut auch deren Antwort an die Sprecherin zu vernehmen meinen.

Insofern die Sprechinstanz der fünften Strophe die dritte und nicht die erste Person verwendet, ist eine Lesung als *sermocinatio,* wie Ynduráin richtig erkannt hat, nicht zwingend.[22] Aber sie ist auch nicht ausgeschlossen, da die Geschöpfe von sich durchaus in der dritten Person sprechen können, zumal sie sich ja der Synekdoche *estos sotos* (‚diese Büsche') bedienen – ähnlich wie in der zehnten Strophe die Sprecherin von ihren Augen in synekdochischem Sinn und in der dritten Person sprechen wird: *y véante mis ojos* (Cántico C, v. 48) – ‚und mögen meine Augen dich sehen'. Während die Personaldeixis der dritten Person zweideutig ist, lädt gerade der Randvermerk dazu ein, die Strophe als eine echte *sermocinatio* zu lesen.

---

18 Cf. D. Ynduráin, in: S. Juan de la Cruz: *Poesía,* pp. 44-48.

19 Cf. Quintiliani institutio oratoria IX,2,29-37.

20 Rhetorica ad Herennium IV,53,66-67.

21 Cf. Jonathan Culler: "Apostrophe", in: *The Pursuit of Signs: Semiotics, Literature, Deconstruction,* London; Henley: Routledge & Kegan Paul 1981, pp. 135-154.

22 «Pero si fueran las criaturas las que respondieran parece evidente que la construcción obligada sería 'vestidos *nos* dejó de [su] hermosura'.» (D. Ynduráin, in: S. Juan de la Cruz: *Poesía,* p. 48.) – ‚Aber wenn es die Geschöpfe wären, die antworten sollten, müßte die erforderliche Konstruktion wohl selbstverständlich lauten: , ließ er uns mit [seiner] Schönheit bekleidet zurück'.'

Halten wir fest: Die erste Redepartie des *Cántico espiritual,* die nicht der Geliebten selbst zugeschrieben wird, kann als eine *sermocinatio* aufgefaßt werden, in
welcher sie der an sich stummen Natur ihre Sprache leiht. Durch die Sprecherangabe am Rande hebt sich aber die *sermocinatio* der Geschöpfe ganz auffällig von
der üblichen dramatischen Sprechsituation der Bukolik und der Hohelied-Dichtungen ab. Dort scheinen nämlich menschliche Personen zu sprechen, hier hingegen bloße Personifikationen. In den Modellen haben wir den Eindruck, einem
realiter möglichen Dialog zu lauschen; hier jedoch bringt die Sprecherin Gegenstände zum Reden, die realiter gerade nicht sprechen können. Die Rede der
Sprecherin muß darum die Redeunfähigkeit der Geschöpfe ersetzen. Wenn also
der *Cántico B* keine Randvermerke enthält, dann bringt er damit zum Ausdruck,
daß die Rede in letzter Instanz von der Braut geäußert wird. Wenn aber die Versionen A und C solche Sprecherangaben bieten, dann bekunden sie damit, daß
die Braut nicht von ihrer eigenen pragmatischen Origo her spricht, sondern daß
sie durch sich hindurch eine andere Instanz sprechen läßt, deren Stimme sie entweder vernommen hat oder der sie nun ihre eigene Stimme leiht. Schon in der
fünften Strophe hört die Braut Stimmen – noch aber sind es die Stimmen der geschaffenen Natur.

Innerhalb der Variantentriade des *Cántico espiritual* fungieren die Randvermerke, welche die fünfte Strophe in eine προσωποποιία verwandeln, als fakul-
tative Lesarten. Sobald sie freilich erst einmal mitgelesen werden, verharmlosen
sie den Text nicht etwa, indem sie ihm einen unproblematischen religiösen Sinn
zuschreiben würden,[23] sondern sie machen ihn vielmehr abgründig: Unter der
Oberfläche einer zusammenhängenden Rede der Braut, wie sie die Version B
vorgibt, wird in den Fassungen A und C unerwartet eine Sprecherin greifbar, die
ihrer selbst nicht mehr mächtig ist und darum von einer fremden, phantasmatischen Origo her redet, die nicht die ihrige ist. Anders als in der romantischen
oder nachromantischen Lyrik, die Culler überwiegend im Auge zu haben scheint,
stabilisieren im *Cántico espiritual* weder die Apostrophe an die Geschöpfe noch
deren Antwort in Form einer *sermocinatio* die Identität des sprechenden Subjekts,
sondern sie lassen diese ins Trudeln geraten.

Selbstverlust

Der virtuelle Selbstverlust des Ich der Sprecherin, welcher der analysierten Apostrophe in Strophe IV und vor allem der *sermocinatio* in Strophe V anhaftet, äußert sich besonders drastisch in einem weiteren Ausruf in Strophe VIII:

---

23 Diese Meinung vertritt D. Ynduráin, wo er die Sprecherangaben ablehnt: «Son añadidos
 interesados de lectores-intérpretes que proyectan sobre el texto una concepción apriorística, de
 tipo alegórico.» (Ibid. p. 47.) – ‚Es sind interessierte Zusätze von interpretierenden Lesern, die
 auf den Text eine apriorische Auffassung der allegorischen Art projizieren.'

> *Mas ¿cómo perseueras?*
> *¡o vida! no viuiendo donde viues*
> *y haciendo porque mueras*
> *las flechas que recibes*
> *de lo que del amado en ti concibes*
> (Cántico C, vv. 36-40.)

> [Doch warum lebst noch immer du,
> o Leben, dort nicht, wo du lebst,
> und fertigst, um zu sterben,
> die Pfeile, die dich treffen,
> aus dem, was der Geliebte in dir traf?]

Die Anrufung des Lebens (*o vida*), das sich im Exil befindet und dort nicht lebt, wo es lebt, könnte sowohl den abwesenden Geliebten als auch die sehnsuchtsvolle Sprecherin meinen. Denn nach neuplatonischer Liebeslehre verschreibt sich ja jeder Liebende vollständig dem Geliebten und lebt darum nicht mehr das eigene Leben, sondern das des andern. Insofern dieser Tatbestand auf die Braut nicht weniger als auf den Bräutigam zutrifft, könnte die Strophe sowohl Anrede als auch Apostrophe sein. Ab Vers 38 C wird freilich der Bezug auf den Bräutigam zunehmend unwahrscheinlich: Zwar fertigt die angerufene Instanz Pfeile an, wie wir es vom Geliebten erwarten dürfen (*haciendo... las flechas* – ‚die Pfeile verfertigend‘), doch wird sie selber von ihnen getroffen (*las flechas que recibes* – ‚die Pfeile, die dich treffen‘), und sie wird daran sterben (*haciendo porque mueras* – ‚du verfertigst, um zu sterben‘). Die tödlichen Pfeile steigen nämlich aus dem Bild des Geliebten auf, das die Braut schon in ihrer eigenen Seele trägt (*de lo que del amado en ti concibes* – ‚von dem, was du vom Geliebten in dir aufnimmst‘). Die topische Fremdversehrung durch den Geliebten, worauf die Rede zunächst hinauszulaufen schien, wird ab der Mitte der Strophe zu einer paradoxalen Selbstversehrung der Braut gewendet, und damit löst sich auch die potentielle Anrede an den Geliebten letzten Endes auf in eine Apostrophe der Sprecherin an sich selbst. Aber der Preis für die Möglichkeit, auf der pragmatischen Ebene die achte Strophe als eine Apostrophe lesen zu können, ist hoch: Wir müssen der Pragmatik der Strophe eine mörderische Semantik zuordnen – die Einwilligung der Braut in eine Selbsttötung aus überwältigender Liebe.

„Quia amore langueo",[24] hatte bereits die Braut des Hohenlieds bekundet, und ebendiese Aussage hatte sich auch die Sprecherin des *Cántico espiritual* in Vers 10 zu eigen gemacht: *que adolesco peno y muero* (‚daß ich bin krank und leide, sterbe‘). Im platonischen Kontext, den wir für den *Cántico espiritual* selbstverständlich voraussetzen dürfen, ist die Krankheit dieser liebenden Frau näherhin als Liebeswahn zu fassen – nicht nur als ein mittelalterlich-volkstümlicher *loco amor*, sondern als jene durchaus nobilitierte ἐρωτικὴ μανία, von der Socrates in

---

24 Canticum 5,8.

seiner Palinodie an Phaedrus handelt.[25] Bereits unsere bisherigen Überlegungen haben gezeigt, daß dieser Liebeswahn der Braut nicht so sehr einen Inhalt des *énoncé* ausmacht, sondern daß er die *énonciation* des gesamten Gedichtes erfaßt. Das Delirium der Sprecherin ist nicht nur und nicht so sehr ein Moment an der vorauszusetzenden Liebesgeschichte zwischen ihr und dem Bräutigam, sondern es transformiert und entstellt die Liebesrede überhaupt, so daß eine unversehrte Liebesgeschichte schließlich gar nicht mehr rekonstruiert werden kann – am allerwenigsten vom Leser.

Wir stoßen auf einen wesentlichen Unterschied zwischen dem *Cántico espiritual* und der petrarchistischen Tradition, die er aufgreift. Auch für den genuinen Petrarchismus sind Krankheit und Wahn des Liebenden ganz gängige Motive. Allerdings bleibt die Ebene der *énonciation* davon völlig unberührt. Wohl bekennt der Liebende auf der Ebene des *énoncé* von sich, daß er nicht bei Sinnen sei, aber er spricht doch so, als wäre er nicht verrückt, sondern vernünftig. Besonders plastisch zeigt sich dies an Petrarcas *Canzone* CXXIX, wo der Sprecher aus klarer Distanz von seinen wahnhaften Liebesphantasien berichtet:

> *Ove porge ombra un pino alto od un colle*
> *talor m'arresto, et pur nel primo sasso*
> *disegno co la mente il suo bel viso.*
> *Poi ch'a me torno, trovo il petto molle*
> *de la pietate; et alor dico: Ahi lasso,*
> *dove se' giunto! et onde se' diviso!*
> *Ma mentre tener fiso*
> *posso al primo pensier la mente vaga*
> *et mirar lei, et obliar me stesso,*
> *sento Amor sí da presso,*
> *che del suo proprio error l'alma s'appaga:*
> *in tante parti et sí bella la veggio,*
> *che se l'error durasse, altro non cheggio.*[26]

[Wo eine hohe Pinie oder ein Hügel Schatten wirft, / da mach ich manchmal Halt, und schon am ersten Felsen / zeichne ich im Geist ihr schönes Gesicht. / Wenn ich dann wieder zu mir komme, finde ich, daß meine Brust weich geworden ist / vor Zartgefühl, und dann sage ich: Oh weh! / Wohin bist du geraten! Und wovon hast du dich getrennt! / Doch solange ich meinen umherschweifenden Sinn fest / auf den ersten Gedanken zu richten vermag / und solange ich sie schauen und mich selbst vergessen kann, / fühle ich Amor so nahe, / daß die Seele sich an ihrem eigenen Irrtum labt: / An so vielen Orten sehe ich sie und in solcher Schönheit, / daß, wenn dieser Irrtum andauern könnte, ich nach nichts anderem verlangen möchte.]

---

25 Cf. Platonis Phaedrus 256 d.
26 Francesco Petrarca: *Canzoniere* CXXIX, vv. 27-39, ed. Dotti, pp. 166 sq.

Der Petrarchismus befleißigt sich im Grunde genommen eines Paradoxons, das analog ist zu dem berühmten Satz von den Kretern, die alle lügen würden. Der Sprechakt des petrarchistischen Liebhabers besitzt nämlich ebenfalls eine antinomische Struktur: *dico me delirare.* Das Liebesdelirium wird zwar besprochen, aber es ergreift nicht selbst das Wort. Die Liebende des *Cántico espiritual* hingegen beschreibt nirgendwo ihre Situation so vernünftig und abgeklärt wie der Sprecher der petrarchistischen Liebesrede. Die Struktur ihres Sprechakts müßte darum in die Formel gefaßt werden: *delirans dico.* Die Rede der Braut wird damit selbst von jenem Liebeswahn infiziert, der im Petrarchismus bloßer Gegenstand der Rede ist. Nicht mehr das *sujet de l'énoncé,* sondern das *sujet de l'énonciation* ist verrückt geworden.

3.3. Das Gesicht des Geliebten
(Cántico espiritual IV-XI C)

Anblicken

Kehren wir noch einmal zu den zusammengehörigen Strophen IV und V zurück. Wir hatten bisher die illokutionäre Seite analysiert und festgestellt, daß die Sprecherin sich zunächst in einer fragenden Apostrophe an die Pflanzen wendet und daß sie ihnen dann ihre Sprache und Stimme leiht, um an ihrer Stelle zu antworten, nämlich in Form einer προσωποποιία, die im Kontext der Szene bereits als ein Ausdruck des Liebeswahns der Sprecherin verstanden werden sollte. Nichtsdestoweniger bedarf nunmehr auch die propositionale Ebene dieser Textstelle einer Analyse. Rufen wir uns die Passage darum noch einmal ins Gedächtnis:

> ¡O bosques y espesuras!
> plantadas por la mano del amado
> ¡o prado de verduras!
> de flores esmaltado
> decid si por vosotros ha passado
>
> Mil gracias derramando
> passó por estos sotos con presura
> e yéndolos mirando
> con sola su figura
> vestidos los dejó de hermosura
>   (Cántico C, vv. 16-25).

> [O Wälder und Gebüsche,
> gepflanzt von des Geliebten Hand,
> o Wiesen grüner Kräuter,
> mit Blumen übersät,
> sagt mir, ob er an euch vorüberging!
>
> Verströmend tausendfache Anmut,
> ging er in Eil vorbei an diesen Büschen,
> und wie er hin zu ihnen schaute
> allein mit seinem Blick
> ließ er in Schönheit sie gekleidet stehn.]

Die Braut, die auf der Suche nach ihrem Geliebten ist, will von den angerufenen Wäldern und Gebüschen wissen, ob er dort vorbeigekommen sei. Daß sie die Wälder und Gebüsche von der Hand des Geliebten gepflanzt wähnt, braucht nicht allzu sehr zu verwundern. Fray Luis schreibt in einem seiner Gedichte, daß er seinen Garten selber angelegt habe:

Del monte en la ladera
por mi mano plantado tengo un huerto.[1]

[Am Abhang des Berges
habe ich einen Garten, von meiner Hand gepflanzt.]

Auch der Bräutigam des Hohenlieds besitzt einen Garten. So entspricht die Tätigkeit des Pflanzens, die dem Geliebten zugeschrieben wird, zunächst im weiteren Sinn dem Vorstellungsbereich des ländlichen Milieus, aus dem die Hirtin stammt, und auch dem biblischen Bezugstext. Darüber hinaus liegt eine hyperbolische Redeweise vor, wie sie in der petrarchistischen und gerade auch in der bukolischen Dichtung gebräuchlich ist, wenngleich in umgekehrter Rollenbesetzung.

Der Geliebte ist im *Cántico espiritual* weit mehr als bloß ein Gartenbesitzer, der seinen Garten selbst bepflanzt hätte. Vielmehr wird er offen divinisiert. Domingo Ynduráin hat zahlreiche inhaltlich parallele Stellen sowohl aus der weltlichen als auch aus der geistlichen Liebesdichtung beigebracht.[2] Üblicherweise belehnt der Liebende die Geliebte mit geradezu göttlichen Fähigkeiten: Es scheint ihm, als könnte sie Stürme besänftigen, die Natur beseelen, den Frühling hervorbringen und Pflanzen erblühen lassen. Ein eklatantes Beispiel der divinisierenden Belehnung der Geliebten mit göttlichen Attributen findet sich in Petrarcas *Canzone* CCCXXV über Madonna Laura:

Com'ella venne in questo viver basso,
ch'a dir il ver non fu degno d'averla,
cosa nova a vederla,
già santissima et dolce anchor acerba,
parea chiusa in òr fin candida perla
et or carpone, or con tremante passo,
legno, acqua, terra o sasso
verde facea, chiara, soave, et l'erba
con le palme o coi pie' fresca et superba,
et fiorir coi belli occhi le campagne,
et acquetar i vènti et le tempeste
con voci anchor non preste,
di lingua che dal latte si scompagne:
chiaro mostrando al mondo sordo et cieco
quanto lume del ciel fusse già seco.[3]

[Als sie in dieses niedere Leben kam, / das, um die Wahrheit zu sagen, es nicht wert war, sie zu besitzen, / da gab es etwas Neues zu sehen: / Sie war schon ganz und gar göttlich und lieblich noch im unreifen Alter, / sie schien wie eine glänzende Perle, die von feinem Gold umschlossen war, / und bald

---

1 Fr. Luis: *Vida solitaria*, vv. 36 sq., ed. Alcina, p. 72.
2 Cf. D. Ynduráin, in: S. Juan de la Cruz: *Poesía*, pp. 48-55.
3 Petrarca: *Canzoniere* CCCXXV, vv. 76-90, ed. Dotti, p. 289.

im Krabbeln, bald mit schwankendem Schritt / ließ sie Holz, Wasser, Erde
oder Fels / ergrünen, aufklaren, erweichen, und auch das Gras / ließ sie mit
ihren Handflächen oder mit ihren Füßen wieder frisch werden und sich auf-
richten, / und mit den schönen Augen brachte sie die Fluren zum Erblühen, /
und die Winde und Stürme besänftigte sie / mit Worten, die noch unvollkommen waren / und von einer Zunge kamen, die gerade von der Muttermilch entwöhnt werden sollte. / So zeigte sie der tauben und blinden Welt
klar und deutlich, / wieviel himmlisches Licht schon in ihr war.]

Bereits als kleines Kind vollbringt Laura wahre Wundertaten, sie verfügt über die
Fähigkeit, die Natur zu beseelen und zu besänftigen, und der Dichter suggeriert
wie selbstverständlich, daß sich ihre thaumaturgischen Qualitäten in der Blüte
ihrer Jugend und Schönheit noch weiter steigern werden.
    Besonders beliebt ist eine solche Divinisierung der Geliebten in der Bukolik.
Gegen Ende der dritten Ekloge des Garcilaso preisen die beiden Hirten Tirreno
und Alcino ihre Geliebten für deren gleichsam göttliche Fähigkeiten. Tirreno
verleiht seiner Flérida die Züge einer Frühlingsgöttin oder auch einer Cornuco-
pia, so daß wir uns geradezu an Botticellis Portrait der Primavera erinnert fühlen;
und so ruft der Schäfer in seinem Liebesüberschwang beispielsweise aus:

> *Cual suele, acompañada de su bando,*
> *aparecer la dulce primavera,*
> *cuando Favonio y Céfiro, soplando,*
> *al campo tornan su beldad primera*
> *y van artificiosos esmaltando*
> *de rojo, azul y blanco la ribera:*
> *en tal manera, a mí Flérida mía*
> *viniendo, reverdece mi alegría.*[4]

[Wie in Begleitung ihrer Schar / die liebliche Frühlingsgöttin zu erscheinen
pflegt, / wenn Favonius und Zephyrus wehen, / wenn sie dem Feld seine ursprüngliche Schönheit zurückgeben / und wenn sie kunstsinnig übersäen /
mit Rot und Blau und Weiß das Tal – / auf solche Art geschieht es, daß,
wenn meine Flérida zu mir zurückkehrt, / auch meine Freude wieder er-
grünt.]

Bleibt im *Cántico espiritual* der Anruf der Sprecherin zunächst noch hinter solch
hyperbolischen Vorgaben wie bei Garcilaso zurück, weil sie in ihrer bäuerlichen
Naivität die Wälder und Büsche nur ,von des Geliebten Hand gepflanzt' wähnt,
dann läßt der Fortgang der Rede, nämlich die den Wäldern zugewiesene *sermocinatio*, dennoch den Gedankengang in die angedeutete Divinisierung münden.
Der vorübergehende Bräutigam hat durch seinen Blick die umgebende Natur
zum Erblühen gebracht. Auch hierfür gibt es Parallelen bei Garcilaso, wo wiederum nach Aussage des Hirten Tirreno das Wachstum und das Gedeihen der
Pflanzen sich dem wohlwollenden Blick seiner geliebten Flérida verdanken:

---

4 Garcilaso: Egloga III, vv. 321-328, ed. Rivers, p. 206.

El blanco trigo multiplica y crece;
produce el campo en abundancia tierno
pasto al ganado; el verde monte ofrece
a las fieras salvajes su gobierno;
adoquiera que miro, me parece
que derrama la copia todo el cuerno:
mas todo se convertirá en abrojos
si dello aparta Flérida sus ojos.[5]

[Der weiße Weizen wächst und gedeiht; die Wiese bringt im Übermaß safti-ges / Futter fürs Vieh hervor; der grüne Berg beschenkt / die wilden Tiere mit der notwendigen Nahrung. / Überall, wohin ich blicke, scheint mir, / daß die Göttin der Fülle ihr Horn ausschüttet. / Doch alles wird zu Dornen werden, / wenn Flérida ihren Blick davon abwendet.]

Was freilich nicht immer an solchen Stellen deutlich gesagt wird, ist die Tatsa-che, daß all diese divinisierenden Belehnungen immer schon der Verliebtheit, um nicht zu sagen: dem Liebeswahn, der Sprecher entspringen. Dies zeigt sich bereits bei Petrarca, wenn er an anderer Stelle seine inzwischen schon herange-wachsene Laura als eine regelrechte Vegetationsgöttin (wo nicht – vor dem Hin-tergrund mittelalterlicher Marienfrömmigkeit – als eine zweite Muttergottes) auftreten läßt:

Come 'l candido pie' per l'erba fresca
i dolci passi honestamente move,
vertú che 'ntorno i fiori apra et rinove,
de le tenere piante sue par ch'esca.[6]

[Wie der strahlende Fuß im frischen Grase / seine lieblichen Schritte in aller Ehre setzt, / scheint es, daß eine Kraft, die rundum die Blüten öffnet und er-neuert, von seinen zarten Sohlen ausgeht.]

Diesmal werden Lauras liebliche Schritte, ihre *dolci passi,* divinisiert. Der Lie-bende sieht, daß durch den Schritt der Geliebten die Natur beseelt wird und die Blüten sich öffnen. Gleichwohl vermag der Sprecher des Gedichts dies implizit als eine – mögliche – Täuschung zu benennen, sagt er doch, daß all dies nur so scheine: *de le tenere piante sue par ch'esca* (,es scheint, daß... von den zarten Soh-len ausgeht'). Das liebende *sujet de l'énoncé* ist wohl in seinem Liebeswahn befan-gen, aber das *sujet de l'énonciation* kann diesen Sachverhalt mit Hilfe der Ver-sprachlichung klar benennen und demzufolge in Zweifel ziehen.

　　Die Braut des *Cántico espiritual* bringt diese Distanz nicht auf. Selbstverständ-lich klingt in den Verbalformen *passado* und dann auch *passó* Lauras allverwan-delnder Schritt an, aber diesmal redet die Sprecherin als Liebende und leiht als Liebende den Kreaturen der Flur ihre Stimme. Sie kann darum zwischen Wahn

---

5 Garcilaso: Egloga II, vv. 337-344, ed. Rivers. pp. 206 sq.
6 Petrarca: *Canzoniere* CLXV, vv. 1-4, ed. Dotti, p. 190.

und Realität nicht unterscheiden. Es wird also im Text nirgends mehr gesagt, daß die wunderbaren Fähigkeiten des Geliebten ein Effekt der verzerrten Wahrnehmung der Liebenden sind – und wie sollte auch eine Frau, krank vor Liebe, so etwas über ihr eigenes Erleben sagen können. Damit aber zeigt sich, daß nicht nur die illokutionäre Seite mit der Apostrophe und der *sermocinatio* der Geschöpfe Ausdruck des Liebesdeliriums ist, sondern daß sich der propositionale Gehalt, das heißt die Beseelung der Natur durch den numinosen Geliebten, damit verbindet und daß sich so der Kreis gewissermaßen schließt – zu einem unauflöslichen *circulus vitiosus.* Das *énoncé* verweist nicht auf eine außersprachliche Wirklichkeit, sondern immer nur auf die Liebeskrankheit des *sujet de l'énonciation,* das ganz allein dieses *énoncé* wahrnimmt und zur Sprache bringt. Wenn wir also weiter oben gesagt hatten, daß die Braut ihre Sprache leiht, dann war dies in einer radikalen Bedeutung zu verstehen: Die Sprache und die Inhalte, welche die Geschöpfe benutzen, sind nur erborgt – nämlich von einer Verrückten.

Wir hatten bislang das spanische Wort *figura* der behandelten Strophe in seiner Grundbedeutung genommen: «FIGURA. [...] Tómase principalmente por el rostro.»[7] – ‚Man benutzt dieses Wort in erster Linie für das Angesicht.‘ Allerdings bedeutet *figura* darüber hinaus auch so viel wie ‚Gestalt‘, ‚Bild‘, ‚Abbildung‘ und dergleichen mehr. Vor allem in den Prosaschriften des Johannes vom Kreuz ist der Begriff nahezu ausschließlich in diesem zweiten Sinn verwendet, und schon in der zitierten Strophe bietet sich durchaus eine solche Lesart an. Der Geliebte schritt an den Kreaturen vorüber, blickte sie an und ließ sie mit einem Bild von sich zurück – so als wäre bei diesem Vorübergang ein Negativ belichtet worden: *con sola su figura / vestidos los dejó hermosura* (‚allein mit seinem Bild / ließ er in Schönheit sie gekleidet stehn‘). Auch der Inhalt dieser zweiten – möglichen – Aussage der *sermocinatio* in Strophe V ist zuallererst im Kontext der petrarchistischen Liebessituation zu situieren. Was die Geschöpfe hier sagen, wird ihnen ja vom *sujet de l'énonciation,* von der delirierenden Geliebten, in den Mund gelegt, das heißt, daß es zunächst ihrer eigenen Erfahrung entspricht. Diese Liebende wird nämlich überall in der Einsamkeit der Natur des Bildes ihres Geliebten ansichtig. Wir hatten ja im vorausgehenden Kapitel bereits eine vergleichbare Stelle aus Petrarcas *Canzone* CXXIX zitiert, wo der lyrische Sprecher in seiner Phantasie sogar an einem Steinfelsen seiner Laura ansichtig wird.

Unter dem prägnant resümierenden Titel „Mundus imago Laurae" hat in jüngster Zeit Joachim Küpper eine höchst gelungene Interpretation zu Petrarcas Sonett «Per mezz'i boschi inhospiti et selvaggi...» vorgelegt.[8] Wenn bei Petrarca der Liebende in den Gegenständen der Natur – wie etwa in der Einsamkeit des Waldes – die Geliebte und ihre Umgebung wiedererkennt, dann ist damit eine

---

7 Covarrubias: *Tesoro de la lengua castellana,* s. v. «figura».
8 Cf. Joachim Küpper: „Mundus imago Laurae", *Romanische Forschungen* 104/2 (1992), 52-88. Cf. quoque Petrarca: *Canzoniere* CLXXVI, ed. Dotti, p. 195.

Anspielung auf die mittelalterliche Vorstellung von der Schöpfung als einer Figur Gottes gegeben. Zusammengefaßt findet sich diese gängige Auffassung in den vielzitierten Versen des Alanus ab Insulis:

> *Omnis mundi creatura*
> *quasi liber et figura*
> *nobis est et speculum.*[9]

Eine eingehende und leicht zugängliche Darstellung dieser Lehre findet sich auch bei Bonaventura in dessen *Itinerarium mentis in Deum.*[10] Küpper weist überzeugend nach, wie bei Petrarca die geliebte Laura gewissermaßen an die Stelle Gottes tritt, insofern der Liebende in den Geschöpfen nicht mehr göttliche Abbilder, sondern Hinweise auf die Geliebte erkennt. In grundsätzlicher Übereinstimmung mit den einschlägigen Arbeiten von Karlheinz Stierle sieht Küpper in der Substitution einer theologisch gedachten *figura* durch die *imago Laurae* einen bedeutungsvollen Schritt hin zur Subjektivierung und Individualisierung der abendländischen Dichtung vollzogen.

Man kann Küppers für die Petrarca-Forschung zweifellos einschneidenden Befund um einen Aspekt ergänzen. Die Wahrnehmung der Welt als eine *imago Laurae* ist in den Gedichten des *Canzoniere* überdeutlich als das Produkt einer delirierenden Imagination, als Ausfluß der auch bei Petrarca schon platonisch gedachten ἐρωτική μανία des *sujet de l'énoncé* gekennzeichnet, so gerade im zitierten Sonett CLXXVI:

> *Et vo cantando (o penser' miei non saggi!)*
> *lei che 'l ciel non poria lontana farme,*
> *ch'i' l'ò negli occhi, et veder seco parme*
> *donne et donzelle, et sono abeti et faggi.*[11]

[So wandere ich dahin und besinge (o meine unvernünftigen Gedanken!) / die, welche selbst der Himmel nicht von mir trennen könnte, / die ich in den Augen habe und von der mir scheint, daß ich sie in Begleitung sehe / von Damen und Edelfräulein, doch dabei sind es Tannenbäume und Buchen.]

In den Tannen und Buchen des Waldes sehen die Augen des Liebenden das Bild seiner Dame und ihrer Begleiterinnen. Allerdings weiß er selbst, was er davon zu halten hat, ruft er doch in einer eingeschobenen Apostrophe eigens aus: *o penser' miei non saggi!* (‚o meine unvernünftigen Gedanken!‘), wobei wir die Litotes *non saggi* gewiß im Sinne von *pazzi* (‚verrückt‘, ‚wahnsinnig‘) auffassen müssen. Daß ein Bild der Laura oder ihrer Gefährtinnen im Wald zu sehen sei, wird ja im

---

9 Alani ab Insulis rhythmus alter, P.L. 210, col. 579.
10 Cf. Bonaventurae itinerarium mentis in Deum, cap. II. Der Titel dieses Kapitels lautet: „De speculatione Dei in vestigiis suis in hoc sensibili mundo". Bonaventura verwendet die Begriffe *vestigium* (für die materiellen Abbilder der Gottheit in der sinnlichen Welt) und *imago* (für die Abbilder der Gottheit in den Vermögen der Seele). Beides ist durchaus synonym zu *figura*.
11 Petrarca: *Canzoniere* CLXXVI, ed. Dotti, p. 195.

Text an keiner Stelle behauptet, sondern als ein ganz offensichtlich trügerisches Soscheinen (*parme*) qualifiziert.

Nach diesem vergleichenden Blick auf Petrarca wird zunächst klar, daß auch im *Cántico espiritual* die *figura,* mit der die Kreaturen bekleidet sind, zuallererst dem Liebesdelirium der Sprecherin zuzuschreiben ist. Sie sieht in den *bosques y espesuras* (‚Wälder und Gebüsche‘) das Bild, die *figura,* des abwesenden Geliebten, so wie weiland Petrarcas unvernünftige Augen an den *abeti et faggi* (‚Tannenbäume und Buchen‘), die Laura und deren Freundinnen ausgemacht hatten. So weit die harmlose – und rein weltliche – Deutung der Strophe. Wenn wir allerdings den geistlich-allegorischen Charakter der Dichtung berücksichtigen, dann wird man wie bei Petrarca, aber mit noch weit größerem Nachdruck, im Erscheinen der *figura* des Geliebten an den Gegenständen der Natur eine Anspielung auf die schon erwähnte theologische Lehre von der Welt als einem Abbild ihres Schöpfers vermuten:

> [...] colligere possumus, quod omnes creaturae istius sensibilis mundi animum contemplantis et sapientis ducunt in Deum aeternum, pro eo quod illius primi principii potentissimi, sapientissimi et optimi, illius aeternae originis, lucis et plenitudinis, illius, inquam, artis efficientis, exemplantis et ordinantis sunt umbrae, resonantiae et picturae, sunt vestigia, simulacra et spectacula nobis ad contuendum Deum proposita et signa divinitus data.[12]

Die kontemplative Seele, die nach Gott dürstet, vermag in Wäldern und Gebüschen, in der gesamten geschaffenen Natur, Hinweise, Spuren und Zeichen des Geliebten zu lesen. Aber sie vermag dies nur deswegen, weil ihr Zustand der Kontemplation im Sinne einer ἀνόμοιος ὁμοιότης (unähnliche Ähnlichkeit) vergleichbar ist mit dem Wahn einer liebenden Frau, die meint, allüberall die Spuren ihres Geliebten zu entdecken. Die theologische Lehre von der Abbildhaftigkeit der Welt wurzelt also – so das Modell des *Cántico espiritual* – nicht etwa in einem zuverlässigen Wissen, sondern im Delirium – und natürlich wären das Gedicht und sein platonisch inspirierter Denkhorizont vollkommen mißverstanden, wollte man diesen Sachverhalt als eine platte Denunziation begreifen.

Es zeigt sich an dieser Stelle sehr plastisch, warum der petrarchistischen Rhetorik der Divinisierung innerhalb der geistlichen Allegorie des Johannes vom Kreuz zwangsläufig die Tendenz zur Profanation und zur Ironie anhaften muß. Der menschliche Geliebte wird von der Sprecherin in ihrer verrückten Wahrnehmung und in ihrer delirierenden Rede göttergleich gemacht. Aber diese fragwürdige Form der Divinisierung soll innerhalb der Allegorie – eigentlich – den unaussprechlichen Gott selbst treffen und ist ihm dennoch von Anfang an unangemessen: Eine Rede über Gott zu führen, deren sprechendes Subjekt eine Verrückte ist, bedeutet Lästerung und Profanation. Insofern jedoch diese blasphemische Rede weder eigentlich gemeint noch die verrückte Sprecherin ernst genommen ist, handelt es sich in Wirklichkeit um eine einzige lange *sermocina-*

---

12 Bonaventurae itinerarium mentis in Deum, cap. II, 11.

tio, in der eine Rede aufgesagt wird, deren Gegenteil nur gemeint sein kann. Als die umfassende Gedankenfigur einer nicht ernst gemeinten *sermocinatio* hat man seit alters her die Ironie definiert.[13]

Tödliche Gegenwart

In den drei Strophen VIII, IX und X wendet sich die Sprecherin in einer leidenschaftlichen Tirade an den immer noch abwesenden Geliebten: Er solle doch zu ihr zurückkehren und sich ihr endlich zuwenden. Mit seinen Liebespfeilen habe er sie so tief verwundet, daß ihr nun der sichere Tod bevorstehe (Strophe VIII). Da er ihr Herz versehrt und damit in Besitz genommen habe, solle er nun auch die ihr geschlagene Wunde heilen (Strophe IX). Nur sein Anblick könne ihren Kummer beenden und ihren Augen den ersehnten Trost verschaffen (Strophe X).

Motivlicher Hintergrund der Rede ist das Wechselspiel von Gegenwart und Entferntsein, von Präsenz und Absenz des Geliebten, wie es der petrarchistischen Liebessituation zwar ganz allgemein zugrunde liegt, wie es aber besonders häufig im spanischen Bereich zu terminologischer Prägnanz geronnen ist, wo die Begriffe *presencia* und *ausencia* regelrecht zu Schlagwörtern der Liebesdichtung geraten sind. Während sich in einer Konkordanz zu Petrarcas *Canzoniere* für *presenza* und verwandte Formen drei Belege, für *assenza* oder ähnliches überhaupt kein Hinweis findet, thematisieren Juan Boscán und Garcilaso de la Vega in ihren Gedichten fortwährend die gegensätzlichen Zustände von *ausencia* und *presencia* als ein paradoxes Bedingungsgefüge. Die Abwesenheit der Geliebten bewirkt beim Liebenden nicht etwa Vergessen, sondern im Zustand der Abwesenheit verleihen die Erinnerung und die Imagination des Liebenden der Geliebten gerade eine besondere Qualität von Anwesenheit, wie Boscán in einem seiner bekanntesten Sonette ausführt:

> *Quien dice que el ausencia causa olvido,*
> *merece ser de todos olvidado;*
> *el verdadero y firme enamorado*
> *está, cuando está ausente, más perdido.*
> *Aviva la memoria su sentido;*
> *la soledad levanta su cuidado;*
> *hallarse de su bien tan apartado,*
> *hace su desear más encendido.*
> *No sanan las heridas en él dadas,*
> *aunque cese el mirar que las causó,*
> *sí quedan en el alma confirmadas.*

---

13 Cf. Quintiliani institutio oratoria IX,2,44-46. Zum Konzept der Ironie als einer umfassenden – einen Diskurs imitierenden – *sermocinatio* innerhalb der Literatur cf. Warning: „Der ironische Schein: Flaubert und die ‚Ordnung der Diskurse'", in: *Erzählforschung: Ein Symposion,* ed. E. Lämmert, Stuttgart: J. B. Metzler 1982, pp. 290-318.

Que si uno está con muchas cuchilladas,
porque huya de quien le acuchilló,
no por eso serán mejor curadas.[14]

[Wer sagt, die Abwesenheit verursache Vergessen, / verdient, von allen vergessen zu werden; / wer wahrhaft und heftig verliebt ist, / der ist, wenn er abwesend ist, nur um so verlorener. // Sein Gedächtnis erweckt die Sinne; / seine Einsamkeit steigert die Sorge; / sich von seinem Gut so weit entfernt zu finden / macht sein Begehren noch brennender. // Nicht gesunden die ihm geschlagenen Wunden, / auch wenn der Blick abläßt, der sie verursachte, / bleiben sie doch der Seele eingeprägt. // Auch wenn einer, von vielen Messerstichen übersät, / vor dem fliehen sollte, der ihn niederstach, / sind sie (scil. die Messerstiche) darum nicht besser zu heilen.]

Notwendigerweise ist der schmerzlichen Erfahrung der Absenz und der sich daraus speisenden Tätigkeit der Phantasie die Erfahrung der Präsenz derjenigen vorausgegangen, die der Liebende später vermissen wird, um ihre Züge in ihrer Abwesenheit zu imaginieren. Bei Garcilaso heißt es darum:

De aquella vista pura y excelente
salen espirtus vivos y encendidos,
y siendo por mis ojos recebidos,
me pasan hasta donde el mal se siente;
éntranse en el camino fácilmente
por do los mios, de tal calor movidos,
salen fuera de mí como perdidos,
llamados d'aquel bien que'stá presente.
Ausente, en la memoria la imagino;
mis espirtus, pensando que la vían,
se mueven y se encienden sin medida;
mas no hallando fácil el camino,
que los suyos entrando derretían,
revientan por salir do no hay salida.[15]

[Aus jenem reinen und ausgezeichneten Blick / treten lebendige und feurige Geister hervor, / und wenn meine Augen sie aufnehmen, / durchqueren sie mich bis dorthin, wo ich den Schmerz verspüre; // sie finden leicht einen Weg, / auf dem dann die meinigen (scil. meine Geister), von solcher Hitze in Wallung versetzt, / aus mir wie verloren heraustreten, / gerufen von jenem Gut, das gegenwärtig ist. // Abwesend bilde ich sie (scil. die Geliebte) mir im Gedächtnis ein; / meine Geister, die vermeinten, sie zu sehen, / geraten in Bewegung und erglühen ohne Maßen; // aber sie finden keinen leichten Weg, / denn die ihrigen (scil. ihre Geister) haben ihn ja bei ihrem Eintritt schmelzen lassen, / und so zerbersten sie (scil. meine Geister), wenn sie austreten wollen, wo kein Ausgang ist.]

---

14 Juan Boscán: Soneto LI, in: Garcilaso y Boscán: *Obras poéticas,* ed. E. Díez Canedo, Madrid: Calleja 1917, p. 233.
15 Garcilaso: Soneto VIII, ed. Rivers, p. 44.

Trotz und gerade in der Situation des Getrenntseins hofft der Liebende auf eine weitere Begegnung mit der Geliebten, auf das Erlebnis ihrer beglückenden Gegenwart. Wo sich diese dann einstellt, bringt sie allerdings in der Regel nicht Erfüllung, sondern Enttäuschung und mündet erneut in eine Phase der Abwesenheit. In diesem Sinn vergleicht Boscán seine Lage mit der eines zum Tode Verurteilten. Schon ist er zum Sterben bereit, da wird ihm mitgeteilt, er sei doch noch einmal begnadigt worden: Die Geliebte ist unversehens eingetroffen und zeigt sich ihm. Doch seine Hoffnung war vergeblich. Wie ein Henker steht sie ihm jetzt gegenüber und versetzt ihm wiederum einen Todesstoß.

> *Como el triste que a muerte está juzgado,*
> *y desto es sabidor de cierta sciencia,*
> *y la traga y la toma en paciencia,*
> *poniéndose al morir determinado;*
> *tras esto dícenle que es perdonado;*
> *y estando así, se halla en su presencia*
> *el fuerte secutor de la sentencia,*
> *con ánimo y cuchillo aparejado;*
> *así yo, condenado a mi tormento,*
> *de tenelle tragado no me duelo;*
> *pero después, si el falso pensamiento*
> *me da seguridad de algún consuelo,*
> *volviendo el mal, mi triste sentimiento*
> *queda envuelto en su sangre por el suelo.*[16]

[Wie der Bejammernswerte, der zum Tod verurteilt ist, / davon sichere Kenntnis besitzt, / sie hinunterschluckt und mit Geduld trägt / und nun fest entschlossen ist zu sterben, // (wie der,) dem man daraufhin sagt, er sei begnadigt; / und während er noch in diesem Zustand ist, findet sich (doch) ein in seiner Gegenwart / der strenge Vollstrecker des Urteils, / unerschrocken und mit gezücktem Messer: // so ergeht es mir, der ich zu meiner Folterqual verurteilt bin; / da ich sie hinuntergeschluckt habe, schmerzt sie mich nicht; / wenn aber dann ein trügerischer Gedanke // mir die Gewißheit gibt, irgendeinen Trost zu finden, / kehrt das Übel zurück, und mein bejammernswertes Gefühl / bleibt von Blut überströmt auf dem Boden liegen.]

Die überraschende Begegnung mit der Geliebten gestattet es dem Liebenden also nicht, sich ihrer Gegenwart zu vergewissern, sich gar mit ihr zu versöhnen oder zu vereinigen, sondern die Präsenz verursacht wieder Unglück und mündet zwangsläufig in einen neuen Zustand des Abwesendseins von der Geliebten.

Trotz allem hat das Leid der Trennung auch eine gute Seite. Es ermöglicht dem Liebenden, in seiner Imagination dem Phantasiebild der Geliebten eine Präsenz zu verleihen, die ebenso intensiv ist, wie es ihre reale Gegenwart nur sein könnte. Boscán bringt diese Erfahrung auf den Punkt:

---

16 Id.: Soneto LXXI, ed. Díez Canedo, p. 241.

Agora tal mi corazón se siente
que el tiempo ni el lugar, ni el alma mía
jamás harán, que en mí mi fantasía
ausente no esté tal como presente.[17]

[Jetzt fühlt mein Herz sich so, / daß weder die Zeit noch der Ort noch meine Seele / es je zustande bringen werden, daß in mir mein Trugbild / abwesend nicht so da ist wie anwesend.]

Die immer wieder beschworene Präsenz der Geliebten in der Absenz führt zu einem paradoxen Ergebnis: Während auf der Ebene des *énoncé* der Zustand der Abwesenheit als beklagenswert und die Gegenwart als wünschenswert charakterisiert werden, ist auf der Ebene der *énonciation* die Abwesenheit der Geliebten und die Einsamkeit des Liebenden nichtsdestoweniger die Bedingung der Möglichkeit gelingender Klage und Liebesimagination. Somit ist von der Struktur der *énonciation* her betrachtet die *ausencia* der *presencia* vorgeordnet. Die beiden Erfahrungszustände sind dann nicht mehr in einem strengen Sinn dialektisch aufeinander bezogen, sondern erst die Einsamkeit des zurückbleibenden Liebenden und die Absenz von seiner Geliebten ermöglichen überhaupt ihr Präsentwerden in der Imagination und in der Klage. Einsamkeit, Abwesenheit und eine supplementäre Präsenz der Geliebten in der Phantasie sowie in der daraus abgeleiteten Dichtung gehören eng zusammen. Zu Recht wollte Karl Vossler, als er von der *Poesie der Einsamkeit in Spanien* sprach, mit der Wahl seines Titels andeuten, daß er die Einsamkeitsthematik als eine Idiosynkrasie der iberischen Literatur überhaupt auffaßte.[18] Der *soledad,* der Einsamkeit, des Liebenden liegt das Spiel von Abwesenheit und Anwesenheit der Geliebten vorauf. Die Opposition zwischen *ausencia* und *presencia* aber wird in einer solchen Art der Dichtung letzten Endes dekonstruiert – und zwar nach der Seite der Absenz hin, aus der sich die Imagination und die Rede des Liebenden speisen.

Der Bedingungszusammenhang von *ausencia* und *presencia* hat als ein wichtiges Motiv in die bukolische Dichtung Einzug gehalten. Bei Garcilaso beklagt in der ersten Ekloge der Hirt Salicio, daß ihn seine Galatea verlassen, und der Hirt Nemoroso, daß der Tod ihm seine Gattin Elisa entrissen habe. In der zweiten Ekloge betrauert der verzweifelte und liebeskranke Schäfer Albanio die Flucht der Hirtin Camila. Im Schäferroman *La Diana* des Jorge Montemayor leidet die Heldin gleichen Namens ebenfalls an der Trennung von ihrem geliebten Schäfer Sireno, der sie verlassen hat. All diese Figuren müssen den Schmerz der *ausencia* ertragen. Der oder die Geliebte haben sich ihnen entzogen und sind abwesend. Um so eindringlicher klagen die Liebenden über den Zustand der Abwesenheit, und um so eindrucksvoller wünschen sie eine glückliche Rückkehr, welche die Abwesenden wieder gegenwärtig machen könnte.

---

17 Boscán: Soneto LIV, vv. 5-8, ed. Díez Canedo, p. 234.
18 Cf. Vossler: *Poesie der Einsamkeit,* passim.

Die Liebessituation der Sprecherin des *Cántico espiritual* ist als eine analoge Erfahrung der *ausencia* zu betrachten, zumindest was den ersten Teil betrifft. Ein eindeutiger, aber unauffälliger Hinweis darauf findet sich auch noch an späterer Stelle in den Strophen XXXIII-XXXIV A resp. XXXIV-XXXV BC. In einem Rückblick ist dort von der topischen Einsamkeit des Turteltäubchens die Rede, worunter durchaus eine Metapher für die Braut verstanden werden darf. Terminologisch prägnant aber ist der Zustand der *ausencia* in der Strophe XI AC bezeichnet, wenngleich dies ex negativo geschieht. Die Anrufung des Geliebten durch die Sprecherin erreicht dort ihren bisherigen Höhepunkt, und indem sie verzweifelt nach seiner Anwesenheit verlangt, gibt sie zugleich implizit zu verstehen, daß sie selbst sich in einem Zustand der *ausencia* befindet, den sie nicht länger ertragen will:

> *Descubre tu presencia*
> *y máteme tu vista y hermosura*
> *mira que la dolencia*
> *de amor que no se cura*
> *sino con la presencia y la figura*
> (Cántico C, vv. 51-55).

> [Enthülle deine Gegenwart,
> und töten soll dein Blick und deine Schönheit mich!
> Denn schau, das Leid
> der Liebe heilt man nicht,
> wenn nicht durch Gegenwart und durchs Gesicht.]

Der Geliebte soll der Sprecherin seine Anwesenheit enthüllen: *descubre tu presencia* (‚enthülle deine Gegenwart‘). Vorbild dieser Stelle ist der Vers des Hohenlieds: „Ostende mihi faciem",[19] der dort allerdings an die Frau gerichtet zu sein scheint. Darüber hinaus aber findet sich wohl auch – dem auffälligen Verbum *descubrir* (‚enthüllen‘, ‚entdecken‘) nach zu schließen – ein Anklang an den gleichbedeutenden Vers aus den Oktavreimen des Fray Luis, wo wiederum der Bräutigam zur Geliebten spricht: «Descúbreme tu vista amable y bella»[20] – ‚enthülle mir deinen lieblichen und schönen Blick‘. Während sowohl die Oktavreime wie die beiden anderen Nachdichtungen *facies* wörtlich im Sinne von Gesicht wiedergeben und die Frau zur Adressatin der Aufforderung machen,[21] läßt Johannes vom Kreuz an dieser Stelle die Braut sprechen und er wählt den metonymisch zum ‚Gesicht‘ zu assoziierenden Terminus der *presencia*.

---

19 Canticum 2,14.
20 Fr. Luis: *El Cantar en octava rima*, cap. II, v. 49, ed. García (1991), vol. II, p. 33.
21 In den Fünfzeilern heißt die Entsprechung: «Enséñame tu cara» (*Los Cantares en versos líricos*, cap. II, v. 86, ed. García, 1951, p. 1711) – ‚zeig mir dein Gesicht‘. Arias Montano schreibt hingegen: «En estas cuebas verte yo querría [...] / y tu figura que el mi pecho doma / daua a mis ojos contenteza estraña.» (Arias Montano: Paraphrasis, cap. 2, fol. 277 r.) – ‚In diesen Höhlen möchte ich dich sehen [...] / und dein Gesicht, das meine Brust zu zähmen weiß, verschaffte meinen Augen eine fremdartige Zufriedenheit.‘

Im *Cántico espiritual* wird der Vers des Hohenlieds auf das petrarchistische Spiel von *ausencia* und *presencia* bezogen, und zugleich ist jede vereindeutigende Formulierung vermieden, wie sie in den Fünfzeilern begegnet, wo wir erfahren, daß die Braut den Geliebten tatsächlich getroffen hat: «Al que andaba buscando hallé presente.»[22] – ‚Den, nach dem ich auf der Suche war, fand ich gegenwärtig.‘ Dank dem Imperativ bleibt es nämlich offen, ob die Aufforderung der Sprecherin sich erfüllen wird oder nicht. Johannes vom Kreuz hat mit diesem Verfahren für seine Strophe die Möglichkeit einer Lesart eröffnet, derzufolge der Geliebte nicht mehr wie in den übrigen Hohelied-Dichtungen in der außersprachlichen Wirklichkeit, sondern in der delirierenden Imagination der liebenden Frau präsent werden könnte.

Die Sprecherin ist bereit, für die Erfüllung dieses Wunsches einen hohen Preis zu zahlen, willigt sie doch in ihren Tod ein. In der Topik der Liebesdichtung kann das Angeblicktwerden von der Geliebten bekanntlich tödlich wirken, da Amor aus ihren Augen Pfeile auf den Liebenden verschießt.

> *Amor m'à posto como segno a strale.*
> *[...]*
> *Dagli occhi vostri uscío'l colpo mortale,*
> *contra cui non mi val tempo né loco.*[23]

[Amor hat mich als Zielscheibe für einen Pfeil ausgesetzt. / [...] // Aus Euren Augen trat der tödliche Schuß heraus, / vor dem mir weder Zeit noch Ort Schutz bietet.]

Eine Steigerung findet ein solches Motiv in der zitierten Strophe des *Cántico espiritual,* insofern die Pfeile verschwiegen und die Qualität des Blicks sowie die Schönheit des Geliebten für sich allein als lebensbedrohlich bezeichnet werden: *y máteme tu vista y hermosura* (‚und töten soll dein Blick und deine Schönheit mich‘). Damit kann der Blick des Geliebten als ebenso todbringend verstanden werden, wie er manchen Fabeltieren zugeschrieben wurde. Bereits bei Petrarca weiß sich der Liebende vom tödlichen Blick eines sowohl sagenhaften als auch engelsgleichen Ungeheuers getroffen, das er mit Laura gleichsetzt:

> *Ne l'extremo occidente*
> *una fera è soave et queta tanto*
> *che nulla piú, ma pianto*
> *et doglia et morte dentro agli occhi porta:*
> *molto convene accorta*
> *esser qual vista mai ver' lei si giri;*
> *pur che gli occhi non miri,*
> *l'altro puossi veder securamente.*
> *Ma io incauto, dolente,*

---

22 *Los Cantares en versos líricos,* cap. III, v. 20, ed. García (1951), p. 1711.
23 Petrarca: *Canzoniere,* CXXXIII, vv. 1 et 5 sq., ed. Dotti, p. 170.

corro sempre al mio male, et so ben quanto
n'ò sofferto, et n'aspetto; ma l'engordo
voler ch'è cieco et sordo
sí mi trasporta, che 'l bel viso santo
et gli occhi vaghi fien cagion ch'io pèra,
di questa fera angelica innocente.[24]

[Im äußersten Westen / lebt ein wildes Tier so lieblich und still, / wie kein anderes; doch Klage, / Schmerz und Tod trägt es in seinen Augen. / Genau muß ein jeglicher Blick darauf achten, / sich ja nie zu ihm hinzuwenden (scil. zum wilden Tier); / solange man ihm nur nicht in die Augen blickt, / darf man alles andere (scil. an ihm) getrost betrachten. / Doch unvorsichtig und voll Schmerz eile ich / immer in mein Unglück, und ich weiß genau, / wie sehr ich darunter gelitten habe und wie viel Leid mich noch / erwartet; aber mein unbändiger / Wille, der blind und taub ist, / reißt mich so weit hin, daß das schöne, heilige Antlitz / und die anmutigen Augen der Grund dafür sein werden, daß ich zugrundegehe / an diesem engelhaften, unschuldigen Ungeheuer.]

Die Kommentatoren sehen im von Petrarca beschriebenen Tier den sogenannten *catoblepas,* der nach Auskunft des Älteren Plinius und anderer im Westen Äthiopiens zu Hause sei und all jene sterben lasse, die unvorsichtig genug sind, ihm in die Augen zu blicken.[25] Wir haben die einschlägige Strophe bei Petrarca zitiert, um deutlich zu machen, daß genausowenig wie im *Canzoniere* im *Cántico espiritual* selbst jene theologische Lesart zwingend ist, auf die Johannes im Prosakommentar verweist. Selbstverständlich ist nach dem Ausweis der biblischen Tradition die Schau Gottes für den Menschen im diesseitigen Leben tödlich. Aber Johannes führt bezeichnenderweise ein irdisches Analogon aus der Naturkunde seiner Zeit an, nämlich den Blick des Basilisken:

Dos vistas se sabe que matan al hombre por no poder sufrir la fuerza y eficacia de la vista; la una es la del basilisco, de cuya vista se dice mueren luego; otra es la vista de Dios. (Cántico B 11,7.)

[Es gibt zwei Arten von Blicken, die den Menschen töten, da er die Kraft und Stärke derselben nicht ertragen kann. Der eine ist der Blick des Basilisken, der, wie man sagt, alsogleich tötet, der andere ist der Anblick Gottes.' (Geistlicher Gesang 11, pp. 87 sq.)]

Während der göttliche Blick die Möglichkeit einer theologischen Interpretation der Strophe offenhält, entspricht der sagenhafte Basilisk offenkundig dem *cato-*

---

24 Ibid. CXXXV, vv. 31-45, p. 172.
25 „Apud Hesperios Aethiopas fons est Nigris [...]. Iuxta hunc fera appellatur catoblepas, modica alioqui ceterisque membris iners, caput tantum praegrave aegre ferens – id deiectum semper in terram – alias internicio humani generis, omnibus, qui oculos eius videre, expirantibus." (Plini naturalis historia VIII,21,32.)

blepas, von dem Petrarca gesprochen hatte.[26] Der Verweis auf den tödlichen Blick des Basilisken bringt also ein Motiv ins Spiel, das in der weltlichen Liebesdichtung zu Hause ist und eine profane Lesart der Strophe gestattet.

Nach dem lebensgefährlichen Anblick des Geliebten verlangt die Sprecherin, weil sie meint, nur so von ihrer Liebeskrankheit geheilt zu werden. Es heißt dazu in der Erklärung:

> La causa por que la enfermedad del amor no tiene otra cura sino la presencia y figura del Amado (como aquí se dice), es porque la dolencia de amor, así como es diferente de las demás enfermedades, su medicina es también diferente; porque en las demás enfermedades (para seguir buena filosofía) cúranse contrarios con contrarios, mas el amor no se cura sino con cosas conformes al amor. [...] Donde es de saber que el amor nunca llega a estar perfecto hasta que emparejan tan en uno los amantes que se transfiguran el uno en el otro, y entonces está el amor todo sano. (Cántico B 11,11-12.)

> [Der Grund, warum dieses hier erwähnte Liebesweh nur durch die Gegenwart und das Antlitz des Geliebten Heilung findet, liegt darin, daß dasselbe sich ganz anders äußert wie die übrigen Krankheiten und deshalb auch anderer Heilmittel bedarf. Die übrigen Krankheiten werden nach den Grundsätzen einer gesunden Philosophie durch gegensätzliche Mittel geheilt, das Liebesweh aber nur durch Mittel, die der Liebe gleichförmig sind. (...) Die Liebe aber gelangt, was wohl zu beachten ist, erst dann zur Vollendung, wenn die Liebenden ganz eins geworden sind und sich ineinander umgestalten; dann erst gesundet die Liebe vollkommen. (Geistlicher Gesang 11, pp. 91 sq.)]

Johannes vom Kreuz lehnt sich an zeitgenössische neuplatonische Liebeslehren an, welche die Liebeswunde als weithin unheilbar verstehen,[27] und in gedanklicher Entsprechung gibt er dem medizinischen Gedankengang eine deutlich homöopathische Wendung. Da die Liebenden nach der neuplatonischen Auffassung einander immer ähnlicher zu werden wünschen, läßt sich auch die Liebeskrankheit nur durch Ähnliches heilen, nämlich durch die Anwesenheit des Geliebten selbst: *similia similibus.* Die unerwartete Pointe der Ausführungen besteht freilich darin, daß nicht nur das Liebesleid eine Krankheit zum Tode ist, sondern daß auch dessen Heilung nur um den Preis des Lebens erfolgen kann, nämlich in der tödlichen Schau des Liebenden auf den Basiliskenblick des Geliebten. Die

---

26 Bei Plinius wird der Basilisk im Paragraphen behandelt, der unmittelbar an die Ausführungen zum *catoblepas* anschließt: „Eadem et basilisci serpentis est vis." (Plini naturalis historia VIII,21,33.)

27 «Ancor perché la piaga d'amore è come quella de la saetta improvisa, stretta di bocca e di profonda penetrazione, non facile a vedersi, difficile a curarsi, e molto grave a sanare. Chi mira di fuore, gli pare poco; ma secondo l'intrinseco è pericolosissima, e il piú de le volte si converte in fistola incurabile.» (Leone Ebreo: *Dialoghi d'amore,* I, ed. Caramella, p. 53.) – ,Denn außerdem ist die Liebeswunde wie die des unvorhergesehenen Pfeils; sie hat eine enge Öffnung, dringt tief ein, läßt sich nicht leicht sehen, ist schwierig zu versorgen und sehr schwer zu heilen. Wer sie von außen sieht, dem scheint sie gering; aber von innen her ist sie höchst gefährlich, und die meisten Male wächst sie sich zu einer unheilbaren Fistel aus.' Eine Typologie der Liebeswunden findet sich bei Johannes vom Kreuz an anderer Stelle (cf. Cántico B 7,2-4 – Geistlicher Gesang 7, pp. 65-67).

Heilung des Liebenden von seiner Krankheit fällt hier zusammen mit dem Tod des Liebenden selbst, verursacht durch die Präsenz des Geliebten, auf welche der Text bislang hinzuzielen schien.

Zeichnen und malen

Der Schlußvers 55 der Strophe XI B-C lautet wie oben zitiert: *sino con la presencia y la figura* (,wenn nicht durch Gegenwart und durchs Gesicht'). Hierfür sind zwei gegensätzliche Lesarten möglich. Die tödliche Heilung durch *la presencia y la figura* kann zunächst und vordergründig als ἓν διὰ δυοῖν verstanden werden. Die Anwesenheit (*presencia*) des Geliebten beinhaltet dann den Anblick seines Angesichts (*figura*), und im Sinne der ,Gestalt' und vorzugsweise des ,Gesichtes' wird *figura* schon bei Petrarca verwendet.[28] Auch beim Spanier Garcilaso ist diese objektsprachliche Bedeutung von *figura* als ,Antlitz' die vorherrschende.[29] Bekanntlich ist aber *figura* gleichzeitig Terminus für ein semiotisch-rhetorisches Verfahren der Substitution im Sinne eines ,übertragenen, hinweisenden Zeichens' oder eines ,Abbildes'. Die spanische Dichtungssprache kennt auch für diese metasprachliche Bedeutung des Wortes einige Belege – so etwa bei Garcilaso, wo das Veilchen die *figura* einer Dame namens Violante sein kann,[30] oder bezeichnenderweise bei Sebastián de Córdoba, wo Salomon die *figura* des allmächtigen Lammes, also ein *typus Christi* ist.[31] Die Bedeutungsambivalenz des Terminus *figura* in der Poesie des Johannes selbst war uns im übrigen schon bei der Interpretation von Vers 24 des *Cántico espiritual* begegnet.

Als Antlitz gedeutet, müßte die *figura* im Zeichen der Präsenz des Angeblickten stehen und die Schau auf eine Person meinen, die körperlich anwesend ist. Als semiotisch-rhetorischer Begriff aber impliziert die *figura* gerade die Abwesenheit dessen, was sie bezeichnet, und sie gerät damit in einen unübersehbaren Konflikt zur Kategorie der Präsenz. Denn die *figura* ist Supplement; sie vertritt eine Präsenz, die, damit sie überhaupt vertreten werden kann, absent sein

---

28 «Però s'i' tremo, et vo col cor gelato, / qualor veggio cangiata sua figura, / questo temer d'antiche prove è nato.» (Petrarca: *Canzoniere*, CLXXXIII, vv. 9-11, ed. Dotti, p. 199.) – ,Wenn ich jedoch erzittere und mir das Herz erfriert, wann immer ich ihr Gesicht verändert sehe, dann kommt dieses Fürchten von alten Erfahrungen her.'

29 «Una figura de color de rosa / estaba allí durmiendo» – ,Ein Antlitz von Rosenfarbe / lag dort und schlief' (Garcilaso: Egloga II, vv. 895 sq., ed. Rivers, p. 162); «el que la beldad de tu figura / dondequiera mirado, Filis, haya...» – ,wer die Schönheit deines Antlitzes / wo auch immer, Phyllis, betrachtet hat...' (Egloga III, vv. 365 sq., ed. cit. p. 208).

30 «Y cómo por ti sola / y por tu gran valor y hermosura / convertido en viola / llora su desventura / el miserable amante en tu figura.» (Garcilaso: *Ode ad florem Gnidi*, 6, vv. 26-30, ed. Rivers, pp. 94 sq.) – ,Und wie nur um deinetwillen / und wegen deiner großen Stärke und Schönheit, / (in seiner Blässe) zu einem Veilchen verwandelt, / sein Unglück beweint / der bejammernswerte Liebende in deiner Figur.'

31 «Y en él [scil. en Salomón] fue conocida por entero / figura del cordero omnipotente.» (Córdoba: Egloga II, vv. 1336 sq., ed. Gale, p. 209.) – ,Und in ihm [scil. Salomon] erkannte man vollständig / die Figur des allmächtigen Lammes.'

muß. So gesehen wäre allerdings die Fügung *la presencia y la figura* nicht mehr als ἓν διὰ δυοῖν, sondern als ein blankes Oxymoron zu lesen. Die *figura* stünde demnach ebenfalls und immer noch für eine Abwesenheit des Geliebten, sie würde ihre Präsenz einerseits dementieren, ihr aber gleichwohl eine prekäre Gegenwart verleihen. Darauf deutet auch Boscán hin, der die Phantasietätigkeit des Einsamen als ein *figurar* bezeichnet, das heißt als ein Sichvorstellen oder Gestaltverleihen:

> *Y tomaré por vicio*
> *figurar la que quiero;*
> *hablándole en ausencia*
> *harto más que en presencia.*[32]

[Und ich werde es mir zum Laster machen, / der, die ich liebe, Gestalt zu verleihen / und zu ihr in der Abwesenheit zu sprechen / weit mehr als in der Anwesenheit.]

Nicht die Gegenwart der geliebten Person verbürgt die Anwesenheit des ersehnten Gesichts, sondern die imaginierte, uneigentliche Gestalt ruft statt dessen so etwas wie einen Effekt der Präsenz der Person hervor. In der *figura* selbst aber überlagern sich die Absenz des Figurierten und die Präsenz dessen, was sich am Supplement der Figuration zeigt. Die *figura* läßt sich lesen als ein Ort der Dekonstruktion von Absenz und Präsenz. Das imaginierte Antlitz des Abwesenden ist dank der Intensität der Phantasie zugleich die Quelle einer eigentümlichen Qualität seiner Präsenz. Das Verhältnis von *la presencia y la figura* ist aus dieser neuen Sicht weder ἓν διὰ δυοῖν (da das eine das andere nicht schlechterdings impliziert), noch ist es Oxymoron (da das eine das andere nicht schlechterdings ausschließt). Anders ausgedrückt: das scheinbar selbstgegenwärtige Antlitz des Geliebten (objektsprachlich *figura*) verschiebt sich zu einer supplementären Figur des Geliebten (metasprachlich *figura*). Daß aber der Geliebte sich als *figura* zeigt, impliziert zweierlei, nämlich einerseits die Absenz des an der *figura* zu Zeigenden und andererseits die Präsenz des an der *figura* sich Zeigenden. Es trifft also auch hier zu, was Pascal in einem scharfsinnigen Aphorismus seiner *Pensées* konstatiert hat: «Figure porte absence et présence, plaisir et déplaisir. Chiffre à double sens: un clair et où il est dit que le sens est caché.»[33]

Im *Cántico espiritual* kommt das Wort *figura*, wie wir gesehen haben, zweimal mit der – naheliegenden und jeweils sinnvollen – Bedeutung ‚Gesicht‘ vor. In seinen Prosaschriften dagegen verwendet Johannes das Wort *figura* so gut wie ausschließlich in der metasprachlichen Bedeutung als eine uneigentliche, gleichnishafte oder metaphorische Darstellungsweise, wie sie nach seiner Ansicht insbesondere die Heiligen Schriften charakterisiere. Angesichts dieser scheinbar klaren Zweiteilung fällt der Kommentar zur Strophe XI B aus dem Rahmen, da dort

---

32 Boscán: Canción II, vv. 46-49, in: *Poesía lírica del Siglo de Oro*, ed. E. L. Rivers, 7ª ed., Madrid: Cátedra 1985, p. 35.
33 Blaise Pascal: *Pensées*, X, ed. E. Périer, Paris: Jules Tallandier 1977, p. 244.

das Substantiv *figura* in einen ungewöhnlichen Zusammenhang eingefügt und mit dem uns bereits bekannten Verbum *figurar* verknüpft wird. An Hand dieser Ausdrücke entwickelt Johannes vom Kreuz einen hochgradig subtilen Gedankengang:

> Y, porque aquí el alma se siente con cierto dibujo de amor (que es la dolencia que aquí dice), deseando que se acabe de figurar con la figura cuyo es el dibujo, que es su Esposo el Verbo Hijo de Dios, el cual, como dice san Pablo, *es resplandor de su gloria y figura de su sustancia* (epistola ad Hebraeos 1,3) – porque esta figura es la que aquí entiende el alma en que se desea transfigurar por amor – dice: *mira que la dolencia de amor que no se cura sino con la presencia y la figura.* (Cántico B 11,12.)

> [Und die Seele fühlt hier, daß sie in sich eine Art Umrißzeichnung der Liebe trägt (das ist nämlich das Liebesleid, wovon sie hier spricht), und sie wünscht, daß man nun an ihr die Abbildung des Bildnisses vollende, dessen Umrißzeichnung sie ist, das ist nämlich ihr Bräutigam, das Wort, der Sohn Gottes, welcher, wie der heilige Paulus sagt, *der Abglanz seiner Herrlichkeit und das Bildnis seines Wesens ist* (Epistola ad Hebraeos 1,3) – denn dieses Bildnis ist es, das hier die Seele meint und zu dem sie sich durch Liebe umbilden will. Darum also sagt sie: *bedenke, daß man das Leid der Liebe nicht heilen kann, es sei denn durch die Gegenwart und das Bildnis.**(Geistlicher Gesang 11, p. 92.)]

Wiederum ist hier zunächst eine neuplatonische Auffassung zu berücksichtigen, die in der Argumentation des Johannes durchschlägt. Die menschliche Seele ist Abbild oder Abdruck (εἰκών, εἴδωλον, τύπος, χαρακτήρ) eines göttlichen Urbildes, Stempels oder Prägesiegels (παράδειγμα, εἶδος, ἀρχέτυπον, σφραγίς), das ihr eingezeichnet wurde. Auch Dionysius vom Areopag denkt prinzipiell in einer solchen Dialektik von Urbild und Abbild, die bekanntlich seit Platons Dialog *Timaeus* vorgegeben ist,[34] und so heißt es denn beim Areopagiten, daß alle Wesen in einer gewissen Weise am göttlichen Ursprung des Alls teilhaben – genauso wie die Abdrücke ein und desselben Siegels:

> καὶ ὥσπερ σφραγῖδος ἐκτυπώματα πολλὰ μετέχει τῆς ἀρχετύπου σφραγῖδος καὶ ἐν ἑκάστῳ τῶν ἐκτυπωμάτων ὅλης καὶ ταύτης οὔσης καὶ ἐν οὐδενὶ κατ' οὐδὲν μέρος. [...] ἡ δὲ τῶν μετεχόντων διαφορότης ἀνόμοια ποιεῖ τὰ ἀπομόργματα τῆς μιᾶς καὶ ὅλης καὶ ταύτης ἀρχετυπίας.[35]

> [Ebenso ist es auch mit den vielen Abdrücken eines Siegels: Sie haben Teil am Urbild des Siegels, und in jedem der Abdrücke bleibt das Urbild vollständig und dasselbe, und keines enthält es zu gar keinem Teil. (...) Aber es ist die Unterschiedlichkeit der teilhabenden Siegelbilder, welche die Prägungen unähnlich macht, so daß sie sich vom einzigen vollständigen Urbild abheben, das stets dasselbe bleibt.]

Eine solche Teilhabe des Abdrucks an seinem Siegel besitzt in hervorgehobener Weise die Seele. Insofern allerdings die Seele vom göttlichen Ursprung entfernt

---

34 Zur Prägung der Abbilder durch das Urbild im Medium der Prägemasse (ἐκμαγεῖον) cf. Platonis Timaeus 48 a-52 d.
35 Dionysius Areopagita de divinis nominibus II,5 sq., 644 AB.

ist, sind die Züge des Abdrucks, den sie trägt, nur unvollkommen ausgestaltet. Johannes bezeichnet dies als *dibujo,* als (Umriß-) ‚Zeichnung‘, ‚Skizze‘ oder ‚Entwurf‘. Indem sich aber die Seele in Liebe zu ihrem göttlichen Urbild zurückwendet, können sich die Züge der Skizze vervollkommnen, und sie kann sich dem ursprünglichen Siegel angleichen und ihm zunehmend ähnlicher werden. Der noch unvollkommene Abdruck in der Seele wird von Johannes vom Kreuz näherhin als ein *dibujo de amor* (‚Umrißzeichnung der Liebe‘) charakterisiert, weil diese flüchtige, unzureichende Skizze als eine Kopie der Liebe schlechthin gedacht ist, die nach dem Ausweis des ersten Johannesbriefs bekanntlich Gott selber ist.[36] Die Unvollkommenheit der Skizze verursacht in der Seele ‚Liebesschmerz‘ (*dolencia de amor*), das heißt das Begehren, die leidvolle Trennung zum Urbild der Liebe zu überwinden. Im Prinzip sieht sich die Seele damit vor die Aufgabe gestellt, zu ihrem Ursprung emporzusteigen und sich von allen Trugbildern und Abbildern zu reinigen. In den Ausführungen des Johannes vom Kreuz, der in seiner Jugend in Medina del Campo eine Malerlehre begonnen hatte, wird der Aufstieg der Seele demnach in einer Metaphorik der Malerei formuliert, wie wir dies einem Wörterbucheintrag bei Covarrubias entnehmen können:

> DIBUXAR. *Latine adumbrare,* es tan sólo la delineación de la figura, sin colores, y assí está obscura y asombrada la cosa que se dibuxa y representado como en sombra, y ensayo de lo que ha de ser. [...] Y assí dibuxo [...] valdrá delineación de pintura escura sin colores.[37]

> [ZEICHNEN. Lateinisch: *adumbrare.* Das ist, wenn man nur den Umriß des Bildes ohne Farben festhält, und so ist der Gegenstand, den man zeichnet, dunkel und beschattet wie ein Schattenbild oder Entwurf dessen, was noch daraus werden soll. (...) Und somit bedeutet dann Zeichnung den dunklen Umriß eines Gemäldes ohne Farben.]

In diesem Lexikonartikel läßt sich unschwer das Gegensatzpaar von farblosem, dunklem *dibujo* (‚Zeichnung‘) und farbiger *figura* (‚Bild‘) oder *pintura* (‚Gemälde‘) erkennen. Aus der Skizze soll laut Johannes vom Kreuz eine regelrechte Abbildung, aus dem unvollendeten demnach ein vollendetes Bild werden. Die Seele verspüre in sich den Wunsch, der bloße *dibujo* möge eben mit Hilfe jener *figura,* deren Skizze er bis dahin nur gewesen sei, gestaltet, figuriert, vollendet werden: *deseando que se acabe de figurar con la figura cuyo es el dibujo.*

   Die Verwendung des Begriffs *figura* als Widerpart von *dibujo* entspricht, wie wir gesehen haben, der Berufssprache der Kunstmaler, und doch muß – und soll wohl auch – diese Redeweise befremdlich wirken. Denn angesichts des neuplatonischen Kontexts meint Johannes vom Kreuz mit der *figura* eben auch ein Analogon zum Prägestempel, wohingegen sonst *figura* so gut wie immer nur das ‚Abbild‘ bezeichnet, nicht aber das ‚Urbild‘, welches hier unter *figura* verstanden sein muß. Dem Wort *figura* haftet genau jenes Moment des Uneigentlichen,

---

36 «Deus caritas est.» (I Ioannes 4,16.)
37 Covarrubias: *Tesoro de la lengua castellana,* s. v. «dibuxar».

Nachträglichen, ja Supplementären an, dessen sich die Seele bei ihrem Aufstieg zum Ursprung nach und nach zu entledigen trachtet. In der üblichen neuplatonischen Terminologie bezeichnet beispielsweise Fray Luis das Urbild als *origen* (,Ursprung') oder verwendet Garcilaso in einem seiner Sonette den Begriff *idea*.[38] Besonders erhellend ist eine Stelle aus der zweiten Ekloge, wo Albanio auf die schlafende Camila trifft:

> *Una obra sola quiso la natura*
> *hacer como ésta, y rompió luego apriesa*
> *la estampa do fue hecha tal figura.*[39]

[Ein Werk allein wollte die Natur / wie dieses hier vollbringen, und sodann zerbrach sie eilends / den Prägestempel, mit dem ein solches Abbild hergestellt worden war.]

Auch hier ist die Verwendung von *figura* auf einer ersten Stufe durchaus doppelsinnig. Gestalt und Gesicht der Camila sind zugleich das Abbild eines höheren Urbilds. Dieses Urbild aber nennt Garcilaso bezeichnenderweise eine *estampa* (,Stempel'). Somit wird bei ihm das neuplatonische Oppositionspaar von σφραγίς vs. τύπος konsequenterweise durch die Gegenüberstellung von *estampa* vs. *figura* übersetzt, und *figura* vertritt eindeutig den nachgeordneten Bereich des Abbildhaften.

Wir können noch einen Schritt weitergehen: Der merkwürdige Wortlaut des oben zitierten Absatzes mit den wortspielerischen Anklängen von *figura* und *figurar* könnte uns vermuten lassen, daß sich Johannes vom Kreuz hier an das berühmte neunte Buch über das Gute oder das Eine in Plotins sechster Enneade anlehnt. Es heißt dort, die Seele dürfe, um sich für das Eine freizumachen, keinerlei andere Bilder in sich einprägen lassen:

῞Ωσπερ δὲ ἐπὶ τῶν ἄλλων οὐκ ἔστι τι νοεῖν ἄλλο νοοῦντα καὶ πρὸς ἄλλῳ ὄντα, ἀλλὰ δεῖ μηδὲν προσάπτειν τῷ νοουμένῳ, ἵνα ᾖ αὐτὸ τὸ νοούμενον, οὕτω δεῖ καὶ ἐνταῦθα εἰδέναι, ὡς οὐκ ἔστιν ἄλλου ἔχοντα ἐν τῇ ψυχῇ τύπον ἐκεῖνο νοῆσαι ἐνεργοῦντος τοῦ τύπου, οὐδ' αὖ ἄλλοις κατειλημμένην τὴν ψυχὴν καὶ κατεχομένην τυπωθῆναι τῷ τοῦ ἐναντίου τύπῳ, ἀλλ' ὥσπερ περὶ τῆς ὕλης λέγεται ὡς ἄρα ἄποιον εἶναι δεῖ πάντων, εἰ μέλλει δέχεσθαι τοὺς πάντων τύπους, οὕτω καὶ πολὺ μᾶλλον ἀνείδεον τὴν ψυχὴν γίνεσθαι, εἰ μέλλει μηδὲν ἐμπόδιον ἐγκαθημένον ἔσεσθαι πρὸς πλήρωσιν καὶ ἔλλαμψιν αὐτῇ τῆς φύσεως τῆς πρώτης.[40]

---

38 «A cuyo son divino / mi alma, que en olvido está sumida, / torna a cobrar el tino / y memoria perdida / de su origen primera esclarecida.» (Fr. Luis: A Francisco Salinas, vv. 6-10, ed. Alcina, p. 81.) – ,Bei ihrem göttlichen Klang (scil. der Musik) erlangt meine Seele, die im Vergessen versunken ist, wieder das Gefühl und das verlorene Gedächtnis ihres erleuchteten ersten Ursprungs zurück.' – «Y, en fin, de solo vos formó natura / una estraña y no vista al mundo idea.» (Garcilaso: Soneto XXI, vv. 12 sq., ed. Rivers, p. 57.) – ,Und schließlich schuf nur aus Euch die Natur / eine fremdartige und auf der Welt nie gesehene Idee.'
39 Garcilaso: Egloga II, vv. 781-783, ed. Rivers, p. 158.
40 Plotini enneades VI,9,7,50-51.

[Wie man nun bei den übrigen Dingen nichts denken kann, wenn man an etwas anderes denkt und auf dies andere achtet, vielmehr nichts anderes zu dem Gegenstand des Denkens hinzunehmen darf, damit er auch wirklich und allein das Gedachte werde, so muß man auch hier wissen, daß es unmöglich ist, während man den Eindruck, die Prägung von etwas anderem in der Seele hat, das Eine zu denken, solange diese Prägung wirksam ist; daß die Seele, während sie noch von andern Dingen eingenommen und festgehalten ist, nicht die Prägung des Gegenteils in sich aufnehmen kann; sondern wie es von der Materie heißt, daß sie frei von jeder Qualität sein muß, wenn sie die Prägungen aller Dinge soll aufnehmen können, so und noch viel mehr muß auch die Seele ohne Form und Gestalt werden, wenn nichts, was in ihr festsitzt, ihr hinderlich werden soll sich zu erfüllen und zu erleuchten mit der Ersten Wesenheit. (Richard Harder.)]

Überaus häufig wird in dieser Passage das Wort τύπος (‚Abbild‘) verwendet, und daneben erscheint die Form τυπωϑῆναι, der Infinitiv Passiv Aorist des Verbums τυπόειν (‚prägen‘). Bei Marsilio Ficino findet sich der zweite Teil dieser Stelle folgendermaßen ins Lateinische übersetzt:

Similiter et hic fieri non potest, ut, qui alterius cuiusquam in animo figuram habet, intelligat interea deum [scil. ἐκεῖνο], dum figura suum exsequitur actum. Neque rursus animam aliis occupatam possibile est figura contrarii figurari: sed quemadmodum materiam tradunt esse omnium qualitatibus vacuam oportere, si modo sit figuras omnium susceptura: sic et multo magis animam oportet esse informem, si omni carere debet obstaculo, quod forsitan impedire possit, ne ab ipsa omnium prima natura illustretur et impleatur ad votum.[41]

Auch hier begegnet das Substantiv *figura* und der Infinitiv Passiv des Verbum *figurare*. Sowohl in der Terminologie von Plotin als auch von Ficino läßt sich eine klare Oppositionsbeziehung feststellen zwischen den geprägten Abbildern einerseits, also τύπος und *figura,* und dem Urprinzip andererseits, das als πρώτη φύσις, *prima natura* oder ‚Erste Wesenheit‘ bezeichnet wird.

Bei Johannes vom Kreuz erinnert in der zitierten Stelle nicht so sehr der genaue Inhalt an die eventuellen Vorlagen bei Plotin respektive bei Ficino, sondern eher der sprachliche Stil, das heißt die Häufung des Substantivs *figura* und dessen Verbindung mit mehreren davon abgeleiteten Verbalformen, insbesondere die *figura etymologica* in der Wortfolge *figurar con la figura.* So scheint Johannes vom Kreuz zwar unter Plotins oder Ficinos rhetorischem Einfluß zu stehen, aber trotzdem übernimmt er nicht deren terminologische Opposition von τύπος vs. πρώτη φύσις oder *figura* vs. *prima natura.* Gewiß soll sich die Seele läutern, doch in seiner Metaphorik führt dieser Weg sie nicht vom Abbild zum Urbild einer wahren Natur zurück, sondern eben nur vom Gezeichneten zum Gemalten – von einem unvollendeten zu einem vollendeten Bild.

Johannes übernimmt also einerseits eine neuplatonische Gedankenfigur, andererseits aber übersetzt er sie in ein Vokabular, das zum gängigen Sprachspiel der Doktrin quersteht, weil es deren unterschlagene Voraussetzung offenkundig macht, die sich am einfachsten über die Etymologie der griechischen Schlüssel-

---

41 Plotini enneades VI,9,7 Marsilio Ficino interprete.

begriffe rekonstruieren läßt: Auch das παράδειγμα als Vorbild erhält seinen Namen von einer Nachbildung, neben die es zum Vergleich gehalten wird (παρά – ‚neben' + δεικνύναι – ‚zeigen'); es bedarf demzufolge einer solchen Nachbildung, um als Vorbild zu existieren, und es entspricht darin jener Nachbildung, die von ihm gefertigt wird, ist also selber eine Art von Nachbildung. Auch das ἀρχέτυπον als Urprägung ist am Anfang selbst geprägt worden (ἀρχή – ‚Anfang' + τύπτειν – ‚prägen'), darin entspricht es aber dem Abdruck, der von ihm gefertigt wird, ist also selber schon Abdruck. In diesem Sinn ist auch bei Johannes vom Kreuz der Aufstieg vom *dibujo* zur *figura* nicht als eine Abkehr von der Abbildlichkeit, sondern als Rückkehr zu einer reinen Form der Bildlichkeit konzipiert, als eine Verebenbildlichung des Selbst.

Theopoetik der Figur

Johannes vom Kreuz scheint den Terminus der *figura* für das Urbild zunächst aus einem eher beiläufigen Beweggrund zu wählen, nämlich um seine eigenen Ausführungen durch ein biblisches Zitat abzustützen oder auszuschmücken. Das Bild, dem die Seele sich angleichen soll, ist ja, wie er sagt, ihr Bräutigam, Wort und Sohn Gottes, und der wird im beigebrachten Vers aus dem Hebräerbrief, den man traditionellerweise dem Paulus zuschrieb, keineswegs mit einem bildlosen Ursprung oder einem ungeprägten Siegel identifiziert, sondern gerade seinerseits als (Ab-) Glanz und (Ab-) Bild des Vaters bezeichnet: „ὃς ὢν ἀπαύγασμα τῆς δόξης καὶ χαρακτὴρ τῆς ὑποστάσεως αὐτοῦ" – „qui cum sit splendor gloriae et figura substantiae eius".[42]

Da es allemal die erklärte Absicht des Johannes ist, seine Abhandlungen mit der Autorität biblischer Passagen zu untermauern, kann man nun einwenden, es sei ihm ein rhetorisches Mißgeschick unterlaufen. Auf der Suche nach einer passenden Schriftstelle mit dem Wort *figura* sei er zufällig auf den erwähnten Vers gestoßen. Dann aber habe er die Formel des Hebräerbriefs nur noch gewaltsam in seinen eigenen neuplatonischen Gedankengang zwingen können und da sei er auf das Oppositionspaar von *dibujo* vs. *figura* verfallen, das ihm aus der Malersprache bekannt war. Das Ganze sei am ehesten als eine Mischung von humanistischer Beflissenheit und mißlungener Zitatenklitterung zu nehmen. Gewiß darf man den Prosakommentar durch eine solche Lektüre verharmlosen. Man wird aber seiner gedanklichen Brisanz zweifelsohne besser gerecht, wenn man diesen Abschnitt als den theopoetischen Versuch deutet, eine grundlegende Dichotomie des neuplatonischen Gedankensystems aufzunehmen, christologisch umzudeuten und zu dekonstruieren.

Die schultheologischen Implikationen des genannten Bibelverses und die Probleme, die sie aufgeben, liegen auf der Hand. Sobald man die Stelle in einem neuplatonischen Horizont liest, legt sich eine arianische Interpretation nahe,

---

42 Epistola ad Hebraeos 1,3.

welche den Sohn dem Vater unterordnet. Eine rechtgläubige Deutung wird da-
gegenhalten, daß das Verhältnis von (Ab-) Glanz und Herrlichkeit, von (Ab-)
Bild und Wesen auf der Linie des Konzils von Nicaea als Wesensgleichheit des
Sohnes mit dem Vater zu fassen sei. In einer solchen Absicht mag Luther die
Termini χαρακτήρ und *figura* mit dem abgründigen Wort ‚Ebenbild‘ einge-
deutscht haben. Johannes war gewiß kein Arianer und hat die dogmatisch verbindliche Auffassung in dieser Sache wohl fraglos vorausgesetzt. Aber erst von
diesem kanonischen Standpunkt aus gibt der Vers aus dem Hebräerbrief recht
eigentlich zu denken. Setzt man nämlich voraus, daß dort die Beziehung des
Sohnes zum Vater tatsächlich als eine Relation der Wesensgleichheit zu lesen ist,
dann ist es um so bemerkenswerter, daß dieser Sachverhalt nicht über einen stati-
schen Begriff vollkommener Identität, sondern über eine Dynamik der
Lichtstreuung und der Verebenbildlichung gefaßt wird. Damit erhalten dann,
wie sich zeigen wird, auch die Kategorien der Verschiedenheit und der Differenz
Eingang in die trinitarische Spekulation.

Der Übergang von einer unvollendeten Skizze zum vollendeten Bild, vom *dibujo* der menschlichen Seele zur *figura* des göttlichen Sohnes, steht notwendigerweise im Zeichen der semiotischen Differenz, wie sie zwischen Signifikant und
Signifikat, zwischen Abbild und Urbild waltet, und das schmerzvolle Liebesbegehren der Seele arbeitet sich an dieser Differenz ab, die sie zu überwinden
wünscht. Der Vers aus dem Hebräerbrief jedoch verleiht der Reflexion des Johannes über *dibujo* und *figura* eine unerwartete und radikale Pointe, die den Leser das Vorausgegangene in einem neuen Licht betrachten läßt. Folgendes wird
ihm nämlich klargemacht: Der *dibujo* verhält sich zur *figura* analog dazu, wie
sich *splendor* zu *gloria* und vor allem *figura* zu *substantia* verhalten. Wenn nun
dibujo und *figura* im Zeichen der Differenz stehen, dann gilt dies folgerichtig
auch für *figura* und *substantia,* denen darüber hinaus die explizit erwähnten Titel
Wort und Gott entsprechen. Damit schreibt Johannes, ausgehend von seiner
Lektüre des Hebräerbriefs, der innertrinitarischen Beziehung des Vaters zum
Sohn selbst das Schibboleth der Differenz ein. Diese Differenz zeugt sich einerseits in die Welt der menschlichen Seele hinein fort, wo sie als Opposition von
dibujo vs. *figura* in Erscheinung tritt. Andererseits wird sie von der Welt der
menschlichen Seele her auf die Beziehung der zweiten zur ersten göttlichen Person rückprojiziert und zeigt sich dort als Opposition von *figura* vs. *substantia.*
Die Zeugung des Sohnes aus dem Vater beinhaltet demnach nicht trotz, sondern
wegen der Ebenbildlichkeit des Sohnes immer auch sein Differentsein. Der Sohn
ist nicht abbildloser Ursprung wie der Vater, sondern seinerseits schon Bild eines
von ihm Unterschiedenen, und in diesem Bildsein hebt er sich vom Vater ab, ja
er hat es ihm in gewisser Weise voraus.

Johannes denkt die *figura* als Ebenbild und damit jenseits der Opposition von
Absenz und Präsenz. Für ihn ist die *figura* eine Ermöglichungsstruktur, an der
Unterschiedenheit und Differenz zum Austrag kommen kann, zunächst zweifellos innertrinitarisch, dann aber auch und vor allem im Hinblick auf die menschliche Seele, die sich läutert – von der unvollendeten Skizze, der noch Züge des

Eigenen, aber dem Ursprung Unähnlichen anhaften, zum vollendeten Ebenbild hin, das in allem die *figura* eines Vorgängigen ist, sich aber gerade und nur darin von ihm unterscheidet: das (Eben-) Bild als höchster Ausweis einer Identität, die nichts anderes mehr ist als pure Differenz. Mit der Ausrichtung der Seele nicht auf einen Ursprung, sondern auf die *figura*, auf das Ebenbild des Ursprungs hin, ist der Sache nach ganz zweifelsfrei Derridas Konzept eines Supplements des Ursprungs ins Spiel gebracht.[43] Es ist jener Ort bezeichnet, wo die Substanz des göttlichen Seins (*substantia eius*) nicht mehr unter dem Begriff der Selbstpräsenz zu fassen ist, da sie sich an den Sohn weitergibt nicht in Gestalt der Identität, sondern der Differenz: als (Ab-) Glanz und (Ab-) Bild, als jene *figura*, die keine Gegenwart ihrer selbst verbürgt, sondern in der die Gegenwart eines Andern sich verkörpert und eine Gestalt, das heißt ein Gesicht gewinnt.

Am Ende des Aufstiegs der Seele von den unvollendeten Abbildern zum vollendeten Urbild steht allemal wieder ein Bild, eine *figura*, allerdings nunmehr keine, die mit sich selbst identisch wäre, sondern ironischerweise ein παράδειγμα oder ein ἀρχέτυπον in einem strikt etymologischen Verständnis – etwas, das auf ein Anderes neben sich zeigt, weil es schon im Anfang von ihm geprägt wurde; etwas, das selber Abdruck, Abbild, Abzeichen ist und anderswohin weist, so wie ein Wort, das bedeutet, aber seine Bedeutung nicht in sich, sondern bei sich trägt: „καὶ ὁ λόγος ἦν πρὸς τὸν Θεόν" – „et verbum erat apud Deum".[44] – Der Aufstieg vom unvollendeten zum vollendeten Bild ist nicht Ausstieg aus der Differenz, sondern Einstieg in ihre Vollendung. Die *figura* bringt die Bewegung der Differenz nicht zum Stillstand, sondern sie verdankt sich ihr und steigert sie ins Unendliche. Denn die *substantia*, auf welche die *figura* als ihr Supplement bezogen ist, ohne doch je mit ihr in eins zu fallen, ist die Liebe. Diese aber ist bei Johannes ebenso wie in der platonischen Tradition nur vorstellbar als ekstatische im differentiellen Modus des Abgrunds, das heißt des Strudels und seines leeren Zentrums: «fuente abisal de amor» (Cántico B 12,9) – ,abgrundtiefe Quelle der Liebe' (Geistlicher Gesang 12, p. 99).

Man wird in der unbedingten Affirmation uneinholbarer Differenz einen Zug im Denken des Johannes sehen dürfen, der nicht ohne weiteres mit dem Allerweltsbegriff des Neuplatonismus zu vereinbaren ist. Soweit wir sehen, emanieren im neuplatonischen Denken zwar die Abbilder aus dem höchsten Einen, aber innerhalb seiner selbst kann das Eine wohl keine Verschiedenheit und darum auch keine Relation der (Eben-) Bildlichkeit kennen. Bei Dionysius vom Areopag hingegen findet sich eine auffällige Parallele. Am Ende seiner Reflexion über die Teilhabe des Abdrucks am Siegel kommt der Areopagit nämlich ebenfalls auf die Unterschiedenheit des Sohnes sowohl vom Vater als auch vom Geist zu sprechen. Trotz der unbestrittenen Göttlichkeit aller drei Personen hätten weder der Vater noch der Geist Gemeinschaft am menschlichen Wesen, das allein vom überwesenhaften Wort angenommen worden sei (οὐσιωθῆναι). Darin zeichne sich der

---

43 So der Titel des letzten Kapitels bei Jacques Derrida: *De la grammatologie*, pp. 441-445.
44 Ioannes 1,1.

Sohn vor den anderen beiden Personen aus, und darin manifestiere sich in der Gleichheit doch auch die Unterschiedenheit der Gottheit: „Οὕτω καὶ ἡμεῖς θεῖα καὶ ἑνοῦν τῷ λόγῳ καὶ διακρίνειν σπεύδομεν, ὡς αὐτὰ τὰ θεῖα καὶ ἥνωται καὶ διακέκριται."[45] – ‚Darum beeilen also auch wir uns, das Göttliche mit dem Wort sowohl zu einen als es auch zu unterscheiden, wie ja auch das Göttliche selbst sowohl geeint als auch unterschieden ist.' Die beim Areopagiten angedeutete Unterschiedenheit des Sohnes vom Vater hat Johannes in origineller Überschreibung des Hebräerbriefs ins Semiotische gewendet und als eine unendliche Semiose ausgeschrieben, die das göttliche Wort in Gang setzt und in Bewegung hält.

Wir haben den Exkurs zum theopoetischen Verständnis des Begriffs *figura* bei Johannes vom Kreuz hier eingefügt, um deutlich zu machen, daß seine Prosaerklärungen eine Textbewegung fortschreiben, welche im Gedicht selbst bereits angelegt ist und dort ihren Ausgang genommen hat. Die Kategorien von *presencia* und *figura* werden in seinem mystagogischen Traktat nicht weniger denn in der Dichtung dekonstruiert – und zwar in Richtung einer *praesentia cum figura*, einer Substanz, die sich im Bild vergegenwärtigt und nirgendwo sonst. Wie sich gezeigt hat, macht sich Johannes die Errungenschaften der petrarchistischen und neuplatonischen Liebeskonzeption zunutze, um sie auch – und vielleicht vor allem – theopoetisch abzuarbeiten. Es ist also hilfreich, vom Gedicht her die Interpretation des Kommentars in Angriff zu nehmen und umgekehrt. Man wird dann zwischen den beiden Ebenen des Textes weit mehr Berührungspunkte und sehr viel weniger Widersprüche entdecken, als es ein gängiges Vorurteil über die prekäre Beziehung der Poesie zur Prosa des Johannes lange Zeit wahrhaben wollte. Voraussetzung dieses Unterfangens ist allerdings, daß man die Prosaerklärungen auf der Höhe ihres eigenen Niveaus liest, und das liegt allemal jenseits der Epoche des Logozentrismus. Der λόγος nämlich steht bei Johannes niemals im Zentrum, ist er doch dessen Supplement oder lateinisch gesprochen *figura substantiae eius*.[46]

Es hat sich als angemessen erwiesen, sowohl in der Dichtung als auch in der Mystagogie des Johannes die Rede von der Gegenwart des geliebten Antlitzes nicht als schlichten Ausweis der Identität und der Präsenz des Bräutigams, sondern umgekehrt als Figur seiner Absenz, seines unvordenklichen Differentseins und seiner Unterschiedenheit zu lesen, die sich gleichwohl im Spiel der *figura* zeigt und zu sehen gibt. Damit stehen wir unter dem Einfluß der Auffassung von Emmanuel Levinas, für den das ‚Gesicht' (*visage*) der schlechthinnige Ausweis

---

45 Dionysius de divinis nominibus II,6, 644 D.

46 „Damit ist eindeutig erwiesen, daß Juans Mystik als christozentrisch und nur durch Christus hindurch theozentrisch verstanden sein will", schreibt von Balthasar: «Juan de la Cruz», loc. cit., vol. II,2, p. 523. Angesichts von Abschnitten wie dem interpretierten stellt sich allerdings die Frage, ob die Rede des Johannes vom Kreuz die Gestalt Christi nicht eher ohne die Zuhilfenahme irgendeines Zentrumsgedankens zu lokalisieren sucht.

der Exteriorität und Alterität des Andern ist.[47] Zumindest implizit lädt Levinas'
Konzeption dazu ein, einen Brückenschlag von seiner Phänomenologie des Gesichts hin zu einer Rhetorik der Alterität zu versuchen, wie sie sich in der Lehre
vom Sprechen in einer uneigentlichen *figura* kristallisieren könnte. Die emphatische Rhetorik der Präsenz, welche immer nur vordergründig die von uns unter-
suchten Texte durchzieht, bewirkt weder eine Tilgung noch eine Negation der
Alterität, sondern sie ist deren Figur. Die Rede der Präsenz ist somit insgesamt
lesbar als ein uneigentliches Zeichen, das, indem es immer schon auf die Absenz
und die Differenz des Geliebten verweist, ihr gleichwohl ein Antlitz gibt, dessen
Alterität und Exteriorität sie nicht kassiert. Diese Beobachtung gilt in gleicher
Weise für die Liebesrede der Braut wie für den Prosakommentar des Mystagogen. Vielleicht werden Poesie und Mystagogie überhaupt genau an diesem Punkt
ununterscheidbar, wo mit Richard von Sankt-Viktor auszurufen wäre: „o praesens absentia et absens praesentia!"[48]

Kaum ein Merkmal des Textes vermag unseren Befund prägnanter und em-
blematischer in Szene zu setzen als der Tatbestand, daß die Strophe XI BC interpoliert und darum innerhalb unserer Variantentriade instabil ist. In der ältesten
Version A fehlt sie, in den späteren Versionen B und C hingegen tritt sie in Erscheinung. Dieses Erscheinen der Strophe XI in den Versionen B und C erweist
sich somit als der Effekt eines aufgeschobenen Akts der Interpolation, und die
Bedingung seiner Möglichkeit ist die Absenz der Strophe in der Variante A. Gerade jene Strophe, welche die Zusammengehörigkeit von *presencia* und *figura* sowohl behauptet als auch dekonstruiert, gibt sich ironischerweise selber als die
Operation einer Figur zu lesen, deren instabile Präsenz sich einer anfänglichen
Absenz verdankt, ihrem Nichtvorhandensein in der Version A wie Anfang und
Abwesenheit – ἐν ἀρχῇ ἀπουσία.

---

47 Emmanuel Levinas: *Totalité et Infini* (1961), 4ᵉ édition, 4ᵉ réimpression, The Hague; Boston;
Lancaster: Martinus Nijhoff 1961, pp. 159-225. Cf. quoque Bruno Forte: *In ascolta dell'Altro.
Filosofia e rilevazione,* Brescia: Morcelliana 1995.
48 Richardi S. Victoris tractatus de gradibus caritatis, cap. II, P.L. 196, col. 1199.

3.4. An der Quelle
(Cántico XII C)

Erscheinen

In der Strophe XI BC hatte die Sprecherin die Gegenwart des Geliebten beschworen und nach dem Anblick seines Angesichts oder zumindest seines Abbildes verlangt. Der zweite Gedanke ist derjenige, den die Strophe XI A resp. XII BC aufnimmt und weiterführt. Die Sprecherin ist mittlerweile an eine Quelle gelangt. Da ihr Wunsch nach dem Ansichtigwerden des Geliebten immer noch unerhört geblieben ist, richtet sie nun eine flehentliche Apostrophe an die Quelle selbst:

> *¡Oh christalina fuente!*
> *si en essos tus semblantes plateados*
> *formasses de repente*
> *los ojos desseados*
> *que tengo en mis entrañas dibujados*
> (Cántico C, vv. 56-60).

> [O Quelle, wie Chrystall so klar,
> wenn du in diesen deinen silberhellen Zügen
> urplötzlich formen würdest
> diese langersehnten Augen,
> die ich in meinen Eingeweiden eingezeichnet trage!]

Offenbar rechnet die Sprecherin nicht mehr damit, dem Freund direkt in die Augen blicken zu dürfen, und so wählt sie eine Alternativlösung, um nicht zu sagen einen schlechten Ersatz. Sie wünscht, die Quelle möge ein Spiegelbild des Geliebten zeichnen, damit sie darin seine Augen entdecken könne. Was die Sprecherin demnach in dieser Situation zu sehen verlangt, ist nicht mehr der Anblick des Geliebten von Angesicht zu Angesicht, sondern dessen Spiegel- oder Abbild, vermittelt durch das Medium der Quelle. Sein Bild dort zu sehen wäre freilich immerhin ein Symptom dafür, daß der ersehnte Geliebte nun doch endlich erschienen und mithin präsent geworden ist.

Das lateinische Wort *praesens* kann im griechischen auf doppelte Weise wiedergegeben werden, entweder als παρών (woher sich auch das Substantiv παρουσία ableitet, lateinisch *praesentia*) oder als ἐπιφανής (wörtlich ‚der Erscheinende‘), ein Epitheton, das in der hellenistischen Herrschertitulatur in Gebrauch war und das dem so Benannten die Würde einer wohltätigen und hilfreichen Schutzgottheit zusprach.[1] Ohnehin findet die lateinische Form *praesens*

---

1 Cf. G. Lanczkowski: Art. „Epiphanie" (1972), in: *Historisches Wörterbuch der Philosophie*, vol. II, coll. 585 sq. Cf. quoque E. Pax: Art. „Epiphanie" (1962), in: *Reallexikon für Antike und Christentum*, vol. V, coll. 832-909, impr. 832-834.

häufig in der Sakralsprache Verwendung, wo das Eingreifen von Göttern in die Welt der Menschen erbeten oder beschrieben werden soll.[2] Der kurze Hinweis auf die Wort- und Begriffsgeschichte kann das Thema verdeutlichen, das mit der Rede von der Präsenz und dem Sichtbarwerden des Geliebten bereits in Strophe XI BC eingeführt worden war und das in Strophe XI A resp. XII BC weitergesponnen wird. Es ist die Epiphanie des Geliebten.

Der Blick auf den oder die plötzlich anwesende Geliebte hat eine bemerkenswerte Vorgeschichte in einer Ursituation der nachmittelalterlichen Liebesdichtung, im grüßenden Vorüberschreiten der Herrin, dessen verstörter und zutiefst erschütterter Zeuge der Liebende wird.[3] Daraus entwickelt sich beispielsweise Dantes Liebesdichtung über Beatrice in der *Vita nuova*. Nach einer ersten Erscheinung der vom Dichter verehrten Dame, in der er zu sich die Worte spricht: „Apparuit iam beatitudo vestra",[4] wird uns eine weitere neun Jahre später liegende Episode folgendermaßen beschrieben:

> Poi che furono passati tanti die, che appunto erano compiuti li nove anni appresso l'apparimento soprascritto di questa gentilissima, ne l'ultimo di queste die avvenne che questa mirabile donna apparve a me vestita di color bianchissimo, in mezzo a due gentili donne, le quali erano di più lunga etade; e passando per una via, volse li occhi verso quella parte ov'io era molto pauroso, e per la sua ineffabile cortesia, la quale è oggi meritata nel grande secolo, mi salutoe molto virtuosamente, tanto che me parve allora vedere tutti li termini de la beatitudine. L'ora che lo suo dolcissimo salutare mi giunse, era fermamente nona di quello giorno; e però che quella fu la prima volta che le sue parole si mossero per venir a li miei orecchi, prese tanta dolcezza, che como inebriato mi partio da le genti, e ricorsi a lo solingo luogo d'una mia camera, e puosimi a pensare di questa cortesissima.[5]

> [Nachdem so viele Tage vergangen waren, daß sich die neun Jahre seit dem Erscheinen dieser alleredelsten Dame erfüllt hatten, geschah es am letzten dieser Tage, daß diese wunderbare Herrin mir erschien in blendendweiße Farbe gekleidet, inmitten zweier weiterer edler Damen, die im Alter weiter fortgeschritten waren; und als sie eine Straße entlangging, richtete sie die Augen an jene Stelle, wo ich zutiefst geängstigt stand, und aus ihrer unaussprechlichen Huld heraus, die heute in der anderen Welt ihren gerechten Lohn empfängt, grüßte sie mich auf eine überaus tugendhafte Weise, so daß es mir damals schien, als sähe ich die Grenzpfosten der Glückseligkeit. Die Stunde, da ihr allerlieblichster Gruß mich erreichte, war genau die neunte jenes Tages; und obwohl es das erstemal war, daß sich ihre Worte in Bewegung setzten, um an meine Ohren zu dringen, entnahm ich ihnen eine überaus große Süße, so daß ich mich wie trunken von der Menschenmenge absonderte, an den einsamen Ort meiner Kammer zurückeilte und begann, dieser allerhuldvollsten Dame zu gedenken.]

---

2 „Suspiciens altam Lunam et sic uoce precatur: / tu, dea, tu praesens nostro succurre labori." (Vergili Aeneis IX,403 sq.)
3 Zum Begriff der „Ursituation" cf. Hugo Friedrich: *Epochen der italienischen Lyrik,* p. 114.
4 Dante Alighieri: *Vita nuova,* cap. III, ed. E. Sanguineti, Milano: Garzanti 1977, p. 2.
5 Ibid. cap. III, p. 3 sq.

An dieses Erlebnis schließt sich eine Vision des Liebesgottes in der Kammer und sodann ein Diktat durch Amor an, unter dessen Einfluß der Dichter seine Verse niederzuschreiben beginnt.

Rainer Warning hat nachgezeichnet, wie in Dantes Scenario die Figur des Liebesgottes zwar über zahlreiche religiöse Konnotationen theologisch nobilitiert, aber gleichwohl durch den intertextuellen Verweis auf vorausgegangene Gedichte entsubstantialisiert und als Effekt eines rhetorischen Spiels ausgewiesen werde.[6] Am deutlichsten tritt dies bekanntlich im Kapitel XXV zutage, wo der Dichter selber eingesteht, daß Amor keine Substanz, sondern ein bloßes Akzidens sei, weshalb er sich wie die antiken Dichter einer Personifikationsallegorie bediene. Eine regelrechte Amor-Theologie einerseits und eine reflektierte Rhetorik der Liebesallegorie andererseits überkreuzen und befehden sich demnach im Text der *Vita nuova*.[7] Einen Schritt über Dante hinaus geht – Warning zufolge – dann Petrarca. Denn während bei Dante eine elaborierte Sprechsituation fehlt und die Erscheinung der Herrin somit in einer objektiv verbürgten, äußerlichen Welt zu erfolgen scheint, wird das analoge Erlebnis von Lauras Vorübergang bei Petrarca der Erinnerung und der möglicherweise trügerischen Imagination des Sprechers zugeschlagen. Das Programm der Entsubstantialisierung Amors ist somit bei Petrarca eingebettet und rückbezogen auf die ausgeprägte Subjektivierung der Liebes- und Erinnerungssituation. Die zunehmende Entsubstantialisierung der Amor-Theologie ist im Petrarchismus und über ihn hinaus fortgesetzt worden und hat – so Warnings abschließende These – in der Moderne bei Baudelaire einen schwer überbietbaren Höhepunkt erreicht.

Warnings Rekonstruktion der Geschichte abendländischer Lyrik ist metaphysikkritisch, freilich nicht in einem ontologischen Sinn wie bei Heidegger, sondern in einem semiotischen Sinn wie bei Jacques Derrida und Paul de Man. Unter metaphysisch in diesem semiotischen Sinn ist ein Sprachgebrauch zu verstehen, welcher die Differenz zwischen Signifikant und Signifikat, zwischen Rhetorik und Wahrheit vergißt. Vor allem bei Dante stößt Warning auf die Spuren einer solchen semiotischen Differenzvergessenheit. Indem Warning aufzeigt, wie eine Dichtung, die sich über die Amor-Mythologie und ihren Beglaubigungsapparat religiöser Konnotationen metaphysisch begründet, nichtsdestoweniger als Produkt der eigenen intertextuellen Voraussetzungen gelesen werden kann und muß, überführt er die Wahrheit einer vorgeblich theologischen Rede in ein rhetorisches Spiel und dekonstruiert damit den Substantialismus, den diese Dichtung affichiert:

> Indem die Konnotatoren ein metaphysisches System evozieren, unterstellen sie die Amorfiktion der Opposition von Sein und Schein. Zugleich aber installieren sie – eben als Konnotatoren – zwischen Fiktion und theologischem Referenzsystem eine

---

6 Cf. Rainer Warning: „Imitatio und Intertextualität. Zur Geschichte lyrischer Dekonstruktion der Amortheologie: Dante, Petrarca, Baudelaire", loc. cit.

7 Cf. hierzu auch Clive S. Lewis: *The Allegory of Love. A Study in Medieval Tradition* (1936), Reprinted, Oxford; New York: Oxford University Press 1990, pp. 46-48.

semiotische Differenz, die der Opposition von Sein und Schein eher bloßen Zitat-
charakter verleiht, die Fiktion aus ihrer metphysischen Verankerung zu lösen sich
anschickt.[8]

Gerade in seiner metaphysikkritischen Absicht ist Warnings Befund hermeneu-
tisch stark interessiert, und er gewinnt noch an zusätzlicher Relevanz, wenn man
davon ausgeht, daß die untersuchte Ursituation des grüßenden Vorüberschrei-
tens, wie wir sehen werden, insgeheim mit einem weiteren Konzept der Metaphysik eng verknüpft ist, nämlich mit der Epiphanie.

Ein Allerweltsbegriff der Epiphanie versteht darunter ganz allgemein die Erscheinung des Heiligen oder der Gottheit in der Welt.[9] In diesem weiten Sinn
soll Epiphanie hier als ein Synonym zur Theophanie verwandt und beides als
Variante der sogenannten Hierophanie betrachtet werden, die Mircea Eliade folgendermaßen bestimmt hat:

> L'homme prend connaissance du sacré parce que celui-ci se *manifeste,* se montre
> comme quelque chose de tout à fait différent du profane. Pour traduire l'acte de
> cette manifestation du sacré nous avons proposé le terme *hiérophanie,* qui est com-
> mode, d'autant plus qu'il n'implique aucune précision supplémentaire: il n'exprime
> que ce qui est impliqué dans son contenu étymologique, à savoir que quelque chose
> de sacré se montre à nous. [...] C'est toujours le même acte mystérieux: la manife-
> station de quelque chose de «tout autre», d'une réalité qui n'appartient pas à notre
> monde, dans des objets qui font partie intégrante de notre monde «naturel»,
> «profane».[10]

Die Hierophanie oder Epiphanie ist demnach mit Eliade anzusehen als das geheimnisvolle Sichzeigen einer heiligen oder göttlichen Macht, die sich innerhalb
der profanen Welt unerwartet bekundet. Wie Eliade weiterhin ausführt, verursacht die Epiphanie einen Bruch im Kontinuum des profanen Raums und der
profanen Zeit. Sie grenzt daraus einen eigenständigen Bereich aus, nämlich sowohl einen heiligen Ort als auch eine heilige Zeit, in die das Heilige einbricht
und an denen es sich bekundet.[11]

In der Tat lassen sich die sieben geheimnisvollen Erscheinungen der Beatrice
vor Dante in der *Vita nuova* als ebensoviele Epiphanien verstehen, und der Sache
nach sind sie von Hugo Friedrich in genau diesem Sinn charakterisiert worden.[12]
In der stilnovistischen Liebesdichtung wird die Dame von Hause aus stark divinisiert. Es ist darum nur folgerichtig, das grüßende Vorüberschreiten der Herrin
als die huldvolle Erscheinung einer an und für sich transzendenten Gottheit zu

---

8 Ibid. p. 302.
9 Cf. Lanczkowski: Art. „Epiphanie", loc. cit. Zu unterscheiden ist vom allgemeinen der liturgische Begriff der Epiphanie oder Theophanie, die traditionellerweise am 6. Januar begangen wird.
 Während man im Osten an diesem Tag gleich drei Epiphanien feiert, nämlich Jesu Anbetung
 durch die Magier, seine Taufe im Jordan und das Weinwunder zu Kana, konzentriert sich im
 Westen der Festinhalt auf die Erscheinung des Herrn vor den Heidenvölkern, als deren Vertreter
 üblicherweise die Heiligen Drei Könige angesehen werden.
10 Mircea Eliade: «Avant-propos à l'édition française», in: *Le sacré et le Profane* (Germanice 1957),
 Paris: Gallimard 1965, p. 17.
11 Cf. ibid. pp. 25-32 et 63-70.
12 Friedrich: *Epochen italienischer Lyrik,* pp. 113 sq.

inszenieren. André Stoll hat daher den Epiphaniebegriff explizit in die Interpretation der *Vita nuova* eingeführt und vor allem am ersten Auftritt der Beatrice die epiphaniehaften Züge überzeugend herausgearbeitet.[13] Auch bei ihrer zweiten Erscheinung, die wir oben zitiert haben, bleibt dies so. Beatrice erscheint unerwartet vor ihrem Verehrer, gibt sich ihm in einer Glückseligkeit bewirkenden Vision zu beschauen und läßt ihn tiefgreifend verändert, ja sogar trunken vor Liebesglück zurück.

Aus dem für Dante Gesagten erhellt, daß auch bei Petrarca die Bearbeitung der dichtungstypischen Ursituation des Grüßens die Struktur der Epiphanie besitzt, beispielsweise im folgenden Sonett:

> *Persequendomi Amor al luogo usato,*
> *tristetto in guisa d'uom ch'aspetta guerra,*
> *che si provede, e i passi intorno serra,*
> *de' miei antichi pensier' mi stava armato.*
> *Volsimi et vidi un'ombra che da lato*
> *stampava il sole, et riconobbi in terra*
> *quella che, se 'l giudicio mio non erra,*
> *era più degna d'immortale stato.*
> *I' dicea fra mio cor: Perché paventi?*
> *Ma non fu prima dentro il penser giunto*
> *che i raggi, ov'io mi struggo, eran presenti.*
> *Come col balenar tona in un punto,*
> *così fu' io de' begli occhi lucenti*
> *et d'un dolce saluto insieme aggiunto.*[14]

[Mich verfolgte Amor am gewohnten Ort; / recht traurig nach der Art eines Mannes, der Krieg erwartet, / der sich vorsieht und mit festerem Schritte auftritt, / so hatte ich mich mit meinen alten Gedanken gewappnet. // Ich wandte mich um und sah einen Schatten, den von der Seite her / die Sonne prägte, und ich erkannte auf der Erde / diejenige, welche, sofern mein Urteil nicht irrt, / des Standes der Unsterblichkeit würdiger gewesen wäre. // Ich sagte in meinem Herzen: Warum fürchtest du dich? / Aber nicht eher war der Gedanke im Innern angekommen, / als die Strahlen, die mich vernichten, gegenwärtig waren. // Wie wenn es zusammen mit dem Blitz in einem Augenblick donnert, / so wurde ich von den schönen strahlenden Augen / und von einem lieblichen Gruß zugleich getroffen.]

Der Sprecher sieht zunächst eine *ombra*, einen ‚Schatten‘, den die Sonne zeichnet: Die Redeweise ist bewußt zweideutig: Einerseits können wir davon ausgehen, daß der Liebende eines Schattens gewahr wird und dann auf die eigentliche Gestalt der danebenstehenden Laura schaut, die hier wie auch sonst – angesichts ihres strahlenden Blicks – zur ‚Sonne‘ metaphorisiert ist. Andererseits ist Lauras

---

13 Cf. André Stoll: „Beatrice im Versteck", in: *Das Schicksal der Liebe,* edd. D. Kamper, Chr. Wulf, Weinheim; Berlin: Quadriga 1988, pp. 347-365.
14 Petrarca: *Canzoniere,* CX, ed. Dotti, p. 143.

körperliche Gestalt selbst in einem metaphorischen Sinn ‚Schatten' oder Abbild eines Urbildes, als welches dann letztlich – mit Petrarcas eigenen Worten – die ‚höchste Sonne' anzusetzen wäre.[15] Jedenfalls ist Lauras Vorübergang als Epiphanie einer göttlichen Wesenheit gekennzeichnet, die eigentlich dem Reich der himmlischen Unsterblichkeit angehört, sich aber einem sterblichen Menschen dergestalt offenbart, daß er durch wunderbare Fügung schon auf Erden ihr wahres Urbild zu erkennen vermag: *et riconobbi in terra*. Lauras göttliche Macht findet schließlich ihren höchsten Ausdruck in ihrem Blick, der den Sprecher zwangsläufig zerstören muß, da er wie Blitz und Donner auf ihn niedergeht.

Noch die moderne Literatur wird von der Epiphanie heimgesucht. Stoll konnte eine Aufnahme des Themas unter spiegelbildlich verkehrten Vorzeichen in André Bretons *Nadja* nachweisen, die sich über klare intertextuelle Verweise auf Dantes *Vita nuova* zurückbezieht. Karl Heinz Bohrer betrachtet schließlich die Epiphanie überhaupt als eine zentrale Kategorie der modernen ästhetischen Erfahrung,[16] und als einen der herausragenden Vertreter, wenn nicht gar Begründer, moderner ästhetischer Subjektivität benennt Bohrer verständlicherweise Charles Baudelaire.[17] In der Tat beschreibt etwa Baudelaires Sonett *A une passante* ganz offensichtlich eine Epiphanie unter den Bedingungen der Moderne. Nicht von ungefähr beschließt Warning mit diesem Gedicht seine Geschichte der lyrischen Dekonstruktion, und in einem vergleichbaren Sinn hat Stoll das erste Terzett des Sonetts seiner Untersuchung über Beatrice und Nadja als Motto vorangestellt. Bei Baudelaire erscheint die schwarzgekleidete Schönheit dem Sprecher – darauf lenken die beiden Deutungen gleichermaßen den Blick – in analoger Weise wie Beatrice ihrem Dante oder eben auch wie Laura ihrem Petrarca, und dennoch geschieht dies vor der Folie der Großstadterfahrung des 19. Jahrhunderts.

> *La rue assourdissante autour de moi hurlait.*
> *Longue, mince, en grand deuil, douleur majestueuse,*
> *Une femme passa, d'une main fastueuse*
> *Soulevant, balançant le feston et l'ourlet;*
> *Agile et noble, avec sa jambe de statue.*
> *Moi je buvais, crispé comme un extravagant,*
> *Dans son œil, ciel livide où germe l'ouragan,*
> *La douceur qui fascine et le plaisir qui tue.*
> *Un éclair... puis la nuit! – Fugitive beauté.*
> *Dont le regard m'a fait soudainement renaître,*
> *Ne te verrai-je plus que dans l'éternite?*

---

15 «Quel sol che mi mostrava il camin destro / di gire al ciel con glorïosi passi, / tornando al sommo Sole...» (*Canzoniere*, CCCVI, vv. 1-3, ed. Dotti, p. 276.) – ‚Jene Sonne, die mir den rechten Weg zeigte, / um mit glorreichen Schritten zum Himmel zu wandeln / und zur höchsten Sonne heimzukehren...'

16 Zur Plötzlichkeit als einer Signatur der Epiphanie cf. Karl Heinz Bohrer: *Plötzlichkeit: Zum Augenblick des ästhetischen Scheins,* Frankfurt am Main : Suhrkamp 1981, pp. 63-65 et passim.

17 Zur Rolle Baudelaires in der ästhetischen Moderne cf. ibid. pp. 146 sq. et id.: *Der romantische Brief: Die Entstehung ästhetischer Subjektivität,* München: Carl Hanser 1987, pp. 20-21.

Ailleurs, bien loin d'ici! trop tard! jamais peut-être!
Car j'ignore où tu fuis, tu ne sais où je vais,
O toi que j'eusse aimée, ô toi qui le savais.[18]

Die fremde Dame blickt den Sprecher an. Ein Blitz – aus ihren Augen entsprungen – trifft ihn und schenkt ihm eine plötzliche Wiedergeburt. Der Topos
des Blitzes oder des die Wolken aufreißenden Sonnenstrahls läßt sich mindestens
bis auf die platonische Lichtmetaphorik zurückführen. Bei Dionysius vom Areopag erscheint die ἀκτίς (,Blitz- oder Sonnenstrahl') überaus häufig, besonders
eindrücklich dort, wo der Beschauende darum betet, in der Ekstase „πρὸς τὴν
ὑπερούσιον τοῦ θείου σκότους ἀκτῖνα"[19] (,zum überwesenhaften Strahl des
göttlichen Dunkels') emporgehoben zu werden. Lateinisch wurde das Wort
ἀκτίς meist als *radius* wiedergegeben und somit wohl weit häufiger als ,Strahl'
denn als tatsächlicher ,Blitz' gedeutet. Bezeichnenderweise nimmt aber Johannes
vom Kreuz gerade das Motiv des Blitzes wieder auf, als er im zweiten Buch der
Subida von den geistlichen Visionen handelt, welche die Seele auf übernatürli-
chem Weg erreichen können, um ihr nach Gottes Willen in einer Art von Epiphanie ein Geheimnis zu offenbaren.

> Y es, a veces, como si se le abriese [scil. al alma] una clarísima puerta, y por ella viese
> una luz a manera de un relámpago, cuando en una noche oscura súbitamente escla-
> rece las cosas y las hace ver clara y distintamente y luego las deja a oscuras, aunque
> las formas y figuras de ellas se quedan en la fantasía. (II Subida 24,5.)

> [Es ist manchmal, als täte sich ein Lichttor auf und als sähe man es hinter diesem
> wie einen Blitz aufleuchten, der das Dunkel der Nacht für einen Augenblick erhellt.
> Man sieht da die Dinge klar und bestimmt, aber sogleich sinken sie wieder ins
> Dunkel zurück, nur die Formen und Eindrücke von den Gegenständen bleiben in
> der Phantasie zurück. (II Aufstieg 22, p. 225.)]

Anders als bei Baudelaire und seinen Vorgängern ist die Epiphanie des Blitzes bei
Johannes vom Kreuz eine nur imaginäre Apprehension, welche die Seele letztlich
fahren lassen soll. Die Einbeziehung der Textstelle aus der *Subida* macht uns
dennoch klar, daß in Baudelaires Gedicht das Lexem *nuit* doppeldeutig ist und
seine genaue Bedeutung unentscheidbar bleiben muß – ganz ähnlich wie weiter
oben bei Petrarca die *ombra* der Laura auf zwiefache Weise gelesen werden
konnte. Denn entweder trägt *nuit* seine eigentliche Bedeutung. Dann erfolgt die
Begegnung des Nachts, so daß der Sprecher nach dem Vorübergang der Pas-
santin allein in der nächtlichen Situation zurückbleibt. Oder aber *nuit* ist Metapher. Dann wird damit in uneigentlichem Sinn das Innere des Sprechers bezeichnet, in dem es nach dem momenthaften Erlebnis des strahlenden Blicks
wieder dunkel geworden ist – ebenso wie sich bei Johannes die Seele nach dem

---

18 Charles Baudelaire: «A une passante», in: *Les Fleurs du mal*, XCIII, ed. H. Lemaître, Paris: Garnier-Flammarion 1964, p. 114.
19 Dionysius Areopagita de mystica theologia 1, 1000 A.

epiphaniehaften Aufleuchten des Blitzes in der nächtlichen Dunkelheit wieder-
findet.

Für welche Deutung auch immer man sich in bezug auf die Szene bei Baudelaire entscheiden mag, drei Bemerkungen sind hier anzuschicken: Erstens ist gegen Bohrers weithin geschichts- und begriffsloses Verständnis der ästhetischen
Epiphanie darauf hinzuweisen, daß diese keineswegs ausschließlich eine Kategorie der Moderne ist. Vielmehr geben gerade die eminent modernen Gestalten der
Epiphanie bei Baudelaire und bei Breton – dies ist ein wesentlicher Ertrag von
Stolls Untersuchung – deren vormoderne Dimension überdeutlich zu sehen und
sprengen somit die gar zu einfache Genealogie, die Bohrers Rekonstruktion einer
ästhetischen Moderne zugrunde liegt. Zweitens ist mit Warning davon auszugehen, daß sich den historischen Fallbeispielen ästhetischer Epiphanie eine umfas-
sendere Textbewegung zuschreiben läßt, welche deren metaphysische Prämissen
immer schon auf die eine oder die andere Weise dekonstruiert. Drittens aber ist
nachdrücklich daran zu erinnern, daß die Möglichkeit einer metaphysikkritischen Dekonstruktionsarbeit ihrerseits eine Voraussetzung hat, welche in den
erwähnten Untersuchungen nicht eigens benannt wurde, weil sie jeweils schon in
den zitierten Gedichten selbst als fraglos vorausgesetzt wurde.

Ästhetische Epiphanie wird bei Dante, Petrarca und Baudelaire immer unter
der Bedingung thematisch, daß es sich dabei um eine Manifestation des Seins der
Geliebten oder gar der Liebe selbst im Zeichen der vollkommenen Präsenz han-
dele. Die Dekonstruktion kann alsdann an jenem Punkt ansetzen, wo sich eine
Antinomie zwischen der metaphysisch begründeten Erscheinung des Wesens der
Liebe zum einen und der Rhetorik der Vermittlung dieser Erscheinung zum anderen abzeichnet. Das heißt jedoch gleichzeitig, daß auf der Ebene der erinnerten
oder imaginierten Ursituation die genannten Textmodelle die Epiphanie selbst
immer erst als eine unvermittelte Offenbarung denken, in der unverhüllt aufscheint, was sich selbst ganz ohne Vermittlung zu zeigen vermag. Die Reflexion
auf die Möglichkeitsbedingungen der epiphaniehaften Erscheinung wird hingegen vergessen. Allenfalls kehrt sie nachträglich wieder als ein vorgeblich sekundä-
res Problem der rhetorischen Vermittlung, als Frage nach der passenden *elocutio*
und den angemessenen Figuren des *ornatus*.

Wenn sich beispielsweise im Gruß der Beatrice dem Dante die *termini de la
beatitudine* enthüllen, dann durchquert sein Blick ungehindert den offenen Himmel bis dorthin, wo das glückselige Leben anhebt, nämlich an den ‚Grenzpfosten
der Seligkeit‘, – und zwar ohne daß zwischen dem Schauenden und dem Geschauten noch irgendetwas Fremdes zu stehen käme. In der Vision wird der Eintritt zur Glückseligkeit wenigstens anfanghaft gegenwärtig. Ebenso bei Petrarca:
Der Blick des Schauenden steigt immer weiter hinauf – vom Schatten des Ab-
bilds über die ihn zeichnende Sonne bis hin zur Erkenntnis eines unsterblichen
Lichts in seiner unverhüllten Präsenz: *che i raggi... eran presenti* (‚da waren schon
die Strahlen gegenwärtig‘). Was den Sprecher trifft und was er erkennt ist das
Licht des Blitzes selbst, das unmittelbar im Blick aus Lauras Augen auf ihn nie-
derstürzt – ohne jeglichen Aufschub: *come col balenar tona in un punto* (‚wie

wenn es mit dem Blitz zusammen in einem Augenblick donnert'). Jegliche Möglichkeit der Vermittlung fällt in der Zeitlosigkeit dieses Augenblicks aus. Die Epiphanie gibt sich als ein reines Offenbarwerden zu sehen – ebenso wie dies dann auch noch bei Baudelaire der Fall ist, wo die Überhelligkeit des Blitzes wirkungsvoll mit dem Dunkel der alsdann hereinbrechenden Nacht kontrastiert: *un éclair... puis la nuit!* Gerade in Baudelaires Inszenierung einer modernen Epiphanie geht die Provokation ja davon aus, daß der Blitz in seiner Präsenz auf nichts anderes mehr verweist als auf sich selbst.[20] Indem er dies tut, wird er jedoch Dantes ungehindertem Blick bis an die *termini de la beatitudine* und Petrarcas aufschubsloser Implosion von Blick und Erschrockensein, von Blitz und Donner, zum Verwechseln ähnlich.

Allen drei Modellen liegt ein gemeinsames Vorverständnis zugrunde: In der Epiphanie offenbart sich die Substanz der Geliebten oder gar der Liebe selbst unverhüllt, so daß sich das Sein ohne Akzidentien und ohne uneigentliche, entfremdende Vermittlung zu sehen gibt. In der Epiphanie ist die Differenz zwischen Sein (Substanz) und Schein (Akzidens) getilgt. Es erscheint das Sein rein in seiner Präsenz, so daß der Schein als ganzer vom Sein absorbiert wird und das Scheinen mit dem Sein selbst koinzidiert. Wenn aber seit Aristoteles die Aufgabe der Metaphysik in der Bestimmung des ὂν ἦ ὄν, des Seienden, insofern es ist, bestanden hat, dann darf ein Konzept der Epiphanie, das diese als Sichzeigen des Seins in seiner Präsenz versteht, getrost in einem elementaren Sinn metaphysisch genannt werden, und gegen diese metaphysische Variante der Epiphanie ließe sich dann, wie wir gesehen haben, durchaus jener Verdacht der Differenzvergessenheit erheben, den Heidegger der Metaphysik insgesamt angelastet hat. Die Leistung der lyrischen Entwürfe Dantes, Petrarcas und Baudelaires bestünde so gesehen vor allem darin, daß sie einerseits auf je spezifische Art das metaphysische Konzept der Epiphanie als einer Selbstpräsenz und Selbstoffenbarung des Seins in seiner Unverhülltheit voraussetzen, daß sie dann aber andererseits zugleich aufzeigen, daß diesem Konzept immer schon der Status eines intertextuellen Zitats und eines rhetorischen Effekts zukommt. Alle drei Dichter befreien so die Epiphanie aus den Fesseln einer differenzvergessenen Metaphysik. Gleichwohl wird diese Dekonstruktionsbewegung immer nur von außen her an das Epiphaniekonzept herangetragen; in sich selbst bleibt die Epiphanie unverbrüchlich, das heißt differenzvergessen.

---

20 Walter Benjamin hat diesen Sachverhalt unter dem Namen des Chocs beschrieben. Cf. Benjamin: „Über einige Motive bei Baudelaire (1939/40)", in: *Charles Baudelaire: Ein Lyriker im Zeitalter des Hochkapitalismus,* ed. R. Tiedemann, Frankfurt am Main: Suhrkamp 1974, pp. 101-149.

Plötzlich

Wir haben die metaphysische, differenzvergessene Spielart der Epiphanie so ausführlich erläutert, um klarzumachen, wovon sich jenes Modell der Epiphanie abhebt, dem wir bei Johannes vom Kreuz begegnen und das wir als eine außermetaphysische, differenzbewußte Variante davon verstehen können, die es im Zusammenhang der platonischen Spekulation über das Plötzlich zu situieren gilt. Die Braut des *Cántico espiritual* wünscht sich eine Erscheinung des Geliebten in der Quelle, und diese Epiphanie soll sich ‚plötzlich‘ ereignen: *de repente*. Die Zeitangabe entspricht hier nicht von ungefähr dem griechischen Adverb ἐξαίφνης (‚plötzlich‘). Philosophiegeschichtlich verbindet sich mit diesem Temporaladverb eine lange Reflexion, auf die hier wenigstens in groben Zügen einzugehen ist.

Schon Platon ließ in seinem Dialog *Parmenides* den gleichnamigen Philosophen aus Elea das ἐξαίφνης behandeln und legte so den Keim für die reiche Wirkungsgeschichte des Themas.[21] In der ersten Hypothesis des Parmenides, in der er das Eine als ein Seiendes betrachten will, wird das Plötzlich als der augenblickhafte Übergang zwischen Bewegung und Stillstand gefaßt.[22] Das Plötzlich ist gebunden an das μεταξύ, an das Dazwischen, in dem es sich ereignet. Dank der Zeitlosigkeit, die im Dazwischen herrscht, ist es dann auch möglich, daß sich das allbegründende Eine in ein Anderes zu verwandeln vermag. Das Plötzlich ist damit dem Bereich des Einen zugeordnet, aber sodann erfaßt es notwendigerweise auch den Übergang vom Sein zum Vergehen oder vom Nicht-Sein zum Werden, und das Plötzlich kann sich somit vermitteln mit der Welt des Seienden ebenso wie mit dem Einen selbst, das von Parmenides allerdings in dieser ersten Hypothesis ebenfalls als ein Seiendes vorgestellt wird.

Die zweite maßgebliche Stelle über das ἐξαίφνης findet sich im *Gastmahl* des Plato. Dort spricht Diotima vom Plötzlich, als sie dem Socrates erklärt, daß dem Knabenliebhaber am Ende seines Weges ein jäher Blick auf die unvergängliche Schönheit selbst zuteil werde: „πρὸς τέλος ἤδη ἰὼν τῶν ἐρωτικῶν ἐξαίφνης κατόψεταί τι θαυμαστὸν τὴν φύσιν καλόν“[23] – ‚der wird, indem er nun der Vollendung in der Liebeskunst entgegengeht, plötzlich ein von Natur wunderbar Schönes erblicken‘ (Friedrich Schleiermacher). Während das Plötzlich im *Parmenides* dem Einen zugewiesen wird, ist es im *Gastmahl* ein Korollar des Schönen. Die Schau des Liebenden auf das Schöne kann sich nämlich nur im Plötzlich ereignen: „ἐξαίφνης κατόψεταί τι“ (‚plötzlich wird er etwas erblicken‘). Somit bedingen sich die Schau des höchsten Prinzips und das Moment der Plötzlichkeit gegenseitig. Ja, das Schöne kommt gerade am Plötzlich zur Erscheinung.

---

21 Cf. Werner Beierwaltes: *Denken des Einen*, p. 196 sq.; René Arnou, René Roque, in: Art. «Contemplation», II; III.E (1953), in: *Dictionnaire de spiritualité ascétique et mystique*, vol. II/2, coll. 1716-1742 (Arnou); 1885-1911 (Roque), ibid. 1720 sq.; 1732; 1887.
22 Cf. Platonis Parmenenides 156 d-e.
23 Platonis convivium 29, 210 e.

Noch in einem dritten – nicht weniger herausragenden – Zusammenhang findet bei Platon der Begriff des Plötzlich Verwendung, nämlich im Höhlengleichnis.

Ὁπότε τις λυθείη καὶ ἀνακάζοιτο ἐξαίφνης ἀνίστασθαί τε καὶ περιάγειν τὸν αὐχένα καὶ βαδίζειν καὶ πρὸς τὸ φῶς ἀναβλέπειν, πάντα δὲ ταῦτα ποιῶν ἀλγοῖ τε καὶ διὰ τὰς μαρμαρυγὰς ἀδυνατοῖ καθορᾶν ἐκεῖνα ὧν τότε τὰς σκιὰς ἑώρα, τί ἂν οἴει αὐτὸν εἰπεῖν, εἴ τις αὐτῷ λέγοι ὅτι τότε μὲν ἑώρα φλυαρίας, νῦν δὲ μᾶλλόν τι ἐγγυτέρω τοῦ ὄντος καὶ πρὸς μᾶλλον ὄντα τετραμμένος ὀρθότερον βλέποι, καὶ δὴ καὶ ἕκαστον τῶν παριόντων δεικνὺς αὐτῷ ἀναγκάζοι ἐρωτῶν ἀποκρίνεσθαι ὅ τι ἔστιν;[24]

[Wenn einer entfesselt wäre und gezwungen würde, sogleich [scil. ἐξαίφνης – plötzlich] aufzustehen, den Hals herumzudrehen, zu gehen und gegen das Licht zu sehen und, indem er das täte, immer Schmerzen hätte und wegen des flimmernden Glanzes nicht recht vermöchte, jene Dinge zu erkennen, wovon er vorher die Schatten sah, was meinst du wohl, würde er sagen, wenn ihm einer versicherte, damals habe er lauter Nichtiges gesehen, jetzt aber, dem Seienden näher und zu dem mehr Seienden gewendet, sähe er richtiger, und, ihm jedes Vorübergehende zeigend, ihn fragte und zu antworten zwänge, was es sei? (Schleiermacher.)]

Socrates beschreibt in seinem Gedankenexperiment einen, der aus der dunklen Höhle ans helle Tageslicht herausgeführt würde; und dieser Übergang von der Dunkelheit in die Helligkeit, vom Sehen der Schattenbilder zur Schau der wahren Sonne erfolgt im Plötzlich. Wie der Höhlenbewohner des Gleichnisses ganz plötzlich des flimmernden Glanzes (μαρμαρυγαί) gewahr wird, der ihn blendet, so schaut auch der Erkennende im Plötzlich das Licht des Seienden und der Wahrheit.

Bei Platon ist das Plötzlich eine Instanz, die gleichermaßen Anteil besitzt und gewährt – sowohl am Einen, Schönen und Wahren als auch am Sein, das laut dem Dialog *Parmenides* im Umschlag des Plötzlich aus dem Einen hervorgeht. Seit ihren Anfängen bei Platon kann darum die Reflexion über das ἐξαίφνης tendenziell in zwei Richtungen erfolgen: Als Metaphysik kann sie dem Plötzlich den Stachel der Differenz zum Seienden ziehen, indem das Seiende selbst im Plötzlich erscheint und darin gründet (so vielleicht im *Gastmahl* und im Höhlengleichnis). Als Metaphysikkritik kann sie aber gerade auch den Differenzcharakter des Plötzlich zum Seienden hervorheben und die Unverrechenbarkeit betonen, mit der das Plötzlich alles Seiende überschießt und aus den Angeln hebt (so vielleicht im *Parmenides*). Die metaphysische Option (das Plötzlich als ein Seiendes) setzten Dante, Petrarca und Baudelaire immer schon voraus, um dann in ihren eigenen Inszenierungen der Epiphanie dagegen anzuschreiben. Die außermetaphysische Option (das Plötzlich als ein Exzeß des Seienden) wurde in der neuplatonischen Reflexion aufgegriffen und weiterverfolgt – und zwar in unter-

---

24 Platonis res publica VII, 151 c-e. Auf die Bedeutung dieser Stelle für das Thema des ἐξαίφνης hat mich Professor Massimo Cacciari (Venedig) aufmerksam gemacht.

schiedlichen Variationen und mit unterschiedlicher Gewichtung des Differenzge-
dankens: als Epiphanie im Licht bei Plotin, als Epiphanie in der Dunkelheit bei
Dionysius, als Epiphanie vermittels der Figur bei Johannes vom Kreuz.

Epiphanie im Licht

Sowohl der *Parmenides* als auch das *Gastmahl* gehören zu jenen Dialogen Platons, die von den Neuplatonikern besonders intensiv studiert und auch kommentiert wurden. Das fünfte Buch der dritten *Enneade* des Plotin handelt etwa
über den Mythos von Eros, wie er im *Gastmahl* erzählt wird, und erhalten ist
weiterhin ein unvollendeter Kommentar des Proclus zum *Parmenides*.[25] Proclus
hat seinerseits den Dionysius stark beeinflußt, und über eine neuplatonische
Vermittlung dürfte jedenfalls die Frage nach dem Plötzlich auf Dionysius gekommen sein. Vermutlich ist als Mittelsmann hierfür aber weniger Proclus denn
Plotin selbst anzusetzen, der als bedeutendster neuplatonischer Philosoph der
Antike gilt. An mehreren Stellen seiner *Enneaden* verknüpft Plotin nämlich wie
Diotima das Motiv des Plötzlich ausdrücklich mit dem Thema einer ekstatischen
Schau.[26] Im plotinischen Zusammenhang ist das Plötzlich dieser Schau meist
nicht ausdrücklich wie im *Gastmahl* auf das Schöne allein bezogen, sondern wie
im *Parmenides* immer auf das höchste Prinzip des Einen, das wiederum mit dem
Guten identisch ist und das Plotin des öfteren als den Gott selbst bezeichnet, von
dem er abwechselnd im Singular des Neutrums als ἐκεῖνο (,jenes') oder im
Maskulinum als ἐκεῖνος (,jener') sprechen kann. Das Eine ist immer gegenwärtig, aber doch ohne daß die Seele üblicherweise Notiz davon nähme. Nur von
Zeit zu Zeit gibt es sich ihr tatsächlich zu schauen nach der Art eines vorüberschreitenden Gottes – und zwar als ein plötzlich aufstrahlendes Licht. So
kann es zur epiphaniehaften Schau des Einen in der Erleuchtung kommen, die
Plotin selbst nach dem Ausweis seines Biographen Porphyrius viermal zuteil geworden ist. Plotin charakterisiert die Lichterfahrung folgendermaßen:

> Τότε δὲ χρὴ ἑωρακέναι πιστεύειν, ὅταν ἡ ψυχὴ ἐξαίφνης φῶς λάβῃ· τοῦτο
> γὰρ παρ' αὐτοῦ καὶ αὐτός· καὶ τότε χρὴ νομίζειν παρεῖναι, ὅταν ὥσπερ
> θεὸς ἄλλος εἰς οἶκον καλοῦντός τινος ἐλθὼν φωτίσῃ· ἢ μηδ' ἐλθὼν οὐκ
> ἐφώτισεν· οὕτω τοι καὶ ψυχὴ ἀφώτιστος ἄθεος ἐκείνου· φωτισθεῖσα δὲ
> ἔχει, ὃ ἐζήτει, καὶ τοῦτο τὸ τέλος τἀληθινὸν ψυχῇ, ἐφάψασθαι φωτὸς
> ἐκείνου καὶ αὐτῷ αὐτὸ θεάσασθαι, οὐκ ἄλλῳ φωτί, ἀλλ' αὐτῷ, δι' οὗ καὶ
> ὁρᾷ. Δι' οὗ γὰρ ἐφωτίσθη, τοῦτό ἐστιν, ὃ δεῖ θεάσασθαι· οὐδὲ γὰρ ἥλιον
> διὰ φωτὸς ἄλλου. Πῶς ἂν οὖν τοῦτο γένοιτο; Ἄφελε πάντα.[27]

---

25 Zu den Interpretationen des *Parmenides* durch die Neuplatoniker cf. Beierwaltes: *Denken des Einen*, pp. 193-225.
26 Wir können auf diese Stellen nur kursorisch eingehen. Cf. Plotini enneades V,3,17; V,5,7 sq.;
   VI,7,34-36.
27 Plotini enneades V,3,17.

[Dann aber soll man darauf vertrauen, gesehen zu haben, wenn die Seele plötzlich das Licht empfängt. Denn es kommt von ihm und ist er selbst. Und dann darf man auch nach dem Herkommen dafürhalten, daß er anwesend ist, wie wenn sonst ein Gott, weil ihn jemand ins Haus ruft, bei seinem Kommen Licht bringt. Oder wäre er nicht gekommen, hätte er ja kein Licht gebracht. So bleibt gewiß auch die Seele unerleuchtet ohne jenen Gott, wird sie aber erleuchtet, dann hat sie, was sie suchte, und das ist ja das wahre Ziel der Seele, sich an der Berührung des Lichts zu entzünden und es in ihm selbst zu schauen, nicht in einem andern Licht, sondern in eben dem Licht, durch das die Seele auch selber sieht. Wodurch sie nämlich erleuchtet wird, das ist es, was sie schauen soll. Denn auch die Sonne schaut man nicht in einem andern Licht. Wie kann dies also zustande kommen? Leg alles ab!]

Das Sehen wird der Seele plötzlich zuteil: „ὅταν ἡ ψυξὴ ἐξαίφνης φῶς λάβῃ" (‚wenn die Seele plötzlich Licht empfängt'). Dieser Augenblick taucht die Seele in ein strahlendes Licht, in dem sie die gewohnten Unterscheidungen nicht mehr treffen kann. Die Seele sieht nicht nur das Licht, das sich ihr zeigt, als Objekt der Schau, sondern auch als Voraussetzung und Medium ihres eigenen Schauens. Indem sie sich selber an der Berührung des geschauten Lichts entzündet: „ἐφάψασϑαι φωτὸς ἐκείνου", fallen im Plötzlich der Schau die schauende Seele und das geschaute Licht zusammen. Aufgehoben wird die Differenz zwischen innen und außen, zwischen Schauendem und Geschautem. Denn im Plötzlich der Schau kann es, wie Plotin an anderer Stelle mit augenscheinlichem Bezug, aber in Überbietung des *Parmenides* ausführt, überhaupt kein μεταξύ mehr geben:

ἰδοῦσα δὲ [scil. ἡ ψυχή] ἐν αὐτῇ ἐξαίφνης φανέντα – μεταξὺ γὰρ οὐδὲν – οὐδ᾽ἔστι δύο, ἀλλ᾽ ἓν ἄμφω· οὐ γὰρ ἂν διακρίναις ἔτι, ἕως πάρεστι· μίμησις δὲ τούτου καὶ οἱ ἐνταῦθα ἐρασταὶ καὶ ἐρωμένοι συγκρῖναι θέλοντες.²⁸

[Es sieht aber da die Seele in sich plötzlich den Erscheinenden – dazwischen ist nämlich nichts –; auch sind es nicht mehr zwei, sondern beide sind eins; auch könntest du es nämlich nicht unterscheiden, solange es anwesend ist; eine Nachbildung davon sind aber hier bei uns die Liebhaber und deren Lieblinge, die danach trachten, miteinander verbunden zu sein.]

Plotin konzipiert demzufolge die Schau als differenzaufhebende Epiphanie, als ein momenthaftes Aufscheinen im Zeichen der völligen Einswerdung. Wohl ist der Gott stets gegenwärtig, aber nur in der Epiphanie erscheint das Eine der Seele auch als tatsächlich präsent. Darum heißt es: „ὅταν δὲ τούτου εὐτυχήσῃ ἡ ψυχὴ καὶ ἥκῃ πρὸς αὐτήν, μᾶλλον δὲ παρὸν φανῇ..."²⁹ – ‚wenn die Seele dies Ziel glücklich erreicht und es zu ihr kommt, besser gesagt: wenn es gegenwärtig erscheint...' Epiphanie ist also differenzlose Schau der Präsenz des Geschauten. Medium und Gegenstand dieser Schau ist das Licht des Erscheinenden, das sich dem Schauenden unverborgen zu sehen gibt. Das μεταξύ jedoch, die Differenz, die ansonsten zwischen dem Einen und dem Anderen, zwischen

---

28 Ibid. VI,7,34.
29 Ibid. VI,7,34.

dem Geschauten und dem Schauenden waltet, ist gerade im Plötzlich getilgt und in vollkommene Anwesenheit überführt: ἕως πάρεστι („solange es anwesend ist').

Es erhebt sich hier für uns eine unvermeidliche Frage: Ist das, was in der Epiphanie geschaut wird, tatsächlich auch die Präsenz des Gottes? Oder ist es doch eher die Präsenz einer Schau des Lichts, die möglicherweise mit der Präsenz des Gottes selbst noch nicht in eins fällt? Für Plotin verbürgt die Schau des Lichts die Anwesenheit des Gottes, denn der Schauende erblickt im Plötzlich seiner Entrückung gerade in seinem eigenen Licht den ihn erleuchtenden Gott: „ὁρᾶν δὴ ἔστιν ἐνταῦθα κἀκεῖνο καὶ ἑαυτόν· [...] ἑαυτὸν μὲν ἠγλαϊσμένον, φωτὸς πλήρη νοητοῦ, μᾶλλον δὲ φῶς αὐτό, καθαρόν, ἀβαρῆ, κοῦφον, θεὸν γενόμενον, μᾶλλον δὲ ὄντα"[30] – ‚zu sehen ist dort also Jenes und man selbst [...]: man selbst gleißend und erfüllt von geistigem Licht, besser gesagt: (man ist) das Licht selbst, rein, schwerelos, leicht, zum Gott geworden, besser gesagt: der Gott seiend' (Übersetzung von Richard Harder). Gleichzeitig gibt aber Plotin auch zu verstehen, daß die Identifikation des Lichts mit der Anwesenheit des Gottes aus der Perspektive der Seele erfolgt. Es handelt sich um eine herkömmliche, durch Gewohnheit beglaubigte Ansicht, die auf dem Urteil des νομίζειν (‚dafürhalten', ‚meinen', ‚glauben') beruht und darum nicht weiter hinterfragt wird: „καὶ τότε χρὴ νομίζειν παρεῖναι" (‚und dann darf man auch nach dem Herkommen dafürhalten, daß er anwesend ist'). Zu dieser überlieferten Ansicht gehört es, daß ein Gott, wenn er in ein Haus tritt, ein Leuchten dorthinein trägt. Aber reicht das überkommene Dafürhalten als Argument aus? Vielleicht läßt Plotins Text gerade hier Raum für eine Unbestimmtheit und fordert so von sich aus zu einer Umdeutung des Epiphaniekonzepts heraus...

Epiphanie in der Dunkelheit

Plotin vertritt einen hochgradig emphatischen Begriff der Epiphanie, und wohl gerade darin konnte er auf seine Nachfolger eine so faszinierende Wirkung ausüben. Plotinische Spuren lassen sich im Anschluß an das Gesagte unschwer bis hin zu Dante und dessen Avatars verfolgen, die wir oben besprochen haben. Im Plötzlich sind die Schau des Lichts und die Anwesenheit der Gottheit untrennbar verbunden. Ja, es kommt in der Schau des Lichts die Anwesenheit des Gottes selbst zur Erscheinung. Epiphanie, Schau und Anwesenheit bedingen einander. Nur vor dem platonisch-plotinischen Hintergrund wird es uns verständlich, daß sich auch Dionysius vom Areopag mit dem ἐξαίφνης befaßt und es zum Inhalt seines dritten Briefs macht, der an den Mönch Gaius gerichtet ist. Die emphatische Verschränkung von Lichtschau und Anwesenheit im Plötzlich der Epiphanie muß Dionysius beeindruckt, aber auch provoziert haben. Wenn einer, dann hat wohl Dionysius den Plotin im oben erörterten Sinn gelesen, nämlich so, als

---

30 Ibid. VI,9,9.

hätte er die Frage nach dem Zusammenhang von Schau und Anwesenheit im Plötzlich nicht schon beantwortet, sondern allererst zum Problem gemacht und dem weiteren Nachdenken aufgegeben. Der kurze Brief des Dionysius verdient es, im vorliegenden Zusammenhang vollständig zitiert zu werden.

Ἐξαίφνης ἐστὶ τὸ παρ' ἐλπίδα καὶ ἐκ τοῦ τέως ἀφανοῦς εἰς τὸ ἐκφανὲς ἐξαγόμενον. Ἐπὶ δὲ τῆς κατὰ Χριστὸν φιλανθρωπίας καὶ τοῦτο οἶμαι τὴν θεολογίαν αἰνίττεσθαι, τὸ ἐκ τοῦ κρυφίου τὸν ὑπερούσιον εἰς τὴν καθ' ἡμᾶς ἐμφάνειαν ἀνθρωπικῶς οὐσιωθέντα προεληλυθέναι. Κρύφιος δέ ἐστι καὶ μετὰ τὴν ἔκφανσιν ἤ, ἵνα τὸ θειότερον εἴπω, καὶ ἐν τῇ ἐκφάνσει. Καὶ τοῦτο γὰρ Ἰησοῦ κέκρυπται, καὶ οὐδενὶ λόγῳ οὔτε νῷ τὸ κατ' αὐτὸν ἐξῆκται μυστή-ριον, ἀλλὰ λεγόμενον ἄρρητον μένει καὶ νοούμενον ἄγνωσ-τον.[31]

[Plötzlich ist, was unverhofft aus dem bislang Erscheinungslosen ins Erscheinungshafte hinausgeführt wird. Bezogen auf die Menschenfreundlichkeit nach Christi Art aber liefert, wie ich meine, auch die Theologie dafür ein Sinnbild. Denn aus dem Verborgenen ist der Überwesenhafte hervorgegangen in eine Erscheinung nach unserer Art und hat eine Natur auf menschliche Weise angenommen. Verborgen aber ist er auch nach dem Hervorscheinen oder – damit ich etwas Göttlicheres sage – auch im Hervorscheinen. Denn gerade dies ist an Jesus geheimnisvoll verborgen, und weder im Reden noch im Denken ist das Geheimnis um ihn offenbar geworden, sondern auch ausgesprochen bleibt es unsagbar, auch bedacht bleibt es unerkannt.]

In seiner unvermittelten Plötzlichkeit und Kürze ist der dritte Brief des Areopagiten selbst wie eine Fulguration dessen, was er beschreibt: das ἐξαίφνης, das Plötzlich der Epiphanie. Unversehens stehen wir hier einem ganz anderen Konzept gegenüber, als wir es von Platon und vor allem von Plotin her zu kennen meinten. Dennoch darf diese Beobachtung nicht zu dem Irrtum verführen, der Areopagit setze sich von seinen platonischen Gewährsleuten einfach nur kritisch ab. Vielmehr verdankt er ihnen seine wesentlichen Kategorien – das Plötzlich und das Erscheinen, aber auch die Anwesenheit und zumindest teilweise die Schau. Vor allem aber übernimmt Dionysius von Plotin das Pathos und die Emphase des Epiphaniebegriffs. Daran parasitiert er, und daran schreibt er fort – noch in der Überschreibung. Sein dritter Brief kann demnach so gelesen werden, daß er Plotins euphorisches Verständnis der Epiphanie als einer Erscheinung der Anwesenheit zwar voraussetzt, aber gerade deren Lichtcharakter problematisiert und überschreibt. Die kategorialen Bauteile des plotinischen Modells werden nach Art des Bricolage auf eine neue Weise zusammengesetzt und mit einem zusätzlichen Element kombiniert, das wir aus der Lichtmetaphorik des Plotin noch nicht kannten, weil es sie radikal aus den Angeln hebt: es ist die κρυφιότης, die Verborgenheit.

Das dreimalige Vorkommen von Formen wie κρύπτειν (‚verbergen') und zweimal κρύφιος (‚verborgen') kontrastiert textintern auffällig mit dem vierma-

31 Dionysi epistola III, 1069 B.

ligen Vorkommen von sinngemäßen Ableitungen zu φαίνεσθαι (‚erscheinen'),
nämlich ἐκφανής (‚erscheinungshaft'), ἐμφάνεια (‚Erscheinung') und zweimal
ἔκφανσις (‚Hervorscheinen'). Hinzukommt die Form ἀφανής (‚erscheinungslos'), die etymologisch zur letztgenannten Gruppe gehört, aber einen negativen
Sinn hat. All dies darf zweifellos als Bezugnahme und Replik auf die Allgegen-
wart des Lexems φῶς (‚Licht') und seiner Ableitungen bei Plotin verstanden
werden. Betont wird demnach beim Areopagiten die dunkle, nächtliche Seite des
Erscheinens und der Epiphanie, während bei Plotin eine euphorische Metaphorik des Lichts ungebrochen dominiert hatte.

Dionysius verschiebt in seinem dritten Brief die Fragestellung, die er von seinen Vorgängern ererbt hat. Das Plötzlich ereignet sich für ihn im unverhofften
Übergang aus dem bislang Verborgenen, Nichterscheinenden, Erscheinungslosen, zum Offenbaren, Erscheinenden, Escheinungshaften: „ἐκ τοῦ τέως
ἀφανοῦς εἰς τὸ ἐκφανές." Die Erscheinung des Erscheinungslosen aber läßt
sich bei Dionysius kaum wie bei Plotin ohne ein μεταξύ denken, das zwischen
dem Erscheinungshaften und dem Erscheinungslosen waltet. Epiphanie ist für
Dionysius nicht differenzlos zu haben, sondern sie bedarf einer Artikulation, in
deren Medium sie sich allererst vollziehen kann, und dies Medium ist die Verborgenheit selbst. Die alte platonische Frage nach der Vermittlungsleistung des
Plötzlich am Schnittpunkt des Einen, des Schönen und des Wahren mit dem
Sein und ihre plotinische Zuspitzung im Modell der differenzlosen Schau des ge-
genwärtigen Lichts wird bei Dionysius umformuliert zur Frage nach der Verborgenheit, die sich auch im Plötzlich des Erscheinens der Erscheinung noch entzieht, weil sie ihr als die Bedingung ihrer Möglichkeit voraufliegt und darum von
ihr nicht annulliert zu werden vermag. So verbindet Dionysius die überkommene Reflexion auf das Plötzlich mit dem neuartigen Konzept der Verborgenheit.
Im Plötzlich vermittelt sich bei ihm nicht mehr das Eine an das Sein, sondern
das Erscheinungslose an das Erscheinen, aber selbst in der Erscheinung gibt das
Plötzlich nichts zu sehen, sondern es verbirgt. Somit gewinnt mit Dionysius die
Frage nach der Epiphanie eine völlig neue Qualität.

Die Definition des Plötzlich der Epiphanie leistet Dionysius im ersten Satz
seines Textes noch ohne die Kategorie der κρυφιότης, und somit ließe sich von
hier aus gewiß eine Brücke zur Position Plotins schlagen. Aber eine solche Ver-
söhnung der plotinischen mit der areopagitischen Epiphanie gestaltet sich im
Fortgang des Textes zunehmend schwieriger, weil der Gedankengang bei Dionysius nunmehr in eine andere Richtung abdriftet. Wie es die neuplatonischen
Philosophen des öfteren tun, so möchte auch Dionysius seinen abstrakten Gedankengang durch eine übertragen zu verstehende Geschichte, durch einen allegorischen Mythos, erläutern: „καὶ τοῦτο οἶμαι τὴν θεολογίαν αἰνίττεσθαι"
(‚auch die Theologie liefert, wie ich meine, hierfür ein Sinnbild'). Das Schlüsselwort, womit das Erklärungsverfahren bezeichnet wird, heißt αἰνίττεσθαι
(‚dunkel, geheimnisvoll, übertragen andeuten'), ist es doch geradezu Fachbegriff
der neuplatonischen Mythenallegorese, in der allgemein philosophische Grund-
sätze an Hand einer überlieferten Erzählung exemplifiziert werden. Der Mythos,

dessen sich Dionysius alsdann bedient, ist allerdings ein Thema der Theologie, es ist die Epiphanie des Gottmenschen: Gerade indem sich Christus in seiner Menschlichkeit zeigt, verbirgt er sich nach der Auffassung des Dionysius zugleich. Die höchste Form der Epiphanie erfolgt nach der Theologie des Areopagiten also nicht, indem sich die Gottheit in ihrer Präsenz zu sehen gibt, sondern indem sie sich verbirgt.

Im emphatischen Epiphaniebegriff Plotins waren Schau des Lichts und Anwesenheit des Einen in eins gefallen. Dionysius übernimmt offenkundig von Plotin das Moment der παρουσία, negiert aber zugleich das Element der Schau, der er die κρυφιότης gegenüberstellt. Am prägnantesten geht dies hervor aus der Deutung der Theophanie am Berge Sinai, die Dionysius in *De mystica theologia* gibt. Wiewohl es nämlich in bezug auf den Mose kategorisch heißt: „θεωρεῖ δὲ οὐκ αὐτόν (ἀθέατος γάρ)"[32] – ‚er schaut ihn aber nicht (unschaubar ist er nämlich)‘, bekundet sich diesem dennoch die Gegenwart Gottes: „δι' ὧν ἡ ὑπὲρ πᾶσαν ἐπίνοιαν αὐτοῦ παρουσία δείκνυται ταῖς νοηταῖς ἀκρότησι τῶν ἁγιωτάτων αὐτοῦ τόπων ἐπιβατεύουσα"[33] – ‚wodurch sich seine jegliche Vorstellung übersteigende Gegenwart zeigt, die den Fuß auch noch über die geistigen Gipfel seiner geheiligsten Orte hinwegsetzt‘. Demnach manifestiert sich in der Theophanie am Sinai zwar die Präsenz Gottes, aber es gibt weder einen Ort, von dem aus sie geschaut werden könnte: „ἀθέατος γάρ" (‚unsichtbar ist er nämlich‘) – noch von dem aus sie wenigstens geistig zu erfassen wäre: „ταῖς νοηταῖς ἀκρότησι... ἐπιβατεύουσα" (‚über die geistigen Gipfel den Fuß hinwegsetzend‘).[34]

Wie bei Plotin beinhaltet auch bei Dionysius die Epiphanie die παρουσία des Erscheinenden. Ja, ohne das plotinische Pathos der sich in einer Erscheinung bekundenden Präsenz verlöre die areopagitische Reflexion weithin ihren Sinn. Aber im Unterschied zu Plotin überschreibt Dionysius die Epiphanie dergestalt, daß darin Präsenz und Schau voneinander dissoziiert werden. Es gibt auch bei Dionysius die Möglichkeit des Schauens, aber in der Schau erscheint Gott gerade nicht als er selbst in seiner Anwesenheit; vielmehr impliziert die Schau zwangsläufig die Präsenz eines Andern und damit Gottes Abwesenheit: „Καὶ εἴ τις ἰδὼν θεὸν συνῆκεν, ὃ εἶδεν, οὐκ αὐτὸν ἑώρακεν, ἀλλά τι τῶν ὄντων καὶ γινωσκομένων."[35] – ‚Und sobald einer, der Gott gesehen hat, verstanden hat, was er da gesehen hat, dann hat er ihn nicht selbst geschaut, sondern etwas von den Wesen, die erkannt werden können.‘

Umgekehrt aber kommt in der Verborgenheit, die sich nicht schauen läßt, die Anwesenheit Gottes zur Erscheinung. Nicht mehr die Schau wie bei Plotin, sondern die Verborgenheit ist nunmehr das Unterpfand göttlicher Gegenwart im Plötzlich der Epiphanie: „κρύφιος δέ ἐστι... καὶ ἐν τῇ ἐκφάνσει" (‚verborgen

---

32 Dionysius de mystica theologia 3, 1001 A.
33 Ibid. 3, 1001 A.
34 Die Frage des Ortes in *De mystica theologia* behandelt eingehend Derrida: «Comment ne pas parler», loc. cit. p. 558.
35 Dionysi epistola I, 1065 A.

aber ist er... auch im Hervorscheinen') Damit es eine Erscheinung der Verborgenheit und Dunkelheit Gottes überhaupt geben kann, muß Finsternis herrschen. Alles Licht macht nämlich, wie der erste Satz des ersten Briefes an Gaius
sagt, die Dunkelheit – und die soll erscheinen – unscheinbar: „Τὸ σκότος
ἀφανὲς γίνεται τῷ φωτί, καὶ μᾶλλον τῷ πολλῷ φωτί."[36] – ‚Die Dunkelheit
wird erscheinungslos im Licht und ganz besonders im hellen Licht.' Gerade weil
im Plötzlich der Epiphanie das ἀφανές zum ἐκφανές werden soll, darf es dort
nicht hell sein, denn je heller das Licht strahlen würde, um so weniger könnte die
dunkle Verborgenheit dann noch zur Erscheinung kommen. Der Verborgenheit
des Erscheinenden muß die Dunkelheit der Erscheinung selbst entsprechen. Wie
die Schau bei Plotin alles in ein strahlendes Licht getaucht hatte, so hüllt die Erscheinung beim Areopagiten alles in tiefe Finsternis. Die Epiphanie gibt also
nicht zu sehen, sondern sie entzieht dem Blick – und zwar plötzlich. Daß sie aber
dem Blick entzieht, das wenigstens gibt sie ihm in einem paradoxalen Sinn zu
sehen auf – und auch dies geschieht unverhofft.

Die areopagitische Epiphanie zeigt die Verborgenheit Gottes in der Dunkelheit und sonst nichts. Dennoch ist diese Verborgenheit nicht die Verborgenheit
eines Nichts. Denn wo könnte Gott sich verbergen, wenn nicht unter etwas Anderem? Weil Dionysius die Epiphanie des Gottmenschen als Beispiel anführt,
sind die Implikationen offensichtlich. Die Theologie deutet Jesus Christus an als
den, der die menschliche Natur angenommen habe: „ἀνθρωπικῶς οὐσιωθέντα" Wenn sich darum in seiner Epiphanie die Gottheit manifestiert, dann gilt
dies im Sinne einer chiastischen Verschränkung von Schau und Dunkelheit einerseits, von Negation und Affirmation andererseits: In der Schau der Offenbarkeit von Christi menschlicher Natur bekundet sich Gottes Präsenz nicht; sie bekundet sich aber umgekehrt in der Verborgenheit von Christi göttlicher Natur.
Das heißt, daß die menschliche Natur Christus verbirgt statt ihn zu enthüllen.

Wenn in der areopagitischen Epiphanie Gottes Anwesenheit notwendigerweise mit seiner Verborgenheit gekoppelt ist, dann bedarf seine Erscheinung
eines verdunkelnden Mediums, worin sich die Gottheit verbirgt oder verhüllt.
Im Falle der Epiphanie des Gottmenschen ist dieses Medium, wie wir bereits gesehen haben, die menschliche Natur seines Leibes aus Fleisch und Blut; im Falle
der Theophanie am Sinai ist es die Wolke auf dem Berg, in die Mose eintritt: „εἰς τὸν γνόφον"[37] – ‚in die Wolke hinein'. Wenn wir berücksichtigen,
daß beides dem Dionysius herausgehobene Beispiele der Epiphanie im allgemeinen sind, dann läßt sich in einem weiten Sinne sagen, daß das Medium der
Epiphanie die materielle und sinnenhafte Welt überhaupt ist. Freilich ist deren
Materialität nicht Gegenstand einer emphatischen Schau, sondern Schleier der
Verhüllung, den der Blick gerade zu durchdringen sucht. Die sinnenhafte Verhüllung weist darum auf ein Anderes ihrer selbst hin, das von ihr unterschieden

---

36 Ibid. I, 1065 A.
37 Exodus 20,21 iuxta LXX. Cf. Dionysius de mystica theologia 3, 1000 C.

ist und dessen Zeichen, Abbild oder Figur sie ist – immer noch oder eigentlich erst dank der plötzlichen Präsenz des Verborgenen in der Epiphanie.

Dionysius trägt ganz dezidiert die semiotische Differenz ins Plötzlich der Epiphanie. Aus Plotins differenzloser Schau wird differentielle Verborgenheit. Dies aber ist in einem erotischen, vielleicht sogar perversen Sinn zu verstehen – nicht wie bei einer gefälligen Modenschau, worin die Gottheit eines ihrer vielen Gewänder vorführt, damit der Blick des Betrachters davon gefesselt sich möglicherweise daran verliert, sondern eher wie bei einem lasziven Tanz, wo sich im Helldunkel der gleißenden Scheinwerfer unter dem paillettenglänzenden Kleid schon zum Greifen nah die verführerischen Konturen des Körpers der Tanzenden abzuzeichnen scheinen, so daß der Betrachter plötzlich ihn zu sehen oder gar zu betasten begehrt und doch auch so, daß die keusche Tänzerin am Ende der Performance ebenso plötzlich die Bühne verläßt, ohne ihre Blöße gezeigt zu haben.

Epiphania cum figura

Würden wir die Strophen XI-XIII C des *Cántico espiritual* ins Griechische zurückübersetzen, dann stießen wir mindestens auf drei Schlüsselworte aus der plotinischen Beschreibung der θέα, der ekstatischen Schau: παρουσία = *presencia* (‚Anwesenheit‘, ‚Gegenwart‘); ἐξαίφνης = *de repente* (‚plötzlich‘, ‚mit einem Schlag‘); und schließlich könnten wir *descubrir* (‚enthüllen‘, ‚offenbaren‘) oder nachfolgend in Vers 64 *asomar* (‚auftauchen‘, ‚sich zeigen‘) jeweils in semantischer Entsprechung zum kapitalen Begriff φαίνεσθαι (‚erscheinen‘) auffassen. Gleichzeitig ist der Bezug zum Areopagiten deutlich gegeben. In fünf der sieben lateinischen Versionen seines dritten Briefs ist das Adverb ἐξαίφνης durch *repente* wiedergegeben, so daß sich schon auf der rein phonetischen Ebene ein Zusammenhang mit der gleichbedeutenden spanischen Fügung *de repente* (‚urplötzlich‘) unseres Gedichts vermuten läßt.[38]

Plotin zufolge wird die Seele in der Schau emporgerissen, und sie sieht plötzlich alles in einem hellerstrahlenden Licht. Darin aber erscheint ihr das Eine oder der Gott in seiner unmittelbaren Präsenz – und zwar so, daß sie im Licht der Schau eins mit dem Geschauten wird. In der Lichterscheinung ist das Moment der differenzlosen Schau und der Gegenwart miteinander verbunden. Um zur Schau zu gelangen, die vollkommen bild- und gestaltlos ist, darf die Seele ihre Aufmerksamkeit nicht auf die Schönheit des Körperlichen und Stofflichen richten, sondern sie muß Abstand davon nehmen. Darum heißt es bei Plotin:

Ἰδόντα γὰρ δεῖ τὰ ἐν σώμασι καλὰ μήτοι προστρέχειν, ἀλλὰ γνόντα ὡς εἰσιν εἰκόνες καὶ ἴχνη καὶ σκιαὶ φεύγειν πρὸς ἐκεῖνο οὗ ταῦτα εἰκόνες. εἰ γάρ τις ἐπιδράμοι λαβεῖν βουλόμενος ὡς ἀληθινόν, οἷα εἰδώλου καλοῦ ἐφ᾽

ὕδατος ὀχουμένου ὁ λαβεῖν βουληθείς, ὥς πού τις μῦθος, δοκῶ μοι, αἰνίτ-
τεται, δὺς εἰς τὸ κάτω τοῦ ῥεύματος ἀφανὴς ἐγένετο.[39]

[Denn wenn man Schönheit an Leibern erblickt, so darf man ja nicht sich ihr nä-
hern, man muß erkennen daß sie nur Abbild Abdruck Schatten ist, und fliehen zu
jenem von dem sie das Abbild ist. Denn wenn einer zu ihr eilen wollte und sie ergreifen als sei sie ein Wirkliches, so geht es ihm wie Jenem – irgendeine Sage, dünkt
mich, deutet es geheimnisvoll an: der wollte ein schönes Abbild, das auf dem Wasser
schwebte, greifen, stürzte aber in die Tiefe der Flut und ward nicht mehr gesehen.
(Übersetzung von Richard Harder.)]

Plotins drohender Hinweis auf den Mythos vom Narziß, der sich an das εἴδωλον seines Spiegelbilds verlor, weil er dieses irrtümlich für das ἀληθινόν, für
das wahrhafte Urbild, hielt, ist aufschlußreich genug für die Interpretation der
Quellenszene bei Johannes vom Kreuz. Auch dort geht es ja um das Thema der
ekstatischen Schau im ἐξαίφνης, wie die Zeitangabe *de repente* ausdrücklich zu
erkennen gibt. Die Sprecherin ersehnt die Erscheinung des Geliebten in seiner
Präsenz.

Für solch eine gleichsam göttliche Erscheinung gibt es auch in der Dichtung
des frühen spanischen Petrarchismus Vorbilder. Der Marqués de Santillana
schreibt beispielsweise in einem Sonett über die Begegnung mit seiner Dame:

> *Qual se mostrava la gentil Lavina*
> *en los honrados templos de Laurençia*
> *quando solempnizavan a Heritina*
> *las gentes d'ella con toda femençia;*
> *e qual paresçe flor de clavellina*
> *en los frescos jardines de Florençia,*
> *vieron mis ojos en forma divina*
> *la vuestra ymajen e diva presençia,*
> *quando la llaga o mortal ferida*
> *llagó mi pecho con dardo amoroso,*
> *la qual me mata en prompto e da vida,*
> *me faze ledo, contento e quexoso.*
> *Alegre passo la pena indevida,*
> *ardiendo en fuego me fallo en reposo.*[40]

[Wie sich die edle Lavinia / in den erhabenen Tempeln von Laurentum zeigte, / wenn das Fest der Venus Erycina gefeiert wurde / von der Bevölkerung
dort mit allem Eifer – // und wie die Nelkenblüte aufgeht / in der Frische der
Gärten von Florenz, / so sahen meine Augen in göttlicher Gestalt / Euer
Bildnis und Eure göttliche Gegenwart, // als eine tödliche Verletzung oder
Wunde / meine Brust mit einem Liebespfeil traf, / eine Wunde, die tötet und
sofort wieder zum Leben erweckt; // die mich froh und glücklich macht und
klagen läßt. / Freudig ertrage ich die unverdiente Strafe; / brenne im Feuer
und fühle mich erquickt.]

---

39 Plotini enneades I,6,8,37-38.
40 Marqués de Santillana: Soneto III, edd. Gómez, Kerkhof, p. 53.

Die Dame, die dem Marqués de Santillana den Anblick ihres Gesichts gewährt und ihn so tief getroffen hat, ist unmittelbar gegenwärtig: *la vuestra ymajen e diva presençia* (,Euer Bildnis und Eure göttliche Gegenwart').

In unserer Strophe des *Cántico espiritual* soll die Präsenz des Geliebten nur in einem Spiegelbild zur Erscheinung kommen. Mehr noch: Im vorausgegangenen Vers: *sino con la presencia y la figura* (,wenn nicht durch Gegenwart und durchs Gesicht') hatte sich ja bereits die Anwesenheit des Antlitzes angekündigt, dann aber das Lexem *figura* als doppeldeutig erwiesen. Es meinte nicht mehr so sehr das ,Gesicht' des Geliebten, das metonymisch seine Gegenwart verbürgt, sondern eher die ,Figur' im Sinne des τύπος, des ,Abbilds' oder ,Abdrucks'. Einzig und allein diese zweite Bedeutung löst der Fortgang des Gedankens in Strophe XII C ein, wo sich die *figura* ironischerweise nicht mehr als ein präsentes Angesicht, sondern als dessen Spiegelbild zu lesen gibt. Ja, die *figura* nimmt sogar eine Art von ,Gestalt' an, wird gewissermaßen zu einer μορφή (,Form'), sobald es heißt, sie solle sich an der Wasseroberfläche ,herausbilden': *si... formasses de repente* (,wenn du urplötzlich formen würdest'). Die μορφή freilich ist im plotinischen Verständnis wie das Spiegelbild ein schlechtes Abbild, von dem sich der Geist lösen soll.

Die *figura* des Geliebten ist im *Cántico espiritual* ununterscheidbar geworden von jenem εἴδωλον, vor dem Plotin warnte, weil es den Narziß ins Verderben stürzte. Die Epiphanie soll demzufolge unter den Bedingungen von *la presencia y la figura* erfolgen, wobei die Verbindung von Präsenz und Figur eben kein ἓν διὰ δυοῖν mehr ist, sondern eine schwer vorstellbare Paradoxie beinhaltet, die es auszuhalten gilt. Die Quellenszene des *Cántico espiritual* gibt die Möglichkeit einer *praesentia cum figura* zu denken auf. Bei Plotin war die Präsenz der Erscheinung durch die unmittelbare Lichtschau verbürgt worden. Bei Johannes vom Kreuz hingegen soll sich die Präsenz nicht in der Differenzlosigkeit der Schau, sondern in der Gebrochenheit des Spiegelbildes bekunden. Unmittelbarkeit der Präsenz und Vermittlung der Figur werden miteinander verschränkt, und gleichzeitig wird das ganze Pathos des plotinischen ἐξαίφνης bewahrt und fortgeschrieben.

Johannes vom Kreuz knüpft in seiner Modellierung der plötzlichen Erscheinung sehr viel stärker an die areopagitische als an die plotinische Konzeption der Epiphanie an. Doch auch die areopagitische Variante der Epiphanie verschiebt er in seiner eigenen Ausgestaltung der Quellenszene an einen anderen Ort. Denn während das areopagitische Merkmal der κρυφιότης (Verborgenheit) in den Kategorien der Indirektheit und der Gebrochenheit der Erscheinung beibehalten ist, wird das Element der Dunkelheit (σκότος) ironischerweise getilgt und durch die Bestimmungen *christalina fuente* (,kristallklare Quelle') sowie *semblantes plateados* (,silberhelle, versilberte Gesichtszüge') ersetzt. Das in der Quelle gespiegelte Gesicht ist klar wie Kristall und hell wie Silber zu sehen. Aber zugleich ist es das Abbild eines Andern, auf das es verweist.

Was sich die Geliebte an der Quelle erwartet, ist zwar die Epiphanie des Geliebten, wie sie der Fortgang des Textes in Strophe XII A resp. XIII BC dann kurzfristige und problematische Realität werden läßt. Jedoch weist gerade die

metapoetische Lektüre des Wortes *figura* auf die unhintergehbare Vermitteltheit
dieser Erfahrung hin: Der erhoffte unmittelbare Blick gerät plötzlich zum ver-
mittelnden Bild. Das für präsent gehaltene Antlitz des Geliebten erweist sich unverhofft als das bloße Spiegelbild desjenigen, dessen scheinbar unverhüllte Anwesenheit auch im Augenblick der Erscheinung nur mittelbarer Reflex ist, da er sich
entzogen und sein Abbild als Spur einer Präsenz zurückzulassen hat.[41] Freilich:
auch das Plötzlich einer solchen Erkenntnis der *figura* als eines Abbildes des Abwesenden ist Erscheinung des bislang Erscheinungslosen: es ist Epiphanie – nicht
dessen, was sich in seiner Präsenz entbirgt, sondern dessen, was in seiner Absenz
ausständig bleiben will: *non est hic*. Unverhofft tritt die semiotische Differenz
damit an jener Kategorie des platonischen Denkens in Erscheinung, die Platon
und Plotin selbst als eine differenzlose Unmittelbarkeit im Dazwischen oder gar
ohne Dazwischen gedacht hatten, am ἐξαίφνης der ekstatischen Schau.

Die Epiphanie des hellen Spiegelbilds des Geliebten, das sich auf der silberkla-
ren Wasseroberfläche abzeichnen soll, ist *figura* seiner eigenen Erscheinung. Es
bringt die Differenz zwischen dem Erscheinenden und dem Erschienenen nicht
zum Verschwinden, sondern es macht sie erst sichtbar. Wenn die strahlende Helligkeit des Bildes auf ein Anderes verweist, das sich darunter verbirgt, dann ist
dieses Andere im areopagitischen Kontext betrachtet möglicherweise nichts anderes als die Dunkelheit selbst. So ließe es sich dann verstehen, daß in einer Handschrift der Anruf an die Quelle mit einem Kürzel geschrieben wurde: *¡o xpalina
fuente!* Die Abkürzung bedient sich des Christusmonogramms XP.[42] Wenn aber
die kristallklare Quelle samt dem darin erscheinenden Spiegelbild christusähnliche Züge trägt, dann am ehesten deswegen, weil das an der Quelle Erscheinende
auch in seiner Erscheinung noch verborgen bleibt – so wie sich Christus nach der
Darstellung des Areopagiten in der Sichtbarkeit seiner Menschwerdung verborgen hat. Wir hatten weiter oben gesehen, daß die Präsenz des Geliebten als eine
Figur seiner Absenz zu verstehen war. Etwas Entsprechendes gilt nun auch für
das Licht, das auf das Spiegelbild in der silberhellen Quelle fällt. Am Ort der
Quellenszene hat sich das areopagitische Dunkel der Epiphanie gelichtet, aber
die Lichtung am Ort der Quelle gibt sich zu lesen – als Figur, als ἱεροπλαστία
einer sie begründenden Dunkelheit.

---

41 Es ist in diesem Zusammenhang noch einmal zu erinnern an die Formel vom Gedicht als der
   «huella de una abundancia» (,Spur eines Überflusses') bei Polo: *La fuerza de un decir,* p. 81.
42 Es handelt sich um einen Codex des Karmel von Valladolid, der vom Ende des 16. oder Anfang
   des 17. Jahrhunderts stammt und auch an anderen Stellen interessante Lesarten bietet (N° 81,
   antea 7-II). Cf. Paola Elia: «Introduzione», loc. cit. p. 103.

3.5 SICH SPIEGELN
(CÁNTICO XII-XIII C)

Wer sieht wen?

Die Quellenszene ist aus einer zusätzlichen Perspektive zu beleuchten. Wir erinnern uns, daß die Braut auf ihrer rastlosen Suche nach dem Geliebten in Strophe XI A resp. XII BC an eine klare Quelle gelangt ist, wie sie zum topischen Dekor der bukolischen Landschaft gehört. Der Text hat folgenden Wortlaut:

> *¡O christalina fuente!*
> *si en essos tus semblantes plateados*
> *formasses de repente*
> *los ojos desseados*
> *que tengo en mis entrañas dibujados*
> *Apártalos amado*
> *que voy de buelo...*
>
> (Cántico C, vv. 56-62 sq.)

* * *

> O Quelle, wie Chrystall so klar,
> wenn du in diesen deinen silberhellen Zügen
> urplötzlich formen würdest
> diese langersehnten Augen,
> die ich in meinen Eingeweiden eingezeichnet trage!
> Wend ab sie, o Geliebter,
> ich komm im Fluge...

Den Anruf der Braut an die Quelle müssen wir als eine interne Regieanweisung verstehen. Sie hat am Ufer Halt gemacht, und während sie spricht, blickt sie offenbar in die Quelle hinein. Beim Blick auf die Quelle wird der Braut aber bewußt, daß sie darin das Bild ihres Geliebten gespiegelt sehen möchte. Doch damit die Wasseroberfläche der Quelle Antlitz und Augen des Geliebten tatsächlich zeichnen könnte, müßte dieser herbeikommen und ebenfalls am Ufer der Quelle seinen Platz einnehmen. Es käme zu einer Begegnung des Paares an der Quelle – ähnlich wie sich etwa Rebekka und Isaak oder Jesus und die Samariterin am Jakobsbrunnen getroffen haben.

Auch zu Beginn der folgenden Strophe ist die Sprecherin immer noch die Braut, die dem Geliebten zuruft, er solle doch die Augen wieder abwenden, die zu sehen sie gerade noch gewünscht hat – die *ojos* (‚Augen‘) sind nur aus dem Pronomen zu erschließen und auf die vorausgegangene Strophe zurückzubeziehen. Daß der Bräutigam die Augen abwenden soll, setzt voraus, daß sich die

Braut von ihm angeblickt fühlt, aber diesen Zustand wieder beenden möchte. Der Befehl der Braut wirkt demnach erneut als eine interne Regieanweisung. In der Quelle, in welche die Frau blickt, muß sich im μεταξύ der beiden Strophen, im Dazwischen der Plötzlichkeit, das Bild der Augen des Geliebten geformt haben.

Dafür, daß die Braut den Geliebten in der Quelle sehen kann, bieten sich mehrere Erklärungsmöglichkeiten an, die es nunmehr einzeln zu diskutieren gilt: Denkbar erscheint zunächst, daß der bislang abwesende Geliebte unversehens hinzugetreten ist und die Szene von nun an im Zeichen seiner körperlichen Präsenz steht. Er spiegelt sich selbst in der Quelle, und die Frau erblickt dieses Spiegelbild. Vergleichbare Szenarien – mit allerdings umgekehrter Geschlechterbesetzung – gibt es bereits in der *Arcadia* (1504) des Sannazaro, in der zweiten Ekloge des Garcilaso (1533) und in der *Diana* (ca. 1559) des Jorge de Montemayor.[1] In allen drei Fällen spiegelt sich die Geliebte in einem Gewässer, wobei ein Liebhaber zugegen ist oder hinzukommt.

Bei Sannazaro verliebt sich der Hirt Ergasto in das Spiegelbild einer fremden Schäferin, die er am Fluß beim Waschen ihres Schleiers überrascht:

> *Menando un giorno   gli agni presso un fiume,*
> *vidi un bel lume,   in mezzo di quell'onde,*
> *che con due bionde   trecce allor mi strinse,*
> *e mi dipinse   un volto in mezzo al core*
> *che di colore   avanza latte e rose.*[2]

[Als ich eines Tages die Lämmer zu einem Fluß führte, / sah ich ein schönes Licht mitten in den Wellen, / das mich da mit seinen zwei blonden Zöpfen traf / und mir mitten ins Herz ein Gesicht malte, / dessen Farbe Milch und Rosen übertrifft.]

Der Liebende erblickt zuerst nicht die Schäferin selbst, sondern das Spiegelbild, das ihre Augenlichter in die Wellen des Flusses zeichnen: *vidi un bel lume in mezzo di quell'onde* (,ich sah ein schönes Licht inmitten jener Wellen'). Allein schon der gespiegelte Blick der Schäferin, das Licht der Augen inmitten der Wellen, trifft den Ergasto unmittelbar ins Herz und zeichnet dort das Bild der Geliebten ein: *che mi strinse / e mi dipinse un volto in mezzo al core* (,das mich traf / und mir mitten ins Herz ein Gesicht malte').

Eine ganz andere Konstellation deutet sich in der zweiten Ekloge des Garcilaso an. Der Hirt Albanio ist unsterblich in seine Gefährtin Camila verliebt. Als diese ihn nach seinem Liebesleid fragt, schickt er sie zu einer nahegelegenen

---

1 Sebastián de Córdoba baut ebenfalls eine Quellenszene in seine Kontrafaktur der zweiten Ekloge des Garcilaso ein. Wir werden später darauf zu sprechen kommen.

2 Iacopo Sannazaro: *L'Arcadia*, I, vv. 61-65, ed. F. Erspamer, Milano: Mursia 1990, p. 62. Die Situation ist bei Petrarca vorgeprägt. Allerdings spiegelt sich Laura, die ebenfalls den Schleier wäscht, nicht im Wasser. Cf. Petrarca: *Canzoniere* LXII, ed. Dotti, p. 98.

Quelle, in der sich ihr der Anlaß seines Kummers zeigen werde. Sofort eilt die naive Camila zu der Stelle, die ihr Albanio bedeutet hat:

> *A la pura fontana fue corriendo,*
> *y en viendo el agua, toda fue alterada,*
> *en ella su figura sola viendo.*[3]

[Zur reinen Quelle rannte sie geschwind, / und als sie das Wasser sah, war sie ganz erzürnt, / da sie darin nur ihr eigenes Gesicht sah.]

Als Camila in der Quelle ihr eigenes Spiegelbild entdeckt, muß sie erkennen, daß Albanios Liebe keiner anderen als ihr gilt. Daraufhin flieht sie erschreckt und läßt den Albanio traurig zurück. Denn Camila hat der Göttin Diana Keuschheit gelobt und darf keine verbotene Liebesbeziehung eingehen.

Bei Montemayor hören wir, daß die Schäferin Diana, die von ihrem geliebten Sireno verlassen wurde, sich in der Verlassenheit und Einsamkeit ihrer traurigen Imagination hingibt. Immer trägt sie ein Portrait des Sireno bei sich, und wenn der Schmerz zu groß wird, hängt sie es an einen Baum über jener Quelle, wo sie sich früher getroffen haben:

> *Aquí tengo un retrato que m'engaña,*
> *pues veo a mi pastor cuando lo veo,*
> *aunqu'en mi alm'está mejor sacado.*
> *Cuando de verle lleg'el gran deseo,*
> *de quien el tiempo luego desengaña,*
> *a aquella fuente voy, qu'está'n el prado.*
> *Arrímolo a aquel sauce, y a su lado*
> *me asiento (¡Ay amor ciego!);*
> *al agua miro luego,*
> *y veo a mí, y ál, como le vía,*
> *cuando él aquí vivía.*
> *Esta invención un rato me sustenta,*
> *despué s cayo'n la cuenta,*
> *y dic'el corazón d'ansias lleno:*
> *Riber'umbrosa, ¿qu'es del mi Sireno?*[4]

[Hier habe ich ein Bildnis, das mich täuscht, / denn ich sehe meinen Schäfer, wenn ich es sehe, / obwohl er in meiner Seele besser getroffen ist. // Wenn mich das heftige Verlangen überkommt, ihn zu sehen, / nach einiger Zeit durchschaue ich dann meine Täuschung, / dann gehe ich zu jener Quelle, die auf der Wiese liegt. // Ich hänge es an jene Weide, und daneben / setze ich mich nieder (oh blinder Amor); / sofort schaue ich dann ins Wasser, / und ich sehe mich und ihn, wie ich ihn sah, / als er noch hier lebte. / Diese Erfindung gibt mir eine Zeitlang Halt, / doch dann wird mir meine Täuschung

---

3 Garcilaso: Egloga II, vv. 476-479, ed. Rivers, p. 149.
4 Jorge de Montemayor: *La Diana*, I, Canción «Ojos que ya no veis quién os miraba», vv. 31-45, ed. Asunción Rallo, Madrid: Cátedra 1991, p. 126.

bewußt, / und das Herz sagt voller Kümmernisse: / Schattiges Ufer, was ist mit meinem Sireno?]

Diana erfreut sich am trügerischen Spiegelbild, das ihren Geliebten und sie selbst in trauter Gemeinsamkeit zeigt. Aber ein solcher Trost beruht auf Täuschung und währt nur kurze Zeit. Später sitzt sie dann ohne das Portrait ganz allein an der Quelle und beklagt ihre weinenden Augen, die sie darin gespiegelt sieht. In diesem Augenblick tritt Sylvano hinzu, der ihr seinerseits in unerwiderter Liebe zugetan ist. Sylvano berichtet über seine Begegnung mit Diana:

> Como yo me llegase más a donde Diana estaba, vi que ponía los ojos en la clara fuente a donde prosiguiendo su acostumbrado oficio, comenzó a decir: «¡Ay ojos, y cuánto más presto se os acabarán las lágrimas que la ocasión de derramallas! ¡Ay mi Sireno! Plega a Dios que antes que el desabrido invierno desnude el verde prado de frescas y olorosas flores, y el valle ameno de la menuda yerba y los árboles sombríos de su verde hoja, vean estos ojos tu presencia, tan deseada de mi alma, como de la tuya debo ser aborrecida.» A este punto alzó el divino rostro, y me vido.[5]

> [Als ich näher hinzukam, wo sich Diana befand, sah ich, wie sie die Augen auf die klare Quelle richtete, und dorthin begann sie, während sie ihre gewohnte Tätigkeit fortsetzte, zu sprechen: „Oh weh, ihr Augen! Wie viel schneller werden euch die Tränen ausgehen als der Anlaß, sie zu vergießen! Oh weh, mein Sireno! Gebe es Gott, daß, bevor der abgeschmackte Winter die grüne Wiese der frischen und duftenden Blumen, das liebliche Tal des dichten Grases und die schattigen Bäume des grünen Laubes beraubt, diese Augen deine Anwesenheit sehen mögen, nach der sich meine Seele ebenso sehnt, wie mich die deine wohl verabscheuen muß." In diesem Augenblick erhob sie das göttliche Antlitz und sah mich.]

Zu dem Zeitpunkt, da Sylvano auf sie trifft, betrachtet die verlassene Diana nurmehr ihr eigenes Spiegelbild in der Quelle. Ihr tritt dadurch ihre eigene Einsamkeit um so deutlicher vor Augen, und sie ersehnt um so heftiger die Anwesenheit des Geliebten. Erst als sie die Ankunft des Sylvano bemerkt, blickt sie auf und wendet sich von ihrem eigenen Spiegelbild ab. Aber der Schäfer, der sie überrascht hat, ist nicht ihr Sireno, sondern Sylvano, von dem sie nichts wissen will.

Bei Sannazaro ist die Konstellation der Spiegelszene auf die Ermöglichung einer Liebesbeziehung hin angelegt. Ergasto verliebt sich in das Spiegelbild einer fremden Hirtin, die ihn aus dem Wasser heraus anblickt. Das Spiegelbild kann also Liebe begründen. Anders als bei Sannazaro begegnen bei Garcilaso und Montemayor die Frauen im Spiegelbild gerade nicht dem Geliebten, sondern sie erblicken sich selbst in ihrer Einsamkeit. Camila flieht, als sie ihr Bild erkennt, vor Albanio, weil sie ihn nicht lieben darf, und Diana wird sich durch den Blick auf das Spiegelbild ihrer eigenen Verlassenheit schmerzlich bewußt. Der Anblick des eigenen Spiegelbildes begründet bei den spanischen Autoren gerade keine Liebesbeziehung zum Geliebten, sondern er dokumentiert im Gegenteil Einsamkeit, Abwesenheit von Liebe oder Trennung vom Geliebten. Der Spiegelblick steht im Zeichen der *soledad* und der *ausencia*.

---

5 Montemayor: *La Diana*, I, p. 129.

Der *Cántico espiritual* setzt all diese Vorlagen voraus, gestaltet sie aber tiefgreifend um: Wie bei Sannazaro kommt es auch bei Johannes vom Kreuz im Medium des Wassers zu einem Blick der Liebenden auf den Geliebten. Aber weit deutlicher als bei Sannazaro wird nun der Aspekt herausgearbeitet, daß dies ein gegenseitiges Sich-Erblicken ist. Die Liebende schaut nicht nur das Bild des Geliebten in der Quelle, sondern das darin gespiegelte Paar seiner Augen blickt seinerseits zurück und schaut aus der Quelle heraus wiederum die Liebende an – so intensiv, daß sie diesen Blick nicht länger ertragen kann.

Spiegel des Andern

José Angel Valente hat in einem seiner luziden Essays auf die besondere Qualität der Beziehung zwischen der Braut und dem von ihr geschauten Spiegelbild aufmerksam gemacht. Es handelt sich nach seiner Auffassung gerade nicht – wie man vor dem Hintergrund von Lacans Analyse des Spiegelstadiums annehmen würde – um eine Beziehung zum Selbst, sondern zum Andern:

> Está la Amada grávida de una mirada. Pide a la fuente que refleje no una imagen, sino una mirada. Pide a la fuente que la ayude en su alumbramiento, que es el alumbramiento de un mirar. El alumbramiento del mirar del otro: del otro de sí, del infinitamente otro que la constituye.[6]

> [Die Geliebte geht schwanger mit einem Blick. Sie bittet die Quelle, daß sie nicht ein Bild, sondern einen Blick widerspiegeln möge. Sie bittet die Quelle, daß sie ihr bei ihrer Entbindung helfe, die die Entbindung von einem Blicken ist. Die Entbindung vom Blick des Andern, des Andern ihrer selbst, des unendlich Andern, der sie begründet.]

Valentes Deutung der Strophe mag vorderhand überraschen, und doch hat er mit seiner Annahme Recht. Die spezifische Andersheit jenes Andern, von dessen Blick sich die Braut an der Quelle getroffen fühlt, läßt sich noch eingehender beschreiben, als es Valente ausdrücklich getan hat. Die Braut des *Cántico espiritual* erblickt offenbar den Andern und wird von ihm erblickt. Aber erblickt sie ihn, weil er nun plötzlich angekommen und anwesend ist oder weil sie ihn gerade in und trotz seiner Abwesenheit als anwesend imaginiert? Wenn sie ihn aber imaginiert, heißt dies dann nicht, daß sie an der Quelle gar nicht die Augen eines Andern gewahrt, der anwesend wäre, sondern nur die eigenen, deren Spiegelbild sie mit dem Spiegelbild der Augen des Geliebten verwechselt, der abwesend bleibt?

Der skizzierte Horizont der spanischen Bukolik legt nahe, daß wie Garcilasos Camila und Montemayors Diana auch die Braut des *Cántico espiritual* nur ihr eigenes Spiegelbild in der Quelle sieht und nicht das eines anwesenden Geliebten. Dennoch ist dieses Modell der Selbstspiegelung nicht mehr mit der Bukolik zu

---

6 José Angel Valente: «El ojo del agua», in: *La piedra y el centro* (1981), in: *Variaciones sobre el pájaro y la red*, pp. 76-84, ibid. 80 sq.

verrechnen, aus der es genetisch hervorgeht; es entspricht dafür aber, wie sich zeigen wird, ganz Valentes Intention, die es zugleich ins Paradoxale steigert. Im Vergleich mit den möglichen bukolischen Modellen erweist sich nämlich der Unterschied als um so eklatanter: Gerade im gespiegelten Anblick ihrer eigenen Augen erkennt die Geliebte des *Cántico espiritual* plötzlich die Augen des abwesenden Bräutigams – hierin wiederum Sannazaros Ergasto ähnlich, dem die gespiegelten Augen seiner Schäferin aus den Wellen des Flusses entgegengestrahlt hatten. Nur ist eben im *Cántico espiritual* – wie bei Garcilaso und Montemayor – kein Geliebter anwesend, dessen Augen sich in der Quelle spiegeln könnten. Absenz und Präsenz des Geliebten sind so gesehen in dieser Strophe auf eigentümliche Art miteinander verschränkt, werden auf eine konfuse Weise ununterscheidbar oder fallen gar ineinander.

Für die vorgeschlagene Lesart der Szene als Selbstspiegelung läßt sich zunächst ein rein petrarchistischer und neuplatonischer Verstehensrahmen angeben. Aus den Augen der Geliebten verschießt Amor seine Pfeile und Blitze auf die Augen des Liebenden, so daß sie ihm ins Herz dringen und sich dort das Bildnis der Geliebten einprägt. Wie die Braut selber sagt, haben sich gerade die Augen des Geliebten, die nach der üblichen Vorstellung Blitze oder Pfeile versenden, schon in ihrem Innern eingezeichnet: *que tengo en mis entrañas dibujadas* (‚die ich in meinen Eingeweiden eingezeichnet trage‘). Gleichzeitig setzt die Liebe nach neuplatonischer Lehre bei den wahrhaft Liebenden eine Entwicklung der fortschreitenden *commutatio* in Gang: Die Liebenden gleichen sich immer näher aneinander an, und dies führt schließlich zu einer vollkommenen Gegenseitigkeit, der eine wird zum Spiegelbild des andern. Bei Ficino heißt es darum:

> Accedit quod amans amati figuram suo sculpit in animo. Fit itaque amantis animus speculum in quo amati relucet imago. Iccirco amatus cum in amante se recognoscat, amare illum compellitur.[7]

Diese Spiegelbildlichkeit bewirkt dann, daß nicht nur aus den Augen des Geliebten Blitze ausstrahlen, sondern daß in einem symmetrischen und reziproken Reflex die liebende Frau nun ihrerseits Pfeile hervorzuschießen beginnt, die sie paradoxerweise selber treffen werden, weil sich das Spiegelbild des Geliebten schon – und vielleicht nur – in ihrem Innern eingemeißelt hat. Diesen Gedanken hatte die Braut ausdrücklich in Strophe VIII formuliert. Er sei in diesem Zusammenhang in Erinnerung gerufen:

> *Mas ¿cómo perseueras?*
> *¡o vida! no viuiendo donde viues*
> *y haciendo porque mueras*
> *las flechas que recibes*
> *de lo que del amado en ti concibes*
> (Cántico C, vv. 36-40).

---

7 Ficinus de amore II, 8, ed. Raymond, p. 158.

[Doch warum lebst noch immer du,
o Leben, dort nicht, wo du lebst,
und fertigst, um zu sterben,
die Pfeile, die dich treffen,
aus dem, was der Geliebte in dir traf?]

Die Liebende ist in einem unumkehrbaren Prozeß der ständigen Selbstversehrung begriffen. Die tödlichen Liebespfeile waren zwar zuerst das Attribut des Bräutigams, doch indem die Braut dessen Bild in ihre Seele aufnimmt, bietet sie dort sozusagen ihrem *dolce nemico*, ihrem süßen Feind, Wohnstatt und Betätigungsfeld. Von innen heraus wird das Bildnis des Geliebten sein zerstörerisches Werk nunmehr um so erfolgreicher fortsetzen und seine tödlichen Pfeile verschießen. Je mehr sich aber die Braut dem Bräutigam angleichen wird, um so aktiver wird sie in diesem heftigen Liebeskrieg, dessen Angriffsziel sie ja selber ist, Partei ergreifen – nämlich gegen sich selbst.

Der bezeichnete Sachverhalt findet in der Quellenszene seinen unübertroffenen Ausdruck. Aus den Augen der Liebenden, die das Bildnis des Geliebten ins Herz geschlossen hat und ihm gleich geworden ist, treten dessen unbesiegbare Pfeile hervor, und sobald sich die Geliebte im Spiegelbild erblickt, gerät sie folgerichtig selber in die allerhöchste Lebensgefahr. Sie ist damit als ein Antitypus zum mythischen Narziß gekennzeichnet: Narziß blickt in die Quelle und stirbt, weil er sich in sein eigenes Spiegelbild verliebt. Die Braut blickt in die Quelle, wo sie ebenfalls ihr eigenes Spiegelbild sieht. Aber ihr droht kein Tod aus Selbstverliebtheit und Eigenliebe wie dem Narziß, sondern ihr wird es zum Verhängnis, daß sie aus Liebe zum Andern diesem Andern schon allzu ähnlich geworden ist und daß sie darum dessen für sie bedrohliche Macht verinnerlicht hat. Indem sich ihre Augen im Spiegel beschauen, richtet sich das Aggressionspotential des Andern, welches das Selbst verinnerlicht hat, nun konsequenterweise gegen das Selbst. Wenn also die Braut in der Schau des eigenen Spiegelbilds von dessen Blick getötet wird, dann gibt sie sich darin doch nicht sich selbst, sondern einem Andern hin.

Göttliche Spiegelung

Zum bislang Gesagten tritt ein gewichtiger theologischer und philosophischer Gesichtspunkt hinzu. In einer erhellenden Abhandlung hat Werner Beierwaltes die Schrift *De visione Dei* des Nikolaus von Kues interpretiert.[8] Dem Cusanus geht es dort um die viel debattierte Frage der *visio mystica sive facialis*

---

8 Werner Beierwaltes: *Visio facialis – Sehen ins Angesicht. Zur Coincidenz des endlichen und unendlichen Blicks bei Cusanus,* Vorgetragen am 9. Januar 1987 (Bayerische Akademie der Wissenschaften, Philosophisch-historische Klasse, Sitzungsberichte, Jahrgang 1988, Heft 1), München: Verlag der Bayerischen Akademie der Wissenschaften 1988.

Gottes, also um die Möglichkeit, Gott von Angesicht zu Angesicht zu schauen – sei es im Zustand zeitweiliger Entrückung oder in der beseligenden Schau des himmlischen Paradieses. Die Ausführungen des Cusanus wie überhaupt die hinter ihm stehende Tradition, die sich weithin aus neuplatonischem Geist speist, laufen auf ein Paradoxon hinaus: Einerseits ist Gott derjenige, der selber sieht und dessen Sehen in eminentem Sinn kreativ ist, da er alles, was er sieht, sogleich erschafft; Gottes absolutes Sehen und die Schöpfung der Welt, *visio* und *creatio* sind demnach koextensiv. Andererseits aber ist Gott auch derjenige, der von seinen Geschöpfen aus ihrem jeweiligen Blickwinkel heraus gesehen werden kann – freilich stets insofern, als er diese Geschöpfe und damit auch den Blick, den sie auf ihn richten, in seinem eigenen Sehen immer schon vorhersieht und darin erschafft.

Gottes Sehen beinhaltet von sich aus zweierlei: zunächst den göttlichen, absoluten Akt des Sehens im Sinne eines Genetivus subjectivus (*quod Deus videt*), sodann die endliche Reaktion des von Gott zuvor gesehenen und nun selber sehenden Geschöpfs im Sinne eines Genetivus objectivus (*quod Deus videtur*). Folgerichtig kann Cusanus in bezug auf das Sehen Gottes formulieren:

> Nam ibi es, ubi loqui, videre, audire, gustare, tangere, ratiocinari, scire, et intelligere sunt idem, et ubi videre coincidit cum videri et audire cum audiri et gustare cum gustari et tangere cum tangi et loqui cum audire et creare cum loqui.[9]

Beierwaltes führt dann weiter aus, was diese Grundstruktur des göttlichen Sehens bei Cusanus für das menschliche Sehen im allgemeinen und für das Gottsehen des Menschen im besonderen bedeutet.

> In diesem allgemeinen Horizont des creativen Sehens ist für das menschliche Sehen der Sinn des Satzes: „absoluta visio in omni visu est" strikt zu verstehen: das absolute Sehen ist Grund des Seins dieses Sehens, ist aber auch im Vollzug des (endlichen) Sehens selbst wirksam. Für das menschliche Sehen gilt dann in einem aus der absoluten Identität abgeleiteten, bildhaften Sinne ebenso, daß es Sehen als ein von Gottes Sehen Gesehen-*Werden* ist. Umgekehrt heißt dies, „daß du (Gott) gesehen wirst, ist nichts anders, als daß Du *den* siehst, der *Dich* sieht". Voraussetzung also hierfür ist der zuvor skizzierte Gedanke: „Indem Du mich siehst, machst Du, daß Du von mir gesehen wirst."
> Der cusanischen Einsicht, daß des Menschen Sehen sein eigenes Durch-Gott-Gesehen-Werden ist, dieses sein Gesehenwerden aber Gottes Sehen selbst ist, entspricht durchaus Augustins Satz und den aus ihm entwickelten Konsequenzen: „Gott sieht im Menschen", oder, im Sinne des Cusanus präzisiert: *Gott* sieht in *unserem* Sehen-Gottes *sich selbst.*[10]

Die in sich durchaus differenzierte „Coincidenz von endlichem und unendlichem Blick" hat ihren Ort in jener *coincidentia oppositorum,* die sich nach

---

9 Nicolaus Cusanus de visione Dei, cap. X, ed. Gabriel, vol. III, p. 134.
10 Beierwaltes: *Visio facialis*, pp. 17 sq.; cf. loc. cit. apud Cusanum: *De visione Dei,* 2 et 5; apud Augustinum: *Confessiones,* XIII,31,46.

der Lehre des Cusanus in Gott verwirklicht findet.[11] Darum aber ist die Ununterscheidbarkeit von Sehen und Gesehenwerden nicht mehr exklusives Attribut
Gottes, sondern sie überträgt sich auf denjenigen, der Gott schauen darf – etwa
im Zustand der Ekstase wie Paulus vor Damaskus.

Beierwaltes beschließt seine Untersuchung mit einem Ausblick auf Albrecht
Dürers Selbstportrait von 1500 aus der Alten Pinakothek in München.[12] Der
Maler, der dort geradezu in einen Spiegel zu blicken scheint, hat sich auf dem
Bildnis eindeutig christusähnliche Züge gegeben. In Fortführung und Präzisierung früherer Forschungsbefunde betont Beierwaltes den engen sachlichen Zusammenhang zwischen der malerischen Selbstinszenierung Dürers und der Lehre
des Cusanus vom Zusammenfall des göttlichen mit dem menschlichen Sehen in
der mystischen Schau. Die Tatsache, daß eine explizite Beeinflussung Dürers
durch Gedankengut des Cusanus zwar vermutet, aber nicht schlüssig bewiesen
werden kann, eröffnet eine überraschende Parallele zu Johannes vom Kreuz.

Die einschlägige Forschung zu Johannes vom Kreuz hat bislang den Namen
des Cusanus nur gelegentlich ins Spiel gebracht. Eine Lektüre oder weitergehen-
de Kenntnis von dessen Schriften durch den Karmelitenreformator ist eher unwahrscheinlich. Aber es gibt auffällige sachliche Berührungspunkte. Die Szene an
der Quelle inszeniert die Coincidenz des Blickens und des Erblicktwerdens in einer ästhetischen Eindringlichkeit, die über Dürers Selbstportrait weit hinausgeht,
weil sie diese Coinzidenz mit dem Motiv des Spiegels verbindet. Der gespiegelte
Blick der Frau in die Quelle wird ihr zum unendlichen, aber auch tödlichen
Blick auf den Andern. Dies gilt um so mehr, wenn wir die eingebürgerte geistliche Deutung in Betracht ziehen, welche ohnehin die Braut mit der menschlichen
Seele und den Bräutigam mit Gott oder mit dem Gottessohn gleichsetzt. Dann
spiegeln sich Christus und die gläubige Seele ineinander, ähnlich wie Dürer das
Antlitz Christi zurückspiegelt.

Das Verhältnis zwischen Gott und Mensch wird bei einer Reihe weiterer Autoren der spanischen Renaissance mit Hilfe des Spiegelmotivs beschrieben, insbesondere beim neuplatonisch beeinflußten Francisco de Aldana, welcher unter allen zeitgenössischen Dichtern dem Johannes vom Kreuz gedanklich wohl am
nächsten steht. In einem Gebet in Sonettform, worin sich der Sprecher an Gott
wendet und ihn um seine Gnade bittet, heißt es bei Aldana:

> *Señor, que allá de la estrellada cumbre*
> *todo lo ves en un presente eterno,*
> *mira tu hechura en mí, que al ciego infierno*
> *la lleva su terrena pesadumbre.*
> *Eterno Sol, ya la encendida lumbre*
> *do esté mi alegre abril florido y tierno*

---

11 Der Begriff der *coincidentia oppositorum* oder auch *coincidentia contradictoriorum* geht zurück auf
   die Abhandlung des Cusanus: *De docta ignorantia*. Cf. G. v. Bredow: Art. „Coincidentia oppositorum" (1971), in: *Historisches Wörterbuch der Philosophie*, vol. I, coll. 1022 sq.
12 Cf. Beierwaltes: *Visio facialis*, pp. 51-56.

muere, y ver pienso al más nevado invierno
más verde la raíz de su costumbre.
En mí tu imagen mira, ¡oh Rey Divino!
con ojos de piedad, que al dulce encuentro
del rayo celestial verás volvella,
que a verse como en vidrio cristalino
la imagen mira el que se espeja dentro,
y está en su vista dél su mirar della.[13]

[Herr, der du jenseits der sternenbedeckten Himmelswölbung / alles in einem ewigen Jetzt siehst, / schau dein Geschöpf in mir an, das zu der blinden Hölle / seine irdische Last hinunterzieht. // Ewige Sonne, das brennende Licht, / woran mein fröhlicher Lebensfrühling, blühend und saftig, Anteil nehmen kann, / stirbt, und ich meine, daß ich bald den schneebedeckten Lebenswinter sehen werde, / in dem meine (schlechte) Gewohnheit dann eine noch festere Wurzel schlagen wird. // Schau in mir dein Bildnis an, oh göttlicher König, / mit Augen des Erbarmens; zur lieblichen Begegnung / mit dem himmlischen Strahl wirst du es (das Bildnis) dann zurückkehren sehen; // denn wie wenn sich einer vor einem kristallenen (Spiegel-) Glas sieht, / so schaut sein (gespiegeltes) Bildnis derjenige an, der sich darin spiegelt; / und im Blick dessen, der sich spiegelt, ist das Schauen des Bildnisses.]

Der Sprecher hat seinen Lebensfrühling hinter sich, weiß, daß er nun altern, aber im Lebenswinter erst recht bei seinen schlechten Gewohnheiten bleiben wird. Um dennoch vor der Hölle bewahrt zu werden, bedarf er der göttlichen Gnade, um die er bittet. Der Sprecher ist Gottes Geschöpf und als solches auch sein Bild (*imagen*), was hier im Sinne eines Spiegelbilds verstanden ist. Gott selbst (in der dritten Person Maskulinum und teilweise als *él* bezeichnet) blickt auf sein Geschöpf (*imagen* im Femininum und teilweise als *ella* bezeichnet) und spiegelt sich darin: *la imagen mira el que se espeja dentro*. Das Geschöpf jedoch wirft immer den Blick zurück, den der sich Spiegelnde zuvor darauf geworfen hat und umgekehrt: *y está en su vista dél su mirar della*.

Der Sprechakt des Sonetts zielt insgesamt darauf, daß Gott sein Geschöpf voll Güte anblicken möge, damit es in dieser Güte zurückblicken und so den Weg zur ewigen Seligkeit finden könne. Auch in Aldanas häufig erwähnter Versepistel an Arias Montano findet sich eine ähnliche Denkfigur. Gott wird dort ausdrücklich als ein Himmlischer Narziß charakterisiert:

Y ¿qué debiera ser, bien contemplando,
el alma sino un eco resonante
a la eterna beldad que está llamando
y, desde el cavernoso y vacilante
cuerpo, volver mil réplicas de amores
al sobrecelestial Narciso amante?[14]

---

13 Francisco de Aldana: *Poesías castellanas completas*, I^a parte, n° 63, ed. J. Lara Garrido, Madrid: Cátedra 1985, pp. 433 sq. Thematisch vergleichbare Stellen bei weiteren spanischen Autoren finden sich im Kommentar des Herausgebers zur Stelle. Cf. ibid. pp. 433 sq.

[Und was sollte, recht betrachtet, / die Seele sein, wenn nicht ein Echo, das widerhallt / vom Ruf der ewigen Schönheit? // Und aus den schwankenden Höhlen / des Körpers (sollte es) tausend flehentliche Liebesbitten zurückwerfen / zum überhimmlischen Narziß der Liebe.]

Im Sinn der theologischen Poetik der Renaissance wird der Narziß-Mythos von Aldana christlich gewendet und überboten, wie dies später auch Sor Juana Inés de la Cruz in ihrem Fronleichnamsspiel getan hat. Bei Aldana ist Gott als Weltenschöpfer ein verliebter Narziß, der sich in den von ihm geliebten Wesen seiner Schöpfung spiegelt, und seine Geschöpfe können ihrerseits – ähnlich wie die Nymphe Echo – diesen liebenden Blick erwidern. All diesen Modellen ist gemeinsam, daß sie den Mythos vom Narziß nicht wie seit der Psychoanalyse üblich als problematische Begegnung des Subjekts mit seinem Selbst, sondern umgekehrt als eine Öffnung dieses Selbst hin auf ein ihm unverfügbares Anderes lesen.

Das Motiv der sich im Menschlichen spiegelnden Gottheit erscheint schließlich in einer bekannten Vision der Teresa von Avila. Im *Libro de la vida* berichtet sie, das Bild ihrer Seele und Christi ineinander verschränkt, wie in einem geheimnisvollen Spiegel, gesehen zu haben.

Estando una vez en las Horas con todas, de presto se recogió mi alma y parecióme ser como un espejo claro toda, sin haver espaldas ni lados, ni alto ni bajo que no estuviese toda clara, y en el centro de ella se me representó Cristo nuestro Señor como lo suelo ver. Parecíame en todas las partes de mi alma le vía claro como en un espejo, y también este espejo – yo no sé decir cómo – se esculpía todo en el mesmo Señor por una comunicación que yo no sabré decir, muy amorosa.[15]

[Als ich einmal mit allen Schwestern beim Stundengebet verweilte, trat meine Seele plötzlich in Versenkung ein, und sie schien mir ganz wie ein heller Spiegel zu sein, ohne daß sie Rückseite oder Rand oder Oben oder Unten gehabt hätte oder eine Stelle, die nicht ganz hell gewesen wäre. Und in ihrer Mitte stellte sich mir unser Herr Christus dar, wie ich ihn für gewöhnlich sehe. Es schien mir, daß ich ihn in allen Teilen meiner Seele hell wie einen Spiegel sah, und zugleich war dieser Spiegel ganz – ich kann nicht sagen wie – im Herrn selbst gehämmert dank einer Mitteilung tiefer Liebe, die ich nicht ausdrücken kann.]

Ähnlich wie der Teresa ihre Vision vom doppelten Spiegel Christi und der Seele in einem Zustand der Versenkung zuteil wird, so ist auch im *Cántico espiritual* die Spiegelepisode, wie wir noch sehen werden, geradewegs das Vorspiel zu einer Ekstase der Geliebten. Nur in der ekstatischen Entrückung kann sich ja jene *coincidentia oppositorum* ereignen, welche sich im Zusammenfall des Sich-selber-Sehens der Braut mit dem Gesehenwerden durch den Geliebten vollzieht.

---

14 Id.: «Carta para Arias Montano», vv. 58-63, ed. Lara, p. 440.
15 Sta. Teresa de Jesús: *El libro de la vida,* 40,5, in: *Obras completas,* ed. Efrén de la Madre de Dios, Otger Steggink, 6ª ed., Madrid: Biblioteca de Autores Cristianos 1979, p. 185.

Die oben erörterte Deutung der Spiegelszene allein auf der Grundlage petrarchistischer und neuplatonischer Liebeslehren war zwar prinzipiell möglich und in
sich stimmig gewesen, es waren aber doch die an sich üblichen Elemente der Liebessituation dort ins Extrem gesteigert und bis zu einem Punkt ausgereizt worden, an dem sich zuletzt eine höchst eigenwillige Konstellation ergeben hatte, für
die sich kaum engere Vorbilder benennen lassen dürften. Darum erscheint uns
das theologische Modell der *visio facialis* durchaus als jenes willkommene *missing
link*, welches für eine überzeugende Ausdeutung der Strophe gefehlt hatte. Freilich ist bei den zitierten Spaniern – bei Johannes vom Kreuz ebenso wie bei seiner Lehrmeisterin Teresa oder bei Aldana – das Konzept einer Coincidenz des
Schauens in hochgradiger Weise erotisiert, nämlich auf den Horizont der petrarchistischen Liebeslehren hin.

Eine Bezugnahme auf den Eros ist auch im neuplatonischen Rahmen, den
Beierwaltes skizziert, keineswegs auszuschließen, sondern immer mitzubedenken.
Nichtsdestoweniger bedient sich der spekulative Traditionsstrang von Plotin bis
hin zu Cusanus einer weit weniger leidenschaftlichen und sinnenhaften Bildlichkeit als etwa Aldana, Teresa oder gar Johannes vom Kreuz. Nicht von ungefähr
werden ja die erstgenannten Autoren einer noetischen und nicht etwa einer affektiven Spielart der Mystik zugerechnet, in deren Umfeld auf jeden Fall die beiden Reformatoren des Karmel gehören.[16] Zweierlei ist also festzuhalten: Gedanklich ist die Spiegelszene des *Cántico espiritual* sowohl mit dem Petrachismus
als auch mit der philosophischen Spekulation kompatibel, und doch steht sie in
manchem auch quer zu diesen beiden Systemen und fügt sich in sie nur unvollkommen ein.

Setzen wir unsere Interpretationshypothese von einer durchgängig allegorischen Liebesdichtung an, dann lassen sich die gegenstrebigen Aspekte in ihrer
Gegensätzlichkeit artikulieren. Die Stilisierung der Spiegelszene zu einer letztlich
theologischen *visio facialis* bedeutet nämlich nicht unbedingt, daß die Lesung des
Gedichts als einer weltlichen Liebesallegorie unangemessen wäre, sondern sie gestattet durchaus eine solche Lektüre. Die Stelle muß dann allerdings in dem Sinne verstanden werden, daß eine an sich theologische Vorstellung in die profane
Liebeshandlung integriert und ihr dienstbar gemacht wird, um sie zu nobilitieren. Seit den Dichtern des *Dolce Stil Novo* ist es in der weltlichen Liebesdichtung
üblich, die Geliebte zu divinisieren, sie also mit Attributen zu belehnen, die im
eigentlichen Sinne nur Gott, den Engeln oder den Heiligen zukommen. Eines
solchen Verfahrens der Divinisierung bedient sich auch der *Cántico espiritual*.

---

16 Im Kommentar zur 38. Strophe des *Cántico B* behandelt Johannes mit großem Scharfsinn und
   in kühner Überbietung der orthodoxen Auffassung die Frage des Zusammenspiels von Schau
   (die dem Verstand zugeordnet ist) und Liebe (die dem Willen zugeordnet ist). Nach seiner Auffassung ist der Seele die Liebe wichtiger noch als die Schau, ja Gott befähigt durch das Geschenk
   seiner Schau die Seele sogar dazu, ihm Liebe als Gegengabe für die empfangene Schau darzubringen. Der ganze Text darf auch emblematisch gelesen werden und handelt dann – trotz
   zahlreicher Kauteln – vom Vorrang der (seraphischen) Liebesmystik vor der (cherubinischen)
   Wesensmystik.

Der Geliebte – und in der Folge auch die Liebende – erhalten gottgleiche Züge zugesprochen.

Die Braut, die sich vom Geliebten ganz erfüllt weiß, erblickt diesen im Spiegelbild ihrer eigenen Augen. Den-Geliebten-Sehen (*quod dilectum videt*) und Vom-Geliebten-Gesehenwerden (*quod a dilecto videtur*) fallen in dieser unvergleichlichen Ausnahmesituation ekstatischer Liebe zusammen – und zwar genau in Analogie zur *coincidentia oppositorum,* die sich auch in der *visio facialis* verwirklicht, dank welcher die Menschen im Paradies Gott schauen dürfen. Die Divinisierung einer irdischen Liebessituation durch die Zuschreibung theologischer Attribute an die Liebenden hat allerdings ein Korollar: es heißt Profanation. Vorstellungen und Konzepte, die aus dem religiösen Bereich stammen, werden mit Hilfe der uneigentlichen, tropischen Rede auf einen irdischen Gegenstand angewandt. Während der irdische Sachverhalt dadurch erhöht, geheiligt und gewissermaßen vergöttlicht wird, wird die himmlische Sphäre zugleich erniedrigt, geerdet und entweiht.

Der *Cántico espiritual* sagt nicht einfach, daß in der Ekstase Gott und Mensch sich ineinander sehen, sondern er sagt einzig und allein, daß eine Liebende im Augenblick ihrer Ekstase meint, sich in ihrem Geliebten so zu sehen, wie man sagt, daß sich Gott und Mensch im Paradies dereinst ineinander sehen werden. Damit wird eines der tiefgründigsten Stücke theologischer Spekulation – die Lehre von der *visio facialis* – bei Johannes vom Kreuz deutlich unter den Vorbehalt des Allegorischen gestellt: es wird profaniert. Allein Profanation ist bei Johannes weder Blasphemie noch Destruktion, sondern Lobpreis des Schöpfers und Rettung seiner Schöpfung. Für Johannes kann es kein zulängliches Wissen von Gott geben, auch und erst recht kein theologisches. Nur wer alles Wissen verliert, wird es retten. Johannes verliert dieses Wissen, indem er es preisgibt: Er entkleidet es seines eigentlichen Sinns und läßt es nackt und bloß dastehen – als die Allegorie einer profanen Liebesgeschichte. Erst nach diesem Opfer kann der Blick frei werden auf ein Anderes hin, das keinen Namen mehr hat.

3.6. EINE STIMME HÖREN
(CÁNTICO XIII C)

Fliegen

Wir erinnern uns nochmals daran, daß zu Beginn der Strophe XII A resp. XIII BC die Braut in den Ausruf ausbricht:

> *Apártalos amado*
> *que voy de buelo...*
> (Cántico C, vv. 61 sq.)

> [Wend ab sie, o Geliebter,
> ich komm im Fluge...]

Der Geliebte wird aufgefordert, seine Augen wieder abzuwenden. Die *ojos* (‚Augen‘) sind, wie wir schon vorher ausgeführt haben, nur aus dem Pronomen zu erschließen und auf die vorausgegangene Strophe zurückzubeziehen, wo von ‚Augen‘ die Rede gewesen war: *los ojos desseados* (‚diese langersehnten Augen‘). Im μεταξύ, im Dazwischen der beiden Strophen, ist offenkundig etwas Schwerwiegendes passiert.

Es ist diese Strophe die einzige Stelle des Gedichts, wo eine halbwegs konkrete Sprechsituation konstituiert ist. Die Braut, die – gewissermaßen zwischen den beiden Strophen – vom Blick des Geliebten getroffen wurde, beginnt im selben Augenblick zu fliegen und ruft ihm darum zu, die Augen wieder abzuwenden. Der Satz, der unmittelbar auf den Imperativ folgt, hat demnach eine kausale Funktion. Er liefert eine Begründung für den soeben erteilten Befehl. Der Bräutigam soll seine Augen abwenden, weil die Geliebte schon zu fliegen beginnt: *que voy de buelo* (‚denn ich komme im Fluge‘). Erstmals überhaupt im Gedicht verwendet die Sprecherin einen Indikativ Präsens der ersten Person, von dem unzweifelhaft ist, daß er sich auf das *hic et nunc* der Sprechsituation bezieht.

Die Personal- und Temporaldeixis der Stelle gibt zu erkennen, daß hier *énonciation* und *énoncé*, Sprechen und Besprochenes, die Begründung des Befehls und das momentane Erleben der Braut zeitlich zusammenfallen. Im selben Augenblick, wo die Sprecherin dem Geliebten zuruft, die Augen abzuwenden, hebt sie förmlich vom Boden ab, oder – die Konstruktion ist zweideutig – der Flug steht ihr zumindest unmittelbar bevor.[1] Wenn aber der Geliebte die Augen abwendet,

---

1 Ein mit *que* eingeleiteter Nebensatz steht oft als ein Droh- oder Hilferuf, der gerade verhindern soll, daß der angekündigte Sachverhalt Wirklichkeit wird. Ein gutes Beispiel ist die Tirade der Tisbea im *Burlador de Sevilla*: «¡Fuego, fuego, que me quemo, / que mi cabaña se abrasa!» (Tirso

wie die Braut es wünscht, dann kann dieser Flug beendet oder noch vermieden werden. Es wird diese Strophe die einzige bleiben, in der die Braut von sich selbst in einem aktualisierenden Präsens spricht, so daß wir nur hier die Umstände des Sprechakts einigermaßen rekonstruieren können.

Bei der Rede vom Fliegen der Braut wird man im Kontext der karmelitischen *scène de l'énonciation* und im Hinblick auf eine geistliche Interpretation der Stelle sofort an außerordentliche Erscheinungen der ekstatischen Entrückung, ja vielleicht sogar an eine Levitation denken wollen. Teresa erwähnt solche Vorfälle in ihren Schriften,[2] und die hagiographische sowie ikonographische Tradition hat ein Erlebnis dieser besonderen Art gerade auch dem Johannes – und mitunter der Reformatorin selbst – zugeschrieben: Während eines Gesprächs mit Teresa im Sprechzimmer des Menschwerdungsklosters von Avila am Dreifaltigkeitssonntag des Jahres 1573 sei Johannes emporgehoben und von einer verdutzten Mitschwester der Teresa noch in schwebendem Zustand angetroffen worden.[3] Weiter kommt hinzu, daß im Zustand tiefer Versenkung trance-ähnliche Schüttellähmungen auftreten können, bei denen die Hände in krampfartige Zuckungen geraten und überaus schnell gegeneinanderschlagen. Verblüffenderweise entsteht hierbei ein Geräusch, das dem einer flügelschlagenden Taube sehr nahekommt. Von solchen außergewöhnlichen Erscheinungen während der Gebetszeiten, sei es bei Teresa oder bei manchen ihrer Mitschwestern, wissen die Quellen zu berichten.

Unsere Absicht ist es aber hier, zu zeigen, daß die Rede vom Flug der Sprecherin ebensogut eine rein profane Bedeutung tragen und sich in eine weltliche Liebesgeschichte einpassen kann. Entsprechende Belegstellen lassen sich hierfür beibringen. Am Anfang steht wiederum ein Vers des Hohenlieds, wo der Bräutigam der Braut zuruft: „Averte oculos tuos a me quia ipsi me avolare fecerunt."[4] Das Hohelied erweist sich hier als spiegelbildlich verkehrt zum *Cántico espiritual.* Nicht die Geliebte, sondern der Geliebte soll die Augen abwenden. Außerdem setzt das Hohelied das Perfekt im Kausalsatz, so daß der Geliebte seinen Flug schon angetreten zu haben scheint, während das Präsens im *Cántico espiritual* diese Frage offen läßt. Jedenfalls verwenden die griechische und lateinische Fassung des Hohelieds die Redeweise vom Davonfliegen in bezug auf die Ekstase des Liebenden – und sie meinen dies auf der buchstäblichen Ebene in einem

---

de Molina: *El burlador de Sevilla* I, vv. 985 sq., ed. J. M. Oliver Cabañes, Barcelona: Plaza & Janes 1984, p. 142.) – ‚Feuer, Feuer, ich verbrenne! / Meine Hütte steht in Flammen!'

2 Cf. Sta. Teresa de Jesús: *El libro de la vida,* cap. 20,4-5. Cf. quoque Isaías Rodríguez: Art. «Lévitation» (1976), in: *Dictionnaire de spiritualité ascétique et mystique,* vol. IX, coll. 738-741.

3 Cf. Crisógono de Jesús: *Vida de San Juan de la Cruz,* cap. 7, in: S. Juan de la Cruz, *Obras completas,* ed. Crisógono de Jesús, 10ª edición, Madrid: Biblioteca de Autores Cristianos 1978, p. 110. Die Aussage der Augenzeugin spricht nur von einer Levitation des Johannes. Verständlicherweise finden sich aber in Avila auch bildliche Darstellungen, auf denen beide Heilige schwebend gezeigt werden.

4 Canticum 6,4. Einen Vers zuvor findet sich die Anrede an die Freundin: „Pulchra es amica mea", so daß eindeutig der Bräutigam als Sprecher, die Braut als Adressatin anzusetzen sind.

handfest weltlichen Sinn.[5] Die Redeweise kehrt wieder in einem aufschlußreichen Sonett Petrarcas:

> *Mille piagge in un giorno et mille rivi*
> *mostrato m'à per la famosa Ardenna*
> *Amor, ch'a' suoi le piante e i cori impenna*
> *per fargli al terzo ciel volando ir vivi.*[6]

[Tausend Gestade an einem Tag und tausend Bäche / hat mir gezeigt im berühmten Ardennerwald / Amor, der den Seinen an Fußsohlen und Herzen Federn wachsen / und sie schon zu Lebzeiten zum dritten Himmel emporfliegen läßt.]

Noch deutlicher als im Hohenlied geht es bei Petrarca um eine weltliche Liebe, die den Liebenden fliegen macht: *volando ir vivi* (‚zu Lebzeiten emporfliegen‘). Amor beflügelt Füße und Herzen seiner irdischen Jünger und hebt sie zum dritten Himmel empor, den sie als lebendige Menschen schauen dürfen. Der dritte Himmel ist die Sphäre der Liebesgöttin Venus und ihres gleichnamigen Planeten.[7] Darüber hinaus läßt sich an dieser Stelle sehr schön ein platonischer und ein christlich-paulinischer Hintergrund greifen. Das Gefieder, das Eros der Seele des Liebenden, wenn er das Schöne erblickt, wachsen läßt, kennen wir aus der Palinodie des Socrates in Platons Dialog *Phaedrus*.[8] Die Rede vom Aufstieg zum dritten Himmel spielt auf den Bericht des Paulus von seiner Entrückung vor Damaskus an.[9] Paulus weiß nicht zu sagen, ob ihm dieses Erlebnis im Leib oder außerhalb des Leibes zuteil geworden sei. Aber die allgemeine Auffassung hielt dafür, daß eine solche Schau nur für eine Seele möglich sei, die den Körper – zumindest zeitweilig – verlassen habe, die also schon tot oder wie tot sei. Petrarcas Amor verleiht nicht nur der Seele, sondern auch dem Körper Flügel, und er befähigt den Liebenden zu einer Schau des Paradieses, die ihm schon zu seinen Lebzeiten vergönnt sein wird. Damit trägt der ekstatische Liebesflug bei Petrarca sowohl Züge des platonischen Enthusiasmus als auch der paulinischen Entrückung, und er überbietet sie.[10] Im Grunde genommen ist er jedoch weder das eine noch das andere. Vielmehr beutet der Dichter die beiden Vorstellungsbereiche

---

5 Interessanterweise kritisiert Fray Luis genau diese Übersetzung und schlägt eine unverfänglichere Version vor: «Vuelve los ojos tuyos, que me hacen fuerza.» (Fr. Luis: *Exposición del Cantar*, VI,4, ed. García, vol. I, p. 166.) – ‚Wende deine Augen ab, denn sie überwältigen mich.‘

6 Petrarca: *Canzoniere*, CLXXVII, vv. 1-4, ed. Dotti, p. 196.

7 «A la dolce ombra de le belle frondi / corsi fuggendo un dispietato lume / che 'nfin qua giú m'ardea dal terzo cielo.» (Ibid. CXLII,1-3, ed. Dotti 177.) – ‚In den lieblichen Schatten des schönen Laubs / rannte ich auf der Flucht vor einem erbarmungslosen Licht, / das mich bis hier unten vom dritten Himmel herab versengte.‘

8 Cf. Platonis Phaedrus 250 et sqq.

9 Cf. II epistola ad Corinthios 12,2-4.

10 An anderen Stellen verwendet Petrarca das Wort *volo* bezeichnenderweise im rein religiösen Sinn der Auffahrt zum jenseitigen Himmel. Cf. Petrarca: *Canzoniere* CCLXXXVII, vv. 1 sq.; CCCXXI, v. 13, ed. Dotti, pp. 266 et 283.

aus, um die irdische Liebe zu legitimieren, indem er sie als ihnen analog, vielleicht sogar überlegen erweist.

Bei Petrarca begegnen wir dem Phänomen einer profanen Liebesrede, die sich – wie seit dem *Dolce Stil Novo* allgemein üblich – religiöse Motive gezielt zunutze macht, um sie alsdann metaphorisch auf weltliche Gegenstände, insbesondere auf die Person der Geliebten, zu übertragen. Es ist dies das bekannte Verfahren der Divinisierung. Natürlich verwendet auch Johannes vom Kreuz ganz unbefangen dieses petrarchistische Modell, und wiewohl man aus seiner Biographie nicht ermitteln kann, wie gut er Petrarca gekannt haben mag, geben seine Texte doch beredt ein Zeugnis davon, daß er dem Petrarca in der Verwendung mancher Motive und Modellierungsverfahren weit nähersteht als die offiziellen spanischen Petrarchisten Boscán und Garcilaso. Petrarcas Metapher des ekstatischen Liebesfluges findet sich jedenfalls in dieser Prägnanz weder beim einen noch beim andern.[11]

Unsere Interpretationshypothese will nicht die Möglichkeit einer religiösen Deutung der Flugmetapher für Johannes vom Kreuz schlichtweg ausschließen – die Geschichte des Topos, die wir an ausgewählten Stationen dokumentieren konnten, beweist ohnehin das Gegenteil. Aber vor dem Hintergrund der petrarchistischen Dichtung der Zeit ist eine religiöse Deutung divinisierender Attribute und Metaphern niemals zwingend, diese gehören vielmehr ganz selbstverständlich schon zum topischen Repertoire der profanen Liebesrede. Sie wenden darum aber noch lange nicht deren rein weltlichen Inhalt ins Religiöse, sondern sie nobilitieren ihn als einen profanen und verleihen ihm zusätzlich rhetorischen Glanz. Besonders die Lesart des Flugs als eines Zustands der Trance oder der Levitation, die wir eingangs skizziert haben, kann in einem solchen Verstehensrahmen Platz finden. Die Ekstase, welche die Geliebte beim – imaginierten? – Anblick des Bräutigams erlebt, ist ebenso intensiv wie – beispielsweise – die Entrückung der Teresa im Sprechzimmer der Encarnación.

Das sprachtheoretische, näherhin semantische Problem, welches die Dichtung des Johannes an solchen Stellen ihren Lesern aufgibt, führt zu folgendem Effekt: Die divinisierende Redeweise reterritorialisiert oder vereigentlicht nicht etwa Metaphern, welche die weltliche Dichtung aus der Religion entlehnt hat, sondern sie macht deren uneigentlichen Charakter nunmehr besonders deutlich sichtbar. Wenn man nämlich die Dichtung des Johannes religiös interpretieren will, dann kann man dies erst dort sinnvoll tun, wo man berücksichtigt, daß bei

---

11 Ein ganz auffälliges Beispiel ist bei Johannes seine Übersetzung des *passer solitarius* (Psalmus 101,8 iuxta LXX) durch *páxaro solitario* (cf. II Subida 14,11; Cántico B 14-15,24). Ein eigenständiger Traktat, den er als *Páxaro solitario* betitelt haben soll, ist nicht erhalten. Spanisch *pájaro* heißt eigentlich ‚Vogel'; lateinisch *passer* hätte darum korrekt mit spanisch *gorrión* (‚Spatz') wiedergegeben werden müssen. Wollte Johannes den phonetischen Nachklang der italienischen Vollform *passero solitario* erhalten wissen, zumal das „x" in *páxaro* zu seiner Zeit ein Zischlaut war? Dann aber läge es nahe, dies auch als Hommage an Petrarcas einschlägiges Sonett zu werten: «Passer mai solitario in alcun tetto...» (*Canzoniere* CCXXVI, ed. Dotti, p. 225.) Eine weitreichende Beziehung besteht, wie wir schon früher sahen, zwischen dem *ayre* (‚Lufthauch') des Johannes und Petrarcas *aura*.

Johannes die Theologie ihrerseits ihre Rede von anderswoher geborgt hat: Gerade auch – und erst recht – in der Theologie sind die Divinisierung des Geliebten und die religiöse Modellierung der Ekstase uneigentliche Redeweisen, die ihren Gegenstand nicht treffen, sondern verfehlen – genauso wie in der petrarchistischen Dichtung.

Ins Wort fallen

Es ist nunmehr an der Zeit, die Strophe XII A resp. XIII BC in ihrer Ganzheit zu analysieren, zumal es sich hierbei, wie sich bald zeigen wird, um eine der komplexesten Konstruktionen des *Cántico espiritual* insgesamt handelt.

> *Apártalos amado*
> *que voy de buelo* * *buéluete paloma*
> *que el cieruo vulnerado*
> *por el otero asoma*
> *al ayre de tu buelo y fresco toma*
> (Cántico C, vv. 61-65).

> [Wend ab sie, o Geliebter,
> ich komm im Fluge! * Taube, kehre um!
> Der versehrte Hirsch
> zeigt sich am Hügel,
> im Windschlag deines Fluges, erfrischend sich an
> kühler Luft.]

Betrachten wir zunächst die Personaldeixis des Strophenanfangs. Zwar enthalten sowohl Vers 61 als auch Vers 62 C jeweils einen Imperativ, aber offenkundig ist dem ersten Imperativ als Sprecherin die Braut, als Adressat der Geliebte zuzuordnen, während sich die Personaldeixis in der zweiten Hälfte von Vers 62 spiegelbildlich verkehrt: Der Sprecher ist nun der Bräutigam und die Adressatin die Braut, wobei sie zusätzlich mit dem Kosenamen *paloma* (,Taube') bedacht wird. Jedem Imperativ wird eine Begründung nachgeschoben, die ein kausales *que* (,denn') einleitet. Während aber die erste Begründung in der ersten Person Singular gehalten ist und wir sicher wissen, daß die Braut von sich spricht (*voy de buelo* – ,ich komm im Fluge'), bedient sich die zweite Begründung der dritten Person Singular (*el cieruo asoma... y fresco toma* – ,der Hirsch zeigt sich... sich erfrischend'). Den Platz des Subjekts nimmt der verwundete Hirsch ein, der offenbar als eine Metapher für den Bräutigam selbst fungiert. Obwohl der Sprecher auf den Gebrauch der ersten Person verzichtet, erscheint gleichwohl das adjektivische Possessivpronomen der zweiten Person, und damit rückt der Satz in einen deutlichen Bezug zur Adressatin (*al ayre de tu buelo* – ,im Windschlag deines Fluges').

Ganz offenkundig wechselt in der genannten Strophe die Origo der Personaldeixis. Während der erste Teilsatz in Vers 62 C noch die Braut zur Sprecherin hat, ist das sprechende Subjekt des zweiten Teilsatzes plötzlich der Bräutigam. Die Sprechsituation springt demnach mitten im Vers um. Es handelt sich um das Verfahren der sogenannten Antilabe, des Sprecherwechsels innerhalb eines dramatischen Verses. Sowohl der Sprechervermerk *Esposo,* den alle drei Varianten bieten, als auch der bukolische Erwartungshorizont lassen diesen Sprecherwechsel vordergründig als unproblematisch erscheinen. In der hochgradig dramatisierten zweiten Ekloge des Garcilaso wie auch in der geistlichen Kontrafaktur dieses Textes durch Sebastián de Córdoba begegnen wir einer ganzen Reihe von solch versinternen Sprecherwechseln oder Antilabae. Es läßt sich dieses Verfahren wohl am ehesten als eine versifizierte Variante des Zwischenrufs beschreiben, den die Rhetorik unter dem Begriff der *interpellatio* kodifiziert hat. Daß der Zwischenruf innerhalb ein und desselben Verses, also innerhalb einer an sich zusammengehörigen metrischen Einheit erfolgt, betont seine unerwartete Plötzlichkeit und macht ihn darum dramatisch besonders wirkungsvoll. Als eine versinterne *interpellatio* übertrifft die Antilabe sogar das Verfahren der Stichomythie an Lebendigkeit, fällt sie doch dem Gesprächspartner überdeutlich ins Wort. Die klare Zuordnung der Sprechinstanzen zum zugehörigen Teil der Rede ist bei der Antilabe im Prinzip dadurch gesichert, daß die zugrundeliegenden Texte entweder realiter aufgeführt wurden oder doch zumindest als prinzipiell aufführbare Lese- resp. Vorlesedramen gedacht waren.

Eine dramatische Aufführungssituation können wir beim *Cántico espiritual* nicht voraussetzen. Genausowenig war er ein reines Lesedrama wie die geistlichen Eklogen oder die Hohelied-Nachdichtungen. Vielmehr scheinen die Strophen insbesondere in den Frauenklöstern des Karmel zu einer feststehenden und allgemein bekannten (wenngleich heute verlorengegangenen) Melodie gesungen worden zu sein – wohl in Entsprechung zu den zeitgenössischen Villancicos und Madrigalen. Nichts spricht dafür, daß die gesangliche Realisierung des Vortrags oratorienhafte Züge angenommen und somit einen Wechsel der Sängerinnenstimme an bestimmten Stellen beinhaltet hätte. Darum müssen wir festhalten, daß der strophen-, ja sogar versinterne Sprecherwechsel weder mit den Mitteln der vorgegebenen musikalischen Form noch im Rahmen der üblichen Aufführungspraxis deutlich zu markieren war. Bereits hier bekundet sich also ein gravierender Unterschied des *Cántico espiritual* zu seinen Modellen aus der weltlichen und geistlichen Bukolik.

Weitere innerliterarische Aspekte sind zu berücksichtigen. Wir wissen aus der petrarchistischen Liebesdichtung, daß der Liebende in der Abwesenheit der Geliebten und in der Einsamkeit der Naturlandschaft deren Präsenz in seiner bloßen Phantasie imaginieren kann;[12] und wir erinnern uns außerdem daran, daß die Braut des *Cántico espiritual* sich schon früher des Verfahrens der προσωποποιία bedient hat, wodurch sie der stummen Kreatur Sprache verleihen konnte. Wie sollen wir angesichts dieser Befunde die *interpellatio* verstehen, mit welcher

---

12 Erinnert sei an Boscáns weiter oben erwähntes Sonett «Quien dice que el ausencia causa olvido...». Cf. Boscán: *Soneto* LI, ed. Díez Canedo, p. 233.

der Bräutigam in die Rede der Braut einzufallen scheint? Beginnt hier ein echter Dialog des Liebespaares, oder handelt es sich wiederum um eine *sermocinatio,* in welcher die Geliebte nunmehr dem Geliebten ihre Stimme leiht?

Die Handschriften und alten Drucke sind weit weniger eindeutig als die modernen Ausgaben, die den in Frage stehenden Vers 57 A resp. 62 BC jeweils in zwei Zeilen drucken – und zwar im Zusammenhang der Gesamtstrophe folgendermaßen:

> *Apártalos, Amado,*
> *que voy de vuelo.*
> *Vuélvete, paloma,*
> *que el ciervo vulnerado*
> *por el otero asoma*
> *al aire de tu vuelo y fresco toma.*

Zwar vermerken alle drei alten Versionen des *Cántico espiritual* ebenfalls mit Hilfe einer erläuternden Sprecherangabe, daß im fraglichen Vers ab *buéluete...* der Bräutigam redet. Entweder wird zwischen *buelo* und *buéluete* ein Asteriskus * gesetzt, welcher auf den Vermerk *Esposo* am Rande verweist (so im Codex von Sanlucar beim *Cántico A* und in der Ausgabe von Madrid 1630 beim *Cántico C*), oder es wird dieser Vermerk interlinear und in Klammern über den Vers gesetzt (so im Codex von Jaén beim *Cántico B*). In allen drei genannten Fällen werden weder das Schriftbild noch der Rede- oder Singfluß des Verses einschneidend unterbrochen. Es liegt nicht einmal eine Interpunktion im eigentlichen Sinne vor, da ja der Asteriskus selbst hier nicht als ein gliederndes Satzzeichen aufzufassen ist, sondern vielmehr auf eine zusätzliche Information verweist, die der glossierte Text allein offensichtlich nicht enthält. Auch wir haben uns bei der Wiedergabe der Strophe weiter oben an eine solche ältere Darstellungs- und Markierungsweise gehalten, genauerhin an den Codex von Sanlúcar und die Ausgabe von Madrid.

Auf der metrischen Ebene erweist sich Vers 62 C, in den die Antilabe eingefügt ist, als ein höchst komplexes und auffälliges Gebilde, sobald man ihn vor dem Hintergrund der bei Johannes vom Kreuz üblichen Rhythmusgebung betrachtet. In einem grundlegenden Aufsatz hat Gerardo Diego schon 1942 darauf hingewiesen, daß der weitaus häufigste Typus des Elfsilbers bei Johannes vom Kreuz die Betonung auf der zweiten, sechsten und zehnten Silbe trägt.[13] Es entsteht dadurch eine betörende Gleichförmigkeit des Rhythmus und des Klangs, die durch zahlreiche Alliterationen und Paronomasien noch verstärkt wird und die zweifelsohne als ein Phänomen jener linguistisch-phonetischen Glossolalie zu betrachten wäre, wie sie von Jakobson benannt und beschrieben wurde.[14] Nicht von ungefähr erwähnt Jakobson gerade Merkverse, die in Kreisen russischer Hä-

---

13 Cf. Gerardo Diego: «Música y ritmo en la poesía de San Juan de la Cruz» (1942), in: *Crítica y poesía,* Madrid: Júcar 1984, pp. 47-72.
14 Cf. Jakobson: «Glossolalie», loc. cit.

retiker in Gebrauch waren und die demnach auf eine mystische *scène de l'énonciation* zurückverweisen.[15]

Der bei Johannes vom Kreuz vorherrschende Typus des Elfsilbers ist der sogenannte *endecasílabo heroico*. Dessen prosodisch konstitutiver Akzent liegt immer auf der sechsten Silbe. Die Wortgrenze, die nach der sechsten Silbe folgt, ist die konstitutive Caesur des Verses. Weitere rhythmische Akzente treten auf die zweite und zehnte Silbe.[16] Auch der genannte Vers 62 C erweist sich im Prinzip als ein *endecasílabo heroico*, und er hat dann das folgende metrische Schema:

o ó o o o ó o o o ó o

que <u>boy</u> de bue-lo bu<u>él</u>-ue-te pa-<u>lo</u>-ma

Auf Grund der rhythmischen Akzentsetzung lassen sich die *endecasílabos heroicos* in der Regel in drei nahezu gleich lange Füße gliedern. Denn die Akzente auf der zweiten, sechsten und zehnten Silbe beinhalten – sofern die betonten Wörter der häufigen Gruppe der Paroxytona (*palabras llanas*) angehören – automatisch eine Wortgrenze oder Caesur nach der dritten und siebten Silbe. Die konstitutive Caesur liegt dabei stets nach dem konstitutiven Akzent, also nach der sechsten Silbe. Als Beispiel hierfür mag uns der Vers 65 C am Ende der Strophe gelten:

o ó o / o o ó o // o o ó o

al <u>ay</u>-re / de tu <u>bue</u>-lo y // fres-co <u>to</u>-ma

Das obige Schema ist wie gesagt das bei Johannes gängige. Im Falle des Verses 62 C müssen allerdings die Caesuren anders gesetzt werden, da der rhythmische Akzent der zweiten Silbe auf einem Monotonon (was faktisch einer *palabra aguda* gleichkommt) und der konstitutive Akzent der sechsten Silbe auf einem Proparoxytonon (*palabra esdrújula*) zu stehen kommen. Die erste Caesur verläuft mithin zwischen zweiter und dritter Silbe, die zweite Caesur zwischen achter und neunter Silbe. Erst diese letztgenannte Wortgrenze zwischen achter und neunter Silbe stellt die prosodisch konstitutive Caesur des Verses dar:

o ó / o o o ó o o // o ó o

que <u>boy</u> / de bue-lo **buél**-ue-te // pa-<u>lo</u>-ma

Durch die Vorverlegung der ersten und durch den gleichzeitigen Aufschub der zweiten Caesur wird das Mittelglied des Verses überlang. Es verlangt darum nach

---

15 Den Hinweis auf den offenkundigen Zusammenhang von gleichbleibendem Rhythmus im Vers und linguistischer Glossolalie im Sinne Jakobsons verdanke ich Padre Teodoro Polo (Madrid).
16 Zum spanischen Elfsilber allgemein cf. Rudolf Baehr: *Spanische Verslehre auf historischer Grundlage*, Tübingen: Max Niemeyer 1962, pp. 87-104; zum *endecasílabo heroico* cf. ibid. pp. 89 sq. et 92 sq.

einer zusätzlichen Betonung, die in der Tat möglich ist. Theoretisch kann nämlich der prosodisch konstitutive Akzent des Verses ebensogut auf *bué-lo* wie auf
buél-ue-te liegen. Allerdings darf dann der Vers nicht mehr als *endecasílabo heroico* gelesen werden, sondern als ein Hendecasyllabus a minori.[17] Dessen konstitutiver Akzent liegt stets auf der fünften Silbe, und darauf folgt dann die konstitutive
Caesur des Verses. Ein weiterer rhythmischer Akzent tritt sodann – je nach der
Wortbetonung – auf die sechste, siebte oder achte Silbe, und der letzte rhythmische Akzent erfaßt in jedem Fall die zehnte Silbe. Als ein Hendecasyllabus a minori gelesen, hätte unser Vers 62 C den folgenden Aufbau:

o o o ó o // ó o o o / ó o

que boy de <u>bue</u>-lo // buél-ue-te / pa-lo-ma

Da er auf einem Proparoxytonon zu stehen kommt, tritt der freie rhythmische
Akzent also auf die sechste Silbe. Der prosodisch konstitutive Akzent liegt jedoch
auf der vierten Silbe, und die konstitutive Caesur befindet sich demzufolge zwischen der fünften und der sechsten Silbe.

Daß der genannte Vers 62 C überhaupt als ein Hendecasyllabus a minori gelesen werden kann, ist zwar für Johannes vom Kreuz ungewöhnlich, nicht aber
für die Dichtung seiner Zeitgenossen, welche diesen Verstypus häufig anstreben,
insbesondere in der Form des *endecasílabo sáfico,* der seinen konstitutiven Akzent
auf der vierten, weitere rhythmische Akzente auf der achten und zehnten Silbe
trägt und beständig bei Fray Luis begegnet – genannt sei das folgende Beispiel:

o o o ó o // o o ó o / ó o

los po-cos <u>sa</u>-bios // que en el <u>mun</u>-do han / <u>si</u>-do.[18]

Aber sowohl den sapphischen Verstypus im engen Sinn als auch den Hendecasyllabus a minori insgesamt hat Johannes vom Kreuz nahezu vollständig vermieden, indem er die vierte Silbe fast immer unbetont ließ und den prosodisch
konstitutiven Akzent seiner Verse auf die sechste Silbe legte.

Wenn wir den Vers 62 C als Hendecasyllabus a minori lesen, dann steht die
konstitutive Caesur dieses Verses genau zwischen der Rede der Braut und der
Rede des Bräutigams, das heißt beide Versteile werden streng getrennt und ihre
Gegensätzlichkeit wird metrisch unterstrichen. Wenn wir hingegen denselben
Vers als eine Variante des *endecasílabo heroico* lesen, dann hält der prosodisch
konstitutive Akzent in *buéluete* den ganzen Vers zusammen. Die Rede der Braut
im ersten Teil des Verses läuft auf einen Akzent zu, der erst zu Beginn der Rede
des Bräutigams im zweiten Teil des Verses realisiert wird. Die konstitutive

17 Die verschiedenen Varianten des Hendecasyllabus a minori werden von Baehr als Typ B des
   Elfsilbers zusammengefaßt. Cf. ibid. p. 88-92.
18 Fr. Luis: *Poesía,* n° 1, v. 5, ed. Alcina, p. 69.

Caesur des Verses trennt dann auch nicht die Rede der Braut von der Rede des Bräutigams, sondern statt dessen den Imperativ des Bräutigams vom Vokativ an die Braut. Die metrische Lesung des Verses als eines *endecasílabo heroico* klammert also beide unterschiedlichen Reden zusammen.

Die Lesung mit einer konstitutiven Caesur zwischen *buelo* und *buéluete* muß auf eine Versstruktur rekurrieren, die für Johannes untypisch ist. Sie trägt an den Text ein fremdes, ihm auswendig bleibendes Versmaß heran, und erst dieses schneidet die beiden Reden auseinander. Der Text des Johannes würde dann an dieser Stelle eine fremde Rede zitieren, genauer gesagt eine fremde Dichtung, in der eine eindeutige Zuweisung von Rede und Sprechinstanz möglich ist wie beispielsweise in der Bukolik des Garcilaso. Das Versmaß hingegen, das wir von Johannes her kennen, überspielt die Grenze zwischen der Rede der Braut und der Rede des Bräutigams. Weil es keine konstitutive Caesur setzt und damit keine klare Grenze markiert, verleibt es im Grunde genommen die Rede des Bräutigams der Rede der Braut ein, macht sie durch einen metrischen Kunstgriff zur *sermocinatio*. Die metrische Struktur von sich aus gestattet aber keine eindeutige Zuordnung der beiden Reden an die zugehörige Sprechinstanz, sondern in einem Effekt pragmatischer *confusio* zeigt sie deren unaufhebbare Zweideutigkeit auf.

Wie die ununterbrochene Schreibweise und wie das Versmaß des *endecasílabo heroico* überspielt auch auf der rein phonetischen Ebene die paronomastische Ähnlichkeit zwischen den einzelnen Wörtern des Verses den personaldeiktischen Einschnitt: *voy, buelo* und *buéluete* haben Alliteration und tragen zudem jedesmal in der Tonsilbe Diphthonge, die aus den dunklen Vokalen O respektive U gebildet sind. Darüber hinaus ist der Stamm von *buelo* phonetisch identisch mit der ersten Silbe des unmittelbar folgenden Wortes *buéluete,* wo sich seinerseits der labiale Anlaut der ersten Silbe *buel-* im Anlaut der zweiten Silbe *-ue* wiederholt. Hierdurch entsteht ein auffälliger Echo-Effekt, der den Imperativ *buéluete* als einen phonetischen Nachhall des vorausgegangenen Wortes *buelo* und nicht als den Einsatz einer völlig neuen Rede erscheinen läßt.

Es ist nie völlig ausgeschlossen, die Stimme des Geliebten ganz naiv und buchstäblich als die Rede einer Figur zu lesen, die ins bukolische Geschehen eingreift. Aber doch zielt die Arbeit des Textes letzten Endes gerade darauf hin, eine solche naive Gewißheit zu erschüttern und die fraglos scheinende Präsenz der Stimme des Geliebten aufzulösen. Statt dessen könnte dann die Stimme des Geliebten als ein Effekt der delirierenden Wahrnehmung der Braut verstanden werden, welche diese Stimme zu hören meint und sie wie die mythische Echo widerhallen läßt – im Resonanzraum des eigenen Innern. Für eine solche Lesart gibt es im Hohenlied ein unverkennbares Vorbild: „Vox dilecti mei [...] / et dilectus meus loquitur mihi / surge propera amica mea formonsa mea et veni."[19] Während die Rede des Bräutigams üblicherweise unvermittelt wiedergegeben wird, ist sie hier ganz offensichtlich durch eine Inquit-Formel in die Rede der Braut integriert. Entspre-

---

19 Canticum 2,8 et 10.

chend verfahren alle drei kastilischen Nachdichtungen. Betrachten wir zunächst die Paraphrasis von Arias Montano:

> *Hablóme el mi querido, vente amiga*
> *leuanta de onde estás y vente presto*
> *belleza a quien mis ojos se ligaron.*[20]

[Es sprach zu mir mein Liebster: Komm, Freundin, / steh auf von dort, wo du liegst, und komm schnell herbei, / du Schönheit, an die meine Augen gefesselt sind.]

In den Oktavreimen schreibt Fray Luis:

> *Hablado me ha el mi Amado, y mi querido:*
> *¡Levántate del lecho, Amiga mía!*
> *Vente conmigo, que el invierno es ido,*
> *y las flores nos muestran ya alegría.*[21]

[Gesprochen hat zu mir mein Geliebter und mein Liebster: / Steht auf vom Bett, meine Freundin. / Komm mit mir, der Winter ist vergangen, / und die Blumen zeigen uns schon ihre Freude.]

In den Fünfzeilern heißt es schließlich:

> *Ved cuál dice mi Esposo:*
> *«Date priesa, levántate del suelo,*
> *mi Amiga y mi reposo,*
> *mi hermosa mi consuelo,*
> *mi palomica, y vente a mí de vuelo.»*[22]

[Seht, wie mein Bräutigam sagt: / „Beeil dich, steh auf vom Boden, / meine Freundin und meine Erquickung, / meine Schöne, mein Trost, / mein Täubchen, und komm zu mir im Flug!"]

Wie aus dem letzten Vers hervorgeht, hat diese Strophe vermutlich für den *Cántico espiritual* Patin gestanden. Die Braut wird vom Bräutigam als Taube tituliert, und sie soll im Flug herbeieilen. Der Sachverhalt ist dann allerdings im *Cántico espiritual* anders dargestellt, da er die Vorgabe umarbeitet und weiterführt. Die Braut antwortet bei Johannes gewissermaßen auf die Aufforderung des Bräutigams. Denn sie sagt nun von sich selber, daß sie fliege, und der Bräutigam fordert sie gerade umgekehrt zur Rückkehr auf. Außerdem ist in den Fünfzeilern die nächtliche Situation des Hohenlieds mit der Anrede an die schlafende Braut noch deutlich zu greifen. Der Flug erscheint als eine Metapher für die Eile, mit der sich die Braut aus ihrem Bett erheben soll. Bei Johannes ist die Rede vom

---

20 Arias Montano: Paraphrasis, cap. 2, fol. 276 v.
21 Fr. Luis: *El Cantar en octava rima*, cap. 2, vv. 33-36, ed. García (1991), vol. II, p. 1025.
22 «*Los Cantares en versos líricos*», cap. 2, vv. 56-60, ed. García (1951), p. 1710.

Flug der Taube hingegen deutlich zur Metapher für die Liebesekstase der Braut transformiert.

An den beschriebenen Details bekundet sich sehr plastisch, daß die Nähe der Hohelied-Dichtungen zu Johannes vom Kreuz immer im Sinne einer Transformation und Überschreibung der genannten Vorbilder durch den *Cántico espiritual* aufgefaßt werden muß – und nicht umgekehrt. Die Fünfzeiler, deren absolute Chronologie wie gesagt ungesichert ist, haben dem Johannes vermutlich eine Anregung für seine eigenwillige Umgestaltung gegeben. Eine Abhängigkeit in umgekehrter Richtung vom *Cántico espiritual* hin zu den Fünfzeilern ist hingegen so gut wie ausgeschlossen. Es erscheint kaum denkbar, daß ein Autor der kühnen Gestaltung des Flugmotivs im *Cántico espiritual* im nachhinein wieder auf so biedere Weise die Flügel gestutzt hätte.

In den drei erläuterten Beispielen war die Stimme des Bräutigams jeweils wörtliche Rede, die von der Braut wiedergegeben wurde. Hat aber dort die Braut die Stimme des Geliebten tatsächlich vernommen? In den Oktavreimen und in den Fünfzeilern ist dies unbestritten der Fall. In der Paraphrasis jedoch stellt sich die Braut selbst eine solche Frage – und zwar in jener unmittelbar vorausgehenden Strophe, welche den Vers „Vox dilecti mei" überträgt und variiert:

> *¿Engáñome o es la voz de aquel que amo?*
> *ella por cierto es ésta qué sentido*
> *helo helo que viene con presteza.*[23]

[Täusch ich mich, oder ist es die Stimme dessen, / den ich liebe? / Es ist gewiß diejenige (Stimme), die ich vernommen habe, / sieh da, sieh da, er kommt geschwind.]

Der humanistisch gebildete Arias Montano hat hier möglicherweise das Ende von Vergils achter Ekloge im Sinn. Dort trägt der Hirt Alphesiboeus das Lied einer Hexe vor. Diese will den ihr untreu gewordenen Geliebten, einen gewissen Daphnis, durch einen Liebeszauber aus der Stadt zurückrufen. Als am Ende des magischen Rituals der Hund Hylax zu bellen beginnt, meint sie, ihren Daphnis zurückkommen zu hören, und sie läßt darum den Zaubergesang ausklingen:

> *Nescio quid certe est, et Hylax in limine latrat.*
> *credimus? an, qui amant, ipsi sibi somnia fingunt?*
> *parcite, ab urbe uenit, iam parcite carmina, Daphnis.*[24]

---

23 Arias Montano: Paraphrasis, cap. 2, fol. 276 r.

24 Vergili Bucolica VIII,107-109. – Fray Luis übersetzt die ganze Stelle folgendermaßen: «¡Ay! Yo no sé quién es, que alguno llama, / que la perrilla en el portal vocea. / ¿Si viene por ventura, o si quien ama / soñando finge aquello que desea? / ¡Ay! Pon a tu camino, pon ya tasa, / conjuro, que mi Dafni es vuelto a casa.» (In: Fr. Luis: *Obras completas castellanas*, ed. García, 1991, vol. II, p. 870.)

Ob Daphnis tatsächlich zurückkehrt, muß in Vergils Ekloge offenbleiben, wohingegen Arias Montano seinen Lesern eine eindeutige Lösung anbietet, wenn die Braut, nachdem sie den Selbstzweifel geäußert hat, fortfährt:

> O esposso, amado mío, a quien yo amo,
> con qué velocidad a mi as venido.[25]

[O Bräutigam, mein Geliebter, den ich liebe, / mit welcher Geschwindigkeit bist du zu mir gekommen.]

Auch Fray Luis hat das Zweifeln der Braut angesichts der gehörten Stimme aufgegriffen und in sein lateinisches *Carmen ex voto* eingefügt, wahrscheinlich ebenfalls in Anlehnung an Vergil. Die Braut ruft dort aus:

> Aure an concipio uocem ego amabilem?
> an fallor potius? quin uocat abditus
> obiectis foribus? quin caput aureum
>   inter reticula emicat?[26]

[Empfange ich etwa mit meinem Ohr die liebliche Stimme? / Oder täusche ich mich eher? Ruft er nicht versteckt / vor der verschlossenen Tür? Das goldene Haupt, / schimmert es nicht zwischen dem Gitter durch?]

Auf die Fragen der Braut antwortet sogleich der Chor der Jünglinge mit einem Frühlingslied, und so bleibt es im *Carmen ex voto* ähnlich ungewiß wie bei Vergil, ob die liebende Frau eine echte Stimme gehört oder ob sie sich diese Stimme nur eingebildet hat. Im Zusammenhang der zitierten Texte steht Johannes vom Kreuz dem Vergil und dem lateinischen Fray Luis offenbar näher als dem Arias Montano. Letztlich bleibt nämlich auch bei Johannes die Frage unbeantwortet, ob der Geliebte wirklich gekommen ist, und demzufolge wissen wir ebensowenig, ob er zur Braut gesprochen hat oder nicht. Daß aber diese Frage unentscheidbar bleibt, liegt wesentlich – wie schon die Hexe des Alphesiboeus zu sagen wußte – am Verhalten der Liebenden selbst, die Wahn und Wirklichkeit nicht zu unterscheiden wissen. Genau diesen Sachverhalt erläutert Fray Luis de León ausdrücklich in seinem spanischen Kommentar zum Hohenlied – und zwar ebendort, wo er den Vers „Vox dilecti mei..." behandelt:

---

25 Arias Montano: Paraphrasis, cap. 2, fol. 276 r.
26 Fr. Luis: Carmen ex voto, vv. 53-56, ed. Alcina, p. 218. Vers 53 ist von uns durch Konjektur verbessert, da Alcina die Stelle mit Sicherheit falsch wiedergibt, wenn er schreibt: *„aure an ne cupida vocem ego amabilem?" So unbeholfen und ungrammatikalisch hat sich Fray Luis an keiner anderen Stelle seines Gedichts ausgedrückt. Sollte er – wie wir konjizieren – die ungewöhnliche Konstruktion *uocem concipere* statt des gängigen *uocem excipere* verwendet haben, dann gewiß nicht nur aus den metrischen Gründen (in *aure an excipiam* wäre die zweite Silbe kurz, obwohl für sie im *asclepiadeus maior* eine Länge gefordert ist), sondern gerade auch im Sinne der christlichen Poetik dieses Mariengedichts: Im Stimmenhören der Braut des Hohenlieds ist bereits die Empfängnis des Gotteswortes durch die jungfräuliche Mutter präfiguriert: „Ecce concipies in utero et paries filium." (Lucas 1,31.).

Voz de mi Amado. Esto, o pasó así [...], o digamos que fue como un sueño o ima-
ginación, que, a causa del grande amor, la Esposa se fingió a sí misma, pareciéndole
que veía ya a su esposo y le hablaba; como es cosa natural a los que aman o tratan de
algún negocio cuidadosamente, traerles los sueños imágenes semejantes; porque agora, como he dicho, va refiriendo [scil. la esposa] lo que entonces vio y habló medio
entre sueños por las mismas palabras que lo dijo. Pues dice: *Voz de mi Amado,* bien
muestra en la manera de las palabras así cortadas el alboroto de su corazón.[27]

[*Stimme meines Geliebten.* Das heißt, daß es entweder so geschah (...), oder wir können sagen, daß es ein Traum oder eine Einbildung war, die auf Grund der großen
Liebe die Braut für sich selbst erdichtet hat. Darum schien es ihr dann, daß sie
schon ihren Bräutigam sähe und mit ihm spräche. Dies ist ja auch eine natürliche
Erscheinung bei denjenigen, die lieben oder irgendeinem Geschäft mit hingebungs-
voller Sorge nachgehen, daß ihnen die Träume ähnliche Bilder zutragen. Denn wie
gesagt gibt die Braut jetzt das, was sie damals gesehen und halb im Traum gesprochen hat, mit denselben Worten wieder, wie sie es gesagt hat. So sagt sie also: *Stimme meines Geliebten,* und treffend zeigt sie durch die Art ihrer abgehackten Worte
den Aufruhr ihres Herzens.]

Die Liebessituation und die Liebessehnsucht der Braut legen es förmlich nahe,
daß die Geliebte den Freund dort zu sehen und zu hören meint, wo er nicht ist.
Die Liebende phantasiert die Präsenz des Geliebten angesichts seiner und anstelle
seiner Absenz. Hinweis darauf sind nicht zuletzt die abgehackten Worte, die wie
aus dem Zusammenhang gerissen wirken: *apártalos amado / que voy de buelo
buéluete paloma.*

Innere Stimmen

Im zweiten Buch der *Subida del Monte Carmelo* handelt Johannes vom Kreuz
ausführlich von den inneren Stimmen, wie sie die Braut möglicherweise gehört
hat und wie sie auch der Übende auf dem geistlichen Weg zu vernehmen pflegt.
Er faßt diese verschiedenen Stimmen oder Äußerungsweisen unter dem Begriff
der *locuciones* und rechnet sie zu den übernatürlichen Apprehensionen der Einbildungskraft (*imaginativa*) und Phantasie, die er hier dem Seelenvermögen des
Verstandes (*entendimiento*) zugeordnet wissen will.[28] Im Prinzip soll die Seele im
Laufe des mystischen Weges von allen übernatürlichen Apprehensionen ebenso
ablassen wie von den natürlichen. Was aber haben wir uns unter den *locuciones*
genauerhin vorzustellen? Johannes nennt drei Kategorien: Es gibt *palabras sucesivas* (sukzessive Worte), *palabras formales* (formale Worte) und *palabras sustanciales* (substantielle Worte), deren jeweilige Eigenheiten über mehrere Kapitel
hinweg beschrieben werden. Allen diesen *locuciones* ist gemeinsam, daß sie ohne

---

27 Fr. Luis: *Exposición del Cantar,* cap. II,9, ed. García (1991), vol. I, pp. 105 sq.
28 Johannes vom Kreuz erkennt in seiner Mystagogie der Einbildungskraft eine doppelte Funktion
    zu, insofern sie sowohl den Verstand als auch das Gedächtnis affizieren kann.

Vermittlung der äußeren Sinne im Innern gesprochen und vernommen werden. Zunächst erörtert Johannes die Natur der sukzessiven Äußerungsweisen:

> Estas palabras sucesivas, siempre que acaecen es cuando está el espíritu recogido y embebido en alguna consideración muy atento, y en aquella misma materia que piensa él mismo va discurriendo de uno en otro y formando palabras y razones muy a propósito, con tanta facilidad y distinción y tales cosas no sabidas de él va razonando y descubriendo acerca de aquello, que le parece que no es él el que hace aquello, sino que otra persona interiormente lo va razonando, o respondiendo, o enseñando. (II Subida 29,1.)

> [Diese sukzessiven Worte treten stets nur dann ein, wenn der Geist vollkommen gesammelt ist und gleichsam ganz aufgeht in irgendeiner Betrachtung. Über den Stoff, den man sich zur Betrachtung vorgenommen hat, eilt der Geist von Gedanken zu Gedanken, bildet Worte und Schlußfolgerungen, die genau der Sache entsprechen, und zwar zwanglos und sicher und über Dinge, die ihm bisher völlig unbekannt waren, daß es ihm vorkommt, nicht von ihm selbst gehe das aus, sondern von jemand anderem, der in seinem Innern diese Vernunftschlüsse bildet, ihm Antwort gibt und ihn belehrt. (II Aufstieg 27, p. 248.)]

Die sukzessiven Worte sind im weiten Sinn dem Bereich der diskursiven Meditation zugeordnet. Sie sind in kohärenter Sprache verfaßt. Aber da in ihnen mitunter eine fremde Stimme zu sprechen oder einen Dialog mit dem Übenden anzufangen scheint, kommt sich das Subjekt als entmächtigt vor. Nichtsdestoweniger weist Johannes darauf hin, daß die letztverantwortliche Sprechinstanz – trotz gelegentlicher Hilfen von seiten des Heiligen Geistes – der Übende selber ist. Dementsprechend wenig Bedeutung darf auch den *palabras sucesivas* zugemessen werden; vielmehr sind sie zu negieren. Eine deutlich andere Struktur haben die *palabras formales,* die das Subjekt hört:

> El segundo género de palabras interiores son palabras formales, que algunas veces se hacen al espíritu por vía sobrenatural sin medio de algún sentido, ahora estando el espíritu recogido, ahora no. Y llámolas formales porque formalmente al espíritu se las dice tercera persona, sin poner él nada en ello, y por eso son muy diferentes que las que acabamos de decir, porque no solamente tienen la diferencia en que se hacen sin que el espíritu ponga de su parte algo en ellas, como hace en las otras, pero, como digo, acaécenle a veces sin estar recogido, sino muy fuera de aquello que se le dice; lo cual no es así en las primeras sucesivas, porque siempre son acerca de lo que estaba considerando. (II Subida 30,1.)

> [Die zweite Gattung der inneren Worte umfaßt die formellen, welche bisweilen auf übernatürlichem Wege und ohne Zuhilfenahme irgendeines Sinnesorgans im Geiste zustandekommen, gleichviel ob der Geist gesammelt ist oder nicht. Wir nennen sie formelle, weil es dem Geiste wirklich vorkommt, als richte sie eine dritte Person an ihn, ohne daß er selbst dabei tätig ist. Deshalb sind sie auch sehr verschieden von denen, die wir eben behandelt haben. Sie unterscheiden sich von diesen nicht nur dadurch, daß – im Gegensatz zu jenen andern – der Geist hier nicht durch eigene Tätigkeit mitwirkt, sondern auch dadurch, daß sie zustandekommen, ohne daß er gesammelt zu sein braucht, ja sogar, im Gegensatz zu ersteren, oft nicht im geringsten an das denkt, was zu ihm gesprochen wird. Jene nämlich, die sukzessiven, befassen sich stets mit dem Gegenstand, den man eben betrachtete.* (II Aufstieg 38, pp. 256 sq.)]

Hauptmerkmal der *palabras formales* ist demnach der Wechsel der Personaldeixis: Die Origo der innerlich vernommenen Äußerung ist nicht mehr identisch mit der Origo des Vernehmenden, und da die *locución* dem Subjekt von außerhalb seiner selbst zuzufallen scheint, kann es sich auch nicht mehr als selbstverantwortliche Sprechinstanz der inneren Äußerung begreifen. Das selbstmächtige Subjekt muß hier abdanken: Es spricht in ihm ein anderer. Auch in diesem Falle fordert Johannes den Übenden auf, den formellen Worten keinerlei Bedeutung beizumessen und sie außer acht zu lassen. Die einzigen *locuciones,* die es ernstzunehmen gilt, sind schließlich die *palabras sustanciales.* Sie stellen eine Teilmenge der *palabras formales* dar, mit denen es eine besondere Bewandtnis hat:

> El tercero género de palabras interiores decíamos que eran palabras sustanciales, las cuales, aunque también son formales por cuanto muy formalmente se imprimen en el alma, difieren, empero, en que la palabra sustancial hace efecto vivo y sustancial en el alma, y la solamente formal no así. De manera que, aunque es verdad que toda palabra sustancial es formal, no por eso toda palabra formal es sustancial, sino solamente aquella que (como arriba dijimos) imprime sustancialmente en el alma aquello que ella significa; tal como si nuestro Señor dijese formalmente al alma: «Sé buena», luego sustancialmente sería buena; o si la dijese: «Ámame», luego tendría y sentiría en sí sustancia de amor de Dios; o si, temiendo mucho, la dijese: «No temas», luego sentiría gran fortaleza y tranquilidad. Porque el dicho de Dios y *su palabra,* como dice el Sabio, *es llena de potestad* [Ecclesiastes 8,4], y así hace sustancialmente en el alma aquello que le dice. Porque esto es lo que quiso decir David cuando dijo: *Cantad, que Él dará a su voz voz de virtud* [Psalmus 67,34]. (II Subida 31,1.)

> [Die dritte Gattung der inneren Worte bezeichneten wir als substantielle. Diese sind zwar auch formell, insofern sie sich ganz deutlich wahrnehmbar der Seele einprägen. Sie sind aber gleichwohl von jenen verschieden, insofern die substantiellen Ansprachen in der Seele eine starke und wesentliche Wirkung hervorbringen, was bei den formellen nicht der Fall ist. So ist also jede substantielle Ansprache zugleich auch eine formelle, doch ist nicht jede formelle zugleich auch eine substantielle, sondern nur jene, die wie eben erwähnt der Seele dasjenige, was sie ausdrücken soll, wesentlich mitteilt. Dies träfe zu, wenn der Herr zur Seele zum Beispiel sagen würde: Sei gut! und sie würde sogleich wesentlich gut. Oder wenn er zu ihr sagte: Liebe mich! und sie würde sofort in sich die wesentliche Liebe, das heißt die wahre Gottesliebe, besitzen und verspüren. Oder wenn er zu einer recht ängstlichen Seele sagte: Fürchte nichts! und sie würde im gleichen Augenblick großen Mut und Frieden empfinden. Denn „das Wort des Herrn ist" nach dem Zeugnis des Weisen „gar mächtig" (Ecclesiastes 8,4). Es bringt eben in der Seele auch wirklich das hervor, was es dem Wortlaute nach besagen will, wie es auch David bezeugt mit den Worten: „Der Herr wird seine Stimme erschallen lassen, seine Stimme voll Kraft" (Psalmus 67,34). (II Aufstieg 29, p. 261)]

Die substantiellen Worte haben zwei bedeutsame Kennzeichen: Wie bei den formellen Worten spricht in ihnen eine dritte Instanz, so daß die deiktische Origo nicht mit der Origo des Subjekts übereinstimmt; und es handelt sich um performative Sprechakte, die unverzüglich das bewirken, was sie benennen. Bedeutsam ist hierbei, daß als Beispiele stets Imperative angeführt werden: Der Sprecher, der dem Adressaten den Befehl erteilt, führt ihn paradoxerweise gleich selber aus, allerdings an der Person des Adressaten. Nicht nur die übliche Trennung zwischen dem Sprecher und seinem Hörer, zwischen außen und innen, sondern vor allem auch der differentielle Aufschub zwischen Signifikant und Signifikat, zwischen *énonciation* und *énoncé,* scheint in den *palabras sustanciales* abgeschafft zu sein, weil hier der Signifikant der *énonciation* mit dem Signifikat des *énoncé* identisch wird. Aus diesem Grunde soll und braucht der Übende die formellen Worte auch nicht abtun, sondern er darf ihnen Beachtung schenken.

Wir dürfen uns durch den Begriff der Substanz, der von Johannes gebraucht wird, nicht täuschen lassen. Die Substanz der *palabras sustanciales* geht nämlich, wie wir gesehen haben, in die *énonciation* ein, nicht in das *énoncé*. Wenn die Differenz zwischen Signifikant und Signifikat kollabiert, dann nicht, weil der Signifikant zum Signifikat vorgedrungen wäre, sondern weil das Signifikat in der Dynamik des performativen Sprechakts selbst zum Signifikanten geworden ist: Es hat sich dabei aufgezehrt und restlos verbraucht. Die sprachliche Utopie der *palabras sustanciales* meint gerade nicht die Heimkehr des Subjekts in ein verlorenes Paradies der substantiellen Idee, das ihm von den Zeichen der Sprache verstellt worden wäre, sondern umgekehrt die Auflösung des *énoncé* und des Signifikats im reinen Spiel der Signifikanten und in der *scène de l'énonciation*.[29] Dieser Befund beweist nicht nur eindrucksvoll Certeaus These von der Vorherrschaft der *énonciation* in der mystischen Rede, sondern er geht noch darüber hinaus: Johannes vom Kreuz nähert sich in seinem Denken jenem unausdenklichen Grenzfall an, wo das *énoncé* ganz getilgt wird und in der *énonciation* aufgeht, so daß nichts anderes mehr zurückbleibt.

Wenn das Subjekt den *palabras sustanciales* Beachtung zollt, dann geschieht dies nicht so sehr aus eigenem Antrieb, sondern weil es gar nicht anders kann. Das Subjekt kommt in den substantiellen Worten nicht etwa zu sich selbst, sondern in der Konfrontation mit diesen Worten verliert es sich auf eine nunmehr vollkommene Weise, wohingegen in der Apprehension der sukzessiven und formellen Worte stets ein Restbestand an Signifikaten und damit auch eine Reserve an selbstmächtiger Subjektivität angelegt gewesen war. Dementsprechend heißt es über die *palabras sustanciales* im weiteren Verlauf des oben zitierten Kapitels:

> Acerca déstas no tiene el alma que hacer, ni que querer, ni que no querer, ni que desechar, ni que temer. No tiene que hacer en obrar lo que ellas dicen, porque estas palabras sustanciales nunca se las dice Dios para que ella las ponga por obra, sino para obrarlas en ella, lo cual es diferente en las formales y sucesivas. Y digo que no tiene que querer ni no querer, porque ni es menester su querer para que Dios las obre, ni basta con no querer para que dejen de hacer el dicho efecto; sino hayase con resignación y humildad en ellas. (II Subida 31,2.)

> [Werden der Seele solche substantiellen Worte zuteil, dann braucht sie nichts tun, nichts wünschen, nichts fürchten; es ist auch gleichgültig, ob sie dieselben will oder nicht will, ob sie sich dagegen sträubt. Die Seele braucht nicht einmal dafür zu sorgen, wie sie das, was ihr in denselben kundgetan wird, in die Tat umsetze; denn

---

29 Cf. Certeau: *La Fable mystique,* pp. 209–273.

Gott läßt solche substantiellen Worte nie ergehen, damit man sie erst in die Tat um-
setze, sondern er wirkt selbst in ihnen. Dadurch unterscheiden sie sich eben von den
formellen und sukzessiven Ansprachen. Darum behaupte ich auch, daß es einerlei
ist, ob die Seele sie will oder nicht will; denn ein Verlangen danach von ihrer Seite
ist durchaus nicht Vorbedingung, damit Gott sie betätige, aber auch ihr Wider-
streben dagegen hat keinen Einfluß darauf, daß dieselben die angedeutete Wirkung
nicht hervorbrächten. Sie möge sich nur in demütiger Ergebung ihnen überlassen.
(II Aufstieg 29, p. 262.)]

Wir sehen, wie die Einbeziehung der Lehre von den inneren Äußerungsformen
im zweiten Buch der *Subida del Monte Carmelo* die ursprüngliche Fragestellung
verschoben hat. Johannes schließt nicht definitiv aus, daß die vom Übenden vernommenen Stimmen göttliche Eingebungen in einem strengen Sinn seien. Aber
er hält sich mit dieser Frage nicht weiter auf und verschiebt die maßgebliche
Distinktion auf eine andere Ebene. Wichtig ist ihm nicht mehr die Opposition
zwischen *palabras sucesivas* und *palabras formales,* also zwischen einer selbst-
fabrizierten Stimme, die irrtümlicherweise vom Subjekt als eine fremde imaginiert wird, und einer fremden Stimme, die von einer eigenen deiktischen Origo
her spricht. Vielmehr ist für Johannes die Distinktion zwischen einer Rede ohne
und einer Rede mit performativer Kraft entscheidend. Wir können sogar sagen,
daß sich im wesentlichen eine Rede des *énoncé* und eine utopische Rede der puren *énonciation* gegenüberstehen. Angesichts der Wirksamkeit oder eben Unwirk-
samkeit der vernommenen Rede werden alle anderen Unterscheidungen uner-
heblich.

Selbstverständlich stehen die genannten Überlegungen bei Johannes zunächst
in einem mystagogischen Horizont. Aber sie lassen sich doch ohne Schwierigkeit
auf das von uns erörterte Problem der Stimme des Bräutigams übertragen, welche die Liebende zu vernehmen meint. Denn wie es sogenannte übernatürliche
locuciones gibt, von denen in der *Subida* die Rede ist, so muß es auch deren natürliche, weltliche Analoga geben. Unsere Argumentation hatte zunächst zu zwei
Ergebnissen geführt: Einerseits war eine eindeutige Entscheidung darüber unmöglich, ob der Geliebte im Sinne einer dramatischen *persona* präsent oder aber
im Sinne einer nur imaginierten Phantasiegestalt absent war, so daß sich im Text
der Strophe ein unaufhebbarer Effekt der deiktischen *confusio* ergab. Da dennoch
zahlreiche Textmerkmale für eine Absenz des Bräutigams sprachen, sobald man
die Stelle vor und gegen die Kontrastfolie der einschlägigen Bezugstexte las, bot
es sich weiterhin an, die Doktrin von den *locuciones interiores* mit heranzuziehen.
Deren Berücksichtigung führt nun zu einer veränderten Fragestellung: Wenn die
Braut tatsächlich eine innere Stimme hören sollte, welchem Typus der *locución*
wäre diese dann zuzuordnen?

Da die deiktische Origo der *interpellatio* nicht identisch mit der Origo der
Braut ist, muß es sich auf jeden Fall um *palabras formales* handeln. Erweisen sich
diese aber zugleich auch als *palabras sustanciales*? Die Braut hatte von sich gesagt,
daß sie in der Liebesekstase zu fliegen anhebe: *que voy de buelo* (‚ich komm im
Fluge‘), und daraufhin antwortet der Bräutigam mit der Aufforderung: *buéluete*

paloma (‚Taube, kehre um!‘). In der nachfolgenden Strophe XIII A resp. XIV BC spricht dann erneut die Braut. Der Geliebte ist verschwunden, und unter dem anhaltenden Einfluß der Begegnung streift die Frau allein durch eine gebirgige Landschaft. Somit könnte man annehmen, daß der Imperativ des Bräutigams im Augenblick des Sprechakts seine Wirkung getan und die Geliebte aus ihrer Ekstase wieder entlassen hat. Dann hätte die Braut während ihrer Ekstase in den Worten des Bräutigams ein erotisches Analogon zu den ansonsten religiös bestimmten *palabras sustanciales* vernommen. Der imperativische Sprechakt des Bräutigams hätte seine performative Wirkung unmittelbar an der Person der Adressatin verwirklicht.

Eine weitere – intertextuell voraussetzungsreiche – Lesart weist hingegen in eine andere Richtung. Das Verbum *volver* ist doppeldeutig: «VOLVER. v. a. Dar vuelta, ò vueltas à alguna cosa.»[30] – ‚Wenden. Transitives Verbum. Irgendeinem Ding eine Wendung oder Wendungen geben.‘ Zwei Bedeutungen überlappen sich, insofern das Verbum entweder einen terminativen oder einen iterativen respektive durativen Aspekt der Handlung anzeigen kann. Der Gegenstand wird entweder ein für allemal oder aber mehrmals und das heißt über einen längeren Zeitraum hinweg ‚gewendet‘. Der Imperativ *buéluete* kann darum nicht nur eine Aufforderung zur Rückkehr vom ekstatischen Flug beinhalten, sondern er kann ebensogut eine Anweisung zu einer mehrmaligen Drehung sein. Überdies ist der Ruf des Bräutigams eine Nachbildung des Verses aus dem Hohenlied, der da heißt: „Revertere revertere Sulamitis / revertere revertere ut intueamur te.“[31]

Die Bedeutung des biblischen Namens, der zu deutsch üblicherweise Sulamith lautet, ist bis heute unklar.[32] Der geschilderte Vorgang jedoch wird inzwischen allgemein auf einen Tanz dieser Sulamith bezogen.[33] Es verwundert nicht, daß angesichts der Schwierigkeiten des Textes die Nachdichtungen und Kommentare des 16. Jahrhunderts sowohl den Namen der Frau als auch den Sinn des Zurufs *revertere* unterschiedlich auffassen: Bei Arias Montano sprechen die Gefährtinnen

---

30 *Diccionario de Autoridades,* vol. III, s. v. «volver».

31 Canticum 6,12.

32 «Le nom n'apparaît qu'ici et reste inexpliqué. On a proposé d'y voir une allusion à la Sunamite qui réchauffa David et dont I Rois 1,2-4 exalte la beauté, ou une forme féminine dérivée du nom de Salomon, 'celle qui appartient à Salomon', représentant le bien-aimé, cf. Cantique 3,7-11.» (Bible de Jérusalem, in Canticum 7,1.) Aufgegeben wurde offenbar eine weitere Deutung, die Fray Luis noch vertrat: «*Solimitana* es como jerosolimitana o mujer de Jerusalén.» (Fr. Luis: *Exposición del Cantar,* VI,13, ed. García, 1991, vol. II, p. 174.) – ‚Solymitin ist soviel wie Hierosolymitin oder Frau aus Jerusalem.‘ Die Namensform Sulamith geht mittelbar aufs Hebräische und unmittelbar auf Luthers Übersetzung zurück. Die Einheitsübersetzung liest hingegen „Schulammit“.

33 «*Reviens, reviens, Sulamite; reviens, reviens, que nous te regardions! Pourquoi regardez-vous la Sulamite, dansant comme en un double choeur?* – La Sulamite est imaginée chantant entre deux choeurs qui scandent ses évolutions par des 'Reviens' répétés, au début du verset. C'est un type connu de danse orientale et pas seulement dans les fêtes de mariage.» (Bible de Jérusalem, in Canticum 7,1.) Die Neue Vulgata ersetzt dementsprechend das überlieferte *revertere* durch: „Convertere, convertere, Sulamitis.“ (Canticum iuxta Novam Vulgatam 7,1.)

zu Sulamith und fordern sie auf, sie solle sich umdrehen, um ihre Schönheit zu zeigen:

> *Torna señora, torna solamita,*
> *mira quantas estamos esperando,*
> *deseossas de ver la tu infinita*
> *belleza que no harta, contemplando.*[34]

[Dreh dich, Herrin, dreh dich, Solamitin, / sieh, wie viele von uns darauf warten / und sich wünschen, deine unendliche / Schönheit zu betrachten, an der man sich nicht sattsieht.]

In den Oktavreimen des Fray Luis soll der Befehl *revertere* die Braut dazu veranlassen, ihre Augen den Umstehenden zuzuwenden:

> *... «¡Oh Sulamita! – me decían -*
> *¡vuelve, vuelve esos ojos tan graciosos!»*[35]

[... „Oh Sulamith", sagte man mir, / „wende, wende diese so anmutigen Augen!"]

Eigenwilliger ist die Interpretation in den Fünfzeilern. Dort befindet sich Sulamith offenbar auf dem Wagen des Aminadab und lenkt ihn. Man ruft ihr darum zu, sie solle die Zügel anziehen, die sie angeblich zu locker halte, und den Wagen zur Wendung bringen:

> *A Sunamitis vuelve,*
> *hermosa Sunamitis, da la vuelta,*
> *un poco atrás revuelve*
> *la rienda aprisa, que la llevas suelta.*[36]

[Ah, Sunamith, dreh um, / schöne Sunamith, wende, / ziehe ein wenig zurück / die Zügel, geschwind, denn du hältst sie locker.]

Am nächsten kommt wohl der spanische Hohelied-Kommentar des Fray Luis der Situation, die auch der *Cántico espiritual* vorauszusetzen scheint. Denn auffälligerweise wird nur in diesen beiden Texten ein Flug der Braut in einen Zusammenhang mit einer Bewegung des Sichumwendens gebracht. Fray Luis läßt die Braut zur Erklärung der fraglichen Verse folgende kurze Rede sprechen:

> En fin, no sé nada: esto sé, que el deseo mío y el amor entrañable que te tengo, que posee mi alma y la rige a su voluntad, me ha traído en tu busca, luego que te sentí, volando como en posta. Y, contándolo todo, dícele lo que pasó con las mujeres que la acompañaban, las cuales viéndola ir con tanta presteza, decían:
>
> *Torna, torna, Solimitana; torna, torna, y verte hemos.* [...]

---

34 Arias Montano: Paraphrasis, cap. 6, fol. 288 r.
35 Fr. Luis: *El Cantar en octava rima*, cap. 6, vv. 53 sq., ed. García (1991), vol. II, p. 1034.
36 *Los Cantares en versos líricos*, cap. 6, vv. 71-74, ed. García (1951), p. 1719.

Y no se ha de entender, como lo avisan los que tienen mejor entendimiento en esto, que son las dueñas de Jerusalén las que dicen agora estas palabras, sino hase de entender que le dijeron antes esto, cuando vieron que se les partía así apresuradamente; y la Esposa las refiere agora al Esposo, contándole esto y todo lo demás que con ellas pasó. Pues como acabó de decir que se vino volando en busca del Esposo, dice que sus compañeras, viendo que se apartaba de ellas y con tanto apresuramiento, la comenzaron a llamar y pedir que se volviese y no se diese tanta priesa, como quien no la habían visto bien del todo, ni gozado enteramente ni considerado bien su beldad. Y así la dicen: *Tórnate, tórnate.* El redoblarse unas mismas palabras es propio de todo lo que se dice o pide con afición.[37]

[Letzten Endes weiß ich nichts; dies weiß ich, daß mein Verlangen und die innige Liebe, die ich zu dir hege, von meiner Seele Besitz ergreift und sie nach Belieben lenkt. Deswegen hat mich diese Liebe auf die Suche nach dir geführt. Sobald ich dich vernahm, flog ich davon wie in einer Postkutsche. Und dann erzählt die Braut alles weitere und sagt dem Bräutigam, was mit den Frauen geschah, die sie begleiteten. Denn als diese sie mit solcher Hast davoneilen sahen, sagten sie:

Kehr um, kehr um, Solymitanerin; kehr um, kehr um,
und wir werden dich sehen! (...)

Und nach der Ansicht derjenigen, die sich hierin am besten auskennen, soll man die Stelle nicht so verstehen, als wären es die Mädchen von Jerusalem, die diese Worte sprechen. Vielmehr ist zu verstehen, daß sie dies vorher zu ihr gesagt haben, als sie sahen, wie sie sich so geschwind davonmachte. Und die Braut gibt nun diese Worte dem Bräutigam wieder, wobei sie all dies und auch das weitere erzählt, was bei den Mädchen geschehen ist. Nachdem sie also gesagt hat, daß sie sich im Flug auf die Suche nach dem Bräutigam machte, erzählt sie, wie ihre Gefährtinnen sahen, daß sie sie verlassen wollte und dazu mit so großer Eile, und wie die Gefährtinnen da begannen, nach ihr zu rufen und sie zu bitten, sie solle doch zurückkommen und sich nicht so beeilen, denn sie hätten sie ja gar nicht recht und in voller Gestalt sehen können noch ihre Schönheit zur Gänze kosten oder wenigstens in Augenschein nehmen können. Und so sagen sie ihr: *Dreh dich um, dreh dich um!* Daß man dasselbe Wort zweimal wiederholt ist kennzeichnend für alles, was man in Erregung sagt oder erbittet.]

Im *Cántico espiritual* wird freilich auch dieser Kontext stark verfremdet: Der Flug der Braut ist nicht mehr die eilige Suche nach dem Bräutigam, sondern die Liebesekstase, von der die Frau beim – imaginierten? – Anblick des Geliebten ergriffen wird; und die Aufforderung zum Sichumwenden erfolgt nicht etwa von seiten der Gefährtinnen, sondern vom Bräutigam selbst. So wird der gesamte Sachverhalt auf die Intimität des Paares konzentriert. Zugleich wird nun dem Bräutigam die Schaulust der Gefährtinnen zugeschrieben. Der Bräutigam ruft seiner Freundin zu, sich hin- und herzuwenden – wie bei einer Modenschau oder bei einem Tanz.

Mit der Aufforderung *buéluete* ist im *Cántico espiritual* tatsächlich nicht nur gemeint, daß die Geliebte den Flug abbrechen und zurückkehren soll, sondern

---

37 Fray Luis: *Exposición del Cantar,* cap. VI,11-13, ed. García (1991), vol. I, pp. 173 sq.

auch daß sie sich dem Geliebten in ihrem Flug zeigen und demnach immer weiter drehen soll. Der Sprechakt *buéluete,* den wir zunächst als eine klar verständliche *palabra sustancial* aufgefaßt hatten, ist also seinerseits doppeldeutig und über intertextuelle Verweise in einen größeren Zusammenhang eingebettet: Der Zuruf *buéluete* im Sinne von ‚kehr um!‘ beinhaltet zwar den Befehl zur Rückkehr und zum Austritt aus der Ekstase; aber im Sinne von ‚dreh dich!‘ bedeutet derselbe Imperativ geradewegs die Aufforderung in der Ekstase zu verweilen und mit der Vorführung fortzufahren. Der terminative und der durative Aspekt der Handlung stehen gegeneinander und ineinander, allerdings weniger in der Form des *double-bind* denn in einer Relation unauflöslicher *confusio.*

Der Befehl, der im Ruf erteilt und ausgeführt werden soll, ist deswegen in sich widersprüchlich, weil er sich nicht innerhalb einer Ordnung der Zeitlichkeit realisieren läßt. Terminatives und duratives Handeln sind in der Dauer der Zeit miteinander unvereinbar. Sie wären hingegen miteinander vereinbar außerhalb der Zeit, in jenem *nunc stans,* das die philosophische und theologische Spekulation seit Augustinus und Boethius der Ewigkeit zuschreibt.[38] Wenn sich die Aufforderung *buéluete* als ein sinnvoller und ausführbarer Befehl erweisen sollte, müßte dieser Befehl außerhalb der Zeit ergehen und befolgt werden können. Nicht innerhalb der Zeit, sondern bestenfalls in einem ekstatischen *nunc stans* käme der Ruf *buéluete* einer *palabra sustancial* gleich. Der konfuse Imperativ *buéluete* schafft so gesehen innerhalb der Zeit ein Desiderat nach dem reinen *nunc stans* der Ewigkeit.

Die Rede des Geliebten besteht keineswegs nur aus einem Befehl, kippt sie doch in Vers 63 in eine überaus änigmatische Beschreibung um, die sich allerdings weiterhin der zweiten Person bedient: *tu buelo* (‚dein Flug‘). Die Erwähnung der Taube und des Hirsches entlehnt zum einen die beiden gängigen Tiermetaphern des Hohenlieds, und sie ist zum andern metonymisch auf die vorausgegangene Rede der Braut bezogen. Der Anruf *paloma* (‚Taube‘) an die Braut ergänzt liebevoll und ironisch deren eigene Aussage: *que voy de buelo* (‚ich komm im Fluge‘); und die Rede vom verletzten Hirsch führt zwei Gedanken der ersten Strophe konsequent zusammen, wo der Geliebte mit einem fliehenden Hirsch verglichen und dies in Zusammenhang mit einer Liebeswunde der Braut gebracht worden war. Nunmehr ist der Hirsch selber verwundet. Die Tiervergleiche aus der Rede des Bräutigams reflektieren demnach nur nachträglich die Imagination und die Metaphorik, welche die Braut als erste in die Rede eingebracht hat. In ihrer unvermittelten Engführung wirken die beiden Tiermetaphern dennoch überaus befremdlich.

Der Bräutigam bezeichnet sich als einen versehrten Hirsch, der einen Hügel erklommen hat: *que el cieruo vulnerado / por el otero asoma* (‚der versehrte Hirsch / zeigt sich am Hügel‘). Lassen wir die Frage beiseite, ob dieser Hügel bereits von

---

38 Cf. H Schnarr: Art. „Nunc stans" (1984), in: *Historisches Wörterbuch der Philosophie,* vol. VI, coll. 989-991.

sich aus metaphorisch eine Körperlandschaft suggerieren könnte.[39] Kaum bezweifelbar scheint uns jedenfalls, daß der liebeskranke und wahrscheinlich tödlich getroffene Hirsch Kühlung im Flügelschlag der Taube sucht.[40] Der Hirsch steht auf dem Hügel, die Taube scheint über ihm zu flattern und ihm Kühlung zuzufächern: *al ayre de tu buelo y fresco toma* (‚im Windschlag deines Fluges, erfrischend sich an kühler Luft'). Das Flügelschlagen der Taube ist als eine den Betrachter erquickende Vorführung, ja durchaus als die Andeutung eines Tanzes inszeniert, ähnlich wie ihn die moderne Exegese der Sulamith zuschreibt. Hätte Johannes vom Kreuz demnach – anders als Fray Luis – die Drehung der Sulamith intuitiv als eine tänzerische Bewegung erfaßt? Der Fortgang des Textes nach der Vulgata legte eine solche Lesart ohnehin seit jeher nahe, wenn sich an den vierfach wiederholten Befehl *revertere* im unmittelbar folgenden Vers die Frage anschloß: „Quid videbis in Sulamiten nisi choros castrorum?"[41] Zugleich freilich läßt sich im *Cántico espiritual* der Flügelschlag der Taube metaphorisch auf die ekstatischen Zuckungen der Braut beziehen, von denen auch das Hohelied an anderer Stelle zu wissen scheint.[42] Die Trance und Ekstase des Körpers der Geliebten wären dann aufgefaßt wie eine tänzerische Performance, bei welcher der tödlich verletzte Bräutigam die Rolle des Zuschauers, wo nicht des Voyeurs einnimmt.

In der Strophe XIII C wird eine eindringliche Szene des wechselseitigen erotischen Begehrens gezeichnet, die von perversen und sadomasochistischen Elementen keineswegs frei bleibt. Wenn die Liebenden als Taube und Hirsch metaphorisiert werden, kennzeichnet sie dies als ein völlig ungleiches Paar. Sollten sie dennoch versuchen, sich zu paaren, erfüllen sie damit praktisch – auf der Stufe des Tierreiches – den Tatbestand dessen, was beim Menschen Bestialität heißen müßte: der widernatürliche Verkehr mit Lebewesen von einer fremden Spezies. Außerdem verbinden sich im Gebaren der beiden Akteure äußerste körperliche Erregung und unüberwindbarer körperlicher Abstand. Der Hirsch wird nicht nur räumlich von der in der Luft tänzelnden und für ihn unerreichbar bleibenden Taube beherrscht, als müßte er ihr zu Willen sein, sondern ihm scheint auch der Schmerz seiner Wunde, über den der kühle Luftzug der Flügel streift, einen lustvollen Genuß zu bereiten. Ausgetragen wird hier ein ästhetisch faszinierendes

---

39 Einige Stellen des Hohenlieds machen an solche Körperlandschaften denken, die sich auf die Braut beziehen lassen – zum Beispiel: „Vadam ad montem murrae et ad collem turis." (Canticum 4,6.) – „Venter tuus sicut acervus tritici vallatus liliis." (Canticum 7,2.)

40 «A manera de ciervo que – cuando está herido con yerba – no descansa ni sosiega buscando por acá y por allá remedios, ahora engolfándose en unas aguas, ahora en otras, y siempre le va creciendo más en todas las ocasiones y remedios que toma el toque de la yerba, hasta que se apodera bien del corazón y viene a morir.» (Cántico B 9,1.) – ‚Wenn der Hirsch von einem vergifteten Pfeil getroffen ist, eilt er ohne Rast und Ruhe bald dahin, bald dorthin, um Hilfe zu suchen, und stürzt sich bald in dieses, bald in jenes Wasser, aber bei all diesen Versuchen und Mitteln greift die Wirkung des Giftes immer mehr um sich, bis es das Herz erfaßt und es zum Sterben kommt.' (Geistlicher Gesang, 9, p. 73.)

41 Canticum 7,1.

42 „Dilectus meus misit manum suam per foramen et venter meus intremuit ad tactum eius." (Canticum 5,4.)

Spiel differentieller Erotik, das durch die Rätselhaftigkeit der verwendeten Bildersprache noch einmal gesteigert wird – hin zu einer verführerisch lustvollen Widernatur.

Die Rede des Bräutigams, die zunächst ein bloß performativer Sprechakt zu sein schien, nimmt mit der Beschreibung folgerichtig die Züge des konstativen Sprechens an. Eine konstative Rede kann freilich nicht mehr unter dem strengen Begriff der *palabra sustancial* subsumiert werden; sie wäre bestenfalls eine *palabra formal* – und zwar in dem Sinne, daß hier die Rede einer dritten Person an die Braut vorliegt, ohne daß deren Inhalt auch schon in der Äußerung verwirklicht sein müßte. Dennoch scheinen Äußerung und Inhalt der Handlung in unserer Strophe zeitlich zu koinzidieren. Ja, es könnte die Beschreibung des Tanzes der Taube durch die Stimme des Bräutigams sogar performative Kraft besitzen und deren Aufführung erst bewirken. Somit wird auch die Unterscheidbarkeit der *palabra formal* von der *palabra sustancial* vom Text zuletzt in Frage gestellt oder regelrecht dekonstruiert – und zwar nach der Seite der *palabra sustancial* hin. Es zeigt sich, daß sogar die scheinbar geheimnisvollste und bedeutungsschwerste *palabra formal* eine performative Dynamik entfesselt und an die konkrete Sinnenhaftigkeit der *scène de l'énonciation* gebunden ist. Dort trifft sie auf die Körperlichkeit des Subjekts, welche die Semantik des *énonce* restlos verschlingt.

Alle Distinktionen und Oppositionen, die unsere Analyse an den Text herangetragen hat, sind mittlerweile von einer allgemeinen *confusio* verzehrt worden: Hören einer Stimme als Fremdaffektion (durch den Geliebten) vs. Hören einer Stimme als Selbstaffektion (in der Imagination der Geliebten); konstatives Sprechen (*palabra formal*) vs. performatives Sprechen (*palabra sustancial*); terminatives Handeln (Rückkehr aus der Ekstase) vs. duratives Handeln (Verbleiben in der Ekstase); Trance als unwillkürliche Zuckung des Körpers vs. Trance als künstlerisch-tänzerischer Ausdruck des Körpers. Was die Braut und was wir in der Rede dieser Strophe eigentlich zu hören bekommen haben, läßt sich nicht mehr sagen. Unermeßliche Ressourcen der Sprache wurden jedenfalls gebraucht und verbraucht, aufgewendet und verschwendet, ohne irgendeinen Sinn zu produzieren. Das wirre Oszillieren der linguistischen Ordnungskategorien erinnert auf seine Art an die Zuckungen des erotischen Taumels, eher noch an einen in Trance versetzten Körper, der seiner nicht mehr mächtig ist. Vielleicht bemüht sich die Strophe XIII C etwas Ähnliches in der Materialität der sprachlichen Zeichen durchzuspielen. Paulus berichtet im zweiten Korintherbrief über einen vergleichbaren Vorfall. Unweit von Damaskus war ein Epileptiker vom Pferd gestürzt: „Et audivit arcana verba quae non licet homini loqui."[43]

---

43 II epistola ad Corinthios 12,4.

3. 7. DAS BETT TEILEN
(CÁNTICO XIV-XVI C)

Übers Gebirge

Ab der Strophe XIII A resp. XIV BC beginnt auf jeden Fall wieder die Braut selbst zu sprechen, wie dies auch aus den dazugehörigen Randbemerkungen hervorgeht. Somit ist die geheimnisvolle Erscheinung des Geliebten in Strophe XII A resp. XIII BC nunmehr beendet. Erst im Kommentar zu den darauffolgenden Strophen XIII-XIV A resp. XIV-XV BC wird übrigens der dort erwähnte Flug der Taube als ein geistliches Verlöbnis gedeutet:

> Antes que entremos en la declaración de estas canciones es necesario advertir, para más inteligencia de ella y de las que después de ellas se siguen, que en este vuelo espiritual que acabamos de decir se denota un alto estado y unión de amor, en que después de mucho ejercicio espiritual suele Dios poner al alma, al cual llaman desposorio espiritual con el Verbo Hijo de Dios. Y al principio que se hace esto, que es la primera vez, comunica Dios al alma grandes cosas de sí, hermoseándola de grandeza y majestad y arreándola de dones y virtudes y vistiéndola de conocimiento y honra de Dios, bien así como a desposada en el día de su desposorio. (Cántico B, 14-15,2.)

> [Ehe wir nun die Erklärung dieser Strophen beginnen, ist zum besseren Verständnis dieser und der nun folgenden die Bemerkung von Wichtigkeit, daß durch diesen eben besprochenen Geistesflug eine erhabene Stufe der Liebesvereinigung bezeichnet wird, zu welcher Gott die Seele zu erheben pflegt, nachdem sie sich lange im geistlichen Leben geübt hat. Man nennt diese Stufe die geistige Verlobung mit dem Worte, dem Sohne Gottes. Gleich zu Beginn ihrer Erhebung zu dieser Stufe begnadigt Gott die Seele mit wunderbaren Erleuchtungen über seine Gottheit, schmückt sie mit Erhabenheit und Majestät, bereichert sie mit Gaben und Tugenden, beschenkt sie mit göttlicher Erkenntnis und bekleidet sie mit Herrlichkeit, geradeso wie eine Braut am Tage ihrer Verlobung geschmückt ist. (Geistlicher Gesang 14-15, pp. 111 sq.)]

Die Deutung des Erlebnisses als einer Verlobung erfolgt also erst nachträglich und unter Berufung auf eine konventionelle Redeweise: *al cual llaman desposorio espiritual* (‚was man das geistliche Verlöbnis nennt‘). So scheint der Text des Traktats selbst schon jede Verdinglichung des Vorgangs vermeiden zu wollen, zumal die Ähnlichkeit zwischen weltlicher und geistlicher Verlobung nicht etwa in einem Akt des Versprechens oder des Einverständnisses, sondern im Schmuck und Putz der Braut gesehen wird; dem entspreche die Beschenkung der Seele mit besonderen Gaben. Auf jeden Fall aber verkostet die Seele von nun an tiefe innere Ruhe und Freude: «Comiénzale un estado de paz y deleite y de suavidad de amor.» (Cántico B, 14-15,2.) – ‚Sie tritt in einen Stand des Friedens, der Wonne und der Süßigkeit der Liebe ein.‘ (Geistlicher Gesang, 14-15, p. 112.)

Auch wenn wir das Gedicht auf der profanen Ebene lesen, können wir davon ausgehen, daß die Braut ihre Worte im Zustand äußerster Euphorie spricht. Nach der tatsächlichen oder imaginierten Begegnung mit dem Geliebten zieht sie anscheinend übers Gebirge, durchstreift von neuem die Landschaft – äußerlich oder innerlich – und bezieht in ihrer Imagination alles auf den Bräutigam, mit dem sie sich verbunden weiß:

> *Mi amado las montañas*
> *los valles solitarios nemorosos*
> *las ínsulas estrañas*
> *los ríos sonorosos*
> *el siluo de los ayres amorosos*
>
> *La noche sosegada*
> *en par de los leuantes de la aurora*
> *la música callada*
> *la soledad sonora*
> *la cena que recrea y enamora*
> (Cántico C, vv. 66-75).

> [Mein Geliebter – die Gebirge,
> die Täler, einsam, waldbedeckt,
> die fremden Inseln,
> die Flüsse, tönend,
> das Säuseln der verliebten Lüfte.
>
> Die ruhevolle Nacht,
> schon nahe bei den Winden der Aurora,
> verschwiegene Musik,
> die Einsamkeit voll Klang,
> das Nachtmahl, das erquickt und Liebe weckt.]

Viel wurde über diese Strophen in der Forschung diskutiert, und zweifelsohne erweist sich der zugehörige Kommentar als eine der dichtesten Stellen, denen wir bei Johannes begegnen. Dennoch wollen wir uns mit knappen Hinweisen begnügen. Das oft bemerkte Fehlen der Kopula ist zunächst dem hebraisierenden Sprachgebrauch des lateinischen Hohenlieds gemäß der Vulgata nachgebildet, wo die Kopula ebenfalls häufig fehlt, so daß es etwa über den Geliebten heißt: „Fasciculus murrae dilectus meus mihi inter ubera mea commorabitur / botrus cypri dilectus meus mihi in vineis Engaddi."[1] Vollständig auf die Kopula verzichtet die Braut des Hohenlieds auch im Beschreibungslied des Bräutigams im fünften Kapitel.[2] Angesichts der Anlehnung dieser lateinischen Vorbilder an den hebräischen Sprachgebrauch muß kein unmittelbarer Einfluß der semitischen Syntax auf den *Cántico espiritual* angenommen werden, wie es Luce López Baralt

---

1 Canticum 1,12 sq.
2 Canticum 5,10-16.

vorschlägt.[3] Gleichwohl ist es auffällig, daß in allen drei kastilischen Nachdichtungen des Hohenlieds an den genannten Stellen die Kopula erhalten geblieben ist, wie es ja der spanischen Grammatik entspricht. Somit erweist sich die
Ausdrucksweise des *Cántico espiritual* als ebenso ungrammatikalisch wie eigenwillig im historischen Kontext.

Die Identifikation mit dem Geliebten erfolgt nicht an Hand ihm zugehöriger
Attribute wie im genannten Beschreibungslied, wo die Körperteile nacheinander
aufgezählt werden, sondern ausgehend vom Landschafts- und Nachterlebnis der
Braut. Mithin wird die hebraisierende Syntax des Hohenlieds, die über die Vulgata vermittelt ist, mit der petrarchistischen Einsamkeitssituation verknüpft, wobei diese nachdrücklich ins Euphorische gewendet wird. Nicht mehr im Schmerz
über die Trennung, sondern in der anhaltenden Freude über die Begegnung erlebt die Braut den Geliebten als gegenwärtig in Raum und Zeit, in Landschaft
und Nacht. Freilich ist auch diese Imagination Ausdruck des Deliriums, dem sie
weiterhin – und mehr als zuvor – verfallen bleibt.

Dem Liebeswahn der Braut entspricht die unvollständige, ungrammati-
kalische Ausdrucksweise, in welcher die Kopula entfällt. Der Wegfall der Kopula
ist keineswegs beiläufig. Die Kopula ist eine fundamentale Kategorie sprachlicher
Ordnung. Sie ermöglicht die Distinktion von Subjekt und attributivem Prädikat,
mithin von Substanz und Akzidens. Es stellt sich statt der Distinktion Konfusion
ein, und genau dieses konfuse Erleben bringt die Rede der Geliebten zum Ausdruck. Sie kann den Geliebten von der Landschaft, das Subjekt vom Prädikat,
die Substanz vom Akzidens nicht mehr unterscheiden, und dieser Unfähigkeit
zur Distinktion verleiht sie dergestalt Ausdruck, daß ihre Rede dabei selbst konfus zu wirken beginnt.

Die gängige Diskussion darüber, ob Johannes hier ein pantheistisches oder
auch panentheistisches Weltbild verkünde, da Gott in dieser Strophe mit seiner
Schöpfung in eins zu fallen scheine, bewegt sich nicht auf der Höhe des Refle-
xionsniveaus, das der Text immer schon vorgibt: Die begrifflichen Spaltungen in
Subjekt und Prädikat oder Substanz und Akzidens erfolgen auf der Grundlage
einer Sprache, welche diese Kategorien vorgibt und stetig von neuem produziert.
Gott selbst aber ist für Johannes vom Kreuz erst jenseits der Sprache angesiedelt.
Er garantiert darum auch nicht das Spiel der sprachlichen Ordnungsbegriffe,
sondern er bricht daraus aus. In der Nachfolge Heideggers hat Derrida darauf
hingewiesen, daß die Kopula des Seins eng mit einer ontologisierenden Metaphysik verflochten ist.[4] Wo die Kopula aufgegeben wird, bricht darum die Rede
aus dem Gehege der Metaphysik aus. Indem der Geliebte im Delirium der Braut
als ein nicht Seiender vorgestellt wird, manifestiert sich dank der fehlenden Kopula die ἀνόμοιος ὁμοιότης (unähnliche Ähnlichkeit) zum Göttlichen Ge-

---

3 Cf. Luce López Baralt: *San Juan de la Cruz y el Islam,* pp. 19-33.

4 Wie Heidegger in seinem Brief zur Seinsfrage das Wort *Sein* so streicht Derrida die Kopula *est*
durch. Cf. Heidegger: „Zur Seinsfrage", loc. cit. p. 238 sq. (404 sq.); Derrida: «La différance»,
loc. cit. p. 44.

liebten, der ebenfalls – in einer Sprache des Seins – nicht zu bestimmen und zu benennen ist.[5] Wenn die Strophen XIII-XIV A resp. XIV-XV BC eine Erfahrung mystischer Erleuchtung behandeln, dann nicht, indem sie deren Semantik abbilden, sondern indem sie – nicht ohne die Gewaltsamkeit ungrammatischer Rede – den Ausbruch aus der grammatischen Ordnung selbst praktizieren. Im Akt dieses Ausbruchs wird notgedrungen auch die Semantik zerstört, die einer solchen Rede erst eine distinkte Bedeutung hätte zuschreiben können. Was bleibt ist pure Konfusion, verstanden freilich weniger als Mangel denn als Exzeß an Sinn.

Salomons Sänfte

Vor dem Hintergrund der beiden vorausgehenden ist die Strophe XVI C zu verstehen (resp. XV A resp. XXIV B). In assoziativer Fortentwicklung des Themas der *cena* (‚Abendessen‘, ‚Abendmahl‘), welches die vorausgehende Episode beschlossen hatte, phantasiert die Sprecherin eine Bettszene mit ihrem Geliebten:

> *Nuestro lecho florido*
> *de cueuas de leones enlaçado*
> *en púrpura tendido*
> *de paz edificado*
> *de mil escudos de oro coronado*
> (Cántico C, vv. 76-80).

> [Unser Blütenbett,
> von Höhlen der Löwen umsäumt,
> mit Purpur bespannt,
> auf Frieden gegründet,
> von tausend goldenen Schilden gekrönt.]

Es erscheint logisch, daß sich ein Liebespaar nach dem gemeinsamen Abendessen, welches in ihm schon das Feuer der Sinnlichkeit geweckt hat, ins Bett zurückzieht. Garcilaso beschreibt im panegyrischen Teil seiner zweiten Ekloge ein Bild, auf dem der Herzog Fernando de Alba mit seiner Braut das Hochzeitsbett teilt:

> *Estaba el Himeneo   allí pintado,*
> *el diestro pie calzado   en lazos d'oro;*
> *de vírgines un coro   está cantando,*
> *partidas altercando   y respondiendo,*
> *y en un lecho poniendo   una doncella*
> *que, quien atento aquélla   bien mirase*
> *y bien la cotejase   en su sentido*
> *con la qu'el mozo vido   allá en la huerta,*

---

5 Cf. Marion: *Dieu sans l'être*, pp. 81-155; Derrida: «Comment ne pas parler», loc. cit. pp. 583 sq.

verá que la despierta   y la dormida
por una es conocida   de presente.
Mostraba juntamente   ser señora
digna y merecedora   de tal hombre;
el almohada el nombre   contenía,
el cual doña María   Enríquez era.
Apenas tienen fuera   a don Fernando,
ardiendo y deseando   estar ya echado;
al fin era dejado   con su esposa
dulce, pura, hermosa,   sabia, honesta.[6]

[Es war dort der Hochzeitsgott Hymenaeus gemalt; / um seinen rechten Fuß hatte er goldene Bänder gewunden; / ein Chor von Brautjungfern singt gerade / Liedstrophen im Wechselgesang und antwortet, / und in ein Bett legen sie eine Jungfrau. / Wer diese aufmerksam ansähe / und in seinem Geist genau vergliche / mit derjenigen, die der junge Mann (zuvor) dort im Garten (schlafend) gesehen hatte, wird feststellen, daß die wachende und die schlafende Frau / sich als ein und dieselbe zu erkennen gibt, wenn man ihr gegenübersteht. / Gleichzeitig zeigte sie, daß sie eine Herrin war / die eines solchen Mannes würdig war und ihn verdiente; / auf der Kopfrolle stand der Name, / der Doña María Enríquez lautete. / Kaum gelingt es, den Don Fernando noch draußen zu halten, / denn er glüht und verlangt danach, schon zu liegen; / zuletzt ließ man ihn mit seiner Braut allein zurück / (sie war) lieblich, rein, wohlgestaltet, klug und ehrenhaft.]

In der ernsthaften Dichtung der spanischen Renaissance, für welche der panegyrische Teil von Garcilasos Ekloge hier exemplarisch stehen soll, darf eine solche Bettszene unbedenklich geschildert werden. Die vorliegende Strophe des *Cántico espiritual* scheint an solche Muster anzuknüpfen, wenngleich zumindest in den Versionen A und C nicht von einem Hochzeitsbett im eigentlichen Sinn gesprochen werden darf, da eine Hochzeit noch nicht vorausgegangen ist (anders verhält sich der Fall in der Variante B, wo die Strophe an späterer Stelle eingefügt wurde).

Auffällig ist die Stilisierung des Betts, die in der Forschung zum Teil bereits behandelt wurde. Mehrere biblische Vorgaben finden hier Verwendung: vor allem nämlich Stellen des Hohenlieds und dann die Beschreibung von Salomons Thron im dritten Buch der Könige und im zweiten Buch der Chronik. Die Fügung: *nuestro lecho florido* (,unser Blütenbett') nimmt zunächst den Hohelied-Vers auf: „Lectulus noster floridus tigna domorum nostrarum cedrina laquearia cypressina."[7] Während diese Stelle von den modernen Übersetzungen als Anspielung auf ein Treffen des Paars in einer blühenden Wiese unter dem Schatten von Zedern und Zypressen aufgefaßt wird, gehen Fray Luis und die kastilischen Nachdichter in Entsprechung zur *Glossa ordinaria* von einem tatsächlichen Bett aus, das möglicherweise mit Blumen geschmückt sei oder zumindest nach ihnen

---

6 Garcilaso: *Egloga* II,1401-1418, ed. Rivers, p. 178.
7 Canticum 1,15 sq.

dufte und das sich in einem aus Zedern- und Zypressenholz erbauten Haus befinde.[8] Im *Cántico espiritual* ist jede der beiden Lesarten möglich, und der Gedanke verbindet sich mit der Beschreibung der Hochzeitssänfte des Salomon, die nach dem Hohenlied einmal als *ferculum,* ein andermal ebenfalls als *lectulus* bezeichnet wird:

> En lectulum Salomonis sexaginta fortes ambiunt ex fortissimis Israhel / omnes tenentes gladios et ad bella doctissimi / uniuscuiusque ensis super femur suum propter timores nocturnos / ferculum fecit sibi rex Salomon de lignis Libani / columnas eius fecit argenteas reclinatorium aureum ascensum purpureum / media caritate construit propter filias Hierusalem / egredimini et videte filiae Sion regem Salomonem / in diademate quo coronavit eum mater sua / in die disponsionis illius et in die laetitiae cordis eius.[9]

Die kastilischen Nachdichtungen geben diese Stelle so sinngetreu wie möglich wieder. Erschwerend wirkt sich freilich aus, daß das hebräische Wort *'appirjon* (vermutlich von griechisch φορεῖον für ‚Tragsessel') ein ἅπαξ λεγόμενον ist. Arias Montano deutet es darum als *gran tienda* (‚großes Zelt'), Fray Luis (wie auch die Fünfzeiler) hingegen in Entsprechung zur Vulgata als *lecho* (‚Bett') oder *litera* (‚Sänfte'). Unklar bleibt weiterhin der Satz: *Media caritate construit propter filias Hierusalem.*[10] Bei Arias Montano ist die Formulierung möglicherweise als Hinweis auf eine Amorfigur verstanden, welche das Dach des Zeltes zieren würde:

> *Vna gran tienda armó*
> *Salomón poderoso*
> *en Líbano se hizo su madera*
> *columnas le formó*
> *de aquel metal precioso*
> *que es blanco y fuerte y lucio en gran manera*
> *el techo no es qualquiera*
> *mas hecho de oro fino*
> *de purpura es toldado*
> *y al rrededor cercado*
> *está cubierto de vn Amor divino*
> *amor tal que enamora*
> *a qualquier dama que en Salomón mora.*[11]

[Ein großes Zelt errichtete / der mächtige Salomon. / Im Libanon schlug man das Holz dafür, / Säulen formte er dafür / aus jenem wertvollen Metall, / das weiß und hart ist und über die Maßen glänzt. / Das Dach ist nicht ir-

---

8 Cf. Glossa ordinaria in canticum 1,15, P.L. 113, 1135 B-C.
9 Canticum 3,7-11.
10 Moderne Ausgaben konjizieren hier und ersetzen die überlieferten Formen – hebräisch *'ahaba,* griechisch ἀγάπη, lateinisch *caritas* – durch *hobnim* für ‚Ebenholz' (Bible de Jérusalem, Nova Vulgata, revidierte Luther-Bibel) oder durch *'abanim* für ‚Einlegesteine' (so Luther selbst und auch die Einheitsübersetzung). Einen Kompromiß bieten Martin Buber und Franz Rosenzweig: „Ihr Inwendiges [scil. der Sänfte] eingelegt, Liebesarbeit von den Töchtern Jerusalems."
11 Arias Montano: Paraphrasis, cap. III, fol. 280 r.

gendeines, / sondern aus feinem Gold gemacht. / Von Purpur ist der Baldachin, / und so ist es ringsum bespannt. / Bedeckt ist es mit einem göttlichen Amor, / so liebenswert ist er, daß er verliebt macht / jegliche Dame die bei Salomon weilt.]

Fray Luis de León hingegen schlägt vor, den Sachverhalt auf die Liebe des Salomon zu beziehen: «Este tan hermoso trono hizo Salomón para sí, en medio del cual él se entró y está allí encendido de amor por una de las hijas de Jerusalén que era su esposa.»[12] – ‚Diesen so prächtigen Thron ließ Salomon für sich anfertigen, und mitten darauf nahm er Platz und sitzt dort entflammt in Liebe zu einer der Töchter Jerusalems, die seine Gemahlin war.‘ Dieser Auffassung folgt auch die Prosaerklärung des *Cántico espiritual* zu unserer Strophe (cf. Cántico B, 24,7 – Geistlicher Gesang 24, pp. 192 sq.).

In unserer Gedichtstrophe aus dem *Cántico espiritual* ist die genannte Schwierigkeit vermieden, da das Wort *amor* gar nicht auftaucht. Dafür gehen aber weitere Elemente in den Text ein, die ihn um so komplexer machen. Das Bett ist von Löwenhöhlen umsäumt, worin zunächst wiederum eine Reminiszenz aus dem Hohenlied zu erkennen ist, wenn dort der Braut zugerufen wird: „Veni de Libano sponsa veni de Libano veni coronaberis / de capite Amana de vertice Sanir et Hermon / de cubilibus leonum de montibus pardorum."[13] Die Braut, die aus den Bergen des Libanon kommt, wo Löwen und Panther ihre Wohnstätten haben, besteigt im *Cántico espiritual* das Bett, welches nun seinerseits von *cuevas de leones* (‚Löwenhöhlen‘) umzingelt ist. Dank Alliteration und Paronomasie bleibt der Anklang von spanisch *cuevas* an lateinisch *cubilia* deutlich hörbar. Allerdings geht von den wilden Löwen nach dem Wort des Psalmisten keine Gefahr aus, heißt es doch über sie und andere wilde Tiere: „Super aspidem et basiliscum ambulabis / et conculcabis leonem et draconem."[14]

Eine weitere Stelle des Alten Testament ist nun noch hinzuzunehmen, und auf sie hat schon Fray Luis bei seiner Erläuterung des Abschnitts hingewiesen. Er erblickt nämlich in der beschriebenen Sänfte ein Analogon zu Salomons Thron, und von diesem wird im dritten Buch der Könige gesprochen:

Fecit etiam rex Salomon thronum de ebore grandem / et vestivit eum auro fulvo nimis / qui habebat sex gradus / et summitas throni rotunda erat in parte posteriori / et duae manus hinc atque inde tenentes sedile / et duo leones stabant iuxta manus singulas / et duodecim leunculi stantes super sex gradus hinc atque inde / non est factum tale opus in universis regnis.[15]

Zwei Verse weiter oben zählt das biblische Buch weitere Kunstwerke auf, die gleichfalls in der Strophe des *Cántico espiritual* erwähnt sind, nämlich die goldenen Schilde, die Salomon in Auftrag gab: „Fecit quoque rex Salomon ducenta

---

12 Fr. Luis: *Exposición del Cantar,* cap. III,9, ed. García (1991), vol. I, p. 122.
13 Canticum 4,8.
14 Psalmus 90,13.
15 III Regum 10,18-20 et parall. II Paralipomenon 9,17-19.

scuta de auro puro."[16] Allerdings ist in unserer Strophe die genaue Zahl der Schilde auf den Vers des Hohenlieds über den Turm des David zurückzuführen, die *turris David,* wovon es heißt: „Mille clypei pendent ex ea."[17] Auch die Charakterisierung: *de paz edificado* (‚auf Frieden gegründet') meint offenkundig den Salomon, dessen Name (von hebräisch *schalom* für ‚Frieden') von der *Glossa ordinaria* in der Einleitung zum Hohenlied als Pacificus wiedergegeben ist.[18] Eine entsprechende Gleichsetzung erfolgt auch an zwei Stellen des Hohenlieds selbst nach der Fassung der Vulgata.[19]

Domingo Ynduráin hat mit beträchtlichem Scharfsinn nachgewiesen, daß der Vers: *en púrpura tendido* (‚mit Purpur bespannt') sowohl die Konstruktion eines Himmelbetts als auch die eines Zeltes andeuten könne, von dem ja bereits Arias Montano gesprochen hatte. Damit sei auch eine Anspielung auf die purpurnen Vorhänge des Bundeszeltes gegeben.[20] Das Gedicht würde die Motive des Hochzeitsbetts, der Sänfte, des Throns und des Bundeszelts ins Spiel bringen, ohne sich für eine stabile Sinnzuweisung entscheiden zu können. Gegen Ynduráins weitgehend negativ gefaßten Befund, der die Strophe als bloß unbestimmt und unpräzise begreift,[21] hat Víctor García de la Concha die Darstellung des blühenden Betts im *Cántico espiritual* als ein *desplazamiento,* als eine unaufhaltsame Verschiebung, charakterisiert und ihr damit zu Recht eine positive Funktion abgewonnen: Geschaffen werde in diesem Text ein poetischer Raum, in welchem Bett, Sänfte, Thron und Bundeszelt nach dem Muster der *coincidentia oppositorum* miteinander zusammenfielen, und so entstehe ein dichterisches Symbol, welches allein imstande sei, der mystischen Erfahrung Ausdruck zu verleihen.[22]

---

16 III Regum 10,16 et parall. II Paralipomenon 9,16.

17 Canticum 4,4.

18 Cf. Glossa ordinaria in canticum, praefatio, PL 113, col. 1127 C.

19 „Vinea fuit Pacifico..." (Canticum 8,11 sq.) Die Identifikation des Weinbergbesitzers mit Salomon begegnet etwa bei Fr. Luis: *Exposición del Cantar,* cap. VIII,11-13, ed. García (1991), vol. I, pp. 206-208.

20 „Feceruntque omnes corde sapientes ad explendum opus tabernaculi cortinas decem / de bysso retorta et hyacintho et purpura coccoque bis tincto / opere vario et arte polymita." (Exodus 36,8.) Cf. Domingo Ynduráin: «En púrpura tendido», *El Ciervo* XL 485-486 (agosto-septiembre 1991), 29-31.

21 «San Juan no sabe bien a qué carta quedarse: ha escrito bajo el efecto de una emoción muy fuerte, de manera que a la hora de explicar lo escrito, sosegado ya su ánimo, no sabe exactamente a qué corresponden los términos ni las expresiones... y lo deja en una indeterminación, en una ambigüedad que a nada le compromete.» (Ibid. p. 31.) – ‚Johannes weiß nicht recht, auf welche Seite er sich schlagen soll. Er hat unter dem Einfluß einer sehr starken Erregung geschrieben, so daß er zum Zeitpunkt, da er das Geschriebene erklärt und da sein Geist schon zur Ruhe gekommen ist, nicht genau weiß, worauf sich die Begriffe und die Ausdrücke beziehen..., und so läßt er alles in einer Unbestimmtheit, in einer Zweideutigkeit, die ihn zu nichts verpflichtet.'

22 Cf. García de la Concha: *Filología y mística,* pp. 26-30.

Löwenbrunnen und Grabmal

Bevor wir auf Don Víctors These etwas ausführlicher eingehen, wollen wir noch zwei weitere Assoziationsmöglichkeiten nachspüren, die sich beim Vers: *de cueuas de leones enlaçado* (‚von Löwenhöhlen umsäumt‘) einstellen. Trotz der angeführten Schriftstellen hat diese Formulierung bislang einen rätselhaften Charakter behalten. Denn es blieb schwer vorstellbar, warum das prächtig geschmückte Bett nicht nur wie Salomons Thron von zwölf Löwenjungen umstanden, sondern von regelrechten Löwenhöhlen umsäumt sein sollte. Nichtsdestoweniger findet sich genau hierfür eine anschauliche Lösung, wenn wir über die biblischen Bezüge hinaus auch die architektonischen Vorstellungen der spanischen Renaissance in Betracht ziehen. Dann erweist es sich, daß die Löwenhöhlen, die das Bett umgeben und ihm wohl als eine Art von Unterbau dienen, gleichermaßen als ein Emblem der maurischen Palastarchitektur wie auch der christlichen Grabskulptur gelten dürfen.

Unlängst hat der französische Kunsthistoriker Henri Stierlin in einer Studie über die Alhambra von Granada ausgeführt, daß sich ihre nasridischen Erbauer im 14. Jahrhundert eng an das Programm des salomonischen Palastes und des Tempels angelehnt hätten. So kann die ursprüngliche Kuppel des Saals der Gesandten offenbar als eine Nachbildung des Baldachins von Salomons Thron verstanden werden. Dieser salomonische Thron war in der arabischen Welt weithin bekannt, da seine wunderbare Konstruktion durch Dschinnen ein beliebter Stoff volkstümlicher Legenden war.[23] Weiterhin erinnert der Löwenbrunnen an das *mare fusile,* das Eherne Meer, das Salomons Baumeister Hiram von Tyrus für den Tempel angefertigt hatte.[24] Das aus Bronze gegossene Becken wurde von zwölf Stieren getragen. Es ist beiläufig in der Sabäer-Sure des Korans erwähnt.[25] Schon früh scheinen die Vorstellungsbereiche vom Ehernen Meer und von salomonischem Thron miteinander kontaminiert worden zu sein. Stierlin erwähnt die Miniatur einer französischen *Bible moralisée* des 13. Jahrhunderts, wo das Eherne Meer nicht von Stieren, sondern von zwölf Löwen getragen wird, wie dies eben beim Löwenbrunnen der Alhambra der Fall ist. Doch bereits viel früher, nämlich im 11. Jahrhundert, beschreibt der jüdische Dichter und Kabbalist Ibn Gabirol aus Granada in einem arabischen Gedicht einen auf Löwen ruhenden Brunnen und die überaus hohe Kuppel eines Palasts, und er vergleicht ausdrücklich das eine mit dem Ehernen Meer und das andere mit dem Baldachin

---

23 Cf. Anne Stierlin, Henri Stierlin: *Alhambra* (Francogallice 1991), transt. Ingrid Hacker-Klier, München: Eugen Diederichs 1993, pp. 127-143.

24 Cf. III Regum 7,23-36 et parall. II Paralipomenon 4,2-5.

25 „Und dem Salomo (haben wir) den Wind (dienstbar gemacht), der morgens (eine Strecke, zu der man als Reisender) einen Monat (benötigt) zurücklegt, und abends ebenso. Und wir ließen die Metallquelle [scil. das Eherne Meer] für ihn fließen. Und Dschinn (machten wir ihm dienstbar, solche) (oder: Und es gab Dschinn), die mit der Erlaubnis seines Herrn vor ihm (allerlei schwierige) Arbeiten ausführten." (Sure XXXIV,12-13, in: *Der Koran,* transt. R. Paret, 1966, 6. Auflage, Stuttgart; Berlin; Köln: W. Kohlhammer 1993, p. 299.)

von Salomons Thron.[26] Im Löwenbrunnen selbst scheinen sich die verschiedenen Referenzen noch einmal zu verdichten. Das Eherne Meer wird von den zwölf Löwen des salomonischen Throns getragen:

> *Ein Meer, nicht Rinder freilich bürdend,*
> *gleicht doch dem Gußmeer Salomos, dem erzgemachten.*
> *Gereiht um seinen Rand stehn Löwen*
> *die uns entbrannt in Beutelust zu brüllen deuchten.*[27]

Zwangsläufig entstehen unter dem Brunnenbecken, um welches die zwölf Löwen gereiht sind, ebensoviele höhlenartige Ausbuchtungen: Der Löwenbrunnen steht auf Löwenhöhlen, die ihn – so könnte man sagen – gewissermaßen umsäumen: *de cuevas de leones enlaçado.* Gleichzeitig markiert der Löwenbrunnen einen Schnittpunkt, an dem sich mehrere Einflußlinien überkreuzen: Er versinnbildlicht sowohl Privatheit als auch Öffentlichkeit, sowohl profanes als auch sakrales Bauen. Der Brunnen ist zwar Mittelpunkt des Diwân-i Khas, des Privatpalastes, aber er benutzt trotzdem die Löwen von Salomons Thron, auf dem dieser nach arabischer Überlieferung zu Gericht saß und der darum dem Diwân-i Am, dem öffentlichen Teil des Palastes, vorbehalten sein müßte. Der Brunnen schmückt weiterhin einen weltlichen Herrscherpalast und zitiert dennoch den sakralen Reinigungsbrunnen der salomonischen Tempelanlage.

Im Spanien der Renaissance, dessen Königspaar sich erst 1492 Granadas bemächtigt hatte, muß die Alhambra mit ihrem Löwenhof und mit allem, was sich hinzuassoziieren ließ, auch lange nach dem Abschluß der Reconquista noch eine unwiderstehliche Faszination ausgeübt haben, und die Katholischen Majestäten bemühten sich, dem maurischen Bauwerk auf ihre Art nachzueifern. Nur die Moschee der Alhambra wurde abgerissen, die übrigen Gebäudeteile aber blieben erhalten. Während seiner Aufenthalte in Granada pflegte Karl V. mit seiner Gemahlin Isabella von Portugal im Saal der Zwei Schwestern zu speisen, und er legte in unmittelbarer Nachbarschaft einen eigenen Palast an. Vor allem aber der Bau des Klosterpalastes von San Lorenzo de El Escorial, den Philipp II. zwischen 1563 und 1584 aufführen ließ, darf nicht ausschließlich als die bekannte Reverenz an den Tempel Salomons und an dessen christlichen Avatar zu St. Peter in Rom gedeutet werden. Das Projekt erweist sich vielmehr genauso als der ehrgeizige und grandios gescheiterte Versuch, die maurische Architektur der Alhambra aus dem Geist der christlichen Renaissance zu übertrumpfen.

Johannes vom Kreuz wird solches bekannt gewesen sein. Als er von 1582 bis 1588 in Granada wirkte, vervollständigte er dort den *Cántico espiritual* und schrieb für Ana de Jesús die Prosaerklärung nieder. Die Strophe vom blühenden

---

26 Cf. H. Stierlin, *Alhambra,* pp. 84-91 et 136. Die Aussagen des Ibn Gabirol beziehen sich natürlich nicht auf den uns bekannten nasridischen Palast aus dem 14. Jahrhundert, sondern auf einen nicht erhaltenen Vorläuferbau, in dem Stierlin und anderen zufolge der Löwenbrunnen bereits gestanden sei.

27 Ibn Gabirol nach der Übersetzung von F. P. Bargebuhr, cit. apud H. Stierlin: *Alhambra,* p. 84.

Bett hatte er jedoch schon früher aus dem toledanischen Gefängnis mitgebracht. Wenn er demnach die Braut des *Cántico espiritual* ihr Hochzeitsbett implizit auch nach dem Vorbild des Löwenbrunnens phantasieren läßt, dann entstammt dies nicht der unmittelbar biographischen Anschauung, sondern dem kulturellen Wissen der Epoche. Wie im Hohenlied versteht sich auch im *Cántico espiritual* die Braut als Königin oder Prinzessin, und in ihrer Einbildung stattet sie darum das Hochzeitsbett mit aller orientalischen Pracht aus, welche die maurische Palastarchitektur zu entfalten wußte.

Noch eine weitere Bewandtnis hat es mit den Löwen. Sie werden seit romanischen Zeiten gern in spanischen Grabplastiken verwendet, wo kunstvoll behauene Steinsarkophage oft auf gemeißelten Löwenfiguren aufliegen. Erinnert sei hier an das berühmte platereske Grabmal des *Doncel de Sigüenza,* der 1486 in der Schlacht fiel und in der Kathedrale der neukastilischen Stadt bestattet ist, und vor allem an die Alte Kathedrale von Salamanca. Dort finden sich eine Reihe romanischer Sarkophage des 13. Jahrhunderts, die auf Löwen gelagert sind. Des weiteren ist die Capilla de San Bartolomé am dortigen Kreuzgang hervorzuheben, die der Familie Anaya im 15. und 16. Jahrhundert als Grabstätte diente und ebenfalls mehrere löwengestützte Sarkophage enthält. Am eindrucksvollsten und am prachtvollsten gearbeitet ist das Doppelgrab des Don Gutiérrez de Monroy und seiner Ehefrau Doña Constanza de Anaya. Es stammt vom Anfang des 16. Jahrhunderts (der Mann war 1517, die Frau bereits 1504 gestorben). Die Bildnisse beider Gatten liegen als Ganzkörperplastiken gearbeitet nebeneinander auf dem Sarkophag.

> Se trata sin duda de uno de los ejemplares más hermosos del Renacimiento español, donde, junto a los primores exquisitos de la labra, el horror de la muerte ha sido sublimado en los rostros serenos e idealizados de ambos cónyuges.[28]

> [Es handelt sich zweifelsohne um eines der glänzendsten Beispiele der spanischen Renaissance, wobei durch die ausgezeichnete Kunstfertigkeit der Steinmetzarbeit der Schrecken des Todes in den heiteren und idealisierten Gesichtern der beiden Ehegatten überwunden wurde.]

Unter dem Sarkophag, der in einer Nische unterhalb der polychromierten Orgel der Kapelle steht, räkeln sich vier Löwen. Der enge Raum, der unter dem schwer aufliegenden Steinsarg noch freibleibt, ruft erneut den Gedanken an eine Höhle wach. Diejenige Seite der Sarkophagwand, die dem Betrachter zugewandt ist, ziert eine Inschrift. Links und rechts davon sind zwei Putten gemeißelt, die jeweils ein Familienwappen als Fahne halten. Ein solches Wappen heißt auf spanisch *escudo* (,Schild'), und solche in Stein gehauene *escudos* schmücken auch zahlreiche andere Sarkophage, manchmal umsäumen sie diese sogar in beachtlicher Zahl. Dies ermöglicht eine neue Lesart des Verses: *de mil escudos de oro coro-*

---

28 Alfonso Rodríguez G. de Ceballos: *Las catedrales de Salamanca,* 2ª edición, Madrid; León; Sevilla: Everest 1979, p. 37.

Tafel VI oben. – Grabmal des Don Gutiérrez de Monroy und der Doña Constanza de Anaya (Kathedrale von Salamanca, Capilla de Anaya)

Tafel VI unten. – Detail an einem Sarkophag (Kathedrale von Salamanca)

nado („mit tausend Schilden von Gold gekrönt'). Die Wappenschilde könnten Attribute einer Grabplastik sein. Der Friede, auf den dieses Bett gebaut ist: *en paz edificado* („auf Frieden gegründet'), erscheint dann ebenfalls nicht mehr nur als der Friede Salomons, sondern auch als jener Friede, den die Liturgie für die Seelen der Verstorbenen erbittet: *Requiescant in pace.*

Anders als im Fall des Löwenbrunnens der Alhambra müssen dem Johannes vom Kreuz die Sarkophage der Alten Kathedrale von Salamanca, wo er von 1564 bis 1568 studierte, oder vergleichbare Steinmetzarbeiten persönlich bekannt gewesen sein. Bemerkenswert ist, daß auf dem löwenbewehrten und wappengeschmückten Steinlager des Don Gutiérrez und der Doña Constanza ein friedlich schlummerndes Paar mit heiteren Gesichtszügen dargestellt ist. Das Hochzeitsbett, welches die Braut des *Cántico espiritual* imaginiert zu haben schien, könnte demnach vom zeitgenössischen Publikum mit logischer Konsequenz zu einem Grabmal, zu einem steinernen Totenbett, umgedeutet worden sein – und dies um so mehr, als schon in der *Noche oscura,* wie wir gesehen haben, das Zusammensein der Liebenden in einen todesähnlichen Schlaf mündete. Allerdings ist darauf hinzuweisen, daß hier wie dort dem Bild des Todes nichts Erschreckendes anhaftet, sondern daß der Tod als das höchste Ziel erotischer Sehnsucht begriffen wird, als jener Liebestod, der allein dem Liebenden die endgültige Vereinigung mit dem Geliebten zu gewähren vermag. In den *Dialoghi d'amore* des Leone Ebreo malen sich die Gesprächspartner Filone und Sofia diesen lustvollen Liebestod aus:

Sofia. Saria possibile ne le tali contemplazioni tanto elevar la mente, che retirasse seco ancora questo vincolo de la vita?
Filone. Cosí pungitivo potrebbe essere il desiderio e tanto intima la contemplazione, che del tutto discarcasse e retirasse l'anima dal corpo, resolvendosi i spiriti per la forte e ristretta loro unione in modo, che, afferrandosi l'anima affettuosamente col desiderato e contemplato oggetto, potria prestamente lassare il corpo esanimato del tutto.
Sofia. Dolce sarebbe tal morte.
Filone. Tale è stata la morte de' nostri beati, che, contemplando con sommo desiderio la bellezza divina, convertendo tutta l'anima in quella, abbandonorno il corpo; onde la sacra Scrittura, parlando della morte de' dui santi pastori Moisé e Aron, disse che morirono per bocca di Dio, e li sapienti metaforicamente declarano che morirno baciando la divinitá, cioè rapiti da l'amorosa contemplazione e unione divina, secondo hai inteso.[29]

[Sophia. Wäre es bei diesen Beschauungen möglich, den Geist so hoch zu erheben, daß er sogar das Band dieses Lebens mit sich fortreißen könnte?
Philon. So drängend könnte das Verlangen werden und so innerlich die Beschauung, daß sie wohl imstande wäre, die Seele vollkommen ihres Leibes zu entledigen und von ihm abzulösen. Dann würden sich die Lebensgeister wegen der starken und engen Vereinigung verflüchtigen; die Seele würde sich mit Inbrunst an den Gegen-

---

29 Leone Ebreo: *Dialoghi d'amore,* III, ed. Caramella, p. 177 sq.

stand ihres Verlangens und ihrer Beschauung heften, und dabei könnte es geschehen, daß sie sogleich den Leib entseelt hinter sich läßt.
Sophia. Gar süß wäre solch ein Tod.
Philon. Genauso war ja der Tod unserer Seligen. Da sie mit höchstem Verlangen ihre Schau auf die göttliche Schönheit richteten und ihre ganze Seele in diese verwandelten, verließen sie den Körper. Darum sagte auch die Heilige Schrift, wenn sie
vom Tod der beiden heiligen Hirten Mose und Aaron spricht, daß sie durch den
Mund Gottes gestorben seien, und die Gelehrten erklären dies in einer metaphorischen Ausdrucksweise so, daß sie gestorben seien, als sie die Gottheit geküßt hätten,
das heißt als sie in liebender Beschauung und göttlicher Einung entrückt wurden,
wie du wohl gehört hast.]

An der zitierten Stelle behält die jüdisch-neuplatonische Liebeslehre des Leone
Ebreo den Liebestod denjenigen vor, die nach der Schau göttlicher Schönheit
streben, beispielsweise den Patriarchen Mose und Aaron. Im *Cántico espiritual*
hingegen wird der Liebestod, der die Braut ereilen könnte, der buchstäblichen
Lesart zufolge keineswegs von der Beschauung der Gottheit ausgelöst wie bei Leone Ebreo, sondern allein davon, daß die Sprecherin mit ihrem Geliebten das
Bett zu teilen hofft und ihr dieses zum Grab wird. Der Geliebte wird in der delirierenden Rede der Braut divinisiert. Sie schreibt ihm übernatürliche Fähigkeiten
zu: Seine Anziehungskraft ist so groß, daß sie die Begegnung mit ihm genausowenig überleben wird wie mit der göttlichen Schönheit selbst. Aber einmal mehr
haben wir es mit einer ironischen Profanation zu tun. Die göttlichen Qualitäten
werden zwar – gewissermaßen blasphemisch – einem nur menschlichen Geliebten zugewiesen, der aber ist als eine rein allegorische Figur in letzter Instanz gar
nicht gemeint. Auf einer höheren Ebene des Textverständnisses erweist sich darum die profanierende Rede als ihrerseits ironisch gebrochen: Das Gesagte (die
Göttlichkeit des menschlichen Liebhabers) ist gerade nicht das eigentlich Gemeinte. Was aber eigentlich gemeint ist, das sagt die Ironie des Textes nicht.
　　Unter dem Gesichtspunkt ironischer Uneigentlichkeit gilt es die poetische Fa-
brikation des blühenden Betts im *Cántico espiritual* als Ganzes zu betrachten.
Sieht man vom fragwürdigen Symbolbegriff ab, dessen Problematik wir ausführlich erörtert haben, ist Don Víctors oben ausgeführter These der Sache nach zu-
zustimmen.[30] Die Beschreibung des Hochzeitsbetts vereint an sich Unvereinbares
und gestaltet in der Tat eine *coincidentia oppositorum* oder besser noch ein neuerliches Beispiel hochgradiger *confusio* auf mehreren Ebenen. Da sind zunächst die
erwähnten biblischen Bezüge – neben dem Bett auch die Hochzeitssänfte, der
Thron Salomons und sogar das Bundeszelt. Die Hybridisierung steigert sich,
wenn wir die Strophe im kulturellen Kontext eines Spaniens der Drei Religionen
situieren. Dann kommen Anklänge an die christliche Grabskulptur, aber auch an
den Löwenbrunnen des nasridischen Palastes hinzu, dessen Konzeption seinerseits jüdischen Vorgaben folgte. Ja, vielleicht ist sogar der Alkoven Philipps II.
im Escorial mit einbezogen, der bekanntlich über dem Hauptaltar der Kloster-

---

30 Cf. García de la Concha: *Filología y mística*, pp. 26-30.

kirche liegt, während sich das Pantheon der Herrschergräber darunter befindet. Auch am Bett des Königs kreuzen sich verschiedene Fluchtlinien und berühren sich gegensätzliche Räume. Genauso werden im blühenden Bett der Geliebten die Kategorien der Privatheit und der Öffentlichkeit, des Profanen und des Sakralen, des Christlichen und des Außerchristlichen, vor allem aber des Lebens und des Todes ununterscheidbar.

Gleichwohl bedarf diese Interpretation noch einer nuancierenden Rahmung: Das Thema des blühenden Betts ist nicht einfach die gelungene Schöpfung des Dichters, sondern es ist erst einmal das Produkt einer inszenierten und ironisch gebrochenen *sermocinatio*. Demzufolge ist dieses Bett als die Erfindung einer delirierenden Imagination der Braut kenntlich gemacht. Die Rede vom Bett, das die Liebende mit ihrem Freund teilt, will nicht als Symbol einer höheren, mystischen Vernunft, sondern als Symptom des Wahnsinns der liebeskranken Sprecherin verstanden werden. Es erweist sich darum keineswegs als ein probates Mittel, die Unaussprechlichkeit der mystischen Erfahrung doch irgendwie sagbar zu machen, sondern es bezeichnet gerade den Preis, um den allein eine solche Erfahrung un/sagbar wird. Es ist der Sturz des sprechenden Subjekts ins Delirium der Liebe oder aber auch der Kollaps des sprachlichen Systems semiotischer und kategorialer Distinktionen: Statt das Bett zu bezeichnen, in das sich die Geliebte legen soll, teilen sie es mit ihr.

3.8. Milch trinken
(Cántico XVIII-XXI C)

Im Weinkeller

In den Strophen XVIII-XIX C des *Cántico espiritual* (ihnen entsprechen die Strophen XVII-XVIII A resp. XXVI-XXVII B) berichtet die Sprecherin von einer Begebenheit im Weinkeller ihres Geliebten, oder aber sie imaginiert zumindest ein solches Geschehen. Das Tempus wechselt zwar zum historischen Perfekt (*pretérito indefinido*), aber eine zeitliche Bestimmung ist dennoch schwer möglich. Einerseits könnte hier erneut ein hebraisierender Latinismus vorliegen, der gewisse Formen eines resultativen Perfekts der Vulgata nachahmt, die keine Vorzeitigkeit im strengen Sinn, sondern einen weiterhin fortdauernden Zustand bezeichnen, beispielsweise wenn der Bräutigam des Hohenlieds spricht: „Veni in hortum meum soror mea sponsa / messui murram meam cum aromatibus meis."[1] Dann würde eine Szene besprochen, die sich zeitgleich mit dem Akt der *énonciation* tatsächlich oder eingebildetermaßen abspielt. Andererseits kann es aber ebensogut sein, daß sich die Braut an ein vorausgegangenes Erlebnis zurückerinnert oder zurückzuerinnern meint. Die beiden Strophen haben folgenden Wortlaut:

> En la interior bodega
> de mi amado beuí y quando salía
> por toda aquesta vega
> ya cosa no sabía
> y el ganado perdí que antes seguía
>
> Allí me dio su pecho
> allí me enseñó sciencia muy sabrosa
> y yo le di de hecho
> a mí sin dexar cosa
> allí le prometí de ser su esposa
>
> (Cántico C, vv. 86-95).

* * *

> Im inneren Weinkeller
> beim Geliebten trank ich, und als ich hinaustrat,
> in diesem ganzen Wiesengrund,
> wußte von nichts mehr ich,
> und das Vieh, dem ich vorher folgte, verlor ich.

---

1 Canticum iuxta Vulgatam 5,1.

> Dort gab er seine Brust mir,
> dort lehrte er mich leckre Wissenschaft,
> und ich gab in der Tat ihm
> mich, ohne etwas zu verpassen;
> dort versprach ich ihm, seine Braut zu sein.

Die Szene findet im Innern einer *bodega,* eines ‚Weinkellers‘, statt, wohin der Geliebte nach dem Hohenlied seine Freundin geführt hat.[2] Wieder wird im *Cántico espiritual* etwas geschildert, was im biblischen Muster zwar angedeutet, nicht aber ausgeführt ist. Die Frau gibt sich dem Geliebten hin, und das Paar vereinigt sich. Sodann leistet die Frau ein offenbar nachträgliches Treueversprechen. Dieses Versprechen erinnert an eine Verlobung, die allerdings an dieser Stelle einseitig auf die Frau beschränkt bleibt. Als die Geliebte den Freund wieder verläßt, scheint sie ihm hörig geworden zu sein. Sie befindet sich in einem rauschartigen Zustand. Ihrer Aufgabe als Hirtin kommt sie nicht mehr nach und irrt in anhaltender Verzückung durch die ländliche Umgebung.

Von komplexer Vieldeutigkeit ist die für beide Strophen jeweils zentrale Metapher des Trinkens respektive Trinkenlassens, die vordergründig als Metapher für die erotische Vereinigung steht, aber darüber hinaus weitere Sinngehalte umfaßt. Die Freundin sagt, der Geliebte habe ihr ‚die Brust gereicht‘: *allí me dio su pecho.* Dies ist die primäre Bedeutung der Wortfügung, heißt es doch im *Diccionario de Autoridades* unter der Eintragung des Verbums *atetar* (‚säugen‘, ‚stillen‘): «Dar el pecho al niño; para que se alimente con la leche dél.»[3] – ‚Die Brust dem Kind geben, damit es sich von der Milch daraus ernähre.‘ Da freilich ein Mann nicht die Brust reichen kann, wird eine metaphorische Lesung erforderlich, die der unmittelbar folgende Vers auch bereitstellt: *allí me enseñó sciencia muy sabrosa* (‚dort lehrte er mich sehr schmackhafte Wissenschaft‘). Das Trinkenlassen an der Brust bezeichnet demzufolge die Unterrichtung der Freundin in einer ‚wohlschmeckenden Kenntnis‘. Im erotischen Zusammenhang der Stelle ist damit zweifelsfrei die Initiation in die Liebeskunst gemeint, und in diesem Sinn spricht auch der Prosakommentar ausdrücklich von einer *ciencia por amor,* einer ‚Wissenschaft aus Liebe‘ (cf. Cántico B, 27,5 – Geistlicher Gesang 27, p. 217).

Das an der Textoberfläche unsichtbar bleibende *tertium comparationis* zwischen dem Säugen an der Mutterbrust und der Lehre einer Kunst ist – wiederum laut dem *Diccionario de Autoridades* – die Metapher der ‚Milch‘. «Leche. Metaphoricamente significa aquella primera doctrina o enseñanza que se da a algun sugeto, para instruirle y habilitarle en alguna materia. Lat. *Lac doctrinae.*»[4] – ‚Milch. Metaphorisch bedeutet es jene erste Lehre oder Unterweisung, die man einer Person zukommen läßt, um sie in irgendeiner Materie zu unterrichten oder zu befähigen. Lateinisch: *Lac doctrinae.*‘ Das hier zugrunde liegende Motiv entstammt dem häufig kommentierten Eingang des Hohenlieds, wo die Braut dem

---

2 „Introduxit me rex in cellaria sua." (Canticum 1,3.)
3 *Diccionario de Autoridades,* vol. I, s. v. «atetar».
4 Ibid. vol. II, s. v. «leche».

Bräutigam ebenfalls weibliche Brüste zuschreibt, zumindest nach der Vulgata, denn es heißt dort: „Quia meliora sunt ubera tua vino".[5] In der Auslegungstradition war darin beispielsweise eine Anspielung auf Christus gesehen worden, da er die Kirche durch das Wirken der Apostel und der Kirchenlehrer gleichsam aus zwei Brüsten nähre.[6] Doch das rhetorische Lob auf die metaphorisch zu nehmenden Brüste des Geliebten, wie es das Hohelied kennzeichnet, wird im *Cántico* auf merkwürdige Weise verkörperlicht. Die Geliebte bekennt nämlich, tatsächlich getrunken zu haben: *en la interior bodega / de mi amado beuí* (‚im inneren Weinkeller / bei meinem Geliebten trank ich‘). Die Präpositionalfügung *de mi amado* ist ἀπὸ κοινοῦ auf die *interior bodega* und auf *beuí* beziehbar. Die Geliebte meint vielleicht schon an dieser Stelle, daß sie von ihrem Freund getrunken habe. Dann stünde die *interior bodega* metaphorisch für den Körper des Geliebten.

Die letztgenannte Lesart scheint zunächst eher fernzuliegen, sie wird allerdings durch die Weiterführung des Trinkmotivs in der folgenden Strophe gestützt. Der in Strophe XIX C zu assoziierende Wein des ‚Vorratskellers‘ wird durch die wie aus einer Mutterbrust fließende ‚Milch‘ der Liebesdoktrin ersetzt, ganz im Sinne, aber auch in deutlicher Überbietung der biblischen Vorgabe. Denn dort sehnt sich die Braut zwar nach den Brüsten ihres Bräutigams, es ist aber nichts darüber ausgesagt, ob dieser sie wirklich an seine Brust nimmt, wie dies im *Cántico espiritual* geschieht. Gregor der Große verlegt sogar eine solche Erfahrung ausdrücklich erst ins jenseitige Leben.[7]

Die vom Text an der Oberfläche verschwiegene, aber unterschwellig ins Spiel gebrachte Metapher der ‚Milch‘ ist innerhalb der gezeichneten Situation unschwer in einem körperlichen, erotischen Sinn aufzulösen. Das *Diccionario de Autoridades* erläutert nämlich: «Leche. Se llama por semejanza qualquiera cosa sumamente blanca. Usase freqüentemente en la Poesía.»[8] – ‚Milch. So nennt man wegen der Ähnlichkeit jedwedes Ding, das ganz und gar weiß ist. Der Ausdruck wird häufig in der Dichtung gebraucht.‘ In der vulgär obszönen Sprache sowie in der einschlägig erotischen Dichtung steht *leche* nicht selten für den männlichen Samen. So stellt beispielsweise ein laszives Rätsel, das um die Mitte des 16. Jahrhunderts verfaßt worden sein dürfte, einer Dame folgende Frage:

> Decidme, dama graciosa,
> qué es cosa y cosa.
> *Decid qué es aquello tieso*
> *con dos limones al cabo,*

---

5 Canticum 1,1. Die Paraphrasis des Arias Montano und die Oktavreime des Fray Luis fassen übrigens lateinisch *ubera* als Abstraktum auf und übersetzen mit *amores,* wie es auch die modernen Übersetzungen halten.

6 „Ubera illius sunt apostoli, ubera illius sunt omnes praedicatores ecclesiae." (Gregorius Magnus in canticum, cap. 29.)

7 „Vbera autem sponsi tunc amplectimur, cum eum in aeterna patria iam per amplexum praesentiae contemplamur." (Ibid. cap. 19.)

8 *Diccionario de Autoridades,* vol. II, s. v. «leche».

> barbado a guisa de nabo,
> blando y duro como güeso;
> de corajudo y travieso
> lloraba leche sabrosa:
> ¿qué es cosa y cosa?[9]

[*Dic mihi, muliercula lepida,* / *quid sit hoc et quid sit illud.* // Dic quid sit illud rigidi: / duo mala citrea pendent e parte extrema, / barbatum uelut rapulum, / molle durumque quasi osseum, / prae iracundia et petulantia / flebat lac sapidum. / Quid est hoc et quid est illud?]

Eine sprichwörtliche Figur des *Siglo de Oro* ist die tolldreiste Bauernmagd Marica oder Mariquita, deren Name sowohl in der burlesken Dichtung als auch in Correas *Vocabulario,* einem Verzeichnis volkstümlicher Redensarten, begegnet.[10] In Maricas Verhalten mischt sich naiv-unschuldige Unbekümmertheit mit perverser Lüsternheit. So erzählt ein Gedicht davon, daß Marica aufs Bohnenfeld gegangen sei, um mit Erlaubnis des ehrwürdigen Fray Ginés García den ganzen Tag über dem Spiel des *frailecillo de haba* zu frönen. Schnell ergibt sich aus dem Text, daß hierbei nicht das harmlose Kinderspiel gleichen Namens gemeint sein kann.[11] Vielmehr hat Marica die Spielregeln auf charakteristische Weise abgewandelt:

> Marica jugaba
> con un frailecillo de haba.
> Y si no se pierde
> por frailes la loca,
> con la misma boca
> la cabeza muerde
> de una haba verde,
> que en su mano andaba
> aquel frailecillo de haba.[12]

[*Mariola ludebat* / *cum fraticello fabaceo.* // Nisi peribit / propter tales fratres stultissima puella, / suo ipsius ore / caput mordebit / cuiusdam fabae viridis, / nam in sua manu uagus errabat / *ille fraticellus fabaceus.*]

Um Maricas Leidenschaft für das Bohnenspiel und die damit verbundenen Gefahren weiß auch ein *refrán,* der die ausdrückliche Warnung ausspricht: «Marikita no komas havas, ke eres niña y todo lo tragas.»[13] – ,Mariola, noli fabas

---

9 *Floresta de poesías eróticas,* n° 85, vv. 1-9, p. 155. Das Motiv der ,Milch' taucht im gleichen Sinn in weiteren Gedichten der Sammlung auf. Cf. ibid. n° 47, v. 22, p. 70; n° 75, v. 47, p. 130.

10 Offensichtlich ist der Name Marica an diesen Stellen für eine weibliche Person verwendet.

11 Man schnitt die Spitze einer Bohne ab und entfernte daraus die Kerne, so daß nur die Hülse blieb, die an die Kapuze eines Mönchs erinnerte. Cf. *Diccionario de Autoridades,* vol. II, s. v. «frailecillo».

12 *Floresta de poesías eróticas,* n° 86, vv. 1 sq. et 9-15, pp. 156 sq.

13 Gonzalo Correas: *Vocabulario de refranes y frases proverbiales* (1627), ed. Louis Combet, Bordeaux: Institut d'Etudes Ibériques et Ibéro-Américaines de l'Université de Bordeaux 1967, p. 526.

comedere, quia adhuc puella es et omnia sorbebis.' Es läßt sich unschwer erraten, was die durchtriebene Mariquita nicht schlucken soll, zumindest wenn man an die hierzu einschlägigen Epigramme des Martial denkt.[14] Anders verhält es sich wiederum mit Lozana, der Protagonistin des 1528 in Venedig erschienenen pikaresken Lesedramas von Francisco Delicado, die es aus Andalusien nach Rom verschlagen hat, wo sie dem Dirnengewerbe nachgeht: Sie hat in ihrem Leben schon vieles herunterschlucken müssen. In einem Gespräch verwendet Lozana voller Stolz die Beteuerungsformel: «Por la leche que mamé» – ,per lac quod fellaui‘, und sie spielt offensichtlich auf die obszöne Doppeldeutigkeit des verwendeten Ausdrucks an.[15] Bei einer weiteren Gelegenheit bekundet sie die Hoffnung, etwas in ihren hungrigen ,Kropf‘ (*papo*) zu bekommen, und dementsprechend arrangiert sie die Einzelheiten eines Liebesspiels, an dem der Freier Valerio und ihr eigener Diener gleichberechtigt teilnehmen sollen:

> Valerián. – Señora, salí acá fuera; a teneros palacio venimos.
> Lozana. – Soy contenta, si queréis jugar dos a dos.
> Valerio. – Sea ansí; mas vuestro criado se pase allá y yo aquí, y cada uno ponga.
> Lozana. – Yo porné mi papo.
> Valerio. – ¿Cuál, señora?
> Lozana. – Todos dos que hambre tengo.[16]

> [Amator: Exi foras, domina. huc enim aduenimus ut domi tuae tecum ageremus. – Meretrix: Gratum mihi facietis si tali ludo ambo luseritis ut pignore posito uterque uestrum cum singulo aduersario dimicet. – Valerius: Ita placet. sed iam famulum tuum illuc iube transire, ego autem huc transibo, ut uterque pignus ponat. – Meretrix: Ego rostrum meum ponam. – Valerius: Utrum, mea domina? – Meretrix: Vtrumque, nam ualde esurio.]

Die Kennzeichnung des erotischen Genusses als Nahrungsaufnahme ist auch hier bewußt doppelsinnig angelegt. Denn was übertragen verstanden eine bloße Metapher ist, das kann und soll wörtlich gelesen zugleich einen perversen Akt der oralen Befriedigung andeuten.

Zwischen den Geschlechtern

Die vorgeführten Beispiele bekunden, daß in den erotischen Phantasien des *Siglo de Oro* jene perversen Praktiken durchaus gegenwärtig sind, auf die auch in den beiden Strophen des *Cántico espiritual* angespielt zu werden scheint. Die bukolische Braut wäre dann der Kurtisane Lozana, erst recht aber dem Bauernflittchen Marica vergleichbar. Wenn die Marica zwar durchtrieben, aber auch jung und

---

14 Cf. Martialis epigrammata IX,67; cf. quoque ibid. III,75; XI,61.

15 Francisco Delicado: *La Lozana Andaluza*, mamotreto 14, ed. Claude Allaigre, Madrid: Cátedra 1985, p. 329. Cf. ibid. n. 20.

16 Ibid. mamotreo 30, ed. Allaigre, p. 322. Der Name des Freiers wechselt im Text unversehens von Valerián zu Valerio.

unerfahren ist, so trifft dies gleichermaßen auf die Geliebte des *Cántico espiritual* zu. Durch das Abenteuer im Weinkeller gewinnt sie *ciencia por amor,* ein Liebeswissen aus praktischer Erfahrung, nicht aus theoretischer Belehrung. Daß sie den Geliebten mit einer milchspendenden Brust belehnt, wirkt wie eine ironische Pointe dieses Sachverhalts. Das Mädchen setzt die ‚Brust‘ als einen ihr vertrauten Teil des weiblichen Körpers metaphorisch für ein Organ am männlichen Körper, dessen Namen sie auch nach der Initiation nicht zu benennen weiß.

Die Metaphernwahl beweist nicht nur die anfängliche Unerfahrenheit der Braut in erotischen Dingen, sondern vor allem ihre Unfähigkeit, die gemachte Erfahrung überhaupt angemessen zu versprachlichen. Darum schließt sie vom eigenen weiblichen Körper auf den ihr fremden männlichen Körper des Andern. Doch mit dieser phantasievollen Übertragung gerät sie in den Jargon der Uneigentlichkeit. Sie kann das Andere nicht eigentlich benennen, sondern nur metaphorisch bezeichnen, und darum bedient sie sich einer Analogie, bei der die Unähnlichkeit größer als die Ähnlichkeit ist. Die Geschlechterdifferenz zwischen der sprechenden Frau und dem besprochenen Mann wird letzten Endes durch die Metapher der ‚Brust‘ nicht überbrückt, sondern nur sichtbar gemacht: Der Körper des Andern bleibt unaussprechlich. Aber dank solcher Unaussprechlichkeit ermöglicht die Geschlechterdifferenz ein rhetorisches Spiel, in welchem das sprechende Subjekt dem Unbekannten metaphorische Namen zuspricht, die ihn im eigentlichen Sinn niemals treffen werden.

Die Struktur der metaphorischen Liebesrede der Braut ist analog zur apophatischen Symbolik der negativen Theologie. Die Ähnlichkeit zwischen göttlicher und irdischer Liebe, auf der die *allegoria tota* unseres mystischen Gedichtes beruht, gründet demnach in einer ganz und gar abgründigen Negativität: Die körperliche Liebe steht hier nicht für die göttliche Liebe, weil sich vom Körperlichen her positiv aussagen ließe, was am göttlichen Geheimnis selbst unsagbar bleiben muß. Vielmehr bestünde die Ähnlichkeit der irdischen mit der göttlichen Liebe gerade in der wesentlichen Unsagbarkeit beider Erfahrungstypen. Nicht erst die Erfahrung der Einung mit dem Göttlichen, sondern schon die erotische Erfahrung ist unaussprechlich: Nur weil der *amor corporeus* von sich aus ein Modell der apophatischen Erfahrung bereitstellt, kann er auch allegorisch für den *amor sacer* stehen.

Daß die liebende und die geliebte Person im *Cántico espiritual* als ein gemischtgeschlechtliches Paar dargestellt sind, ist vor dem Hintergrund der mystischen Überlieferung weit weniger selbstverständlich, als es uns heute scheinen mag. Symeon Theologus oder Raimundus Lullus haben die Liebe der Seele zu Gott als das Verhältnis eines Freundes zu seinem Geliebten stilisiert und damit offenkundig Anleihen bei der gleichgeschlechtlichen Erotik vorgenommen, sei es nun aus griechisch-platonischer oder aus arabischer Wurzel. In analoger Weise charakterisiert Dionysius vom Areopag den Paulus als den Liebhaber Christi,[17]

---

17 Cf. Dionysius Areopagita de divinis nominibus IV,13. Mit Bezug auf den Vers des Galaterbriefs: „Vivo autem iam non ego / vivit vero in me Christus" (epistola ad Galatas 2,20), wird Paulus

oder einmal bezeichnet Bonaventura sogar Christus selbst als den Bräutigam des Franz von Assisi.[18] Solchen Redeweisen liegt allemal das Modell einer erotischen Männerfreundschaft zugrunde. Johannes vom Kreuz wählt statt dessen die Allegorie von Mann und Frau. Er setzt hierbei den körperlichen Unterschied der Geschlechter nicht nur stillschweigend voraus, sondern er nützt ihn wirkungsvoll aus und steigert ihn zum Dispositiv einer unüberbrückbaren Differenz, die dem jeweils andersgeschlechtlichen Partner unvorstellbar bleibt und darum zwangsläufig in den Apophatismus führt.[19] Eben darin ist die anatomische Differenz der Geschlechter die Allegorie jener anderen Differenz, die zwischen Mensch und Gott waltet. Denn nur insofern die Geschlechterdifferenz unüberbrückbar und unaussprechbar ist, taugt das Liebesspiel der Geschlechter, das um diese Differenz ausgetragen wird, zur Allegorie für jenes ganz andere Liebesverlangen, das die Differenz zwischen Geschöpf und Schöpfer umspielt.

Eine nähere Betrachtung verdient die Reaktion der Geliebten auf die Milchspende des Geliebten. Die Sprecherin gibt sich nämlich nicht nur dem Freund in einer Geste der Unterwerfung hin, sondern sie scheint wechselweise auch selber eine aktive Rolle wahrzunehmen, wie sich aus der syntaktisch höchst auffälligen Fügung: *y yo le di de hecho / a mí* ableiten läßt. Hätte die Sprecherin eindeutig die Hingabe ihrer selbst ausdrücken wollen, wäre eine ganz andere, metrisch durchaus korrekte Formulierung als die benutzte zu erwarten gewesen – und zwar: **y yo me di de hecho / a él* – ‚und ich gab mich in der Tat / ihm hin' (mit einem hier erlaubten Hiat: **a ¦ él*).[20] Covarrubias würdigt die Reflexivform des Verbums *dar* mit der Bedeutung von ‚sich ergeben' einer eigenen Erwähnung: «Darse, rendirse.»[21] – ‚Sich geben, sich ergeben.' Ähnlich das *Diccionario de Autoridades*: «Darse. v. r. Entregarse, rendirse a la voluntad ò razón de otro.» – ‚Sich geben. Transitives Verb. Sich hingeben, sich dem Willen oder dem Gutdünken eines andern ausliefern.' Aber genau diese scheinbar naheliegende Reflexivform mit ihrer eindeutigen Semantik der Hingabe verweigert der Text des Gedichts.

---

mit dem Fachterminus der platonischen Liebeslehre als ein ἐραστής (‚Liebhaber') bezeichnet, der Christus verfallen sei.

18 „Sponsi amicus Franciscus" (Bonaventurae legenda maior, cap. IX,1).

19 Im *Cántico espiritual* ist es der Körper des männlichen Liebespartners, der unbenannt bleiben muß. Das Gedicht: «Entréme donde no supe» (‚Ich trat ein, wo ich nicht wußte') gibt umgekehrt die erotische Initiation eines männlichen Sprechers zu lesen, der für den Körper der Frau keinen Ausdruck findet.

20 „Der Regel nach tritt Hiat ein, wenn eine enge syntaktische Verbindung besteht zwischen einem auf unbetontem Vokal endenden Wort und dem mit starktonigem Vokal anlautenden folgenden Wort. Als enge Verbindung in diesem Sinne gelten besonders: [...] Praeposition + regiertes Wort (*contra ¦ ellos, resueltos a ¦ ir*)." (Baehr: *Spanische Verslehre auf historischer Grundlage*, p. 22.) – Es ist allerdings zu vermerken, daß Johannes vom Kreuz die an sich erlaubten Hiate so gut wie nirgends verwendet. Scheinbare Hiate ergeben sich für den heutigen Leser nur dort, wo ein Vokal am Wortende vor einem Anfangs-H zu stehen kommt, das aus lateinisch F hervorgegangen war und darum im 16. Jahrhundert noch aspiriert wurde. Beispiel: «vestidos los dejó de ¦ hermosura» (*Cántico*, v. 25 C). Es handelt sich also in solchen Fällen um keine echten Hiate.

21 Covarrubias: *Tesoro de la lengua castellana*, s. v. «darse».

Die tatsächlich gewählte Fügung: *yo le di a mí* erweist sich als syntaktisch zweideutig. Es gilt nämlich zu berücksichtigen, daß Johannes vom Kreuz in seiner Lyrik den *leísmo* verwendet. Das Pronomen *le* kann also bei Bezug auf eine männliche Person ebenso das indirekte Objekt (Dativ) wie auch das direkte Objekt (Akkusativ) bezeichnen. Das betonte Personalpronomen des Spanischen wiederum muß in Objektfunktion immer mit der Präposition verbunden sein und lautet in jedem Fall: *a mí,* unabhängig davon, ob es sich um ein direktes oder indirektes Objekt, etymologisch gesprochen um einen Akkusativ oder einen Dativ, handelt. Somit bedeutet ein und derselbe Satz, daß sich die Sprecherin dem Geliebten hingibt, wie sie auch sagt, daß sie ihn sozusagen bekommt, ihn sich gewissermaßen zum Geschenk gibt. Theoretisch denkbar sind demnach die zwei einander diametral entgegengesetzten Bedeutungen: ,... und ich gab ihm in der Tat / mich' oder: ,... und ich gab ihn in der Tat / mir'.[22]

Die zweite Lesart ist die unerwartete, aber auch die weiterreichende und besser beglaubigte. Hätte sie ausgeschlossen bleiben sollen, wäre dies mit Hilfe der erwähnten und ohnehin weit üblicheren Reflexivierung **yo me di* leicht zu bewerkstelligen gewesen. Hinzu kommt ein weiterer Gesichtspunkt: Auch diese Stelle ist dem Hohenlied nachgebildet. Dort hatte die Braut dem Geliebten zunächst in Aussicht gestellt: „Ibi dabo tibi ubera mea",[23] und unmittelbar darauf wünscht sie sich, der Bräutigam wäre ihr Bruder und läge an der Brust ihrer Mutter: „Quis mihi det te fratrem meum sugentem ubera matris meae?"[24] Der an der Brust saugende Geliebte erscheint hier eindeutig im Akkusativ, die Geliebte im Dativus commodi, und nach der gleichen Syntax läßt sich die Fügung: *y yo le di de hecho / a mí* konstruieren. Was allerdings die Braut des Hohenlieds in dieser Konkretion allererst auf ihre Mutter bezogen hatte und auch nur im Potentialis zu formulieren wagte, das wird der Geliebten des *Cántico espiritual* am eigenen Leib zuteil und dank der Vergangenheitsform als vollendete Tatsache hingestellt: Sie legt ihrerseits den Freund gleich einem Säugling an die eigene Brust – und nicht nur das, endet doch die Strophe überaus vieldeutig mit der Präzisierung: *sin dejar cosa* (,ohne eine Sache zu lassen'). Das Wort *cosa* (,Sache') dient nämlich in der erotischen Dichtung häufig zur Umschreibung der weiblichen Anatomie.[25] Somit werden an dieser Stelle des *Cántico espiritual* einzelne Vorgaben des Hohenlieds aufgegriffen und dergestalt ausgespielt, daß daraus eine Liebesszene vollkommener Gegenseitigkeit erwächst. Auf die Gabe des Geliebten folgt die Gegengabe der Geliebten.

---

22 Im Prosakommentar zur Stelle heißt es bezeichnenderweise über die Seele: «De aquí es que [...] quede ella [...] toda dada a Dios, así como Dios se ha dado libremente a ella.» (Cántico B, 27,6) – ,Daher kommt es, daß sie [...] sich Gott ganz hingegeben, wie auch Gott aus freier Liebe sich ihr ganz überlassen hat.' (Geistlicher Gesang, 27, p. 218.)

23 Canticum 7,12.

24 Canticum 8,1.

25 «Mis ojos fueron luego de corrida / por ver la cosa en fin que más agrada; / pero, de la camisa delicada, / les fue la dulce vista defendida.» (*Floresta de poesías eróticas,* n° 12, vv. 5 sq., p. 19.) – ,Oculi mei statim festinauerunt / ut uiderent rem omnium iucundissimam; / sed tenui tunica impediebatur / uisus ne tantae dulcedinis potiretur.'

Im Liebesspiel, das der Text andeutet, sind eindeutige Rollenzuweisungen und Distinktionen, Aktivität und Passivität, Überlegenheit und Unterlegenheit der Beteiligten nicht mehr zu unterscheiden. Die doppelte Beziehbarkeit der Präpositionalfügung im Satz: *En la interior bodega / de mi amado beuí* (‚im innern Weinkeller / bei meinem Geliebten ich trank‘) zielt auf einen solchen Effekt der Indistinktion: Der Körper des Geliebten und der umgebende Raum des Weinkellers werden für die Liebende ununterscheidbar. Am prägnantesten äußert sich dieser Aspekt im Doppelsinn der erwähnten Fügung: *yo le di de hecho / a mí.* Hier verweigert die Syntax schlichtweg den Aufschluß darüber, wer in diesem *commercium* Empfänger (Subjekt) und wer Gabe (Objekt) ist. Ein solcher Befund wiegt um so schwerer, als die erotische Ordnung seit der Antike auf der unumkehrbaren Unterscheidung von männlich-aktiver Dominanz und weiblich-passiver Unterlegenheit gegründet war. Die erotische Ekstase produziert jedoch im *Cántico espiritual* einen Zustand der Konfusion, der all diese Unterscheidungen hinfällig macht und zugleich das Kennzeichen der kontemplativen Erfahrung ist.

Die vieldeutige Semantik der kommentierten Gedichtstrophen erwächst letzten Endes daraus, daß in der Allegorie des Gedichts auch noch die buchstäbliche Ebene der *historia* in metaphorischer Sprache gehalten ist. Darum ist es einerseits gut möglich, die rhetorischen Tropen im Sinn der mystagogischen Erklärungen des Autors auf eine wachsende Vertrautheit der Seele mit Gott zu übertragen: «Dar el pecho uno a otro es darle su amor y amistad y descubrirle sus secretos como a amigo.» (Cántico B, 27,4.) – ‚Seine Brust einem darbieten heißt, ihm seine Liebe und Freundschaft schenken und ihm als Freund seine Geheimnisse offenbaren.‘ (Geistlicher Gesang 27, p. 217.) Zum anderen aber kann und soll dieselbe Metaphorik ins Erotische, ja ins geradezu Obszöne umgedeutet und als eine auf den ersten Blick höchst befremdliche Aeschrologie gelesen werden, für die sich Batailles Konzepte der Transgression und des perversen Exzesses als Verstehensrahmen anbieten.

Es paßt gut, daß die Geliebte ihr Treueversprechen erst nach und nicht, wie eigentlich zu erwarten gewesen wäre, vor der körperlichen Vereinigung gibt: *allí le prometí de ser su esposa* (‚dort versprach ich ihm, seine Braut zu sein‘). Denn kaum in einer unter solch fragwürdigen Umständen geschlossenen Verlobung oder Ehe kann die hier geschilderte Erotik den ihr angemessenen Platz finden, sondern am ehesten noch (und nicht von ungefähr) im Bereich der Hetärenliebe, auf welche in der folgenden Strophe deutlich angespielt wird. Die Sprecherin erläutert dort, wie ihr nunmehr statt des Schafehütens die Liebe zum Beruf geworden sei:

> *Mi alma se ha empleado*
> *y todo mi caudal en su seruicio*
> *ya no guardo ganado*
> *ni ya tengo otro officio*
> *que ya sólo en amar es mi exercicio.*
>
> (Cántico C, vv. 96-100).

> [Meine Seele hat sich verdingt
> und all mein Gut in seinem Dienst,
> jetzt hüt ich auch kein Vieh mehr,
> noch hab ich sonst ein andres Amt,
> nur noch aus Lieben besteht mein Gewerbe.]

Ein biblisches Vorbild solchen Verhaltens ist zweifelsohne die Gestalt der Maria Magdalena, die kurz darauf im Prosakommentar erwähnt wird (cf. *Cántico B*, 29,1 – Geistlicher Gesang 29, pp. 226 sq.). Die Jüngerin aus Magdala galt ja der Tradition als eine Dirne, die sich nach einem sündhaften Leben zum Evangelium bekehrt und fortan Jesus ihre bedingungslose Liebe geschenkt hatte. Schon 1521 war im Auftrag der Königin Isabella in Toledo eine Lebensbeschreibung der Magdalena erschienen. Am bekanntesten ist allerdings die umfangreiche *Conversión de la Madalena* geworden, die der Augustinermönch Fray Pedro Malón de Chaide 1588 veröffentlichte.[26] Johannes vom Kreuz blieb es freilich vorbehalten, in seinen *Cántico espiritual* der Braut selbst Züge zu verleihen, die unverkennbar auf das ursprüngliche Gewerbe der Magdalena anspielen: sie ist eine *Lozana andaluza a lo divino*.

Entwöhnt

Wiewohl die tropische Sprache des Gedichts zu keinem Zeitpunkt ins Vulgäre umschlägt, suggeriert der Text im Fall einer aeschrologischen Lektüre jenen „perversen Verlauf des Liebesgeschehens", den André Stoll in vergleichbarem Zusammenhang bereits an den androgynen Bildern des Hohenlieds ausgemacht hat.[27] Pervers und – im Verständnis der Zeit – widernatürlich sind die erotischen Praktiken des *Cántico espiritual* deswegen, weil in ihnen die gängigen Geschlechterrollen des aktiv-dominanten Mannes und der passiv-unterwürfigen Frau verkehrt erscheinen und weil sie statt auf gesellschaftlich nützliche Prokreation auf den Genuß sinnlicher Lust ausgerichtet sind.

Da die buchstäbliche Liebesgeschichte der Weinkellerszene in tropischer Sprache niedergeschrieben ist, verdankt sich auch noch der anstößige, aeschrologische Sinn keiner unmittelbaren Evidenz des Textes, sondern einer Entscheidung des Lesers, der im Prozeß seiner Lektüre den rhetorischen Figuren eine entsprechende Bedeutung zuschreibt. Aus dem unhintergehbar tropischen Charakter des Textes ergeben sich für den Leser allerdings drei mögliche Optionen:

---

26 Cf. *Historia de la bendita Magdalena sacada largamente de los evangelios y otras partes*, Toledo 1521; Fr. Pedro Malón de Chaide: *La conversión de la Madalena, en que se esponen los tres estados que tuvo de pecadora, i de penitente, i de gracia* (Barcelona 1588), ed. Félix García, voll. I-II, Madrid: Clásicos Castellanos 1930. Die Rezeption der Gestalt der Magdalena in der Renaissance ist materialreich dokumentiert bei Stoll: „Poetische Rückeroberung der irdischen Paradiese des Ichs", loc. cit. pp. 106-112.

27 Cf. ibid. p. 129 (cf. ibid. 118-137).

1. Der Leser kann die Tropen nur zu einem geringen Teil auflösen und nahe am Buchstaben bleiben. Dann beschreibt der Text, wie wir ausführlich erläutert haben, ein perverses Liebesspiel *contra naturam*. Eine unerfahrene Mariquita wird von ihrem Freund (oder gar Zuhälter) in die Liebeskunst initiiert und endet als seine regelrechte Dirne.

2. Der Leser kann trotz der Suggestionen des Textes und seines historischen Umfelds die Passagen stärker vergeistlichen und in eine nicht perverse Richtung auslegen, nämlich als stark metaphorische Beschreibung einer erotischen Vereinigung *secundum naturam,* der auch eine gesellschaftliche Legitimität zuerkannt wird. Eine Frau wird in die Liebeskunst initiiert, und diese Erfahrung mündet in ein Verlöbnis oder in eine Eheschließung mit dem Bräutigam.

3. Der Leser entfernt sich noch weiter vom Buchstaben und spiritualisiert die Strophen noch stärker. Er deutet die Weinkellerszene wie im Prosakommentar dargelegt als Hinweis auf die Liebesbeziehung zwischen der Seele und Gott.

Die radikale und völlig unerwartete Pointe der interpretierten Strophen besteht darin, daß die Mystagogie des Johannes vom Kreuz den Leser nicht etwa nach einem Aufstiegsschema zur dritten Lektürevariante hinführen will, sondern daß sie einzig und allein die oppositiven Optionen dekonstruiert – und zwar immer nach der buchstäblich-körperlichen Seite hin. In den drei Lektürevarianten begegnen wir zwei Oppositionspaaren: perverser Exzeß vs. naturgemäße Erotik (1 vs. 2/3); *amor corporeus* vs. *amor sacer* (1/2 vs. 3). Die erste Opposition wird dekonstruiert zur Seite des perversen Exzesses hin; die zweite Opposition wird dekonstruiert zur Seite des *amor corporeus* hin. Das heißt, daß auch die naturgemäße Erotik zu einer Variante des perversen Exzesses, daß auch die geistliche Liebe zu einer Variante der körperlichen Liebe stilisiert ist. Wie erfolgt aber diese dekonstruktive Stilisierung?

Um die gestellte Frage zu beantworten, müssen wir nochmals auf das Milchmotiv zurückkommen und seine Deutung in den Prosaerklärungen erläutern: Das Thema des Milchtrinkens aus der Mutterbrust begegnet uns dort überaus häufig, vor allem in den stark ascetisch ausgerichteten Traktaten, das sind die *Subida del Monte Carmelo* und die *Noche oscura del alma*.[28] So schreibt Johannes vom Kreuz in bezug auf die Schwierigkeiten bei der Auslegung des verschlüsselten Gotteswortes folgendes:

> Por lo cual muchos de los hijos de Israel, porque entendían muy a la letra los dichos y profecías de los profetas, no les salían como ellos esperaban, y así las venían a tener en poco y no las creían; tanto, que vino a haber entre ellos un dicho público, casi ya como proverbio, escarneciendo de los profetas; de lo cual se queja Isaías diciendo y refiriendo en esta manera: *Quem docebit Dominus scientiam? et quem intelligere faciet auditum? ablactatos a lacte, avulsos ab uberibus. Quia manda, remanda, manda, remanda; exspecta, reexspecta, exspecta, reexspecta, modicum ibi, modicum ibi. In loquela enim labii et lingua altera loquetur ad populum istum.* Quiere decir: ¿A quién en-

---

28 Cf. II Subida 14,3; 17,8; III Subida 28,7; I Noche 1,2; 12,1; 12,5; 13,3; Cántico B, 22,8.

señará Dios ciencia y a quién hará entender la profecía y palabra suya? Solamente a aquellos que están ya apartados de la leche y desarraigados de los pechos. Porque todos dicen (es a saber, sobre las profecías): promete y vuelve luego a prometer, espera y vuelve a esperar, espera y vuelve a esperar; un poco allí, un poco allí, porque en la palabra de su labio y en otra lengua hablará a este pueblo (Isaias 28,9-11). Donde claramente da a entender Isaías que hacían éstos burla de las profecías y decían por escarnio este proverbio de *espera y vuelve luego a esperar;* dando a entender que nunca se les cumplía porque estaban ellos asidos a la letra, que es la leche de niños, y al sentido, que son los pechos que contradicen la grandeza de la ciencia del espíritu. Por lo cual dice: *¿A quién enseñará la sabiduría de sus profecías, y a quién hara entender su doctrina,* sino a los que ya *están apartados de la leche* de la letra *y de los pechos* de sus sentidos? Que por eso éstos no la entienden sino según esa leche de la corteza y letra y esos pechos de sus sentidos, pues dicen: *Promete y vuelve luego a prometer, promete y vuelve a prometer, espera y vuelve a esperar;* etc.; porque en la doctrina de la boca de Dios y no en la suya y en otra lengua que en esta suya los ha Dios de hablar. (II Subida 19,6.)

[Das ersieht man so recht an den Kindern Israels. Sie faßten die Aussprüche und Weissagungen der Propheten im buchstäblichen Sinn. Darum gingen diese nicht so in Erfüllung, wie sie erwarteten. Und so hielten sie schließlich nicht mehr viel von ihnen und glaubten ihnen nicht mehr. So kam es, daß es allmählich allgemein üblich, ja fast sprichwörtlich wurde, wie man über die Weissagungen spottete. Dies hat denn auch Jesaja im Auge, wenn er sich in folgenden Klagen ergeht: Quem docebit scientiam? Et quem intellegere faciet auditum? Ablactatos a lacte, avulsos ab uberibus. Quia manda remanda, manda remanda, exspecta, reexspecta, exspecta, reexspecta, modicum ibi, modicum ibi. In loquela enim labii et lingua altera loquetur ad populum istum. „Wen wird Gott Weisheit lehren? Und wen wird er wohl sein Wort und seine Weissagung vernehmen lassen? Sind es nicht die, so entwöhnt sind der Milch, weggenommen von der Mutterbrust? Gebot und wieder Gebot, Gesetz und wieder Gesetz, Vorschrift auf Vorschrift: hier ein wenig, dort ein wenig. Ja, mit unverständlicher Lippe und in einer fremden Sprache wird man zu diesem Volke reden." (Isaias 28,9-11.) Darin gibt Jesaja deutlich zu verstehen, daß jene mit den Weissagungen Spott trieben und daß sie zum Spott das Sprichwort gebrauchten: „Warte, warte nur!" Damit wollten sie eben sagen, daß sie doch nie in Erfüllung gingen. Man blieb eben am Buchstaben hängen, den ich mit der Milch für Kinder vergleichen möchte, und an ihren eigenen Sinnen wie an der Mutterbrust. Beide aber sind unvereinbar mit der erhabenen Wissenschaft des Geistes. Darum sagt er: Wen wird er die Weisheit seiner Weissagungen lehren? Und wem wird er seine Lehre weisen? Wem anders als den der Milch des Buchstabens und der Mutterbrust ihrer Sinne Entwöhnten? Denn das ist es, weshalb sie die Weissagungen nicht verstehen, weil sie nicht von dieser Milch der Oberflächlichkeit und des Buchstabens, von diesen Brüsten ihrer Sinne lassen wollen. Und darum sagen sie: Versprich nur, versprich nur; warte, warte nur und so weiter. Denn seine Lehre muß ihnen Gott mit seinem Munde mitteilen und in einer fremden Sprache, nicht in der ihrigen. (II Aufstieg 17, pp. 177 sq.)]

Das Milchtrinken und das Gestilltwerden des Kleinkindes dient hier als ein Bild für die Interpretation des prophetischen Wortes allein nach dem Buchstaben. Doch diesen Buchstaben gilt es hinter sich zu lassen, ebenso wie auch das Kind beim Heranwachsen entwöhnt wird und von der Aufnahme der flüssigen Nahrung zu festen Speisen übergeht. An anderen Stellen beruft sich Johannes vom Kreuz auf eine sinnverwandte Stelle aus dem Hebräerbrief: „Et facti estis quibus lacte opus sit non solido cibo."[29] Vor allem aber zitiert er das Wort des Paulus an die Gemeinde von Korinth:

> Et ego fratres non potui vobis loqui quasi spiritalibus / sed quasi carnalibus / tamquam parvulis in Christo lac vobis potum dedi non escam / nondum enim poteratis / sed ne nunc quidem potestis / adhuc enim estis carnales.[30]

Das Milchtrinken ist in all diesen Fällen als ein kreatürlich-fleischliches Bedürfnis aufgefaßt, das zwar dem Säuglingsalter zugehört, das aber dann überwunden werden kann und zugunsten einer geistlichen Speise aufgegeben werden soll. Die Initiation führt zum Geistlichen hin und gleichzeitig von der Muttermilch, vom Buchstäblichen, vom Fleischlichen weg. Das Kind wird zum Mann, wie es Paulus formuliert: „Cum esssem parvulus / loquebar ut parvulus / sapiebam ut parvulus / cogitabam ut parvulus / quando autem factus sum vir / evacuavi quae erant parvuli."[31]

Im Gedicht war das Milchtrinken als ein besonderer Ausweis der Nähe der geliebten Person inszeniert worden: Die Metapher von der Anwesenheit der nährenden Mutterbrust schien für die perverse oder naturgemäße Präsenz des Geliebten, ja sogar für die Zuwendung Gottes zur Seele zu stehen. Der Leser war darum geneigt, die Metapher des Milchtrinkens als Ausdruck für die gelungene Stillung des Begehrens der Geliebten zu nehmen. In den Prosakommentaren aber ist dieser Sachverhalt verkehrt: Das Milchtrinken, wie auch immer man die Metapher auslegen will, kann das Begehren gerade nicht stillen. Die Mutterbrust gewährt keine eigentliche, sondern nur eine uneigentliche Nahrung. Im besten Fall dient sie der Vorbereitung auf eine angemessenere Art der Speise: «Así como el niño ha menester dejar el pecho para hacer su paladar a manjar más sustanical y fuerte.» (II Subida 17,6.) – ‚Geradeso wie auch das Kindlein auf die Mutterbrust verzichten muß, um den Gaumen an gediegene und festere Kost zu gewöhnen.' (II Aufstieg 15, p. 164.) Die flüssige Milch weist auf eine feste Speise hin, die sie selber nicht ist. Sie ist vielmehr deren Supplement.

Eine gängige Interpretation des Verhältnisses von Poesie und Kommentar würde es bei dieser Antinomie belassen.[32] Während die Dichtung eine Erfahrung der Präsenz und der Fülle imaginiere, sei die Prosaerklärung von der ascetischen Austerität der Absenz und des Mangels gezeichnet. Möglicherweise deute sich in dieser Gegenstrebigkeit die Zerrissenheit des Autors selbst an, der als Theologe und Heiliger eine Lehre habe vertreten müssen, die er als Dichter eigentlich nicht habe teilen können. Ausgehend von der Milchmetapher, die in der Prosa

---

29 Epistola ad Hebraeos 5,12. Cf. I Noche 12,1.
30 I epistola ad Corinthios 3,1 sq. Cf. II Subida 17,8.
31 I epistola ad Corinthios 13,11. Cf. II Subida 17,6.
32 Charakteristisch für eine solche Betrachtungsweise, die scharfsinnig den Widerspruch zwischen Dichtung und Kommentar herausarbeitet, ist die materialreiche Untersuchung von Domingo Ynduráin: *Aproximación a San Juan de la Cruz: Las letras del verso*, Madrid: Cátedra 1990.

des Johannes vom Kreuz für den Buchstaben und die Sinnenhaftigkeit steht, können wir freilich die beiden Sprechweisen, Dichtung und Kommentar, in eine Interrelation zueinander setzen. Das Milchtrinken ist dann auch eine metapoetische Metapher, es bezeichnet die Buchstäblichkeit und – demzufolge – die Uneigentlichkeit der poetischen Rede selbst. Die Milch ist Inbegriff von Fleischlichkeit und Sinnlichkeit, sie versinnbildlicht die Präsenz des Körpers. Dieser Körper ist nicht der Geist: «Y está claro, porque si es espíritu, y no cae en sentido, y si es que puede comprehenderlo el sentido, ya no es puro espíritu.» (II Subida 17,5.) – ‚Das ist ja klar: handelt es sich um etwas Geistiges, dann fällt es nicht mehr in den Bereich der Sinne; ist es aber derart, daß es die Sinne fassen können, dann ist es nicht mehr reiner Geist.' (II Aufstieg 15, p. 163.) Aber obwohl und weil der Körper nicht Geist ist, ist er dennoch dessen Figur. Der Überfluß an Milch aus der mütterlichen Brust steht demnach nicht gegen, sondern für deren Versiegen; die Fülle steht nicht gegen, sondern für den Mangel; die Präsenz steht nicht gegen, sondern für die Absenz. Ja, der Körper steht nicht gegen, sondern für den Geist. Er ist dessen Voraussetzung, weil auch der göttliche Geist sich dem Körper nur nach der Maßgabe des Körpers mitteilen will und kann:

> Y esto se crea; que, si nuestro Señor no hubiese de llevar el alma al modo de la misma alma, como aquí decimos, nunca le comunicaría la abundancia de su espíritu por esos arcaduces tan angostos de formas y figuras y particulares inteligencias, por medio de la culaes da el sustento al alma por meajas. (II Subida 17,8.)

> [Ja, wir dürfen sicher glauben: müßte Gott bei der Führung der Seele Rücksicht nehmen auf ihre Eigenart, dann würde er ihr die Fülle seines Geistes nicht auf dem Wege jener engen Kanäle, nämlich der Vorstellungen, Bilder und Einzelerkenntnisse, mitteilen, vermittels welcher er der Seele ihre Nahrung nur stückweise zuwendet. (II Aufstieg 15, p. 165.)]

Die Milch, die Gott der Seele zu trinken gibt, wird hier mit kleinen ‚Brosamen' (*meajas*) verglichen. Von ihnen behauptet Johannes vom Kreuz an anderer Stelle, daß sie ein Köder und keine Speise sind, daß sie den Hunger niemals stillen, sondern immer nur steigern werden (cf. I Subida 6,3 – I Aufstieg, 6, p. 33). In letzter Konsequenz bedeutet also Milchtrinken für Johannes vom Kreuz, ein Hungerkünstler zu werden.

3.9. Unterm Apfelbaum (Cántico XXVIII-XXXI C)

Traumhochzeit

Wir gelangen bei unserer Betrachtung des *Cántico espiritual* zu einer weiteren herausragenden Szene, sofern wir dem Kommentar vertrauen, nämlich zur Darstellung der sogenannten Vermählung des Paares in den Strophen XXVIII-XXXI C (dem entsprechen die Strophen XXVII-XXX A resp. XX-XXIII B). Der Text hat folgenden Wortlaut:

> *Entrado se ha la esposa*
> *en el ameno huerto desseado*
> *y a su sabor reposa*
> *el cuello reclinado*
> *sobre los dulces braços del amado*
>
> *Debajo del mançano*
> *allí conmigo fuiste desposada*
> *allí te di la mano*
> *y fuiste reparada*
> *donde tu madre fuera violada*
>
> *A las aues ligeras*
> *leones cieruos gamos saltadores*
> *montes valles riberas*
> *aguas ayres ardores*
> *y miedos de las noches veladores*
>
> *Por las amenas liras*
> *y canto de serenas os conjuro*
> *que cesen vuestras iras*
> *y no toquéis al muro*
> *porque la esposa duerma más seguro*
> (Cántico C, vv. 136-155).

* * *

> Die Braut ist eingetreten
> in diesen lieblichen, ersehnten Garten,
> und nach ihrem Geschmack ruht sie
> mit geneigtem Hals
> auf den süßen Armen des Geliebten.

Unter dem Apfelbaum,
dort wurdest du mit mir vermählt;
dort gab ich dir die Hand,
und deine Ehre wurde dir zurückgegeben,
wo deine Mutter vergewaltigt worden war.

An die leichtfiedrigen Vögel,
Löwen, Hirsche, springenden Gemsen,
Berge, Täler, Ufer,
Gewässer, Lüfte, Gluten
und Ängste der Nächte, die wach halten:

Bei den lieblichen Lautenklängen
und beim Gesang der Sirenen beschwör ich euch:
Laßt euren Zorn verfliegen,
und rührt nicht an die Wand,
damit die Braut so unbesorgter schlafen kann.

Nach dem Randvermerk und auch nach der Personaldeixis spricht der Bräutigam zur Geliebten. Die vier Strophen lassen sich unterteilen in die eigentliche Vermählungsszene zum einen und zum andern in eine Beschwörung der mit Hilfe einer Hypotyposis vergegenwärtigten Natur, sie möge doch die schlafende Braut nicht aus dem Schlaf aufschrecken. Diese Beschwörungsformeln finden sich auch im Hohenlied und in den einschlägigen Nachdichtungen. Dort werden allerdings die Töchter Jerusalems angerufen und die Tiere des Feldes nur zu Zeugen gemacht.[1]

Eine bemerkenswerte Besonderheit besteht darin, daß die angerufenen Instanzen in einer eigenständigen Strophe aufgezählt sind, wobei der Abschnitt dank der einleitenden Präpositionalfügung: *A las aues ligeras* („an die leichtfiedrigen Vögel') aus dem syntaktischen Gefüge der Folgestrophe ausbricht. Die *enumeratio* stellt damit eine Art von Adresse dar, die sich aus der Unmittelbarkeit der Sprechsituation löst und einen metasprachlichen Charakter erhält. Es wird angegeben, wer mit dem folgenden Sprechakt gemeint ist. Diese auffällige Vermitteltheit der Rede des Bräutigams erinnert an die Verfahren der dramatischen Episierung, wo statt der unvermittelten Absolutheit des Figurendialogs eine vermittelnde Instanz in Aktion tritt, beispielsweise die Figur eines Spielleiters.[2] Der Bräutigam ist demnach zugleich ein Akteur, der am Dialog teilnimmt, und eine Art von Regisseur, der diesen Dialog erst inszeniert. Die merkwürdige Adressierung der Beschwörung aber macht diese Doppelung ganz offenkundig.

In den Fassungen A und C des *Cántico espiritual* folgt die Beschwörung – und damit der Schlaf – nach der Vermählungsszene. In der Version B hingegen gehen

---

1 „Adiuro vos filiae Hierusalem per capreas cervosque camporum / ne suscitetis neque evigilare faciatis dilectam quoadusque ipsa velit." (Canticum 3,5 et parall. 5,8 et 8,4.)

2 Cf. Manfred Pfister: *Das Drama: Information und Synthese*, München: Wilhelm Fink 1977, pp. 103-124. In unserem Fall liegt demnach eine Episierung durch eine spielinterne Figur vor. Cf. ibid. 112-120.

Beschwörung und Schlaf der Hochzeit voraus. Nehmen wir das Gedicht wiederum als Variantentriade und verschränken wir die beiden Anordnungsmuster ineinander, dann umrahmen die Beschwörungsrufe des Bräutigams und der dabei implizierte Schlaf der Braut die ganze Vermählungsszene, und wir können demnach sagen, daß die Vermählung überhaupt im Schlaf, das heißt im Traum stattfindet. Diese Hypothese erscheint nur auf den ersten Blick überraschend. In Wirklichkeit läßt sie sich durch weitere Textmerkmale gut belegen. Im Hohenlied spricht die Braut zweimal: „Leva eius sub capite meo et dextera illius amplexabitur me."[3] Unmittelbar darauf folgt die Beschwörung der Töchter Jerusalems durch den Bräutigam. Zunächst liegen also die Liebenden eng umschlungen, sodann muß die Braut eingeschlafen sein und der wachende Bräutigam sorgt sich um ihren Schlaf. Auf eine liegende Stellung des Paares deuten im *Cántico espiritual* die Verse hin: *Y a su sabor reposa / el cuello reclinado / sobre los dulces braços del amado* (‚und nach ihrem Geschmack ruht sie / mit geneigtem Hals / auf den süßen Armen des Geliebten'). Der ‚geneigte Hals' (*el cuello reclinado*) überschreibt den biblischen Vers: *Leva eius sub capite meo,* und die ‚süßen Arme des Geliebten' (*los dulces braços del amado*) entsprechen der Fortsetzung im Hohenlied: *Et dextera illius amplexabitur me.*

Das ‚Ruhen' (*reposar*) kann in den Schlaf der Braut münden, der im Hohenlied nicht nur in den Beschwörungsrufen des Bräutigams, sondern auch andernorts vorausgesetzt wird: Zum einen spricht die Braut selbst: „Ego dormio sed cor meum vigilat",[4] und erst in diesem Zustand vernimmt sie die Stimme des Geliebten: „Vox dilecti mei pulsantis."[5] Zum andern aber wacht die Geliebte auch wieder auf, so daß sie geschlafen haben muß, wenn ihr der Bräutigam sagt: „Sub arbore malo suscitavi te."[6] Die letztgenannte Stelle schließt beinahe unmittelbar an die zweite Erwähnung des liegenden Paares und an die dazugehörige Beschwörung des Bräutigams an. Nachdem er die Gefährtinnen verwarnt und die Geliebte eine Weile lang unter dem Apfelbaum hat schlafen lassen, weckt er sie auf und bittet sie darum, ihm Treue zu geloben: „Pone me ut signaculum super cor tuum ut signaculum super brachium tuum."[7]

Ein analoger Geschehnisverlauf ist in den Strophen XXVIII-XXIX C des *Cántico espiritual* vorausgesetzt, aber er ist dort anders deutbar. Im *Cántico espiritual* ist die Braut in den Garten getreten und liegt in den Armen des Geliebten. Die Umarbeitung der Version B, welche die Beschwörungsformel voranstellt, hat zur Folge, daß bereits der Eintritt in den Garten, zumindest aber das Liegen neben dem Geliebten geträumt sein kann. Getilgt wird aus der biblischen Vorlage sodann das Moment des Erwachens der Braut. Sie vermählt sich unter dem Apfelbaum mit dem Geliebten, der ihr die Hand reicht: *Allí te di la mano* (‚dort gab ich dir die Hand'). Dieser Vers ergänzt und überbietet die Siegelszene

---

3 Ibid. 2,6 et parall. 8,3.
4 Ibid. 5,2.
5 Ibid. 5,2 et parall. 2,8.
6 Ibid. 8,5.
7 Ibid. 8,6.

des Hohenlieds: *Pone me ut signaculum super cor tuum.* Im Hohenlied soll die Geliebte die Verbindung endgültig besiegeln und ratifizieren, im *Cántico espiritual* entspringt die Initiative dagegen der Aktivität des Bräutigams, der von sich aus die Hand zum Bund reicht. Der Ausdruck *dar la mano* (‚die Hand reichen‘) muß als eingebürgerter Begriff für das eheliche Treueversprechen verstanden werden.[8] Aber anders als in der Bibel bleibt hier unklar, ob die Braut erwacht ist oder ob sie das Versprechen nur im Traum vernimmt. Für eine geträumte Vermählung sprechen nicht zuletzt die Varianten A und C, wo die Trauungsszene in die Beschwörungsformel mündet, so daß die Braut erneut oder immer noch in tiefem Schlummer zu liegen scheint.

Ein weitgehend vergleichbares Beispiel aus der weltlichen Literatur bietet uns der *Cancionero musical de Palacio.* Die Sprecherin berichtet ihrer Mutter, sie habe sich allein zu einer Kirchweih aufgemacht, sei aber vom Weg abgekommen und habe sich des Nachts verirrt. Wir greifen die drei mittleren der insgesamt neun Strophen heraus:

> *Halléme perdida*
> *en una montiña;*
> *echéme a dormir*
> *al pie del encina.*
> *So el encina.*
>
> *Echéme a dormir*
> *al pie del encina;*
> *a la media noche*
> *recordé, mezquina.*
> *So el encina.*
>
> *A la media noche*
> *recordé, mezquina;*
> *halléme en los brazos*
> *del que más quería.*
> *So el encina.*[9]

[Ich fand mich verloren / auf einem Berglein; / ich legte mich schlafen / am Fuß der Steineiche. / Unter der Steineiche. // Ich legte mich schlafen / am Fuß der Steineiche; / um Mitternacht / erwachte ich Pechvogel; / Am Fuß der Steineiche. // Um Mitternacht / erwachte ich Pechvogel; / ich fand mich in den Armen / dessen, den ich am liebsten habe. / Unter der Steineiche.]

---

8 Ein berüchtigtes Beispiel sind die Szenen im *Burlador de Sevilla* des Tirso de Molina, wo Don Juan seinen Geliebten jeweils die Hand reicht, um ihnen betrügerisch die Ehe zu versprechen. Ebenso das Duettino des Don Giovanni und der Zerlina aus Mozarts Oper nach dem Libretto von Da Ponte, wenn der Verführer, zu Zerlina gewandt, zu singen anhebt: «Là ci darem la mano, / Là mi dirai di sì.» (Lorenzo Da Ponte: *Il Dissoluto Punito o sia il Don Giovanni* I,9, in: Wolfgang Amadeus Mozart: *Don Giovanni,* ed. A. Csampai, 1981, Reinbek bei Hamburg: Rowohlt 1986, p. 70.)

9 «So el encina...», ed. José María Alín in: *Cancionero tradicional,* Madrid: Castalia 1991, n° 65, vv. 18-32, pp. 114 sq.

Auch das Mädchen aus dem *Cancionero* schläft unter einem Baum ein. Wie die
Braut des Hohenlieds wird sie aber vom Liebhaber geweckt, bevor sie sich mit
ihm vereinigt. Während also das Hohelied und vor allem die weltliche Dichtung
von einer Dialektik zwischen Schlafen und Erwachen ausgehen, inszeniert der
Cántico espiritual gerade die *confusio* der beiden Zustände. Die Pointe des *Cántico espiritual* liegt nicht darin, daß hier eine Szene nur geträumt würde, die sich
im Hohenlied oder anderswo im Wachzustand ereignet hätte, sondern daß die
Unterscheidung zwischen Wachen und Träumen selbst unmöglich geworden ist.
Alles ist (wie) im Traum.

Die erneut zutage tretende Unfähigkeit der Braut zur Unterscheidung in ihrem schlafwandlerischen Zustand aktualisiert das Motiv des mystischen Schlafs –
eine Vorstellung, die sich aus dem oben genannten Hoheliedvers: *Ego dormio sed
cor meum vigilat* entwickelt hatte und die sich zudem eng mit dem Konzept der
mors mystica berührt.[10] Aber auch diesmal ist zu beachten, daß nicht das numinose Treueversprechen eines himmlischen Bräutigams schlechthin inszeniert wird,
sondern daß eine irdische Liebesgeschichte bis zu dem Punkt gesteigert wird, wo
der Liebeswahn der Frau Züge der mystischen Entrückung annimmt. Was aus
der Sicht der buchstäblichen Liebesgeschichte als Divinisierung erscheint, wird
freilich angesichts des allegorischen Anspruchs der Episode wieder ins Profane
zurückgeholt und ironisch gebrochen. Der Liebeswahn der Braut mag sich bis ins
Mystische hinein steigern. Aber gemeint ist dieser mystische Überschwang dennoch nicht. Vielmehr ist er der irdischen Liebe letztlich unangemessen und wird
im Kontakt mit ihr profaniert. Was jedoch die Szene unterm Apfelbaum eigentlich meint, das vermag deren Inszenierung gerade nicht zu sagen.

Eine weitere Frage, die sich aus der Szenenfügung ergibt, ist zu bedenken: Begründet das Treueversprechen der Liebenden eine rechtmäßige Ehe, oder ist es
gerade deren Parodie? Gehen demnach die Liebenden eine legitime Verbindung
ein, oder verschreiben sie sich statt dessen einer illegitimen Transgression? Wir
hatten weiter oben festgestellt, daß in der *Noche oscura* die Beziehung des Liebespaares als eine illegitime Verbindung stilisiert war. Im *Cántico espiritual*
hingegen finden die Begriffe *esposo* (,Bräutigam', ,Gemahl') und *esposa* (,Braut',
,Gemahlin') in den Randvermerken Verwendung, und auch im Gedichttext selber kommt das Wort *esposa* dreimal, das Wort *desposada* einmal vor.[11] All diese
Begriffe sind allerdings vieldeutig – und zwar zunächst deswegen, weil unklar
bleibt, ob es sich bei *esposo* und *esposa* um Verlobte oder um rechtmäßig Verhei-
ratete handelt. Bei Covarrubias lautet demzufolge der Wörterbucheintrag:
«ESPOSA y epsoso. Los que se han dado palabra de casamiento, o sea de
presente o de futuro.»[12] – ,BRAUT und Bräutigam. Diejenigen, die sich ein Heiratsversprechen gegeben haben, sei es augenblicklich gültig oder zukünftig wirk-

---

10 Cf. Pierre Adnès: Art. «Sommeil spirituel» (1989), in: *Dictionnaire de spiritualité ascétique et
  mystique*, vol. XIV, coll. 1041-1053.
11 «Esposa» (Cántico C, vv. 95; 136; 155); «desposada» (Cántico C, v. 142).
12 Covarrubias: *Tesoro de la lengua castellana*, s. v. «esposa».

sam.' Das Spanische des Siglo de Oro unterscheidet grundsätzlich zwischen *desposorio de futuro* und *desposorio de presente,* zwischen Verlöbnis und Trauung. Das *desposorio de futuro* ist ein Eheversprechen, das erst in Zukunft in Kraft treten wird, wohingegen das *desposorio de presente* ein Treuegelöbnis darstellt, das mit dem Zeitpunkt der Abgabe bindend ist. Im *Diccionario de Autoridades* findet sich hierzu die folgende Erklärung:

> DESPOSORIO. s. m. La promesa que el hombre y la muger se hacen mutuamente de contraher Matrimónio. Oy regularmente se entiende por esta voz el casamiento por palabras de presente. Lat. *Sponsalia. Futurarum nuptiarum mutua promissio.* [...] Los desposorios de futuro no son indisolubles como el Matrimónio de presente: cá deshácense en muchos casos.[13]

> [VERLÖBNIS (Vermählung). (...) Das Versprechen, das der Mann und die Frau sich gegenseitig geben, eine Ehe einzugehen. Heute versteht man unter diesem Begriff üblicherweise die Verheiratung durch ein gegebenes Wort, das augenblicklich gültig ist. Lateinisch *Sponsalia. Futurarum nuptiarum mutua promissio.* (...) Die zukünftig wirksamen Verlöbnisse sind nicht unauflöslich wie die augenblicklich gültige Ehe, denn sie werden in vielen Fällen wieder aufgehoben.]

Aus dem Eintrag im *Diccionario de Autoridades* läßt sich der Bedeutungswandel des Wortes ersehen. Während zum Zeitpunkt des Eintrags, also um das Jahr 1732, der Begriff üblicherweise (aber noch nicht ausschließlich) im Sinn des Trauungsversprechens verstanden wird, bezeichnen die angeführten Entsprechungen im Lateinischen nichtsdestoweniger ganz eindeutig die Verlobung. Darauf bezieht sich auch die Schlußbemerkung der Worterklärung, und ein ‚Verlöbnis' verstehen die Autoren der mystagogischen Traktate, sobald sie den Begriff *desposorio* verwenden.

Es läßt sich auf Grund des benutzten Vokabulars nicht klären, ob unter dem Apfelbaum eher eine Verlobung oder eine Trauung stattfindet. Dies hat auch Auswirkungen auf die Interpretation einer anderen Episode, nämlich der Weinkellerszene. Im Weinkeller hatte die Sprecherin ihrerseits dem Geliebten versprochen, seine Braut zu sein: *Allí le prometí de ser su esposa* (‚dort versprach ich ihm, seine Braut zu sein'). Sollen wir die Entwicklung vom Weinkeller zum Apfelgarten als eine Geschichte lesen, die vom *prometí* (‚ich versprach') einer Verlobung zum *fuiste desposada* (‚du wurdest vermählt') einer Hochzeit führt? Dies wäre in den Versionen A und B des *Cántico espiritual* möglich, wo die Weinkellerszene dem Garten vorausgeht. Aber müssen wir nicht gleichzeitig konstatieren, daß sowohl das Versprechen im Weinkeller als auch unterm Apfelbaum immer beides zugleich sein kann – Verlobung und Trauung in einem? Besonders ins Gewicht fällt dann die Beobachtung, daß die Weinkellerszene in der Version B des *Cántico espiritual* in die Strophen XXVI-XXVII rückt und damit der Gartenszene erst nachgestellt wird. Dadurch wird aber die Möglichkeit der sukzessiven Lektüre im Sinn einer Ereignisfolge von der Verlobung zur Hochzeit, wie sie auch der Kommentar immer behauptet, gerade fragwürdig.

---

13 *Diccionario de Autoridades,* s. v. «desposorio».

Es bietet sich unter den genannten Umständen an, die beiden Episoden im Weinkeller und im Garten nicht mehr als aufeinanderfolgende Stationen einer Geschichte, sondern als Varianten voneinander zu nehmen. Hierfür spricht insbesondere die Lokaldeixis, die beide Szenen höchst auffällig an einem *allí* (,dort') situiert: *Allí le prometí de ser su esposa* (,dort versprach ich ihm, seine Braut zu sein') – *allí te di la mano* (,dort gab ich dir die Hand'). Wenn aber Weinkeller- und Gartenszene dasselbe meinen oder meinen können, dann ist trotzdem festzuhalten, daß sie nichts weniger als zueinander komplementär sind: Einmal wird der Vorgang nämlich aus der Perspektive der Sprecherin, ein andermal aus der Perspektive des Bräutigams geschildert. Die Sprecherin bezeichnet den Bräutigam in der dritten Person und verlagert das Ganze in einen Weinkeller. Der Mittelpunkt ihrer Aktivität ist der körperliche Akt des Milchtrinkens. Der Sprecher jedoch bezeichnet die Braut in der zweiten Person und verlagert das Geschehen in den Garten. Der Mittelpunkt seiner Aktivität ist die eher zeremonielle Geste des Handreichens.

In der gedoppelten Szene des Weinkellers und des Gartens, wo Braut und Bräutigam des *Cántico espiritual* zueinanderzukommen und eine Verlobung oder gar Ehe einzugehen scheinen, wird paradoxerweise die Unterschiedenheit zwischen beiden besonders sichtbar hervorgekehrt. Die Rede der Frau und die Rede des Mannes sind weder komplementär, noch kompatibel, sondern inkommensurabel. Sie führen aneinander vorbei und zerstieben unwiderruflich in die Differenz. Nur ein Punkt ist da, in dem sich beides dennoch berührt: das deiktische Lokaladverb *allí* (,dort') – es steht in Erinnerung an das *ibi* des Hohenlieds, an den Ort, wo sich die Liebenden in der Intimität ihrer Körper geborgen wissen, und an das ἐκεῖ Plotins, an den Ort, wo sich die Einung der Seele mit dem Einen vollzieht. Das *allí* verweist somit auf das, was außerhalb der Sprache ist.

In den beiden Wörtern *esposo* oder *esposa* vermischt sich nicht nur die Bedeutung der ,Verlobten' und der ,Eheleute', sondern sie können auch überhaupt in einem uneigentlichen Sinn gebraucht sein. In seiner *Glosa* zum Sonett über Leander des Garcilaso de la Vega beschreibt Francisco de Aldana, wie Hero von ihrem Turm aus den Sturm beobachtet, der ihren Liebhaber bedroht, und wie sie dann den Meereswogen zuruft:

> «¡Oh turbias aguas que so el gran tridente
> del repentino dios vais gobernadas.
> paz a mi bien metido en la corriente,
> paz ya, por Dios, corrientes alteradas;
> socorro al dulce esposo prestamente,
> socorro, que en mi mal vais concertadas,
> socorro – dice – a mi Leandro y vida!»
> Mas nunca fue su voz dellas oída.[14]

[„Oh aufgewühlte Wasser, die ihr vom großen Dreizack des unsteten Gottes regiert werdet, (gewährt) Frieden meinem Gut, das mit der Strömung

---

14 Aldana: «Entre el Asia y Europa es repartido», Iᵃ parte, n° 1, vv. 65-72, ed. Lara, p. 126.

kämpft! (Gebt) – um Gottes Willen – endlich Frieden, ihr erzürnten Strömungen! (bringt) schleunigst Hilfe dem süßen Gemahl! Hilfe, denn ihr habt
euch zu meinem Unglück verschworen! Hilfe!" so spricht sie, „für meinen Leander, mein Leben!" *Doch niemals ward ihre Stimme von ihnen (scil. von den
Wassern) gehört.*]

Wiewohl das Wort *esposo* oder *esposa* in der weltlichen Dichtung selten begegnet,
zeigt das Beispiel Aldanas, daß es dort in einem übertragenen Sinn durchaus für
illegitim Liebende stehen kann. Die Liebe des Leander zu Hero, der Priesterin
der jungfräulichen Göttin Artemis, ist eine verbotene Liebe, die geheim bleiben
muß, wie es bei Ovid im Brief des Leander an seine Geliebte heißt: „Non
poteram celare meos, uelut ante, parentes, / quemque tegi uolumus, non latuisset
amor."[15] Wenn demnach bei Aldana die Hero ihren Freund als *dulce esposo*
(‚süßen Gemahl') bezeichnet, dann ist der Begriff hier offensichtlich in einem
nur uneigentlichen Sinn auf ein Liebesverhältnis bezogen, das gerade kein
eheliches ist. Eine analoge Deutung liegt für den *Cántico espiritual* nahe. Sowohl
die Weinkeller- als auch die Gartenszene enthalten Gelöbnisse, die ohne Zeugen
und im verborgenen gemacht werden. Bei Córdoba ist dies näherhin ausgeführt,
wenn in der zweiten Ekloge Racinio, der den sinnlichen Teil der menschlichen
Natur vertritt, von seinem früheren schändlichen Treiben erzählt, bei dem ihm
zunächst sogar Celia, seine Seele, Gesellschaft leistete. Es heißt dort:

> *Qualquier plazer a entramos agradava,*
> *pero las amorosas cancioncillas*
> *más gusto y más contento nos causavan.*
> *Primero que el aurora sus mexillas*
> *mostrase y los cabellos de oro fino,*
> *ni que cantasen simples abezillas,*
> *de los enamorados el camino,*
> *con tañedores y el cantar perfeto*
> *y en ábito mudado y peregrino,*
> *tomávamos, y el paso muy quieto*
> *en plaças y cantones nos parávamos,*
> *poniendo los desseos en effeto;*
> *con este servir, solicitávamos*
> *las damas contentando nuestro oydo,*
> *ya vezes otros gustos alcançávamos.*
> *Liviano prometer, en escondido,*
> *ser de todas esposo, y en bolviendo*
> *tornarse vanidad lo prometido.*
> *con cartas y fictiones embayendo,*
> *con viejas y mensajes avisados*
> *los duros coraçones convirtiendo:*
> *estos y otros avisos concertados*
> *hazíamos sutil red engañosa*
> *para prender los más desamorados.*[16]

---

15 Ovidi heroides XVIII,13 sq.
16 Córdoba: *Egloga* II, vv. 200-223, ed. Gale, p. 177.

[Jedes Vergnügen gefiel uns beiden, aber am meisten Genuß und Befriedigung bereiteten uns die Liebesliedlein. Noch bevor die Morgenröte ihre Wangen und ihr Haar von feinem Gold zeigte und noch bevor die Vöglein ihr einfaches Lied anstimmten, schlugen wir den Weg der Verliebten ein, begleitet von Spielleuten mit vollendetem Gesang, verkleidet in ein fremdartiges Gewand. Mit ganz gemächlichem Schritt blieben wir an Plätzen und Ecken stehen und ließen unsere Wünsche Wirklichkeit werden. Und mit diesen Diensten umwarben wir die Damen, erfreuten unser Gehör und erlangten mitunter auch noch andere Genüsse. Leichtfertig verspricht man im verborgenen, allen Mädchen der Gemahl zu sein, und bei der Heimkehr löste sich dann das Versprochene in eitles Nichts auf. Gefälschte Briefe verschickten wir, alte Kupplerinnen ließen wir Botschaften ausrichten und bekehrten so die harten Herzen. Mit diesen und weiteren abgekarteten Nachrichten knüpften wir ein feines Netz des Betrugs, um darin auch noch diejenigen zu fangen, die der Liebe am ablehnendsten gegenüberstanden.]

Racinio berichtet von den Verführungskünsten, durch die er ahnungslose Mädchen hinters Licht führt. Verkleidet durchstreift er des Nachts die Stadt in Begleitung von Musikanten und läßt sie Liebeslieder aufspielen. Mit Hilfe von Briefen und Kupplerinnen hat er heimliche Treffen vereinbart, bei denen er einer jeden leichtfertig die Ehe verspricht, die es hören will: *Liviano prometer, en escondido, / ser de todas esposo…* (‚leichtfertig verspricht man im verborgenen, allen Mädchen der Gemahl zu sein‘). Aber sobald Racinio bekommen hat, was er will, fühlt er sich an sein Versprechen nicht mehr gebunden, und so verfangen sich die Frauen im Netz seiner heimtückischen Täuschungsmanöver. Natürlich wird die Vorgehensweise des Racinio bei Córdoba höchst kritisch beleuchtet. Nichtsdestoweniger beschreibt er der Sache nach genau jene Art eines Rendezvous, das sich auch im Weinkeller oder im Garten zugetragen haben könnte und wo das Treueversprechen nur ein trügerisches Vorspiel oder Beiwerk des gesuchten erotischen Genusses ist.

In der Weinkeller- und Gartenszene des *Cántico espiritual* deutet sich der juristisch prekäre Status der Verbindung nicht zuletzt daran an, daß das Versprechen nach und nicht vor der Vereinigung geleistet wird: Im einen Fall trinkt die Geliebte von der Milch des Bräutigams, bevor sie ihm Treue gelobt, und im andern Fall liegt das Paar beieinander, bevor der Bräutigam seiner Geliebten die Hand zum Treueversprechen reicht. Dann aber stünde die Rhetorik der Verlobung und der Vermählung als euphemistische Metaphorik für einen Sachverhalt, der zutreffender als ein sogenanntes *stuprum,* das heißt als die Verführung einer Jungfrau, zu kennzeichnen wäre. Es würde sich nicht etwa nur und gar nicht so sehr um eine jener Geheimehen handeln, wie sie 1563 im Dekret *Tametsi dubitandum* des Tridentinischen Konzils ausdrücklich verboten wurden, aber wo immerhin grundsätzlich beiden Parteien ein aufrichtiger und gültiger Ehewille nicht abgesprochen werden darf. Vielmehr wäre das Zustandekommen und die Ehrlichkeit des Ehekonsenses unter den geschilderten Umständen überhaupt fraglich, des weiteren die an sich erfoderliche Freiwilligkeit des Eheschlusses, die nach einer vollzogenen Verführung auf seiten der Braut kaum mehr gegeben sein dürfte. Die Beziehung des Paares wäre nicht eine legitime Ehe, sondern eine illegitime Transgression.

Im Hinblick auf die allegorische Lesbarkeit der Stelle sei in diesem Zusammenhang daran erinnert, daß wir uns mit einer solchen Deutung keineswegs von einem biblischen Modell der Gottesliebe entfernen. Wir dürfen dieses dann allerdings weniger im Hohenlied als beim Propheten Jeremia suchen. Er vergleicht sein Schicksal und Verhältnis zu Gott mit dem einer Frau, die ein Liebhaber betört und vergewaltigt habe und die nun dem allgemeinen Spott preisgegeben sei. Aber trotz aller gegenteiligen Absichten könne sie sich nicht wieder von ihm freimachen, denn unaufhörlich brenne in ihrem Innern ein Feuer, das jeden Versuch des Widerstands zunichte mache:

> Seduxisti me Domine et seductus sum / fortior me fuisti et invaluisti / factus sum in derisum tota die omnes subsannant me [...] et dixi non recordabor eius neque loquar ultra in nomine illius / et factus est in corde meo quasi ignis exaestuans claususque in ossibus meis / et defeci ferre non sustinens.[17]

Zum Textverfahren der *confusio,* bei dem Verlobung und Vermählung, vor allem aber legitime und illegitime Verbindung ununterscheidbar werden, tritt demnach erneut die Strategie der Profanation hinzu: Die Braut könnte möglicherweise das Opfer einer Verführung geworden sein, deren Struktur an die göttliche Überwältigung des Propheten Jeremia und an seine erbitterte Klage darüber erinnert.

Verbotene Liebschaften

Komplementär zum Wort *esposa,* aber weit häufiger, ist der Begriff *amado* (‚Geliebter') eingesetzt, den die Sprecherin siebenmal verwendet.[18] Daneben ruft sie den Geliebten einmal als *carillo* (‚Liebling') an.[19] Der Bräutigam selber gebraucht außerdem die Ausdrücke *socio* (‚Gefährte') und *querido* (‚Lieber'), allerdings nicht für sich, sondern für den Gefährten des ‚Turteltäubchens' (*tortolica*) in den Strophen XXXIII-XXXIV A resp. XXXIV-XXXV BC.[20] Freilich soll das Taubenpärchen aus der Tierwelt metaphorisch für das Liebespaar selbst stehen. Aussagekräftig ist für die Einschätzung der Liebesbeziehung weiterhin die Strophe XXIII A (XXIV C) resp. XXXII B:

---

17 Ieremias 20,7 et 9. «Ces images de séduction et de lutte marquent l'emprise de Yahvé sur le prophète.» (Bible de Jérusalem, ad locum.) Auch Harold Bloom kommentiert gerade diesen Abschnitt in seinem Kapitel über „The Book of J". Cf. Harold Bloom: *Ruin the Sacred Truths. Poetry and Belief from the Bible to the Present,* Cambridge, Massachusetts; London, England: Harvard University Press 1989.
18 «Amado» (Cántico C, vv. 2; 17; 61; 66; 87; 135; 176).
19 «Carillo» (Cántico C, v. 161).
20 «Socio» (Cántico C, v. 169); «querido» (Cántico C, v. 174).

Quando tú me mirauas
tu gracia en mí tus ojos imprimían
por esso me adamauas
y en esso merecían
los míos adorar lo que en ti vían

(Cántico C, vv. 116-120).

[Wenn du dann auf mich schautest,
so prägten deine Augen deine Anmut in mich ein,
drum war ich deine Liebschaft,
und meine waren nun auch wert,
das zu vergöttern, was sie an dir gesehn.]

In Anlehnung an eine entsprechende Exegese des Hohenlieds werden Augen und Aussehen der Braut als ein Reflex der Schönheit des Bräutigams gedeutet.[21] Dessen Liebe gründet in der Tatsache, daß die Geliebte erst durch die vorausgehende Initiative seines liebenden Blicks liebenswert geworden ist. Das Liebesverhältnis selbst aber wird durch das Verbum *adamar* („innig, heftig lieben') charakterisiert – wobei die Strophe in den Versionen A und C vor der Vermählungsszene, in der Version B erst danach zu stehen kommt, also unabhängig vom dort Geschehenen zu interpretieren ist. Im *Diccionario de Autoridades* findet sich für *adamar* folgender Eintrag:

ADAMAR. v. a. Amar con passion, y vehemencia. Es voz de poco ò ningun uso, y puramente Latina. Lat. *Adamáre*. CERV. Quix. tom. 2. cap. 1. Y anduvo discréta de *adamar* antes la blancura de Medóro, que aspereza de Roldán. Quien *adáma* la doncella, la vida trahe en pena. Refr. que se dice, porque las doncellas son guardadas con más cuidado, y no están à mano las ocasiònes de hablarlas, y desfrutar de sus favores. [...] Quien *adáma* la viuda, la vida tiene segura. Refr. que se dice, porque en no haviendo marido à quien dé zelos, no hai quien de veras se interesse para matarle. Lat. *Amare tutus perget, quod nullus vetat.*[22]

[HEFTIG LIEBEN. Transitives Verbum. Mit Leidenschaft und Heftigkeit lieben. Es ist ein Wort, das wenig oder gar nicht in Gebrauch und rein lateinisch ist. Lateinisch: *Adamare.* – Cervantes, Don Quijote, 2. Teil, 1. Kapitel: Und sie tat klug daran, eher Medoros weiße Haut als Rolands Rauhheit *heftig zu lieben.* – Wer die Jungfrau *heftig liebt,* verbringt sein Leben in Mühsal. Sprichwort, das man sagt, weil

---

21 Die Kommentare greifen die Verse auf: „Nigra sum sed formonsa filiae Hierusalem / sicut tabernacula Cedar sicut pelles Salomonis // nolite me considerare quod fusca sim quia decoloravit me sol." (Canticum 1,5 sq.) Man bezog die ‚Schwärze' der Braut auf deren Sündhaftigkeit, die ‚Schönheit' aber auf die Erlösung der Seele durch Christus. Im *Cántico espiritual* liegt diese Deutung der Folgestrophe XXIV A (XXV C) resp. XXXIII B zugrunde: «No quieras despreciarme / que si color moreno en mí hallaste / ya bien puedes mirarme / después que me miraste / que gracia y hermosura en mí dejaste» (Cántico C, vv. 121-125). – ‚Du darfst mich nicht verachten, / auch wenn du meine Farbe dunkel fandst, / schon kannst du nach mir schauen, / seit du auf mich geschaut hast, / denn Anmut und Schönheit hast du an mir zurückgelassen.'

22 *Diccionario de Autoridades,* vol. I, s. v. «adamar.» Die modernen Ausgaben des *Quijote* schreiben nicht *blancura* (‚weiße Hautfarbe'), sondern *blandura* (‚Weichheit', ‚Zartheit').

die Jungfrauen mit größerer Sorge behütet werden und die Gelegenheiten, mit ihnen zu sprechen und ihre Gunstbeweise zu genießen, nicht bei der Hand sind. [...] – Wer die Witwe *heftig liebt,* ist seines Lebens sicher. Sprichwort, das man sagt, weil es keinen Ehemann gibt, dessen Eifersucht er erwecken kann, und weil es darum auch niemanden gibt, dem wirklich daran gelegen ist, ihn zu töten.]

An der im Lexikon erwähnten Cervantes-Stelle wendet der Pfarrer das Verbum *adamar* auf die – schon nach dem Ausweis des Ariost – schamlose und illegitime Liebe der Angelica zu ihrem Medoro im *Orlando furioso* an.[23] Wiewohl der zweite Teil des *Quijote* erst 1615 erschien, war die Liebe der Angelica zu Medoro bereits im Spanien der Renaissance als berühmtes Beispiel eines *loco amor* gegenwärtig. Zu erinnern ist etwa an die erotische Dichtung *Medoro y Angélica* des Francisco de Aldana. Über die Anspielung auf Angelica hinaus nennt das *Diccionario de Autoridades* zwei weitere Refranes, in denen ebenfalls illegitime Liebesbeziehungen behandelt sind, sei es zu einem unbescholtenen Mädchen oder zu einer Witwe.

Auffällig ist, daß das Verbum als ein reiner Latinismus, das heißt als bloße Entlehnung von lateinisch *adamare,* bezeichnet wird.[24] Der Gebrauch dieses Verbums in der christlichen Latinität verdient in der Tat Beachtung. Betrachtet man

---

23 «Dunque, rotto ogni freno di vergogna, / la lingua ebbe non men che gli occhi arditi: / e di quel colpo domandò mercede, / che, forse non sapendo, esso le diede. // [...] // Angelica a Medor la prima rosa / coglier lasciò, non ancor tocca inante: / né persona fu mai sì aventurosa, / ch'in quel giardin potesse por le piante. / Per adombrar, per onestar la cosa, si celebrò con cerimonie sante / il matrimonio, ch'auspice ebbe Amore, / e pronuba la moglie del pastore.» (Ludovico Ariosto: *Orlando furioso,* XIX, 30 et 33, edd. M. Turchi, E. Sanguineti, Milano: Garzanti 1979, vol. I, pp. 502 sq.) – ‚Sodann riß jeglicher Zügel der Scham, nicht stand ihre Zunge den tollkühnen Augen nach, und sie bat um Schmerzensgeld für jenen Stoß, den dieser ihr (scil. ihrem Herzen), vielleicht ohne es zu wissen, versetzt hatte. // [...] // Angelica ließ den Medoro die erste Rose pflücken, die zuvor noch unberührt gewesen war; und niemand anderem wurde je solches Glück zuteil, so daß er in diesen Garten seine Fußstapfen hätte setzen dürfen. Um die Sache zu bemänteln und die Ehre wiederherzustellen, feierte man mit heiligen Zeremonien die Ehe, bei welcher Amor Schutzherr und die Frau des Hirten Brautführerin war.'
In seinem Gespräch mit dem Pfarrer geizt Don Quijote nicht mit Kritik am Verhalten der Angelica: «Esa Angélica – respondió don Quijote -, señor cura, fue una doncella destraída, andariega y algo antojadiza, y tan lleno dejó el mundo de sus impertinencias como de la fama de su hermosura [...]. El gran cantor de su belleza, el famoso Ariosto, por no atreverse, o por no querer cantar lo que a esta señora le sucedió después de su ruin entrego, que no debieron ser cosas demasiadas honestas, la dejó donde dijo: ‘Y cómo del Catay recibió el cetro, quiza otro cantará con mejor plectro.'» (Miguel de Cervantes: *Don Quijote de la Mancha,* II[a] parte, cap. 1, ed. John Jay Allen, Madrid: Cátedra 1977, vol. II, p. 38.) – ‚Diese Angelica, Herr Pfarrer, entgegnete da Don Quijote, war ein verirrtes Mädchen, eine Herumtreiberin und ziemlich launenhaft, und sie erfüllte die Welt ebenso mit der Kunde von ihren Unverschämtheiten wie von ihrer Schönheit. [...] Der Sänger ihrer Schönheit, der berühmte Ariost, traute sich entweder nicht oder wollte nicht singen, was dieser Dame nach ihrer schändlichen Hingabe widerfahren ist, es dürfte aber nichts sehr Ehrenhaftes gewesen sein. Jedenfalls beschloß er den Bericht dort, wo er sagte: Wie sie das Zepter von Kathai empfangen hat, das wird vielleicht ein anderer zu einer besseren Lautenweise zu singen wissen.'

24 Auch auf lateinisch bezeichnet *adamare* in der Regel gerade die außereheliche Liebe, beispielsweise diejenige, die Ovid dem Homer zum schönen Nireus unterstellt: „Sis licet antiquo Nireus adamatus Homero..." (Ovidi ars amatoria 2,109).

den lateinischen Text, den Johannes vom Kreuz am allerbesten kannte, nämlich die Vulgata, dann wird dort das Verbum *adamare* zwar selten benutzt, es bezeichnet aber durchwegs entweder verbotene Liebschaften überhaupt oder doch konkubinatsähnliche Verbindungen eines minderen Rechts.[25] Eine noch entscheidendere Rolle fällt dem Verbum *adamare* im Kommentar des Origenes zum Hohenlied zu. Diese Schrift war seit alters her im Westen bekannt, da sie durch Rufinus von Aquileia (ca. 345-410) ins Lateinische übersetzt wurde und überhaupt nur in dieser Fassung vollständig erhalten ist. Der Prolog des Kommentars stellt einen *locus classicus* der patristischen Literatur dar. Unter Bezugnahme auf die unterschiedlichen Verwendungsweisen des Verbums *adamare,* welches als Übersetzung für griechisch ἐϱᾶν steht, diskutiert Origenes die ganz grundsätzliche Frage des Zusammenhangs von ἔϱως und ἀγάπη. Überraschenderweise geht Origenes davon aus, daß sich die beiden Begriffe nicht inhaltlich voneinander unterscheiden, sondern daß aus rhetorischen Gründen in den biblischen Texten verschiedene Benennungen erscheinen. Origenes gelangt zu dem Schluß:

> Nihil ergo interest, in scripturis divinis utrum amor dicatur an caritas an dilectio, nisi quod in tantum nomen caritatis extollitur ut etiam Deus ipse caritas appelletur, sicut Iohannes dicit: *Carissimi, diligamus invicem, quia caritas ex Deo est, et omnis qui diligit ex Deo natus est et cognoscit Deum; qui autem non diligit non cognoscit Deum, quia Deus caritas est* [I Ioannis 4,7-8]. [...]
>
> Non ergo interest utrum amari dicatur Deus aut diligi, nec puto quod culpari possit, si quis Deum, sicut Iohannes caritatem, ita ipse amorem nominet.[26]

Wo die moderne Theologie unseres Jahrhunderts vor allem in der Nachfolge des schwedischen Theologen Anders Nygren eine unüberwindbare Opposition zwischen griechisch-heidnischem ἔϱως und genuin christlich-paulinischer ἀγάπη

---

25 Über Sichem und Dina, die Tochter des Jakob und der Lea heißt es: „Adamavit et rapuit et dormivit cum illa vi opprimens virginem." (Genesis 34,2.) – Für den Fall, daß ein Israelit sich in eine schöne Gefangene verliebt und sie (eine Zeitlang) zur Frau haben will, erlegt ihm das Deuteronomium die Beachtung gewisser Vorschriften auf. Er kann eine Art von Ehe mit ihr eingehen, aus der sie freilich jederzeit wieder entlassen werden darf – allerdings als Freigewordene: „Si egressus fueris ad pugnam contra inimicos tuos / et tradiderit eos Dominus Deus tuus in manu tua captivosque duxeris / et videris in numero captivorum mulierem pulchram / et adamaveris eam vol/verisque habere uxorem / introduces in domum tuam." (Deuteronomium 21,10-12.) – Über Amnon, der Abschaloms Schwester Tamar schändet, heißt es: „Factum est autem post haec / ut Absalom filii David sororem speciosissimam vocabulo Thamar / adamaret Amnon filius David et deperiret eam valde." (II Samuelis 13,1.) – Über die Konkubinen des Salomon heißt es in einer Handschriftenfamilie, die der Clementinischen Vulgata zugrunde liegt: „Rex autem Salomon adamavit mulieres alienigenas multas." (III Regum 11,1.) – Ebenfalls in der Clementinischen Vulgata heißt es über den König Artaxerxes, der die rechtmäßige Gattin Waschti verstoßen hat und Esther an ihre Stelle treten läßt: „Et adamavit eam rex plus quam omnes mulieres / habuitque gratiam et misericordiam coram eo super omnes mulieres / et posuit diadema regni in capite eius / fecitque eam regnare in loco Vasthi." (Esther 2,17.) – Israel, das er mit einer brünstigen Wildeselin vergleicht, die jeder bespringen kann und die den fremden Baalen nachläuft, läßt Jeremia sprechen: „Adamavi quippe alienos et post eos ambulabo." (Ieremias 2,25.)

26 Origenis commentarii in canticum canticorum, prologus 2, 25 et 36.

unterstellt hatte,[27] da arbeitet Origenes ein völlig anderes Problem heraus, das vor allem sprachlicher Natur ist. Der Begriff des ἔρως ist für ihn grundsätzlich zweideutig – und dies noch einmal in zweierlei Hinsicht:

1. Es gibt zwei Arten des ἔρως, nämlich sowohl einen *amor carnalis* als auch einen *amor spiritalis*, wobei nach der platonischen Rangordnung zweifelsohne der *amor spiritalis* (er entspricht dem οὐράνιος Ἔρως in Platons *Symposion*) dem *amor carnalis* (der dem πάνδημος Ἔρως entspricht) übergeordnet ist:

> Igitur si haec ita se habent, sicut dicitur aliquis carnalis amor, quem et Cupidinem poetae appellarunt, secundum quem qui amat, *in carne seminat*, ita est et quidam spiritalis amor, secundum quem ille interior homo amans *in Spiritu seminat* [cf. epistola ad Galatas 6,8].[28]

Sobald sich die Seele freilich von den fleischlichen Verstrickungen löst und den geistlichen Weg beschreitet, beginnt sie auch das Göttliche mit der Leidenschaft des ἔρως zu lieben. Darum heißt es:

> Amore autem et cupidine caelesti agitur anima, cum perspecta pulchritudine et decore Verbi Dei speciem eius adamaverit, et ex ipso telum quoddam et vulnus amoris acceperit.[29]

Angesichts der Schönheit des göttlichen Wortes wird die Seele wie von einem Geschoß verwundet und von göttlicher Liebe ergriffen. Die Intensität und Leidenschaftlichkeit dieser Liebe darf unbesorgt durch das Verbum ἐρᾶν oder *adamare* ausgedrückt werden.

2. Es koexistieren auf jeder der beiden Stufen des ἔρως wiederum zwei gegensätzliche Varianten, nämlich eine ehrenhafte und erlaubte neben einer unehrenhaften und verbotenen Liebe.

> Oportet nos etiam illud scire: illicitus amor et contra legem sicut accidere potest homini exteriori, verbi gratia, ut non sponsam vel coniugem amet, sed aut meretricem aut adulteram, ita et interiori homini, hoc est animae, accidere potest amor

---

27 Anders Nygren hat dem Verhältnis von ἔρως und ἀγάπη eine grundlegende Abhandlung gewidmet. Während er in ἔρως eine sinnlich-leidenschaftliche und letztlich egoistische Liebe sieht, erkennt er in der ἀγάπη eine selbstlose, geläuterte und unsinnliche Form der Liebe, wie sie allein dem christlichen Glauben angemessen sei. Die Theologiegeschichte teilt Nygren demzufolge in drei Phasen: Bei Paulus sei die Opposition zwischen den unvereinbaren Liebeskonzepten klar, da er den Begriff des ἔρως systematisch vermeide und statt dessen das kaum gebräuchliche Wort ἀγάπη wähle. Seit Origenes mache sich jedoch in der griechischen Patristik eine im Grunde häretische Auffassung bemerkbar, die ἔρως und ἀγάπη miteinander vermische und deren Spuren bis in die mittelalterliche und spätmittelalterliche Theologie des Westens hineinreichten. Erst Luthers Reformation sei dann zu den neutestamentlichen Ursprüngen zurückgekehrt und habe den heidnischen ἔρως aus der christlichen Theologie erfolgreich verbannt. Cf. Anders Nygren: *Eros und Agape* (Suetice 1930 et 1936), transt. Irmgard Nygren (1930 et 1937), Berlin: Evangelische Verlagsanstalt 1955.
28 Origenis commentarii in canticum, prologus 2,16.
29 Ibid. prologus 2,17.

non in legitimum sponsum, quem diximus esse Verbum Dei, sed in adulterum aliquem et corruptorem. [...]

Exardescit autem etiam hic spiritalis amor animae aliquando quidem, ut edocuiumus, erga aliquos spiritus nequitiae, aliquando autem erga Spiritum sanctum et Verbum Dei.[30]

Im Bereich der sinnlichen Leidenschaft stellt Origenes die gesetzliche Gattenliebe der ungesetzlichen Dirnenliebe oder dem Ehebruch gegenüber. Analoge Verfehlungen kann es auch im Breich des geistlichen ἔρως geben, so daß die Seele zu einem bösen statt zum göttlichen Geist hingezogen wird.

Der Begriff ἔρως kann immer sowohl in *bonam partem* als auch in *malam partem* verstanden werden, und er stellt demzufolge das christliche Publikum vor erhebliche Interpretationsschwierigkeiten, weil es Origenes zufolge oft ungebildet ist. Darauf nimmt aber der Text der Heiligen Schriften Rücksicht. So heißt es darum in Rufins Übersetzung, die den biblischen Text übrigens nicht nach der Vulgata des Hieronymus wiedergibt, folgendermaßen:

Videtur autem mihi quod divina Scriptura, volens cavere ne lapsus aliquis legentibus sub amoris nomine nasceretur, pro infirmioribus quibusque eum qui apud sapientes saeculi cupido seu amor dicitur, honestiore vocabulo caritatem vel dilectionem nominasse, verbi gratia, ut cum dicit de Isaac: *Et accepit Rebeccam, et facta est ei uxor, et dilexit eam* [Genesis 24,67], et iterum de Iacob et Rachel similiter dicit Scriptura: *Rachel autem erat decora oculis et pulchra facie; et dilexit Iacob Rachel, et dixit: Serviam tibi septem annis pro Rachel filia tua iuniore* [Genesis 29,17 sq.].
Evidentius autem immutata vis vocabuli huius apparet in Amnon, qui adamavit sororem suam Thamar; scriptum est enim: *Et factum est post haec et erat Absalon filio David soror decora specie valde, et nomen ei Thamar, et dilexit eam Amnon filius David* [II Samuelis 13,1]. Dilexit posuit pro adamavit.[31]

Aus pädagogischen Gründen vermeiden die Heiligen Schriften weitgehend den bei den Philosophen eingebürgerten Ausdruck ἔρως (bei Rufin *cupido* oder *amor*) und ersetzen ihn durch ἀγάπη (bei Rufin *caritas* oder *dilectio*). Hierbei handelt es sich offenkundig um einen Euphemismus. Ein *honestius vocabulum* benennt einen Gegenstand, der unehrenhafte Assoziationen hervorrufen könnte.[32] Das Verfahren steht im Dienst der einfachen Gläubigen, die sonst leicht verwirrt werden könnten. Die euphemistische Verwendung von ἀγάπη statt ἔρως soll allerdings nicht die Verwechslung von *amor spiritalis* und *amor carnalis* schlechthin verhindern, sondern vielmehr die Vermengung von *amor honestus* und *amor illicitus* vermeiden helfen, wie aus den beigebrachten Beispielen hervorgeht. Sie haben zwar jedesmal einen *amor carnalis* zum Inhalt, aber dieser ist

---

30 Ibid. prologus 2,18-19.
31 Ibid. prologus 2,20 sq.
32 Quintilian bezeichnet die Redeweise als ἀστεϊσμός und bestimmt diesen folgendermaßen: „ut tristia dicamus mollioribus verbis urbanitatis gratia" (Quintiliani institutio oratoria VIII,6,57).

einmal ein ehrenhafter wie im Fall des Isaak und der Rebekka und das anderemal ein verbotener wie im Fall des Amnon und der Thamar.

In ihrem Bestreben, alles Anstößige zu vermeiden, geht die Bibel so weit, daß sie sogar an jenen Stellen, wo eine eindeutig unerlaubte oder gar verbrecherische Leidenschaft wie die des Amnon gemeint ist, aus Gründen des Anstandes lieber das Verbum ἀγαπᾶν (lateinisch *diligere*) setzt. Aber eben darin kommt augenscheinlich die *immutata vis vocabuli huius* zum Ausdruck, das heißt die übertragene oder tropische Bedeutung des benutzten Wortes ἀγαπᾶν oder *diligere*. Sowohl im Fall des Amnon als auch des Isaak steht dieses immer nur ersatzweise für den eigentlich erforderlichen Ausdruck, der ἐρᾶν oder *adamare* hätte lauten müssen. Immer wieder hebt Origenes die uneigentliche, tropische Bedeutung des Wortes ἀγαπᾶν hervor, das in den biblischen Texten nicht etwas schlechthin anderes zum ἔρως bezeichne, sondern aus den erläuterten Gründen synonym dazu verwandt werde:

> Apertissime autem et in hoc ipso libello qui habetur in manibus, amoris nomen caritatis vocabulo permutatum est in eo ubi dicit: *Adiuravi vos, filiae Hierusalem, si inveneritis fratruelem meum, ut adnuntietis ei quia vulnerata caritatis ego sum* [Canticum 5,8], pro eo utique ut diceret: Amoris eius telo percussa sum. [...]
> Sic ergo quaecumque de caritate scripta sunt, quasi de amore dicta suscipe nihil de nominibus curans; eadem namque in utroque virtus ostenditur. Quod si quis dicat quia et pecuniam et meretricem et alia similiter mala eodem vocabulo quod a caritate [scil. ἀπὸ τῆς ἀγάπης] duci videtur, diligere [scil. ἀγαπᾶν] appellamur, sciendum est in his non proprie, sed abusive caritatem nominari.[33]

In den verschiedenen Beispielen, in denen der Gebrauch des Begriffs ἀγάπη oder *caritas* kommentiert wird, darf er also wie ἔρως oder *amor*, wie ἐρᾶν oder *diligere* gelesen werden und ist stets in einem uneigentlichen Sinn gebraucht: *honestiore vocabulo caritatem vel dilectionem nominasse – immutata vis vocabuli – amoris nomen caritatis vocabulo permutatum est – sciendum est in his non proprie, sed abusive caritatem nominari*. Gerade die letztgenannte Formulierung, die auf den rhetorischen Terminus der κατάχρησις oder *abusio* anspielt, macht offenkundig, daß Origenes die ἀγάπη in all diesen Fällen als einen Tropus betrachtet, nämlich als einen Euphemismus oder eine Katachrese, die für und anstelle von ἔρως steht.

So erweist sich in den Heiligen Schriften dem Origenes zufolge die ἀγάπη weithin als eine uneigentliche Wortfigur, die den doppeldeutigen Begriff ἔρως ersetzt und meist die positive, mitunter aber auch die negative Bedeutungsdimension des Wortes meint. Von dieser Feststellung ausgehend, entwirft Origenes dann eine Klassifikation der möglichen Sinngehalte des Wortes ἀγάπη in der Bibel.[34] Freilich taucht daneben an einigen wenigen Stellen der Bibel auch der

---

33 Origenis commentarii in canticum, prologus 2,24 et 33.
34 Die ἀγάπη kann demnach an erster Stelle die Liebe zu Gott, zweitens – in katachrestischem und abgeleitetem Verständnis – die Liebe zum Nächsten und drittens – unter einem trügerischen Namen – die Liebe zu verwerflichen materiellen Gegenständen bezeichnen. Cf. Origenes ibid., prologus 2,35.

Begriff ἔρως im Wortlaut auf. Wie ist das zu beurteilen? Origenes führt hierzu aus:

> Et in his ergo et in aliis pluribus locis invenies Scripturam divinam refugisse amoris vocabulum, et caritatis dilectionisque posuisse. Interdum tamen, licet raro, proprio vocabulo amorem nominat et invitat ad eum atque incitat animas, ut cum dicit in Proverbiis de sapientia: *Adama eam, et servabit te; circumda eam, et exaltabit te; honora eam, ut te amplectatur* [Proverbia 4,6 et 8]. Sed et in eo libello qui dicitur Sapientia Solomonis, ita scriptum est de ipsa sapientia: *Amator factus sum decoris eius* [Sapientia 8,2].[35]

Nicht von ungefähr beruft sich Origenes auf jene zwei Stellen aus der alttestamentlichen Weisheitsliteratur, wo bei den LXX Ableitungen des griechischen Wortes ἔρως begegnen. Die Übersetzung der Vulgata ist in beiden Fällen weniger eindeutig. Es handelt sich zunächst um die Aufforderung aus dem Buch der Sprüche, der Hörer möge von der göttlichen Weisheit nicht ablassen und sie mit aller Leidenschaft lieben: „Μηδὲ ἐγκαταλίπῃς αὐτήν [scil. τὴν σοφίαν], καὶ ἀνθέξε-ταί σου· / ἐράσθητι αὐτῆς, καὶ τηρήσει σέ."[36] – „Ne dimittas eam [scil. sapientiam] et custodiet te dilige eam et servabit te."[37] Sodann verwendet ein Vers aus dem Buch der Weisheit eine Ausdrucksweise, derzufolge der Sprecher die göttliche Weisheit wie eine Braut heimgeführt habe und zu ihrem Liebhaber geworden sei: „Ταύτην [scil. τὴν σοφίαν] ἐφίλησα καὶ ἐζήτησα ἐκ νεότητός μου / καὶ ἐζήτησα νύμφην ἀγαγέσθαι ἐμαυτῷ / καὶ ἐραστὴς ἐγενόμην τοῦ κάλλους αὐτῆς."[38] – „Hanc [scil. sapientiam] amavi et exquisivi a iuventute mea / et quaesivi sponsam mihi adsumere / et amator factus sum formae illius."[39]

Origenes vermutet, daß an den zitierten Stellen Ableitungen des Wortes ἔρως oder *amor* deswegen statthaft und ungefährlich waren, weil dort die Leidenschaftsliebe dank dem eindeutigen Kontext nur auf die göttliche Weisheit bezogen werden konnte und damit einer mißbräuchlichen Auslegung von vornherein ein Riegel vorgeschoben war. Aber trotz dieser Beobachtung geht aus seinen Äußerungen klar hervor, daß ἔρως oder *amor* – und dementsprechend die Verbalformen ἐρᾶν oder *adamare* – die eigentlich zutreffenden Wörter zur Bezeichnung des gemeinten Sachverhalts sind: *Interdum tamen, licet raro, proprio vocabulo amorem nominat*. Die vieldebattierte Opposition zwischen ἔρως und ἀγάπη wird also schon in einem der maßgeblichen Quellentexte als ein rhetorisches Problem abgehandelt und dekonstruiert – nach der Seite des ἔρως hin: *eadem namque in utroque virtus ostenditur*. Während ἔρως als *verbum proprium* fungiert, erweist sich ἀγάπη weitgehend als das *verbum translatum*. Sowohl ἔρως als

35 Ibid. prologus 2,22, vol. I, p. 106.
36 Proverbia 4,6 sq. iuxta LXX.
37 Ibid. 4,6 iuxta Vulgatam.
38 Sapientia 8,2 iuxta LXX.
39 Ibid. 8,2 iuxta Vulgatam.

auch ἀγάπη sind freilich allemal zweideutige Begriffe, die sowohl *in bonam partem* als auch *in malam partem* aufgefaßt und ausgelegt werden können.

An die Auffassung des Origenes hat Dionysius vom Areopag im vierten Kapitel seiner Schrift *De divinis nominibus* problemlos anknüpfen können. Als er dort das Wort ἔρως als Gottesnamen erläutert, behauptet auch er die prinzipielle Gleichwertigkeit der Begriffe ἔρως und ἀγάπη. Im Gegensatz zu Origenes hütet sich Dionysius aber davor, das eine zum *verbum proprium* und das andere zum *verbum translatum* zu machen. Nur so weit scheint er dem Origenes zu folgen, daß auch er eine gewisse Stufenfolge der Eigentlichkeit zugesteht. Darum schreibt Dionysius: „Καίτοι ἔδοξέ τισι τῶν καθ' ἡμᾶς ἱερολόγων καὶ θειότερον εἶναι τὸ τοῦ ἔρωτος ὄνομα τοῦ τῆς ἀγάπης.“[40] – ‚Gleichwohl erschien es manchen unter den Theologen, daß der Name des Eros sogar göttlicher sei als derjenige der Agape.‘ Für Dionysius kann selbst der Name Ἔρως die Gottheit nicht in einem vollen Sinn treffen, aber er ist dennoch dem Namen Ἀγάπη vorzuziehen – und diesmal nicht nur wegen der größeren Unähnlichkeit von Signifikant und Signifikat, sondern gerade auch, weil der ἔρως trotz aller Unähnlichkeit eine bedeutsame Ähnlichkeit mit der Gottheit gemein hat, nämlich das Moment des Exzesses: „Ἔστι δὲ καὶ ἐκστατικὸς ὁ θεῖος ἔρως.“[41] – ‚Es ist aber der göttliche Eros auch ekstatisch.‘ Umgekehrt tragen die irdisch-sinnlichen Leidenschaften ihren Namen letzten Endes zu Unrecht, wo sie mit der Bezeichnung ἔρως belegt werden: „ὃς οὐκ ἔστιν ἀληθὴς ἔρως, ἀλλ' εἴδωλον ἢ μᾶλλον ἔκπτωσις τοῦ ὄντος ἔρωτος“[42] – ‚der nicht der wahre Eros ist, sondern ein Schattenbild oder mehr noch ein Abfall vom wirklichen Eros.‘ Bei Origenes war die ἀγάπη ein *verbum translatum* und wenigstens der ἔρως ein *verbum proprium* gewesen. Bei Dionysius jedoch wird auch noch der ἔρως als ein Tropus beurteilt. Freilich ist die „ἐρωτικὴ θεονυμία“ gerade in ihrer unabänderlichen Vieldeutigkeit und Uneigentlichkeit immer noch die ‚göttlichere‘ Redeweise zur Benennung der Gottheit.

Origenes war in der Renaissance ein vielgelesener Autor. Fray Luis de León zitiert ihn beispielsweise in seinem eigenen Kommentar zum Hohenlied. Es ist aber für unseren Zusammenhang nicht wichtig zu wissen, ob Johannes vom Kreuz den Kommentar des Origenes zum Hohenlied näher gekannt hat. Festzuhalten ist vielmehr, daß dort das lateinische Verbum *adamare* eindeutig dem Bereich des ἔρως zugeschlagen wird und daß auch im *Cántico espiritual* das spanische Verbum *adamar* die Liebe des Paares als einen solch platonischen ἔρως kennzeichnet. Weiterhin besagt unser Befund, daß vom lateinischen Verbum *adamare* her die Qualität des ausgedrückten Liebesverhältnisses nicht mehr eindeutig bestimmt werden kann. Während die weltlichen Belegtexte und auch

---

40 Dionysius Areopagita de divinis nominibus IV,12, 709 B.
41 Ibid. IV,13, 712 A.
42 Ibid. IV,12, 709 C.

noch der biblische Gebrauch des Wortes eine unerlaubte Liebe bezeichnen, wandelt sich das Bild, sobald wir die patristische Diskussion mit berücksichtigen. Dort ist lateinisch *adamare* zwar ebenfalls zunächst im illegitimen Sinn aufgefaßt, aber es kann dann in einem zweiten Schritt (bei Origenes) zur eigentlichen oder (bei Dionysius) wenigstens zur angemessensten Bezeichnung für die Gottesliebe werden. Erneut begegnen wir dem Phänomen der *confusio,* wovon auch das Verbum *adamar* erfaßt wird, kann es doch sowohl ruchlose Dirnen- als auch reinste Gottesliebe in einem sein.

Die Einbeziehung des patristischen Sprachgebrauchs in die Interpretation des Gedichttextes hat ein halbwegs überraschendes Ergebnis gezeigt: Problematisiert oder negativiert wurde dadurch nicht etwa ein vorgängig positiv bewertetes Konzept des *adamare,* das in der weltlichen Literatur unbefangen verausgesetzt worden wäre, sondern aufgewertet und legitimiert wurde ein Konzept, das in der profanen Literatur selbst problematisch erschienen war. Was dort nahezu zwangsläufig als unmoralisch verworfen wurde, erscheint im theologischen Sprachgebrauch in einem anderen Licht und letztlich gerettet, nicht trotz, sondern wegen seines problematischen Charakters.

Sofern die Sprecherin des *Cántico espiritual* ein platonisch-patristisches Vokabular verwendet, kann man ihrem Vers: *Por esso me adamauas* (‚drum war ich deine Liebschaft') einen positiven Sinn abgewinnen. Die scheinbar verbotene Liebe scheint ebenso nobilitiert wie die Liebe zur göttlichen Weisheit. Aber auch diesmal ist zu beachten, daß in diesem Gedicht eine weltliche Liebe modelliert wird: Möglicherweise stilisiert die Frau die Leidenschaft ihres Geliebten zum unbedenklichen ἔρως des *adamare.* Dennoch verbleibt sie als Sprecherin einer allegorischen Dichtung notgedrungen in der Redeweise der Uneigentlichkeit. Damit gerät in ihrer Rede nunmehr der göttliche ἔρως selbst zur tropischen Redeweise. Nicht mehr nur die sinnlich-irdischen Leidenschaften der Menge wie bei Dionysius, sondern sogar der Affekt der Gottesliebe trägt die Züge des εἴδωλον (‚Schattenbild'), vielleicht sogar der ἔκπτωσις (‚Abfall'). Sollte es bei Dionysius in seiner Reflexion über den göttlichen Ἔρως im vierten Kapitel von *De divinis nominibus* noch einen Rest von Eigentlichkeit in der Sprache gegeben haben, dann hat sich diese im *Cántico espiritual* dank der Vieldeutigkeit des Verbums *adamar* restlos verzehrt.

Am Kreuz versprochen

Von den meisten Kommentatoren, darunter etwa Dámaso Alonso und Jorge Guillén, wurde die Vermählungsszene unter dem Apfelbaum als ein klarer Beleg für den religiösen Sinngehalt des Gedichtes verstanden. Wenn auch ansonsten die symbolische Schreibweise vorherrsche, so würden sich zumindest an dieser Stelle offenkundige Spuren des Allegorischen zeigen, die dem Gesagten einen ausschließlich theologischen Sinn verleihen müßten: «Una vez es patente la alegoría. La estrofa 29 del *Cántico* [scil. C] no presenta más alcance que el religioso:

pecado original y redención cristiana.»[43] – ‚Einmal ist die Allegorie offenkundig. Die Strophe 29 des *Geistlichen Gesangs* [scil. C] gestattet keinen anderen Zugang als den religiösen: sie handelt von der Erbsünde und der christlichen Erlösung.' Diese Beobachtungen sind zweifelsohne berechtigt. Die Gartenszene des *Cántico espiritual* überschreibt in der Tat, wie wir schon oben gesehen haben, den vielkommentierten Vers des Hohenlieds: „Sub arbore malo sucitavi te / ibi corrupta est mater tua ibi violata est genetrix tua."[44] Ausgehend von der überlieferten Exegese der entsprechenden Stelle kann dann das Erwecktwerden der Braut als ein allegorisches Bild für die Vermählung Christi mit der Seele genommen werden. Diesen Sachverhalt erwähnt auch die Prosaerklärung, die Johannes vom Kreuz zu dieser Strophe abgibt (cf. Cántico B, 23,2-5 – Geistlicher Gesang 23, pp. 183 sq.).

Durchaus traditionell ist die Vorstellung, daß Christus sich am Kreuz mit einer Braut vermählt, die er durch sein Opfer erlöst. In einer Predigt über das Wunder bei der Hochzeit zu Kana deutet der Augustinereremit Thomas von Villanova (1486-1555) die dortige Feier als eine Vorankündigung der Vermählung Christi mit der Kirche, bei der das Hochzeitsbett das Kreuz gewesen sei:

> *Et dicit ei Jesus: Quid mihi, et tibi est, mulier? Nondum venit hora mea* [Ioannes 2.4], illa hora super omnes horas benedicta, qua ego Ecclesiae desponsandus sum in thalamo crucis: quando arrhas pretiosissimas Sacramentorum praestabo: non deerit ibi vinum amoris, vinum charitatis.[45]

Christi Braut ist die menschliche Natur, die Kirche und die Seele zugleich: „Triplex Christi est desponsatio: prima cum carne; secunda cum Ecclesia; tertia cum anima."[46] In einem solchen gedanklichen Zusammenhang bietet Thomas von Villanova eine Predigt zum Fest der Kreuzerhöhung,[47] der er überhaupt einen Vers des Hohenlieds voranstellt: „Botrus cypri dilectus meus mihi in vineis Engaddi."[48] Im weiteren Verlauf werden auf vielfältige Weise Verbindungen zwischen den Hochzeitsbildern des Hohenlieds und den Motiven der Passion hergestellt. Anders als es ein modernes Publikum vielleicht erwarten möchte, liegen demnach im 16. Jahrhundert die Vorstellungsbereiche von Hochzeit und Kreuzesopfer nahe beieinander, nicht zuletzt deswegen, weil biblische und liturgische Redeweisen darauf hindeuten, daß das am Kreuz geschlachtete Gotteslamm eine Hochzeit vollzieht.[49]

---

43 Guillén: «Lenguaje insuficiente. San Juan de la Cruz o lo inefable místico», loc. cit. p. 133. Cf. quoque Alonso: *La poesía de San Juan de la Cruz*, p. 150.

44 Canticum 8,5.

45 S. Thomas a Villanova in dominicam secundam post epiphaniam, in: Divi Thomae a Villanova archiepiscopi Valentini opera omnia, cura, studio, sumptibusque pp. Augstinianorum provinciae SSmi. Nominis Jesu insularum Philippinarum, voll. I-V, Manilae apud typographiam vulgo «Amigos del País» 1881-1884, vol. I, p. 165.

46 Id. in dominicam decimam nonam post Pentecosten, ibid. vol. III, p. 254.

47 Id. in festum Sanctae Crucis, contio II, ibid. vol. IV, pp. 246-254.

48 Canticum 1,13. Cf.

49 „Quia venerunt nuptiae agni / et uxor eius praeparavit se." (Apocalypsis 19,7.)

Vor dem Hintergrund des Gesagten ist also eine theologische Deutung der Strophe nicht nur möglich, sondern vom Text auch angestrebt: Die Entsprechungen zwischen Gartenszene und Kreuzigungsgeschehen sind die herkömmlichen: Der Apfelbaum verweist in einem auf den Baum der Erkenntnis und auf den Baum des Kreuzes.[50] Die Mutter der Braut ist entweder Eva, die im Garten verführt wurde, oder die menschliche Natur allgemein, die seit Evas Fall von der Erbsünde gezeichnet ist. Der Bräutigam ist schließlich Christus, der am Baum des Kreuzes die menschliche Natur zur Frau nimmt.

Dennoch ist die vorgetragene Deutung keineswegs zwingend. Nachdem er den Bezug der Gartenszene zur Kreuzigung auf Golgota aufgezeigt hat, lehnt Johannes vom Kreuz selbst in seinem Prosakommentar diese vereindeutigende Interpretation ab:

> Este desposorio que se hizo en la cruz no es del que ahora vamos hablando; porque aquél es desposorio que se hizo de una vez dando Dios al alma la primera gracia, la cual se hace en el bautismo con cada alma; mas éste es por vía de perfección, que no se hace sino muy poco a poco por sus términos; que aunque es todo uno, la diferencia es que el uno se hace al paso del alma, y así va poco a poco, y el otro al paso de Dios, y así hácese de una vez. (Cántico B, 23,6.)

> [Diese Vermählung, die am Kreuze zustande kommt, ist nicht das, von dem wir jetzt sprechen. Jene wird auf einmal vollzogen, wenn Gott die erste Gnade verleiht, die jeder Seele durch die Taufe gespendet wird, während diese der persönlichen Vervollkommnung folgt, sich nur allmählich vollzieht und von den Bedingungen der Seele abhängt. Im Grunde genommen ist es nur ein und dieselbe Vereinigung; der Unterschied ist nur der, daß die eine entsprechend der Handlungsweise der Seele erworben wird, die allmählich voranschreitet, während die andere nach Gottes Wiese und deshalb in einem Nu sich vollzieht.* (Geistlicher Gesang 23, pp. 184 sq.)]

Die Gartenszene soll nicht das Kreuzesopfer beschreiben, sondern etwas dazu Differentes zum Ausdruck bringen. Sie will das Verhalten der Seele von der menschlichen Seite und Erfahrungswirklichkeit her darstellen.

Es bietet sich an, auch die buchstäbliche Interpretation der Szene unter dem Apfelbaum im spanischen Hohelied-Kommentar des Fray Luis zu Rate zu ziehen. Er kommentiert die Stelle sehr ausführlich und geht vom hebräischen Wortlaut aus, der sich von der Fassung der Vulgata unterscheidet und den er folgendermaßen wiedergibt: «Debajo del manzano te desperté, allí te parió la tua madre, allí estuvo de parto la que te parió.»[51] – ‚Unter dem Apfelbaum habe ich dich geweckt; dort brachte dich deine Mutter zur Welt, dort lag in Wehen, die dich zur Welt gebracht hat.‘ Im hebräischen Text wie auch bei den LXX sind nur die Schmerzen der Mutter bei der Geburt ihres Kindes bezeichnet, es ist aber durchaus keine Vergewaltigung angedeutet wie in der Vulgata, wo es heißt: *Ibi corrupta est mater tua ibi violata est genetrix tua.* An einer weiteren Stelle wendet

---

50 Daß der Baum der Erkenntnis in der Tradition meist als ein Apfelbaum gedeutet wurde, dürfte auf eine entsprechende Lektüre genau dieses Hohelied-Verses zurückzuführen sein.

51 Fr. Luis: *Exposición del Cantar*, cap. VIII,5, ed. García (1991), vol. I, p. 199.

sich Fray Luis von der lateinischen Auslegungstradition ab. Er versteht den Vers als eine Rede der Braut, die sich an ihre erste Begegnung mit dem Geliebten zurückerinnere, bei der sie seine Liebe geweckt habe:

> ¡Oh Amado mío, Esposo!, que me parece que agora te veo la primera vez que te moví a amarme, y a que tratases este desposorio conmigo; y esto era estando tú y yo debajo de un árbol en las huertas y en aquella huerta, debajo del árbol que te parió la tu madre.[52]

> [Oh mein Geliebter, mein Bräutigam! Es scheint mir jetzt, als sähe ich dich zum erstenmal, damals wie ich dich bewegte, mich zu lieben und mit mir über unsere Vermählung zu reden; und das war, als du unter einem Baum in den Obstgärten standest – und zwar in genau dem Obstgarten unter dem Baum, wo dich deine Mutter zur Welt brachte.]

Während aus der griechischen und lateinischen Morphologie des zugrundeliegenden Hohelied-Verses das sprechende Subjekt nicht erschlossen werden kann, haben die Masoreten das hebräische Possessivsuffix als männlich gekennzeichnet. Die Mutter des Angesprochenen ist demnach die Mutter des Bräutigams, und die Sprecherin ist folgerichtig die Braut: Sie weckt den Geliebten auf und nicht umgekehrt. Verständlicherweise erschwert eine solche Aufteilung der Sprechinstanzen die seit der griechischen und lateinischen Patristik eingebürgerte allegorische Lesart der Stelle, die darin ein Zwiegespräch zwischen Christus und seiner Kirche ausmacht.[53] Aber indem eine religiöse Deutung erschwert wird, wird gleichzeitig die profane Lektüre erleichtert. Fray Luis kann darum seine Betrachtungen zu diesem Vers mit der folgenden Bemerkung abschließen:

> Lo cual es dicho [...] conforme a lo que mejor dice y asienta y suele acontecer más comúnmente a los pastores y labradores que viven en el campo, cuyas personas y propiedades imita Salomón en este su *Canto;* a los cuales, así como andan lo más del tiempo en el campo, así les es muy natural nacer en el campo, y el concertar los amores los zagales con las zagalas por las florestas y arboledas, y por donde se topan.

---

52 Ibid. cap. VIII,5, ed. García (1991), vol. I, p. 200.
53 „Μετὰ ταῦτα ὁ νυμφίος διαλεγόμενός φησιν· Ὑπὸ μῆλον ἐξήγειρά σε." (Theodoretus Cyrensis in canticum 8,5, P.G. 81, 204 A.) – ‚Sodann beginnt der Bräutigam das Gespräch und sagt: Unter dem Apfel weckte ich dich.'
„*Sub arbore.* Gentilibus admirantibus respondet ille, qui est pax nostra." (Glossa ordinaria in canticum 8,5, P.L. 113, col. 1164 D.)
Das Problem bleibt im übrigen bis heute exegetisch umstritten. Die französische Bible de Jérusalem weicht in diesem Vers vom masoretischen Text ab und beruft sich auf die ältere syrische Übersetzung, wo das Possessivsuffix (in sachlicher Übereinstimmung mit der christlichen Auslegungstradition) eine weibliche Besitzerin anzeigt. Dementsprechend setzt die französische Version einen Accord im Femininum und liest vereindeutigend: «Sous le pommier je t'ai réveillée.» Es spricht eindeutig die Braut. – Die deutsche Einheitsübersetzung dagegen schreibt nach der Masora im Randvermerk die Rede dem Geliebten zu. Die Luther-Übersetzung macht keine Angabe über die sprechende Person.

Esta es la sentencia de la letra, cuanto podemos alcanzar, y va muy conforme a otras razones que, en este caso suelen decir los enamorados.[54]

[All das Gesagte [...] entspricht aufs genaueste jenen ganz alltäglichen Reden, Gepflogenheiten und Erlebnissen der Schäfer und Bauern, die auf dem Land leben. Denn deren Rollen und Eigenschaften ahmt Salomon ja in seinem *Lied* nach. Da sie aber die meiste Zeit auf dem Feld verbringen, ist es für sie auch ganz natürlich, daß sie auf dem Feld geboren werden und daß die Burschen mit den Mädchen ihre Liebschaften in Wäldern und Hainen vereinbaren und wo sonst sie sich eben über den Weg laufen. Das ist der Sinn des Buchstabens, soweit wir ihn erfassen können, und er entspricht ganz und gar den übrigen Verhaltensweisen, die in diesen Dingen die Verliebten an den Tag zu legen pflegen.]

Auf der Grundlage der Deutung des Fray Luis kann die Apfelbaumszene des Hohenlieds als eine vollkommen weltliche Szene aufgefaßt werden, die dem Buchstaben nach keinerlei Anspielung auf das Erlösungsgeheimnis enthält. Etwas Analoges muß dann aber auch für die Gartenszene des *Cántico espiritual* gelten. Gewiß steht diese der Vulgata näher als die Exegese des Fray Luis. Doch die Tatsache, daß im *Cántico espiritual* der Geliebte sich wieder wie in der älteren Tradition an die Geliebte wendet oder daß das Motiv der Entehrung und der Wiederherstellung der Ehre Einzug halten, erzwingt *eo ipso* noch keine religiöse Lesung. Vielmehr können wir uns vorstellen, daß die Mutter der Geliebten seinerzeit eine illegitime Verbindung eingegangen ist, der die Tochter entstam-mt, und daß nun der Geliebte verspricht – oder auch vortäuscht -, er werde die Geliebte ehelichen und damit den sozialen Makel ihrer außerehelichen Geburt wettmachen.

Die stringent weltliche Lesbarkeit des *Cántico espiritual* bekundet sich ex negativo am Beispiel von Sebastián de Córdobas zweiter Ekloge. Dort gelangen Racinio und seine Geliebte Celia an eine einsame Quelle unter einem Baum, an dem ein merkwürdiger Schäfer lehnt:

> *Solo un pastor estava levantado*
> *sobre aquel árbol, con el rostro y frente*
> *herido y con espinas coronado.*
> *Celia, que con cuydado diligente*
> *mirava aquel pastor todo sangriento,*
> *haziendo de sus ojos otra fuente,*
> *me hizo firme y fuerte juramento,*
> *rogándome que luego le jurase*
> *de renunciar el mundo y su contento.*[55]

[Nur ein Schäfer war an jenem Baum erhöht; sein Antlitz und seine Stirn waren verwundet und mit Dornen gekrönt. Celia betrachtete mit Aufmerksamkeit und Sorgfalt diesen Schäfer, der überall blutete, und machte aus ihren Augen eine zweite Quelle. Sie beschwor mich inständig und bat mich, ich solle ihr sogleich schwören, der Welt und ihren Genüssen zu entsagen.]

---

54 Fr. Luis: *Exposición del Cantar,* cap. VIII,5, ed. García (1991), vol. I, p. 201.
55 Córdoba: Egloga II, vv. 452-460, ed. Gale, p. 184.

Der völlig unerwartet auftauchende Hirt, der am Baum des Kreuzes hängt und Wundmale sowie eine Dornenkrone trägt, soll Christus darstellen. Während Celia, die Seele, sich sofort zu ihm bekehrt, erkennt Racinio, der sinnliche Teil des Menschen, den Ernst der Lage noch nicht und verbleibt weiterhin in seiner Sündenverstrickung. Córdobas Ekloge *a lo divino* verwendet ein ähnliches bukolisches Inventar wie der *Cántico espiritual,* und dennoch ist Córdobas Quellenszene das Gegenstück zur Gartenszene bei Johannes vom Kreuz. Wiewohl indirekt auf ihn angespielt wird, bleibt der Gekreuzigte unsichtbar. Es werden auch keine Bilder der Gewalt und der Grausamkeit inszeniert; es fehlen die blutenden Wunden und der geschundene Körper der spätmittelalterlichen Passionsfrömmigkeit. All dies ist ins erinnernde Zitat zurückgenommen und von der Oberfläche des Textes verschwunden. Selbst das Vergewaltigungsmotiv aus dem lateinischen Hohenlied erscheint abgemildert, weil ihm der ausdrückliche Verweis auf die Wiedergutmachung des Schadens vorangestellt ist: *Y fuiste reparada / donde tu madre fuera violada* (‚und deine Ehre wurde dir zurückgegeben, / wo deine Mutter vergewaltigt worden war‘).

Trotz der Heiterkeit und Weltlichkeit der Gartenszene macht der Vergleich der Strophe vom Apfelbaum mit Córdobas zweiter Ekloge und mit dem Hohelied-Kommentar des Fray Luis die Besonderheit des *Cántico espiritual* deutlich. Im Gegensatz zu Córdoba hat sich Johannes vom Kreuz große Zurückhaltung bei der religiösen Stilisierung der Episode auferlegt. Aber er hat dennoch die von der zeitgenössischen Exegese des Fray Luis gebotenen Möglichkeiten, den buchstäblichen Text geradezu radikal zu profanieren, nicht genutzt. So bleibt die Stelle profan lesbar und enthält doch unübersehbare, theologische Anspielungen, die als solche wahrgenommen werden wollen. Es liegt nahe, die implizit erfolgende Gleichsetzung des Apfelbaums mit dem Kreuz Christi wiederum als ein divinisierendes Stilmittel zu verstehen, das wegen seines Bezugs auf eine weltliche Liebessituation profaniert wird. Der Bräutigam verspricht seiner Geliebten die Ehe und vollzieht darin eine Art von Kreuzesopfer.

Es ist an der Zeit, nochmals auf den Gestus des Handreichens zurückzukommen. Einerseits kann hiermit das erläuterte Treueversprechen gemeint sein. Andererseits aber findet das Lexem *mano* (‚Hand‘) auch in der einschlägig erotischen Dichtung Verwendung, wo ihm durch den jeweiligen Kontext ein eindeutiger Sinngehalt zugewiesen wird. So heißt es in einem Spottlied auf einen impotenten Bräutigam:

> *Reloj con pesas sin mano*
> *vano.*[56]

[Horologium, quod pondera habet, sed manu caret, / nihil ualet.]

In einer lasziven Romanze klagt eine junge und enttäuschte Witwe über ihr Schicksal:

---

56 *Floresta de poesías eróticas,* n° 97, vv. 225 sq., p. 197.

Renueva el llanto diciendo:
«¿Dó está el sueño que me curaba
y la mano en cuyo toque
mi vida y salud estaba?»[57]

[Denuo querelam repetit atque dicit: / „quo abiit somnium quo sanabar? quo abiit manus cuius tactu / mea uita salusque restituebantur?"]

Wenn also der Bräutigam des *Cántico espiritual* unter dem Apfelbaum seiner Geliebten die Hand reicht, so kann damit metaphorisch die erotische Vereinigung überhaupt benannt sein. In diesen Zusammenhang gehört dann auch das zuvor erwähnte Beieinanderliegen der Liebenden, wie es dieser Situation angemessen ist. Damit wird nicht mehr nur das Treueversprechen, sondern der Liebesakt selbst zum Opfer am Kreuzesbaum stilisiert, und der Geopferte ist der Bräutigam selbst.

Mit der Seele lesen

Die Gartenszene unterm Apfelbaum beinhaltet das Treueversprechen und die körperliche Vereinigung eines bukolischen Liebespaares. Gleichzeitig wird diese Episode einer höchst profanen Liebe divinisiert, weil sich das Kreuzesopfer hinzuassoziieren läßt. Das sakrale Motiv der Kreuzigung wird durch die Anwendung auf die weltliche Liebessituation profaniert. Insofern aber die Dichtung diese weltliche Liebessituation nur als eine Allegorie setzt und nicht im eigentlichen Sinne meint, ist auch diese Profanation immer nur eine vorbehaltliche und ironische: die gesagte Profanation ist nicht gemeint. Schließlich zeichnet sich gerade in dieser Strophe eine besonders auffällige Inversion ab. Hier ist keine buchstäbliche Geschichte gegeben, deren geistlicher Sinngehalt herausgearbeitet werden müßte, sondern hier kommt eine weltliche Liebeserfahrung zum Ausdruck, und dieses Erleben wird in die Sprache der biblischen Tradition gekleidet.

Im *Cántico espiritual* ist die biblische Heilsgeschichte nicht mehr so sehr ein zu deutender Text, *textus enarrandus,* sondern umgekehrt ein von sich aus deutender Text, *textus enarrans,* der die Erfahrung einer Liebe zu verstehen geben will. Wenn nach der Auffassung der herkömmlichen Exegese der profane Buchstabe als eine Allegorie für das Heilige gestanden hatte, dann steht hier der heilige Buchstabe als eine Allegorie für das Profane. Die biblische Heilsgeschichte wird zum Signifikanten eines außerbiblischen Signifikats. Sie gibt sich fortan nicht nur zu lesen, sondern auch zu (über) schreiben – als Geschichte einer Liebe und eines Opfers. Sie gerät damit dem Subjekt zur Allegorie seiner eigenen Erfahrung.[58]

---

57 Ibid. n° 140, vv. 41-44, p. 291.
58 Den Hinweis auf die (gewissermaßen nurmehr) allegorische Funktion der Heilsgeschichte verdanke ich einem Gespräch mit Víctor García de la Concha an der Universität Salamanca im

Auf die Gefahr hin, von der hochkomplexen Bedeutungsstruktur der Strophe allzu stark zu abstrahieren, möchten wir am Ende unserer Interpretation der Gartenszene ein formales Lektüreschema vorstellen, welches dem Produktions- und Rezeptionsprozeß des Textes unserer Auffassung nach halbwegs gerecht wird und zudem als repräsentativ für den *Cántico espiritual* und für die anderen allegorischen Dichtungen des Johannes vom Kreuz angesehen werden kann. In einem ersten Schritt gehen wir davon aus, daß der Dichter auf der buchstäblichen Ebene seiner Allegorie die Geliebte sprechen läßt und daß sich in ihr die Sprecherinnenrolle selbst emblematisch verdichtet. Konstrukthaft vereinfachend dürfen wir uns nämlich die Braut als die ideale Sprecherin des gesamten Gedichts vorstellen, insofern wir ihr immer auch jene Stellen noch zuschreiben können, an denen sie die Stimme des Geliebten sprechen hört und ihn aus sich sprechen läßt – so gerade auch in der Gartenszene. Unser Augenmerk richtet sich nun darauf, daß nicht nur das Gedicht insgesamt eine Allegorie darstellt, sondern daß sich auch die profane Liebesrede der Braut innerhalb des Gedichts auf eine subtile Weise als allegorisch erweist – als eine Allegorie zweiten Grades oder als eine Allegorie in der Allegorie.

Die Rede der Braut zerfällt grundsätzlich in zwei Sinnebenen, in den gesagten *sensus litteralis* und in den ungesagten, aber gemeinten *sensus spiritalis*. Was die Liebesrede der Braut eigentlich meint, ist die erotische Vereinigung des Paares, sein *concubitus* oder Beieinanderliegen unter dem Apfelbaum des Gartens. Doch dieser *sensus spiritalis* der Liebesrede wird in unserer Strophe nicht ausdrücklich formuliert, sondern indirekt umschrieben. An seine Stelle tritt zunächst einmal das Bild einer *desponsatio,* einer Vermählungszeremonie zwischen Braut und Bräutigam: *Allí te di la mano / allí conmigo fuiste desponsada* (,dort gab ich dir die Hand / dort wurdest du mit mir vermählt'). Aber auch die *desponsatio* wird nicht eigentlich beschrieben, sondern vielmehr überschrieben durch das Bild des Apfelbaums aus dem Hohenlied, womit das Geschehen im *hortus conclusus* situiert wird, im verschlossenen Garten: *debajo del manzano* (,unter dem Apfelbaum'). Der *hortus conclusus* verweist nun seinerseits zurück auf den Garten Eden, wo Eva von der Frucht des verbotenen Baums aß: *donde tu madre fuera violada* (,wo deine Mutter vergewaltigt worden war'). Doch selbst die Paradiesszene wird noch einmal überschrieben durch die Vorausdeutung auf das Kreuzesopfer und die Erlösung am Berg Golgota: *y fuiste reparada* (,und deine Ehre wurde dir zurückgegeben'). So entsteht eine ganze Kette von supplementären Verweisen, die

---

November 1992. In diesem Sinn ist auch seine folgende Äußerung zu verstehen: «Porque la especial apropiación que nuestro místico hace de la *Biblia* conviertiéndola en molde de la propia experiencia personal, que de este modo se constituye en un eslabón más de las muchas experiencias-límite de Dios que en el gran Libro se encuentran, confiere a sus glosas una forma de pensamiento diversa.» (Víctor García de la Concha: «Guía estética de las ínsulas extrañas», *Insula*, n° 537 [septiembre de 1991], pp. 1 sq. et 35 sq., ibid. 2.) – ,Denn unser Mystiker eignet sich auf eine ganz besondere Art die Bibel an, macht er sie doch zu einer Prägeform der eigenen persönlichen Erfahrung, die damit zu einem Glied in der langen Kette jener Grenzerfahrungen wird, in denen sich nach den Berichten des Buchs der Bücher Gott bekundet. Dadurch hält auch in die Kommentare eine andersartige Form des Denkens Einzug.'

allesamt danach trachten, den ursprünglichen *sensus spiritalis* der Strophe, der unausgesprochen bleibt, durch buchstäbliche Zeichen zu vertreten. Diese verweisen sowohl aufeinander als auch letztlich durcheinander hindurch auf das eigentlich gemeinte Ungesagte, auf den *concubitus*. Die allegorische Codierung der buchstäblichen Liebesrede umfaßt demnach vier Sinnebenen, die aufeinander aufbauen und sich schematisch folgendermaßen darstellen lassen:

1.	Sensus litteralis	desponsatio
	Sensus spiritalis	(concubitus)
2.	Sensus litteralis	hortus conclusus
	Sensus spiritalis	desponsatio = concubitus
3.	Sensus litteralis	paradisus
	Sensus spiritalis	hortus conclusus = desponsatio = concubitus
4.	Sensus litteralis	sacrificium crucis
	Sensus spiritalis	paradisus = hortus conclusus = desponsatio = concubitus

Die weltliche Liebesrede der Braut bedient sich nicht nur der biblischen Stilisierung, sondern des allegorischen Verfahrens der biblischen Exegese an sich. Was allerdings üblicherweise den Kern des geistlichen Sinns einer Allegorie ausmacht, die Andeutung des Mysteriums der Inkarnation,[59] das erscheint hier gerade umgekehrt als die äußerste und alleruneigentlichste Schicht des buchstäblichen Sinns, als die sakrale und völlig unangemessene Einkleidung des gemeinten Profanums. Es ist in einem paradoxen Sinn eine Verhüllung der Erotischen *sub contraria specie*.[60] Das Bild des Beieinanderliegens unterm Apfelbaum steht nicht mehr wie in der gängigen Exegese des Hohenlieds für die Erlösung am Baum des Kreuzes, sondern in unserem Gedicht steht der Baum des Kreuzes allegorisch für die weltliche Hochzeit unterm Apfelbaum.

Soweit die buchstäbliche Liebesrede der Braut. – Nun hat der Dichter aber nicht nur die Figur der weltlich Liebenden im Auge, sondern diese ist eine allegorische Figur der Seele, der wir uns in einem zweiten Schritt zuwenden werden. Die Seele spricht in unserem Gedicht nicht als solche. Gerade darum verdichtet sich in ihr emblematisch die Hörerinnenrolle. In Ergänzung zur Rolle der Braut dürfen wir uns konstrukthaft auch die Seele als eine ideale Hörerin oder Leserin

---

59 Johannes vom Kreuz versteht Menschwerdung im umfassenden Sinn, da sie neben der Geburt und dem Leben auch das Leiden, den Tod und die Auferstehung Christi umfaßt.

60 Die theologische Formel *sub contraria specie* scheint Luthers Heidelberger Römerbrief-Vorlesung von 1516/17 zu entstammen und will besagen, daß sich der verborgene Gott nur indirekt, verhüllt, eben *sub contraria specie*, offenbart. Cf. Walther von Löwenich: *Luthers Theologia crucis*, München: Christian Kaiser 1929, p. 24.

des *Cántico espiritual* vorstellen. Wie müßte aber dann unsere Seele die vorliegende Strophe verstehen? Unserer Auffassung nach läßt sich der Verstehensprozeß spiegelbildlich verkehrt zum Vorgang der Codierung der Liebesrede beschreiben. Auch die Seele muß einen *sensus litteralis* und einen *sensus spiritalis* unterscheiden und jeweils entschlüsseln. Da sie die ideale Adressatin ist, weiß sie, daß die Braut allegorisch spricht und daß das von ihr Gesagte nicht gemeint ist. Die Seele muß demnach die allegorische Rede der Braut in chiastischer Verschränkung lesen. Was die Braut buchstäblich sagt und nicht eigentlich meint, das muß die Seele als den eigentlichen *sensus spiritalis* verstehen; und was die Braut eigentlich meint, das muß die Seele als einen nur buchstäblichen *sensus litteralis* auslegen.

Wo die Seele Anspielungen auf den *concubitus* vernimmt, da weiß sie, daß damit nur die *desponsatio* gemeint sein kann. Hört sie dann von der *desponsatio,* deutet sie diese als Hinweis auf den *hortus conclusus.* Wird aber der *hortus conclusus* erwähnt, versteht sie ihn als *paradisus.* Wo die Braut wiederum *paradisus* sagt, da will die Seele *sacrificium crucis* herausgehört haben. Sobald schließlich vom *sacrificium crucis* die Rede ist, da weiß die Seele, daß auch dies nicht eigentlich gemeint sein kann: *Este desposorio que se hizo en la cruz no es del que ahora vamos hablando* (‚diese Vermählung, die am Kreuz zustande kam, ist nicht das, von dem wir jetzt sprechen‘), wie es im oben zitierten Prosakommentar zur Strophe heißt. Demenstprechend verwirft die Seele auch diesen letzten buchstäblichen Sinn und macht sich auf die Suche nach noch etwas Anderem, nach einem *aliud,* das die vielen Ebenen des buchstäblichen Sinns allesamt zu umspielen scheinen. Wir können nun auch den Verstehensprozeß der Seele schematisch darstellen und gelangen zu folgender Graphik:

1.	Sensus litteralis	(concubitus)
	Sensus spiritalis	desponsatio
2.	Sensus litteralis	desponsatio = concubitus
	Sensus spiritalis	hortus conclusus
3.	Sensus litteralis	hortus conclusus = desponsatio = concubitus
	Sensus spiritalis	paradisus
4.	Sensus litteralis	paradisus = hortus conclusus = desponsatio = concubitus
	Sensus spiritalis	sacrificium crucis
5.	Sensus litteralis	sacrificium crucis = paradisus = hortus conclusus = desponsatio
	Sensus spiritalis	ALIVD («otro desposorio»)

Haben die buchstäbliche Rede der Braut und das geistliche Verständnis der Seele etwas miteinander zu schaffen? In fünf Merkmalen verweisen die beiden Erfahrungstypen aufeinander:

1. Sowohl die buchstäbliche Liebesrede der Braut als auch die geistliche Lesung der Seele wurzeln in einer strukturellen Homologie. Denn für die Braut reduziert sich stets der *sensus spiritalis,* für die Seele dagegen stets der *sensus litteralis* allein auf den *concubitus* mit dem Geliebten. In beiden Fällen verlangt und ermöglicht erst dieser eigentlich ungesagte Term die Kette der allegorischen Ersetzungsversuche.

2. Wiewohl die Terme des *concubitus* und des *sacrificium crucis* als Gegenpole an zwei verschiedenen Enden der Skala angesiedelt sind, zeigt sich an der Ersetzungsdynamik beider Lektüremodelle, daß jedesmal ein Punkt erreicht wird, an dem das *sacrificium crucis* nurmehr als Buchstabe der Allegorie verstanden werden kann – in Entsprechung zum buchstäblichen Verständnis des *concubitus* durch die Seele. Dies verwundert nicht in der delirierenden Liebesrede der Braut, wohl aber im Lektüreprozeß der Seele, der zu genau demselben Effekt führt. Die Liebesrede der Braut und die geistliche Lesung der Seele dekonstruieren also gemeinsam die Opposition zwischen buchstäblich profanem Eros und geistlich sakraler Kreuzigung – und zwar nach der Seite des profanen Eros hin. Das Kreuzesopfer erweist sich so verstanden als eine Variante des erotischen Exzesses und des Buchstabens. Das *sacrificium crucis* ist demnach *sacrificium carnis* und *sacrificium litterae* in einem.

3. In beiden Lektüremodellen besitzen sowohl der *concubitus* als auch das *sacrificium crucis* eine semiotische Qualität des unabschließbaren Verweisens. In der buchstäblichen Liebesrede der Braut steht das *sacrificium crucis* an der Stelle des *concubitus,* den es bezeichnet; in der geistlichen Lesung der Seele steht der *concubitus* an der Stelle des *sacrificium crucis,* das er bezeichnet. Beide Terme sind so verstanden uneigentliche Ersetzungen für etwas Anderes, es sind Supplemente im Sinne von Jacques Derrida. In der buchstäblichen Liebesrede fungiert das *sacrificium crucis* als uneigentliche Allegorie des *concubitus* und erhält somit eine supplementäre Funktion. In der geistlichen Lesart fungiert der *concubitus* als uneigentliche Allegorie des *sacrificium crucis* und erhält somit ebenfalls eine supplementäre Funktion.

4. Während der *concubitus* in der buchstäblichen Liebesrede als das Gründende erscheint, woraus die Ersetzungsdynamik sich speist, erhellt aus der geistlichen Lesung, daß der *concubitus* seinerseits schon auf einem Andern begründet ist, das er nur bezeichnet, auf dem *sacrificium crucis.* Und während das *sacrificium crucis* in der buchstäblichen Liebesrede als das Beschließende erscheint, woraufhin die Ersetzungsdynamik hinausläuft, erhellt aus der geistlichen Lesung, daß auch das *sacrificium crucis* immer noch beschlossen ist von einem Andern, auf das es verweist, vom *aliud.* Aus weiteren Prosaerklärungen geht hervor, daß die Kette der Supplemente auch im *aliud* nicht an ein definitives Ende gelangt. Der Prozeß der Supplementenbildung ist für Johannes vom Kreuz

nicht nur unabschließbar, sondern unendlich, weil er sich in eine Unendlichkeit hineinbewegt, die sich ihm je neu entzieht.

5. Am ungesagten Ursprung der Supplementenkette steht in der buchstäblichen Liebesrede der *concubitus*. Am ungesagen Ende der Supplementenkette steht in der geistlichen Lesung das *aliud* oder sein Analogon im Unendlichen. Das Doppel von *concubitus* und *aliud* kann nicht mehr dekonstruiert werden, sondern es verweist aufeinander als das, was sich der Dekonstruktionsbewegung entzieht und dem Spiel der Differenz einen Raum gibt, sei es, weil es davon seinen Ausgang nimmt (vom *concubitus*) oder weil es dorthin nicht reicht (hin zum *aliud*). Insofern ist der *concubitus* die buchstäbliche Allegorie des *aliud*, aber folgerichtig auch das *aliud* die geistliche Allegorie des *concubitus*. Für die Unerreichbarkeit des Einen (des *aliud*) steht die Unvordenklichkeit des Andern (des *concubitus*) und umgekehrt.

Im Anschluß an diese Überlegungen können die beiden oben erläuterten Schemata nunmehr in einem großen Flußdiagramm zusammengefaßt werden. Darin ist der Aufbau des Textes folgendermaßen dargestellt: Der Dichter (*poeta*) inszeniert zwei Instanzen, die sprechende Braut (*sponsa*) und die hörende Seele (*anima*). Die Liebesrede der Braut ist zweigeteilt in *sensus litteralis* (stets oben eingezeichnet) und *sensus spiritalis* (unten eingezeichnet). Die buchstäblichen Bedeutungen werden nach rechts hin immer wieder neu überschrieben: Aus *desponsatio* wird *hortus conclusus,* daraus *paradisus* und daraus schließlich *sacrificium crucis*. Jeweils darunter, an der Stelle des *sensus spiritalis*, ist unverändert *concubitus* eingetragen. Auch der Lektüreprozeß der Seele (*anima*) ist zweigeteilt in die Entschlüsselung des *sensus litteralis* und des *sensus spiritalis*. Die geistlichen Bedeutungen werden nach rechts hin immer wieder neu überschrieben: Aus *desponsatio* wird *hortus conclusus,* daraus *paradisus,* daraus *sacrificium crucis,* und daraus wird ganz zuletzt *aliud.* Jeweils darüber, an der Stelle des *sensus litteralis,* ist unverändert *concubitus* eingetragen. Das Diagramm ist auf der folgenden Seite dargestellt:

SCHEMA LECTIONIS

Sensus litteralis

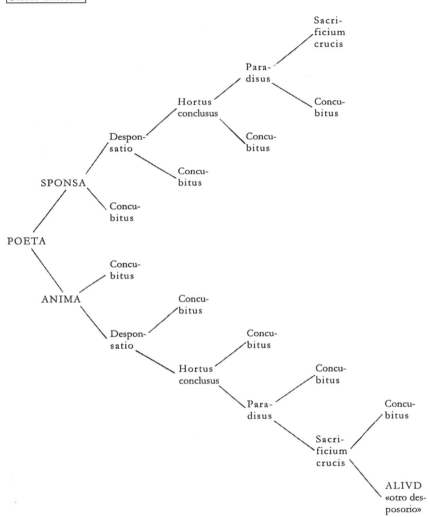

Sensus spiritalis

Unsere vorausgegangene Interpretationshypothese besagte, daß sowohl dem buchstäblichen Sinn als auch der Erotik und der Körperlichkeit des allegorischen Gedichts immer ein supplementärer Status in bezug auf den angedeuteten geistlichen Sinn zukam. Wir verstehen jetzt besser, warum dem so ist: Wenn sich der *sensus spiritalis* emblematisch im traditionellen Bild des Kreuzesbaums und des Kreuzesopfers verdichtet, dann lassen unsere Überlegungen darauf schließen, daß bei Johannes vom Kreuz – und gewiß über diesen einen Autor hinaus – das *sacrificium crucis* nicht als substantielles Zentrum der Heilsgeschichte, sondern als deren dynamisch-dynamisierendes Supplement konzipiert ist (auch in der Genesis steht ja der Baum der Erkenntnis, der das Kreuz präfiguriert, bekanntlich nicht in der Mitte des Gartens). Sofern denn in der mystischen Dichtung das Erotische als ein allegorisches Supplement des Kreuzesopfers steht, ist diese Verweisfunktion nicht nur rein willkürlich gegeben, sondern über eine grundlose Ähnlichkeit motiviert. Das erotische Fleisch und das heilige Kreuz lassen sich gleichermaßen als Supplemente greifen, und sie sind darum different zu dem, worauf sie immer nur *sub contraria specie* verweisen, – zur Ganz-Andersheit des un(be)greifbaren Gottes.

3.10. IN DER VORSTADT WOHNEN (CÁNTICO ESPIRITUAL XXXII C)

Auf der Kruppe

In den Versionen A und C schließt sich an die Gartenszene die Strophe XXXI A resp. XXXII C an. Diese Strophe enthält einen Beschwörungsruf der Braut an die Nymphen Judäas. In der Variante von Jaén steht er als Strophe XVIII B noch vor der Gartenszene. Erneut wird damit die klare Einordnung und Situierung der bezeichneten Sachverhalte in die sukzessive Liebesgeschichte des Paares unmöglich. Die Strophe hat folgenden Wortlaut:

> *¡O nymphas de Judea!*
> *en tanto que en las flores y rosales*
> *el ámbar perfumea*
> *morá en los arrabales*
> *y no queráis tocar nuestros humbrales*
> (Cántico C, vv. 156-160).

> [O Nymphen aus Judäa,
> während noch über den Blumen und den Rosenstöcken
> der Amberduft liegt,
> bleibt draußen vor der Stadt,
> und rührt an unsre Schwellen nicht!]

Manche Kommentatoren zeigen sich über die hier angerufenen Adressatinnen verwundert, nämlich über die judäischen Nymphen. Nun entspricht jedoch diese Ausdrucksweise durchaus dem poetologischen Modell der biblischen Bukolik, die Johannes vom Kreuz wie andere seiner Zeitgenossen anstrebt. In der bukolischen Welt sind die Nymphen zu Hause, und Schäfer wie Schäferinnen können sich an sie wenden. Allerdings ist die Landschaft nicht in Arkadien oder seinen Substituten, sondern in Palästina situiert. Dementsprechend handelt es sich bei diesen Gestalten um judäische Nymphen, und es gibt für eine solche Amalgamierung der antiken Gottheiten mit biblischen Toponymen eine prominente Parallele. In der lateinischen Hohelied-Nachdichtung des Fray Luis, seinem sogenannten *Carmen ex voto,* das der Gottesmutter geweiht ist, wendet sich der Chor der Jünglinge an die Nymphen des Berges Hermon, damit sie den Schlaf der Geliebten nicht stören:

> *O nymphae Hermonides sic capreas manu*
> *sit certa et celeri cuspide figere*
> *dilectae placidum parcite rumpere*
> *somnum atque alta silentia.*[1]

---

1 Fr. Luis: *Ad Dei genitricem Mariam carmen ex voto,* vv. 41-44, ed. Alcina, pp. 218 sq.

> [Oh ihr Nymphen des Hermon-Berges! Es sei euch gestattet, mit sicherer Hand und schnellem Speer die Rehe zu erlegen, wenn ihr nur die Geliebte schont und den erquickenden Schlaf und die tiefe Ruhe nicht stört!]

Aus dieser Vergleichsstelle ersieht man auch, daß die Anrufung der Nymphen von Judäa im *Cántico espiritual* oder vom Berge Hermon im *Carmen ex voto* thematisch mit der Erwähnung und Beschwörung der Töchter Jerusalems im Hohenlied verbunden ist. Francisco García Lorca hat dank der Verwendung des Terminus *arrabal* (‚Vorort‘, ‚Vorstadt‘) jene Stelle im spanischen Hohelied-Kommentar des Fray Luis ausfindig gemacht, als deren Überschreibung die Strophe XXXII C anzusehen ist.[2] Im Hohenlied heißt es:

> Quo abiit dilectus tuus o pulcherrimma mulierum / quo declinavit dilectus tuus et quaeremus eum tecum / dilectus meus descendit in hortum suum ad areolam aromatis ut pascatur in hortis et lilia colligat.[3]

Der erste Vers wird in der Regel als eine Frage interpretiert, die der Chor junger Mädchen an die Geliebte richtet. Dabei machen ihr die Töchter Jerusalems das Angebot, sie bei der Suche zu begleiten. Der zweite Vers wird dann als die Antwort der Braut an die Mädchen verstanden. Fray Luis erläutert diese Antwort folgendermaßen:

> *El mi Amado descendió a los huertos, a las eras de los arómates, a apecentar entre los huertos y coger las flores.*
> Si de cierto sabía la Esposa que estaba en el huerto su Esposo, por demás era haberle andado a buscar por la ciudad y por otras partes. Por lo cual estas palabras, que en el sonido parecen ciertas, se han de entender como dichas con alguna duda; como si la Esposa, respondiendo a aquellas dueñas de Jerusalén, dijese: «Buscádole he por mil partes, y pues no le hallo, sin falta debió de ir a ver su huerto, adonde suele apacentar». O digamos que ésta no es respuesta de la Esposa a la pregunta que hicieron aquellas dueñas, sino que, luego que acabó de hablarlas, se dio a buscar a su Esposo, y saliendo de la ciudad al campo y mirando hacia el huerto suyo, que, como se finge, estaba en lo bajo, sintió la voz u otras señales manifiestas de su Esposo; y arrebatada de alegría, de improviso comienza a decir: «¡Ay!, véisle aquí al mi Amado y el que me tiene perdida buscándole, que a su huerto descendió, donde está solazándose y cogiendo flores».
> Dice que *descendió,* porque ella le buscaba en Jerusalén, que era ciudad puesta en lo alto de un monte, y en los arrabales y aldeas, que estaban al halda, estaba el huerto de esta rústica pastora y de otros sus vecinos, como es uso. Y dice que anda entre las eras de las plantas olorosas, y que es venido a holgarse y recrearse entre los lirios y violetas.[4]

---

2 Cf. Francisco García Lorca: *De fray Luis a San Juan: La escondida senda,* Madrid: Castalia 1972, pp. 92-97.
3 Canticum 5,17 et 6,1.
4 Fr. Luis: *Exposición del Cantar,* cap. VI,1, ed. García (1991), vol. I, pp. 165 sq.

[*Mein Geliebter ist hinabgegangen in seine Gärten, zu den Balsambeeten, daß er weide in den Gärten und Blumen pflücke.*
Wenn die Braut sicher gewußt hätte, daß ihr Bräutigam im Garten war, wäre es überflüssig gewesen, in der Stadt und an den andern Orten auf die Suche nach ihm zu gehen. Darum muß man diese Worte, die nach dem Buchstaben sichere Aussagen scheinen, so verstehen, als würden sie in einem zweifelnden Ton vorgetragen: so als würde die Braut in ihrer Antwort an die Mädchen von Jerusalem sagen: „Gesucht habe ich ihn an tausend Orten, wo er zu weiden pflegt." Oder sagen wir so: Dies ist keine Antwort der Braut auf die Frage, welche die Mädchen gestellt haben, sondern sofort nachdem sie zu ihnen gesprochen hatte, machte sie sich auf, nach ihrem Bräutigam zu suchen. Sie ging aus der Stadt hinaus aufs Feld und schaute nach ihrem Garten, der – wie hier vorgetäuscht wird – in der Senke lag. Da gewahrte sie die Stimme oder andere offenkundige Erkennungszeichen ihres Bräutigams, und von Freude überwältigt, hebt sie unversehens zu sprechen an: „Oh, seht ihn doch hier – meinen Geliebten! Um seinetwillen bin ich schon ganz außer mir und suche ihn! Dabei ist er in seinen Garten hinabgegangen, dort erholt er sich und pflückt Blumen."
Sie sagt, daß er *hinabgegangen* ist, weil sie ihn in Jerusalem suchte. Das ist eine Stadt, die hoch oben auf einem Berg lag, und in den Vorstädten und Dörfern, die am Hang lagen, da war der Garten dieser bäuerlichen Schäferin und weiterer Nachbarn, wie es üblich ist. Und sie sagt, daß er zwischen den Beeten der duftenden Pflanzen umhergeht und daß er gekommen ist, sich hier zu erfreuen und auszuruhen zwischen Lilien und Veilchen.]

Fray Luis sondert die beiden Sprechsituationen voneinander ab: Zuerst kommt die Frage der Mädchen, dann aber macht sich die Geliebte allein auf die Suche, steigt zu ihrem Garten in der tiefergelegenen Vorstadt hinab und redet dabei mit sich in einer Art von Selbstgespräch, das Frage oder Ausruf, nicht aber Aussage ist. Diese Lesart übernimmt Johannes vom Kreuz und steigert sie noch: Die Geliebte spricht nicht mehr zu realen Mädchen, sondern sie wendet sich in ihrem Selbstgespräch mittels einer Apostrophe an die fiktiven Nymphen. Zugleich aber verändert sich bei Johannes vom Kreuz die Bewegungsrichtung der Suche: Nach dem Wunsch der Braut sollen die Nymphen in den Gärten der tiefergelegenen Vorstadt zurückbleiben. Die Braut will demnach nicht von ihnen gestört werden und weist damit auch deren Angebot zurück, sie auf der Suche zu begleiten: *et quaeremus eum tecum.* Offenbar wohnt die Braut mit ihrem Geliebten jenseits einer ‚Schwelle' (*umbral*), an die kein anderer rühren (*tocar*), oder hinter einer Tür, an die niemand sonst klopfen soll (ebenfalls *tocar*). Eine solche Schwelle erinnert allerdings nicht an ein ärmliches Haus in der Vorstadt, sondern durchaus an einen Palast in der befestigten Oberstadt.[5] Während die Nymphen also in

---

5 «LUMBRAL. La entrada de la puerta de casa, que pisamos; del nombre latino *limen, nis,* y de aí *liminare,* y corruptamente lumbral y umbral. [...] Ay algunas supersticiones cerca de los antiguos de no pisar el umbral y de advertir no tropeçar en él.» (Covarrubias: *Tesoro de la lengua castellana,* s. v. «lumbral».) – ‚Schwelle. Der Eingang der Tür des Hauses, das wir betreten. Vom lateinischen Wort *limen, -inis,* und von daher *liminare* sowie durch Korruption die spanischen Formen *lumbral* und *umbral*. [...] Es gibt einige abergläubische Gebräuche bei den Alten. Sie

den tiefgelegenen Gärten der Vorstadt verweilen, scheint sich die Braut – zumindest in ihrer Phantasie – einen Platz innerhalb der hochgelegenen Stadt zuzuschreiben, und in diesem Sinn argumentiert auch der Prosakommentar, der eine Opposition zwischen Vorstadt und Stadt, zwischen dem niederen sinnlichen und dem höheren vernünftigen Teil der Seele konstruiert (cf. Cántico B 18,4-7 – Geistlicher Gesang 18, pp. 152-154).

Die Braut zieht sich mit ihrem Bräutigam in eine für die Nymphen geradezu unberührbare Festung zurück. Welche genauere Bedeutung aber kommen den *arrabales* (‚Vororten‘) zu, an denen die Nymphen – oder eben die Töchter Jerusalems – verweilen sollen? Covarrubias gibt uns eine überaus erhellende Erklärung des Wortes:

> ARRABAL. *Latine suburbium vel pomerium, id est prope murum;* es el barrio que está fuera de los muros de la ciudad, pegado a ella; y los arrables se pueblan de la gente común y de bullicio, que por más libertad de sus tratos viven fuera, y en rigor de la gente multiplicada que, no teniendo sitio dentro de la ciudad, se salen a edificar fuera. [...]. Dize Diego de Urrea es nombre arábigo *arrabale, errebalu,* del verbo *revele,* que vale llevar a las ancas detrás de sí, y es alusión porque los que viven en el arrabal están a las ancas de la ciudad o villa murada.[6]

> [VORSTADT. *Latine suburbium vel pomerium, id est prope murum;* es ist das Viertel, das außerhalb der Mauern liegt, aber sich an sie anlehnt; und in den Vorstädten wohnt das gemeine Volk, das gern zum Tumult neigt; denn um in ihrem Verkehr mehr Freiheit zu haben, leben diese Leute draußen; und auch unter dem Druck des Bevölkerungswachstums, wenn kein Platz in der Stadt bleibt, ziehen sie hinaus und bauen draußen. [...] Diego de Urrea sagt, es sei ein arabisches Wort: *arrabale, errebalu,* vom Verbum *revele,* das soviel heißt wie auf der Kruppe hintaufsitzen lassen, und es ist eine Anspielung, denn diejenigen die in der Vorstadt wohnen, sitzen der ummauerten Stadt oder Ortschaft hintauf.]

Es zeigt sich, daß die Bewohner und vor allem die Bewohnerinnen eines *arrabal* nicht nur von einfachem Stand, sondern mitunter auch von einer unbekümmerteren Moral sind. Noch das *Diccionario de la Lengua* verzeichnet 1984 unter der Eintragung *arrabalero, ra* (‚Vorstadtbewohner, -in‘) unter anderem: «Dícese de la persona, y especialmente de la mujer, que en su traje, modales o manera de

---

bestehen darin, die Schwelle nicht zu betreten und darauf zu achten, daß man an ihr nicht stolpert.‘

Spanisch *lumbral* oder *umbral* werden bei Covarrubias offenbar als Latinismus empfunden und darum sofort mit antiken Schwellenriten in Verbindung gebracht. Darüber hinaus konnotiert lateinisch *limen* in der Dichtung häufig das Haus eines Mächtigen: „Sollicitant alii remis freta caeca, ruuntque / in ferrum, penetrant aulas et limina regum" (Vergili Georgica II,503 sq.), heißt es bei Vergil. Vor allem aber ist wichtig der Vers aus der in Spanien überaus berühmten und häufig nachgeahmten zweiten Epode des Horaz: „Beatus ille qui [...] / forumque vitat et superba civium / potentiorum limina." (Horati epodus II,1 et 6 sq.) Garcilaso, Córdoba und Fray Luis vermeiden in ihren Übersetzungen allerdings den latinisierenden Terminus *umbral* und wählen das gebräuchlichere Wort *puerta,* zum Beispiel: «Dichoso el que [...] / Huye la plaza y la soberbia puerta / de la ambición esclava.» (Fr. Luis: *Beatus ille,* vv. 1 et 7 sq., ed. García, 1991, vol. II, p. 949.)

6 Covarrubias: *Tesoro de la lengua castellana,* s. v. «arrabal».

hablar da muestra de mala educación.»[7] – ‚Man sagt dies von der Person, besonders von der Frau, die in ihrer Kleidung, ihren Umgangsformen und ihrer Redeweise eine schlechte Erziehung an den Tag legt.' Darüber hinaus scheint die bei
Covarrubias angeführte arabische Etymologie die Bedeutungsentwicklung von
arrabal beeinflußt zu haben. Denn wenn dem Wort – sei es begründeter- oder
unbegründeterweise – der Inhalt des ‚Hintaufsitzenlassens' zugewiesen wurde,[8]
dann war damit eine Verbindung sowohl zur ‚Kruppe' des Pferdes als auch zur
menschlichen ‚Hinterbacke' hergestellt, die beide im Spanischen als *anca* bezeichnet werden.

Nachdem es im Haupteintrag ebenfalls auf die bei Covarrubias angeführte
Etymologie von *arrabal* aus dem Arabischen verwiesen hat, verzeichnet auch das
Diccionario de Autoridades eine zusätzliche Bedeutung des Wortes: «ARRABAL.
Se toma tambien jocosamente, por la parte posterior, o las assentaderas. Lat.
Nates, ium.»[9] – ‚Vorstadt. Man nimmt es auch scherzhaft für das Gesäß oder die
Hinterbacken. Lateinisch *nates, -ium.*' Es liegt für diese Bedeutungserweiterung
von *arrabal* auch ein volksetymologisches Motiv vor. Man unterstellt – natürlich
nicht im Ernst, sondern im Spaß, – eine Verwandtschaft zwischen *arrabal* und
rabo (‚Schwanz', ‚Schwanzstück', ‚Hinterteil') oder *rabel* (‚Hirtengeige', aber
auch ‚Gesäß').[10] Die Vorstadt gilt gewissermaßen als der ‚Rattenschwanz' oder die
‚Afterstadt' im Rücken der ummauerten Siedlung; aber umgekehrt ist damit auch
das Gesäß als eine Art von ‚Hinterstadt' auf die Landkarte der menschlichen
Anatomie eingetragen.

Im erläuterten Sinn, nämlich als burleske Hinweise auf das menschliche Gesäß, tauchen die Worte *rabo, rabel* sowie verwandte Formen, darunter eben auch
arrabal, regelmäßig in der satirischen Dichtung auf – entweder im skatologischen
oder im erotischen Zusammenhang.[11] Häufig spielt die Redeweise auf die Praxis

---

7 *Diccionario de la lengua española,* ed. Real Academia Española, Madrid 1984, vol. I, s. v.
 «arrabalero, ra». Maria Moliner ist noch eindeutiger: «Se aplica a la persona, particularmente a la
 mujer, descarada y de modales groseros.» (Maria Moliner: *Diccionario de uso del español,* vol. I, s.
 v. «arrabalero, -a».) – ‚Man wendet es auf eine Person, insbesondere auf eine Frau an, die
 schamlos und von ordinären Umgangsformen ist.'

8 Corominas und Pascual leiten in ihrem etymologischen Wörterbuch *arrabal* zwar ebenfalls aus
 dem Arabischen, aber mit erheblich weniger Phantasie nur vom gleichbedeutenden Wort *rabád*
 (‚Vorstadt') ab. Cf. Joan Corominas, Juan A. Pascual: *Diccionario crítico etimológico castellano e
 hispánico,* vol. I, s. v. «arrabal».

9 *Diccionario de Autoridades,* vol. I, s. v. «arrabal».

10 Sowohl für das männliche als auch für das weibliche Hinterteil findet sich *rabo* mehrmals in der
 erotischen Dichtung. Cf. *Floresta de poesía erótica,* n° 29, vv. 9-14, p. 45; n° 42, vv. 12-14, p. 60;
 n° 129, vv. 21-24, p. 251. Für *rabel* cf. ibid. n° 129, vv. 13-16, p. 150. Das letztgenannte *rabel*
 ist in dieser Bedeutung weniger vulgär. Es wird darum von den Wörterbüchern verzeichnet und
 gehört zur Kindersprache: «RABEL. Festiva y familiarmente se suele llamar al trasero, con espe-
 cialidad hablando con los muchachos.» (*Diccionario de Autoridades,* vol. III, s. v. «rabel».) –
 ‚Scherzhaft oder vertraulich pflegt man so den Hintern zu nennen, vor allem, wenn man mit
 Kindern spricht.'

11 Wohl um 1592 verfaßt der sevillanische Dichter Juan de Salinas seine burleske Romanze «En
 Fuenmayor esa villa...» auf den Magister Fuenmayor aus dem Augustinerorden. Während einer
 Reise, auf der er Geld für eine Kronanleihe Philipps II. eintreiben soll, verwechselt der Prediger

der Sodomie unter Männern an,[12] beispielsweise in einem Góngora zugeschriebenen, äußerst derben Spottsonett über die beiden altkastilischen Ortschaften Carrión und Tordesillas, die zur ‚Gemarkung' von Olivares gehören. Wie der Verlauf des Textes unmißverständlich zu verstehen gibt, ist gemeint, daß zwei Burschen, denen der Dichter die Ortsnamen Carrión und Tordesillas gegeben hat,
ihrem Liebhaber namens Olivares gegen reichliches Entgelt zuwillen sind. Über
die beiden Cinaeden heißt es wörtlich: «Todas son arrabales estas Villas, / y su
término todo es Olivares.»[13] – ‚Totae in loco natium (uel suburbii) habentur hae
uillae, / quae solo Oliueti termino finiuntur.' Andere Gedichte spielen aber auch
auf die Bereitschaft der Dirnen zum sodomitischen Verkehr mit Männern an,
wobei den Freiern dann oft italienische oder gar galicische Vorlieben unterstellt
werden.[14] So paßt es denn ausnehmend gut, daß im Rotwelsch des Siglo de Oro
das Lexem *ninfa* ganz generell für die ‚Hure' stehen kann.[15]

Wie die Katzen

Ausgehend von den erotischen Praktiken im eng sodomitischen Sinn gelangt man
zu Anspielungen auf den *concubitus a tergo* im Verkehr zwischen Mann und Frau.
Auch dieses Thema findet sich nämlich in einschlägigen Gedichten des Siglo de
Oro behandelt. In einer Art von Aufklärungsunterricht, den eine Mutter ihrer
Tochter im heiratsfähigen Alter erteilt, gibt sie darüber die folgende Auskunft:

> *A la gatesca, es verdad*
> *que se gana dos pulgadas,*
> *hija mía, mas mirad*
> *que no conviene a las casadas,*
> *sino estarse bien echadas*
> *y hoder bien a placer.*[16]

---

in einer Winternacht den Nachtstuhl seiner Herberge mit einem glühenden *brasero,* und so heißt
es im Gedicht: «Que se quema el arrabal» (‚ecce in natibus – uel in suburbio – incendium fit').
Cit. apud Henry Bonneville: *Le Poète sévillan Juan de Salinas (1562?-1643): Vie et oeuvre,* Paris:
Presses Universitaires de France 1969, p. 114; cf. ibid. pp. 111-115. – Weiterhin zu diesem
Thema cf. P. Alzieu et al., in: *Floresta de poesías eróticas,* n° 129, nota 12, pp. 250-254.

12 In Anlehnung an den lateinischen, romanischen und englischen Sprachgebrauch (sowie an das
Grimmsche Wörterbuch) wird hier und im folgenden der Begriff der Sodomie im etymologischen Sinn verstanden, nämlich sowohl als gleichgeschlechtlicher Verkehr wie auch als *paedicatio*
im allgemeinen, sei es zwischen zwei Männern oder zwischen Mann und Frau.

13 Luis de Góngora: «Hay entre Carrïón y Tordesillas...» (soneto atribuido), vv. 5 sq., in: *Sonetos
completos,* ed. Birute Ciplijauskaité, 5ª ed., Madrid: Castalia 1982, n° XL, p. 304.

14 Cf. Góngora: «Las no piadosas martas ya te pones...» (soneto atribuido), ibid. n° XXX, p. 292.

15 «Pues *ninfa* era un término extremadamente común para prostituta.» (Ignacio Navarrete: *Los
huérfanos de Petrarca. Poesía y teoría en la España renacentista,* [Anglice 1994], transt. Antonio
Cortijo Ocaña, Madrid: Gredos 1997). – ‚Nymphe war eine äußerst gängige Bezeichnung für die
Prostituierte.' Navarrete beruft sich auf José Luis Alonso Hernández: *Léxico del marginalismo del
Siglo de Oro* (Acta Salmanticensia, Filosofía y Letras, 99), Salamanca: Universidad de Salamanca
1976, p. 555.

16 *Floresta de poesía erótica,* n° 99, vv. 29-34, p. 202.

[Cum more felino uteris, certe / lucraberis duos digitos transuersos, / filia mea, sed scito / quantum hoc nuptas dedeceat, / resupinae enim necesse est iaceant / dum ueneris fructum laetae capiunt.]

Obwohl sich die Frau einen nach Fingerbreiten exakt zu bemessenden Lustgewinn versprechen darf, wenn sie beim Liebesakt nach dem Vorbild der Katzen verfährt, wird von einer ehrbaren Ehefrau erwartet, daß sie auf einen solchen Genuß verzichtet. Dabei hat das beschriebene Liebesspiel nicht nur für die Frau, sondern, wie sich einem weiteren burlesken Gedicht entnehmen läßt, auch für den Mann seine Reize. So hören wir, wie ein Ehemann seine im Finanziellen offenbar arg anspruchsvolle Frau zu einer für sie ungewohnten erotischen Stellung zu überreden trachtet:

> Casadilla, pues tanto me cuestas,
> tómame a cuestas.
> No temas, que no hay de qué,
> Teresa que te prometo
> que no peso cuando aprieto,
> que yo me sustentaré,
> acaba ya, tómame,
> no me dés muchas de éstas,
> tómame a cuestas.[17]

[Cum mihi tanti pretii, uxorcula, constes, / age iam impone me umeris. // Nulla est causa cur timeas, / nam tibi, Teresia mea, pollicebor / me non onustum tibi fore / quoad te pressurus sim, / ego enim ipse me sustinebo, / noli iam recusare, sed complectere me / neque me plures repulsas ferre iubeas, / age iam impone me umeris.]

Das dreistrophige Gedicht wird maßgeblich vom Refrain strukturiert. Sein homonymer Reim auf *me cuestas* ('du kostest mich') und *a cuestas* ('auf dem Buckel') setzt eine überaus komische Wirkung frei. Der Sprecher wendet sich nämlich an seine *casadilla* ('Eheweibchen'), doch da er für sie so große finanzielle Aufwendungen machen muß, erwartet er zum Ausgleich auch jene erotischen Leistungen von ihr, die eher aus dem Repertoire der Hetärenliebe stammen. In den beiden restlichen Strophen macht dann der Sprecher der Adressatin seinen Wunsch mit immer neuen Argumenten schmackhaft. Die satirische Paradoxie besteht darin, daß der Unterschied zwischen ehelicher und Dirnenerotik vermischt wird, weil sich die für teures Geld unterhaltene Ehefrau dann wenigstens auch im Bett nach Art einer Prostituierten verhalten soll.

Wir kommen nach einem langen Umweg wieder auf unsere Strophe XXXII C des *Cántico espiritual* zurück. Wenn dort die Nymphen aus Judäa in der Vorstadt wohnen bleiben sollen, dann ist damit eine Anspielung auf eine besonders verlockende Erotik gegeben, wie sie in den 'Vorstädten' üblich und für die Hetären-

---

17 Ibid. n° 51, vv. 1-7, p. 77.

liebe charakteristisch ist. Dabei legt der Text gewiß nicht auf strenge Weise fest, was unter den hier mitgemeinten Liebesspielen genau zu verstehen sei. Aber der Begriff *arrabal* konnotiert zweifelsfrei eine sodomisierende Form der Begegnung und überbietet so gesehen noch einmal die ohnehin schon als pervers betrachteten Positionen *more felino* oder *ab umeris.* [18] Der vordergründige Sinn der Strophe besteht allerdings nicht im Lob der perversen Erotik, sondern die Sprecherin weist ja gerade die Verhaltensweisen der Nymphen ab, will sie gewissermaßen draußen hinter der Stadt zurücklassen, und sie reklamiert statt dessen für sich den Schritt über eine andere ‚Schwelle‘ – durchaus im Sinn der metaphorischen Wortbedeutung: «UMBRAL. Metaphoricamente se llama el primer passo principal, ù entrada de qualquier cosa.» [19] – ‚Schwelle. Metaphorisch heißt so der erste und wichtigste Schritt oder Eingang zu irgendeiner Sache.‘

Mit der Metaphorik des ‚Eintretens‘ und des ‚Eingangs‘ bewegen wir uns wiederum im erotischen Bereich, der sich gerne des Tor- oder Pfortenmotivs bedient und einen eigentlichen, natürlichen Zugang zum Körper der Frau von dessen nur uneigentlichen Substituten unterscheidet. Wenn wir also schon zuvor den Hinweis auf die *arrabales* für eine Evokation der sogenannten *Puerta de Italia* (‚Italienisches Tor‘) genommen haben, dann liegt es nahe, die Rede von den *umbrales* ebenso als eine Anspielung auf die *Puerta de España* (‚Spanisches Tor‘) zu beziehen. [20] Die Sprecherin verschreibt sich demnach nicht einer naturwidrig perversen, sondern einer naturgemäßen Erotik. Die Strophe benennt somit eine Opposition zwischen der dirnenhaften Perversion im Blütenduft des Vorstadtgartens einerseits und der gewissermaßen ehelichen Vereinigung hinter der unberührbaren Schwelle eines vornehmen Palastes in der Oberstadt andererseits. Nur die zweite Form der Begegnung erscheint der Sprecherin als wünschenswert.

Erneut gilt es den allegorischen Status des Gedichts in Betracht zu ziehen, demzufolge das Gesagte niemals das Gemeinte ist. Hieraus ergibt sich eine erste mögliche Lesart: Die Negation der perversen und die Affirmation der naturgemäßen Erotik sind zwar ausgesagt, aber gerade nicht als solche gemeint. Wäre es

---

18 So hat sich in einigen portugiesischen Dialekten der aus dem Arabischen stammende Begriff *zuate* erhalten, der im klassischen Arabisch das *pudendum genitale seu viri seu mulieris,* auf der iberischen Halbinsel aber zusätzlich den *anus* bezeichnen kann, wobei diese Gleichsetzung auch auf das besonders strenge Jungfräulichkeitsideal und die daraus resultierende Häufigkeit des sodomisierenden Verkehrs im maurischen Kulturbereich zurückgeführt wurde. «É freqüente o caso de haver confusões entre os nomes das partes genitais e o anus [...], contribuindo ainda para essa confusão certas práticas contra a natureza.» - ‚Häufig ist der Fall, daß es Verwechslungen zwischen den Geschlechtsteilen und dem After gibt [...], wobei gewisse widernatürliche Praktiken zu dieser Verwechslung beitragen.‘ (Max Leopold Wagner: «Sobre algúns arabismos do português», *Biblos* [Revista da Faculdade de Letras da Universidade de Coimbra], 10 [1934], 427-453, ibid. 448.)

19 *Diccionario de Autoridades,* vol. III, s. v. «umbral».

20 In einem Spottsonett auf eine Hexe, Kupplerin und Hure heißt es: «Y porque no se quede parte ociosa, / de Italia abres la puerta a tu persona, / sin cerrar la de España sólo un punto.» (*Floresta de poesía erótica,* n° 129, nota 24, vv. 27-29.) – ‚Ne quicquam in te uacet / Italicam portam aperiens copiam tui das / quin portam Hispanicam, licet paululum, occludas.‘

dann denkbar, die benannten Kategorien schlichtweg chiastisch zu verkehren, nämlich in dem Sinn, daß die naturgemäße Liebe zwar gesagt, aber eben nicht gemeint und daß die naturwidrige Liebe zwar nicht gesagt, verneint, aber eben darum gemeint sei? Wie wir sehen werden, müßte eine solche vereinfachende Lesart an der subtilen Struktur des Textes vorbeigehen, in der das Problem der Sprachlichkeit selbst zum Thema gemacht wird.

Zunächst ist festzuhalten, daß den Nymphen Judäas immerhin ein Ort in den Gärten der Vorstadt zugewiesen und der vom Wind verbreitete Blütenduft als Attribut zugesprochen wird, wohingegen die Sprecherin ihren eigenen Standort nur negativ im verneinten Imperativ benennen kann: *Y no queráis tocar nuestros humbrales* (‚wagt nicht, an unsere Schwellen zu rühren‘). Die prickelnden erotischen Szenen in den Gärten der Vorstadt stehen durchaus emblematisch für die Qualität des *Cántico espiritual* insgesamt. Denn an anderen Stellen des Gedichts hat sich die Sprecherin geradezu selbst als eine jener Nymphen gezeichnet, denen sie jetzt den Zutritt zu ihrer eigenen ‚Schwelle‘ verwehren will. Sie hat sich bislang auch als überaus empfänglich für den Zauber und den Duft jenes Gartens erwiesen, auf den sie plötzlich zu verzichten vorgibt. So heißt es etwa in der Strophe XXVI A (XXVII C) resp. XVII B folgendermaßen:

> *Detente cierço muerto*
> *ven austro que recuerdas los amores*
> *aspira por mi huerto*
> *y corran sus olores*
> *y pacerá el amado entre las flores*
> (Cántico C, 131-135).

> [Halt ein, du toter Nordwind,
> komm, Südwind, der die Liebesfreuden weckt,
> und weh durch meinen Garten,
> es sollen seine Düfte strömen,
> und der Geliebte wird dann zwischen Blumen weiden.]

Man mag hier eine gleichsam psychologische Entwicklung bei der Braut annehmen, als hätte sie sich geläutert und wäre sie auf einem Weg der Initiation von einer perversen zu einer reineren Form der Liebe emporgestiegen. Freilich erweist sich diese einfache Lösung im Sinne einer Sukzession einzelner Handlungsstadien auf Grund der unterschiedlichen Einbindung der Strophe in die Versionen AC einerseits und B andererseits einmal mehr als fragwürdig.

In unserer Lektüre der Strophe werden wir lieber von den sprachlichen Merkmalen des Textes ausgehen. Zwei stilistische Besonderheiten sind zu vermerken: Der Imperativ in Vers 159 C: *Morá en los arrabales* (‚bleibt in den Vorstädten!‘) weicht von der morphologischen Regel ab, insofern der sonst übliche Endkonsonant fehlt. Die gewöhnliche Form müßte nämlich lauten: *Morad*. Die Apokope des Schluß-d fällt an der zitierten Stelle besonders ins Gewicht, weil der betonte Endvokal mit dem Folgevokal durch Synaloephe zu einem deutlich hörbaren Diphthong verschmilzt: *Moráen*... Im Prinzip ist diese Apokope als dichterische Lizenz im Siglo de Oro nicht ungebräuchlich.[21] Allerdings verwendet Johannes vom Kreuz selbst den Imperativ Plural sonst stets mit konsonantischer Endung – sowohl in der Prosa als auch gerade im *Cántico espiritual* selbst, wo solche Formen dreimal begegnen.[22] Offenkundig ist die unerwartete, aber deutlich zu vernehmende Apokope des Imperativs als ein Barbarismus der Sprecherin zu werten.

Ein weiterer schwerwiegender Barbarismus kommt in der Version B des *Cántico espiritual* hinzu: Sowohl im Gedicht als auch im zugehörigen 18. Kapitel des Kommentars heißt es im Manuskript von Jaén statt *humbrales* (so schreiben die Handschrift von Sanlúcar und die Erstausgabe von Madrid) durchwegs *humblares*.

> *Morá en los arrabales*
> *y no queráis tocar nuestros humblares*
> (Cántico B, 89 sq.).

Man wäre geneigt, die Metathese von r und l in *humblares* für einen beiläufigen Abschreibfehler zu halten, wäre dieser nicht konsequent das ganze Kapitel hindurch bei jedem Vorkommen des Wortes wiederholt worden und würde er nicht gar zu offensichtlich die Euphonie der Strophe zerstören. Eigentlich reimt sich *humbrales* ja auf *arrabales;* in der Variante B wirkt statt dessen die Form *humblares* als ein unüberhörbar kakophones Echo. Zudem ist es der einzige unreine Reim, der in den großen Gedichten des Johannes vom Kreuz nachzuweisen ist.

Obwohl die genauen Entstehungsbedingungen der Version von Jaén auch nach dem jüngsten Manuskriptfund noch im dunkeln liegen, weist die Ersetzung des euphonen und etymologisch korrekten Wortes *humbrales* durch die kakophone und inkorrekte Bildung *humblares,* wenn nicht überhaupt auf den Verfasser selbst, so zumindest auf die karmelitische *scène de l'énonciation* zurück. Es handelt sich also keineswegs um einen bloß naiven Abschreibfehler (dazu ist er zu häufig und zu störend), sondern hinter dem Vorgehen steckt ein rhetorisches Stratagem. Wie schon der apokopierte Imperativ weist auch der Rhotazismus von *humblares* die Braut als eine ungebildete Sprecherin aus: Sie distanziert sich zwar von den erotischen Freuden der Vorstadt und will nach ihren eigenen Ansprüchen höher hinaus, aber diese Charakteristik ihrer selbst vermag sie doch nur in der Sprache der Vorstadt zu formulieren, ja mehr noch: Das eigentlich angestrebte Ziel und das edelste Wort der Strophe, die *umbrales,* wollen ihr nicht ohne phonetische Entstellung über die Lippen, eben als *humblares.* Der Ort reiner Liebe wird versprachlicht mit Hilfe einer barbarischen Metathese und eines unreinen Reims: Das sind sprachliche Eigentümlichkeiten, wie sie in der hohen Dichtung tabuisiert, in der burlesken Poesie aber durchaus gebräulich sind. Das Gedicht wird hier fast im wörtlichen Sinn zweistimmig. Nirgendwo spricht der

---

21 Bei Garcilaso heißt es beispielsweise – ebenfalls in Synaloephenstellung: «Vuestro furor esecutá en mi vida» (Garcilaso: *Soneto* 29, v. 14, ed. Rivers, p. 65.) – ‚Eure Raserei tobt aus an meinem Leben!‘

22 «Decilde» (Cántico, v. 10) – ‚sagt ihm‘; «decid» (Cántico, v. 20) – ‚sagt‘; «cogednos» (Cántico C, vv. 126) – ‚fangt uns‘.

Cántico espiritual ironischer als im fehlerhaften *humblares* der Version B, dessen komisch abweichende Lautgestalt durch die beiden korrekten Varianten A und C ex negativo ausdrücklich dokumentiert wird.

Der Barbarismus, der das rhetorische Aptum des gemeinten Gegenstands ironisch mißachtet, dekonstruiert von der sprachlichen Seite her die zuvor behauptete Opposition zwischen perverser und naturgemäßer Erotik – und zwar zur Seite der erotischen Perversion hin. Die Rede über die hohe Erotik des *umbral* kann von der Braut nur in einer Sprache geführt werden, die gewissermaßen selber pervers ist, weil sie die Eigentlichkeit des hehren Gegenstands verfehlt. Die Muster der Rede, welche die Sprecherin benutzt, entstammen dem niedrigen Milieu und der perversen Erotik der Vorstadt. Was sich auch immer in der Oberstadt hinter der ‚Schwelle' jenes Palastes ereignen mag, in den sich die Braut hineinträumt, sie selbst und ihr Gedicht weiß dafür keine anderen Worte zu gebrauchen als jene, die sie draußen hinter der Stadt hat sagen hören – bei Marketenderinnen und Dirnen. Damit wird letzten Endes ein Bedingungszusammenhang zwischen Sprache und erotischer Perversion deutlich gemacht. Beide wohnen sozusagen in der ‚Vorstadt' der Uneigentlichkeit und sind darin miteinander kommensurabel, wohingegen hinter der ‚Schwelle' der Eigentlichkeit, sei diese nun rhetorisch oder erotisch verstanden, ein Anderes liegt, worauf sie verweisen und das ihnen inkommensurabel bleibt.

Wider die Natur

Es ist an der Zeit, den bislang von uns nicht in einem strengen Sinn gebrauchten Begriff der erotischen Perversion näher zu erläutern. Michel Foucault hat in seiner bekannten Abhandlung über *La Volonté de savoir* die These vertreten, daß sich vorneuzeitliche und moderne Erotik dadurch unterschieden, daß die erstgenannte eng an das Rechtsinstitut des Ehebunds (*loi de l'alliance*), die letztgenannte hingegen an das Phänomen der im Subjekt verankerten Perversionen (*implantation perverse*) gebunden sei.[23] Sosehr Foucaults grundsätzliche Annahme berechtigt scheint, daß die vormoderne Sexualität die unterschiedlichen (auch die perversen) Formen des sexuellen Begehrens noch nicht subjektiviert hat, sowenig darf man übersehen, daß sich deren Ordnung nicht auf das Dispositiv der *loi de l'alliance* allein reduzieren läßt. Zumindest gewinnt man diesen Eindruck dann, wenn man die Prämissen berücksichtigt, unter denen in der Theologie seit alters her das Laster der *luxuria* verhandelt wird.[24]

Die bei Foucault so sehr betonte *loi de l'alliance* gibt lediglich eines von zwei fundamentalen Ordnungsdispositiven ab, welche die vormoderne Struktur der Erotik determinieren. Nach der *loi de l'alliance* darf die legitime erotische Begeg-

---

23 Cf. Foucault: *La Volonté de savoir*, pp. 50-67.
24 Grundlegend ist die *Quaestio de speciebus luxuriae* bei Thomas von Aquin. Cf. S. Thomae Aquinatis summa theologiae II-II q. 154.

nung nur zwischen rechtmäßig verheirateten Partnern stattfinden. Das hinzukommende – zweite – Kriterium, das Foucault nicht berücksichtigt, artikuliert
sich über eine Ökonomie des natürlichen Gefäßes. Da alle erotischen Praktiken
grundsätzlich auf Prokreation ausgerichtet sein sollen, kann nur jene Vereinigung
erlaubt sein, innerhalb derer sich der Samen des Mannes in das sogenannte *vas
naturale* der Frau ergießt – und zwar dergestalt, daß dabei die Zeugung eines
Kindes erfolgen kann oder zumindest nicht behindert wird. Aus diesem grundsätzlichen Zweck des Beischlafs ergeben sich eine Reihe von Anforderungen an
die konkrete Form der erotischen Vereinigung. Überall wo das Ziel der *generatio*
angestrebt wird, erfolgt die Vereinigung *secundum naturam;* überall wo die *generatio* auf Grund einer Reihe von Abweichungen unmöglich oder unwahrscheinlich ist, erfolgt die Vereinigung *contra naturam,* und es liegt so gesehen eine erotische Perversion vor, die gerade auch den Verkehr zwischen Mann und
Frau betreffen kann. Der Dominikanertheologe Silvester Prierias, alias Silvestro
Mazzolini, kommentiert das *vitium contra naturam* in seiner einflußreichen und
oftmals nachgedruckten Summe von 1519 folgendermaßen:

> Vitium uero contra naturam secundum S. Thomam [...] est actus uenereus repug-
> nans non solum rationi rectae, quod est commune in omni uitio luxuriae, sed etiam
> ipsi ordini naturali actus uenerei, qui conuenit humanae speciei, qui scilicet est, ut
> sit inter masculum & foeminam eiusdem speciei in uase et situ debito. Quod quia
> pluribus modis potest contingere, ideo ista species luxuriae tanquam subalterna
> continet sub se multas specialissimas. Prima dicitur mollities uel immunditia, quae
> est cum quis sine coitu sponte polluitur. Secunda dicitur Sodomia, quae est secund-
> um S. Thomam quando coitus est inter masculum et masculum, uel foeminam et
> foeminam, ita quod sexus debitus non seruatur. [...] Tertia dicitur bestialitas, quae
> est quando coitus est cum re alterius speciei. Quarta retinet sibi nomen contra natu-
> ram, & dicitur uitium contra naturam, & est quando quis coit cum sexu foemineo
> et eiusdem speciei, sed non seruatur modus naturalis coeundi quantum ad instru-
> mentum non debitum aut alios monstruosos & bestiales concumbendi modos, ut
> dicit S. Thomas qui uidetur uelle ut ubi est sexus debitus, licet uas seu locus sit in-
> debitus, quod non fit Sodomia, sed peccatum contra naturam tantum, qui scilicet
> est umbicumque sequi non potest generatio, quod intelligo nisi raro, ut si mulier
> praebeat terga, uel forte etiam si supergrediatur.[25]

Folgt man den zitierten Ausführungen und ergänzt man dann Foucaults Analyse,
so überschneiden sich in der vormodernen Ordnung der Erotik die zwei schon
genannten Dispositive der *loi de l'alliance* und der Ökonomie des natürlichen
Gefäßes:

1. Der *loi de l'alliance* liegt eine Opposition von *concubitus licitus* vs. *concubitus
   illicitus* zugrunde, wie sie von Foucault hinlänglich beschrieben wurde.
2. Die Ökonomie des natürlichen Gefäßes bestimmt sich hingegen über eine
   Opposition von *concubitus secundum naturam* vs. *concubitus contra naturam.*

---

25 Sylvestrinae summae nitori suo restitutae pars secunda. Lugduni apud Ioannem Frellonum
   MDXLIX, s. v. „luxuria", p. 162 (Biblioteca Nacional de Madrid 3/16816).

Die Vereinigung *secundum naturam* zielt auf nützliche Prokreation und gehorcht – mit Bataille gesprochen – den Regeln der *économie restreinte*. Sie bedient sich sowohl des *instrumentum debitum* beim Mann als auch des *vas debitum* bei der Frau. Nicht zufällig findet in diesem Zusammenhang der ökonomische Begriff des *debitum* Verwendung. Die Erotik wird als eine Schuldverschreibung, das heißt als ein obligatorischer und einklagbarer Gabentausch konzipiert. Die Vereinigung *contra naturam* ist dagegen ein unnützer Akt der Verschwendung, und sie müßte darum Bataille zufolge innerhalb einer *économie générale* angesiedelt werden. Sie wäre gerade kein Tausch, sondern vielmehr Potlatsch.

Der Kategorie des natürlichen Gefäßes sind die vier oben genannten Unterarten der widernatürlichen Erotik zugeordnet: Die Selbstbefriedigung ist charakterisiert durch die Abwesenheit eines Andern und damit eines Gefäßes überhaupt.[26] Die Sodomie ist die Vereinigung zwischen zwei Männern oder zwischen zwei Frauen. Da entweder der Partnerin das *instrumentum debitum* oder dem Partner das *vas debitum* fehlen, kann auf keinen Fall Samen in das natürliche Gefäß fließen. Bei der Bestialität erfolgt die Vereinigung außerhalb der geschuldeten Art, was ebenfalls ausschließt, daß Samen ins natürliche Gefäß gelangen würde. Beim Laster wider die Natur im engeren Sinn erfolgt zwar die Vereinigung zwischen Mann und Frau, aber es wird entweder das natürliche Gefäß überhaupt verfehlt oder die natürliche Stellung nicht eingehalten, so daß die anzustrebende Befruchtung des natürlichen Gefäßes nicht oder nur selten erfolgen kann.

Aus den beschriebenen Abweichungen sind nicht nur im Laufe der Diskursgeschichte die modernen Perversionen entstanden, sondern die Verfehlungen *contra naturam* spielen bereits im erotischen Wissen der vormodernen Epoche eine bedeutsamere Rolle, als Foucault zugestehen wollte. Erst die Kategorien der *loi de l'alliance* und des natürlichen Gefäßes zusammen ergeben jenes Raster, innerhalb dessen einzelne Praktiken einzuordnen, zu benennen und als erlaubt oder als verboten einzustufen sind. Vor dem Hintergrund dieser vormodernen Ordnung der Erotik zeigt sich sehr deutlich, daß sich die im *Cántico espiritual* suggerierten Liebespraktiken vorrangig am Modell eines *concubitus contra naturam* orientieren, sei es nun der sich am Flügelschlag der Taube labende Hirsch, sei es die milchtrinkende Geliebte oder seien es die einfachen Freuden der Vorstadt, denen möglicherweise die Braut selbst (früher einmal?) verfallen ist. Außerdem ist mit den Anspielungen auf derlei Perversionen immer auch eine unverwechselbare Nähe zum Dirnenmilieu und zum Repertoire der Hetärenliebe bezeichnet.

Abschließend stellt sich zweifelsohne die Frage, ob die perverse Erotik des buchstäblichen Sinns und der Anspruch der theopoetischen Allegorie, den der

---

26 „Et ideo inter vitia contra naturam infimum locum tenet peccatum immunditiae, quod consistit in sola omissione concubitus ad alterum." (S. Thomae Aquinatis summa theologiae II-II q. 154, art. 12, resp. ad 4.)

Cántico espiritual erhebt, miteinander zu vereinbaren sind. Wenn in der bukolischen Welt des Gedichts die widernatürliche Liebe allgegenwärtig ist, wird man darin zunächst eine ἀνόμοιος ὁμοιότης (unähnliche Ähnlichkeit) im Sinn der areopagitischen Theologie erkennen wollen. Freilich muß auch die unähnlichste Ähnlichkeit ein Element des Ähnlichen enthalten, um dem Begriff gerecht zu werden, den man sich von ihr macht. Ist dann aber die Perversion *contra naturam* der Dimension des Ähnlichen oder gerade des Unähnlichen zuzurechnen? Erweist sich das Widernatürliche als das materiale Rauschen im Kanal, welches eine restlos spiritualisierende Lektüre des Textes verunmöglicht, oder aber umgekehrt als ein Analogon, welches auf ein Anderes verweist, das ihm ähnlich ist, unbeschadet einer je größeren Unähnlichkeit?

Es scheint so, als habe Johannes vom Kreuz die Liebe der Seele zu Gott nicht nach dem Modell einer naturgemäßen, sondern umgekehrt nach dem Muster einer widernatürlichen Liebe konzipiert. Zwar wählt er als Bezugspunkt nicht die gleichgeschlechtliche, sondern die verschiedengeschlechtliche Liebe zwischen Mann und Frau; aber diese Option ermöglicht es ihm gerade, die übliche Opposition von naturgemäßer vs. widernatürlicher Liebe zu dekonstruieren – eben nach der Seite der Perversion hin. Sogar noch das heterosexuelle Liebespaar des *Cántico espiritual* vollzieht erotische Praktiken *contra naturam*. Die übernatürliche Liebe der Seele zu Gott kann ihre Entsprechung nicht in der natürlichen Liebe eines Paares finden. Gerade die Spuren einer naturgemäßen Liebe (sofern sie sich finden lassen) sind im Rahmen einer spiritualisierenden Lektüre des *Cántico espiritual* tendenziell als jene Schlacken der Unähnlichkeit zu vernachlässigen, aus denen sich kein Aufschluß über das ungesagt Gemeinte gewinnen läßt. Wenn überhaupt, dann ähnelt der Aspekt der Erotik *contra naturam* der Beziehung der Seele zu Gott. Nicht das Natürliche, wohl aber das Widernatürliche kann als eine fremdartige Allegorie für das Übernatürliche stehen.

Vom Geliebten betastet werden

Johannes vom Kreuz verwendet verschiedentlich die biblisch herzuleitende Metapher vom Menschen als einem Gefäß.[27] In diesem Sinn kommentiert er auch die berühmte Entrückung des Paulus vor Damaskus.[28] Wie Paulus im zweiten Korintherbrief selber bekennt, weiß er nicht, ob ihm die Schau des Dritten Himmels im Körper oder außerhalb des Körpers zuteil wurde: „Sive in corpore nescio / sive extra corpus nescio / Deus scit".[29] Manche Theologen wollten sich diesbezüglich genausowenig festlegen wie Paulus und ließen die Entscheidung offen. Jo-

---

27 Neben der Formung des Menschen aus Ton im zweiten Schöpfungsbericht der Genesis und neben den zahlreichen Bezugnahmen darauf ist für die mystische Tradition ein Vers des zweiten Korintherbriefs wichtig: „Habemus autem thesaurum istum in vasis fictilibus / ut sublimitas sit virtutis Dei et non ex nobis." (II epistola ad Corinthios 4,7.)
28 Cf. II ad Corinthios 12,1-4.
29 Ibid. 12,2.

hannes vom Kreuz hingegen ist sich sicher, daß Paulus seine Vision nur außerhalb des Körpers erlangen konnte:

> Y como el alma desea las más altas y excelentes comunicaciones de Dios y éstas no las puede recibir en compañía de la parte sensitiva, desea que Dios se las haga sin ella. Porque aquella alta visión del tercero cielo que vio san Pablo en que dice que vio a Dios, dice él mismo que *no sabe si la recibió en el cuerpo o fuera del cuerpo* (II epistola ad Corinthios 12,2); pero de cualquiera manera que ello fuese, ello fue sin el cuerpo, porque, si el cuerpo participara, no lo pudiera dejar de saber, ni la visión pudiera ser tan alta como él dice, diciendo que *oyó tan secretas palabras, que no es lícito al hombre hablarlas* (ibid. 12,4). Por eso, sabiendo muy bien el alma que mercedes tan grandes no se pueden recibir en vaso tan estrecho, deseando que se las haga el Esposo fuera de él o a lo menos sin él, hablando con él mismo, se lo pide en esta canción. (Cántico B, 19,1.)

> [Und da die Seele nach den höchsten und reinsten Mitteilungen Gottes Verlangen trägt und diese im Verein mit dem sinnlichen Teil nicht in sich aufnehmen kann, so drückt sie ihren Wunsch dahingehend aus, Gott möge ihr dies besorgen, ohne daß jener daran Anteil hat. Der heilige Paulus hat in jener Vision, bei der er nach seinem eigenen Geständnis in den dritten Himmel entrückt wurde, Gott geschaut, ohne behaupten zu können, ob sie ihm im Leibe oder außerhalb desselben zuteil geworden sei (II epistola ad Corinthios 12,2). Doch wie diese Vision auch immer stattgefunden haben mag, so hatte doch der Leib daran keinen Anteil. Wäre er dabei beteiligt gewesen, dann hätte der Apostel es wissen müssen, und die Offenbarung wäre dann nicht so erhaben gewesen, wie er sagt. Denn nach seinem Geständnis hörte er so geheimnisvolle Worte, die ein Mensch nicht aussprechen dürfe (ibid. 12,4). Für die Seele ist es also klar, daß das Gefäß zu eng ist zur Aufnahme so großer Gunstbeweise, weshalb sie den Wunsch in sich trägt, der Bräutigam möge ihr dies außerhalb des Gefäßes besorgen oder wenigstens ohne das Gefäß. Sie trägt ihm daher in der folgenden Strophe diesen Wunsch selber vor.* (Geistlicher Gesang 19, p. 154.)]

Der hier erläuterten Doktrin zufolge gibt es eine Vereinigung zwischen Gott und der Seele, die vollständig außerhalb des Körpers erfolgt, so daß die sinnlichen Vermögen der menschlichen Person nicht daran beteiligt sind. Am ehesten hätte man sich eine derartige Vereinigung wohl als einen todesähnlichen Schlaf, als *somnus mysticus,* vorstellen; und das biblische Musterbeispiel hierfür wäre in der Tat die erwähnte Entrückung des Paulus vor Damaskus. Dementsprechend sehnt sich die Seele zwar nach der Vereinigung mit Gott, aber ihr ist zugleich die grundsätzliche Unvereinbarkeit von göttlichem Geist und menschlichem Leib bewußt. Also soll die Vereinigung (wie bei Paulus) außerhalb oder ohne Körper erfolgen.

Die Besonderheit des obigen Abschnitts ergibt sich aus dem Wortgebrauch. Johannes vom Kreuz wählt zunächst die gängige Metapher des Gefäßes für den Körper und gestaltet diese sinngemäß zu der Redeweise um: *hacerselo fuera del vaso* — ,*aliquid extra vas emittere*'. Bereits die reflexive Verbalform *hacerselo* kann körperliche Sekretionen aller Art bezeichnen, und daß sich in *hacerselas* syntaktisch das Personalpronomen des direkten Objekts auf *tan grandes mercedes* (,so große Gunstbeweise') bezieht, verleiht auch dieser Fügung im nachhinein einen aeschrologischen Doppelsinn. Vor allem ist aber das Präpositionalgefüge *fuera del vaso* (‚extra vas‘) ein Fachbegriff des theologischen Sprachgebrauchs. In der sogenannten *Instrucción de confessores,* einem Handbuch für Beichtväter aus dem Jahr 1591, heißt es über das *peccatum contra naturam* unter anderem: «Acontece este peccado quando vn hombre pecca con otro, y aunque sea con su muger propria o agena, fuera del vaso natural de qualquiera manera que sea.»[30] – ‚Zu dieser Sünde kommt es, wenn eine Person mit einer anderen – selbst mit der eigenen Frau oder aber mit einer Fremden – außerhalb des natürlichen Gefäßes sündigt, auf welche Art es auch sein mag.‘ Regelmäßig taucht an weiteren Stellen der Abhandlung, wo von widernatürlichen Praktiken die Rede ist, der Begriff *fuera del vaso* oder zumindest die einschlägige Präposition *fuera* auf.[31]

Der menschliche Körper ist bei Johannes vom Kreuz als ein Gefäß aufgefaßt, das zu eng ist, um die Gottheit aufzunehmen. Es verfügt über keine breite Öffnung, sondern bestenfalls über *arcaduces,* über enge ‚Röhren‘, die der Gottheit keinen ihr gemäßen Zugang gewähren.[32] Darum eben kommt es nur außerhalb oder in Absehung des Gefäßes zu einer Vereinigung. Dies bedeutet aber letzten Endes, daß die Vereinigung von Gott und Seele dem Modell eines naturgemäßen *concubitus* gar nicht folgen kann, wo sich Werkzeug und Gefäß entsprechen, sondern daß sie notwendigerweise nach dem Muster des *vitium contra naturam* verlaufen muß. Als anläßlich der Theophanie auf dem Berg Sinai der Herr an Mose vorüberschreitet, heißt es bezeichnenderweise: „Tollamque manum meam et videbis posteriora mea / faciem autem meam videre non poteris.“[33] Auch hier ist Gotteserkenntnis allemal nur auf einem uneigentlichem Weg, nämlich von der Rückseite her, denkbar: *per posteriora,* während die Begegnung mit einem anwesenden Gegenüber ausgeschlossen bleibt oder sogar auf das Jenseits vertagt

---

30 Instrucción de cómo se ha de administrar el Sacramento de la penitencia, diuidida en dos libros, compuesta por el padre maestro F. Bartholomé de Medina Cathedrático de prima de Theología de la vniuersidad de Salamanca de la orden de S. Domingo. En Alcalá, en casa de Iuan Gracian que sea en gloria. Año 1591, libro I, cap. XVIII, fol. 220 v. (Biblioteca Nacional de Madrid, R/35244).

31 «... que de lo tal aurá polución fuera del vaso natural» (ibid. libro I, cap. XIII, § XVIII, fol. 113 r.) – ‚... daß es davon zu einem Samenerguß außerhalb des natürlichen Gefäßes kommen wird‘.
   «... tener que ver con olguna [sic] persona fuera del vaso natural, o hombre con muger con muger, o con bestias» (ibid. libro I, cap. XIV, § XVIII, fol. 114 r.) – ‚... Verkehr zu haben mit einer Person außerhalb des natürlichen Gefäßes, sei es Mann mit Mann oder Frau mit Frau oder mit Tieren‘.
   «Item, los casados [...], si guardan la orden y vso natural, si hay alguna polución fuera dél» (ibid. libro I, cap. XVIII, § 7, foll. 228 r. et v.) – ‚Des weiteren: die Verheirateten [...], ob sie sich an die naturgemäße Ordnung und Gewohnheit halten, ob es außerhalb davon zu einem Samenerguß kommt.‘

32 Johannes vom Kreuz verwendet die Metapher des *arcaduz* (‚Brunnenrohr‘) mehrmals, und er betrachtet sie offenbar jedesmal als einen eigentlich zu schmalen Zugang: «por esos arcaduces tan angostos de formas y figuras y particulares inteligencias» (II Subida 17,8) – ‚auf dem Weg jener engen Kanäle, nämlich der Gestalten, Bilder und Einzelerkenntnisse‘ (II Aufstieg 15, p. 165) – «por este arcaduz humano de la boca del hombre» (II Subida 22,9) – ‚durch diesen menschlichen Kanal, das heißt den Mund des Menschen‘ (II Aufstieg 20, p. 209).

33 Exodus 33,23.

wird[34] Die abgründige Differenz zwischen Gott und Geschöpf läßt sich nicht eigentlich nach dem Prinzip eines erotischen *debitum* überbrücken, das wieder zurückgezahlt wird, sondern sie kann bestenfalls im perversen Akt der erotischen Verschwendung oder der Verkehrung zum Vorschein kommen.

Auch an anderen Stellen spricht Johannes vom Kreuz über eine rein geistliche Gottesbegegnung ganz abseits von aller Körperlichkeit. Sie ereignet sich in jenem Seelengrund (*sustancia del alma*), der trotz seines Namens weder einen harten Kern, noch einen festen Grund meint, sondern umgekehrt deren endgültige Verflüchtigung. Doch selbst im Seelengrund kann die unmittelbare Vereinigung mit der Gottheit nur auf eine indirekte Weise erfolgen, nämlich vermittels eines ‚Ertastens' oder einer ‚Berührung' – das heißt eines sogenannten *toque*, lateinisch *tactus*.[35] Gemeint ist damit eine innere Erfahrung in Analogie zum äußeren Tastsinn, welche die Seele zutiefst berührt und wonnevoll erschauern lässt, so dass sie eine Alternative zur bloßen *visio per posteriora* zu ersehnen beginnt.[36]

> En esto pide el alma todo lo que le puede pedir [scil. a Dios], porque no anda ya contentándose en conocimiento y comunicación de Dios por las espaldas (como hizo Dios con Moisés) [Exodus 33,23], que es conocerle por sus efectos y obras, sino con la haz de Dios, que es comunicación esencial de la Divinidad, sin otro algún medio en el alma, por cierto contacto de ella en la Divinidad; lo cual es cosa ajena de todo sentido y accidentes, por cuanto es toque de sustancias desnudas, es a saber, de el alma y Divinidad. (Cántico B, 19,4.)

> [Diese Bitte der Seele schließt alles in sich, um was sie bitten kann. Denn sie begnügt sich nicht mehr mit der Erkenntnis und Mitteilung Gottes von rückwärts, wie er sich dem Mose zeigte (Exodus 33,23), das heißt mittels seiner äußeren Wirkungen und Werke, sondern sie will das Antlitz Gottes selber schauen, das heißt sie verlangt nach der wesenhaften, unvermittelten Mitteilung der Gottheit, die in einer gewissen Berührung der Seele mit Gott besteht und alles Sinnenfällige und Unwesentliche ausschließt; es ist das eine Berührung nackter Substanzen, der Seele mit der Gottheit.* (Geistlicher Gesang 19, p. 157.)]

Bei Johannes vom Kreuz ist die Erfahrung des *toque* überaus positiv bewertet. Im *toque* kommt die menschliche Seele während ihres irdischen Lebens der Gottheit am nächsten. Der *toque* muß daher als die höchste Gnadengabe angesehen werden, und da es an ihm nichts zu sehen gibt, entspricht er durchaus der dunklen und konfusen Qualität der Kontemplation überhaupt. Allerdings darf man nicht übersehen, daß der Tastsinn traditionell als der Sitz des erotischen Genusses gilt und darum von den Theologen immer wieder mißtrauisch beobachtet wurde.

---

34 „Videmus nunc per speculum in aenigmate / tunc autem facie ad faciem" (I epistola ad Corinthios 13,12), heißt es bei Paulus.

35 Dem entspricht der im Griechischen der Begriff der ἁφή. Er wird von Plotin im Zusammenhang seiner Beschreibung der Schau gebraucht (cf. Plotini enneades VI,9,11,76). Weiterhin verwendet Plotin die Ausdrücke συναφή (cf. ibid. VI,9,8,27) oder ἐπαφή (cf. ibid. VI,7,36,4). Weiterführend zur plotinischen Konzeption des Tastens cf. Massimo Cacciari: «'Tocar' a Dios», in: *Lo santo y lo sagrado,* ed. Félix Duque, Madrid: Trotta 1993, pp. 139-150.

36 Zum geistlichen Tastsinn cf. Pierre Adnès: Art. «Toucher, touches» (1991), in: *Dictionnaire de spiritualité ascétique et mystique,* vol. XV, coll. 1073-1098.

Bonaventura etwa unterscheidet vier Ausprägungen der Wollust, und gerade die
zweite Unterart ist bei ihm zwar nicht ausschließlich, aber doch sehr eng mit der
Erfahrung des Tastsinns verbunden. So führt er aus:

> Secunda est [scil. luxuria], cum citra opus generativum satiat se libidinosis gestibus,
> amplexando, osculando, palpando, impudice respiciendo, loquendo et auscultando
> turpia, ut sola delectatione prava, vel aliis meretriciis blanditiis carnali affectioni sa-
> tisfaciat. [...] Si solum concupiscere corde, moechia a Domino judicatur, quid ergo
> ex concupiscentia osculari, palpare, etc.? Nemo ergo stulte se seducat, ut putet so-
> lum tunc se peccasse, quando opus generativum perficit, vel laborat perficere, cum
> etiam praeambula operis damnabilia sint. In ipso enim licito conjugio saepe
> excusabilior est simplex concubitus, quam tales inhonestae blanditiae actuum in-
> decentium, et spectaculorum, et collocutionum lascivarum.[37]

Nicht sosehr der einfache Liebesakt an sich erscheint dem Bonaventura als sündhaft, sofern er nur zwischen Eheleuten stattfindet, sondern gerade die *praeambula
operis* wie Umarmungen, Küsse, Betasten, schamlose Blicke oder laszive Reden.
All dies liegt noch *citra opus generativum,* diesseits des Werks der Zeugung, und
es gehört zum Bereich der *meretriciae blanditiae,* der dirnenhaften Zärtlichkeiten.
Die begehrlichen Gebärden werden zum Teil vom Tastsinn vollführt (*amplexari,
osculari, palpare*), zum Teil erwachsen sie aus ihm oder führen wieder zu ihm zurück. Ausdrücklich warnen demzufolge die Beichtväter vor derartigen erotischen
Berührungen:

> Todos tactos, ósculos deshonestos y libidinosos, son peccados mortales, excepto sólo
> quando son entre casados, y esto quando no se teme aun entre ellos que de lo tal
> aurá polución fuera del vaso natural.[38]

> [Alle unehrenhaften und lüsternen Berührungen oder Küsse sind Todsünden, außer
> wenn sie zwischen Verheirateten stattfinden, aber selbst bei diesen nur, wenn nicht
> zu befürchten steht, daß dies zu einem Samenerguß außerhalb des natürlichen Ge-
> fäßes führen könnte.]

Nach den strengen Maßstäben der mittelalterlichen Moraltheologie tendiert das
erotische Tasten praktisch von Haus aus dazu, in ein *peccatum contra naturam* zu
münden. Es ist insofern virtuell widernatürlich, als es einen lustvollen Körper-
kontakt *extra vas* voraussetzt und um seiner selbst willen verlängern oder steigern
kann – und zwar dergestalt, daß schließlich die bedenklichen *praeambula operis*
bereits *citra opus generativum* ausgekostet werden und überhaupt an dessen Stelle
treten. Erotische Berührungen solcher Art erinnern der Sache nach an jene Form
der Perversion, die in der *Psychopathia sexualis* des Richard von Krafft-Ebing als
Frottage behandelt wird. Der Perverse verschafft sich durch flüchtige Berührung
einer Frau – häufig im Gedränge – sinnlichen Genuß.[39] Anders als im System der
Psychopathologie ist jedoch bei Johannes vom Kreuz die Lust am *toque* nicht
dem männlichen Geschlecht vorbehalten, und sie erwächst nicht nur aus dem

---

37 Bonaventura de profectu religiosorum, lib. I, cap. 38.
38 Fr. Bartolomé: *Instrucción de confessores,* libro I, cap. XIII, § XVIII, fol. 113 r.
39 Cf. Richard von Krafft-Ebing: *Psychopathia sexualis,* pp. 388-390.

aktiven Betasten, sondern ebenso aus dem passiven Betastetwerden. Dies geht deutlich aus der Auslegung des maßgeblichen Hohelied-Verses hervor, die Johannes vom Kreuz im Prosakommentar zum *Cántico espiritual* gibt und in der er wie die biblische Vorlage vom Lusterlebnis der Frau ausgeht:

> De este divino toque dice la esposa en los Cantares de esta manera: *Dilectus meus misit manum suam per foramen, et venter meus intremuit ad tactum eius* (Canticum 5,4); quiere decir: Mi amado puso su mano por la manera, y mi vientre se estremeció a su tocamiento. El *tocamiento* del Amado es el toque de amor que aquí decimos que hace el alma. La *mano* es la merced que en ello le hace. La *manera* por donde entró esta mano es la manera y modo y grado de perfección que tiene el alma, porque al modo de esto suele ser el toque en más o en menos y en una manera o en otra de calidad espiritual de el alma. (Cántico B, 25,6.)

> [Von dieser göttlichen Berührung spricht die Braut im Hohenlied also: Dilectus meus misit manum suam per foramen et venter meus intremuit ad tactum eius (Canticum 5,4). „Mein Geliebter griff mit seiner Hand durch den Schlitz des Gewandes, und mein Leib erzitterte bei seinem Tasten." Das „Betastetwerden" durch den Geliebten ist jene Liebesberührung der Seele, von der wir hier sprechen. Unter „Hand" ist die Gnade zu verstehen, die diese Berührung vollzieht. Der „Schlitz", durch welchen sich diese Hand Zugang verschaffte, weist auf die Art der Bereitschaft und auf den höheren oder geringeren Grad der Vollkommenheit hin, den die Seele besitzt. Denn danach richtet sich gewöhnlich die Stärke der Berührung und ihre geistige Beschaffenheit.* (Geistlicher Gesang 25, p. 198.)]

Singulär ist vermutlich die Umdeutung von lateinisch *foramen,* das von den Exegeten bis heute als ‚Riegelloch‘ oder ‚Luke‘ verstanden wird, zu spanisch *manera* (‚Gewandschlitz‘), wie Johannes vom Kreuz die Stelle auffassen will.[40] Dabei geht es ihm nicht nur um den Doppelsinn von *manera* als ‚Gewandöffnung‘ sowie ‚Art und Weise‘, den er im weiteren Verlauf des Abschnitts geschickt ausnutzt. Vielmehr werden die Liebenden des Hohenlieds auch in der Prosaerklärung in Richtung einer gesteigerten, latent perversen Obszönität stilisiert: Der Bräutigam macht sich nicht mehr am entfernten Türriegel zu schaffen, sondern er greift seiner Freundin kurz entschlossen unter den Rock, und diese scheint die schamlose und nur kurzwährende Berührung ihres Körpers lustvoll auszukosten. Wie zu erwarten steht, findet sich in der lasziven Dichtung der Epoche ebenfalls das Motiv des lüsternen Griffs durch die *manera* der Geliebten, und auch dort gilt der Spaß daran als ein ganz und gar beiderseitiges Vergnügen.[41]

---

40 «MANERA. Cierto golpe en el vestido para poder meter por él la mano.» (Covarrubias: *Tesoro de la lengua castellana,* s. v. «manera».) – ‚Schlitz: Eine bestimmte Aufnaht am Gewand, um darunter die Hand hindurchstecken zu können.‘
«MANERA. Se llama tambien la abertura que tienen por delante los calzónes, que por otro nombre se dice Bragueta.» (*Diccionario de Autoridades,* vol. II, s. v. «manera».) – ‚Schlitz. So bezeichnet man auch die Öffnung vorne an den Hosen, die mit anderem Namen Hosenlatz heißt.‘

41 «La resistencia que hace la soltera / cuando el galán la mete entre sus brazos / y le mete la mano en la manera / y ella le pone allí mil embarazos; / aquel meterse dentro y salir fuera / hasta que la camisa hace pedazos; / y, para hallar buen fin a su querella, / *aquel cruzar sus piernas con las della.*» (*Floresta de poesía erótica,* n° 25, vv. 17-24, p. 37.) – ‚Quantum uacua puella repugnat amico / ne se bracchiis complectatur / neque manum sibi in sinum immittat! / tum ea mille dolis

Das Betastetwerden der Braut steht bei Johannes vom Kreuz zwar allegorisch für den geistlichen *toque,* aber gerade darum wird das Ertasten Gottes bis zum äußersten erotisiert und als eine Liebkosung charakterisiert, die nicht als das (bei Verheirateten gerade noch hinnehmbare) *praeambulum operis,* sondern als perverses Supplement eines *simplex concubitus* zu fungieren scheint. In der Tat erläutert der Prosakommentar, daß die Seele über den *toque* hinaus von ihrem Bräutigam nichts mehr zu erwarten hat, da sich in ihm die höchste Liebesvereinigung schon vollzogen hat:

> Y estas altas noticias no las puede tener sino el alma que llega a unión de Dios porque ellas mismas son la misma unión, porque consiste en tenerlas en cierto toque que se hace del alma en la Divinidad, y así el mismo Dios es el que allí es sentido y gustado. (II Subida 26,5.)

> [Und diese erhabenen Erkenntnisse können nur einer Seele zuteil werden, die zur göttlichen Vereinigung gelangt ist, weil sie ja nichts anderes sind als diese Vereinigung selber. Denn sie besteht ja darin, daß man diese Erkenntnisse in einer Art Berührung gewinnt, durch welche die Seele an die Gottheit stößt. So ist es also Gott selbst, den man dabei fühlt und verkostet.* (II Aufstieg 24, p. 232.)]

So erscheint der Bräutigam des Hohenlieds gleichsam als ein eilends vorbeihastender Frotteur, dessen perverser Hang nicht nur ihm, sondern sogar der Freundin höchste Lust verschafft.

Es geht bei unserer Interpretation nicht darum, die mystische Erfahrung des *toque* naiv mit dem perversen Phänomen der Frottage oder ähnlichem gleichzusetzen und den *toque* damit als einen Akt unvollendeter oder gar vollendeter Masturbation zu mißdeuten. Die mystagogischen Schriften behandeln ja ausdrücklich diese Möglichkeit, stufen sie jedoch als Verfehlung oder Versuchung ein, die der Übende zu überwinden lernt.[42] Vielmehr geht es uns darum zu zeigen, daß der *toque* nach dem Verstehensmodell einer perversen erotischen Begegnung konzipiert sein muß, weil es bei aller Nähe der nackt aufeinandertreffenden Substanzen von Seele und Gottheit für eine regelrechte Vereinigung we-

---

usa illius insidiis resistit. / at ille manum inicere atque retrahere non desinit / donec puellae tunica tota scindatur. / denique ut tantae lites rite componantur / alterius crura alterius miscentur cum cruribus.'

42 Man lese vor allem, was Johannes vom Kreuz im propädeutischen Teil der *Noche oscura* zum Phänomen der geistlichen *luxuria* schreibt, die sich während des Gebets (er hat hier offenbar die Männer im Auge) in *movimientos y actos torpes* („motus et actus turpes') äußern kann (cf. I Noche oscura 4 – I Nacht 4). Ähnliche Anweisungen gibt Teresa von Avila im Brief vom 17. Januar 1577 an ihren Bruder Don Lorenzo de Cepeda (cf. Sta. Teresa: *Carta,* n° 177, in: *Obras completas,* pp. 843-846).
Eine häufig zitierte, abwägende Stellungnahme zum Problem, die gleichermaßen von Ablehnung und Verständnis zeugt, findet sich bei Bonaventura: „De his vero, qui cum aliquando dulcedinem spiritualem sentiunt, et mox carnalis delectationis pruritu foedantur, nescio quid judicem, nisi quod potius eligo illis carere floribus, quos de luti sordibus legere deberem. Et sicut illos damnare non audeo, qui inviti quandoque in spiritualibus affectionibus carnalis fluxus liquore maculantur; ita etiam excusare nequeo, qui tali fluxu ex consensu condelectantur, qualiscumque eorum intentio videatur." (Bonaventura de profectu religiosorum, lib. II, cap. 56 alias 55.)

der ein natürliches Werkzeug noch ein natürliches Gefäß geben kann. Die erotische Phantasie von der Hand des Bräutigams am Leib der Frau drückt plastisch
das Fehlen des natürlichen Werkzeuges wie des Gefäßes aus, in dem sich die
Vereinigung vollziehen könnte. Wie der perverse Akt als ein Supplement der
naturgemäßen Erotik aufzufassen ist, so ist auch der *toque* das Supplement der
eigentlichen Vereinigung von Gott und Seele, und gerade deswegen ist er notgedrungen pervers:

> Alle äußeren und inneren Bedingungen, welche das Erreichen des normalen Sexual-
> zieles erschweren oder in die Ferne rücken (Impotenz, Kostbarkeit des Sexualobjek-
> tes, Gefahren des Sexualaktes), unterstützen wie begreiflich die Neigung, bei den
> vorbereitenden Akten zu verweilen und neue Sexualziele aus ihnen zu gestalten, die
> an die Stelle des normalen treten können.[43]

In der profanen Liebessituation wäre die Berührung, mit Sigmund Freud gesprochen, ein „intermediäres Sexualziel".[44] Angesichts der Unerreichbarkeit Gottes geraten hingegen die Erkenntnisse, welche die Seele aus dem *toque* gewinnt, überhaupt zum Ersatz der Vereinigung. Von der Seite der menschlichen Seele aus ist
also die erotische Begegnung *contra naturam* mit der Gottheit sowohl uneigentlicher Notbehelf als auch die eigentlichste Form der Begegnung, die ihr
schlechthin möglich ist.

Die Aeschrologie des perversen Liebesakts kann schließlich auf das Göttliche
selbst bezogen werden. Dionysius vom Areopag verwendet in seiner Schrift *De
divinis nominibus* das neuplatonisch überlieferte Bild eines neidlosen Trankopfers,[45] durch das sich die Gottheit in die Welt des Seins ergießt:

> [...] καὶ ὅσα ἄλλα κατὰ τὸν αὐτὸν εἴρηται καὶ εἰρήσεται τρόπον, δηλοῦντα
> προνοίας καὶ ἀγαθότητας μετεχομένας ὑπὸ τῶν ὄντων, ἐκ θεοῦ, τοῦ
> ἀμεθέκτου προϊούσας ἀφθόνῳ χύσει καὶ ὑπερβλυζούσας, ἵνα ἀκριβῶς
> πάντων αἴτιος ἐπέκεινα ᾖ πάντων, καὶ τὸ ὑπερούσιον καὶ ὑπερφυὲς πάντη
> ὑπερέχοι τῶν καθ' ὁποίαν ποτὲ οὐσίαν καὶ φύσιν.[46]

> [... und was alles auf diese Weise gesagt wird oder sich noch wird sagen lassen. Denn
> damit wird offenbar gemacht, daß die Gaben der Vorsehung und der Güte, an de-
> nen die Welt des Seienden teilhat, aus dem unmitteilbaren Gott in einem neidlosen
> Trankopfer hervorquellen und überfließen. Demnach wohnt derjenige, der genau
> ausgedrückt Urheber von allem ist, doch jenseits von allem, und das Überwesenhaf-
> te und Übernaturhafte überschwemmt von allen Seiten, was in irgendeiner Weise
> Sein und Natur besitzt.]

Beim Areopagiten ist die Inkommensurabilität Gottes mit der Welt des Seienden
vorausgesetzt. Das zentrale Bild vom neidlosen Ausgießen eines Trankopfers

---

43 Freud: *Drei Abhandlungen zur Sexualtheorie*, in: *Studienausgabe*, vol. V, p. 65.
44 Ibid. p. 66.
45 Zum Gedanken der ‚neidlosen Gabe' bei Plotin cf. W. Beierwaltes: „Reflexion und Einung: Zur
Mystik Plotins", in: Hans Urs von Balthasar et al.: *Grundfragen christlicher Mystik*, Einsiedeln:
Johannes 1974, pp. 7-36, ibid. 26.
46 Dionysius Areopagita de divinis nominibus XI,6, 956 B.

(ἄφθονος χύσις) determiniert die Semantik des Abschnitts, so daß sich die drei weitgehend abstrakten Verben προϊέναι (hervorgehen), ὑπερβλύζειν (überquellen, überfließen) und ὑπερέχειν (überragen) sinngemäß zu einer Isotopie des Fließens verbinden. Gottes Libation ist weder geschuldete noch zu erwidernde Gabe – darum ist sie auch ἄφθονος (neidlos) -, sondern sie ist ein Akt reiner Verschwendung, ein grund- und absichtsloses Geschenk, das der göttlichen Ekstase entfließt (προιέναι) und das überfließt (ὑπερβάλλειν), da es die Welt des Seins und der Natur überschwemmt (ὑπερέχειν). Die überwesenhafte Gottheit unterwirft sich nicht der Ökonomie des natürlichen Gefäßes, sondern sie mißachtet diese und liebt, wenn man so will, selbst τὸ παρὰ φύσιν[47] – *contra naturam*. Der sich verströmende Eros der Übernatur verliert sich in die Natur des Seins hinein.

Johannes vom Kreuz ist mit der Vorstellung eines sich ergießenden Gottes gut vertraut. Bekanntlich hat er dem Thema ein eigenes Gedicht gewidmet, dessen Refrain und dessen beide ersten Strophen wir hier zitieren wollen:

> *Que bien sé yo la fonte que mana y corre*
> *aunque es de noche*
>
> *Aquella eterna fonte está ascondida*
> *que bien sé yo do tiene su manida*
> *aunque es de noche*
>
> *Su origen no le sé pues no le tiene*
> *más se que todo origen della viene*
> *aunque es de noche*
> («Que bien sé yo la fonte...», vv. 1-8).

> [Gar wohl weiß ich die Quelle, die fließt und strömt,
> auch wenn's bei Nacht ist.
>
> Jene immerwährende Quelle ist versteckt,
> doch weiß ich wohl, wo sie ihre Wohnung hat,
> auch wenn's bei Nacht ist.
>
> Ihren Ursprung kenn ich nicht, hat sie doch keinen,
> doch weiß ich wohl, daß aller Ursprung von ihr kommt,
> auch wenn's bei Nacht ist.]

Die Gottheit wird charakterisiert als eine nicht nur bei Tag, sondern gerade bei Nacht fließende Quelle. Die Verwendung der archaisierenden Form *fonte* statt *fuente* ('Quelle') spricht dafür, daß das Gedicht ein heute unbekanntes, volkstümliches Liebeslied überschreibt, in dem das Quellenmotiv aller Wahrscheinlichkeit nach eine eindeutig erotische Bedeutung besaß.[48] Auch im Prolog zum

---

47 Cf. ibid. IV,32, 733 A.
48 Cf. Dámaso Alonso: *La poesía de San Juan de la Cruz,* pp. 168-170.

Cántico espiritual wird der Heilige Geist als eine überströmende Quelle darge-stellt, deren Überfluß sich in geheimnisvollen Bildern und Gleichnissen ergießt (cf. Cántico B, prólogo 1 – Geistlicher Gesang, Vorwort, pp. 2 sq.). All diesen figürlichen Redeweisen ist gemein, daß die Quelle ihren Überfluß weder zurück-zuhalten noch ein Gefäß ihn recht aufzunehmen vermag, und so ergießt sich der Strom in uneigentlichen Brechungen außerhalb des Gefäßes.

Nicht nur die Seele ist in den von uns behandelten Bildern als eine perverse Liebhaberin, eine *demi-vierge,* charakterisiert, die sich am *toque* erfreut, sondern der Göttliche Liebhaber selbst gibt sich als einer zu erkennen, der seinen Um-gang außerhalb des natürlichen Gefäßes sucht und findet. Damit wird der Ge-stus erotischer Verschwendung *contra naturam* in letzter Instanz aufgewertet zu einer Manifestation der Θεοῦ μίμησις, der Nachahmung Gottes, und er ge-währt Anteil an der ἐνθέωσις oder *deificatio* der Seele. Er erweist sich aber auch als analog zum semiotischen Modell des allegorischen Sprechens, bei dem Signi-fikant und Signifikat auf natürliche Weise ebensowenig zusammenkommen, wie sich *instrumentum naturale* und *vas naturale* beim perversen Liebesspiel vereini-gen können. Wenn es eine rhetorische Figur der Perversion gibt, dann ist es zweifellos die Allegorie dank ihrer radikalen Uneigentlichkeit. Wo das Gedicht des *Cántico espiritual* das Thema der Perversion umschreibt, da gestattet sich der Dichter keine poetische Lizenz, da unterläuft dem Theologen kein Irrtum, da kompensiert der Ascet keine biographische Frustration, so daß sich die Prosa-kommentare von der Poesie wieder distanzieren müßten.

Die mystagogische Prosa arbeitet sich wie die Poesie an derselben Erfahrung ab – wo der Kommentar am klarsten spricht, gerät er dem Autor unter der Hand erneut zu einer Allegorie, in der sich die erotische Perversion sprachlich verdop-pelt. Der *Cántico espiritual* inszeniert im Gedicht und im Kommentar die Erfah-rung des Inkommensurablen und der Andersheit als eine *figura contra naturam.* Vor dem Hintergrund eines ererbten Diskurses, der die Perversion zum Irrtum und zum Andern der Wahrheit gestempelt hatte, nimmt Johannes vom Kreuz seinerseits dieses Andere als die Wahrheit der Perversion, und er findet heraus, daß gerade die Perversion auf den Umgang der Gottheit mit der menschlichen Seele verweist – nicht etwa *sub contraria specie,* sondern gerade als der ähnliche Term in einer Relation der je größeren Unähnlichkeit.

Die Sehnsucht der Braut besteht darin, vom Geliebten betastet zu werden, seinen und keines andern *toque* zu verspüren. Darauf spielt sie letzten Endes an, wenn sie, der korrekten Rede nicht mächtig, in Strophe XVIII B ausruft: *y no queráis tocar nuestros humblares* (‚und rührt an unsre Schwellen nicht!‘). Allein der ersehnte *toque* an der Schwelle ist jetzt nicht mehr das unerreichbare und un-gesagt bleibende Gegenstück zur Erotik des *arrabal,* sondern er ist eine Variante davon, die auf ihre Weise teilhat an der Uneigentlichkeit der perversen Liebes-spiele der Nymphen. Wiewohl sie über die Schwelle getreten ist, hat die Seele die Vorstadt nicht verlassen – genausowenig wie die lüsternen Nymphen. Beide wohnen immer noch am gleichen Ort, draußen vor der Stadt. Im Spanien des Siglo de Oro wächst dieser Tatsache besondere Brisanz zu. Denn die Nymphen von Judäa stehen, der Prosakommentar sagt es ausdrücklich, auch für die Synagoge:

> *Judea* llama a la parte inferior del alma, que es la sensitiva; y llámala *Judea* porque es flaca y carnal y de suyo ciega, como lo es la gente judaica. Y llama *ninfas* a todas las imaginaciones, fantasías y movimientos y afecciones desta porción inferior. A todas éstas llama *ninfas,* porque, así como las ninfas con su afección y gracia atraen a sí a los amantes, así estas operaciones y movimientos de la sensualidad sabrosa y porfiadamente procuran atraer a sí la voluntad de la parte racional. (Cántico B 18,4.)

> [Sie gibt den Namen „Judäa" dem niederen, dem sinnlichen Teil der Seele. Dieser Name kommt ihm zu, weil er von Natur aus schwach, fleischlich und blind ist, wie das Judenvolk. „Nymphen" nennt sie alle Vorstellungen, Phantasiegebilde, Regungen und Neigungen des niederen Teils. Dieses Bild ist sehr bezeichnend; denn wie die Nymphen durch ihre Liebeslockungen und Reize die Herzen der Liebenden an sich ziehen, so sucht auch die Sinnlichkeit durch ihre Tätigkeiten und Regungen in liebenswürdiger, zudringlicher Weise den Willen von der Gefolgschaft des vernünftigen Teils abzuziehen. (Geistlicher Gesang 18, p. 152.)]

Die Braut – so ist dem Gesagten zu entnehmen – steht auch für die christliche Kirche, die jüngere Schwester der Synagoge. Das aber bedeutet in radikaler Konsequenz: Die Braut ist aus Sicht des Gedichts nicht tugendhafter als die Nymphe; die jüngere ist nicht sittsamer als die vorgeblich zuchtlose ältere Schwester. Wahrscheinlich deswegen zieht es den Freier hinaus zu den (un-) gleichen Schwestern – in die Gärten der Vorstadt.

3.11. AMINADAB
(CÁNTICO ESPIRITUAL XXXIV-XL C)

Verschwiegen

Wir gelangen bei unserer Interpretation zur letzten Strophe des *Cántico espiritual,* die in allen drei Versionen gleich lautet. Es handelt sich um die Nummer XXXIX A resp. XL BC. Vorausgegangen ist eine Rede des Bräutigams, in der er – wiederum in Tierbildern – das Zusammenkommen des Paares als die Rückkehr einer weißen Taube mit Zweig zur Arche und als das Zusammenfinden eines lange Zeit getrennten Turteltaubenpärchens darstellt (Strophen XXXIII-XXXIV A resp. XXXIV-XXXV BC).[1] Sodann redet die Braut zum Geliebten und beschreibt in vier Strophen, die teilweise als Aufforderungen gefaßt sind, Liebesspiele oder Liebesphantasien. Beide scheinen durch eine gebirgige Landschaft zu streifen (XXXV A resp. XXXVI BC), zu einer hochgelegenen Höhle emporzusteigen, wo sie sich an ihrer Liebe freuen (Strophe XXXVI-XXXVII A resp. XXXVII-XXXVIII BC) und beim Gesang der Nachtigall eine Liebesnacht verbringen (XXXVIII A resp. XXXIX BC). Schließlich klingt das Gedicht folgendermaßen aus:

---

1 Die Strophen sind von Marcel Bataillon überzeugend auf den *Romance de Fontefrida* zurückgeführt worden. Cf. Marcel Bataillon: «La tortolica de Fontefrida y el Cántico Espiritual», *Nueva Revista de Filología Hispánica* 7 (1953), n° 1-2.
Mit dieser literaturgeschichtlichen Herleitung sind freilich noch keine weiteren Bedeutungsdimensionen benannt, die in diesem Fall erneut eine metaphorische Bezugnahme auf das Kreuzesopfer nahelegen. Zunächst ist der Täuberich, der ,ersehnte Gefährte' («socio desseado») der Turteltaube, ,ebenfalls von Liebe verwundet' («también... de amor herido») – ähnlich wie zuvor der Hirsch und in offenkundiger Analogie zum gekreuzigten Christus. Weiterhin hat das Wort *arca* (,Truhe', ,Arche') im biblischen Kontext zwei Bedeutungen (cf. Hieronymi Laureti sylva allegoriarum, s. v. «arca», p. 129). Es meint zum einen die ,Arche', mit der Noach bei der Sintflut entkam und wohin die Taube mit dem Ölzweig zurückkehrte, zum andern kann es als ,Bundeslade' aufgefaßt werden (lateinisch *arca foederis*), worin nach dem Ausweis des Hebräerbriefs außer einem Krug mit Manna die Gesetzestafeln und der erblühte Stab des Aaron aufbewahrt wurden, den Mose ins Bundeszelt gelegt hatte (cf. Numeri 17,1-11; epistola ad Hebraeos 9,4). Ausgehend von dieser zweiten Bedeutung stellt Johannes vom Kreuz eine Verbindung zum Kreuz Christi her: «la vara de Moisés, que significa la cruz; porque el alma que otra cosa no pretendiere que guardar perfectamente la ley del Señor y llevar la cruz de Cristo será arca verdadera» (I Subida 5,8); – ,und den Stab des Mose, welcher das Kreuz versinnbildlicht; denn die Seele, die kein anderes Verlangen kennt, als das Gesetz des Herrn vollkommen zu erfüllen und das Kreuz Christi zu tragen, ist eine wahre Bundeslade' (I Aufstieg 6, p. 31).
Schließlich sind anläßlich der Darstellung Jesu im Tempel ein Pärchen Turteltauben oder zwei junge Tauben als das vorgeschriebene Reinigungsopfer erwähnt. Cf. Lucas 2,24 et parall. Leviticus 12,8.

Que nadie lo miraua
Aminadab tanpoco parecía
y el cerco sosegaua
y la caballería
a vista de las aguas descendía
(Cántico C, vv. 196-200).

[Da schaute niemand hin,
Aminadab erschien auch nicht,
die Einfriedung lag in Ruhe,
und das Pferdegespann
stieg auf Sichtweite der Wasser hinab.]

Den einschlägigen Randbemerkungen zufolge spricht hier immer noch die Braut. Da allerdings die vorausgehende Strophe im Hauptsatz keinerlei Verbum finitum mehr enthält, scheint sich die zuvor partnerbezogene Sprechsituation zu verflüchtigen, in deren Deixis sowohl der Adressat als auch die Sprecherin noch stark markiert waren. In Strophe XL C wird nur in der dritten Person gesprochen und ein Vergangenheitstempus verwandt, nämlich das Imperfekt. Sind dies also wirklich noch Worte der Braut? Oder spricht hier nicht wiederum der Bräutigam, der sich in zwei seiner drei früheren Interventionen, nämlich anläßlich der Gartenszene und des Vergleichs mit dem Turteltaubenpärchen ebenfalls der dritten Person und eines Vergangenheitstempus bedient hatte?

Die Rede von der *caballería* (‚Pferdegespann‘), die zur Tränke hinabsteigt, bringt erneut ein Tierbild ins Spiel wie in den zwei früheren Einlassungen des Geliebten. In der Quellenszene wurde ein Hirsch mit flatternder Taube erwähnt und später dann die weiße Taube und das Pärchen Turteltauben. Eine dritte Möglichkeit bietet sich schließlich an: Die Weite der Perspektive, die mit den Inhalten dieser Strophe impliziert ist, könnte uns dazu führen, hier die Stimme eines Chors oder aber jenes bukolischen Dichters anzusetzen, der im Original des Hohenlieds zu fehlen scheint, den freilich Arias Montano in seiner *Paraphrasis super cantica canticorum* und Fray Luis de León im ersten Teil seines lateinischen *Carmen ex voto* gerade eingeführt hatten. Dann würde auch hier ganz am Ende des Gedichts die Stimme eines Erzählers hörbar werden, der die Ereignisse überblickt und aus seiner Sicht wiedergibt.[2]

Über den Eigennamen des Aminadab können wir sehr leicht die biblische Stelle ausfindig machen, deren Palimpsest die letzte Strophe des *Cántico espiritual* sein will. Der Name taucht in einem Vers des Hohenlieds auf, wo es heißt: „Nescivi anima mea conturbavit me propter quadrigas Aminadab."[3] Es geht Johannes vom Kreuz offenkundig um die Überschreibung dieser Episode. Dazu bedient er sich zunächst eines ähnlichen Verfahrens wie das Hohelied selbst. Im

---

2 Auch die Bible de Jérusalem führt übrigens an einer Stelle mittels Randvermerk die Instanz des Dichters ein, den sie das Beschreibungslied von Salomons Hochzeit singen läßt (cf. Canticum 3,6-11).
3 Canticum 6,11.

Hohenlied ist die Sprechsituation des Verses ungeklärt, da man ihn der Braut ebensogut wie dem Bräutigam zuweisen kann.[4] Tatsächlich lassen in den Hohelied-Nachdichtungen die Oktavreime des Fray Luis und die Fünfzeiler die Braut an dieser Stelle sprechen, während Arias Montano die Aussage dem Bräutigam in den Mund legt, so daß dieser ausruft: «¿Qué es esto? ¿quién me dio alas que bolasse / o cauallo ligero en que tornasse?»[5] – ‚Was ist dies? Wer gab mir Flügel zu fliegen / oder ein leichtes Pferd, um darauf zurückzureiten?' Der *Cántico espiritual* steigert die pragmatische Unbestimmtheit des biblischen Ausgangstextes, insofern hier nicht mehr nur Braut oder Bräutigam, sondern möglicherweise auch ein Chor oder eben – wie in anderen Hohelied-Nachdichtungen – der Dichter selbst sprechen könnte.

Wer ist der Aminadab des Hohenlieds? Wir wollen zunächst nur eine ganz einfache und rein buchstäbliche Erklärung des Namens berücksichtigen, wie sie Hieronymus Lauretus in der *Sylva allegoriarum* gibt. Aminadab wird dort als der Wagenlenker der Braut charakterisiert.[6] Auf der buchstäblichen Ebene des *Cántico espiritual* kann Aminadab demzufolge als eine Nebenfigur gelten, die zur biblischen Welt des Hohenlieds hinzugehört.[7] Wenn der oben genannte Hohelied-Vers von Aminadab tatsächlich, wie die Bible de Jérusalem meint, der schwierigste des Hohenlieds ist, dann ist es Johannes vom Kreuz offenbar gelungen, in seiner Nachbildung diese Schwierigkeit stehen zu lassen und sie nicht wie die kastilischen Nachdichtungen zu beheben.[8] Sein *Cántico espiritual* setzt die geheimnisvollste Strophe als einen unüberhörbaren Schlußpunkt an das Ende des

---

4 Den Sachverhalt bringt die Bible de Jérusalem auf den Punkt: «Les versets 11 et 12 sont indépendants du poème qui précède et ils sont énigmatiques. On ne sait pas qui parle: c'est le bien-aimé si le jardin du verset 11 représente son amie [...], mais c'est la bien-aimée si l'on considère que la seconde partie du verset sera dite par elle à 7,13.» (Bible de Jérusalem, in Canticum 6,11 sq.)

5 Arias Montano: Paraphrasis super cantica canticorum, cap. 6, fol. 288 r.

6 Cf. Sylva allegoriarum, s. v. „Aminadab", p. 98.

7 Zu einer analogen Annahme ringt sich die Bible de Jérusalem durch, die den fraglichen Vers als VI,12 zählt und übersetzt: «Je ne sais, mais mon désir m'a jeté sur les chars d'Amminadib.» Mit der Masora, den LXX und der Vulgata nimmt die Bible de Jérusalem das Wort für einen Eigennamen, den sie als Amminadib transkribiert und folgendermaßen erläutert: «Le verset 12 est le plus difficile du Cantique et défie toute interprétation. Peut-être cet Amminadib est-il l'équivalent palestinien du 'Prince Mehi', un personnage accessoire des chants égyptiens, qui circule en char et s'ingère dans les amours d'autrui.» (Bible de Jérusalem, nota in Canticum 6,11 sq.) Von einer "famous *crux interpretum*", die er nicht lösen kann, spricht gleichfalls Roland E. Murphy: *The Song of Songs*, p. 176.

8 «Los *Cantares* en liras y en octava rima intentan *traducir* el *Cantar de los cantares,* y en cambio evaden consistentemente sus mayores y más hermosos enigmas. San Juan, en cambio, dota a su 'Cántico' – que implica una creación personal y que no es en manera alguna una traducción servil – de muchos de los misterios poéticos (incluso algunos muy rebuscados) que exhibe el epitalamio hebreo original.» (Luce López Baralt: *San Juan de la Cruz y el Islam*, p. 55.) – ‚Die Fassungen des Hohenlieds in Fünfzeilern und in Oktavreimen versuchen das Hohelied zu übersetzen, und dennoch vermeiden sie fortwährend seine größten und schönsten Rätsel. Johannes hingegen versieht seinen Gesang – der seine persönliche Schöpfung und in keinerlei Hinsicht eine sklavische Übersetzung darstellt, mit vielen der poetischen Geheimnissen (sogar mit einigen recht weit hergeholten), die das Original des hebräischen Hochzeitslieds aufgibt.'

Textes. Diese Coda aber schreibt, wie wir sehen werden, den rätselhaftesten Vers des Hohenlieds aus, ohne ihn zu vereindeutigen oder das darin gestellte Rätsel zu lösen. Bestenfalls läßt sich festhalten, daß die Sprechsituation insgesamt sehr vage gehalten ist und daß damit schon die pragmatische *confusio* der Strophe das thematische *nescivi* des biblischen Vorbildes auf eindrucksvolle und originelle Weise nachzeichnet.

Der Funktion des Aminadab als eines Wagenlenkers entspricht, daß in dieser Strophe mit der *caballería* die feurigen ägyptischen Wagenrosse wiederzukehren scheinen, auf die Salomon so stolz war, daß er sie zum Vergleich mit der Geliebten heranzog: „Equitatui meo in curribus Pharaonis adsimilavi te amica mea."[9] Schon Fray Luis weist freilich darauf hin, daß der Bräutigam, wenn er die Geliebte mit einer edlen Stute an seinem ägyptischen Wagen vergleicht, aus der einfachen bukolischen Welt der Schäfer ausbricht:

> Ya otra vez he comenzado a advertir (y quedará de aquí dicho para otros muchos lugares donde es menester adelante) que, aunque esta plática que pasa entre Salomón y su Esposa, es como si pasase entre dos, pastor y pastora; pero alguna vez se olvidan de la persona que representan y hablan conforme a quien son, como en este lugar, donde dice ser suya la yegua, muestra tener coches traídos desde Egipto, con gentiles yeguas que los guíen, lo cual no cabe en un pobre pastor.[10]

> [Schon früher einmal habe ich darauf hingewiesen (und von nun an sei es auch für die vielen weiteren Stellen gesagt, bei denen es nötig ist), daß zwar diese Unterredung zwischen Salomon und seiner Braut so angelegt ist, als wäre es ein Zwiegespräch zwischen Schäfer und Schäferin, daß die beiden aber manchmal die Rolle vergessen, die sie einnehmen, und dann reden sie entsprechend dem, wer sie sind, – wie auch an dieser Stelle: Denn wenn er sagt, daß die Stute ihm gehört, gibt er damit zu erkennen, daß er Wägen aus Ägypten besitzt – mit edlen Stuten, die sie ziehen. Das aber verträgt sich ganz und gar nicht mit einem armen Schäfer.]

Die Abwendung von der bukolischen Welt, die man in der letzten Strophe des *Cántico espiritual* zu verzeichnen meint, wenn statt der Schäfer und ihrer Herden nun ein (vielleicht edles) Pferdegespann genannt wird, ist demzufolge im Mustertext des Hohenlieds bereits vorgegeben.

Auf der Ebene der Liebesallegorie scheint sich in etwa folgende Szene abzuzeichnen: Das Liebespaar ist unbeobachtet: *que nadie lo miraua* (‚da schaute niemand hin'). Der Wagenlenker Aminadab, den man vielleicht ebenso wie den ägyptischen Prinzen Mehi als einen potentiellen Ruhestörer anzusehen hat, ist außer Sichtweite: *Aminadab tampoco parecía* (‚Aminadab erschien auch nicht'). In der von Hecken, Zäunen oder Pferchen eingefriedeten Umgebung herrscht völlige Ruhe: *el cerco sosegaba* (‚die Einfriedung lag in Ruhe'). Das Wort *cerco* (‚Kreis', ‚Umkreisung') können wir als poetisches Synonym zu *cercado* (‚Ein-

---

9 Canticum 1,8.
10 Fr. Luis: *Exposición del Cantar*, cap. I,8, ed. García (1991), vol. I, p. 90.

zäunung', ,Gehege') nehmen, welch letztgenanntes auch bei Garcilaso begegnet.[11]
Die Zugpferde des Wagens aber scheinen von selbst oder von Aminadab geführt
zu einer Tränke hinabgestiegen zu sein: *y la caballería / a vista de las aguas descendía* (,und das Pferdegespann / stieg auf Sichtweite der Wasser hinab').
Was aber treiben die Liebenden in ihrer ungestörten Zweisamkeit? Dies wird
nicht gesagt. Ein Wissen davon wird vielmehr durch die Pronominalform *lo* in
Vers 196 C präsupponiert: *que nadie lo miraua* (,da schaute niemand hin'). Die
Semantik des Verses hängt demnach wesentlich von der Referenz des Pronomens
ab. Im Anhang der *Floresta de poesía erótica del Siglo de Oro* haben die Herausgeber ein Vokabelregister eindeutiger Termini der Liebessprache zusammenge-
stellt und – wo dies nötig erschien – für die spanischen Begriffe lateinische Entsprechungen hinzugefügt.[12] Zum Pronomen *lo* finden sich überaus zahlreiche
Belege und dazu die kruden lateinischen Termini (offenbar in alphabetischer
Reihenfolge) *cunnus* (sic) mit zwölf Verweisen, dann *fututio* (sic) mit acht Verweisen und schließlich *penis* mit wiederum zwölf Verweisen. Angesichts dieses
umfangreichen Beispielmaterials läßt sich für unsere Strophe XL C ohne Schwierigkeiten annehmen, daß das Pronomen *lo* ebenfalls auf etwas Erotisches verweisen soll. Das Paar liegt in der bukolischen Einsamkeit des verlassenen ,Geheges'
beieinander, ohne daß Aminadab mit seinem Gespann oder sonst jemand das
Liebesspiel beobachten könnten: *que nadie lo miraua* (,da schaute niemand hin').
Das *lo* steht in einem solchen Fall für den *concubitus* der Liebenden, der pro-
nominal umschrieben wird. Sofort erinnern wir uns natürlich an weitere Strophen, in denen ein ähnliches Verfahren benutzt wurde. So lautet in Strophe
XXXII A (XXXIII C) resp. XIX B der Ruf der Braut an den Geliebten wie folgt:

> *Escóndete carillo*
> *y mira con tu haz a las montañas*
> *y no quieras decillo*
> *mas mira las compañas*
> *de la que va por ínsulas estrañas*
> (Cántico C, vv. 161-165).

> [Verbirg dich doch, mein Liebster,
> und blicke mit dem Antlitz zu den Bergen,
> auch darfst du es nicht sagen,
> schau nur auf die Begleitung
> der Frau, die jetzt durch fremde Inseln streift!]

---

11 «Flérida, para mí dulce y sabrosa / más que la fruta del cercado ajeno.» (Garcilaso: Egloga III, v.
   305 sq., ed. Rivers, p. 205.) – ,Flerida, für mich bist du süßer und schmackhafter / als die Frucht
   des fremden Geheges.'
12 Cf. *Floresta de poesía erótica*, pp. 329-351.

Der Ausdruck *carillo* (,Liebster', ,Liebling') für den Geliebten ist ein üblicher Kosename in der Sprache des *Cancionero*.[13] Anders steht es mit dem Verbum *esconderse* (,sich verstecken'), das in der erotischen Dichtung einschlägig belegt ist:

> *Periquito y su vecina*
> *jugaban al esconder*
> *y ella le dijo a Perico:*
> *«Tápame tú, que me pueden ver.»*[14]

[Petrulus et uicina sua / ludentes sese abdebant, / at illa Petrulo dixit: „Tu tege me ne me conspiciant."]

Wenn sich demnach im *Cántico espiritual* der Freund der Sprecherin verstecken soll, dann können wir an Hand der genannten Parallelstelle nachvollziehen, was mit diesem ,Versteckspiel' (*escondite*) wohl gemeint sein könnte.

Wie aber steht es mit den ,Bergen' (*montañas*) und den ,Gefährtinnen' (*compañas*) der Sprecherin, wohin der Bräutigam sein Gesicht oder zumindest seine Augen richten soll? Auch für diese Strophe kann es keine eindeutige Auflösung geben.[15] Allerdings läßt sich doch vom Hohenlied her eine sehr naheliegende Deutung assoziieren. Die Freundin ist eine Hirtin, so daß ihre Gefährtinnen entweder andere Hirtenmädchen oder eben die Schafe und Ziegen sind, die sie zur Weide führt. Nun spricht der Bräutigam im Hohenlied die folgenden Verse: „Duo ubera tua sicut duo hinuli capreae gemelli qui pascuntur in liliis / donec adspiret dies et inclinentur umbrae / vadam ad montem murrae et ad collem turis."[16] Arias Montano gibt die Stelle folgendermaßen wieder: «Tus pechos dos cabritos saltadores / que entre las flores pacen la mañana.»[17] – ,Deine Brüste zwei springende Zicklein, / die inmitten der Blumen in der Frühe weiden.' Schon im biblischen Text steht der Vergleich der Brüste mit einem Zwillingspaar junger Zicklein unmittelbar neben der Ankündigung des Bräutigams, er werde zum Berg der Myrrhe und zum Weihrauchhügel emporsteigen. Offenkundig ist die Geliebte hier wie an anderen Stellen zu einer Körperlandschaft metaphorisiert.

Der beschriebene Sachverhalt scheint in ähnlicher Weise im *Cántico espiritual* vorzuliegen. Die Berge, auf die der Geliebte das Gesicht richtet, und die Gefährtinnen, das heißt die jungen Zicklein, welche die Schäferin auf ihrem Weg begleiten, sind identisch: Sie stehen beide metaphorisch für die Brüste der Geliebten, an denen – wie es andernorts heißt – der Geliebte weidet.[18] Die Sprecherin

---

13 Cf. *Cancionero tradicional,* ed. Alín, n° 171; n° 430; n° 431.
14 *Floresta de poesía erótica,* n° 53, nota, vv. 11-15, p. 82. Cf. quoque ibid. n° 53, vv. 31-37, p. 81; n° 53, nota, vv. 1-10, p. 82; n° 54, vv. 21-26, p. 83.
15 Festzustellen ist natürlich ein Anklang an den Psalmeingang: „Levavi oculos meos in montes unde veniet auxilium mihi?" (Psalmus 120,1.)
16 Canticum 4,5 sq.
17 Arias Montano: Paraphrasis, cap. 4, fol. 281 v.
18 „Dilectus meus mihi et ego illi qui pascitur inter lilia." (Canticum 2,16.) – «Y pacerá el amado entre las flores» (Cántico C, v. 135). – ,Und der Geliebte wird dann zwischen Blumen weiden.'

fordert ihn offenbar auf, sein Gesicht zwischen ihren Brüsten zu bergen, und derweil durchstreift sie ‚fremde Inseln' (*ínsulas estrañas*). Die Metapher einer Entdeckungsreise durch fremde Inseln meint hier den Gewinn einer neuen, völlig ungewohnten Erfahrungsdimension. In diesem Sinn spricht auch Francisco de Aldana in seiner bekannten Formulierung von ‚Gottes Indien', das es noch zu entdecken gelte:

> *¡Oh grandes o riquísimas conquistas*
> *de las Indias de Dios, de aquel gran mundo,*
> *tan escondido a las mundanas vistas!* [19]

[Oh große und überreiche Eroberungen / von Gottes indischen Kolonien, von jener großen Welt, / die den weltlichen Blicken so verborgen ist.]

Was freilich bei Aldana zuallererst als eine innere Erfahrung konzipiert ist, das wird in der Liebesrede des *Cántico espiritual* wieder ins strikt Körperliche umgedeutet. Die imaginäre Entdeckungsreise der Schäferin durch die zeitgenössische Kolonialwelt der Konquistadoren ist unschwer im Sinne einer erotischen Initiation aufzulösen, die der Sprecherin die Erfahrung einer ihr unbekannten Sinneslust beschert.[20]

Selbstverständlich ist unser Lektürevorschlag für die Strophe XXXIII C keineswegs zwingend. Gezeigt werden sollte vielmehr, daß die für uns schwer verständlichen Formulierungen für das Publikum des 16. Jahrhunderts im Prinzip auflösbar und möglicherweise doch auch eingängiger waren, als wir uns das heute vorstellen. Nichtsdestoweniger bleibt der Strophe ein gewisses Maß an Unbestimmtheit und Vieldeutigkeit eingeschrieben, und dies liegt nicht etwa am Versagen des Interpreten, sondern an der tropischen Machart des Textes selbst. Der Mittelvers der Strophe hingegen ist in *verba propria* gehalten und vollkommen verständlich: *Y no quieras decillo* (‚und wolle es nicht sagen!'), heischt die Sprecherin ihren Geliebten an. Ihm wird also eingeschärft, das Liebesgeheimnis nicht mit Worten preiszugeben, und die Sprecherin selbst unterwirft sich ebenfalls dieser Maxime, indem sie das Gemeinte entweder pronominalisiert: *decillo* (‚es sagen') – oder indem sie für das Tun des Freundes, für ihren Körper und für ihre Empfindungen Metaphern wählt – *esconderse, las montañas, las compañas, ir por ínsulas estrañas*, die trotz intertextueller Referenzpunkte geheimnisvoll bleiben.

---

19 Francisco de Aldana: *Carta para Arias Montano*, vv. 274-276, ed. Lara, p. 450.

20 Johannes vom Kreuz kombiniert gern die Kategorien der *extrañez* (‚Fremdartigkeit') und des *deleite* (‚Lust', ‚Wonne'): «¿Quién podrá contar la magnificencia y extrañez de tu deleite y majestad en el admirable resplandor y amor de tus lámparas?» (Llama B, 3,5.) – ‚Wer vermag die Großartigkeit und Fremdartigkeit deiner Wonne und Majestät zu messen, die in jenem wunderbaren Widerschein und in der Liebe deiner Lampen verborgen ist.*' (Liebesflamme 3, p. 70.) Ein ähnlicher Zusammenhang zeigt sich an der folgenden Stelle: «... siente el alma un extraño deleite en la espiración de el Espíritu Santo en Dios» (Llama B, 4,16) – ‚... und die Seele empfindet ein ungewohntes Entzücken bei der Aushauchung des Heiligen Geistes in Gott*' (Liebesflamme 4, p. 139 sq.).

Der Sinn all dieser metaphorischen Aussagen ergibt sich nämlich letzten Endes nicht aus anderen Belegtexten (obwohl sie natürlich darauf anspielen), sondern aus der körperlich-sinnlichen Erfahrung der *énonciation,* deren Qualität wir nur mittelbar aus der Rede der Sprecherin erschließen können. Ihr Körper selbst und ihre Lust aber sind ihr eigentlich unsagbar. Darum hüllt sie dies alles in Metaphern und Periphrasen ein, die anstelle der eigentlichen Benennungen stehen, oder sie bezeichnet ihren Körper und den des Geliebten mit dem Pronomen. Dieses *lo* kommt dem Ungesagten gewiß am nächsten, und zugleich ist dieses *lo* auf Grund des Redeverbots das Äußerste, was über das Gemeinte überhaupt gesagt werden kann oder darf.

Die Pronominalisierung eines Ungesagten ist selbst ein Paradox: Denn ein Pronomen steht, wie der Terminus zu verstehen gibt, *pro nomine,* für einen Namen oder für eine Bezeichnung. Das Pronomen verweist damit von Haus aus auf etwas bereits Gesagtes oder zumindest auf etwas prinzipiell Sagbares, erst recht, wenn es sich um ein Pronomen der dritten Person handelt. In dieser Strophe hingegen verweist das Pronomen seiner Intention nach auf das, was nicht mehr Sprache ist, sondern Situation und Körper. Obwohl das Pronomen noch ganz in der Sprache ist, siedelt es doch schon an ihrem Rand und verweist auf das, was außerhalb und jenseits von ihr liegt, was sich ihr entzieht in seiner außersprachlichen Sinnlichkeit. Das Pronomen ist nicht eine Benennung, es ist nicht Träger einer Bedeutung oder eines Sinns, sondern es ist gewissermaßen selbst ein Sprachkörper, verstanden als ein materielles Symptom oder eine Spur des anderswo schon Gesagten beziehungsweise des gemeinten Unsagbaren, das es nicht darstellt, sondern voraussetzt. Das erotische Pronomen ist ein Supplement, und Supplemente eines sozusagen zweiten Grades sind die metaphorischen Ersetzungen, derer sich die Geliebte bedient.

Aus Liebe wissen

Die zuletzt analysierte Strophe XXXIII C enthält – wie andere Stellen des *Cántico espiritual* ebenfalls – eine Liebeskunst in nuce. Wir verstehen diesen Zusammenhang besser, wenn wir ihn vor dem Hintergrund der Gegenüberstellung von *scientia sexualis* und *ars erotica* deuten, die Michel Foucault in seiner Geschichte der abendländischen Sexualität vornimmt.[21] Er vertritt in *La Volonté de savoir* die Auffassung, daß sich im neuzeitlichen Abendland eine *scientia sexualis* entwickelt habe und daß deren Grundlage in einer *injonction de parler* bestehe – in einem Zwang, der es den Subjekten auferlegt, über ihre eigene Sexualität einen gleichsam wissenschaftlichen Diskurs zu führen. Diese dem Subjekt auferlegte Rede wird im Angesicht eines *maître de vérité* gehalten, also vor einer autorisierten Instanz, welche die Macht verkörpert. Der Diskurs selbst nimmt dabei idealtypisch gesehen die Form eines Geständnisses (*aveu*) an, sei es vor Gericht, in der Ohren-

---

21 Cf. Foucault: *La Volonté de savoir,* pp. 76-84.

beichte oder in der psychoanalytischen Gesprächssituation. Als eine grundsätzliche Alternative zur *scientia sexualis* betrachtet Foucault die *ars erotica,* die er als
Initiation in ein Geheimwissen versteht und die er vor allem in antiken sowie
außereuropäischen Kulturen verwirklicht findet, etwa in China, Japan, Indien, in
der arabisch-islamischen Welt oder auch im alten Rom.[22]

Foucault analysiert hauptsächlich die institutionellen Rahmenbedingungen
der *scientia sexualis* und der *ars erotica.* Die *scientia sexualis* ist exoterisch und wird
durch ein allgemeingültiges Machtwissen (*pouvoir-savoir*) organisiert, während
die *ars erotica* esoterisch ist und von einer Erfahrung der Lust sowie dem zugehörigen Geheimwissen (*savoir secret*) strukturiert wird. Dementsprechend unterscheiden sich der autorisierte *maître de vérité,* vor dem das Subjekt die Wahrheit
über seine Sexualität gestehen muß, und der großzügige Meister der Liebeskunst,
der das Subjekt auf den Weg der Initiation führt und ihm sukzessiv die Geheimnisse sinnlicher Lust offenbart. Was Foucault in seinen Ausführungen eher voraussetzt denn ausdrücklich behandelt, ist die Frage der sprachlichen Verfaßtheit
von *scientia sexualis* und *ars erotica.* Die *scientia sexualis* bedient sich zweifelsohne
einer quasi wissenschaftlichen Terminologie. Sie ist, wie Foucault ausführt, letztendlich aus einer theologischen Kasuistik hervorgegangen, in der die unterschiedlichen Verhaltensweisen katalogisiert und auf ihre Erlaubtheit oder Uner-
laubtheit hin erörtert werden. Dazu aber bedarf es einer Nomenklatur, die in
sich eindeutig ist, und um diese Eindeutigkeit bemühen sich die entsprechenden
Traktate, zunächst im Bereich der Theologie selbst (von Thomas von Aquin bis
hin zu Alfons von Liguori), dann aber auch in den säkularisierten Wissenschaften
wie etwa in der *Psychopathologia* eines von Krafft-Ebing. Die *scientia sexualis* erweist sich so gesehen nicht nur als das Projekt, ein Wissen über die Erotik zu
konstituieren, sondern sie will diesem Wissen auch eine Sprache verleihen: Signifikanten erhalten eindeutige Signifikate zugewiesen, die wiederum ihrerseits in
eindeutiger Weise die Körper und deren erotische Praktiken zur Referenz haben.
Die *scientia sexualis* ist zu verstehen als eine diskursive, sprachliche Repräsentation des begehrenden Subjekts und seiner Äußerungsformen.

Was die *ars erotica* anbelangt, so bestimmt Foucault deren Eigenart vor allem
in der Konstitution und Vermittlung der Liebeskunst als eines geheimen Erfah-
rungswissens. Er bezweifelt aber nicht, daß die *ars erotica* selbst als ein Wissen
und als eine Sprache zu fassen ist. In der Tat bedienen sich zahlreiche einschlägige Traktate, gerade auch aus dem außerabendländischen Bereich, durchaus einer
eindeutigen Nomenklatur. Sie benennen Körperteile und Praktiken, empfehlen
das eine und warnen vor dem andern. Sie vermitteln also ein Wissen, das sich auf
Grund der unterschiedlichen institutionellen Einbindung und der andersgearteten Problematisierung von der *scientia sexualis* unterscheidet, das aber nichtsdestoweniger Wissen und Diskurs bleibt.

---

22 Foucault dürfte hier beispielsweise von den Arbeiten des Robert van Gulik zur chinesischen Erotik beeinflußt sein. Cf. Robert van Gulik: *La Vie sexuelle dans la Chine ancienne,* transt. L.
   Evrard, Paris: Gallimard 1971. Cf. Foucault: *L'Usage des plaisirs,* pp. 154 et 159.

Nirgends läßt sich der ausgeführte Sachverhalt besser aufzeigen als an einem erst kürzlich gedruckten arabisch-spanischen Ehetraktat des frühen 17. Jahrhunderts, den wir als *Tratado de los buenos usos del matrimonio* bezeichnen wollen. Der Traktat ist einem sogenannten Adab entnommen und macht nur einen Teil des umfangreichen Textes aus. Unter einem Adab versteht man eine Mischgattung der arabischen Buntschriftstellerei mit didaktischem und unterhaltendem Charakter. Der Adab vereinigt unterschiedlichste Textsorten in sich, die locker auf ein übergreifendes Thema hin ausgerichtet sind. Es kann sich gleichermaßen um Exzerpte aus Schriften früherer Autoren, um expositorische Abhandlungen oder um Märchen, Erzählungen und Novellen handeln. Die Form des Adab fand auch Verwendung als literarische Propädeutik der Eheschließung, und um einen solchen Hochzeits-Adab scheint es sich bei der vorliegenden Quelle zu handeln. Ein anonymer Morisco, der als Kryptomuselman in Spanien gelebt hatte, mit der zeitgenössischen Literatur, insbesondere mit dem Theater des Lope de Vega gut vertraut war und 1609 vertrieben wurde, schrieb das Werk im Exil in Tunis. Der genannte Adab ist ein *texto aljamiado,* das heißt, daß er in arabischer Schrift, aber in spanischer Sprache verfaßt ist, wobei das Spanische von zahlreichen Arabismen durchsetzt ist, wie sie unter den Moriscos im arabischsprachigen Exil üblich waren.

Luce López Baralt hat den Abschnitt des Werks, der sich mit Fragen der Ehe und der Erotik befaßt, dankenswerterweise transkribiert und unter großer Anteilnahme des Publikums im Jahr 1992 veröffentlicht.[23] Der von ihr ausgewählte Textteil ist als die Rede eines Alten an einen jungen Mann angelegt, der seinen Gesprächspartner über die Pflichten des islamischen Ehemanns informiert. Neben – oft juristischen – Fragen bezüglich der Wahl einer Braut, der Eheschließung, der Mitgift, der Brautgabe, der Polygamie und der Scheidung ist die Schlußpassage der rechten Form des Beischlafs gewidmet. Wie zu erwarten sind die Bestimmungen beim Morisco liberaler gehalten als etwa in der früher zitierten *Instrucción de confesores* von 1591 des Fray Bartolomé de Medina. Nichtsdestoweniger unterliegt auch die islamische Erotik einer strengen Ordnung, die einerseits durch vorgeschriebene Waschungen und andererseits wiederum durch die Ökonomie des natürlichen Gefäßes bestimmt ist:

> Y deçimos todo su cuerpo [scil. de la mujer] se entienda que sólo se le beda [scil. al marido] el tener acto en la otra bía, porque Dios Nuestro Señor dixo que la mujer es como la tierra, para sembrar, y el sembrar no a de ser sino en la parte que produce lo sembrado, ques la criatura, y en aquella bía no produçe, demás que es cosa fea y

---

23 Der Traktat ist Teil des Ms. S-2 BRAH, das in der Bibliothek der Real Academia de la Historia in Madrid aufbewahrt wird. Die Abhandlung beginnt folio 75 verso und endet folio 103 recto. Der Text selbst umfaßt knapp zweiundzwanzig Druckseiten und wurde mit einer 345 Seiten langen Studie und zahlreichen Anhängen von Luce López Baralt herausgegeben – allerdings unter einem leicht irreführenden Titel. Cf. Luce López Baralt: *Un Kama Sutra español,* Madrid: Siruela 1992. Der Traktat ist dort abgedruckt auf pp. 351-372. Gleichberechtigt neben dem verkaufswirksamen Label Kama Sutra benutzt die Autorin allerdings auch den seriöseren Titel: *Tratado de los buenos usos del matrimonio* (cf. ibid. p. 348).

contra la costumbre y contra lo que se pretende que es la jeneración. Y así, es cosa prohibida. Y por aquí en dixo çala Allahu 'alayh gua çalam que el que lo haçe es maldito de Dios.[24]

[Cum dicimus totum corpus (scil. uxoris), hoc ea condicione intellegi uolumus ut solum uetetur ne uir in concumbendo auersa uia utatur. nam Deus Dominus noster dixit mulierem terram esse in quam sementem facere oportet, sed sementem facere ex ea parte tantummodo licet, unde sementis fructum editura sit, prolem uidelicet. ex auersa autem parte nullus fructus edetur. ceterum res est admodum turpis abhorretque a moribus atque procreationem, quae appetitur, impedit. popterea illa res omnino uetatur. quare propheta Dei, cui Deus salutem pacemque semper largiatur, dixit eum, qui tale facinus commisisset, Deo inimicum esse futurum.]

Hier sehen wir bereits, daß der arabische Autor Praktiken ablehnt, die der Text des *Cántico espiritual* an anderer Stelle – völlig bedenkenlos – gerade insinuiert hatte. Ein weiterer und wichtigerer Gesichtspunkt kommt hinzu: Der erotische Traktat des anonymen Morisco bedient sich feststehender und wiederkehrender Termini. Er redet von *miembro* (,membrum uirile'), *vaso* (,pudenda muliebria') und *tener acto* (,concumbere').[25] Er benutzt oder prägt sogar eine Nomenklatur, beispielsweise dort, wo die Redeweise verwendet wird: *cumplir el acto con dalla cada cuatro noches una* (,debitum quinta quaque nocte uxori reddere').[26] Der Traktat konstituiert mithin ein befragbares, fixiertes Wissen und vermeidet in den erotischen Dingen jede unbestimmt bleibende Metaphorik. Man könnte darum fragen, ob der genannte Traktat in seiner Sprachlichkeit – trotz unbestreitbarer Unterschiede zu vergleichbaren Abhandlungen des abendländischen Kulturkreises – nicht dennoch einer *scientia sexualis* europäischen Zuschnitts sehr viel näher kommt, als man auf den ersten Blick vermuten würde. Denn sowohl die *scientia sexualis* als auch dieser und vergleichbare Traktate, die Luce López in ihrer Studie ausführlich kommentiert, optieren für einen Jargon der erotischen Eigentlichkeit.

Gegen den Ehetraktat des Morisco wollen wir zwei vollkommen unterschiedliche Werke der abendländischen Tradition halten, nämlich das biblische Hohelied einerseits und die *Ars amatoria* des Ovid andererseits. In beiden Texten wird die erotische Vereinigung von Mann und Frau beschrieben, oder es wird zumindest deutlich darauf angespielt – im Hohelied eher implicite, in der *Ars amatoria* auch explicite. Dennoch vermeiden beide Texte den Gebrauch einer erotischen Nomenklatur – das Hohelied überhaupt, die *Ars amatoria* weitgehend. Im Hohelied spielt der Gebrauch erotisch auflösbarer Metaphern eine wichtige Rolle. Erinnert sei an die wiederkehrende Metapher des Weinbergs, die auch für den Körper der Frau steht: „Filli matris meae pugnaverunt contra me / posuerunt me custodem in vineis vineam meam non custodivi."[27] Somit ist das Hohelied

---

24 *Tratado de los buenos usos,* ibid. pp. 369 sq.
25 Cf. ibid. passim.
26 Cf. ibid. pp. 360 et 361. Die Zahl Vier ergibt sich auch aus der Vierzahl der dem Moslem gestatteten Frauen.
27 Canticum 1,5.

über weite Strecken als ein Text *à double entente* zu lesen: Die anekdotischen Begebenheiten oder Landschaftsbeschreibungen können immer auch einen lasziven, höchst erotischen Sinn tragen. Dennoch bleibt eine solche Sinnzuschreibung fakultativ, sie verfestigt sich nicht, wird nicht eindeutig.

Die *Ars amatoria* des Ovid beschränkt sich auf wenige einschlägige, keineswegs technische Vokabeln wie *concubitus, uoluptas* oder Venus und umschreibt ansonsten das Weitere mit allgemeinen Ausdrücken oder ebenfalls mit metaphorischen Redewendungen, beispielsweise aus dem Bereich der Segelschiffahrt und des Wettrennens, wenn es heißt:

> *Sed neque tu dominam uelis maioribus usus*
> *defice, nec cursus anteeat illa tuos;*
> *ad metam properate simul: tum plena uoluptas,*
> *cum pariter uicti femina uirque iacent.*[28]

Neben einer glänzenden Metaphorik enthält die *Ars amatoria* zahlreiche mythologische Exempla, die alle den Blick vom Sinnlich-Erotischen weg auf etwas Anderes hinlenken, so daß der erotische Inhalt der Rede immer wieder in elegant-virtuosen Umschreibungen, Vergleichungen oder Parabeln erscheint, aber weder eine Nomenklatur noch einen Diskurs begründet.

Das Hohelied und die *Ars amatoria* sind auf je spezifische Weise eminent ironische Texte. Was sie meinen, sagen sie nicht ausdrücklich, sondern sie umschreiben und umspielen es nur. „Aliquando cum inrisu quodam contraria dicuntur iis, quae intellegi volunt",[29] definiert Quintilian eine der Unterarten der Ironie. In den genannten erotischen Texten wird nicht im strengen Sinn ein antiphrastisches Gegenteil des Gemeinten geäußert, wie es Quintilian voraussetzt, aber immerhin wird ein Phänomen aus einem fremden Themenbereich beschrieben, das für den gemeinten erotischen Sachverhalt stehen soll. Quintilians Kriterium des *inrisus,* des Verlachens oder Belachens, trifft für diese Texte zu, insofern das Erotische seit alters her als das *ridiculum* schlechthin, als der niedrigste und lächerlichste Gegenstand überhaupt definiert ist. Die erotischen Metaphern, Umschreibungen und Allegorien fordern also zum Lachen oder doch wenigstens zum Schmunzeln heraus, und dieser Aspekt einer heiteren, spielerischen Uneigentlichkeit des Gesagten ist als ästhetische Ironie zu verstehen.[30]

Im Hohenlied und in der *Ars amatoria* findet sich auf sehr unterschiedliche Weise ein Typus der *ars erotica* verwirklicht, die weder zum Diskurs gerinnt noch eine Nomenklatur prägt noch ein Wissen produziert. Statt dessen umspielen diese Texte ironisch eine Referenz und eine Bedeutung, ähnlich wie der Matador in seinen Figuren den Stier umtänzelt und reizt – in der Phase des Kampfes, bevor

---

28 Ovidi ars amatoria II,725-729.
29 Quintiliani institutio oratoria VIII,6,56.
30 Zum ästhetischen Ironiebegriff, den wir hier voraussetzen und der sich einer entschieden „ästhetischen Dimension des ironischen Scheins" verdankt, cf. Rainer Warning: „Der ironische Schein", loc. cit. pp. 292-300.

er ihm den Todesstoß versetzt.[31] Foucault hat in seine Überlegungen die Möglichkeit einer solchen *ars erotica,* die sich als ironisch-rhetorisches Spiel definiert, nicht einbezogen. Uns scheint dennoch erst diese Art des Sprachspiels recht eigentlich den Namen der *ars erotica* zu verdienen; und eine solche *ars erotica* könnte im letzten durchaus auf dem gegründet sein, was das krasse Gegenstück der *injonction de parler* ist, welche die *scientia sexualis* charakterisiert, – auf einem Tabu oder einem Sprechverbot, das bestenfalls Metaphern und Periphrasen zuläßt, aber nur unter der Bedingung, daß sie indirekt und mehrdeutig bleiben. Die *ars erotica* wäre dann nicht eine besondere Form des Diskurses über ein Erfahrungswissen (im Gegensatz zum Machtwissen der *scientia sexualis*) mit einer bestimmten institutionellen Verankerung (mit einem Lehrmeister statt eines Agenten der Macht), sondern die *ars erotica* wäre ein Konterdiskurs schlechthin, eine Rede über das, was sich nicht in Rede fassen und nicht zu einem Wissen organisieren läßt, was nicht einer anderen Vermittlung und Lehre bedarf, sondern was sich ihr gerade entzieht.

Zahlreiche obszöne Gedichte, auf die wir in unserer Analyse bislang immer wieder zurückgegriffen haben, scheinen der skizzierten Mechanik einer solchen *ars erotica* zu gehorchen. Sie reden *prima facie* häufig von etwas ganz Anderem als von der erotischen Vereinigung, aber die evozierten Bilder und geschilderten Situationen lassen sich meist unschwer in erotische Termini übersetzen. Diese Übersetzung schließt in der Regel nicht aus, daß auch die andere – sozusagen buchstäbliche – Bedeutung des Textes stehenbleiben kann. Denn diese Texte spielen bewußt mit ihrer eigenen Doppel- und Mehrdeutigkeit. Von daher ist das spanisch-lateinische Wortregister, das Pierre Alzieu und seine Mitherausgeber für den Anhang der *Floresta de poesías eróticas del Siglo de Oro* erstellt haben, zwar nützlich, aber in sich zutiefst problematisch.[32] Ein solches Vokabular erweckt den Eindruck, es ginge um die Entzifferung einer Geheimsprache, um die Entdeckung eines verborgenen, aber ausdrückbaren und formulierbaren Sinns, sozusagen um eine volkstümliche und subversive *scientia sexualis* von unten. Gewiß mag das auf den ein oder anderen Fall zutreffen; vor allem aber will diese populäre und so laszive Literatur des Siglo de Oro, wie uns scheint, gerade eine *ars erotica* sein und die Ubiquität des erotischen Sinns, aber auch seine Unverfügbarkeit, ja seine Unsagbarkeit inszenieren. Deswegen eskamotiert sie – zumindest in den ästhetisch anspruchsvolleren Gedichten – platte Eindeutigkeiten und nimmt ihre Zuflucht zur figuralen Rede. Damit aber hört sie auf, eine bloß verkehrte *scientia sexualis* von unten zu sein – sei diese auch noch so subversiv. Statt dessen mausert sie sich zu einer *ars erotica,* die sich der *injonction de parler* neckisch verweigert, indem sie immer nur so tut, als spräche sie aus..., in Wirklichkeit aber sagt sie etwas Anderes.

---

31 Zur Ästhetik des Stierkampfes nach Michel Leiris und zu deren Beziehbarkeit auf die Literatur cf. Nitsch: *Sprache und Gewalt bei Claude Simon,* pp. 13-24.

32 Cf. *Floresta de poesía erótica del Siglo de Oro, con su vocabulario al cabo por el orden del a.b.c.,* edd. Pierre Alzieu, Robert Jammes, Yvan Lissorgues, pp. 329-351.

Unser Befund trifft mit noch größerer Berechtigung auf den *Cántico espiritual* zu. Auch dort gibt es, wie wir gesehen haben, Umschreibungen erotischer Sachverhalte, die bewußt als Metaphern und Periphrasen, als Figuren eines rhetorischen Stierkampfs mit dem Ungesagten wahrgenommen werden wollen. Der Zufall will es, daß wir die Strophe XXXV A resp. XXXVI BC des *Cántico espiritual* nun sehr plastisch mit einer Anweisung aus dem Ehetraktat des Morisco vergleichen können. Bei Johannes vom Kreuz spricht die Braut zum Geliebten:

> *Gozémonos amado*
> *y vámonos a ver en tu hermosura*
> *al monte u al collado*
> *do mana el agua pura*
> *entremos más adentro en la espesura*
> (Cántico C, 176-180).

> [Laß uns die Lust genießen, Geliebter,
> und laß uns dann in deiner Schönheit uns auch sehn,
> am Berg oder am Hügel,
> wo reines Wasser fließt,
> laß tiefer ins Gebüsch hinein uns gehn!]

Die Geliebte fordert den Freund auf, mit ihr in eine gebirgige Landschaft zu ziehen, wo Bäche fließen und dichter Wald wächst. Dort wollen beide ihrer Schaulust frönen, wobei die Frau die Schönheit des Geliebten besonders hervorhebt. Einmal mehr ist die Syntax der Strophe überaus evasiv – dank der Doppeldeutigkeit von *vámonos* (,laß uns gehen') und der Präpositionalfügung *en tu hermosura* (,in deiner Schönheit'), die gerade kein direktes Objekt zu *ver* ist. Somit muß ein anderes Objekt gesucht werden, und drei Lesarten bieten sich an, die miteinander koexistieren:

1. Entweder ist das Personalpronomen *nos* im Hortativ *vamonos* als direktes Objekt zu *ver* aufzufassen. Dann trägt der Vers die Bedeutung: ,Laß uns gehen, um uns zu sehen!' Das Paar beschaut in diesem Fall sich selbst in der Schönheit des Geliebten, und es steigt in dieser Absicht zum Berg und zum Hügel empor. *Al monte u al collado* sind eine richtungsanzeigende Präpositionalfügung. Die beiden Verse 177 C sq. wären dann zu übersetzen: ,Laß uns zum Berg und zum Hügel emporsteigen, um uns dort in deiner Schönheit zu sehen!'
2. Oder das Personalpronomen *nos* im Hortativ *vamonos* ist das an sich erwartbare Reflexivpronomen. Dann trägt der Vers die Bedeutung: ,Laß uns gehen, um zu sehen!' Das Paar beschaut dann nicht sich selbst, sondern ein anderes Objekt. Die Liebenden wenden ihren Blick auf den Berg und den Hügel. In der Schönheit des Geliebten erscheinen Berg und Hügel gleichsam personifiziert, denn obwohl sie in diesem Fall als direktes Objekt zu *ver* fungieren müssen, wird ihnen die Präposition *a* zugewiesen, die als Akkusativmarkierung den belebten Objekten vorbehalten ist. *Al monte u al collado* ist ein direktes

Objekt, das gleichsam belebt ist. Die beiden Verse wären dann in etwa zu übersetzen: ‚Und laß uns gehen, um in deiner Schönheit den Berg und den Hügel (gleichsam erstrahlen) zu sehen!‘

3. Die dritte Lesart verzichtet darauf, dem Verbum *ver* überhaupt ein direktes Objekt beigeben zu wollen. Sie akzeptiert, daß die auffällige Präpositional-fügung *en tu hermosura* anstelle eines direkten Objekts steht und dieses auf-schiebt.[33] Das Sehen des Paares wird damit als ein gegenstandsloses gekenn-zeichnet, das im Medium der Schönheit des Geliebten statthat. Eine solche Objektlosigkeit entspricht den Charakteristika der plotinischen Schau.[34] Die Verse sind dann zu übersetzen: ‚Laß uns zum Berg und zum Hügel emporstei-gen, um in deiner Schönheit zu schauen.‘

Die erste der drei genannten Lesarten operiert am deutlichsten auf der Ebene ei-nes bukolischen Liebesabenteuers, wo sich das Paar an einen geheimen Ort zu-rückzieht. Das Verbum *gozar* (‚genießen‘, ‚Lust verkosten‘) ist eine übliche Um-schreibung des erotischen Genusses, aber da im Kontext der Strophe Liebeslust und Gesichtssinn miteinander kombiniert sind, bietet sich eine weitere Deutung an, die wir beim unbekannten Morisco aus Tunis finden. Er empfiehlt der Frau die folgende Verhaltensweise:

> Y así como a él le es permitido goçar de todo el cuerpo della, lo es también a ella que goçe del todo el cuerpo dél, mirando su miembro y demás partes, y Reguçijarse con él con todas las çircunstançias que pueda, a pedimento de su marido, y añadir más otras muchas para caçalle el coraçón y probocarle a tener acto y gusto.[35]

> [Ut marito licet toto corpore uxoris frui, ita uxori quoque licet toto mariti corpore frui membrumque uirile aliasque secretiores partes oculis contemplari. praeterea uxori licet una cum marito tantam uoluptatem omnimodis consequi, quantam cape-re possit, dummodo maritus hoc ab uxore petat. denique multas alias blanditias ad-dere licet, ut uxor sibi amorem mariti conciliet atque eum incitet ad uenerem capes-sendam gaudiumque percipiendum.]

Im maurisch-spanischen Ehetraktat sind wie im *Cántico espiritual* die Lust der Frau und der Blick auf den Mann eng miteinander verbunden. Was aber im *Cántico espiritual* vieldeutig und offen geblieben war, nämlich der Status des ge-meinten Schauobjekts, das versprachlicht der Ehetraktat mit Hilfe seiner ein-deutigen Nomenklatur, die sich einer eigentlichen und konkreten Bezeichnung bedient: *mirando su miembro y demás partes* (‚membrum uirile aliasque secretiores partes oculis contemplari‘). Gegen ein solches Verfahren der Versprachlichung

---

33 Übrigens fehlt die Präposition *en* in drei guten Handschriften, wo es heißt: *Y vámonos a ver tu hermosura.* Metrisch leuchtet diese Variante sofort ein, da dann ohne Synaloephe gelesen und das H in *hermosura* wie im *Cántico espiritual* ansonsten üblich aspiriert werden kann. Allerdings würde dadurch die Syntax vereindeutigt (*hermosura* würde zum direkten Objekt des Verbums *ver*). Offenbar war Johannes vom Kreuz bereit, im Zweifelsfall die metrische Korrektheit der syntaktischen Vieldeutigkeit zu opfern. Jedenfalls hat er im Codex von Sanlúcar, wo sich hand-schriftliche Korrekturen finden, die Fügung *en tu hermosura* unbeanstandet gelassen.

34 Cf. Plotini enneades V, 8, 11.

35 *Tratado de los buenos usos*, p. 370.

steht die Kollokation: *ver en tu hermosura,* wo der Tropus der Metonymie und die eigenwillige Syntax zusammenspielen und die Fixierung eines Sinns prekär machen. *Hermosura* ist ein Allgemeinbegriff und kann darum im Sinne eines *abstractum pro concreto* für den Körper des Geliebten stehen, ohne daß damit schon etwas Bestimmtes bezeichnet wäre. Die Präpositionalfügung aber verschiebt die Objektfunktion zunächst auf andere grammatikalische Formen und schiebt sie dann definitiv auf. Die Verfaßtheit der Verse benennt nicht den Gegenstand der erotischen Lust der Sprecherin, sondern sie modelliert in der Sprache die Struktur ihres Wunsches nach. Darum transportiert die Rede der Braut kein erotisches Wissen, sondern sie agiert die erotische Sehnsucht aus, von welcher der Körper der Liebenden gezeichnet ist. Im Gedicht wird das Begehren der Sprecherin nicht ausgesagt, sondern ausgetragen.

Es ist an der Zeit, noch einmal auf die institutionelle Einbindung der *ars erotica* zurückzukommen. Üblicherweise herrscht dort, wie Foucault ausführt, eine trianguläre Kommunikationssituation. Der Lehrmeister wendet sich an seinen Schüler oder seine Schülerin, die ihrerseits ihr neu erworbenes Wissen darauf anwenden, eine geliebte Person für sich zu gewinnen und mit ihr die Freuden der Liebe zu genießen. Das Medium der Liebeskunst, welche der Meister dem Schüler vermittelt, ist die Sprache – beispielsweise der Text der *Ars amatoria,* in welcher Ovid als Naso magister zunächst die jungen Männer, dann die Mädchen als seine gelehrigen Schüler unterrichtet. Der Lehrvortrag über die zu erlernende Kunst und die Ausübung dieser Kunst, ihre Überführung in tatsächliche Erfahrung, fallen jedoch nicht zusammen. Erst wenn er oder sie Erfolg gehabt haben, sollen Schüler und Schülerin dem Lehrmeister Dank abstatten und seinen Namen auf ihre Beutestücke schreiben:

> *Quantus erat Calchas extis, Telamnius armis,*
> *Automedon curru, tantus amator ego.*
> *me uatem celebrate, uiri, mihi dicite laudes;*
> *cantetur toto nomen in orbe meum.*
> *arma dedi uobis; dederat Vulcanus Achilli:*
> *uincite muneribus, uicit ut ille, datis.*
> *sed, quicumque meo superarit Amazona ferro,*
> *inscribat spoliis Naso magister erat.*
> [...]
> *Vt quondam iuuenes, ita nunc, mea turba, puellae*
> *inscribant spoliis Naso magister erat.*[36]

Anders als bei Ovid sind im *Cántico espiritual* hingegen Lehrmeister und Liebhaber, Schülerin und Geliebte jeweils ein und dieselbe Person: *Allí me dio su pecho / allí me enseñó ciencia muy sabrosa* (Cántico C, vv. 91 sq.) – ‚Dort gab er seine Brust mir, / dort lehrte er mich leckre Wissenschaft.‘ Demzufolge koinzidieren auch Lehre und Erfahrung, oder besser gesagt: die Erfahrung tritt hier an die

---

36 Ovidi ars amatoria II,737-744 et III,811 sq.

Stelle der Lehre. Damit scheint die Sprache als ein Medium überhaupt entbehrlich zu werden, denn an die Stelle der zum Liebesgenuß hinführenden Worte
tritt die unmittelbare Erfahrung sinnlicher Lust. Das Liebesgeheimnis selbst aber
brauchen Meister und Schülerin unter solchen Umständen nicht mehr auszusagen, sondern sie dürfen sich damit begnügen, es anzudeuten, es metaphorisch zu
umschreiben und es letzten Endes überhaupt zu verschweigen.

In diesem Sinn formuliert der *Cántico espiritual* ein explizites Redeverbot: *y no
quieras decillo* (‚auch darfst du es nicht sagen!‘). Das rhetorische Spiel des Gedichts leitet sich insgesamt von diesem Verbot her, das die Braut dem Geliebten
erteilt, aber an das sie sich auch selber gebunden weiß und aus dem die figurale
Rede beider Partner erst erwachsen kann. Dieses Sprechverbot ist das leere, negativ zu bestimmende Zentrum des Textes, von dem die erotischen Metaphern und
Periphrasen ihren Ausgang nehmen und insgeheim determiniert sind. Mithin
stoßen wir erneut auf eine supplementäre Struktur. Die Sprache der Liebeskunst
ist demnach nicht mehr wie in der *scientia sexualis* das Instrument einer Lehre
und auch nicht mehr die Propädeutik einer Erfahrung, sondern eine Spur: sie
verweist auf etwas Anderes, das sich ihr entzieht. Die uneigentliche und ironische
Sprache der *ars erotica* steht anstelle dessen, was nicht gesagt werden darf, und sie
unterscheidet sich genau darin radikal von der *scientia sexualis,* jener anderen
Form der Rede, in der das, was nicht gesagt werden kann, dennoch unter allen
Umständen gesagt werden muß.

Was die Geliebte vom Geliebten im *Cántico espiritual* lernt und selber vor-
trägt, ist eine Liebeskunst, die wir mit gutem Recht eine apophatische nennen
können. Somit gerät die Rede der Sprecherin zu einer *ars erotica* oder, wie Johannes vom Kreuz dies an einer bedeutsamen Stelle seines Prosakommentars
ausdrückt, zu einer *ciencia por amor* (‚Wissenschaft aus Liebe‘).[37] Indem der Autor den üblichen Ausdruck *ciencia de amor* (‚Wissenschaft der Liebe‘) durch *ciencia por amor* (‚Wissenschaft aus Liebe‘) ersetzt, wird der Genetivus objectivus
(*ciencia de amor = scientia amoris = discipula amorem discit*) zu einer Präpositionalfügung, deren Semantik einem Genetivus subjectivus entspricht (*ciencia por
amor = scientia amoris = amor discipulam docet*). Damit verflüchtigt sich das Wissen von der Liebe als *énoncé* eines Diskurses, als Gegenstand einer Wissenschaft,
und statt dessen bestimmt der Affekt der Liebe von nun an die *énonciation* selbst,
den Wissensakt des erkennenden Subjekts. Es wird zu fragen sein, was dieses
Subjekt zu wissen überhaupt imstande ist.

---

37 «La ciencia sabrosa que dice aquí que la enseñó es la teología mística, que es ciencia secreta de
   Dios que llaman los espirituales contemplación; la cual es muy sabrosa, porque es ciencia por
   amor, el cual es el maestro de ella y el que todo lo hace sabroso.» (Cántico B, 27,5.) – ‚Diese
   wohlschmeckende Wissenschaft, von der die Braut hier sagt, daß der Bräutigam sie ihr beigebracht habe, ist die mystische Theologie, welche Gottes geheime Wissenschaft ist und welche die
   geistlichen Menschen Beschauung nennen. Diese ist überaus wohlschmeckend, da sie eine Wissenschaft aus Liebe und die Liebe hier selber die Lehrmeisterin ist, die alles wohlschmeckend
   macht.*‘ (Geistlicher Gesang 27, p. 217.)

Es nicht wissen

Die erste Lektüre unserer Strophe XL C hat darin bislang einen verschwiegenen *concubitus* des Liebespaares ausgemacht, der über das Pronomen *lo* zwar angedeutet, aber zugleich mittels der apophatischen Verfahren des Textes auch umschrieben wird und somit ungesagt bleibt. Eine weitere Lesart der Stelle bietet sich an. Sie nimmt die Rede von Aminadab und seinem Pferdewagen, aber auch die Erwähnung des bukolischen Geheges in einem stärker tropischen Sinn und bezieht dies dann auf die Körper der Liebenden. Wiederum sind keine anderen Augenzeugen anwesend: *que nadie lo miraua* (‚da schaute niemand hin‘). Es ruht aber nicht nur das umgebende ‚Gehege‘, sondern mit dem *cerco* ist diesmal die ‚Belagerung‘ oder ‚Einkesselung‘ gemeint. «Cerco. Sitio que forma el exército circunvalando, ciñendo, y estrechando alguna Plaza, para combatirla, y expugnarla. Lat. *Obsidio. Obsessio. Circumsessio.*»[38] – ‚Einkreisung. Belagerung, die das Heer ausführt, indem es eine Festung umschanzt, umzingelt und abschnürt, um sie zu bekämpfen und zu erobern.‘

Die mythologisch bekannteste Belagerung ist diejenige der Stadt Troja, und gerade die Metapher vom eingekesselten Troja ist ein gängiger Topos der spanischen Liebessprache. «¡Más fuerte estava Troya, y aun otras más bravas he yo amansado!»[39] – ‚stärker noch war Troja, und doch habe ich schon Frauen gezähmt, die noch wehrhafter waren!‘, sagt Celestina über Melibea, die bald ihren Widerstand wird aufgeben müssen; und die von Don Juan verführte und betrogene Fischerin Tisbea vergleicht ihr Schicksal mit dem des brennenden Troja:

> *Mi pobre edificio queda*
> *hecho otra Troya en las llamas,*
> *que después que faltan Troyas*
> *quiere amor quemar cabañas.*[40]

[Mein armes Haus bleibt zurück / als ein zweites Troja in den Flammen, / denn seitdem Städte wie Troja fehlen, / will Amor Hütten verbrennen.]

In unserer Strophe aus dem *Cántico espiritual* ruht die Belagerung, was heißen muß, daß der Liebeskrieg des Paares hier an sein Ende gelangt ist. Unter dem Krieg selbst mag man sich eine regelrechte *lucha de amor* vorstellen, einen erotischen Ringkampf zwischen den Liebenden, wie ihn etwa Francisco de Aldana beschreibt.[41] Ein derartiger Liebeskrieg pflegt dann mit einem Friedensschluß zu endigen, der durch ein *osculum pacis,* einen Friedenskuß, besiegelt werden kann, wie die folgende Szene eines Paares zeigt:

---

38 *Diccionario de Autoridades*, vol. I, s. v. «cerco».
39 Rojas: *La Celestina*, auto IV, ed. Piñero, p. 165.
40 Tirso: *El burlador de Sevilla*, I, vv. 989-992, ed. Oliver, p. 142.
41 Cf. Aldana: *Poesías*, Iª parte, n° 18, v. 2, ed. Lara, p. 201.

Dijo después la ninfa placentera
«Paz y dichosa luz tengas, mi vida»,
y él, sin hablar, con alegría no poca,
paz de su luz tomó dentro en la boca.
La paz tomaste, ¡oh venturoso amante!,
con dulce guerra en brazos de tu amiga.[42]

[Darauf sprach die gefällige Nymphe: / „Frieden und glückbringendes Licht sei dir beschieden, mein Leben!" / Und – ohne zu sprechen – mit nicht geringer Freude / empfing er Frieden aus dem Munde seines Lichts. / Den Frieden hast du erlangt, glücklicher Liebhaber, / mit einem süßen Krieg in den Armen deiner Freundin.]

Nachdem die Gegner dank diesem Kuß befriedet sind, kann der süße Liebeskrieg eingestellt und die Belagerung der Liebesfeste endlich aufgehoben werden. So läßt sich der Vers verstehen: *el cerco sosegaba* (‚die Einkreisung ruhte').

In diesen Zusammenhang paßt sich die Redeweise vom Wagenlenker Aminadab und seinem Viergespann gut ein. Hieronymus Lauretus kennt unter dem Lemma *currus* einen eigenen Eintrag für den Begriff *currus Aminadab*. „Currus Aminadab [...] dici potest corpus nostrum animae coniunctum: cujus quatuor equi sunt ira, cupiditas, voluptas, timor."[43] Wenn der Wagen des Aminadab – in einer gewissen Analogie zum platonischen Seelenwagen – die Verbindung von Seele und Körper mit ihren Leidenschaften versinnbildlicht, dann meint die Abwesenheit des Wagenlenkers und seiner Pferde – ganz ähnlich wie im Prosakommentar zur Stelle ausgeführt – das Erlöschen dieser Leidenschaften (cf. Cántico B, 40,4 – Geistlicher Gesang 40, p. 306). Welche Leidenschaften hier gemeint sind, ergibt sich aus der allegorischen Bedeutung, die dem Pferd gern zugeschrieben wird:

Equus est animal notum, aptum ad bellum, & ad cursum, est equus pronus ad libidinem, visisque foeminis, mox hinnitum emittit. In allegoriis frequentius sumitur in malum, quam in bonum. [...]
Equi etiam dici possunt sensus corporis & concupiscentiae, quas ascendunt daemones, quum eas incitant. Et equus mas dici potest furor aut vis irascibilis, foemina vero concupiscentia, seu vis concupiscibilis. [...]
Equi libidinosi dicuntur amatores mulierum: & ipsa lubrica pravorum vita. Hi sunt quemcumque sessorem admittentes.[44]

Das Pferd konnotiert häufiger negative als positive Merkmale, und es bezeichnet immer wieder die sinnlichen Begierden. Insbesondere die Stute kann für die begehrliche *vis concupiscibilis* stehen, wohingegen der Hengst die aggressive *vis irascibilis* verkörpert. Wie wir weiter oben gesehen haben, sind die Wagenpferde des Königs Salomon nach der Übersetzung des Fray Luis (und nach den modernen Übersetzungen) Stuten. Entsprechendes wird für den Vierspänner des Aminadab

---

42 Id.: «Medoro y Angélica», vv. 69-74, ibid. p. 497.
43 Hieronymi Laureti sylva allegoriarum, s. v. „currus", p. 300.
44 Ibid. s. v. „equus, eques, equitatus", p. 392.

gelten. Wenn sich Aminadab zurückzieht und seinen Pferden eine Ruhepause gönnt, um sie zur Tränke zu führen, dann ist mit dieser Szene also auch bezeichnet, daß das sinnlich-erotische Begehren der Liebenden nunmehr zur Ruhe kommt.

Klarer noch als in der Bibelallegorese kommt dem Pferd und dem Reiten in der weltlichen Dichtung eine erotische Bedeutung zu. In der lateinischen Poesie kann das Pferd für die Frau stehen, so wenn beispielsweise Ovid dem Liebhaber rät, er solle bei Gefahr im Verzug tüchtig die Sporen geben:

> *Cum mora non tuta est, totis incumbere remis*
> *utile et admisso subdere calcar equo.*[45]

Aber das Pferd bezeichnet ebenso den Körper des Mannes, so wenn dem Horaz der Sklave Davus von seinen Abenteuern im Bordell berichtet:

> *... acris ubi me*
> *natura intendit, sub clara nuda lucerna*
> *quaecumque excepit turgentis verbera caudae*
> *clunibus aut agitavit equum lasciva supinum.*[46]

Im spanischen Bereich wird die Metapher des Pferdes in einem ähnlichen Sinn verwendet. Das Spottlied einer Frau auf ihren impotenten Galan weiß von einem Pferd zu berichten, das nach vielen mißglückten Versuchen ganz zuletzt erschöpft auf der Wiese liegt:

> *Entrando y saliendo en vano,*
> *ayudándoos con la mano*
> *por esforzaros, y al fin*
> *vuestro caballo ruin*
> *tendido en el verde llano.*[47]

[Frustra es ingressus atque iterum egressus, / manu admota tibi opitulatum ueni / quo animosior militares, tamen postremo / caballus tuus ignauus / exhaustus in uiridi prato iacebat.]

Nichts spricht dafür, daß sich die Sprecherin des *Cántico espiritual* in ähnlicher Weise über das ‚untaugliche Pferd' (*caballo ruin*) ihres Geliebten zu beklagen hätte. Doch zumindest am Ende des Gedichts scheinen hier die Pferde gleichfalls so verausgabt zu sein, daß sie der Erholung bedürfen und in Richtung einer Wasserstelle davontrotten.

Was aber tun die Liebenden selbst, sobald sich die Pferde und deren Wagenlenker davongemacht haben? In den großen Liebesgedichten des Johannes vom

---

45 Ovidi ars amatoria II,730 sq.
46 Horati sermones II,7,48-50.
47 *Floresta de poesía erótica*, n° 97, nota, vv. 36-40, p. 191. Cf. ibid. n° 97, nota, vv. 193-200 et 233-252, p. 197.

Kreuz tragen die Liebesspiele des Paares allesamt ein auffälliges Charakteristikum: Regelmäßig versinkt zum Schluß der Umarmung der Geliebte in tiefen Schlaf – und in der *Noche oscura* folgt ihm die Braut in diesen Zustand einer seligen Bewußtlosigkeit. Nachdem also Braut und Bräutigam des *Cántico espiritual* die Freuden der Liebe genossen haben, scheinen sie in der letzten Strophe einfach einzuschlafen. Genau darum kommen alle Sinneswahrnehmungen zum Stillstand: kein Sehen oder Hören eines Dritten, vollkommene Einsamkeit und Ruhe, wie sie den sorglosen Schlaf kennzeichnen.

Johannes vom Kreuz ist nicht der einzige Dichter der spanischen Renaissance, der sich fasziniert zeigt vom Schlaf der Liebenden nach der Umarmung. In einer lange Zeit verlorengeglaubten Dichtung des Francisco de Aldana über Medoro und Angelica, das Liebespaar aus Ariosts *Orlando furioso,* greift der Autor dasselbe Motiv auf. Er läßt die beiden in der Höhle des Atlas einschlafen; und als der Morgen anbricht, fliegt Amor herbei, lüpft neugierig das weiße Leintuch, von dem sie bedeckt sind, und betrachtet lüstern die wunderschöne Angelica. Doch schon vor dem Eintreffen des Liebesgotts wird die Lage des engumschlungen schlummernden Paares folgendermaßen charakterisiert:

> [...]
> *cuando Medoro y Angélica, durmiendo*
> *dentro en albergue que les cupo en suerte,*
> *el dulce y largo olvido recibiendo,*
> *juntos están con lazo estrecho y fuerte,*
> *el aire cada cual dellos bebiendo*
> *boca con boca al otro, y se convierte*
> *lo que sale de allí mal recibido*
> *en alma, en vida, en gozo, en bien cumplido.*[48]

[(...) da schlafen Medoro und Angelica noch in ihrem Unterschlupf, den das Los des Zufalls ihnen beschert hat; sie empfangen süßes und langdauerndes Vergessen und liegen beieinander in enger und fester Umschlingung; die Luft trinkt ein jedes von ihnen Mund an Mund vom andern, und was von dort austritt und nur unvollständig aufgenommen wird, verwandelt sich in Seele, Leben, Freude und vollendetes Glück.]

Der Neuplatoniker Aldana schreibt eine Episode aus dem *Orlando furioso* aus, wo die erotische Vereinigung zwischen Angelica und Medoro nur summarisch abgehandelt wird.[49] Allerdings geht es Aldana ebenfalls nicht um die Beschreibung des *concubitus* an sich; statt dessen konzentriert er sich auf den gemeinsamen Schlaf der Liebenden, während dessen sie sich gegenseitig ihren Atem zur Gabe machen: *el aire cada cual dellos bebiendo / boca con boca al otro* (‚die Luft trinkt ein jedes Mund an Mund vom andern'). Der Atem wird hier als Lebensgeist verstanden, und durch den Austausch jener Luft, welche die Körper der

---

48 Aldana: «Medoro y Angélica», vv. 17-24, ed. Lara, p. 495.
49 Cf. Ariosto: *Orlando furioso* XIX, 30-33, ed. Sanguineti, vol. I, pp. 502 sq.

Atmenden nicht aufnehmen, gleichen sich die Seelen an und verwandeln sich ineinander: *y se convierte... en alma* (‚und es verwandelt sich... in Seele‘). Die vollkommenste Form der Vereinigung erfahren demnach Medoro und Angelica nicht in der Lust des Liebesspiels, sondern in der Bewußtlosigkeit des sich daran anschließenden Schlafs.

Aldanas Ausgestaltung der erotischen Vereinigung entspricht einer besonderen Variante des neuplatonischen Liebeskonzepts. Ein Theoretiker wie Leone Ebreo gestattet den Liebenden durchaus die körperliche Vereinigung. Sie sei zwar nicht das höchste Ziel der vollkommenen Liebe, die nach der Einung der Seelen strebe, aber sie könne diesem Verlangen doch einen angemessenen Ausdruck verleihen, ja die geistige Vereinigung sogar befördern. In diesem Sinn belehrt Philon die skeptische und zurückhaltende Sophia über den Zweck und die Auswirkungen des körperlichen Liebesakts:

> Sofia. – Dunque mi concedi che 'l fine del tuo desiderio consiste nel piú materiale de li sentimenti, che è il tatto; ed essendo l'amore cosa cosí spirituale, come dici, mi maraviglio che metti il fin suo in cosa tanto bassa.
> Filone. – Non ti concedo che sia questo il fine del perfetto amore; ma t'ho detto che questo atto non dissolve l'amore perfetto, anzi il vincola piú e collega con gli atti corporei amorosi; che tanto si desiderano quanto son segnali di tal reciproco amore in ciascuno de' due amanti. Ancora perché, essendo gli animi uniti in spirituale amore, i corpi desiderano godere la possibile unione, acciò che non resti alcuna diversitá e l'unione sia in tutto perfetta; massime perché, con la correspondenzia de l'unione corporale, il spirituale amore s'augumenta e si fa piú perfetto, cosí como il conoscimento de la prudenzia è perfetto quando corrispondeno le debite opere.[50]

> [Sophia. – Also gestehst du mir zu, daß das Ziel deines Begehrens in der allermateriellsten der Sinnesempfindungen besteht, das heißt im Tastsinn. Und wenn doch die Liebe etwas so Geistiges ist, wie du sagst, dann wundert es mich, daß du ihr Ziel in einem so niedrigen Gegenstand bestimmst.
> Philon. – Ich gestehe dir keineswegs zu, daß dies das Ziel der vollkommenen Liebe ist. Vielmehr habe ich dir gesagt, daß dieser Akt nicht die vollkommene Liebe auslöscht, sondern daß er sie stärker mit den liebevollen Akten des Körpers verknüpft und verbindet. Nach diesen verlangt man ja in dem Maße, wie sie Anzeichen einer solchen gegenseitigen Liebe in jedem der beiden Liebenden sind. Denn da die Seelen in geistiger Liebe vereint sind, verlangen auch die Körper danach, die Möglichkeit der Vereinigung zu genießen, damit kein Unterschied mehr bestehen bleibe, sondern die Vereinigung vollkommen sei. Der wichtigste Grund ist aber, daß mit der Entsprechung der körperlichen Vereinigung die geistige Liebe wächst und sich vervollkommnet, so wie auch die Kenntnis der Klugheit dort am vollkommensten ist, wo ihr gebührende Taten entsprechen.]

Trotz des weitgehend italienischen Einflusses, den seine Dichtung auf Schritt und Tritt erkennen läßt, scheint Aldana diese optimistische Sicht der erotischen Vereinigung nicht mit Leone Ebreo geteilt zu haben. Selbstverständlich ist wie für Ficino und wie für den exilierten Sepharditen auch für Aldana das höchste

---

50 Leone Ebreo: *Dialoghi d'amore* I, ed. Caramella, p. 50.

Ziel des Liebesstrebens der Seele die Vereinigung mit Gott, und ein Abbild dieser Einung vermag durchaus die irdische Liebe abzugeben, in der sich zwei Seelen danach sehnen, miteinander zu verschmelzen, und in der auch die Körper von diesem Verlangen ergriffen werden. Allein wo Leone Ebreo eine *corrispondenzia* zwischen der niederen sinnlichen Liebe und der höheren geistigen Liebe sieht, da macht Aldana statt dessen ein Indiz für die Unmöglichkeit einer vollkommenen Vereinigung aus. Mag es auch für die Geister und Seelen abseits des Leibes eine Einung geben, die Körper selbst können diese Einheit nicht vollziehen – nicht einmal im Liebesakt. Dies jedenfalls gibt das wahrscheinlich berühmteste Liebessonett Aldanas zu verstehen, welches als ein Zwiegespräch gehalten ist, das Phyllis mit ihrem Damon führt, während sich beide in den Armen liegen:

> «¿Cuál es la causa, mi Damón, que estando
> en la lucha de amor juntos, trabados,
> con lenguas, brazos, pies y encadenados
> cual vid que entre el jazmín se va enredando,
> y que el vital aliento ambos tomando
> en nuestros labios, de chupar cansados,
> en medio a tanto bien somos forzados
> llorar y sospirar de cuando en cuando?»
> «Amor, mi Filis bella, que allá dentro
> nuestras almas juntó, quiere en su fragua
> los cuerpos ajuntar también, tan fuerte
> que no pudiendo, como esponja el agua,
> pasar del alma al dulce amado centro,
> llora el velo mortal su avara suerte.»[51]

[„Was ist der Grund dafür, mein Damon, daß, während wir / im Liebeskampf beieinander sind, aneinandergebunden / mit Zungen, Armen, Füßen und aneinandergekettet / wie die Weinrebe, die sich um den Jasmin windet, // und während wir den Lebenshauch beide einatmen / mit unseren Lippen, die des Saugens müde sind, / wir dennoch inmitten eines so großen Glücks gezwungen sind, / von Zeit zu Zeit zu weinen und zu seufzen?" – // – „Amor, meine schöne Phyllis, der dort drinnen / unsere Seelen verband, will in seiner Schmiede / die Körper ebenfalls so fest zusammenbinden, // daß, weil sie nicht wie das Wasser durch einen Schwamm / zum süßen und geliebten Seelengrund dringen kann, / die sterbliche Hülle (unseres Körpers) ihr grausames Schicksal beweint."]

In ihren Seelen sind Damon und Phyllis schon miteinander vereint, aber in ihrem Verlangen, es den Seelen nachzutun, scheitern die Körper des Liebespaares notgedrungen. Wohl ist ihr Vorbild das Wasser, das bis ins Innerste eines Schwammes eindringen kann, und ganz ähnlich möchte der kopulierende Körper zum Grund der Seele des Geliebten vorstoßen. Doch eine solch wechselseiti-

---

51 Aldana: *Poesías*, Iᵃ parte, n° 18, ed. Lara, pp. 201 sq.

ge Durchdringung mit der Seele ist dem menschlichen Leib verwehrt. Die Differenz zwischen Geistseele und Körper bleibt im irdischen Leben definitiv bestehen. Dementsprechend gerät der erotische *concubitus* letztlich nicht – wie in den Augen des Leone Ebreo – zu einer Inszenierung der Einung, sondern in ihm wird gerade die unüberbrückbare Differenz erfahrbar. Deren Symptom ist das Weinen und das Seufzen der Liebenden. Der differenzvergessenen Auffassung der Liebe bei Leone Ebreo steht demnach bei Aldana eine differenzbewußte Modellierung des Liebesakts gegenüber.

Das Scheitern der Einung von Leib und Seele im erotischen *concubitus* verlangt nach einem Supplement, mit dessen Hilfe die Fusion, die dem Körper verwehrt bleibt, doch noch verwirklicht werden kann: Es ist der gemeinsame Schlaf der Liebenden, worin sich deren Lippen berühren und der Lebensatem ausgetauscht wird. Der Leib selbst aber ist zu dieser Zeit ohne Bewußtsein und gewahrt darum nicht, daß er an der Einung der liebenden Seelen keinen Anteil nehmen kann; darum leidet er auch nicht an seinem Unvermögen. Insofern der Körper fühllos ist, kann die Seele vollkommen ungestört ihre Einheit mit dem Geliebten genießen. Die höchste Form der Liebeseinung vollzieht sich also unter Anästhesie – nicht in den Bewegungen des Liebesaktes selbst, sondern in der Bewußtlosigkeit des Beieinanderschlafens der Liebenden.

Der supplementäre Schlaf der Liebenden, der auf den *concubitus* folgt, behebt dessen Mangel nur, indem er einen neuen Mangel instauriert, nämlich den des Körpers, dessen Lebensäußerungen in diesem Schlaf zwar scheinbar negiert werden, aber ihm dennoch als die Bedingung seiner Möglichkeit voraufliegen. Insofern ist der schlafende Körper selbst das supplementäre Zeichen eines Andern, das er nicht erreicht und das ohne ihn dennoch nicht gegeben wäre. Einen solchen supplementären Schlaf der Liebenden beschreibt nicht nur Aldana, sondern ihn hat auf einer zweiten Stufe der Lektüre auch die letzte Strophe des *Cántico espiritual* zum Inhalt – ähnlich wie die Schlußszenen der beiden anderen großen Gedichte des Johannes vom Kreuz. Damit ergibt sich erneut ein Effekt der *confusio*. Hatten wir vorhin das Pronomen *lo* als apophatischen Hinweis auf den *concubitus* genommen, der in dieser Strophe inszeniert wurde, so stellen wir jetzt fest, daß das Pronomen zugleich den Schlaf der Liebenden bezeichnet. Vorher und Nachher, Tun und Lassen, Bewußtsein und Bewußtlosigkeit sind auf dieser Stufe ununterscheidbar geworden.

Den Begriff des Apophatischen können wir in einem weiteren Sinn verstehen. Zunächst schien es, daß die Metaphern und Umschreibungen der *ars erotica* einem Sprechverbot entsprängen, dem sich das Subjekt unterworfen hätte. Nunmehr zeigt sich aber, daß dieses Subjekt selbst, insofern es schläft, gar nicht wissen kann, wovon es spricht. Das Sprechverbot ist nur ein vorgeschobenes Motiv des Nichtsagens. Besser gesagt: das ausschlaggebende Motiv des Nichtsagens ist die Bewußtlosigkeit, das Nichtwissen des Liebenden. Das Sprechverbot ist seinerseits schon eine Figur oder eine Allegorie des Nichtwissens, und dieses Nichtwissen war ja von der Sprecherin des *Cántico espiritual* schon sehr früher ins Spiel gebracht worden, nämlich in der Strophe VII ABC:

Y todos quantos vagan
de ti me van mil gracias refiriendo
y todos más me llagan
y déjame muriendo
vn no sé qué que quedan balbuciendo

(Cántico C, vv. 31-35).

[Und alle, die umherziehn,
erzählen mir von deiner Anmut tausendfach,
und meine Wunde machen alle schlimmer,
und sterben läßt mich
ein Ich-weiß-nicht-was, das sie dann immer stammeln.]

Die Sprecherin befindet sich in dieser Episode noch auf ihrer Suche nach dem Geliebten, und dabei trifft sie auf andere, die ihr nicht nur dessen Lob singen, sondern die ihn offenbar schon selbst kennengelernt haben. Obwohl sich in diesen Begegnungen die Liebe der Sprecherin immer weiter steigert, weiß sie nicht, was ihr die Gewährsleute erzählen, denn sie können nur stammeln. Vers 35 C mit seiner paronomastischen Alliteration: *vn no sé qué que quedan balbuciendo* (,ein Ich-weiß-nicht-was, das sie dann immer stammeln') klingt vermutlich an einen Vers des Boscán an. Der einsame Sprecher imaginiert dort das Bild der Geliebten und weiß dann plötzlich doch nicht, was er an ihr beschreiben soll: «El no sé qué de no sé qué manera»[52] – ,das Ich-weiß-nicht-was auf ich weiß nicht welche Weise'.

Das spanische *un no sé qué,* dessen italienische Variante sich schon bei Petrarca findet,[53] ist in der Liebessprache als Topos weit verbreitet. Johannes vom Kreuz hat es allerdings auf besondere Weise funktionalisiert. In der genannten Strophe VII sieht es so aus, als könnte die Sprecherin ihre Gefährten noch nicht verstehen und als müßte sie ihre eigene Initiation abwarten, um das unbestimmte *vn no sé qué* entschlüsseln zu können. In der letzten Strophe aber zeigt sich, daß gerade der Weg der *ars erotica,* auf den der Lehrmeister die Geliebte geführt hat, nicht etwa im Wissen, sondern in der Bewußtlosigkeit des Nichtwissens endet. Das naive Nichtwissen in der Begegnung mit den Herumtreibern und Herumtreiberinnen ist einem radikalen Nichtwissen gewichen, in dem nicht einmal mehr der Sachverhalt des Nichtwissens selbst in eigentlicher Rede wiederzugeben ist.

---

52 Boscán: Canción II, 123, in: *Poesía lírica del Siglo de Oro,* ed. Rivers, p. 35. Ein weiterer Beleg findet sich: «Dulce gustar de un no sé qué sin nombre, / que amor dentro en mi alma poner quiso.» (Boscán: Soneto 82,9 sq., ed. Díez Canedo, p. 244.) – ,Süßes Verkosten eines Ich-weiß-nicht-was ohne Namen, / das Amor in meine Seele legen wollte.'

53 «Et non so che nelli occhi, che'n un punto / pò far chiara la notte, oscuro il giorno, / e'l mèl amaro, et addolcir l'assentio.» (Petrarca: *Canzoniere* CCXV, vv. 12-14, ed. Dotti, p. 219.) – ,Und ein Ich-weiß-nicht-was in den Augen, das in einem Moment / die Nacht hell, den Tag dunkel machen kann / und den Honig bitter und den Absinth süß schmecken läßt.'

Liebestoll

Die letzte Strophe des *Cántico espiritual* schreibt das *nescivi* des Hohenlieds aus, ohne es eigens auszusprechen. Das Gedicht stilisiert letztlich die Liebeskunst zu einer Spielart der apophatischen Theologie. Daraus erwächst einmal mehr der bekannte Effekt einer ironischen Profanation. Indem die Verfahren des Apophatismus auf die Liebessituation des weltlichen Paares angewandt sind, werden sie profaniert; da aber diese irdische Liebessituation nicht den eigentlich gemeinten Sinn des Gedichtes ausmacht, ist auch diese Profanation nur eine vorbehaltliche, sie unterliegt der Ironie. Von der apophatischen Liebeskunst des Nichtwissens her läßt sich eine Perspektive auf den allegorischen Sinn des Gedichts gewinnen, das ja seinerseits als eine Liebeskunst betrachtet werden muß, in der die Seele es lernen soll, unter Anleitung eines Meisters Gott zu lieben.

1. Aus dem Blickwinkel der Mystagogie sind zwei Stufen der Initiation in diese Liebeskunst zu unterscheiden:
   a) eine erste Phase der Propädeutik, deren Textspur der Prosakommentar ist; ein Lehrmeister ist dort noch präsent und spricht mit einer eigenen Stimme, um die Schülerin (die Seele) auf die Begegnung mit dem Liebhaber vorzubereiten;
   b) eine zweite Phase der unvermittelten Liebeserfahrung, deren Textspur das Gedicht selber ist; in Analogie zur Unvermitteltheit der Liebeserfahrung verzichtet das Gedicht ebenfalls auf die Intervention des Lehrmeisters und bringt statt dessen die Stimme des Geliebten zu Gehör, der damit zugleich zum Mystagogen wird.
   Der aufgezeigte Weg führt vom Prosakommentar zum Gedicht und nicht umgekehrt. Das Gedicht ist nicht die Vorgabe einer fraglosen Erfahrung der Präsenz, deren Sinn mit Hilfe des Traktats ausgeschrieben und fixiert würde; sondern die Texteffekte des Traktats produzieren immer schon jene Erfahrung der Differenz, die dann mit Hilfe das Gedichts gelesen, das heißt: weiter aufgeschoben werden kann. Der Traktat ist folglich nicht eine Lektüre, eine Leseanleitung für das Gedicht, sondern das Gedicht ist eine mögliche Lektüre, eine Leseanleitung für den Traktat.
2. Wenn der erotische *concubitus* des Liebespaares allegorisch für die Liebeseinung der Seele mit Gott steht, dann ergibt sich die Analogie beider Typen der Vereinigung nicht daraus, daß der *concubitus* die Differenz des Getrennten in einer Fusion wieder rückgängig machen und überwinden könnte (nach dem Beispiel des platonischen Androgyns), sondern daß sich gerade im *concubitus* die Differenz zwischen Leib und Seele unübersehbar manifestiert. In Analogie dazu manifestiert sich die tiefste Differenz zwischen Gott und Mensch ebenfalls erst in der Einung. Die Unmöglichkeit des vollkommenen *concubitus* in der Erotik verweist auf die Unmöglichkeit der vollkommenen Einung im irdischen Leben – und darüber hinaus.

3. Die Liebeskunst kann überhaupt nur zur apophatischen Theologie stilisiert werden, weil die erotische Erfahrung des Körpers als das Andere des Geistes schlechthin aufgefaßt ist. Demzufolge ist die erotische Erfahrung für den Geist ebenso unsagbar und kann von ihm ebensowenig gewußt werden wie die Gotteserfahrung. Die erotische Allegorie des *Cántico espiritual* setzt darum nicht die Sagbarkeit der Erotik für die Unsagbarkeit Gottes, sondern sie setzt gerade umgekehrt für die Unsagbarkeit Gottes etwas ein, das seinerseits schon unsagbar ist – nämlich die Erotik. In einem tieferen Verständnis steht also im *Cántico espiritual* gar nicht das Sagbare für das Unsagbare, das Sichtbare für das Unsichtbare, das Sinnenhafte für das Geistige, sondern das selber schon Unsagbare für das ganz und gar Unsagbare, das selber schon Unsichtbare für das ganz und gar Unsichtbare, das selber schon Unsinnenhafte für das ganz und gar Unsinnenhafte. Genau hierin zeichnet sich die entscheidende Analogie zwischen mystischer Gotteserfahrung und erotischer Körpererfahrung ab. Wir haben uns eine solche Analogie vorzustellen als ein ἀπήχημα (Widerhall) oder *vestigium* des Einen im Andern. Die Analogie aber braucht nicht und kann nicht als positiver Ausweis einer gemeinsamen Substanz verstanden werden, vielmehr ist sie zu fassen als der negative Effekt eines differentiellen Spiels zwischen dem Exzeß des Einen und dem Mangel des Andern, die einander immer nur in der Uneigentlichkeit supplementärer Ersetzungen antworten.

Die Inszenierung der *ars erotica* als einer apophatischen Theologie hat eine eminent diskurskritische Konsequenz. Denn die Allegorie des erotischen Apophatismus läßt das theologische Sprachspiel, auf das sie im Zitat verweist, nicht fraglos stehen, sondern sie transfiguriert es zu etwas Anderem. In seinem mittlerweile klassischen *Essai sur la théologie mystique de l'Eglise d'Orient* führt der russische Autor Vladimir Lossky aus, daß das apophatische Prinzip die Grundlage aller christlichen Theologie sei:

> Tout ce que nous avons dit sur l'apophatisme peut être résumé en quelques mots. La théologie négative n'est pas seulement une théorie de l'extase proprement dite; c'est une expression de l'attitude fondamentale qui fait de la théologie en général une contemplation des mystères de la révélation. Ce n'est pas une branche de théologie, un chapitre, une introduction inévitable sur l'incognoscibilité de Dieu après laquelle on passe tranquillement à l'exposé de la doctrine dans les termes habituels, propres à la philosophie commune. L'apophatisme nous apprend à voir dans les dogmes de l'Eglise avant tout un sens négatif, une défense à notre pensée de suivre ses voies naturelles et de former des concepts qui remplaceraient les réalités spirituelles.[54]

Losskys Abhandlung findet heute weithin Anerkennung nicht mehr nur als eine Darstellung der ostkirchlichen Glaubenslehre, sondern gerade als eine Einführung in die Theologie schlechthin. In diesem Sinn ist es auch legitim, die Theologie, wie er vorschlägt, insgesamt als ein apophatisches Sprachspiel zu charakte-

---

54 Cf. Vladimir Lossky: *Essai sur la théologie mystique de l'Eglise d'Orient* (1944), Paris: Cerf 1990, pp. 39 sq.

risieren. Allerdings dürfte dieser Gedanke nur bei wenigen Autoren der westlichen Tradition so eindringlich durchgearbeitet worden sein wie bei Johannes vom Kreuz. Wenn dieser darum in seiner allegorischen Dichtung einen Nexus zwischen Apophatismus und *ars erotica* herstellt, dann geschieht dies nicht in der prüden Absicht, den Apophatismus auf diese Weise zu desavouieren. Vielmehr dürfte bei Johannes vom Kreuz ein anthropologisches Interesse dahinterstecken: Im Medium der Allegorie verknüpft er das Sprachspiel des Apophatismus mit der sinnlichen Erfahrung des erotischen Begehrens.

In der Westkirche hat seit dem Mittelalter zunehmend das aristotelisch-scholastische Modell die Theologie als eine in sich widerspruchsfreie Wahrheitsrede zu konzeptualisieren versucht. Gegen ein solch reduktionistisches Verständnis wendet sich gerade Losskys ostkirchlicher Ansatz. Ebenso hat Jean-Luc Marion im Rekurs auf den sowohl neuplatonischen als auch areopagitischen Sprechakt des ὑμνεῖν, des Lobpreisens, die Theologie als eine wesentlich epideiktische Gattung charakterisiert, als einen *discours de louange*.[55] Es scheint, daß Johannes vom Kreuz über dieses Konzept noch hinausgeht, wenn er die mystische Theologie als eine *ciencia por amor* (‚Wissenschaft aus Liebe‘) und demzufolge als eine apophatische Liebeskunst definiert.

Auch der epideiktische Aspekt der Theologie gründet bei Johannes vom Kreuz in einer Liebesrede, die im Kontext des platonischen Verständnisses nur als eine delirierende zu denken ist: γένος ἐρωτικόν τε καὶ μανικόν – *genus et amatorium et furibundum* – *discours amoureux et délirant à la fois*.[56] In Entsprechung hierzu charakterisiert Johannes vom Kreuz seine Dichtungen im Vorwort zum *Cántico espiritual* folgendermaßen: «Antes parecen dislates que dichos puestos en razón, según es de ver en los divinos Cantares de Salomón y en otros libros de la Escritura divina.» (Cántico B, prólogo 1.) – ‚Eher scheinen es Verrücktheiten zu sein als Aussprüche, die der Vernunft gehorchen. Dies kann man auch ersehen aus den göttlichen Gesängen Salomons und aus anderen Büchern der Heiligen Schrift.*‘ (Geistlicher Gesang, Vorwort, p. 3.) Erst vor einem solchen Hintergrund wird auch die provozierende Absicht der Prosaerklärungen recht verständlich. Der Karmelitin und Priorin Ana de Jesús, die Adressatin des Kommentars ist, versichert der Autor, er wolle ihr, da sie in der mystischen Theologie schon gut bewandert sei, mit seiner Schrift auch einige Inhalte der scholastischen Theologie vermitteln:

> Y así espero que, aunque se escriban aquí algunos [scil. puntos] de teología escolástica cerca de el trato interior del alma con su Dios, no será en vano haber hablado algo a lo puro de el espíritu en tal manera, pues, aunque a Vuestra Reverencia le falte el ejercicio de teología escolástica con que se entienden las verdades divinas, no le falta el de la mística, que se sabe por amor en que no solamente se saben, mas juntamente se gustan. (Cántico B, prólogo 3.)

---

55 Cf. Marion: *L'Idole et la Distance*, pp. 227-250.
56 Zur Notion eines *discours amoureux* cf. die aphoristischen Betrachtungen von Roland Barthes: *Fragments d'un discours amoureux*, Paris: Seuil 1977.

[Und wenn ich auch einige Punkte der scholastischen Theologie über den inneren Verkehr der Seele mit Gott berühren muß, so hoffe ich doch, mich nicht vergebens bemüht zu haben, wenn ich mich auf diese Weise an den reinen Verstand wende. Wohl ist Euer Ehrwürden die Übung der scholastischen Theologie unbekannt, um dadurch zum Verständnis der göttlichen Wahrheiten zu gelangen, aber Sie sind doch mit der Übung der mystischen Theologie vertraut, die man aus Liebe kennt, und diese wird Ihnen behilflich sein, diese Wahrheiten nicht nur zu erfassen, sondern auch zu verkosten.* (Geistlicher Gesang, Vorwort, p. 4.)]

Der Text konstituiert hier keine Opposition zwischen der scholastischen Theologie der Schule und der mystischen Theologie, sondern die rhetorische Raffinesse besteht darin, daß die scholastische Theologie als der unvollständige Torso eines größeren Ganzen präsentiert wird, das hier mystische Theologie heißt. Die scholastische Theologie richtet sich bloß an den ‚reinen Geist‘ (*puro espíritu*) und befördert ein rein verstandesmäßiges Erfassen der Wahrheit (*se entienden las verdades divinas*). Die mystische Theologie überbietet diese Kargheit der Scholastik: Sie allein spricht den Affekt der Liebe an (*se sabe por amor*), und sie bindet darum nicht nur das Seelenvermögen des Verstandes (und des Gedächtnisses, das dem Verstand verwandt ist), sondern zuallererst das Vermögen des Willens ein. Darüber hinaus wendet sich die mystische Theologie an die Sinne, in diesem Fall an den Geschmackssinn: *que no solamente se saben mas juntamente se gustan* (‚man weiß [die Wahrheiten] nicht nur, sondern man verkostet sie‘). Die mystische Theologie ist demnach eine Übung, die das scholastische Wissen überbietet, da sie es sowohl im Affektiven als auch im Sinnenhaften lokalisiert. Sie verleiht ihm damit einen erfahrungsmäßigen Mehrwert, den es von Haus aus nicht besitzt. Mystische Theologie entspricht in diesem Sinn dem Sprachspiel der Theopoetik, wie wir es weiter oben erläutert haben.

Es geht der Mystagogie des Johannes vom Kreuz nicht darum, die scholastische, verstandesmäßige Wahrheitsrede der Theologie zu leugnen oder zu annullieren, sondern er hebt sie aus den Angeln und schreibt sie dem andersgearteten Sprachspiel der mystischen Theologie ein, um sie darin zu verankern. Die internen Relationen der scholastischen Wahrheitsrede werden dadurch nicht zerstört, sie erhalten jedoch von außen her, von den Koordinaten einer neugearteten *scène de l'énonciation,* einen gänzlich unerwarteten Sinn. Der Wahrheit der scholastischen Theologie schreibt Johannes vom Kreuz – allegorice – eine unerhörte Genealogie zu: Er leitet sie aus dem erotischen Apophatismus ab und bettet sie damit in einen umfassenden *discours amoureux* ein. Hinter den kleinen Wahrheitseffekten des scholastischen Sprachspiels taucht plötzlich eine weit gewichtigere Einsicht auf: daß die Wahrheit der Theologie überhaupt in einer liebestollen Wahnrede gründet. Ja, die tiefere Wahrheit der Theologie ist jener Wahnsinn, dem ihre Rede erst entspringt, und all ihr Wissen entstammt so gesehen dem Nichtwissen des Tollen Menschen, das meint einen Menschen, der toll ist vor Liebe.

Sonst nichts

In der Prosaerklärung zum *Cántico espiritual* wird unter dem Namen Aminadab der Satan verstanden: «El cual *Aminadab* en la Escritura divina significa el demonio (hablando espiritualmente).» (Cántico B 40,3.) – ‚Geistigerweise gesprochen ist nach den Worten der Heiligen Schrift unter Aminadab der böse Feind, der Widersacher der Seele, zu verstehen.‘ (Geistlicher Gesang 40, p. 305.) Der Kommentar argumentiert also hier wie auch sonst allein im Hinblick auf einen übertragenen, geistlichen Sinn, womit er unsere bisherige buchstäbliche Lesung des Aminadab als eines Wagenlenkers nicht etwa widerruft, sondern im Prinzip offen läßt.

Eine zumindest seit Theodoret von Cyrus eingebürgerte Erklärung faßt Aminadab nicht als einen Eigennamen, sondern als Zusammenfügung zweier *verba communia* des Hebräischen auf: „Τὸ γὰρ Ἀμιναδὰβ λαοῦ ἡγουμένου, ἢ λαοῦ ἄρχοντος ἑρμηνεύεται.“[57] – ‚Denn die Form Aminadab wird übersetzt mit: des führenden Volkes oder des herrschenden Volkes.‘ Mit den ‚Streitwagen‘ des Aminadab, wie die LXX schreiben,[58] seien also ‚Wagen eines führenden Volkes‘ gemeint. Rein sprachlich übernimmt auch Fray Luis Theodorets Deutung des Namens Aminadab: «que *aminadab* no es nombre propio de alguna persona o lugar, como algunos piensan, mas son dos nombres que quieren *decir de mi pueblo príncipe*»[59] – ‚denn Aminadab ist nicht der Eigenname irgendeiner Person oder eines Ortes, wie manche meinen, sondern es sind zwei Wörter, die bedeuten: meines fürstlichen Volks.‘ In Palästina hätten nur die Vornehmsten des Volkes Wagen wie die Ägypter benutzt, und darauf sei angespielt.

Im gleichen Sinn wie Theodoret und Fray Luis (aber gegen Luther) liest auch die deutsche Einheitsübersetzung den Vers: „zu den Wagen meines edlen Volkes". Schon Theodoret legt aber in der Folge seiner Argumentation ‚den Wagen des führenden Volkes‘ als einen Hinweis auf jene Menschen aus: „οἱονεὶ ἅρματα γενόμενοι τοῦ ἄρχοντος τοῦ αἰῶνος τούτου"[60] – ‚die gleichsam zu Streitwagen des Herrschers dieser Welt geworden sind‘. Die Wortfolge Aminadab verweist demnach schon in der griechischen Patristik auf den Satan, und auf diese Auslegungstradition greift Johannes vom Kreuz offenbar zurück.

Hieronymus Lauretus entscheidet sich für eine ganz gegensätzliche Interpretation. Auf der buchstäblichen Ebene betrachtet er zwar Aminadab, wie wir sahen, als den Eigennamen des Wagenlenkers der Braut, doch im übertragenen Sinn stehe diese Gestalt für Christus, was sich gerade aus der Bedeutung des Namens Aminadab ergebe, der übersetzt unter anderem *populus spontaneus* laute und dar-

---

57 Theodoretus Cyrensis in canticum 6,11, P.G. 81, 181 C.
58 „Οὐκ ἔγνω ἡ ψυχή μου· ἔθετό με ἅρματα Αμιναδαβ." (Canticum 6,12 iuxta LXX) – ‚Keine Kenntnis hatte meine Seele: sie setzte mich (zu) Wagen des Aminadab.‘
59 Fr. Luis: *Exposición del Cantar,* cap. VI,11, ed. García (1991), vol. I, p. 173.
60 Theodoretus in canticum 6,10 sq., P. G. 81, 181 C.

an erinnere, daß sich Christus freiwillig für sein Volk hingab.[61] Hieronymus Lauretus beruft sich bei seiner Auslegung auf Gregor den Großen, der Christus zwar nicht als Aminadab, wohl aber als einen Wagenlenker der Seele beschreibt.[62] Vor allem übernimmt er jedoch die Anwendung auf Christus, die bei Ambrosius vorgezeichnet ist:

> Unde scriptum est: „Posuit me currus Aminadab" (Canticum 6,11); eo quod anima nostra dum jungitur corpori, velut quidam equorum frementium currus rectorem sui quaerit aurigam [...]. Aminadab enim pater Naason fuit, sicut in Numeris legimus (Numeri 1,7), qui erat princeps populi Juda, cuius figura refertur ad Christum, qui verus populi princeps animam justi velut currum agitator ascendens Verbi habenis gubernat, ne violentorum equorum furore in praeceps et abrupta rapiatur.[63]

Auf der geistlichen Ebene bleibt folglich die Bedeutung des Wagenlenkers Aminadab zwischen Griechen und Lateinern umstritten: Für Theodoret versinnbildlicht der Name den Satan – und unter seinem Einfluß stehen Fray Luis und Johannes vom Kreuz. Bei Ambrosius und Gregor hingegen ist Christus selber der Wagenlenker – und an ihn knüpft Hieronymus Lauretus an.

Überraschenderweise kann der Name Aminadab im Spanischen wie im Hebräischen sowohl als Eigenname wie auch als Zusammenfügung mehrerer *verba communia* gelesen werden. In diesem Sinn schreiben drei alte Handschriften den Vers des *Cántico espiritual* anders aus – und zwar folgendermaßen: «A mí nada tampoco parecía»[64] – ,und mir erschien ebenfalls nichts'. Bei dieser Segmentierung handelt es sich vermutlich nicht um eine Variante, die der Autor selbst vorgegeben hat, wohl aber um ein Zeugnis der karmelitischen *scène de l'énonciation*, deren Lesarten wir mitberücksichtigen wollen, zumal der Variante in diesem Fall eine gewisse Logik nicht abzusprechen ist.

Der Labiallaut B (der rein theoretisch am Wortende zu einem stimmhaften Reibelaut erweicht werden müßte), ist als Schlußkonsonant im Spanischen so gut wie ungebräuchlich. Am wahrscheinlichsten ist es darum, daß das Schluß-b bei der phonetischen Realisierung apokopiert und der Name als *Aminadá ausgesprochen wird.[65] In diesem Fall ist die Phonemstruktur des apokopierten Eigennamens mit der Lautfolge *a mí nada* identisch. Liest man die zergliederte Varian-

---

61 „Aminadab, id est, populus spontaneus, sive populus vovens, aut populi Princeps [...]. Aminadab auriga currus sponsae [...] designat Christum, qui est spontaneus populi sui: quia spontanea charitate ad salvandum populum suum descendit." (Hieronymi Laureti sylva allegoriarum, s. v. „Aminadab", p. 98.)

62 Cf. Gregorius Magnus in canticum I,8, cap. 45 sq.

63 Ambrosius de virginitate, cap. XV, P.L. 16, 304 B.

64 Es handelt sich um folgende Handschriften: Ms. 528 der Bibliothek der Abtei Montserrat (15./16. Jahrhundert); Ms. n. 81 (antea 7-II) des Archivs der Unbeschuhten Karmelitinnen von Valladolid (16./17. Jahrhundert); Ms. C-31 der Städtischen Bibliothek von Madrid (1614). In allen Fällen enthalten die Codices die Abschrift A von Sanlúcar, das ist die vergleichsweise ältere Überlieferung.

65 Eine ähnliche Apokope, die einen weichen Verschlußlaut am Wortende betraf, haben wir schon an früherer Stelle beobachtet: *Morá en los arrabales* (Cántico C, v. 159) – ,bleibet draußen vor der Stadt!'

te (*a mí nada*) innerhalb des Verses, dann erhält man automatisch die bei Johannes vom Kreuz übliche Betonungsstruktur des Elfsilbers, nämlich den *endecasílabo heroico* mit seinem prosodisch konstitutiven Akzent auf der sechsten und weiteren rhythmischen Akzenten auf der zweiten und zehnten Silbe:

o ó o o o ó o // o o ó o

A mí na-da tam-po-co // pa- re-cí-a

Möglicherweise wurde allerdings auch eine Lesart des Verses mit Aminadab als Eigennamen beim Vortrag faktisch in das metrische Schema des *endecasílabo heroico* wie oben eingezwängt. Sofern man den Namen Aminadab nach der heute üblichen Form auf der letzten Silbe betonen will, muß der Vers jedoch anders realisiert werden: Es ergibt sich eine vom *endecasílabo heroico* abweichende Struktur, die dem sogenannten *endecasílabo a la francesa* entspricht,[66] aber bei Johannes vom Kreuz selten ist. Folgendes Bild zeichnet sich ab:

o o o ó // o ó o / o o ó o

A-mi-na-dá(b) // tam-po-co / pa-re-cí-a

Nun ist es keineswegs ausgemacht, daß Aminadab tatsächlich – wie im heutigen Spanisch üblich – auch schon im 16. Jahrhundert auf der letzten Silbe betont wurde. Diakritische Zeichen zur Angabe der Wortbetonung wurden damals kaum gesetzt. Der hebräische Name Aminadab ist zwar biblischer Herkunft, aber doch im allgemeinen Sprachgebrauch so selten, daß er als ein krasser Latinismus empfunden werden konnte. Im Lateinischen besteht die korrekteste Form der Betonung von Aminadab zweifelsohne in der Setzung des Akzents auf der Antepaenultima.[67] Wahrscheinlich war diese Aussprachetradition des Namens aus dem liturgischen Vortrag allgemein bekannt.[68] Wenn wir demzufolge für das Spanische des 16. Jahrhunderts eine Realisierung des Namens als *Amínada* annehmen, dann ergibt sich das folgende Versschema:

o ó o o o ó o // o o ó o

*A-mí-na-da(b) tam-po-co // pa-re-cí-a

---

66 Der *endecasílabo a la francesa* trägt den prosodisch konstitutiven Akzent auf der vierten Silbe, die möglichst auf ein Oxytonon endet, so daß die Caesur zwischen vierter und fünfter Silbe zu stehen kommt. Zwei weitere rhythmische Akzente können auf der sechsten und natürlich auf der zehnten Silbe liegen. Cf. Baehr: *Spanische Metrik*, p. 91.

67 Hebräische Eigennamen mit drei oder mehr Silben, die auf Konsonant enden und deren Paenultima eine offene Silbe bildet, werden im Lateinischen in aller Regel als Proparoxytona behandelt – so beispielsweise: A-braham, Ab-salom, Io-saphat oder Io-nathan. Entsprechendes müßte auch für A-mi-nadab gelten.

68 Der Name Aminadab erscheint auch im Stammbaum Jesu nach Matthaeus 1,4. Traditionellerweise wurde der Eingang des Matthaeus-Evangeliums zu Fronleichnam am ersten Prozessionsaltar gesungen. Das Missale Romanum von 1970 sieht diese Perikope für den 24. Dezember vor und setzt einen Akzent auf die Antepaenultima (Amínadab) – vermutlich in Anlehnung an eine ältere Aussprachetradition.

Die obige Struktur entspricht nicht nur dem bei Johannes vom Kreuz üblichen *endecasílabo heroico,* sondern sie ist auch unter dem Gesichtspunkt des metrischen Vortrags praktisch homonym zu der gemeinwörtlich gelesenen Variante: *a mí nada tampoco parecía.* Festzuhalten ist demnach: Rein phonetisch sind die gegensätzlichen Varianten nicht zu unterscheiden, da der Vers in beiden Fällen als *endecasílabo heroico* realisiert wird – entweder in Folge einer automatischen Einpassung ins Versschema aus Gründen der Analogie oder aber dank einer latinisierenden Akzentsetzung im Eigennamen auf der Antepaenultima.

Auch dort, wo die Handschriften ausdrücklich *Aminadab* vorgaben und nicht *a mi nada* schrieben, muß sich das Publikum der Doppeldeutigkeit des Namens bewußt gewesen sein, so daß es den Vers als ein Wortspiel auffassen konnte. Schließlich enthält die gemeinwörtliche Lesart, wie sie die drei abweichenden Handschriften bieten, einen der Lieblingsbegriffe des Johannes vom Kreuz, nämlich die *nada* (‚Nichts‘), die er beispielsweise auch in der Zeichnung des Karmelberges und im zugehörigen Merkgedicht «Para venir a gustarlo todo...» (‚Um dahin zu gelangen, alles zu verkosten...‘) so stark betont.[69]

Die Etymologie des Namens Aminadab kann im Hohenlied sinnvoll auf die Gestalt des Wagenlenkers angewandt werden, unabhängig davon, ob man ihn nun lieber als Satan oder als Christus auffassen will. Auch im *Cántico espiritual* gestattet die Zerlegung des Namens *Aminadab* in die Wortfolge *a mí nada* eine gleichbleibend sinnvolle Lektüre des Verses. Beide Versionen sind nicht nur zueinander homonym, sondern in gewisser Weise auch synonym, insofern semantisch die Segmentierung *a mí nada tampoco* notwendigerweise die Lesart *Aminadab tampoco* impliziert. Denn wenn der sprechenden Person tatsächlich nichts erscheint, dann natürlich auch nicht die Gestalt des Aminadab.

Wäre Aminadab wirklich eine Personifikation des Bösen Geistes, wie es der Prosakommentar angibt, dann könnte man ihn sich als den größtmöglichen Abfall vom Sein vorstellen, als einen *defectus entis* in höchster Potenz. Als einen solchen Abfall vom Sein haben der Neuplatoniker Proclus und in seiner Nachfolge Dionysius vom Areopag bekanntlich das Böse ganz allgemein bestimmt.[70] Das Böse ist für sie eine Erscheinung, die keine Substanz oder Subsistenz (griechisch ὑπόστασις) besitzt, sondern die an der Substanz des ihr fremden Guten parasitiert und die darum als eine παρυπόστασις, als eine *contrasubstantia,* zu bezeichnen ist. Alles Böse strebt, insofern es böse ist, zum Nichtsein – so auch die Dämonen: „Καί εἰ οὐκ ἐφίενται [scil. οἱ δαίμονες] τοῦ ἀγαϑοῦ, τοῦ μὴ ὄν-

---

69 Cf. I Subida 13,10 – I Aufstieg 13, p. 66 sq. Auf der Zeichnung erscheint am Weg, der zum Berg emporführt, die Einschreibung: «Senda estrecha de la perfección. Nada nada nada nada nada y en el monte nada.» – ‚Enger Pfad der Vollkommenheit. Nichts, nichts, nichts, nichts, nichts und auf dem Berge nichts.‘ (S. Juan de la Cruz: *Obras completas,* ed. José Vicente Rodríguez, 4ª edición, Madrid: Espiritualidad 1992, p. 131.)

70 Cf. Proclus de subsistentia mali; Dionysius Areopagita de divinis nominibus IV,18-35. Von einer „ontologischen Depotenzierung“ des Bösen in der mystischen Tradition, die bis zu Thomas von Aquin oder zu Meister Eckhart reicht, spricht folgerichtig Alois Maria Haas: „Das Syndrom des Bösen in der mittelalterlichen Mystik“ (1993), in: Id.: *Mystik als Aussage. Erfahrungs-, Denk- und Redeformen christlicher Mystik,* Frankfurt am Main: Suhrkamp 1996, pp. 282-309, ibid. p. 288.

τος ἐφίενται."[71] - ‚Und wenn sie [scil. die Dämonen] nicht nach dem Guten verlangen, verlangen sie nach dem, was nicht ist.' Auch der Satan, als die äußerste Manifestation des Bösen aufgefaßt, wäre ein Wesen, das nach dem Nichtsein, nach dem Nichts strebt.

Es ist sinnvoll, für unseren Zusammenhang die ebenfalls neuplatonische Terminologie des Damascius zu Hilfe zu nehmen, der als letzter Scholarch der Platonischen Akademie in Athen amtierte und nach ihrer Abwicklung durch Justinian für eine Weile ins persische Exil ging. Demzufolge wäre dann das Böse immer schon jener Manifestation des Nichts zuzuordnen, die Damascius οὐδὲν κατὰ χεῖρον, *nihilum secundum deteriora,* nennt. Dieses Nichts, das zum Schlechteren hin tendiert, ist zu unterscheiden von einem ganz gegenteiligen Nichts, das zum Besseren führt und das Damascius οὐδὲν κατὰ κρεῖττον, *nihilum secundum potiora,* nennt. Dieses bessere Nichts ist das ἀπόρρητον, das Unsagbare schlechthin: Es übersteigt das All und alles Seiende und ermöglicht es erst.[72]

Vor dem erläuterten Hintergrund wird deutlich, daß das οὐδὲν κατὰ χεῖρον und das οὐδὲν κατὰ κρεῖττον gewisse Ähnlichkeiten miteinander besitzen, insofern beides außerhalb oder doch am Rande des Seienden liegt. Das bessere Nichts gehört dem Bereich des Seins noch nicht und das schlechtere Nichts gehört ihm nicht mehr an. Das bessere Nichts ist nach Damascius vollkommen unsagbar, und gerade darin stimmt es wiederum mit dem schlechteren Nichts überein. Denn auch das Nichtseiende ist Platon zufolge weder aussprechbar noch erkennbar.[73] Gerade in der areopagitischen Konzeption zeigen sich auffällige Berührungspunkte zwischen dem Bösen und der Gottheit. Da die überwesenhafte Gottheit ἐπέκεινα πάντων (jenseits des Alls) zu suchen ist und damit dem Bereich des Nochnichtsein zugehört, entspricht ihr innerhalb der Seinssphäre – im Sinne einer radikalen ἀνόμοιος ὁμοιότης (unähnliche Ähnlichkeit) – das Böse, das ebenfalls an der Grenze des Seins auftritt und diese zu überschreiten verlangt, nämlich hin zum Nichtmehrsein. Nicht von ungefähr erinnern bei Dionysius manche Bestimmungen des Bösen bis in die Wortwahl hinein an die Attribute der Gottheit. So nennt Dionysius das Böse unter anderem:

καὶ ἄνουν καὶ ἄλογον καὶ ἀτελὲς καὶ ἀνίδρυτον καὶ ἀναίτιον καὶ ἀόριστον καὶ ἄγονον καὶ ἀργὸν καὶ ἀδρανὲς καὶ ἄτακτον καὶ ἀνόμοιον καὶ ἄπειρον καὶ σκοτεινὸν καὶ ἀνούσιον καὶ αὐτὸ μηδαμῶς μηδαμῇ μηδὲν ὄν[74]

[sowohl ohne Geist als auch ohne Vernunft als auch ohne Ziel als auch ohne Standfestigkeit als auch ohne Ursache als auch ohne Bestimmung als auch ohne Abkömmling als auch ohne Nutzen als auch ohne Ordnung als auch ohne Ähnlichkeit als auch ohne Grenze als auch ohne Kraft als auch finster als auch ohne Wesen und es selbst auf gar keine Art und in gar keiner Hinsicht etwas Seiendes].

---

71 Dionysius de divinis nominibus IV,34, 733 D.
72 Cf. Damascius de principiis 4, ed. L. G. Westerbrink.
73 Dies ist jedenfalls das Argument des eleatischen Fremden in Platons Dialog *Sophistes.* Cf. Platonis Sophistes 26, 238 c.
74 Cf. Dionysius de divinis nominibus IV,32, 732 D.

Das Böse wird bei Dionysius vom Areopag ausschließlich über Verneinungen bestimmt. Es bietet sich an, das berühmte Schlußkapitel von *De mystica theologia* als eine Palinodie dieser Charakteristik des Bösen zu lesen. Die dort aufgeführten Bestimmungen werden nicht in bezug auf das Böse sondern umgekehrt in bezug auf die Gottheit verneint. Da von der Gottheit per definitionem sämtliche Attribute verneint werden müssen, nimmt es nicht wunder, daß wir eine Reihe von Überschneidungen zwischen dem Göttlichen und dem Bösen finden:

Αὖθις δὲ ἀνιόντες λέγομεν, ὡς οὔτε ψυχή ἐστιν [scil. ἡ πάντων αἰτία] οὔτε νοῦς, οὔτε φαντασίαν ἢ λόγον ἢ νόησιν ἔχει· οὐδὲ λόγος ἐστὶν οὔτε νόησις, οὔτε λέγεται οὔτε νοεῖται· οὔτε ἀριθμός ἐστιν οὔτε τάξις, οὔτε μέγεθος οὔτε σμικρότης, οὔτε ἰσότης οὔτε ἀνισότης, οὔτε ὁμοιότης ἢ ἀνομοιότης· οὔτε ἔστηκεν οὔτε κινεῖται οὔτε ἡσυχίαν ἄγει· οὐδὲ ἔχει δύναμιν οὔτε δύναμίς ἐστιν οὔτε φῶς· οὔτε ζῇ οὔτε ζωή ἐστιν· οὔτε οὐσία ἐστὶν οὔτε αἰὼν οὔτε χρόνος.[75]

[Indem wir dann wieder emporsteigen, sagen wir, daß sie (scil. die Verursacherin des Alls) weder Seele ist noch Geist, weder hat sie Einbildung noch Vernunft noch Einsicht; auch ist sie nicht Vernunft noch Einsicht, weder wird sie ausgesprochen noch erkannt; weder ist sie Zahl noch Ordnung, weder Größe noch Kleinheit; weder Gleichheit noch Ungleichheit, weder Ähnlichkeit noch Unähnlichkeit; weder steht sie still noch bewegt sie sich noch pflegt sie die Ruhe; auch hat sie keine Kraft noch ist sie Kraft noch Licht; weder lebt sie noch ist sie Leben; weder ist sie Wesen noch Ewigkeit noch Zeit.]

Schon zu Beginn der Abhandlung nimmt der Autor eine Zuordnung von Gottheit und Finsternis vor, wenn es über die göttlichen Geheimnisse heißt: „ἐν τῷ σκοτεινοτάτῳ τὸ ὑπερφανέστατον ὑπερλάμποντα"[76] – ,in ihrer äußersten Finsterheit überstrahlen sie das Allergleißendste'. Doch das Böse war gleichfalls durch das σκοτεινόν (Finsteres) charakterisiert worden. Schließlich spricht auch der regelmäßig auf die Gottheit angewandte Ausdruck ὑπερούσιος αἰτία (überwesenhafte Ursache) dieser das Ursachesein ab und läßt damit wiederum eine überraschende Nähe zum ἀναίτιον (ursachelos) des Bösen erkennen. Denn auch die Bestimmungen der *via eminentiae* positivieren ja niemals die ausgesprochenen Inhalte, sondern setzen deren Negation voraus.

Wenn wir diese Denkfigur der neuplatonischen und areopagitischen Doktrin bis an ihr Ende weiterverfolgen, dann wird es denkbar, daß nicht nur das schlechtere für das bessere Nichts, sondern eben überhaupt das Böse anstelle des Guten oder schließlich – christlich gewandt – der Satan anstelle Gottes steht, nämlich als dessen radikal unähnliche Allegorie. In ganz entsprechender Weise verweist ja auch der niedere Eros auf den edleren Eros.[77] In diesem denkerischen Kontext verstehen wir die abgründige Bedeutung des Namens Aminadab in ihrer vollen Tragweite: In seiner doppelten Lesbarkeit enthält der Vers sowohl den Namen des Wagenlenkers als auch den Verweis auf das Nichts. Als Name des

---

75 Dionysius de mystica theologia, cap. 5, 1045 D, 1048 A.
76 Cf. Dionysius de mystica theologia 1, 997 A.
77 Cf. Plotini enneades VI,9,9,64-66.

Wagenlenkers kann Aminadab gleichermaßen für Christus wie für den Satan stehen. Als in Gemeinwörter zergliederte Fügung bezeichnet der Vers wortspielerisch die *nada,* das Nichts, welches κατὰ χεῖϱον (*secundum deteriora*) den Satan oder κατὰ κϱεῖττον (*secundum potiora*) die Gottheit meinen kann. Die eigentliche Pointe aber sehen wir darin, daß beide Lesarten über das Verfahren der Allegorie miteinander verschränkt sind. Der Text präsentiert nicht so sehr die Möglichkeit einer Wahl, als daß er das Andere für das Eine setzt, das schlechtere für das bessere Nichts, das Böse für das Gute, den Wagenlenker, der der Satan ist, für den Wagenlenker, der der göttliche Christus ist.

Der bezeichnete Sachverhalt tritt überaus deutlich an einer anderen Stelle des Gedichts zutage, nämlich kurz vor dem Ende in der zweitvorletzten Strophe XXXVII A resp. XXXVIII BC. Die Braut hat zuvor dem Geliebten vorgeschlagen, zu den Höhlen aufzusteigen, und spricht alsdann zu ihm:

> *Allí me mostrarías*
> *aquello que mi alma pretendía*
> *y luego me darías*
> *allí tú vida mía*
> *aquello que me diste el otro día*
>
> (Cántico C, vv. 186-190).

> [Dort solltest du mir zeigen,
> jenes, was meine Seele verlangte,
> und dann solltest du mir geben
> dort, du mein Leben,
> jenes, was du mir kürzlich gegeben hast.]

Die Braut erwartet, daß der Geliebte ihr etwas zeigt und ihr eine Gabe macht, wie sie diese schon früher von ihm erhalten hat. Worin diese Gabe freilich besteht, wird offen gelassen, da hier nur das Demonstrativpronomen *aquello* (,jenes') verwendet wird. Bezeichnenderweise läßt auch der Prosakommentar zur Stelle den Inhalt des Geschenks letztlich ungesagt.[78] Er reproduziert demnach die Bewegung des Gedichts, ohne ihr einen fixen Sinn zuzuweisen. Betrachten wir nunmehr diese Strophe vor dem Hintergrund der neuplatonischen, vor allem der plotinischen Sprechweise, so fällt uns eine unbestreitbare Übereinstimmung auf. Auch Plotin situiert das unaussprechliche Eine und die Einung mit ihm an einem Ort, den er nicht näher charakterisiert, sondern nur durch das demonstrative Lokaladverb ἐϰεῖ (,dort' – *allí*) umschreibt.[79] Dieses Eine aber nennt er auch –

---

78 «... que, por no tener ello nombre, lo dice aquí el alma *aquello*» (Cántico B, 38,6) – ,denn da es keinen Namen hat, nennt es hier die Seele: jenes' (Geistlicher Gesang 38, p. 289). Zu einer ausführlicheren Interpretation der Stelle im Prosakommentar cf. Thompson: *The Poet and the Mystic,* pp. 141 sq.

79 „Κἀϰείνῳ συγγενόμενον ϰαὶ ἱϰανῶς οἷον ὁμιλήσαντα ἥϰειν ἀγγέλλοντα, εἰ δύναιτο, ϰαὶ ἄλλῳ τὴν ἐϰεῖ συνουσίαν." (Plotini enneades VI 9,7,52.) – ,Und ist man so mit Jenem vereint und hat genug gleichsam Umgang mit ihm gepflogen, so möge man wiederkehren und wenn mans vermag auch andern von der Einigung dort Kunde geben.' (Richard Harder.)

wenngleich nur in einem tropischen Sinne – ἐκεῖνο ('jenes' – *aquello*), und so
führt er aus:

Δεῖ δὲ μηδὲ τὸ „ἐκεῖνο" μηδὲ ὄντως λέγειν ἀκριβῶς λέγοντα, ἀλλ' ἡμᾶς
οἷον ἔξωθεν περιθέοντας τὰ αὐτῶν ἑρμηνεύειν ἐθέλειν πάθη ὁτὲ μὲν
ἐγγύς, ὁτὲ δὲ ἀποπίπτοντας ταῖς περὶ αὐτὸ ἀπορίαις.[80]

[Ja selbst „Jenes" dürften wir es im eigentlichen Sinne nicht nennen, wenn wir genau reden wollen, sondern es will das nur die Auslegung dessen sein, was wir selbst,
die das Eine gleichsam von außen umspielen, dabei erleben, indem wir ihm bald
nahe bleiben, bald ganz zurückgeworfen werden durch die Schwierigkeiten die ihm
anhaften. (Richard Harder.)]

Es muß hier offen bleiben, wie die plotinische Terminologie dem Johannes vom
Kreuz zur Kenntnis gelangt ist. In Ficinos lateinischer Übersetzung wird nahezu
regelmäßig das griechische Neutrum ἐκεῖνο durch das lateinische Maskulinum
ille wiedergegeben, so daß hier Plotins Gott (ὁ θεός) das eindeutige Referenz-
objekt bildet. Johannes vom Kreuz steht mit seinem Gebrauch des pronominalen
Neutrums *aquello* bezeichnenderweise dem Griechischen des Plotin näher als
dem Lateinischen des Ficino. Jedenfalls scheint die Geliebte des *Cántico espiritual*
mit ihrer Rede vom *aquello* auf die plotinische Terminologie und damit auf das
Prinzip des Einen anzuspielen: In der Begegnung mit dem Geliebten war ihr und
wird ihr die Präsenz des Einen zuteil.

Wie kaum anders zu erwarten kommt das Pronomen *aquello* – ähnlich wie das
Pronomen *lo* – nicht nur in der neuplatonischen Philosophie, sondern auch in
der obszönen Dichtung vor, wo es eine ganz unzweideutig erotische Bedeutung
hat. So wendet sich in einem Gedicht gleichfalls eine Sprecherin in folgender
Weise an ihren Freund:

> *Dame aquello que tú sabes,*
> *y yo te daré otra cosa,*
> *para jugar muy donosa,*
> *juntamente con tus llaves.*[81]

[Da mihi illud, quod tu scis, / et ego tibi aliud dabo / ut ualde lepida ludere
possim / eodem tempore clauibus tuis.]

Der in neuplatonischer Terminologie gehaltene Verweis auf die Göttlichkeit des
Einen (ἐκεῖνο – *aquello*) ist demnach synonym mit dem obszönen Verweis auf
die sinnlich-erotische Vereinigung mit dem Geschlechtspartner (ebenfalls *aquello*). Wir können das semantische Spiel dieser Strophe folgendermaßen erläutern:
Auf der Ebene der buchstäblichen Liebesgeschichte benutzt die Sprecherin eine
hohe neuplatonische Rede und spricht metaphorisch davon, daß sie der Einung
mit dem Göttlichen teilhaftig wird. Sie meint damit aber, sofern wir auf der
Ebene dieses buchstäblichen Sinns bleiben, nur den in der Seinshierarchie viel

---

80 Plotini enneades VI,9,3,23.
81 *Floresta de poesía erótica*, n° 83, vv. 3-6, p. 151.

tiefer eingestuften *concubitus* mit dem Geliebten. Die profane Liebe der Braut ist also einmal mehr divinisiert worden, diesmal mit Hilfe des neuplatonischen Sprachgebrauchs, und der neuplatonische Sprachgebrauch ist gleichzeitig profaniert, das heißt in eine aeschrologische Form eingepaßt worden. Insofern der buchstäbliche Sinn allerdings – auf der Ebene des geistlichen Sinns – nicht der gemeinte ist, bleibt auch diese Profanation wie die vorausgegangenen nur eine vorbehaltlich ironische. Die Kategorie der *nada* ist bei Johannes vom Kreuz im selben Sinne doppeldeutig wie das *aquello*. Die *nada* kann die höchste Gottheit bezeichnen: *Y en el monte nada* (‚und auf dem Berge nichts‘), oder sie bedeutet ganz einfach die Negation dessen, was zur Hand ist und auf dem Weg der Ascese verworfen wird: «Y cuando viniere a quedar resuelto en nada, que será la suma humildad, quedará hecha la unión espiritual entre el alma y Dios.» (II Subida 7,11.) – ‚Erst wenn sie in tiefster Erniedrigung förmlich zu nichts geworden ist, kommt die geistige Vereinigung der Seele mit Gott.‘ (II Aufstieg 6, p. 104.) Doch dieses Nichts, in das die Seele hinabsinkt, ist nicht einfach identisch mit dem Nichts des Berges, zu dem sie emporzusteigen wünscht, es ist dessen allegorisches Abbild.

Wichtig ist der Befund, daß die Vereinigung mit dem Höchsten und mit dem Niedrigsten allemal in ein und derselben apophatischen Umschreibung ausgesagt werden muß, daß also die Sprache selbst hier nicht klar zu unterscheiden weiß. Johannes vom Kreuz teilt mit vielen seiner Zeitgenossen die verbreitete Vorstellung vom Aufbau der Welt in einer Abfolge von aufsteigenden Stufen. Die sinnlich-erotische Liebe ist in diesem Stufenkosmos gewiß an einer sehr niedrigen Stelle angesiedelt; sie ist – areopagitisch gedacht – vom höchsten Sein (das seinerseits mit der Gottheit nicht identisch, sondern nur eine ihrer Gaben ist) schon weit abgefallen, und sie steht in dieser ihrer Nichtigkeit dem οὐδὲν κατὰ χεῖρον eines Damascius, dem schlechteren Nichts, verhältnismäßig nahe. Darüber hinaus ist die sinnlich-erotische Liebe sowohl in der neuplatonischen als auch in der christlichen Tradition dem Bösen affin. Diese prinzipielle Gefährdung der Erotik durch das Böse gilt es mitzubedenken. Zweifelsohne heißt es, die ästhetische Radikalität des *Cántico espiritual* zu unterschätzen, wenn man annimmt, daß die dort inszenierte Erotik, das Spiel der verbotenen Liebe und der lustvollen Perversionen, vollkommen harmlos und moralisch völlig unbedenklich wäre. Im philosophischen und theologischen Verständnis der Zeit wäre eine solche Verharmlosung des Erotischen ein Anachronismus, und Johannes vom Kreuz hat an manchen Stellen seiner Prosaerklärungen unmißverständlich deutlich gemacht, wie streng er in derlei Dingen urteilte. Sogar die Zeugnisse der Teresa über die Ascese ihres jungen Mitstreiters, lassen milde Ironie, wenn nicht offene Distanz erkennen.

Erst angesichts einer keineswegs gegebenen Fraglosigkeit oder gar Unschuldsvermutung in bezug auf das sinnliche Begehren gewinnt die skizzierte Affinität des Erotischen zum Bösen und damit zum schlechteren Nichts überhaupt ihre Funktion für die Ökonomie des Werkganzen. Die gezeichnete Welt einer sinnlich-profanen Liebe ist nicht nur eine Hervorbringung der bukolischen Imagination, sondern die Niedrigkeit dieser Welt besitzt auch eine ontologische und moralische Dimension. Es wird an der bukolischen Hirtenliebe das Nichtige und das moralisch Fragwürdige inszeniert, und daran kommt eine Welt zur Erscheinung, die in ihrer Nichtigkeit zumindest hart an der Grenze zum schlechteren Nichts und zum Bösen siedelt. In genau diesem Zusammenhang tritt die Personifikation des Aminadab mit dem Pferdegespann auf. Als allegorischer Dämon vereint und veranschaulicht Aminadab die Aspekte der verbotenen Erotik, des Bösen und des Nichts in sich.

Wenn aber Aminadab nicht nur für den Satan, sondern nach dem Zeugnis mancher Kirchenväter ebensogut für Christus steht, dann heißt dies: Aminadab – und mit ihm das erotische Begehren, ja das Böse und das schlechtere Nichts überhaupt – werden im *Cántico espiritual* verstanden als Zeichen für etwas, das sich nur auf dem Weg der Uneigentlichkeit ausdrücken läßt: Die göttliche Güte ist ganz und gar unaussprechlich, wohingegen das Böse als parasitäre παϱυπόστασις an das Sein gekoppelt bleibt und so gesehen immer noch angemessener als die Gottheit versprachlicht werden kann. Von daher ist nicht nur die Erotik, sondern die Sprache selbst dem Bösen affin, und der Rekurs auf die Sprache des Bösen, um mit ihrer Hilfe das Gute uneigentlich zu benennen, ergibt sich nicht zufällig, sondern mit Notwendigkeit. Dennoch fallen damit Gutes und Böses gerade nicht zusammen, sondern die Beziehung des Bösen zum Guten erweist sich als eine semiotische, die in einer Differenz gründet, die sie erst ermöglicht. Das Böse steht nicht für sich und bedeutet nicht sich selbst, sondern es zeigt von sich weg auf ein Anderes, auf das ihm Inkommensurable der Güte. Selbst – und vielleicht gerade – im Bösen gibt sich immer noch die Gottheit zu lesen, freilich nicht in platter Komplizenschaft, sondern in der Distanz der Allegorie. So wird das Böse einem Denken der Spur unterstellt, wie es sich bei Johannes vom Kreuz durchgängig finden läßt.[82] Das erotische Begehren – nicht etwa in seiner Heiligkeit, sondern gerade und vor allem in seiner Sündhaftigkeit – ist die Spur, die im Medium des Andern vom Einen gezeichnet ist.

---

[82] «La *huella* es rastro de aquel cuya es la huella, por la cual se va rastreando y buscando quien la hizo.» (Cántico B, 25,3.) – ‚Die Spur ist die Fährte desjenigen, dessen die Spur ist, und um ihretwillen macht man sich auf die Fährtenlese und auf die Suche nach dem, der sie gesetzt hat.‛ (Geistlicher Gesang 25, p. 196.)
«En lo cual habemos de advertir que, entre todas las criaturas superiores ni inferiores, ninguna hay que próximamente junte con Dios ni tenga semejanza con su ser, porque, aunque es verdad que todas ellas tienen, como dicen los teólogos, cierta relación a Dios y rastro de Dios – unas más y otras menos, según su más principal o menos principal ser -, de Dios a ellas ningún respecto hay ni semejanza esencial, antes la distancia que hay entre su divino ser y el de ellas es infinita.» (II Subida 8,3.) – ‚Nun gibt es aber, das ist wohl zu bedenken, unter allen geschaffenen Wesen höherer wie niederer Art nicht eines, das eine direkte Verbindung mit Gott herstellen könnte oder das seinem Wesen gleichförmig wäre. Wohl muß ich zugeben, daß nach der Lehre der Theologen alle Geschöpfe in gewisser Beziehung zu Gott stehen und Gottes Spur an sich tragen, die einen mehr, die anderen weniger, je nach dem höheren oder geringeren Grad ihrer Vollkommenheit. Doch es gibt andererseits zwischen Gott und den Geschöpfen kein Verhältnis und keine Wesensähnlichkeit. Denn der Abstand zwischen dem göttlichen Wesen und dem der Geschöpfe ist unendlich.‛ (II Aufstieg 7, p. 106.)

Bataille kennt ebenfalls eine Transgression hin zum Bösen, welche die vorgegebene Ordnung überschreitet und in der dem souveränen Subjekt eine Einheitserfahrung zuteil wird, die nach seiner Auffassung dem theopathischen Zustand des mystischen Weges entspreche.

> Cependant je n'attendrai pas plus longtemps pour indiquer l'existence d'un point où le rire qui ne rit pas et les larmes qui ne pleurent pas, où le divin et l'horrible, le poétique et le répugnant, l'érotique et le funèbre, l'extrême richesse et la nudité douloureuse coïncident. Ce n'est pas une vue de l'esprit. Sous le nom d'*état théopathique,* ce point a même été l'objet d'une description implicite.[83]

Auch im *Cántico espiritual* können wir uns die Liebende als ein souveränes Subjekt im Sinne Batailles vorstellen. Sie überschreitet die Normen der erotischen Ordnung und begegnet in der Überschreitung der Figur des Bösen. Allerdings besteht ein gewichtiger Unterschied: Bei Bataille kommt es in der Transgression zu einer Fusion des Subjekts mit dem Bösen, von der die Literatur Zeugnis zu geben vermag; diese Erfahrung des Bösen ist letzten Endes differenzvergessen.[84] Im *Cántico espiritual* jedoch untersteht auch die ekstatische Erfahrung des erotisierten Bösen dem Walten der Differenz.

Das Böse steht im *Cántico espiritual* nicht für sich selbst, sondern im Hinblick auf ein Anderes, dessen Supplement es ist. Das schlechtere Nichts, das beinahe unaussprechlich ist, verweist auf das bessere Nichts, das vollkommen unaussprechlich ist. Damit ist das Böse zu einem Signifikanten gemacht oder in ein allegorisches Spiel integriert, so wie die neuplatonische Lehre das Böse in das Verstehensmodell einer allgütigen πρόνοια oder *providentia* integriert hatte.[85] Der poetische Text inszeniert auf der semiotischen Ebene den theologischen Optimismus, der aus der Prosaerklärung des Johannes vom Kreuz spricht:

> Y a este modo le va Dios descubriendo [scil. al alma] las ordenaciones y disposiciones de su sabiduría, como sabe El tan sabia y hermosamente sacar de los males bienes, y aquello que fue causa del mal ordenarlo a mayor bien. (Cántico B, 23,5.)

> [Auf diese Weise offenbart Gott der Seele die Ratschlüsse und Anordnungen seiner Weisheit, indem er zeigt, wie er voll Weisheit und Schönheit aus den Übeln Gutes zu ziehen versteht und die Ursache des Übels zu einem größeren Gut zu lenken weiß.* (Geistlicher Gesang 23, p. 184.)]

Angespielt wird an dieser Stelle unzweideutig auf das Theologumenon der *felix culpa* (der Zusammenhang bezieht sich schließlich auf Evas Sündenfall im Para-

---

83 Bataille: *La Souveraineté,* loc. cit. p. 251.
84 Dies jedenfalls ist die Generalthese, zu der Bataille im Hinblick auf eine Reihe moderner Autoren wie Baudelaire, Proust oder Genet gelangt. Cf. id.: *La Littérature et le Mal,* Paris: Gallimard 1957.
85 Neuplatonische Vorsehungskonzepte waren dem Johannes vom Kreuz auf jeden Fall über den zweiten Teil des vierten Buchs von *De divinis nominibus* des Dionysius vom Areopag sowie über das vierte Buch der *Consolatio philosophiae* des Boethius vertraut. Ein Boethius-Gedicht zitiert Johannes (vermutlich auswendig) in: II Subida 21,8 – II Aufstieg 19, p. 197. Cf. Boethi consolatio philosophiae I, metrum 7.

dies). Die erotische Allegorie des Gedichts versucht so gesehen, das theologische Konzept der *felix culpa* ganz semiotisch, ganz buchstäblich zu nehmen: Die Rede, die das Böse aufsagt, meint damit nicht sich selbst, sondern ein Anderes, das sie anders nicht auszudrücken vermag. Vielleicht läßt sich die buchstäbliche Ebene des ganzen Gedichts auf die Geschichte einer verbotenen Liebe und damit auf einen einzigen Signifikanten komprimieren, der da heißen müßte *culpa,* und dieser buchstäbliche Signifikant wäre dennoch nicht gemeint – zu seinem Glück: *o felix culpa!*

Eine Schlußbemerkung ist vonnöten: Die letzte Strophe spricht nicht von einem Auftritt des Aminadab, sondern davon, daß er von jetzt an nicht mehr zu sehen ist, da er sich offenbar verabschiedet hat: *Aminadab tampoco parecía* (‚Aminadab erschien auch nicht‘). Das Verschwinden des Aminadab geht einher mit dem Ausklingen des Gedichts. Aminadab gibt sich in diesem Augenblick zu erkennen als die emblematische Figur, die das Gedicht insgesamt verkörpert, weil sie es ermöglicht hat. Wo Aminadab abtritt – im Augenblick des mystischen Schlafes, der körperlosen Einung der Seelen – da muß folgerichtig das Gedicht und die Sprache an ihr Ende gelangen. Dieses Ende sagt noch einmal: Alles bisher Gesagte war das Andere, war Aminadab. Er lebt nicht länger hier.

In jenem besseren Nichts, das immer gemeint war und nie gesagt wurde, wird überhaupt niemand erscheinen, nicht einmal mehr Christus, die andere *figura* des Aminadab, weil das Medium seines Erscheinens – das erotische Fleisch, die Sprache, das schlechtere Nichts – allesamt verschwunden sind. Die letzte Strophe des *Cántico espiritual* präludiert einem Bild der vollkommenen Leere und des absolut einfachen Nichts, des Erscheinungslosen schlechthin – sie markiert damit eine höchst erstaunliche Parallele zum leeren Kreis der bebilderten Zen-Geschichte vom verschwundenen Ochsen,[86] obgleich der *Cántico espiritual* sich nicht anheischig macht, diese Leere tatsächlich darzustellen; er kündigt sie nur an. Die spanische Umgangssprache kennt eine Formel, in der sich die rhetorische Austauschbarkeit des Guten mit dem Bösen, des besseren mit dem schlechteren Nichts immer schon und immer noch dokumentiert. Wenn eine Sache erledigt scheint und einer Rede nichts mehr hinzuzufügen ist, dann heißt es: *Pues bien, pues nada.*

---

86 Die achte Station des Weges heißt dort: „Die vollkommene Vergessenheit von Ochs und Hirte". Cf. *Der Ochs und sein Hirte,* pp. 41-43. Für eine nicht apophatische, vielmehr kataphatische Behandlung des Themas mystischer Schau und Ekstase finden sich eindrucksvolle Beispiele aus der Malerei des Siglo de Oro in der grundlegenden kunstgeschichtlichen Studie von Victor I. Stoichita: *Das mystische Auge. Vision und Malerei im Spanien des Goldenen Zeitalters* [Francogallice], transt. Andreas Knop, München: Wilhelm Fink 1997.

IV
DIE *LLAMA DE AMOR VIVA* ALS ALLEGORIE DER LIEBESWUNDE

4.1. ZU WEM SPRECHEN?

In unserem vierten Hauptkapitel wird es um die Interpretation der *Llama de amor viva* (‚Lebendige Liebesflamme‘) gehen.[1] Sie ist das späteste der drei großen Gedichte des Johannes vom Kreuz, und zu ihr existieren ebenfalls zwei weitgehend ähnlich gehaltene Prosakommentare, deren jüngerer aus dem Jahr 1584 datiert ist. Ausgehend vom Text des Gedichts erläutert der Autor darin der Adressatin Doña Ana de Peñalosa dessen mystagogische Inhalte. Anders als die beiden vorangegangenen Werke ist die *Llama de amor viva* nicht in fünfzeiligen *liras,* sondern in Sechszeilern abgefaßt, in denen jeweils auf zwei Siebensilber an der dritten und sechsten Stelle ein Elfsilber folgt. Hierbei ergibt sich folgendes Reimschema: a-b-C a-b-C. Johannes vom Kreuz beruft sich bei dieser Strophenform faktisch auf das Vorbild der zweiten Canción des Garcilaso, die er allerdings nach dem Titel von Córdobas Werk zitiert und (wahrscheinlich deswegen) dem Boscán zuschreibt.[2] Stellen wir zunächst den Text vor:

> *¡O llama de amor viua!*
> *que tiernamente hieres*
> *de mi alma en el más profundo centro*
> *pues ya no eres esquiua*
> *acaba ya si quieres*
> 6 *rompe la tela deste dulce enqüentro*
>
> *¡O cauterio suaue!*
> *¡o regalada llaga!*
> *¡o mano blanda! ¡o toque delicado!*
> *que a vida eterna sabe*
> *y toda deuda paga*
> 12 *matando muerte en vida la as trocado*

---

1 Die eingebürgerten deutschen Übersetzungen schreiben für *Llama de amor viva:* ‚Lebendige Liebesflamme‘. Semantisch angemessener wäre es, von einer ‚lodernden Flamme der Liebe‘ zu sprechen. So halten wir es auch in unserer beigegebenen Übersetzung, da im Deutschen das Adjektiv *lebendig* nicht als Epitheton zu *Flamme* oder *Feuer* gebräuchlich ist. In der spanischen Fügung *llama viva* zeigt das Attribut eine besondere Intensität des Brennens an.

2 «La compostura de estas liras son como aquella que en Boscán están vueltas a lo divino que dicen: *La soledad siguiendo, / llorando mi fortuna, / me voy por los caminos que se ofrecen,* etc., en las cuales hay seis pies, y el cuarto suena con el primero, y el quinto con el segundo, y el sexto con el tercero.» (Llama B, 1, p. 745.) – ‚Der Aufbau dieser Strophen ist wie derjenige, der sich im Buch der Gedichte Boscáns auf göttliche Art an der Stelle findet, wo es heißt: *La soledad siguiendo...* (‚die Einsamkeit verfolgend...‘). In diesen Strophen gibt es sechs Verse, und der vierte reimt auf den ersten, der fünfte auf den zweiten und der sechste auf den dritten.‘ (Lebendige Liebesflamme, p. 5.)

¡O lámparas de fuego!
en cuyos resplandores
las profundas cauernas del sentido
que estaua oscuro y ciego
con estraños primores
18   *calor y luz dan junto a su querido*

¡Quán manso y amoroso!
recuerdas en mi seno
donde secretamente solo moras
y en tu aspirar sabroso
de bien y gloria lleno
20   *¡quán delicadamente me enamoras!*

* * *

O lodernde Flamme der Liebe,
die du zart verwundest
im tiefsten Grunde meiner Seele,
nun bist du nicht mehr spröde,
mach schon Schluß, wenn du willst,
6   zerreiß das Tuch dieses süßen Treffens!

O sanftes Brenneisen,
o willkommene Wunde,
oh weiche Hand, o zärtliche Berührung,
die nach ewigem Leben schmeckt
und jede Schuld zahlt,
12   du hast den Tod tötend in Leben vertauscht!

O Feuerlampen,
in deren Widerschein
die tiefen Höhlen der Sinnlichkeit,
die dunkel und blind war,
mit fremdartiger Pracht
18   Wärme und Licht geben vereint mit dem Geliebten!

Wie sanft und liebevoll
erwachst du in meinem Schoß,
wo heimlich du allein dich aufhältst,
und in deinem köstlichen Atem,
der voll von Glück und Herrlichkeit ist,
20   wie zärtlich machst du mich da verliebt!

Als Entstehungszeit der *Llama de amor viva* gelten die Jahre zwischen 1582 und 1585, die der Autor weitgehend in Granada zugebracht hat. Wie die anderen Gedichte, ist auch dieses in den verschiedenen Handschriften mit einem deutenden *argumentum* versehen, das im Codex von Sanlúcar de Barrameda, aus dem wir zitiert haben, folgendermaßen lautet:

Canciones del alma
en la íntima comunicación
de unión de amor de Dios.
Del mismo auctor.

[Lied der Seele
in der innigsten Gemeinschaft
der Liebeseinung mit Gott.
Vom selben Verfasser.]

Unsere Lektüre wird folgende Schwerpunkte setzen: Die Sprechsituation des Gedichts beinhaltet im poetischen Werk des Johannes vom Kreuz einen Höhepunkt an *confusio*. Das Thema des Liebestods und des allegorischen Sprechens werden miteinander enggeführt. Die zweite Strophe des Gedichts behandelt das Thema der Liebeswunde und überschreibt die Berichte von der Stigmatisierung des Franz von Assisi und von der Transverberation der Teresa von Avila. Die dritte Strophe überschreibt Platons Höhlengleichnis. Das Gedicht klingt in der vierten Strophe aus – und zwar diesmal nicht mehr mit dem Schlaf des Geliebten, sondern mit dessen Erwachen, wobei die Sprecherin wie schon in der *Noche oscura* den Atem des Freundes hört und einzusaugen scheint. Da der Geliebte in der letzten Strophe wieder erwacht, bekommt der Text eine unverkennbar zyklische Struktur, die ihn von den beiden anderen großen Gedichten deutlich unterscheidet.

Wie in den vorausgegangenen Gedichten liegt auch diesmal eine *sermocinatio* vor, die wir auf der buchstäblichen Ebene der erotischen Allegorie folgendermaßen interpretieren können: Die Sprecherin ist wiederum die liebende Frau, die in allen vier Strophen als einzige zu Wort kommt und sich sinngemäß an ihren Freund wendet, der in der Sprechsituation als körperlich anwesend eingeführt wird. In noch ausgeprägterem Maße als im *Cántico espiritual* überwiegt hier der Aspekt der *énonciation*, da jede Strophe einen oder mehrere Ausrufe enthält, aus denen sich erst ein *énoncé* rekonstruieren läßt. Johannes vom Kreuz hat selbst auf diese Besonderheit des Gedichts hingewiesen und vom Verfahren eines *encarecimiento afectuoso* gesprochen, von einer affektiven Steigerung, welche die emotionale Wirkung, die sie zu beschreiben trachtet, auch selber herstellt:

Para encarecer el alma el sentimiento y aprecio con que habla en estas cuatro canciones, pone en todas ellas estos términos: ¡oh! y ¡cuán!, que significan encarecimiento afectuoso. Los cuales cada vez que se dicen dan a entender del interior más de lo que se dice por la lengua; y sirve el ¡oh! para mucho desear y para mucho rogar persuadiendo; y para entrambos efectos usa el alma dél en esta canción, porque en ella encarece e intima el gran deseo, persuadiendo al amor que la desate. (Llama B, 1,2.)

[Und um das Gefühl und die Wertschätzung zu steigern, womit die Seele in diesen vier Strophen spricht, gebraucht sie jedesmal die Wörtchen: „o" und „wie", welche die Steigerung ihrer Gemütsbewegung bezeichnen. So oft sich diese Ausdrücke vorfinden, geben sie mehr vom Innern zu verstehen, als es sich durch die Zunge ausdrücken läßt. „O" dient nämlich einem heftigen Verlangen und einer eindringlichen

Bitte, wenn man jemanden überreden will. Und um beide Wirkungen zu erzielen, gebraucht nun die Seele jenen Ausruf in dieser Strophe; denn sie steigert damit ihr großes Verlangen und schärft es sich ein, und zugleich sucht sie den Geliebten zu überreden, sie zu entfesseln. *(Liebesflamme 1, p. 7.)]

Soweit sich ersehen läßt, liegt der Rede der Geliebten in etwa die folgende Situation zugrunde: Die Sprecherin hat sich mit ihrem bislang abweisenden Freund erstmals zu einem zärtlichen Stelldichein verabredet. Sie ist bislang Jungfrau gewesen und fordert ihren Liebhaber unmißverständlich auf, die gebotene Gelegenheit zu nutzen und sie zu seiner Frau zu machen. Die zweite und dritte Strophe gibt die Rede wieder, welche die Frau während der Liebesumarmung führt. Sodann scheint es, als wäre der Liebhaber – wie in den früheren Gedichten – in ihrem Schoß eingeschlafen. Jedenfalls läßt sich dies aus der Tatsache erschließen, daß in der vierten Strophe der Geliebte erwacht und nunmehr mit dem Hauch seines Atems von neuem Liebesverlangen bei seiner Freundin weckt. Insofern das Motiv des ‚Erwachens‘ (*recordar*) eine aeschrologische Nebenbedeutung trägt,[3] können wir davon ausgehen, daß das Liebesspiel zwischen den Partnern in der letzten Strophe von neuem beginnt. Der Text hätte dann nicht nur die erwähnte zyklische Struktur, sondern er könnte auch insgesamt als eine einzige, unabschließbare Aeschrologie gelesen werden.

Zwar mag es vorderhand überraschen, daß nach unserer Lesart die Sprechsituation der *concubitus* selbst sein soll – und in der Tat war weder in der *Noche oscura* noch im *Cántico espiritual* eine ausdrückliche Rede zu vernehmen, welche die Braut im Augenblick der Umarmung gehalten hätte.[4] Nichtsdestoweniger gibt es gerade dafür in der zeitgenössischen Literatur des 16. Jahrhunderts Entsprechungen. Wir haben weiter oben das Sonett von Francisco de Aldana behandelt, das als ein Zwiegespräch zwischen Damon und Phyllis gehalten ist, die eng umschlungen beieinanderliegen.[5] Daneben wird man vor allem an die Reden und an die obszönen Bemerkungen denken, die Lozana im Munde führt, während sie sich ihrem jungen und erotisch unerfahreren Diener Ramplín hingibt, der bei ihr die Nacht verbringt.[6]

Was im Fall der Lozana in Prosa und nur auf einer niederen Stilhöhe ausgedrückt wird, das äußert sich in der *Llama de amor viva* auf der hohen Stilebene und in italienischen Versmaßen; und während die erfahrene Kurtisane den jungen Ramplín, also die Frau den Mann, in die Liebe einführt, verlangt in der *Llama de amor viva* umgekehrt die unerfahrene Freundin nach der Initiation durch den Geliebten. Sowohl die Tiraden der Lozana als auch die Ausrufe der Sprecherin in der *Llama de amor viva* sind weitgehend in tropischer Sprache ge-

---

3 «Volvera a resucitar / con su lanza entera y sana.» (*Floresta de poesía erótica,* n° 3, vv. 37 sq., p. 8.) – ‚Tum iterum resurget / cum hasta integra atque incolumi.‘

4 Nichtsdestoweniger beinhaltet auch in der *Noche oscura* die fünfte Strophe «¡O noche! que guiaste...» einen Ausruf, der die *énonciation* an die Stelle des *énoncé* treten läßt und somit die Unmittelbarkeit der Liebessituation suggeriert.

5 Cf. Aldana: Soneto 18, I^a parte, ed. Lara, pp. 291 sq.

6 Cf. Delicado: *La Lozana andaluza,* mamotreto XIV, ed. Allaigre, pp. 229-238.

halten. Die Obszönitäten selbst werden also stets in uneigentlicher Rede umschrieben und gehorchen somit dem Versprachlichungsmodell der *ars erotica*,
nicht aber der *scientia sexualis,* das wir bereits im *Cántico espiritual* kennengelernt
haben. Trotz der unterschiedlichen Stilhöhe zwischen der *Lozana andaluza* und
der *Llama de amor viva* heißt dies aber gerade nicht, daß der Inhalt des letztgenannten Gedichts darum kein erotischer wäre. Sein erotischer Charakter wird
nur subtiler und genußvoller hinter rhetorischen Figuren verborgen. Betrachten
wir im Anschluß an diese Erwägungen den Wortlaut der ersten Strophe:

> *¡O llama de amor viua!*
> *que tiernamente hieres*
> *de mi alma en el más profundo centro*
> *pues ya no eres esquiua*
> *acaba ya si quieres*
> *rompe la tela deste dulce enqüentro*
> (Llama, vv. 1-6).

> [O lodernde Flamme der Liebe,
> die du zart verwundest
> im tiefsten Grunde meiner Seele,
> nun bist du nicht mehr spröde,
> mach schon Schluß, wenn du willst,
> zerreiß das Tuch dieses süßen Treffens!]

Die *exclamatio* des ersten Verses kann zugleich als die Anrufung des Adressaten
gelesen werden, an den die ganze Rede gerichtet ist. Unserer Auffassung nach
liegt es nahe, die Fügung *llama de amor viua* (‚lodernde Flamme der Liebe‘) als
eine Metonymie zu verstehen. Der Freund hat in der Geliebten ein glühendes
Liebesfeuer entfacht, so daß sie im Sinne eines *effectus pro causa* von ihm als von
ihrer ‚Flamme‘ sprechen kann. Die Topik des Liebesfeuers und des Liebesbrennens generell ist im Petrarchismus – und darüber hinaus – allgegenwärtig.
Aber auch im engeren Sinn ist die ausdrückliche Redeweise vom geliebten Wesen
als einer ‚Flamme‘ schon bei Petrarca vorgeprägt, wenn der Dichter die Heimkehr seiner Laura zu einem besseren Stern beklagt und in diesem Zusammenhang von seiner *alma fiamma* (‚nährende Flamme‘) spricht:

> *L'alma mia fiamma oltra le belle bella,*
> *ch'ebbe qui 'l ciel sí amico et sí cortese,*
> *anzi tempo per me nel sup paese*
> *è ritornata, et a la par sua stella.*[7]

[Meine nährende Flamme, deren Schönheit das Maß der anderen schönen Flammen
übertraf / und die der Himmel in seiner Freundlichkeit und Huld hierher gesandt
hatte, / ist für mich vor der Zeit in ihre Heimat / und zu dem Stern, der ihr gleicht,
zurückgekehrt.]

---

7 Petrarca: *Canzoniere* CCLXXXIX, vv. 1-4, ed. Dotti, p. 267.

Bei Garcilaso findet sich für ‚Flamme' sogar die Attribution an einen Mann, wobei es dem Dichter allerdings um die Flamme des Ruhms, nicht der Liebe geht:

> si al gran valor en qu'el sujeto fundo
> y al claro resplandor de vuestra llama
> arribare mi pluma...[8]

[wenn an den hohen Mut, an den ich meinen Dichtungsgegenstand anlehne, / und an den hellen Glanz Eurer (Ruhmes-) Flamme / meine Feder heranreichen sollte...]

Trotz solcher Parallelstellen wirkt die Sprachverwendung bei Johannes vom Kreuz eigenwillig. Die Verknüpfung des Substantivs *llama* mit der Interjektion *¡o!* gemahnt eher an eine pathetische *exclamatio* des sprechenden Subjekts denn an eine partnerbezogene *allocutio* oder *invocatio,* und auch die Anwendung der ‚Liebesflamme' auf den Mann statt auf die Frau bleibt angesichts des beabsichtigten Bezugs zur hohen Dichtung (und trotz des vergleichbaren Falls bei Garcilaso) ungewöhnlich.

Eine weitere Mitteilung wird uns über diese Flamme gemacht: *pues ya no eres esquiua* (‚nun bist du nicht mehr spröde'). Das Adjektiv *esquivo* gilt bei Covarrubias als Italianismus, abgeleitet von *schivo,* und so wird denn auch die Form mit einem Petrarca-Zitat erklärt:

ESQUIVO. Desapegado, zahareño, desdeñoso, montaraz; es nombre italiano. El dicho Petrarca en el soneto *Amor, natura,* etc., dize: *Ella e si schiva, e abitar non degna / Più ne la vita fati cosa* [sic]*, et vile.*[9]

[Spröde. Abweisend, störrisch, geringschätzig, ungezähmt. Es ist ein italienisches Wort. Der erwähnte Petrarca sagt in seinem Sonett *Amor, natura...* u.s.w.: *Sie ist so scheu, und geruht nicht mehr / im mühseligen und niedrigen Leben zu weilen.*]

Bei Petrarca ist das Adjektiv *schivo* ein Epitheton, das weitgehend der abweisenden Geliebten zugeordnet wird – oder allenfalls dem Amor als einem Liebesherrn, nachdem ihn der Dichter gezähmt hat und er schließlich nach dem Vorbild der Laura selbst scheu und schüchtern geworden ist.[10] Eine direkte Vorlage für die *Llama de amor viva* könnte Garcilasos erste Canción abgeben, in der auf

---

8 Garcilaso: Soneto XXI, vv. 3-5, ed. Rivers, p. 57.

9 Covarrubias: *Tesoro de la lengua castellana,* s. v. «esquivo». Cf. quoque Petrarca: *Canzoniere* CLXXXIV, ed. Dotti, p. 199: «Ella è sí schiva, ch'abitar non degna / piú ne la vita faticosa et vile.»

10 «Et per dir a l'extremo il gran servigio, / da mille acti inhonesti l'ò ritratto, ché mai per alcun pacto / a lui piacer non poteo cosa vile: / giovene schivo et vergognoso in acto / et in penser, poi che fatto era huomo ligio / di lei ch'alto vestigio / li 'mpresse al core, et fecel suo simíle.» (Petrarca: *Canzoniere* CCCLX, vv. 121-128, ed. Dotti, p. 315 sq.) – ‚Und um aufs höchste den großen Liebesdienst zu preisen: / vor tausend unehrenhaften Handlungen habe ich ihn [scil. Amor] zurückgehalten, denn nie konnte auf irgendeine Weise / ihm etwas Schmähliches gefallen, / jung, scheu und schüchtern war er im Tun / und im Denken, nachdem er ihr Getreuer geworden war und sie ihre Spur tief / in sein Herz eingeprägt und ihn zu ihrem Ebenbild gemacht hatte.'

das Adjektiv *esquivo* unmittelbar das Verbum *acabar* (,beenden') samt dem Adverb *ya* (,schon', ,nun endlich') folgt: «Vuestra soberbia y condición esquiva / acabe ya...»[11] – ,Euer Hochmut und Eure spröde Veranlagung / möge nun endlich enden...' Auch bei Garcilaso bezieht sich das Adjektiv hier auf die Geliebte.

Zwei Unterschiede zur petrarchistischen Liebessituation fallen auf: Während bei Petrarca und den Petrarchisten die *schivezza* ein topischer Charakterzug der geliebten Person ist und die Liebe demzufolge unerfüllt bleiben muß, hat bei Johannes vom Kreuz der ursprünglich ,spröde' Geliebte seine Zurückhaltung nunmehr aufgegeben. Die hier besprochene Dichtung und Liebe steht damit nicht mehr im Zeichen der Unerfülltheit, sondern der Erfüllung. Die *Llama de amor viva* zitiert also den Petrarchismus nurmehr von außen oder *a posteriori*. Er war vormals ihre Voraussetzung (die Liebe war scheu) und kann jetzt keine Gültigkeit mehr beanspruchen. Während weiterhin im Petrarchismus die *schivezza* (,Sprödigkeit') eher der Frau als dem Mann zugesprochen wird, ist bei Johannes vom Kreuz gerade der männliche Part als ein *esquivo* charakterisiert. Gleichwohl bleibt dieser Sachverhalt an der Oberfläche des Textes gewissermaßen verborgen, insofern die syntaktische Zugehörigkeit zu *llama* sowohl eine feminine Form als auch den Bezug zu einem Attribut beinhalten, dessen Semantik eher auf die Geliebte als auf den Geliebten verweist. Diese Doppeldeutigkeit steigert sich noch, wenn man die Besonderheit der konkreten Liebessituation in Betracht zieht: Es wäre zu erwarten, daß sich bei einem solchen Treffen die Geliebte (zunächst) verweigert, während der Liebhaber sie bedrängt.[12] Hier jedoch bedrängt umgekehrt die liebende Frau den ihrer Meinung nach zu schüchternen Freund.

Angesichts dieser atypischen Zuschreibung der Geschlechterrollen werden wir bei der Lektüre zunächst zu dem Resultat gelangen, daß in der *Llama de amor viva* gerade gegen die üblichen Geschlechterstereotype angeschrieben wird. Zugleich aber ergibt sich die Möglichkeit, auf Grund der Textsignale die Zuordnung der Attribute zu den Personen zu verkehren. Die ,Liebesflamme' kann als die Metonymie im Sinne einer *causa pro effectu* ausgelegt und auf den Geliebten bezogen werden, sie kann aber auch einen *effectus pro causa* bezeichnen. Dann wäre mit der ,Flamme' die Liebe gemeint, welche die Sprecherin in ihrem Innern verspürt; und sie stünde somit metonymisch für das Erleben der Sprecherin selbst. Die Metonymie der ,Flamme' erweist sich damit als eine Figur der Transitivität und der Verschiebung vom Einen zum Andern. In der gleichen Weise kann dann die *schivezza* die Zurückhaltung meinen, welche die Liebende bislang

---

11 Garcilaso: *Canción I,* vv. 14 sq., ed. Rivers, p. 77.
12 Das typische Modell ist das Zusammensein der Melibea mit Calisto im nächtlichen Garten. Sie hat ihm zwar ein Rendezvous gewährt, möchte ihn aber jetzt dennoch vor Zudringlichkeiten zurückhalten: «Señor mío, pues me fié en tus manos, pues quise complir tu voluntad, no sea de peor condición por ser piadosa, que si fuera esquiva y sin misericordia, no quieras perderme por tan breve deleyte y en tan poco espacio.» (Rojas: *La Celestina,* auto XIV, ed. Piñero, p. 286.) – ,Mein Gebieter, nun habe ich mich deinen Händen anvertraut, nun wollte ich deinen Willen erfüllen; möge ich jetzt nicht in eine schlimmere Lage geraten, nur weil ich Mitleid gezeigt habe, als wenn ich spröde und ohne Erbarmen gewesen wäre. Richte mich nicht um eines so kurzen Genusses innerhalb eines so geringen Zeitraums zugrunde!'

in ihrem Umgang mit dem Freund an den Tag gelegt hat und von der sie jetzt erst abläßt – unter dem übermächtigen Eindruck des Liebesbrennens in ihrem Herzen. Die weiblichen Konnotationen, die dem Tropus der *llama* und der Eigenschaft der *schivezza* anhaften, ermöglichen und befördern eine solche Inversion der Bedeutungsstruktur des Textes.

Aus den genannten Verfahren erwächst erneut ein Effekt der *confusio,* die in diesem Gedicht von vornherein die pragmatische Ebene erfaßt. Was als eine Rede an den Geliebten konzipiert ist, kann zugleich ein Gespräch der Liebenden mit sich selbst sein, ja eine Art von *stream of consciousness.* Die Sinnfiguren der *invocatio* an einen Fremden und der *exclamatio,* die eine innere Befindlichkeit des Selbst zum Ausdruck bringt, sind in diesem Text ununterscheidbar. In der *confusio* gehen die Kategorien der Selbstaffektion und der Fremdaffektion ineinander über. Die Flamme als *causa* und *effectus* in einem, das Brennen der Liebe, das sich zwischen zwei Partnern vollzieht, entzieht sich einer kategorialen Dichotomie.

Víctor García de la Concha hat in seiner Akademierede die Schwierigkeiten prägnant nachgezeichnet, auf welche eine eingehende Analyse der Sprechsituation in diesem Gedicht stoßen muß.[13] Ähnlich wie wir geht er davon aus, daß sich die ,Liebesflamme' zunächst als eine Personifikation des Geliebten deuten läßt, daß aber der Text in der Folge ein solches Verständnis verunmöglicht und dieses Schema zerstört. Unserer Ansicht nach können dagegen auch im Fortgang des Gedichts die tropischen Redeweisen so aufgelöst werden, daß sie auf die Ausgangssituation und damit auf den Geliebten als ein angesprochenes Gegenüber zurückbezogen werden können. Aber gleichzeitig ist die Rede der Frau eben auch ein Akt der Selbstverständigung. Die *Llama de amor viva* ist damit doppelt lesbar, sowohl als eine Reihe aufeinanderfolgender Vokative an jemand anderen sowie als eine Reihe von Ausrufen des sprechenden Subjekts an das eigene Selbst. Die transitive Metonymie der ,Liebesflamme' inszeniert somit die Verschränkung des Anderen mit dem Selbst, allerdings nicht so, daß das Selbst anstelle des Andern steht, sondern daß es immer schon von einem andern her konstituiert ist. Das Brennen der ,Flamme' im Selbst verweist auf eine Herkünftigkeit der Flamme, die nur außerhalb des Selbst zu suchen ist.

Die *confusio* zwischen Anruf und Ausruf, zwischen Zum-andern-Sprechen und Zu-sich-selbst-Sprechen hat eine Grundlage im neuplatonischen Konzept von der wechselseitigen Transformation der Liebenden. Diese impliziert die Verwandlung des Selbst ins Andere und umgekehrt, und darum kann die vollkommene Reziprozität dieser Liebe ein geeignetes Muster für die mystische Einung abgeben. Wenn wir allerdings nach den Sinneffekten des Gedichts auf der Ebene seiner geistlichen Bedeutung fragen, ist vor allem die konfuse Modellierung der Sprechsituation aussagekräftig. Die durchgehaltene Verführungsrede der Geliebten an den Freund steht als Analogon für eine Rede der Seele zum Göttlichen Geliebten. Eine solche Rede hat einen Namen; sie heißt Gebet. Die

---

13 Cf. García de la Concha: *Filología y mística,* pp. 44-46.

Llama de amor viva steht emblematisch für den Sprechakt des Gebets; und die drei zentralen Bestandteile eines klassischen Gebets – Anrufung, rühmende Charakterisierung der angesprochenen Gottheit und an sie gerichtete Bitte – sind bereits in der ersten Strophe enthalten. In manchen Fällen sind Charakteristik und Bitte unter einem einheitlichen Gesichtspunkt zu behandeln, so beispielsweise in bestimmten Psalmen und vergleichbaren Doxologien, wo Gott zwar angerufen und gepriesen, nicht aber um einen bestimmten Gunsterweis angegangen wird. In ebendiesem Sinn hat Jacques Derrida in seinem Vortrag *Comment ne pas parler* zwei hauptsächliche Aspekte des Gebets unterschieden. Der erste Bestandteil ist hierbei der für ihn wichtigere; er beinhaltet, daß sich der Betende im Gebet an die Instanz des schlechthin Andern wendet, damit diese sein Gebet vernehmen möge:

> Il devrait y avoir en toute prière une adresse à l'autre comme autre et je dirai, au risque de choquer, *Dieu par exemple*. L'acte de s'adresser à l'autre comme autre, il doit certes prier, c'est-à-dire demander, supplier, quérir. Peu importe quoi, et la pure prière ne demande rien à l'autre que de l'entendre, la recevoir, y être présent, être comme tel, don, appel et cause même de la prière. Ce premier trait caractérise donc un discours (un acte de langage même si la prière est silencieuse) qui, en tant que tel, n'est pas prédicatif, théorique (*théologique*) ou constatif.[14]

Für Derrida macht allein diese *adresse à l'autre* das Wesen des Gebets aus; alles andere ist für ihn verzichtbar oder – besser gesagt – eine Ermöglichungsstruktur für die Wendung des Beters hin zum Andern. Allerdings kann sodann ein weiteres Moment zum Gebet hinzukommen: das ὑμνεῖν, der rühmende Lobpreis Gottes. Wiewohl Derrida zugesteht, daß der Lobpreis ein performativer Sprechakt ist, der im Prinzip jenseits des Wahrheitskriteriums steht, weist er dennoch darauf hin, daß durch die Dimension des Lobpreises notgedrungen gewisse inhaltliche und das heißt letztlich gebetsfremde Elemente Eingang in die Rede finden. Das Gebet verliert somit seinen apophatischen Charakter, der das Andere als Anderes und Unsagbares beläßt, und es entartet statt dessen – in den Augen Derridas – zu einer problematischen Form der Theologie: «Comment nier que la louange qualifie Dieu et *détermine* la prière, *détermine* l'autre, Celui auquel elle s'adresse, se réfère, l'invoquant même comme source de la prière?»[15]

Die *Llama de amor viva* läßt sich als ein Gebet lesen, das die von Derrida aufgezeigten Aporien dieses Sprechakts zu vermeiden sucht, indem das betende Subjekt selbst in das Sprachspiel eintritt und eine stärkere Berücksichtigung findet: Der Text trifft zwar in der Tat rühmende Aussagen über den Adressaten, aber insofern der Text auch Selbstgespräch ist, gründen diese Attributionen, wie wir gesehen haben, in einer Selbstaffektion und Selbstinterpretation der Sprechenden. Die propositionale Seite ihrer Rede beinhaltet nicht so sehr Aussagen über den Adressaten an sich (*quoad dilectum*), sondern sie benennt vielmehr – dank der metonymischen Bedeutungsstruktur – Effekte, die an ihr selbst zum Vorschein

---

14 Derrida: «Comment ne pas parler», loc. cit. p. 572.
15 Ibid. pp. 573 sq.

kommen (*quoad amicam*) und dann erst auf den Adressaten zurückprojiziert werden, übrigens durchgehend in uneigentlicher Rede.

Es wird auf die genannte Weise möglich, dem Adressaten Prädikate zuzuweisen – das heißt zu ihm zu sprechen –; aber die Analogie dieser Prädikate bezieht sich eben nicht auf den Adressaten, sondern auf die Sprechende und ihre Erfahrungswelt, die Textbewegung des Betens wird also auch im Rühmen beibehalten: «le mouvement propre à la prière qui ne parle pas *de* mais *à*.».[16] Die Beterin führt eine Rede, die sich an den Andern wendet. Gleichwohl determiniert sie damit nicht den Andern, sondern sich selbst. Mehr noch: in ihrer Bezogenheit auf die Unverfügbarkeit des Andern erfährt sie sich auf der pragmatischen Ebene der *énonciation* determiniert von dem her, was sie ihrerseits auf der Ebene des *énoncé* nicht zu determinieren wüßte. Die prädikative Eigendetermination der Sprecherin auf der Ebene des *énoncé* gründet in jener Fremddetermination von einem Andern her, das sie auf der Ebene der *énonciation* anruft.

Daß das Determiniertsein vom Andern her erst den Raum eröffnet, worin die Eigendetermination der Sprecherin Gestalt gewinnen kann, ist wohl die einzige Prädikation des Textes, die – indem sie etwas über die Sprecherin aussagt – doch auch etwas vom Andern zu verstehen gibt – *quoad dilectum*. Was also in der Inszenierung des Gebets bei Johannes vom Kreuz auf dem Spiel steht, ist die bei Derrida immer schon vorausgesetzte Fraglosigkeit einer Trennung zwischen dem Selbst der Beterin und der Andersheit des göttlichen Adressaten, nicht weil beides einfach ein und dasselbe wäre, sondern weil gerade die Differenz, die zwischen beiden waltet, ein erotisches Spiel ermöglicht, in dem sich die Geliebte als die Eine zu erkennen gibt, die vom Andern nur weiß, daß er das Ziel ihres Begehrens ist und sonst nichts.

---

16 Ibid. p. 574.

4.2. Das Tuch zerreissen

Das Attribut, welches in der ersten Strophe der angerufenen Instanz, also der Liebesflamme, zugeschrieben wird, erscheint in den Versen 2 und 3, wo die Wirkung des Feuers in Sprache beschrieben wird: *Que tiernamente hieres / de mi alma en el más profundo centro* (,die du zart verwundest / im tiefsten Grund meiner Seele'). Die Verletzung durch die Flamme erfolgt im ,Seelengrund', spanisch: *centro del alma*, ein Fachbegriff der mystischen Terminologie der auf die *scintilla animae*, auf den *apex mentis* oder Entsprechungen zurückverweist, etwa bei Meister Eckhart, Johannes Tauler oder Jan Ruusbroec.[1] Das Wort *centro* wird daneben auch in der Sprache der erotischen Dichtung verwendet und bezeichnet dort den Schoß der Frau.[2] Ein deutlich obszönes Beispiel dieses Sprachgebrauchs bietet die folgende Gedichtstrophe:

> *Es mi cofre de una pieza*
> *pero caben muchas dentro,*
> *y no le veréis el centro,*
> *aunque metáis la cabeza.*[3]

[Arca mea ex uno instrumento facta, / sed multorum instrumentorum capax est; / neque umquam fundum conspicies / etiamsi caput in eam immittere uelis.]

Weiterhin kann *centro* auch die Zielscheibe in einem Reiterspiel bedeuten und sodann wiederum auf einen erotischen Sachverhalt umgemünzt werden.[4] Dementsprechend liegt es nahe, auch das *centro del alma* in unserer Strophe als eine gewissermaßen divinisierende Metapher zu nehmen, die von der Sprecherin auf die sinnliche Erfahrung ihrer Liebeslust bezogen wird.

Es folgt die eigentliche Bitte an den Liebhaber. Nachdem er sich offenbar zu einem Treffen mit der Freundin verabredet und seine frühere Zurückhaltung aufgegeben hat, steht er ihr nunmehr gegenüber. Die Strophe schließt mit der sehnsuchtsvollen Aufforderung an den wohl immer noch zögerlichen Freund in den Versen 5 und 6: *Acaba ya si quieres / rompe la tela deste dulce enquentro* (,mach schon Schluß, wenn du willst, / zerreiß das Tuch dieses süßen Aufeinandertreffens'). Die jungfräuliche Geliebte bittet ihren Freund, mit ihr den Liebes-

---

1 Zum Einfluß der mittelalterlichen Mystik auf Johannes vom Kreuz cf. *Mediaeval Mystical Tradition and Saint John of the Cross,* by a Benedictine of Stanbrook Abbey; Hatzfeld: *Estudios literarios sobre mística española.*
2 Cf. Aldana: *Poesía completa,* Iª parte, nº 5, vv. 9-11 et nº 18, vv. 12-14, ed. Lara, pp. 137 et 202.
3 *Floresta de poesía erótica,* nº 82, vv. 10-14, p. 150.
4 Cf. *Floresta de poesía erótica,* nº 3, vv. 45-49, p. 8.

akt zu vollziehen. Die Defloration mit der daraus resultierenden Verletzung ist alsdann das Thema der zweiten Strophe.

Ohne daß die Forschung dies ausdrücklich zur Kenntnis genommen hätte, schließt die Redeweise vom zerreißenden Tuch zunächst – im zentralen Lexem *tela* (das zu seinem lateinischen Etymon homophon und zugleich homonym ist) durchaus wörtlich – an eine Stelle aus dem Buch Jesaja an:

> Et faciet Dominus exercituum omnibus populis in monte hoc / convivium pinguium / convivium vindemiae / pinguium medullatorum vindemiae defecatae // et praecipitabit in monte isto faciem vinculi coagulati super omnes populos / et telam quam orditus est super univesas nationes // praecipitabit mortem in sempiternum / et auferet Dominus Deus lacrimam ab omni facie / et obprobrium populi sui auferet de universa terra quia Dominus locutus est.[5]

Der Prophet berichtet über seine Vision vom Gastmahl aller Nationen (*convivium*), das der Herr der Heerscharen auf seinem heiligen Berg bereiten wird, sobald er die enggezurrten Fesseln (*facies vinculi coagulati*) löst und das Tuch (*tela*) hinwegreißt (*praecipitabit*), das er über die Heidenvölker gebreitet – wörtlich: gewebt – hat (*orditus est*). Dann wird das Wort des Herrn den Tod auf immer vernichten (*praecipitabit mortem in sempiternum*), alle Tränen tocknen und die Schmach des ins Exil vertriebenen Volkes Israel (*obprobrium populi sui*) tilgen. Das üppige Gastmahl ist demnach Medium der Erkenntnis Gottes und Bekundung der Auserwählung Israels; christlich gewendet steht es natürlich auch für die Offenbarung Gottes an die Gesamtheit der Völker; demnach erinnert die Szene an das ‚immerwährende Gastmahl‘, das *iuge convivium*,[6] welches in Diego Astors Kupferstich zur *Subida del Monte Carmelo* auf dem Gipfel des Karmel-Berges lokalisiert ist. Jesajas eschatologisches Bild vom Gastmahl auf dem Berg, das gemäß seinem *sensus anagogicus* die Erfüllung der Seele im himmlischen Paradies, gemäß dem *sensus moralis* die Befriedung der vollkommen geläuterten Seele schon im irdischen Leben bezeichnen kann, wird im Gedicht des Johannes vom Kreuz als Verstehenshintergrund vorausgesetzt, aber auf die ihm eigentümliche Art wiederum erotisch überschrieben.

In seiner Ausgabe der Gedichte hat Domingo Ynduráin ausführlich die Metapher der zu zerreißenden *tela* (‚Tuch‘) diskutiert und unterschiedliche Deutungen einander gegenübergestellt.[7] Die von anderen vertretene Ansicht, *romper la tela* meine ganz konkret den Akt der Defloration, weist er wegen des kruden Physiologismus, der darin zum Ausdruck komme, entschieden zurück, wiewohl er zugestehen muß, daß ein solcher Sprachgebrauch in burlesken Texten der Zeit belegt sei. Statt dessen erinnert Ynduráin – allerdings nur beiläufig – daran, daß die *tela* das Tuch sei, mit dem man den Turnierplatz bespannt. Tatsächlich enthält die erste Strophe der *Llama de amor viva* gleich mehrere Verweise auf die

---

5 Isaias 25,6-8.

6 Der Begriff des *iuge convivium* hat seine Wurzeln in der alttestamentlichen Weisheitsliteratur: „Omnes dies pauperis mali secura mens quasi iuge convivium." (Proverbia 15,15.)

7 Cf. D. Ynduráin: «Introducción», in: San Juan de la Cruz: *Poesías*, pp. 11-227, ibid. 211 sq.

Welt der Ritterkämpfe. Wir hatten schon auf die Bedeutung von *centro* als einer ‚Zielscheibe' hingewiesen. Vor allem aber ist der Begriff des *encuentro* einschlägig. Die üblicherweise angegebene Bedeutung im Sinn einer bloßen ‚Begegnung' ist eine abgeleitete. Der Haupteintrag im *Diccionario de Autoridades* heißt nämlich folgendermaßen: «ENCUENTRO. s. m. El golpe que se da encontrando con alguna cosa."[8] – ‚Zusammentreffen. Substantiv. Der Stoß, den man versetzt, wenn man auf eine Sache stößt.' Die aufgeführten Beispiele entstammen dann dem Bereich der Ritterspiele, und auch bei Covarrubias war schon die folgende Erklärung gestanden: «ENCONTRAR. Topar uno con otro en el camino, o en algún lugar donde han concurrido. Encontrarse con las lanças como en las justas, torneos y en la guerra.»[9] – ‚Aufeinandertreffen. Wenn einer mit einem andern auf dem Weg oder an einem andern Ort zusammenstößt, wo sie sich begegnen. Mit den Lanzen aufeinandertreffen wie beim Lanzenstechen, bei Turnieren oder in Kriegen.'

In der *Floresta de poesía erótica* findet sich ein zwölfstrophiges Gedicht über ein Lanzenstechen in *redondillas*, (das sind achtsilbige Vierzeiler).[10] Ynduráin erwähnt es nur in einer Anmerkung. In diesem Text finden sich Schlüsselworte der *Llama de amor viva*, nämlich *tela* (v. 14 et passim), *romper* (v. 24), *encuentro* (v. 46) und *centro* (v. 47). Ein Ritter fordert seine Dame auf, ein unversehrtes Tuch aufzuspannen und für ihn ein Turnier auszurichten. Er will kämpfen, sie soll Ausrichterin des Wettkampfes und Platzhalterin sein, so daß sein Ruhm auch ihr zugute kommt. Voller Mut werde er in dieses Lanzenstechen reiten und den Sieg davontragen, wiewohl er wisse, daß er diesen Sieg mit dem Tod bezahlen müsse, den ihm die Dame geben werde. Zitieren wir ein paar Strophen aus dem umfangreichen Text:

> *Mandaréis luego tener*
> *a mi servicio la tela,*
> *en lugar donde candela*
> *no la hayamos menester.*
> *[...]*
> *¡O que de mi dolor crecido*
> *será la tela el remedio,*
> *mirando, señora, el medio*
> *que no esté nada rompido!*
> *[...]*
> *Las lanzas bien correrá*
> *con ánimo el justador,*
> *y de alcanzar tal favor,*
> *de alegre se morirá.*
> *[...]*

---

8 *Diccionario de Autoridades*, vol. II, s. v. «encuentro».
9 Covarrubias: *Tesoro de la lengua castellana*, s. v. «encontrar».
10 *Floresta de poesía erótica*, n° 3, pp. 7 sq.

Aquesto consentirá,
para alcanzar tal encuentro
adonde puesto en el centro,
vencido, atrás volverá.[11]

[Ihr werdet sodann Anweisung erteilen, / daß das Tuch zu meiner Verfügung gehalten wird / an einem Ort, wo wir eine Kerze / nicht benötigen. [...] // Oh, für mein schlimmer gewordenes Leid / wird das Tuch das Heilmittel sein! / Aber, Herrin, achtet darauf, daß es in der Mitte / an keiner Stelle zerrissen ist! [...] // Die Lanzen wird kunstgerecht zu stechen wissen / der Kämpfer voll Mut, / und wenn er diese (Eure) Gunst gewinnt, / wird er vor Freude (daran) sterben. [...] // Allem wird er zustimmen, / um dieses Turnier zu erlangen, / wo er die Zielscheibe trifft, / um alsdann besiegt umzukehren.]

Die Beschreibung des Lanzenstechens unter dem Patronat der vornehmen Herrin hat ganz offenkundig eine erotische Dimension, sie meint den Liebeskampf zwischen Mann und Frau. Das Wort *tela* erhält in einer solchen metaphorischen Rede natürlich eine zusätzliche Bedeutung, ohne allerdings deswegen schon in den kruden Physiologismus abzusinken, den andere Interpreten möglicherweise vorausgesetzt und den Ynduráin abzuwehren versucht hatte. Daß die Defloration als ein ritterliches Turnier geschildert wird, weist den Text als ein Exempel der *ars erotica,* nicht aber der *scientia sexualis* aus.

Ynduráin hat einen weiteren Gesichtspunkt in die Diskussion eingebracht: In der hohen Dichtung steht *tela* im Sinn von ‚Faden‘ oder ‚Garn‘ häufig als Metapher für den von den Parcen durchschnittenen Lebensfaden, ja für das bedrohte Leben überhaupt – eine weithin bekannte Stelle findet sich bei Garcilaso: «queriéndome llevar do se rompiese / aquesta tela de la vida fuerte»[12] – ‚und es [scil. mein Schicksal] wollte mich dorthin führen, wo zerreißen würde / jenes starke Garn des Lebens‘. Ynduráin hätte ohne Mühe auf den Sprachgebrauch des Johannes vom Kreuz selbst verweisen können, der im Prosakommentar zur Stelle ausführlich vom Tod handelt und in diesem Zusammenhang viermal die Formulierung *tela de la vida* (‚Faden des Lebens‘) verwendet (cf. Llama B, 1,29; 31; 33; 36). In all diesen Fällen bezeichnet demnach das ‚Zerreißen des Garns‘ das Ende des Lebens.

Letzten Endes ist es unnötig, sich per Option für eine der verschiedenen Verständnismöglichkeiten zu entscheiden. Die spezifische Machart des Textes besteht vielmehr darin, daß der Deflorationswunsch der Geliebten in einen Turniervergleich gekleidet wird und daß diesem deutliche Todeskonnotationen anhaften. Der Liebesakt und das gewaltsame Sterben scheinen ineinander überzugehen. Bereits zum Verbum *acabar* (‚beenden‘, ‚Schluß machen‘) gibt Covarrubias in seinem Lexikoneintrag unter anderem die Erklärung: «Vale tambien morir, acabamiento, muerte, vale matar.»[13] – ‚Es bedeutet auch sterben, Schluß-

---

11 Ibid. n° 3, vv. 13-16; 21-24; 33-36; 45-48, pp. 7 sq.
12 Garcilaso: *Eglogas* II, vv. 534 sq., ed. Rivers, p. 151.
13 Covarrubias: *Tesoro de la lengua castellana,* s. v. «acabar».

machen, Tod, es heißt so viel wie töten.' Schon in den patristischen Traktaten zur Jungfräulichkeit war ja die mit der Defloration verknüpfte körperliche Versehrung (*corruptio*) häufig als ein Angeld des Todes betrachtet worden, und diese alte Vorstellung kehrt in unserem Gedicht wieder; allerdings ist sie bezeichnenderweise ins Positive und Lustvolle gewendet.

Am Turnierplatz, der mit einer *tela* ausgespannt ist, wird nicht nur auf Leben und Tod gefochten (darauf hat Ynduráin aufmerksam gemacht), sondern das *Diccionario de Autoridades* kennt eine darüber noch hinausgehende Bedeutung: «Tela. Es la plaza, o recinto, formado con lienzos, para encerrar la caza, y matarla con seguridad.»[14] – ,Tuch. Es ist der Ort oder Bezirk, der mit Garnbahnen abgesteckt ist, um die Jagdbeute einzufangen und sicher töten zu können.' Demzufolge versteht sich die Liebende, die der Liebhaber zu seiner Frau machen wird, zugleich als eine ins Garn gegangene Jagdbeute, die darin voll Sehnsucht den Todesstoß erwartet.[15] In der Tat erlebt die Geliebte dann auch die Verletzung der Liebesvereinigung als einen lustvollen Tod, der sie – nach dem Muster petrarchistischer Paradoxa – in ein neues Leben führt: *Matando muerte en vida la as trocado* (,du hast den Tod tötend in Leben vertauscht'). Beständig oszillieren in der *Llama de amor viva* erotische Erfüllung und Sterben, und der eine Bedeutungsbereich wird für Sinneffekte aus der anderen Bildebene gerade in dem Maße durchlässig, wie beide Lektürevarianten ja allemal nur den buchstäblichen Sinn des Textes ausmachen und nicht eigentlich gemeint sind. Auf das eigentlich Gemeinte aber wird auch diesmal nur mit Hilfe der ironischen Profanation angespielt, insofern das *centro del alma*, der ,Seelengrund', der auf der buchstäblichen Ebene des Textes für die Mitte des Leibes stand, auf der geistlichen Ebene dennoch anders gedeutet werden soll – wie muß freilich offen bleiben.

Dem Wort *tela,* verstanden als ein textiles Produkt, das im italienischen und spanischen Petrarchismus auf die Zerbrechlichkeit des menschlichen Leibes und des irdischen Lebens hinweist,[16] steht ein Synonym zur Seite, nämlich der *velo* (,Schleier'), der in seinem übertragenen Sinn ebenfalls gern als Verweis auf die sterbliche Hülle genommen wird.[17] Wie die *tela* zerreißt auch der *velo* mit dem

---

14 *Diccionario de Autoridades,* vol. III, s. v. «tela».

15 Die Vermischung des Jagdmotivs mit der Liebesvereinigung begegnet uns auch im Gedicht der Teresa von Avila «Ya toda me entregué y di...» sowie (mit umgekehrter Besetzung der Rollen) bei Johannes vom Kreuz selbst in «Tras de un amoroso lance...».

16 «... onde e' [scil. quel vivo sole] suol trar di lagrime tal fiume, / per accorciar del mio viver la tela» (Petrarca: *Canzoniere* CCXXX, vv. 5 sq., ed. Dotti, p. 227) – ,... woher sie [scil. diese lebendige Sonne] einen derartigen Tränenfluß entstehen läßt, / um den Faden meines Lebens zu kürzen'.
«Ché pur deliberando ò vòlto al subbio / gran parte omai de la mia tela breve.» (Ibid. CCLXIV, v. 130 sq., ed. Dotti, p. 250.) – ,Denn, wenn ich's nur recht bedenke, habe ich mittlerweile einen großen Teil meines kurzen Lebensfadens dem Weberbaum zurückgegeben.'
«¡Oh tela delicada, / antes de tiempo dada / a los agudos filos de la muerte!» (Garcilaso: *Eglogas* I, vv. 260- 262, ed. Rivers, p. 128.) – ,Oh zartes Tuch, / das vor der Zeit durchwirkt wurde / von den spitzen Fäden des Todes.'

17 «... ove le membra fanno a l'alma velo» (Petrarca: *Canzoniere* LXXVII, v. 11, ed. Dotti, p. 124) – ,... wo die Glieder für die Seele einen Schleier bilden'.

Tod des Menschen. Es kann hier nicht der Ort sein, der Begriffsgeschichte von griechisch καταπέτασμα und lateinisch *velum* sowie den romanischen Derivaten nachzugehen. Wir möchten nur zwei Bedeutungsaspekte in Erinnerung rufen, die in diesem Zusammenhang naheliegen, erst recht deswegen, weil sich diese Dichtung ausdrücklich auf eine theologische Thematik einläßt:

1. Nach dem Ausweis der synoptischen Evangelien zerreißt der ‚Schleier' oder ‚Vorhang' des Tempels zu Jerusalem im Augenblick der Kreuzigung Christi: „Et ecce velum templi scissum est a summo usque deorsum in duas partes."[18] Das gewaltsame Zerreißen eines ‚Tuchs' oder eines ‚Schleiers' samt einer Anspielung auf den Tod eines Menschen konnotiert demnach im Gedicht des Johannes vom Kreuz zweifelsohne den Opfertod Jesu Christi, und so wird einmal mehr die Selbsthingabe und Liebesvereinigung der Sprecherin zu einem regelrechten Opfervollzug stilisiert.

2. Bekannt ist die christliche Exegese des zerrissenen Tempelvorhangs: Von nun an seien die Vermittlungen des Alten Bundes an ihr Ende gekommen, und den Gläubigen sei dank Leid und Tod des Gottessohns ein unmittelbarer Zugang zum Göttlichen eröffnet.[19] Vor dem Hintergrund dieser Auslegungstradition fungieren καταπέτασμα und *velum* als überaus beliebte Metaphern für die buchstäbliche Bedeutungsebene des allegorischen Textes. Schon bei Origenes heißt es im Blick auf den allegorischen Charakter des Pentateuchs:

Cum ergo de his talibus et horum similibus spiritui sancto esset intentio inluminare sanctas animas, quae se ministerio dediderant veritatis, secundo loco habetur ille prospectus, ut propter eos, qui vel non possent vel nollent huic se labori atque industriae tradere, quo haec tanta ac talia edoceri vel agnoscere mererentur, sicut superius diximus, involueret et occoccultaret sermonibus usitatis sub praetexto historiae cuiusdam et narrationis rerum visibilium arcana mysteria. [...] Sed et in scriptura legali per ammirandam sapientiae disciplinam lex veritatis inseritur et prophetatur: quae singula divina quadam arte sapientiae velut indumentum quoddam et

---

«L'invisibil sua forma è in paradiso / disciolta di quel velo / che qui fece ombra col fior degli anni suoi.» (Ibid. CCLXVIII, vv. 37-39, ed. Dotti, p. 253.) – ‚Ihre unsichtbare Form ist im Paradies / losgelöst von jenem Schleier, / der hier unten den Schatten abgab für die Blüte ihrer Jahre.'
«¿Por qué de mí te olvidas y no pides / que se apresure el tiempo en que este velo / rompa del cuerpo y verme libre pueda» (Garcilaso: *Eglogas* I, vv. 398 sq., ed. Rivers, p. 133.) – ‚Warum vergißt du mich und bittest nicht darum, / daß die Zeit beschleunigt wird, zu der ich diesen Schleier / des Körpers zerreiße und mich in Freiheit sehe.'
«... porque en tanto / qu'el mortal velo y manto el alma cubren, / mil cosas se t'encubren» (ibid. II, vv. 1776-1778, ed. Rivers, p. 189) – ‚denn während / sterbliche Hülle und Gewand die Seele bedecken, / sind dir tausend Dinge verdeckt'.«... llora el velo mortal su amara suerte» (Aldana: *Poesía completa,* I° parte, n° 18, v. 14, ed. Lara, p. 202) – ‚... es beweint die sterbliche Hülle ihr bitteres Schicksal'.
18 Matthaeus 27,51 et parall. Marcus 15,38 et Lucas 23,45.
19 Für die neutestamentlichen Belege cf. epistola ad Hebraeos 9,12 et 10,20.

velamen spiritalium sensuum texta sunt; et hoc est quod diximus scripturae sanctae corpus: ut etiam per hoc ipsum quod diximus litterae indumentum, sapientiae arte contextum, possent quam plurimi aedificari et proficere, qui aliter non possent.[20]

Überdeutlich macht sich in diesem Abschnitt des Origenes, den Rufinus ins Lateinische übertrug, eine Isotopie des Gewebes und der textilen Verhüllung mit Ausdrücken wie *involvere, praetexere, indumentum, texere, contexere* und vor allem *velamen* (griechisch καταπέτασμα) bemerkbar. Der Topos des Schleiers ist spätestens seit Origenes gängige Münze in den theoretischen Erörterungen der Allegorese. So gesehen hat die Rede vom ‚zerreißenden Tuch' in der *Llama de amor viva* durchaus eine metapoetische Funktion, denn sie verweist auf den allegorischen Aufbau des Gedichts selbst und auf dessen Grenze. Die Aufforderung, das Tuch zu zerreißen, bekundet auch den Wunsch der Liebenden, der Geliebte möge ohne den rhetorischen Schleier uneigentlicher Figuren zu ihr sprechen. Der Unmittelbarkeit des Liebesgenusses entspräche in einem solchen Fall die rhetorische Unmittelbarkeit der ihn begleitenden Rede. Die Sprache des Gedichts könnte unter solchen Umständen der Allegorie entraten, und zu dieser nicht mehr allegorischen Form der Sprachverwendung versucht die Sprecherin ihren Freund zu überreden – mit den Mitteln allegorischer Sprache. Gleichzeitig bezeichnet das Gedicht einen Raum der Allegorie. Es ist das menschliche Leben innerhalb der sterblichen Hülle des Körpers, dem der Buchstabe der Allegorie entspricht. Für das nicht mehr allegorische Sprechen wird demnach ein Preis benannt: Es ist der Tod, der allein die Durchstoßung des verhüllenden ‚Schleiers' und den Durchgang zur Wahrheit der Allegorie ermöglicht.

---

20 Origenes de principiis III,2,8.

4.3. CHERUB UND BRENNEISEN

Der Liebesgott als Chirurg

Die zweite Strophe beginnt von neuem exklamatorisch – und zwar mit einer Reihe von diesmal vier Ausrufungen, an die sich in der zweiten Strophenhälfte ein zweigliedriger Relativsatz anschließt. Vers 12 enthält schließlich ein Verbum in der zweiten Person Singular, das sich offenkundig an die Adressateninstanz richtet.

> ¡O cauterio suaue!
> ¡o regalada llaga!
> ¡o mano blanda! ¡o toque delicado!
> que a vida eterna sabe
> y toda deuda paga
> matando muerte en vida la as trocado
> (Llama, vv. 7-12).

> [O sanftes Brenneisen,
> o willkommene Wunde,
> oh weiche Hand, o zärtliche Berührung
> die nach ewigem Leben schmeckt
> und jede Schuld zahlt,
> du hast den Tod tötend in Leben vertauscht!]

In der Hauptsache ist hier das *cauterio suave* (‚sanftes Brenneisen') angerufen, das sodann mittels dreier weiterer Appositionen expliziert wird. Die propositionale Seite der Strophe manifestiert sich in den Versen 9 bis 12. Hier werden die Wirkungen des ‚Brenneisens' in einer Metaphorik beschrieben, die deutlich religiöse Konnotationen enthält. Das ‚Brenneisen' schenkt nicht nur der Liebenden ein neues Leben, sondern es schmeckt überhaupt nach dem ‚ewigem Leben': *que a vida eterna sabe*. Weiterhin begleicht es alle Schuld: *que toda deuda paga*, und schließlich hat es die Macht, den Tod zu töten und zugleich Tod in Leben zu vertauschen: *matando muerte en vida la as trocado*. Das Substantiv *muerte* ist als direktes Objekt ἀπὸ κοινοῦ sowohl auf das Gerundium *matando* zu beziehen (und heißt dann: ‚indem du Tod tötest') als auch auf *as trocado* (und meint dann: ‚Tod hast du vertauscht'). Die paradoxen Antithesen von Tod und Leben, wie sie sich hier finden, sind gängiges Merkmal vieler liturgischer Ostertexte. Ein Vorbild dafür, das Johannes vom Kreuz im Prosakommentar eigens zitiert (cf. Llama B 2,34), begegnet uns beim Propheten Hosea: „Ero mors tua o mors."[1]

---

1 Osee 13,14. – Auf diese Stelle nimmt Paulus Bezug: „Cum autem mortale hoc induerit immortalitatem / tunc fiet sermo qui scriptus est / absorta est mors in victoria / ubi est mors victoria tua / ubi est mors stimulus tuus?" (I epistola ad Corinthios 15,54 sq.)

484 ALLEGORIE DER LIEBESWUNDE

Einer der ältesten außerbiblischen Belege für den lateinischen Bereich steht im Osterhymnus des Ambrosius von Mailand:

> *Quid hoc potest sublimius,*
> *ut culpa quaerat gratiam*
> *metumque solvat caritas*
> *reddatque mors vitam novam?*
> *Hamum sibi mors devoret*
> *suisque se nodis liget*
> *moriatur vita omnium,*
> *resurgat ut vita omnium?*
> *Cum mors per omnes transeat,*
> *omnes resurgant mortui,*
> *consumpta mors ictu suo*
> *perisse se solam gemat.*[2]

Auch die Ostersequenz formuliert einen ähnlichen Gedankengang, wenn es dort heißt: „Mors et vita duello / conflixere mirando: / dux vitae mortuus regnat vivus."[3] Die Versehrung mit dem ‚Brenneisen' schenkt der Geliebten ein neues Leben (*vita nova* entspricht *vida eterna*), vergibt ihr alle Schuld (lateinisch *culpa* trägt hier durchaus die Bedeutung von spanisch *deuda*) und der Todesstoß, welchen die Sprecherin verspürt (*consumpta mors ictu suo*), bringt nicht sie, sondern den Tod selbst ums Leben (*perisse se solam gemat*).

Neben den religiösen Anspielungen steht die weltliche Paradoxie vom Leben des Liebenden als eines Todes Patin bei den Formulierungen unserer Strophe. «O viva morte, o dilectoso male!»[4] – ‚oh lebendiger Tod, oh wonnereiches Übel!' ruft Petrarca aus, und er charakterisiert seine eigene Befindlichkeit unglücklicher Liebe folgendermaßen: «... ò già'l piú corso / di questa morte, che si chiama vita»[5] – ‚... schon bin ich das längste Wegstück gelaufen / von jenem Tod, der sich Leben nennt'. Auch bei Garcilaso bezeichnet der Schäfer Salicio die Liebe als: «aquesta viva muerte en las entrañas»[6] – ‚jenen lebendigen Tod in den Eingeweiden'. Nichtsdestoweniger sind all diese petrarchistischen Oxymora nur eine Folie, vor welcher die Metaphorik der *Llama de amor viva* operiert. Denn in der Liebessituation des Gedichts setzt sich ja die *viva mors* der unglücklich Liebenden nicht länger fort, sondern sie findet durch die Begegnung mit dem Geliebten zu einem glücklichen Ende. Der Hinweis auf die Begleichung einer Schuld nimmt die höchst profane Vorstellung vom *debitum matrimonii* auf, von den ‚ehelichen Pflichten', die zu erfüllen Mann und Frau gehalten sind. In der *Llama de amor viva* ist hierbei zwar keine förmliche Ehe vorausgesetzt, wohl aber die Sehnsuchts- und Erwartungshaltung der liebenden Frau, die davon überzeugt ist, daß

---

2 Ambrosius: „Hic est verus dies Dei", vv. 21-32, in: *Te Deum laudamus: Große Gebete der Kirche*. Lateinisch-deutsch, ed. A. Adam, Freiburg i. Br.; Basel; Wien: Herder 1987, p. 136.
3 „Victimae paschali laudes", vv. 6-8, ibid. p. 136.
4 Petrarca: *Canzoniere* CXXXII, v. 7, ed. Dotti, p. 169.
5 Ibid. CCXVI, v. 11, ed. Dotti, p. 220.
6 Garcilaso: *Eglogas* II, v. 349, ed. Rivers, p. 146.

ihr der Geliebte seine körperliche Zuwendung schuldet. Insgesamt gelangen wir zu folgendem Befund: Der *concubitus* des Paares setzt die petrarchistische Schmerzliebe voraus und bringt sie doch an ihr Ende, weil an die Stelle der konventionellen Unerfülltheit und Klage diesmal der Jubel angesichts der Erfüllung tritt. Die biblisch-liturgischen Reminiszenzen überhöhen diese Liebesszene und lassen sie als eine Reaktualisierung des Kreuzesopfers erscheinen. Erneut wird die weltliche Liebe des Paares aufs äußerste divinisiert und die religiöse Topik in der Anwendung auf den Liebesakt profaniert, und wiederum ist diese Profanation ironisch gebrochen.

Betrachten wir nunmehr die Ausrufe der ersten Strophenhälfte eingehender: Die O-Rufe sind Lustschreie, in denen sich die Sprecherin ihrem Liebespartner zuwendet, aber zugleich ihr eigenes Empfinden benennt. Die Verse 7 und 8 enthalten Oxymora, wohingegen im Vers 9 den Substantiven nurmehr spezifizierende, nicht aber kontradiktorische Adjektive beigegeben sind. Die Funktion eines ‚Brenneisens‘, mit dessen Nennung die Strophe anhebt, wird bei Hieronymus Lauretus folgendermaßen erläutert: „Cauterium est instrumentum ferreum, quo ardente infligiur vulnus, vel in signum, cum sit in facie, vel ad eliciendum pus, quod intra cutem latebat."[7] Das Brenneisen dient also entweder der Brandmarkung oder der Heilung. García de la Concha hat darauf hingewiesen, daß spanisch *cauterio* nach Covarrubias gleichermaßen das Brandmal, die verursachte Wunde, wie auch das Brenneisen, das Instrument des Chirurgen, meint: «Tómase por la herida que haze y por el mesmo instrumento que es un hierro.»[8] – ‚Man verwendet das Wort für die Wunde, die es schlägt, wie auch für das Werkzeug, das ein Eisen ist.‘ Erneut sind Fremd- und Eigenaffektion konfus ineinander verschränkt, wie dies ja auch für den *toque* (‚Berührung‘) gilt, in dem sich per definitionem ein Berührendes und ein Berührtes begegnen. In der *llaga* (‚Wunde‘) überwiegt hingegen der Aspekt der Selbstaffektion, in der *mano* (‚Hand‘) jedoch die Fremdaffektion. Der Verweis auf die – geradezu zu einem Fetisch gemachte – Hand der geliebten Person begegnet im Petrarchismus,[9] aber ebenso in der obszönen Dichtung, wo etwa eine unglückliche Witwe, die von der Vereinigung mit einem Liebhaber nur geträumt hat, beim Erwachen zu klagen beginnt:

> *Renueva el llanto diciendo:*
> *«¿Dó está el sueño que me curaba*
> *y la mano en cuyo toque*
> *mi vida y salud estaba?»*[10]

---

7 Hieronymi Laureti sylva allegoriarum, s. v. „cauterium", p. 222.
8 Covarrubias: *Tesoro de la lengua castellana*, s. v. «cauterio». Cf. García de la Concha: *Filología y mística*, p. 45.
9 «O bella man, che mi distringe il core» (Petrarca: *Canzoniere* CIC, v. 1, ed. Dotti, p. 207) – ‚oh schöne Hand, die mir das Herz zuschnürt‘.
   «... con esa mano, / que aun a su mismo pecho no perdona» (Garcilaso: *Soneto* XXII, v. 10, ed. Rivers, p. 58) – ‚... mit dieser Hand [scil. der Geliebten], / die nicht einmal ihrer eigenen Brust vergibt‘.
10 *Floresta de poesía erótica*, n° 140, vv. 41-49, p. 291.

[Denuo querelam repetit atque dicit: / „quo abiit somnium quo sanabar? / quo abiit manus cuius tactu / mea uita salusque restituebantur?"]

In diesem Zusammenhang wäre die *mano blanda* ('weiche Hand') regelrecht aeschrologisch – und vielleicht sogar als ein Oxymoron – zu lesen, und eine ebenfalls aeschrologische Bedeutung ergibt sich erst recht für das *cauterio suave,* das 'sanfte Brenneisen', mit dem der Geliebten ein Brandmal aufgeprägt wird und das die weitere Semantik der Strophe determiniert. Zugleich ist die Vorstellung vom *Amor medicus,* vom Liebesgott als einem Arzt, besser gesagt: als einem Chirurgen, aufgegriffen, der als einziger die Wunde, die er geschlagen hat, auch zu heilen vermag, nämlich mit einem ins Obszöne umgedeuteten Emblem der Heilkunst, mit dem 'Brenneisen'. Wieder einmal ist hier im Sinne der *ars erotica* eine Metapher gewählt, die uneigentlich zum Ausdruck bringen soll, was die Sprecherin mit einem eigentlichen Namen nicht zu benennen wagt oder nicht zu benennen weiß.

Transverberation

Im Kontext der karmelitischen *scène de l'énonciation* hat es über das bislang Gesagte hinaus mit dem 'Brenneisen' eine einigermaßen spektakuläre Bewandtnis. Im 29. Kapitel ihres *Libro de la vida* schildert Teresa von Avila die berühmte Vision, in der ihr ein Engel erscheint und einen goldenen Speer mit einer feurigen Spitze in ihr Inneres stößt, so daß sie ganz in Liebe zu Gott entflammt. Die Biographen datieren dieses Erlebnis auf das Jahr 1560, als Teresa sich aus gesundheitlichen Gründen eine Zeitlang in das Haus ihrer Freundin und Weggefährtin Doña Guiomar in Avila zurückgezogen hatte. In der Folge geriet diese Begebenheit, der man den Namen Transverberation (Durchbohrung) gab,[11] zur möglicherweise bekanntesten Episode aus Teresas Leben, und das Motiv ging insbesondere in die Ikonographie ein.[12] Im Karmelitenorden beging man den Gedenktag der Vision sogar als ein eigenes Fest. Auch im Menschwerdungskloster von Avila ist eine eigene Kapelle der Transverberation geweiht und entsprechend ausgemalt. Vor diesem Hintergrund überrascht es nicht, daß der Herausgeber Lucinio Ruano schreibt, die *Llama de amor viva* spiele insgesamt auf das mystische Phänomen der Transverberation an.[13] Betrachten wir zunächst den Visionsbericht der Teresa von Avila:

---

11 Cf. Pierre Adnès: Art. «Transverbération» (1990), in: *Dictionnaire de spiritualité,* vol. XV, coll. 1174-1184.
12 Am bekanntesten ist Berninis zwischen 1645 und 1652 gehauene Barockskulptur von der Ekstase der heiligen Teresa, die in der römischen Kirche Santa Maria della Vittoria steht. Cf. die Bilddokumentation bei Stoll: „Poetische Rückeroberung der irdischen Paradiese des Ichs", loc. cit.
13 Lucinio Ruano: „Nota introductoria", in: S. Juan de la Cruz: *Obras completas,* ed. Ruano, p. 734.

Tafel VII. – Transverberation der heiligen Teresa
Deckenfresko im Menschwerdungskloster von Avila

Quiso el Señor viese aquí algunas veces esta visión: vía un ángel cabe mí hacia el lado izquierdo, en forma corporal; lo que no suelo ver sino por maravilla. Aunque muchas veces se me representan ángeles, es sin verlos, sino como la visión pasada que dije primero. En esta visión quiso el Señor le viese ansí: no era grande, sino pequeño, hermoso mucho, el rostro tan encendido que parecía de los ángeles muy subidos que parece todos se abrasan. Deben ser los que llaman cherubines, que los nombres no me los dicen; mas bien veo que en el cielo hay tanta diferencia de unos ángeles a otros, y de otros a otros, que no la sabría decir. Veíale en las manos un dardo de oro largo, y al fin del hierro me parecía tener un poco de fuego. Éste me parecía meter por el corazón algunas veces, y que me llegaba a las entrañas. Al sacarle, me parecía las llevaba consigo, y me dejaba toda abrasada en amor grande de Dios. Era grande el dolor que me hacía dar aquellos quejidos, y tan ecesiva la suavidad que me pone este grandísimo dolor, que no hay desear que se quite, ni se contenta el alma con menos que Dios. No es dolor corporal sino espiritual, aunque no deja de participar el cuerpo algo, y aun harto. Es un requiebro tan suave que pasa entre el alma y Dios, que suplico yo a su bondad lo dé a gustar a quien pensare que miento.[14]

[Der Herr wollte, daß ich ein paarmal die folgende Vision hätte: Ich sah einen Engel neben mir auf der linken Seite in körperlicher Gestalt. Dies sehe ich nur ausnahmsweise. Wenn sich mir auch oft Engel darstellen, geschieht dies, ohne daß ich sie sehe, nämlich so wie in der vorausgegangenen Vision, die ich zuerst erwähnt habe. In dieser Vision aber wollte der Herr, daß ich ihn auf folgende Weise sähe: Er war nicht groß, sondern klein, überaus schön, das Antlitz so entzündet, daß er zu den alleobersten Engeln zu gehören schien, die – wie es scheint – vollständig entbrennen. Es müssen die sein, die man Cherubim nennt, denn die Namen sagen sie mir nicht; allerdings sehe ich, daß es im Himmel so viele Unterschiede von den einen Engeln zu den anderen und von diesen anderen zu wieder anderen gibt, daß ich es nicht zu sagen wüßte. Ich sah ihn mit einem langen Speer aus Gold in den Händen, und am Ende des Eisens schien er mir ein wenig Feuer zu haben. Dies schien er mir ein paarmal durch das Herz einzuführen, und es schien, daß es mir bis in die Eingeweide ging. Als er es wieder herauszog, schien es mir, daß er sie mit sich nahm, und wie er mich verließ, war ich ganz entflammt in Liebe zu Gott. Groß war der Schmerz, der mich diese Seufzer ausstoßen ließ, und so übermäßig war die Süßigkeit, die mir dieser übergroße Schmerz bereitet, daß man nicht wünschen mag, daß er wieder vergehe und daß die Seele sich nicht mit weniger zufrieden gibt als mit Gott. Es ist kein körperlicher, sondern ein geistiger Schmerz, wenn auch der Körper nicht davon abläßt, daran etwas teilzunehmen, sogar mehr als genug. Es ist eine so süße Liebkosung, die zwischen der Seele und Gott ausgetauscht wird, daß ich von seiner Güte erflehe, daß er sie jeden verkosten lassen möge, der meinen sollte, daß ich lüge.]

Teresas Schilderung der Vision und des damit einhergehenden Erlebens ist komplex und in höchstem Grade evasiv. Es kann uns deswegen hier nicht um eine ausführliche Analyse des Abschnitts zu tun sein.

Die meisten Kommentatoren heben gern – und nicht zu Unrecht – die erotischen Aspekte der Passage hervor. Die französische Psychoanalytikerin Marie

---

14 Santa Teresa: *Libro de la vida* XXIX,13, ed. Dámaso Chicharro, Madrid: Cátedra 1979, pp. 352 sq.

Bonaparte hat sogar gemeint, es lasse sich an Teresas Beschreibung ihrer Vision ein Schulbeispiel der mystischen Hysterie ausfindig machen.[15] Das mystische Streben nach der Vereinigung mit dem Göttlichen mißachte nämlich die wesentlich ambivalente Natur des Eros, derzufolge sich gerade auch im Mystiker die Liebe zu Gott mit dem Haß auf Gott abwechseln müßte. Die mystische Ekstase erweise sich darum als das hysterische Symptom einer vom Subjekt nicht ausgehaltenen Ambivalenz, wobei verdrängte oder unbewußt gebliebene sexuelle Wünsche zutage träten. Teresas Transverberation deutet Marie Bonaparte als die hysterische Ersatzbildung einer erotisch unerfahrenen und auch unbefriedigten Frau:

> Telle est la célèbre transverbération de Thérèse dont je rapprocherai la confession que me fit jadis une amie. Elle avait perdu la foi, mais à l'âge de quinze ans elle avait subi une crise mystique intense et désiré se faire religieuse – or elle se rappelait avoir un jour, agenouillée devant l'autel, éprouvé de si surnaturels délices, qu'elle avait cru que Dieu lui-même descendait en elle. Ce ne fut que plus tard, lorsqu'elle se fût donnée à un homme, qu'elle reconnut que cette descente de Dieu en elle avait été un violent orgasme vénérien. La chaste Thérèse n'eut jamais l'occasion de faire ce rapprochement, qui pourtant semble s'imposer aussi pour sa transverbération.[16]

Man wird angesichts einer solchen Interpretation zuallererst fragen müssen, ob der Teresa der unterschwellig erotische Charakter ihres Erlebnisses tatsächlich verborgen blieb, so daß die obszöne Lesbarkeit des Visionsberichts von ihr verdrängt wurde und von der Interpretin wieder bewußt gemacht werden muß.[17] Uns jedenfalls scheint der Verweis auf die erotische Erfahrung geradezu den Kern der von Teresa benutzten Textstrategie auszumachen. Teresa definiert zwar ihr eigenes ekstatisches Empfinden als ein geistiges und nicht als ein sinnlich-erotisches, aber genau dies gelingt ihr nur dadurch, daß sie die – letztlich unsagbar bleibende – Differenz zwischen dem geistigen und dem körperlichen Erleben zum zentralen Thema ihrer Darstellung macht. *No es dolor corporal sino espiritual, aunque no deja de participar el cuerpo algo, y aun harto.* (,Es ist kein körperlicher, sondern ein geistiger Schmerz, wenn auch der Körper nicht davon abläßt, daran etwas teilzunehmen, sogar mehr als genug').

Zumindest auf der definitorischen Ebene gerät bei Teresa die explizit verneinte erotische Lust doch zu einem maßgeblichen Moment der Beschreibung selbst: Die Transverberation enthält nämlich durchaus Elemente der erotischen Erfahrung: *meter* (,penem immittere'), *sacar* (,penem extrahere'), *abrasada en amor* (,libidine accensa'), *tan grande el dolor* (,dolor tam profundus'), *dar aquellos quejidos* (,illos anhelitus proferre'), *tan ecesiva la suavidad* (,nimia haec dulcedo'), *un*

---

15 Cf. Marie Bonaparte: «De l'essentielle ambivalence d'Eros», *Revue française de psychanalyse* 12 (1948), 167-212, ibid. 187-209.
16 Ibid. p. 187.
17 Darauf, daß den mystischen Schriftstellern die erotische Dimension ekstatischer Erlebnisse durchaus bekannt war, hat – in der Nachfolge anderer Gewährsleute und ebenfalls in Auseinandersetzung mit Marie Bonaparte – gerade auch Bataille hingewiesen. Cf. Bataille: *L'Erotisme*, pp. 247-251.

requiebro tan suave (‚tam dulces blanditiae‘). Allerdings werden diese Elemente in der Folge jeweils so semantisiert, daß an ihnen gerade der Unterschied zur gängigen erotischen Erfahrung deutlich wird. Die Durchstoßung mit dem Speer erfolgt in der Gegend des Herzens: *meter por el corazón* (‚durch das Herz einführen‘); beim Herausziehen scheinen die Eingeweide selbst den Körper zu verlassen: *al sacarle, me parecía las llevaba consigo* (‚beim Herausziehen schien mir, daß er sie mit sich nahm‘); die flammende Liebe der Teresa richtet sich auf Gott: *toda abrasada en amor grande de Dios* (‚ganz entbrannt in Liebe zu Gott‘).

Am meisten fällt auf, daß Teresas Begehren, das sich im visionären Erlebnis bekundet, durch die Transverberation letztlich nicht gestillt wird: *ni se contenta el alma con menos que Dios* (‚und die Seele gibt sich nicht zufrieden mit weniger als Gott‘). Aller Schmerz und alle Lust der Ekstase vermitteln der Seherin keine Befriedigung, sondern sie verweisen auf etwas Anderes und treiben ihren Wunsch nach der vollkommenen Befriedigung ihres Begehrens in Gott nur bis an die äußerste, sinnlich erfahrbare Grenze. Wenn darum Marie Bonaparte – und mir ihr sogar Bataille – die Transverberation als die körperliche Erfahrung höchster weiblicher Lust deuten wollen, dann kann dies nur angehen, insofern man dieser weiblichen Lust selbst wiederum einen differentiellen, aufschiebenden Charakter zuschreibt, der auf die Stillung des Begehrens verweist, ohne sie doch zu realisieren.[18] Ähnlich hatte ja auch Aldana aus dem *concubitus* des Liebespaares vor allem das Seufzen über die Unmöglichkeit einer vollkommenen körperlichen Vereinigung herausgehört.

Teresas Erfahrung der Transverberation ist demnach nicht das Erlebnis sinnlich-erotischer Lust schlechthin, sondern sie ist supplementär darauf bezogen. Emblematisch für den Charakter dieser Erfahrung steht die Gestalt des angeblichen Cherubs,[19] welcher der Teresa den Speerstoß versetzt und damit zugleich

---

18 In seiner Vorlesung über die weibliche Mystik argumentiert in diesem Sinne auch Jacques Lacan: «Dieu et la jouissance de la femme» (1972-73), in: *Encore* (Le Séminaire, vol. XX), ed. J. Miller, Paris: Seuil 1975, pp. 61-71.

19 Schon der Dominikaner Domingo Báñez, einer von Teresas Beichtvätern, vermerkte am Rand des Kapitels: «Más parece de los que llaman serafines» – ‚eher ähnelt er denen, die man Seraphim nennt‘. In der Tat gelten nach herkömmlicher Engellehre die Seraphim, nicht die Cherubim als Flammengeister. Zwar nennt die Genesis die Cherubim in Verbindung mit einem rätselhaften Flammenschwert (cf. Genesis 3,34), aber weit wirkungsreicher war die Vision des Jesaja, wo ein Seraph mit glühender Kohle seine Lippen berührt (cf. Isaias 6,1-13).
Das *Diccionario de Autoridades* definiert: «SERAPHIN. s. m. Angel del primer Choro de los nueve Celestes de la superior Gerarchia. Es voz Hebrea, que vale encendido, o inflamado, por ser estos Espíritus los mas abrasados en el amor de Dios.» (*Diccionario de Autoridades*, vol. III, s. v. «seraphim».) – ‚Seraph. Substantiv, männlich. Engel des ersten der neun himmlischen Chöre der oberen Hierarchie. Das Wort ist hebräisch und bedeutet entbrannt oder entflammt, weil diese Geister am meisten in der Liebe zu Gott entzündet sind.‘
Den Cherubim schreibt man dagegen die Gabe höchster Einsicht zu, weshalb ihre Flügel über und über mit Augen bedeckt dargestellt werden: «porque *querubines* quiere decir inteligentes o contemplantes» (II Subida 9,2) – ‚denn Cherubim heißt: die Verstehenden oder Beschauenden‘ (II Aufstieg 8, p. 112). Wichtig für das knabenhafte Aussehen von Teresas Cherub könnte eine zeitgenössische Etymologie gewesen sein, die den Cherubim ebensolche Züge zuspricht und die bei Covarrubias belegt ist: «Digo, pues, que el nombre *cherub,* interpretan los doctores hebreos,

andeutet, daß hier kein erotisches Geschehen im eigentlichen Sinn stattfindet, sondern etwas Anderes. Als ein Supplement hebt sich die Transverberation differentiell von der erotischen Erfahrung ab, auf die sie gleichwohl verweist, und selbst die Erfahrung der erotischen Sinneslust ist im gegebenen Verstehensrahmen als eine supplementäre begriffen. So beschreibt wiederum Aldana in einem diesbezüglich sehr aussagekräftigen Sonett eine Situation höchster erotischer Intimität, in der Galatea schließlich den liebenden Sprecher umarmt:

> *Con esto, de tal fuerza a encadenarme*
> *viene que Amor, presente al dulce juego,*
> *hace suplir con obras mi deseo.*[20]

[Unterdessen kommt sie und fesselt mich mit derartiger Gewalt, / daß Amor, der beim süßen Spiel zugegen ist, / Werke an die Stelle meines Begehrens treten läßt.]

Mit den ‚Werken' (*obras*) des Liebesakts, für deren Ausübung im letzten Vers der Liebesgott persönlich verantwortlich gemacht wird, findet das Begehren des Sprechers nicht etwa seine Erfüllung, sondern seine Ersetzung. Zu erwarten wäre beispielsweise die folgende Formulierung gewesen: *cumplir con mi deseo* (‚mein Begehren erfüllen'). Statt dessen erscheint im Text das ungewöhnliche *suplir con obras mi deseo* (‚mit Werken mein Begehren ersetzen'). Doch genau darin bekundet sich die allemal supplementäre Natur der Erotik selbst, die Aldana in seiner Dichtung immer wieder zum Thema macht und in deren Horizont auch das Modell der Transverberation zu verorten wäre: die Transverberation als das Supplement einer erotischen Erfahrung, die ihrerseits immer schon supplementär strukturiert ist.

Wir haben schon früher ausgeführt, daß die Transverberation als ein Phänomen anzusehen ist, das seinen Platz in einer Kette jener Supplemente findet, die Michel de Certeau zufolge im Laufe der Kirchen- und Frömmigkeitsgeschichte den entzogenen Leichnam Christi selbst zu ersetzen versuchten. Vorausgegangene Paradigmen dieser supplementären Körperlichkeit innerhalb des Christentums waren nach unserer Auffassung zuerst das frühchristliche Martyrium, dann das altkirchliche Ascetentum und schließlich die mittelalterliche Stigmatisierung des Franziskus von Assisi gewesen. Unsere Überlegungen haben inzwischen ergeben, daß die christlichen Paradigmen supplementärer Körperlichkeit nicht nur – theologisch – auf den entzogenen Leib Christi zu beziehen sind, sondern daß sie möglicherweise auch – anthropologisch – auf eine defizitäre Struktur in der menschlichen Sexualität überhaupt verweisen oder – vorsichtiger formuliert – daß sie auf einer negativen Anthropologie aufruhen, die der menschlichen Sexualität eine essentiell defizitäre Natur zuschreibt.

Sicut puer, y, cherubim, sicut pueri, eo quod sint instar puerorum.» (Covarrubias: *Tesoro de la lengua castellana*, s. v. «cherubín».) – ‚Ich sage also, daß der Name Cherub nach der Auslegung der hebräischen Gelehrten bedeutet: wie ein Knabe – und Cherubim: wie die Knaben, deswegen weil sie ein Ebenbild der Knaben sind.'

20 Aldana: *Poesía completa castellana*, Iª parte, n° 20, vv. 12-14, ed. Lara, p. 204.

Unter den hier genannten Paradigmen supplementärer Körperlichkeit ist die Transverberation das historisch jüngste; und es könnte sich bei ihr um ein charakteristisch weibliches Analogon zur Stigmatisierung handeln. Nach dem Ausweis der alten Lebensbeschreibungen war Franziskus seit Menschengedenken der erste, der stigmatisiert wurde. Das Auftreten der Wundmale wird in der *Legenda maior* des Bonaventura als ein Ausdruck der brennenden Liebe zu Christus und als eine körperliche Form der Nachfolge verstanden. Die Erscheinung des gekreuzigten Seraph vor Franziskus hat zur Folge: „ut amicus Christi praenosset, se non per martyrium carnis, sed per incendium mentis totum in Christi crucifixi similitudinem transformandum".[21] Die Stigmatisierung, in welcher der Körper des Franziskus dem Leib Christi gleichförmig wird, ist das Supplement des von ihm ersehnten Martyriums und damit des Kreuzesopfers selbst, an dessen Stelle nun die blutenden Wundmale seines Körpers treten. Im vierten Buch des *Cortegiano* streiten die Gesprächsteilnehmer darüber, ob Frauen für die göttliche Liebe genauso begabt seien wie die Männer und ob sie sich ebenfalls zum höchsten Gipfel der Kontemplation aufschwingen könnten – so wie Franziskus, der in seiner Ekstase gewürdigt worden sei, die Wundmale Christi zu empfangen.[22] Implizit ist mit dieser Überlegung offenbar auch die Frage gestellt, ob der weibliche Körper überhaupt dazu imstande sei, die Stigmata des Erlösers zu tragen. Vielleicht kommt es darum nicht von ungefähr, daß im Falle des Franziskus die Stigmata einem männlichen Körper aufgeprägt werden. Die Stigmatisierung funktioniert bei Franziskus als ein Modell der *imitatio Christi* an einem wiederum männlichen Körper.[23]

Sofern die Stigmatisierung im 16. Jahrhundert tatsächlich als eine vorrangig männliche Form der Nachfolge gesehen wurde, verwundert es nicht, daß in Teresas Lebensbeschreibung die Transverberation an deren Stelle getreten ist, und in Entsprechung hierzu vermag man auch der merkwürdigen Ersetzung des Seraphs durch den Cherub einen unerwarteten Sinn abzugewinnen. Das Aussehen des Cherubs erinnert an einen Knaben oder Jüngling, so daß wir uns Teresa geradezu als seine imaginäre Mutter vorstellen könnten. Die cherubinische Transverberation zitiert demzufolge die seraphische Stigmatisierung aus der Distanz des weiblichen Körpers: Zum einen imitiert das Konzept der Transverberation auf seine Weise das weibliche Erleben der erotischen Penetration, wo nicht der Defloration. Zum andern aber schließt es vor allem an ein weibliches Modell der überlieferten Ikonographie an, nämlich an die Darstellung der Schmerzensmutter, deren Herz von einem oder auch von sieben Schwertern

---

21 Bonaventurae legenda maior, cap. XIII,3.
22 Castiglione: *Il Cortegiano* IV,72, ed. Bonora, pp. 349 sq.
23 Stigmatisierungsphänomene bei Frauen (Anna Katharina Emmerich aus Dülmen, Therese Neumann aus Konnersreuth) sind traditionell umstritten und stehen unter Hysterieverdacht. Gegenüber stigmatisierten Männern (von Franziskus bis hin zu Pater Pio) scheint die Allgemeinheit in der Regel ein größeres Verständnis aufzubringen.

durchstoßen ist und deren Leid seit alters her auf die Kreuzigung des Sohnes bezogen wird.[24]

Erweist sich die Stigmatisierung vorrangig als eine supplementäre *imitatio Christi,* dann ist die Transverberation als ein Supplement höheren Grades zu charakterisieren, nämlich als eine *imitatio Mariae,* was ihre Rückführbarkeit auf eine weit verstandene Nachfolge Christi nicht ausschließt, sondern einschließt, ihr aber dennoch einen unverwechselbar weiblichen Akzent verleiht.[25] Somit eignet sich Teresa dank der Eigentümlichkeit ihrer Vision ein dominant weibliches Modell supplementärer Körperlichkeit an, ähnlich wie sie auch ihre Autobiographie am weiblichen Vorbild des Magdalenenlebens ausgerichtet hatte.[26] Anders als das Martyrium und auch anders als die Stigmatisierung hinterläßt die Transverberation keine sichtbaren Spuren am Körper: statt des sinnenhaft wahrnehmbaren, seraphischen Wundmals bleibt ein rein kontemplativ wahrnehmbares, cherubinisches Brandmal. Mit um so größerer Dringlichkeit verlangt aber darum die Transverberation nach einer Fixierung durch den Bericht der Erlebenden selbst, nach der Niederschrift der Erfahrung im Buch des eigenen Lebens.

Johannes vom Kreuz erwähnt im Prosakommentar zur *Llama de amor viva* nicht ausdrücklich die Transverberation der Ordensreformatorin – was aus Bescheidenheit und Zurückhaltung geschehen mag –, wohl aber beruft er sich auf deren Vorbild, auf die Stigmatisierung des Franziskus (cf. Llama B, 2,13). Nichtsdestotrotz darf das Gedicht darüber hinaus auch als eine Überschreibung der einschlägigen Szene aus Teresas *Libro de la vida* gelesen werden. Es könnte eine *sermocinatio* sein, eine fiktive Rede, die der Dichter die Visionärin im Augenblick der Durchbohrung sprechen läßt.[27] Zwischen dem *cauterio suave* des Gedichts und dem *dardo de oro largo* (‚langer Speer aus Gold‘), an dessen Spitze Feuer brennt – *y al fin del hiero me parecía tener un poco de fuego* (‚und am Ende des Eisens schien er mir ein wenig Feuer zu haben‘) –, besteht eine verblüffende Analogie. Das ‚sanfte Brenneisen‘ mit seiner wonnevollen Wirkung auf den Kör-

---

24 Beispielhaft hierfür sind die einschlägigen Formulierungen der Sequenz für das Fest der sieben Schmerzen Mariens. Das Werk wird sowohl dem Jacopone da Todi als auch dem Bonaventura zugeschrieben, entstammt mithin auf jeden Fall der franziskanischen Tradition. Unter Anspielung auf Lucas 2,35 heißt es dort: „Stabat mater dolorosa / iuxta crucem lacrimosa, / dum pendebat Filius. / Cuius animam gementem / contristatam et dolentem / pertransivit gladius. [...] // Sancta mater, istud agas, Crucifixi fige plagas / cordi meo valide. / Tui Nati vulnerati, tam dignati pro me pati / poenas mecum divide." („Stabat mater dolorsa", vv. 1-6; 31-36; in: *Große Gebete der Kirche,* pp. 169 sq.)

25 Aus heutiger Sicht mag die Unterscheidung von männlicher Stigmatisierung und weiblicher Transverberation weniger zwingend erscheinen, da in der Ikonographie des Herzens Jesu der männliche Leib Christi selbst als ein transverberierter dargestellt ist (was letztlich auf den Evangelienbericht nach Joannes 19,34 von der Durchbohrung des Gekreuzigten mit einer Lanze zurückgeht). Allerdings verbreitete sich die Herz-Jesu-Verehrung erst nach Teresas Zeit, nämlich zu Ausgang des 17. Jahrhunderts.

26 Cf. Stoll: „Poetische Rückeroberung der irdischen Paradiese des Ichs", loc. cit. pp. 105-112.

27 Eine ähnliche *sermocinatio* findet sich im Corpus der teresianischen Gedichte. Der Titel des Gedichts, das man nicht der Teresa persönlich zuspricht, heißt *Traspasada.* Cf. Sta. Teresa de Jesús: *Obras completas,* p. 516.

per könnte geradezu eine Metapher für die cherubinische Lanze sein, von der sich Teresa durchbohrt fühlt. Es wäre mit einer solchen Metapher dann auf Teresas unerhörtes Konstrukt eines Feuerspeers, eines cherubinischen Brenneisens angespielt.

Zugleich kann und soll das *cauterio suave* – ähnlich wie die *mano blanda* („weiche Hand') – aeschrologisch gelesen werden; und eine solche Lesart wird gerade deswegen erforderlich, weil alle differenzierenden Prädikate, die das Geschehen von der rein erotischen auf eine geistige Ebene verschoben hatten und denen wir bei Teresa begegnet waren, bei Johannes vom Kreuz wieder aus dem Text getilgt sind. Am deutlichsten zeigt sich dies in der Auslassung der Verweise auf die Gottesliebe und vor allem in der Weglassung des Cherubs, der den Speer in Teresas Herz eingeführt hatte. Mag die *Llama de amor viva* auch auf die Transverberation beziehbar sein, so sind doch die Mittel der Darstellung bis zum Äußersten profaniert. Wo Teresa nicht müde geworden war, eine Differenz zwischen dem gewöhnlichen erotischen Lustempfinden und der inneren Erfahrung zu behaupten, da ist diese Differenz im Text des Gedichts wieder kassiert. Teresas Schreiben stand im Zeichen der Enterotisierung und der Spiritualisierung, die *Llama de amor viva* aber bedient sich gerade umgekehrt des Verfahrens einer rückhaltlosen Erotisierung und einer profanierenden Verfleischlichung des mystischen Erlebnisses der Reformatorin.

Hysterie

Seit dem Aufkommen der Psychopathologie im 19. Jahrhundert werden die somatischen Begleiterscheinungen der mystischen Ekstase – Trance-Zustände, Schüttellähmungen, Krämpfe, Fühllosigkeit, Schreie und dergleichen mehr – immer wieder als ein Symptom weiblicher Hysterie gedeutet, an der Teresa zeitweise oder lebenslang gelitten habe.[28] Auch das hysterische Symptom ist seit langer Zeit als ein Supplement gedacht, jedoch als ein schlechtes. Es tritt auf an der Stelle einer Mangel- oder Defiziterfahrung, die es auf eine uneigentliche Weise zu beheben sucht. Platon meint beispielsweise, daß ein unerfüllt bleibender Kinderwunsch die Gebärmutter im Körper der Frau umherwandern lasse, wobei das Umherirren des Organs die Luftwege versperre und die hysterischen Symptome verursache.[29] Die angestrebte Heilung von der Hysterie muß nach einer solchen Sichtweise immer darin bestehen, daß man den Mangel erfolgreich behebt, statt ihn durch die Bildung uneigentlicher Symptome immer weiter aufzuschieben. Die Therapie der Hysterie gestaltet sich als eine Rückkehr zur ursprünglich angelegten Erfüllung und zur eigentlichen Bestimmung der Frau. Dem weiblichen

---

28 Cf. Stoll: „Rückeroberung der irdischen Paradiese des Ichs", loc. cit. pp. 86-89. Stoll distanziert sich von der pathologisierenden Deutungslinie und verweist auf die weitere umfangreiche Literatur zum Problem.
29 Cf. Platonis Timaeus 91 c.

Körper muß das zugeführt werden, was ihm fehlt. Platon schlägt der hysterischen Frau vor, sie solle von einem Mann ein Kind bekommen. Marie Bonaparte empfiehlt das Beispiel ihrer erotisch befriedigten Jugendfreundin, die sich einem Mann hingegeben hat, als Heilmittel gegen die hysterischen Wahnvorstellungen, von denen die keusch gebliebene Teresa heimgesucht wurde.

Betrachtet man Teresas Transverberationsschilderung und die *Llama de amor viva* vor der hermeneutischen Folie des Krankheitsbildes der Hysterie, dann gelangt man zu einer überraschenden Diagnose: Teresa schreibt gegen die Hysterisierung ihrer Erfahrung an, indem sie für ihr Erlebnis jene Dimension einer differentiellen Andersheit geltend macht, durch die sich ihre Vision von einem pathogenen Anfall unterscheidet. Johannes vom Kreuz jedoch schreibt seinem Gedicht die Möglichkeit einer hysterisierenden Lektüre der Transverberation erneut ein. Alles Begehren der Frau richtet sich in der *Llama de amor viva* auf ein uneigentliches Substitut, auf das ,sanfte Brenneisen'. Die Ansätze zu einer differentiellen Charakterisierung, das Streben nach einem Minimum an Eigentlichkeit, das sich in Teresas Schreibarbeit abzeichnet und das letztlich in der oxymoralen Klitterung des cherubinischen Brenneisen sein grandioses Scheitern zelebriert, ist in der *Llama de amor viva* von Anfang an frohen Herzens preisgegeben. Wir Modernen haben darum keine Mühe, uns die Sprecherin des Gedichts als eine sogenannte Hysterica vorzustellen. Die mystische Erfahrung der Transverberation ist im Gedicht des Johannes vom Kreuz von einem hysterischen Symptom nicht mehr zu unterscheiden.

Foucault referiert in *La Volonté de savoir* aus dem Protokoll einer Vorlesung, in welcher der Neurologe Jean-Martin Charcot an der Pariser Salpétrière seinem Publikum eine Hysterikerin vorstellt:

> Une note manuscrite rapporte la séance du 25 novembre 1877. Le sujet présente une contracture hystérique, Charcot suspend une crise en plaçant les mains d'abord puis l'extrémité d'un bâton sur les ovaires. Il retire le bâton, la crise reprend, qu'il fait accélérer par des inhalations de nitrate d'amyl. La malade alors réclame le bâton-sexe dans des mots, qui, eux, ne comportent aucune métaphore. «On fait disparaître G. dont le délire continue.»[30]

Der Stab, mit dem Charcot seine bemitleidenswerte Patientin berührt und der in seinem Arrangement zur offenkundigen Repräsentation des männlichen Phallus gerät, ist dem ,sanften Brenneisen', nach dem sich die Sprecherin der *Llama de amor viva* verzehrt, weit ähnlicher als Teresas ,langer Speer aus Gold', den die übernatürliche Autorität des Cherubs vor aeschrologischen Mißdeutungen zu

---

30 Foucault: *La Volonté de savoir*, p. 75, n. 1. Weiterführend zur Hysterie allgemein und insbesondere zu Charcot cf. Georges Didi-Huberman: *Erfindung der Hysterie. Die photographische Klinik von Jean-Martin Charcot* [Francogallice 1982], München: Wilhelm Fink 1997. Aus feministischer Sicht – das heißt: im Interesse einer psychoanalytischen Rehabilitation der als Hysterikerinnen verrufenen Mystikerinnen – argumentiert in ihrem Kapitel «La mystérique» Luce Irigaray: *Spéculum de l'autre femme*, Paris: Minuit 1974, pp. 238-252. Im Anschluß daran cf. quoque Toril Moi: *Sexual/Textual Politics. Feminist Literary Theory*, London; New York: Methuen 1985, pp. 129-137.

bewahren hilft. Sowohl aus den flehentlichen Bitten der Hysterica nach der Berührung mit dem Stock Charcots als auch aus den lustvollen Anrufungen des ‚Brenneisens‘ durch die Sprecherin im Gedicht hören wir das schiere erotische Begehren der Frau heraus – und in beiden Fällen richtet es sich auf ein unpassendes Supplement des eigentlich Gemeinten, einmal auf den Stab aus der Hand Charcots, das anderemal auf das Brenneisen aus der Hand des Geliebten. Bei Teresa hatte sich dieses weibliche Begehren allemal nur in einer stärker vermittelten, spiritualisierten Form geäußert. Aber trotz alledem besteht ein Unterschied zwischen Charcot und Johannes vom Kreuz. Charcot ist ein klassischer *maître de vérité*. Er unterstellt, daß unter den hysterischen Rufen der Patientin die Wahrheit eines weiblichen Begehrens verborgen liege, das zu interpretieren und dessen genauen Sinn zu ermitteln ihm allein vorbehalten sei. Die Krankheit der Hysterie gerät Charcot damit zu einer Produktionsstätte der Wahrheit. Was ihn umtreibt, das ist die *Hysterie der Wahrheit*.

Im Gegensatz zu Charcot sucht Johannes vom Kreuz nicht geradezu hysterisch nach der Wahrheit; und genausowenig wie in den anderen Gedichten ist in der *Llama de amor viva* eine solche Wahrheit zu finden. Unser Gedicht ist lediglich eine erotische Allegorie und als solche nichts anderes als eine schöne Lüge – eine *bella menzogna*. Die erotische und zugleich hysterische Rede der Sprecherin der *Llama de amor viva* steht allegorisch für den Visionsbericht der Teresa von ihrer Transverberation. Damit dekonstruiert Johannes vom Kreuz die Opposition von Hysterie und Ekstase, von sinnlicher Lust und mystischer Transverberation offenkundig nach der Seite der Sinnlichkeit und der Hysterie hin. Er kann dies tun, weil für ihn gerade auch die erotische Sinnlichkeit und die Hysterie immer schon Erfahrungen der Uneigentlichkeit und der supplementären Körperlichkeit sind. Was in der Kontemplation erfahren wird, nämlich daß allein Gott der Seele zu genügen vermag, das deutet sich immer schon im Ungenügen der erotischen Erfüllung an; und was am hysterischen Symptom sichtbar zutage tritt, nämlich daß es den zugrundeliegenden Mangel doch nicht wird beheben können, das weist immer schon auf jenes unstillbare Begehren voraus, das erst in der mystischen Ekstase wohl seine allerhöchste Steigerung, nicht aber seine definitive Stillung erreichen kann. Aus diesem Grund spricht in der allegorischen *sermocinatio* des Johannes vom Kreuz eine Hysterikerin anstelle der Mystikerin – was die Hysterica sagt, ist gewiß nicht das, was Teresa gemeint hat, aber was sie allegorisch meint, ist das, was Teresa gesagt hat.

Aus der mystischen Ekstase der Visionärin – aber auch aus der hysterischen Verzückung der Kranken – läßt sich für Johannes vom Kreuz keine Wahrheit herauslesen (wie für Charcot), sondern die Ekstase – der hysterische Anfall – ist ein allegorisches Symptom, das gar nicht erst eigentlich, gar nicht erst für sich gelesen werden darf, weil es essentiell auf ein Anderes verweist. Ein solcher Verweis aufs Andere im Medium radikaler Uneigentlichkeit aber kann über das hysterische Symptom ebensogut (und das heißt ebensoschlecht) erfolgen wie über die mystische Ekstase selbst. In beiden Fällen wird am Körper nur ausgespielt, was doch jenseits des Körpers liegt, sich aber nur auf seiner Bühne aufführen läßt. Die Hysterie ist nicht länger das abgeleitete Symptom einer verborgenen Wahrheit des Begehrens, sondern die Hysterie ist selbst das Begehren der Wahrheit, und ebendarin gründet – aus der Sicht der karmelitischen *scène de l'énonciation* – die *Wahrheit der Hysterie*.

Johannes vom Kreuz sagt in seinem Gedicht beileibe nicht, Teresa sei eine Hysterikerin gewesen. Vielmehr verschiebt er die erst seit dem 19. Jahrhundert gestellte Frage nach der Hysterie der Mystikerin schon im 16. Jahrhundert auf eine bislang ungeahnte Ebene: An der fiktiven Rede einer liebenden Frau zeigt er auf, warum sie – wäre sie auch hysterisch gewesen – nicht trotz der Hysterie, sondern gerade in ihrer Hysterie Recht behalten hätte. Der hysterisierende Diskurs über die mystische Erfahrung, mit dem seit dem 19. Jahrhundert das Abendland hantiert (*qui depuis le XIX siècle ne cesse de hanter l'Occident*), hat zur Bedingung seiner Möglichkeit das Mißverständnis eines Textes wie der *Llama de amor viva*. Dieses Gedicht aber stellt gerade darum auf seine Art auch eine Huldigung dar: *hommage à la Grande Thérèse et à toutes ses petites sœurs*.

4.4. Lichte Höhlen

Die Sprecherin legt in der dritten Strophe dar, wie ihr Körper im Zusammensein mit dem Geliebten zu einem ihr bislang unbekannten Sinnesgenuß erweckt wird. Die Strophe hat den folgenden Wortlaut:

> *¡O lámparas de fuego!*
> *en cuyos resplandores*
> *las profundas cauernas del sentido*
> *que estaua oscuro y ciego*
> *con estraños primores*
> *calor y luz dan junto a su querido.*
> (Llama, vv. 13-18).

> [O Feuerlampen,
> in deren Widerschein
> die tiefen Höhlen der Sinnlichkeit,
> die dunkel und blind war,
> mit fremdartiger Pracht
> Wärme und Licht geben vereint mit dem Geliebten!]

Der Inhalt der obigen Strophe kann auf zwei Ebenen verstanden werden: Hier ist einerseits die erotische Initiation mit dem Erlebnis sinnlicher Lust beschrieben. In diesem Sinn ist auch das Wort *cauerna* (,Höhle') in der erotischen Dichtung als aeschrologischer Begriff belegt.

> *Mas por las casadas tiernas*
> *peno y muero de contino,*
> *que tienen hecho el camino*
> *a las oscuras cavernas;*
> *que saben abrir las piernas*
> *y hacen cierto cernido*
> *sin que lo sepa el marido*
> *porque así se bate el cobre.*[1]

[Sed teneras uxores / ardeo et pereo assidue, / quae facilem praebent aditum / ad obscuras speluncas ingrediendas, / quae femora sollerter pandere callent / farinamque quandam cribro cernunt / quam maritus ignorat, / ita enim aes Cuprium tunditur.]

Andererseits steht diese Lust allegorisch für jene besondere Körpererfahrung, die dem beschaulichen Menschen am Ende seines ascetischen Weges zuteil wird. Es kommt dann, wie Johannes vom Kreuz in seinen Prosakommentaren ausführt, dank der mystischen Erleuchtung zu einer tiefgreifenden Umgestaltung des sinn-

---

1 *Floresta de poesías eróticas*, n° 96, vv. 24-32, p. 184.

lichen Empfindens überhaupt. Der Körper, der für Gott völlig leergeworden ist, beginnt nämlich, Gott auf eine lustvolle Art im Medium der eigenen Sinne zu verspüren und zu verkosten.

Die eindrucksvolle Bildlichkeit der Strophe will folgendes besagen: Der Körper und seine Sinne waren wie dunkel und blind. Nun wurden sie entzündet und erstrahlen in einem für sie ungewohnten Licht. Nichtsdestoweniger findet die imaginierte Szene nicht an einem hellen, lichten Ort statt, sondern in einer Höhle. Das geschaute Licht ist darum auch nicht das Licht der Sonne, sondern das von *lámparas de fuego,* von ‚Feuerlampen‘, welche dem Hohenlied zufolge allein die Liebe zu entzünden vermag. In der traditionellen Fassung der Vulgata, die im Gedicht zitiert ist, heißt es: „Lampades eius lampades ignis atque flammarum.“[2]

Der Begriff des Leuchters verweist nicht nur auf einen biblischen, sondern auch auf einen neuplatonischen Kontext. Im sechsten Buch seiner *Theologia Platonica* rekapituliert Ficino Platons Höhlengleichnis, wobei sich Übersetzung, Kommentar und Interpretation vermischen. Platon hatte das Licht, welches die Höhlenbewohner sehen können, folgendermaßen charakterisiert: „φῶς δὲ αὐτοῖς πυρὸς ἄνωθεν καὶ πόρρωθεν καόμενον ὄπισθεν αὐτῶν“[3] – ‚Licht aber haben sie von einem Feuer, welches von oben und von ferne her hinter ihnen brennt.‘ Ficino übersetzt diese Stelle folgendermaßen: „Post tergum vero superne lampas accensa sit.“[4] – ‚Hinter ihrem Rücken aber sei oben ein Leuchter entzündet.‘ Wo Platon ein Feuer hatte brennen lassen, da entzündet Ficino eine Fackel oder eine Lampe. Dies entspricht ganz auffällig der Möblierung der Höhle bei Johannes vom Kreuz. Es gibt noch einige weitere Anklänge. Offenbar kann die dritte Strophe der *Llama de amor viva* als eine Überschreibung von Ficinos Version des platonischen Höhlengleichnisses gelesen werden.

Wie zu erwarten war, ist die Bezugnahme bei Johannes vom Kreuz nicht unkritisch. Platon und erst recht Ficino konzipieren das Höhlengleichnis als Lehrstück eines Aufstiegs aus der Dunkelheit zum Licht, aus der sinnlichen in die intelligible Welt. Bei Johannes hingegen wird die erleuchtete Dunkelheit der Höhle enthusiastisch gefeiert: Die Sprecherin ist somit jenen Menschen vergleichbar, welche die Höhle nicht verlassen können oder gar wieder in sie zurückkehren. Allerdings gewahrt die Geliebte dort etwas, was in Platons Höhle noch nicht geboten war. Das Spiel der Schatten an der Höhlenwand, das heißt die ganze sinnenhafte Welt der Körper, wird von der Gegenwart des Geliebten erleuchtet und reflektiert dessen Licht. Aus dem Schattenspiel ist ein flimmernder Bildschirm geworden.

Damit ist ein überkommenes platonisches Schema in der mystischen Dichtung verkehrt worden. Statt des Aufstiegs wird der Abstieg, statt der Sonne die Höhle, statt der Geistigkeit die Sinnlichkeit valorisiert. Das klingt zunächst wie

---

2 Canticum 8,6.
3 Platonis res publica VII,514 b.
4 Ficini theologia Platonica VI,2, ed. Marcel, vol I, p. 232.

die Verherrlichung einer chthonischen Unterwelt, und es erinnert verblüffend an den Park von Bomarzo nahe Orvieto, den der Herzog Vicino Orsini um die Mitte des 16. Jahrhunderts an seiner Villa anlegen ließ. Dort findet sich ein Höllenrachen, der Zugang zu einer Grotte gewährt. In Abwandlung von Dantes berühmtem Vers aus dem *Inferno* steht über dem Höllentor zur Lustgrotte von Bomarzo geschrieben: «Lasciate ogni pensiero, voi ch'entrate.»[5] – ‚Laßt alles Denken fahren, die ihr eintretet!'

In Bomarzo scheint die dunkle Höhle begriffen zu sein als der schlechthinnige Gegensatz zum Denken und zum Geistigen, als ein reiner Ausdruck der Sinnlichkeit, und diese simple Umkehrung der platonischen Rangordnung wird dort gefeiert. Nicht so bei Johannes vom Kreuz: Der Ausruf der Sprecherin ist kein Lobpreis der dunklen, sondern gerade der erleuchteten Höhle. Das Gedicht illuminiert förmlich die Höhle der Sinne – dank den Reflexen eines Lichts, das gegenwärtig ist, dessen Quelle aber unsichtbar bleibt. Die *lámparas de fuego* (‚Feuerlampen') und die *resplandores* (‚Widerschein') sind ein Abglanz dieses Lichts, sie sind aber nicht dessen Ursprung selbst. Damit wird die platonische Opposition von Licht und Dunkelheit, die das Höhlengleichnis strukturiert hatte, dekonstruiert – und zwar nach der Seite der Dunkelheit hin. Die Höhle ist für Platon der Raum der σκιαί, der ‚Schattenrisse', oder der *simulacra,* wie Ficino übersetzt. Aber diese Abbilder werden bei Johannes vom Kreuz ihrerseits zu Spendern des Lichts: *calor y luz dan junto a su querido* (‚Wärme und Licht geben sie mit ihrem Geliebten vereint'), wobei ein interessanter Effekt der *confusio* auftritt: Die Präpositionalfügung: *junto a su querido* (‚mit ihrem Geliebten vereint') benennt einen Ort, legt sich aber nicht eindeutig im Hinblick darauf fest, ob der Geliebte der Spender oder der Empfänger von Licht und Wärme ist.

Die erleuchtete Höhle der *Llama de amor viva* können wir lesen als die Allegorie einer differentiellen Abbildhaftigkeit. Wo Platon und Ficino den Aufstieg zum selbstidentischen Licht der Sonne propagieren, da steigt unser Gedicht wieder in die Höhle hinab und starrt wie gebannt auf das Flimmern eines Bildschirms. Dort zeichnen sich εἴδωλα ab, die weder dunkel sind noch aus sich heraus leuchten: An ihnen kommt das differente Licht eines Andern zur Erscheinung – ein unvergleichliches Schauspiel, das manche offenbar nicht missen wollen. Der Ort des mystischen Gedichts läßt sich vielleicht durch eine Blickrichtung bestimmen. Es schaut „εἰς τὸ καταντικρὺ αὐτῶν τοῦ σπηλαίου"[6] – „in adversam partem speluncae"[7] – ‚auf die entgegengesetzte Wand von Platons Höhle'.

Die Faszination durch die Dunkelheit im Widerschein einer Lichtquelle hat bei Johannes vom Kreuz eine ganz und gar abgründige Dimension, die er an zwei Stellen seiner Prosaschriften nahezu wortgleich im Gleichnis eines Lichtstrahls,

---

5 Bei Dante lautet der Vers bekanntlich: «Lasciate ogni speranza, voi ch'entrate.» (Dante: *Inferno* III,9. in: *La Divina Commedia,* Testo critico della Società Dantesca Italiana, ed. Hoepli, 5ª edizione: Milano: Bietti 1966.) – ‚Laßt alle Hoffnung fahren, die ihr eintretet!'
6 Res publica VII, 515 a.
7 Theologia Platonica VI,2.

der einen dunklen Raum durchquert, dargelegt hat. Es gilt dabei immer, die alte
– vor allem auch platonisch vermittelte – Symbolik vom Licht als dem Medium
des Schönen, Guten und Wahren und von der Dunkelheit als dem Medium des
Bösen zu berücksichtigen. Bei Johannes vom Kreuz aber macht erst die Finsternis
das Licht sichtbar, ja in einem uneigentlichen Sinn sogar hell. Sie scheint ihm eine zusätzliche Leuchtkraft zu verleihen als hätte es diese gar nicht aus sich selbst
heraus; und so könnte man sich weiter fragen, ob nicht auch das Böse die Güte
strahlender, ob nicht auch das Häßliche das Schöne anziehender zu machen versteht; ob also das Schöne, Wahre, Gute in sich selbst gegründet ist oder ob es
sich nicht in einer Differenz konstituiert, dank derer es immer schon auf ein Anderes seiner selbst zurückzeigt, dessen es bedarf. Der berühmte Vergleich mag die
Interpretation unseres Gedichts von der *Llama de amor viva* und zugleich unseren Durchgang durch die großen Dichtungen des Johannes vom Kreuz beschließen:

> Y para que más claramente se entienda, pondremos aquí una semejanza de la luz
> natural y común. Vemos que el rayo del sol que entra por la ventana, cuanto más
> limpio y puro es de átomos tanto menos claramente se ve, y cuanto más de átomos y
> motas tiene el aire tanto parece más claro al ojo. La causa es porque la luz no es la
> que por sí misma se ve, sino el medio con que se ven las demás cosas que embiste; y
> entonces ella, por la reverberación que hace en ellas, también se ve, y si no diese en
> ellas, ni ellas ni ella se verían; de tal manera que, si el rayo del sol entrase por la
> ventana de un aposento y pasase por otra de la otra parte por medio del aposento,
> como no topase en alguna cosa ni hubiese en el aire átomos en qué reverberar, no
> tendría el aposento más luz que antes ni el rayo se echaría de ver; antes, si bien se
> mirase, entonces hay más oscuridad por donde está el rayo, porque priva y oscurece
> algo de la otra luz y él no se ve, porque, como habemos dicho, no hay objetos vi-
> sibles en que pueda reverberar. (II Noche 8, 4.)[8]

> [Um dies noch deutlicher zu verstehen, nehmen wir hier ein Bild des natürlichen
> und gewöhnlichen Lichtes. Wir sehen, daß der durch das Fenster eintretende Son-
> nenstrahl um so weniger deutlich in die Augen fällt, je reiner und freier er von
> Stäubchen ist; er wird aber um so deutlicher dem Auge sichtbar, je mehr die Luft
> von Stäubchen und Fäserchen durchtränkt ist. Der Grund ist der, daß das Licht
> nicht für sich selbst leuchtet, sondern das Mittel ist, wodurch alle anderen Dinge,
> auf die es seinen Schein wirft, in den Gesichtskreis treten. Und erst durch das Zu-
> rückprallen von den Gegenständen, die es bescheint, wird es dem Auge sichtbar;
> wenn es dieselben nicht bescheinen würde, könnte man es nicht wahrnehmen.
> Wenn auf diese Weise der Sonnenstrahl durch das Fenster eines Zimmers eintreten,
> dasselbe durchqueren und durch ein anderes, gegenüberliegendes Fenster wieder
> hinaustreten würde, so daß es an keinen Gegenstand stieße, noch an einem liegen
> bliebe, noch Stäubchen fände, die dasselbe zurückwerfen, so würde das Zimmer
> nicht heller sein als vorher, noch könnte man den Strahl sehen. Vielmehr tritt, wenn
> wir genau Obacht geben noch größere Dunkelheit ein, da er in etwa das andere
> Licht verdrängt und verdunkelt, und man sieht ihn nicht, da sich, wie schon er-
> wähnt, keine wahrnehmbaren Gegenstände finden, von denen sein Licht zurück-
> prallt. (II Nacht 8, p. 98.)]

8 Cf. II Subida 14,9 – II Aufstieg 12, pp. 140 sq.

V
KREUZESSCHRIFT

Opfer als Figur des Buchstabens

Unser Durchgang durch die großen Dichtungen des Johannes vom Kreuz ist an einen Schlußpunkt gelangt. Wir können hier nicht alle Einzelbefunde zusammenfassend wiederholen. Nur auf ein wiederkehrendes Merkmal der Texte wollen wir nochmals unseren Blick richten. In allen drei Gedichten haben wir das Thema des Kreuzesopfers herausarbeiten können, und es war jeweils so durchgeführt worden, daß es in einem Effekt der kontemplativen *confusio* von der erotischen Liebesvereinigung zwischen Mann und Frau ununterscheidbar wurde, nämlich in dem Sinn, daß der *concubitus* immer auch zum Kreuzesopfer stilisiert wurde und darum als dessen supplementäre Vergegenwärtigung gelesen werden durfte.

Dank dieser Beobachtung haben wir einen ersten Bedeutungsaspekt des Titels unserer Untersuchung ermittelt. Die buchstäbliche Ebene des allegorischen Textes, die *littera,* inszeniert in verschiedenen Variationen die erotische Vereinigung des Paares als einen Akt der Opferung, und damit figuriert der Buchstabe das Kreuzesopfer als einen Gegenstand der Dichtung. Wir haben es demnach mit einem Buchstabenopfer, einem *sacrificium litterae,* im Verständnis des Genetivus subjectivus zu tun. Der buchstäbliche Sinn, die *littera,* führt im Gedicht eine Opferung vor oder sogar durch: *littera sacrificium facit,* und weil dem so ist, griffen all jene Interpretationen der Dichtung des Johannes vom Kreuz zu kurz, die den für sie konstitutiven Aspekt der Opferung verkannten.

Rückblickend erklärt sich jetzt auch deutlicher, warum wir uns von Anfang an gleichermaßen auf die Arbeiten von Edith Stein und Georges Bataille berufen haben. Die eine schlägt eine Lektüre der Prosa wie der Dichtung vor, worin der Gedanke des Liebesopfers nicht als ein marginaler, sondern als ein zentraler Bestandteil des Gesamtwerks angesehen wird,[1] und sie ist mit dieser fundamentalen Einsicht auch der großen Untersuchung von Jean Baruzi voraus,[2] erst recht natürlich dem Hauptstrang der einschlägigen philologischen Forschung. Ergänzend hierzu bietet der andere – Bataille – uns eine Anthropologie an, innerhalb derer wir den Opferbegriff als erotischen Exzeß und unproduktiven Potlatsch denken können,[3] so wie er im Horizont unserer Texte immer schon konzipiert und in Szene gesetzt worden war.

---

1 Cf. Edith Stein: *Kreuzeswissenschaft.*
2 Cf. Baruzi: *Saint Jean de la Croix et le Problème de l'expérience mystique.*
3 Cf. Bataille: *La Notion de dépense,* loc. cit.; *L'Érotisme.*

Buchstabe als Figur des Opfers

Von diesem ersten Resultat aus können wir fortschreiten. Das erotisierte Kreuzesopfer, welches unsere Gedichte zelebrieren, ist durchwegs ein allegorisches. Es macht trotz und wegen aller Anklänge an die Sprache christlicher Tradition immer nur den Buchstaben aus und sonst nichts; es beschränkt sich auf die Dimension der *allegoria tota* oder der areopagitischen ἱεροπλαστία also auf jene Komponente des Textes, die nicht gemeint ist. Das Gemeinte selbst trifft der buchstäbliche Sinn immer nur in den Brechungen der ἀνόμοιος ὁμοιότης (‚unähnliche Ähnlichkeit‘) oder der je größeren Unähnlichkeit – und darum letzten Endes überhaupt nicht.

Das erotisierte Kreuzesopfer ist demnach nicht das Zentrum einer poetischen Botschaft der Gedichte, sondern das Supplement eines dazu Differenten. Unter diesen Umständen aber erhebt sich zwangsläufig die Frage, was mit all den dispersen Sinneffekten des Textes geschehen soll, die wir nach und nach aufzeigen konnten. Was wäre denn ihre kommunikative Funktion, ihr semiotischer Nutzen, ihr Sinn? Unsere Antwort fällt diesbezüglich eindeutig aus: Die Dichtung hat einen solchen Sinn nicht, und sie beansprucht ihn auch nicht. Vielmehr schenkt sie ihn her, opfert sie ihn vorbehaltlos auf – *sans réserve*. Die erotische Dichtung des Johannes vom Kreuz ist dank ihrer allegorischen Struktur ein purer Akt des semiotischen Potlatsch, des Opfers, der Verschwendung – und dies durchaus in Entsprechung zur erotischen Verausgabung im perversen Exzeß. Die Möglichkeit einer solchen Wandlung der Dichtung zum Opfer hat Bataille ganz generell gesehen, als er in seiner *Expérience intérieure* schrieb: «De la poésie, je dirai maintenant qu'elle est, je crois, le sacrifice où les mots sont victimes.»[4]

Wenn wir den exzessiven Gestus der Opferung des buchstäblichen Sinns, an dessen Stelle kein anderer mehr treten wird, philologisch nachzeichnen wollen, bietet es sich an, auf eine Markierungsweise der Textkritik zurückzugreifen, die ihrerseits von den Alexandrinern stammt, und der Origenes dann auch in der christlichen Epoche ein Bleiberecht verschafft hat. Wo ein Text einerseits sicher überliefert ist, ihm aber andererseits kein Sinn zugeschrieben werden kann, da setzte man eine Art von Balken, den Obelus, und wohl mit Rücksicht auf die Form dieses Obelus, die sich nach und nach einem Kreuz angeglichen hatte, sprach man von einer *Crux*.

Im Fall unserer Gedichte können wir von der Zweiteilung der Sinnebenen in *littera* und *spiritus* ausgehen. Am Ort der *littera* stehen die erotischen Opfergebärden des *amor corporeus*, welche die Gedichte durchspielen. Am Ort des *spiritus* steht nach dem exegetischen Verständnis der biblischen Allegorese der *amor sacer*, die Liebe zwischen Seele und Gott. Aber ein solch geistlicher Sinn wird im areopagitischen Sprachspiel unaussprechlich. So steht am Ort des *spiritus* überhaupt nichts mehr, und es bleibt nur noch die *allegoria tota* oder die ἱεροπλαστία einer buchstäblichen Liebesgeschichte, die doch nicht gemeint ist.

---

4 Id.: *L'Expérience intérieure,* p. 156.

Zwar verweist der buchstäbliche Sinn auf den *amor sacer,* aber insofern dieser unaussprechlich ist, können wir ihn dem *amor corporeus* gerade nicht als seinen Sinn zuschlagen. So stellt es sich als unmöglich heraus, dem Exzeß des *amor corporeus* einen Sinn überhaupt noch zuzuschreiben, und trotzdem ist der erotische Wortlaut der Dichtung einwandfrei überliefert. Wir können auf diese Aporie reagieren, indem wir den erotischen Buchstaben der allegorischen Dichtung des Johannes vom Kreuz als eine Crux in Analogie zur Textkritik lesen, und in Anlehnung an deren Konventionen können wir diese Dichtung, weil sie unlesbar ist, mit einem Kreuz † markieren, was sich folgendermaßen darstellen läßt:

LITTERA	AMOR CORPOREVS	AMOR CORPOREVS †
SPIRITVS	AMOR SACER	

Die Markierung des poetischen Textes mit dem Kreuz will eine mimetische Geste sein, die auf der Ebene der philologischen Beschreibung das nachvollzieht, was die allegorische Sprechweise des Textes immer schon auf der Ebene der Dichtung getan hat. Sie hat den Buchstaben durchkreuzt und geopfert. Diese allegorische Durchkreuzung des erotischen Sinns ist in einem apophatische Geste der Verneinung und souveräner Ausdruck der Verschwendung.

Der buchstäbliche Sinn des Gedichts war uneigentlich verhüllende ἱεροπλαστία gewesen und hatte erotische Bedeutungen ins Spiel gebracht, die allemal supplementär blieben, weil sie an die Stelle eines geistlichen Sinns traten, den sie doch nicht repräsentieren konnten. Damit erschien der buchstäbliche Sinn in letzter Instanz als nutzlos und überflüssig, konnte er doch die ihm zugedachte Funktion der Repräsentation von Sinn nirgendwo erfüllen. Daß der buchstäblichen Ebene des Gedichts dennoch die *figura* einer erotischen Opferung eingeschrieben bleibt, offenbart sich somit nachträglich als ein Symptom der semiotischen Verschwendung. Das mystische Gedicht des Johannes vom Kreuz hat nicht mehr die Rede von Überschreitung und Übertreibung auf der Ebene seines *énoncé* zum Inhalt, sondern die ganze *scène de l'énonciation* ist zum Akt der Verausgabung, des Potlatsch und des Exzesses geworden: dort wird ein semiotisches Opfer dargebracht.

Damit zeigt sich uns eine weitere Bedeutungsdimension im Titel unserer Untersuchung. Das Buchstabenopfer, das *sacrificium litterae,* kann ebensogut im Sinne eines Genetivus objectivus verstanden werden – und vielleicht ist dieser Aspekt sogar der grundlegende in einem Text, dessen Subjekt sich in der materiellen Konstitution seines Werks ohnehin entautorisiert und geopfert hat. Der Genetivus objectivus aber will sagen: *littera sacrificium fit,* der Buchstabe modelliert nicht nur die erotische Erfahrung des Kreuzesopfers, sondern das Modell dieser Erfahrung wird nun seinerseits dahingegeben, im Fest eines poetischen Potlatsch durchkreuzt und verzehrt.

Kreuz, Körper, Schrift

Als der Akt einer nur semiotischen Opferung von sprachlichen Zeichen läßt sich die Dichtung des Johannes vom Kreuz auf der Grundlage von Batailles Theorie zutreffend beschreiben. Es kommt allerdings ein ganz wesentlicher Gesichtspunkt hinzu, den Bataille in dieser Weise nicht voraussetzt. Der allegorische Buchstabe, der mit dem Kreuz markiert wird, ist im christlichen Kontext – zumindest seit der Schrift *De principiis* des Origenes – eine Instanz des Körpers oder des Fleisches schlechthin.[5] Die grundlegende Antinomie von Geist und Körper reflektiert sich in den gegensätzlichen Sinnebenen des allegorischen Textes: *sensus spiritalis* vs. *sensus litteralis,* wobei die letztgenannte Sinnebene immer zugleich ein *sensus carnalis* ist.[6]

Der Buchstabe ist mit der Körperlichkeit, der Sinnlichkeit und den Begierden des Subjekts verschränkt, zumal wenn der buchstäbliche Sinn ein erotischer ist. Sobald darum der *sensus litteralis* der Dichtung allegorisch durchkreuzt wird, zielt dieser Akt notwendigerweise auch auf den Körper, auf die Sinnlichkeit und auf das erotische Begehren des Subjekts, also auf das christliche Fleisch, wie Foucault sagt.[7] Die Durchkreuzung des poetischen Textes erfolgt mithin in Analogie zur Markierung des Körpers mit dem Kreuz, wie sie im Christentum traditionell ist. Die allegorische Durchkreuzung macht den poetischen Text in gewisser Weise zu einem Avatar des christlichen Opferleibs, so daß die Dichtung einen Platz in der Kette supplementärer Opferhandlungen einnehmen kann.

Zu fragen bleibt nach der Semiotik eines solchen Kreuzeszeichens, das Körper und Texte gleichermaßen markieren kann und darum anscheinend ihr Anderes ist. Wir hatten früher gesehen, daß Edith Steins Begriff vom Kreuz als einem *Wahrzeichen* offenbar auf das Projekt einer solchen Semiotik des Kreuzes zielte, wenngleich sie diese dann nicht mehr unmittelbar auf die Dichtung des Johannes vom Kreuz applizierte. Edith Stein hatte das *Wahrzeichen* des Kreuzes bestimmt als ein Werkzeug: „Es ist also ein Zeichen, aber eines, dem seine Bedeutung nicht künstlich angeheftet ist, sondern wahrhaft zukommt auf Grund seiner Wirksamkeit und seiner Geschichte.“[8] Das Kreuz wird verstanden als jener Grenzfall eines Zeichens, das weder φύσει noch θέσει weder von Natur aus noch durch konventionelle Setzung, einen Sinn besitzt. Gewissermaßen besitzt es überhaupt keinen Sinn, sondern bringt diesen erst hervor, indem es sich anderswohin ein-

---

5 „Ὥσπερ γὰρ ὁ ἄνθρωπος συνέστηκεν ἐκ σώματος καὶ ψυχῆς, τὸν αὐτὸν τρόπον καὶ ἡ οἰκονομηθεῖσα ὑπὸ θεοῦ εἰς ἀνθρώπων σωτηρίαν δοθῆναι γραφή.“ (Origenes de principiis IV,2,4, 313.) – „Sicut ergo homo constare dicitur ex corpore et anima et spiritu, ita etiam sancta scriptura, quae ad hominum salutem divina largitione concessa est.“ (Origenes ibid. Rufino interprete.)

6 Immer wieder fallen Begriffe wie: „κατὰ σάρκα“- „secundum carnem“ (ibid. IV,2,6, 315); „κατὰ τὸ σῶμα“ – „secundum corporalem intellegentiam“ (ibid. IV,2,9, 322); „μὴ σαρκίνως ἡμῶν ἐκλαμβανόντων ταῦτα“ – „dum non a nobis carnaliter intellegguntur“ (ibid. IV,3,9, 335).

7 Cf. Foucault: *L'Usage des plaisirs,* p. 18.

8 Edith Stein: *Kreuzeswissenschaft,* p. 33.

schreibt – als Spur nicht eines Sinns, sondern einer werkzeughaften Materialität. Das Medium dieser Einschreibung des Kreuzes ist, wie Edith Stein schreibt, die Geschichte. Innerhalb der christlichen Religion ist diese Geschichte auch – und wahrscheinlich vor allem andern – eine Geschichte der Körper, und sie artikuliert sich darum folgerichtig unter anderem im Buchstabenspiel der Schrift, das seinerseits für den Körper einsteht. Das Kreuz wäre zu verstehen als die Notion eines Überzeichens, eines Archisems, das von außerhalb her ganz den Körper und ganz die Schrift trifft und sie so zu Zeichen für etwas Anderes macht. Die Geburt des Kreuzeszeichens nicht aus dem Geist eines selbstmächtigen Subjekts, sondern aus der Widerständigkeit einer sinnlosen Materialität: reiner Signifikant, der des Signifikats und des Sinns ermangelt, aber nur in diesem Mangel auf ein Anderes seiner selbst verweisen kann.

Drei Beispiele mögen eine solche Verschränkung von Kreuz, Körper und Schrift in der christlichen Imagination verdeutlichen – aus der Antike, aus dem Mittelalter und aus der Neuzeit:

Ignatius Antiochenus

Ignatius von Antiochien, ein apostolischer Vater des beginnenden 2. Jahrhunderts, wird als Gefangener von Syrien nach Rom verschleppt, wo er um das Jahr 115 das Martyrium erleiden wird. Auf dem Weg dorthin schreibt er Briefe an sieben christliche Gemeinden, unter anderem an die Römer, und im Brief an die Römer findet sich eine berühmtgewordene Formulierung:

> Ζῶν γὰρ γράφω ὑμῖν, ἐρῶν τοῦ ἀποθανεῖν· ὁ ἐμὸς ἔρως ἐσταύρωται, καὶ οὐκ ἔστι ἐν ἐμοί πῦρ φιλόϋλον· ὕδωρ δὲ ζῶν καὶ λαλοῦν ἐν ἐμοί, ἔσωθέν μοι λέγον· Δεῦρο πρὸς τὸν πατέρα.[9]

[Noch lebe ich und schreibe an euch, dabei aber begehre ich zu sterben, denn mein Begehren (Eros) ist gekreuzigt, und es gibt in mir kein grobstoffliches Feuer mehr. Das Wasser (der Taufe), das in mir lebt und spricht, sagt von innen heraus zu mir: Wohlan hin zum Vater.]

Die griechische Patristik mit Origenes und Dionysius vom Areopag an der Spitze hat diese Stelle immer so ausgelegt, daß dort der Begriff des gekreuzigten Eros (Begehren) auf Christus bezogen und darum als Gottesname verwendet sei.[10] Vor einem solchen Verstehenshintergrund behandelt beispielsweise noch Fray Luis de León in seinen *Nombres de Cristo* den Namen *Amado* ('Geliebter') an prominenter Stelle, nämlich als vorletzten Namen vor dem Schlußkapitel über den

---

9 Ignati Antiocheni epistola ad Romanos VII,2.

10 „Denique memini aliquem sanctorum dixisse, Ignatium nomine, de Christo: ‚Meus amor crucifixus est', nec reprehendi eum pro hoc dignum iudico." (Origenis commentarium in canticum, prologus, cap. 2,36.). Cf. quoque Dionysius Areopagita de divinis nominibus IV,12, 709 B.

Namen Jesus, der als Eigenname des Gottessohnes verständlicherweise den höchsten Rang einnimmt.[11]

Setzt man die von uns beschriebene Dynamik des mimetischen Opferungsbegehrens voraus, ist das überkommene Verständnis der Stelle bei Ignatius, die von der rationalistischen Theologie seit dem 19. Jahrhundert nicht mehr verstanden wurde, überaus sinnvoll. Das mimetische Begehren des Ignatius richtet sich auf das Gekreuzigtwerden, weil er damit dem am Kreuz geopferten Mittler ähnlich wird und so das Ziel von dessen Begehren erreichen kann, den Vater. Daß des Ignatius eigenes Begehren als ein gekreuzigtes erscheint, ist Effekt dieser Nachahmung, derzufolge es sich dem Modell ähnlich gemacht hat – und insofern ist sein gekreuzigter Eros immer auch der Eros des gekreuzigten Christus. Aber zum Zeitpunkt der Abfassung ist das Martyrium des Ignatius noch aufgeschoben, er befindet sich erst auf dem Weg nach Rom, ist also noch nicht am Ziel seiner Todessehnsucht angelangt, und in der Zeit dieses Aufschubs artikuliert sich sein Kreuzigungsbegehren in der Niederschrift des apostolischen Briefes, der ihm zum Supplement des sehnsüchtig erwarteten Martyriums wird: „ζῶν γὰρ γράφω ὑμῖν, ἐρῶν τοῦ ἀποθανεῖν" („noch lebe ich und schreibe an euch, dabei aber begehre ich zu sterben'). Für die Dauer des Aufschubs wird die Schrift des Briefes zum Zeugnis, zum Martyrium des unstillbaren Kreuzigungsbegehrens in ihm. Die Epistolographie wird zur *Staurographie*. Indem sich das Kreuzigungsbegehren des Subjekts in den Brief einschreibt, wird dieser selbst zur *Kreuzesschrift*.

Francesco d'Assisi

Schon verschiedentlich sind wir auf die Stigmatisierung des Franz von Assisi zu sprechen gekommen, die eines der einflußreichsten Modelle einer supplementären Kreuzesnachfolge darstellt. In der *Legenda maior* schildert Bonaventura dieses Geschehen unter Verwendung einer auffälligen Metaphorik des Schreibens, so als wäre das Fleisch der Glieder von Franzens Körper auf eine wunderbare Weise beschrieben worden, nämlich mit dem Zeichen des Kreuzes und des Gekreuzigten.

> Descendit angelicus vir Franciscus de monte, secum ferens Crucifixi effigiem, non in tabulis lapideis vel ligneis manu figuratam artifici, sed in carneis membris descriptam digito Dei vivi.[12]

Dies klingt fast schon wie in Kafkas Strafkolonie, und ist doch unendlich viel sinnlicher und lustvoller gedacht. Franz erhält auf dem Berg nicht etwa beschriebene Gesetzestafeln (*tabulae lapideae*) wie einst Mose oder bemalte Holztafeln (*tabulae ligneae*), die ein Künstler gefertigt hätte. Die Zeichen, die auf seinem Körper erscheinen, sind weder die konventionellen Worte der Sprache noch die

---

11 Fr. Luis de León: *De los nombres de Cristo,* libro III, ed. Cuevas, pp. 587-614. Dort auch ein langes Zitat aus dem Brief des Ignatius an die Römer. Cf. ibid. pp. 608 sq.
12 Bonaventurae legenda maior, cap. XIII,5.

distanzierende Abbildung einer gemalten Gestalt. Vielmehr ist der Körper selbst zum Bild geworden, aber nicht weil er von sich aus etwas darstellt, sondern weil er sich zur Schreibunterlage macht, in die sich ein Schriftzug eingräbt, den Gottes Hand gezeichnet hat – mit ihrem eigenen Finger: *digito Dei vivi*. Dieser Schriftzug trägt keinen anderen Sinn, als daß er den Körper, den er bezeichnet, trifft und markiert, so daß er von nun an auf einen Andern verweist, dem er gleich geworden ist. Darum endet denn auch das Kapitel über die Stigmatisierung mit einer preisenden Apostrophe des Bonaventura an die Gestalt des von ihm Charakterisierten:

> Christi namque crux in tuae conversionis primordio tam proposita quam assumpta et dehinc in conversationis progressu per vitam probatissimam baiulata in te ipso continue et in exemplum aliis demonstrata, tanta certitudinis claritate ostendit evangelicae perfectionis apicem te finaliter conclusisse, ut demonstrationem hanc christianae sapientiae in tuae carnis pulvere exaratam nullus vere devotus abiciat, nullus vere fidelis impugnet, nullus vere humilis parvipendat, cum sit vere divinitus expressa et omni acceptione condigna.[13]

Das christliche Fleisch, das nach alter biblischer Lehre Staub ist, erscheint hier als das materielle Medium einer Schrift – so wie jemand in den Sand schreibt –, und dank dieser Schrift prägt sich das Kreuzeszeichen in den Körper des Heiligen ein, macht ihn zum supplementären Opferleib, an dem sich etwas ganz Anderes zeigt, jene Torheit des Kreuzes, die sich als *Kreuzesschrift* in den Körper einzeichnet, und die Bonaventura als den höchsten Ausdruck christlicher Weisheit feiert: *demonstrationem christianae sapientiae in tuae carnis pulvere exaratam*.

Fray Juan de la †

In der karmelitischen *scène de l'énonciation* des 16. Jahrhunderts gestalten Johannes vom Kreuz und seine unmittelbare Umgebung das Kreuz selbst zu einem Schriftzeichen. Johannes bildet nicht nur aus einer ungewöhnlichen, schon beinahe manieristischen Perspektive von unten den blutenden Leib des Gekreuzigten in seiner berühmten Federzeichnung ab, die zwischen 1572 und 1577 in Avila entstanden sein muß und dort im Menschwerdungskloster immer noch zu sehen ist; sondern er ersetzt auch in seiner Unterschrift, die ausgeschrieben lauten müßte *Fray Juan de la Cruz* das Kreuzesprädikat, das er 1568 angenommen hat, als er sich der ursprünglichen Ordensregel unterwarf, durch die Zeichnung eines Kreuzes. Unter Verwendung von Abbreviaturen schreibt er:

---

13 Ibid. cap. XIII,10.

Tafel VIII. – San Juan de la Cruz: Eigenhändige Zeichnung
(Menschwerdungskloster, Avila)

Das Kreuzeszeichen, das in die Buchstabenschrift einbricht, findet sich auch an wichtigen Stellen der Prosaschriften, sowohl in der *Subida del Monte Carmelo* als auch im *Cántico espiritual.*[14] Zumindest findet das Zeichen in Handschriften Verwendung, die unmittelbar auf den Autor zurückzugehen scheinen,[15] so auch in dem vom Autor persönlich durchgesehenen Codex von Sanlúcar de Barrameda, der nach seiner handschriftlichen Vorlage kopiert wurde.[16] Auch im elften Brief an Doña Juana de Pedraza aus dem Jahr 1589, dessen Original im Karmelitenkloster von Concesa aufbewahrt wird, ist dieses Zeichen gesetzt:

> Mas, porque conviene que no nos falte †, como a nuestro Amado, hasta la muerte de amor, El ordena nuestras pasiones en el amor de lo que más queremos para que mayores sacrificios hagamos y más valgamos.[17]

> [Aus diesem Grunde darf uns ebensowenig wie unserem Geliebten das † fehlen bis zum Liebestod. Er lenkt in uns die Leidenschaften in der Liebe zu dem, was wir am meisten wünschen, damit wir größere Opfer vollbringen und mehr wert sind.[18]]

Daß Johannes vom Kreuz das Lexem *cruz* oder ‚Kreuz‘ seinen Texten nicht als ein Wort, sondern als eine Art von Hieroglyphe einschreibt, läßt sich als eine gewalttätige Geste deuten. Inmitten der Buchstabenschrift, im geordneten Kosmos konventioneller Zeichen, wird eine Markierung eingeritzt, die sich von all diesen Zeichenkörpern abhebt und zu ihnen quersteht. Damit tut die *Kreuzesschrift* den Buchstaben des Wortes *cruz,* das sie annulliert, ähnlich Gewalt an wie das Kreuz jenen Körpern, die es zeichnet. Denn im Gegensatz zu all den andern Zeichen verweist das Kreuzeszeichen nicht auf einen Sinn, sondern es unterläuft diesen und trifft statt dessen die reine Materialität des (Zeichen-) Körpers.

Vielleicht steht auch Edith Stein bei ihrer – im Zusammenhang der zeitgenössischen Philosophie – singulären Reflexion auf die Semiotik des Kreuzes im Banne der karmelitischen *scène de l'énonciation* oder vergleichbarer Paradigmen einer supplementären *Kreuzesschrift,* auf die wir hier hingewiesen haben. Jedenfalls scheint sie mit ihrem Konzept eines *Wahrzeichens* durchaus einen solch gewaltsamen Einbruch des materiellen Werkzeugs in die Welt der Körper oder der sprachlichen Zeichen andeuten zu wollen. Allerdings hat sie dieses Konzept dann nicht direkt auf die Interpretation der Gedichte des Johannes vom Kreuz appliziert. Nichtsdestoweniger läßt sich gerade an ihnen die Kategorie der allegori-

---

14 Cf. II Subida 7,5 et 22,7; Cántico A, 3,5; Cántico A,3,9; Cántico A 28,2.3.5. In den Ausgaben der Biblioteca de Autores Cristianos durch Lucinio Ruano wird das Zeichen † an den genannten Stellen dankenswerterweise auch in der Druckfassung gesetzt.

15 Bei der *Subida* findet sich diese Zeichenverwendung im Codex apographus von Alcaudete, dessen Abschreiber Fray Juan Evangelista ein Original von der Hand des Autors kopiert haben dürfte. Cf. L. Ruano: «Guión bibliográfico», loc. cit. p. 918.

16 Im Cántico A heißt es etwa bei der Erläuterung der Gartenszene unterm Apfelbaum: «Y así, hablando con ella [scil. con el alma], la dice cómo fue por medio del árbol de la † desposada con él.» (Cántico A, 28,2) – ‚Und wie er so mit ihr [scil. der Seele] spricht, sagt er ihr, wie sie durch die Hilfe des Baums des † mit ihm vermählt wurde.‘ (Cf. Geistlicher Gesang 23, pp. 183 sq.)

17 S. Juan de la Cruz: 11ª Carta, in: *Obras completas,* ed. L. Ruano, 11ª edición, pp. 881 sq., ibid. 882.

18 Cf. Johannes vom Kreuz: 10. Brief, in: *Sämtliche Werke,* vol. V, pp. 149 sq., ibid. 150.

schen Negativität oder der apophatischen Nichtung, wie wir sie erläutert haben,
als eine supplementäre Figur des Kreuzes, der Kreuzigung und der Durchkreuzung lesen.

Der allegorische Apophatismus konstruiert keinen Sinn, sondern er negiert
den Sinn des erotischen Buchstabens, und insofern dieser Buchstabe eine Instanz
der Sinnlichkeit und des Körpers ist, schreibt sich die Allegorie als Verneinung,
Nichtung, Durchkreuzung in das Fleisch der Poesie ein. Die allegorische
Schreibweise des Johannes vom Kreuz wollen wir demnach als die poetische Variante einer supplementären *Kreuzesschrift* verstehen. Der supplementäre Charakter zeigt sich besonders deutlich daran, daß die allegorische Nichtung im Grunde
genommen unsichtbar bleibt – ganz ähnlich wie die Transverberation des Körpers der Teresa von Avila auch unsichtbar geblieben war. Weder das eine noch
das andere hinterläßt sichtbare Spuren, und doch ist wie der erotische Körper der
Jüngerin so auch der erotische Körper des Gedichts auf eine ganz und gar unaussprechliche Weise markiert worden, und als ein markierter gibt sich dieser poetische Körper sodann zu lesen. Diese (unsichtbare) Markierung eines Körpers und
eines Textes als etwas Anderes und von einem Andern her und sonst nichts hat
für uns am Ende und als ein Ergebnis dieser Untersuchung einen Namen erhalten: Wir bezeichnen eine solche *inscriptio carnis,* die immer auch eine *inscriptio
verbi* ist, als mystische Erfahrung – und in diesem Sinn schiene es uns nur folgerichtig und wünschenswert, wenn man die Worte *allegorice* und *mystice* in Zukunft wieder als Synonyma verwenden würde wie in früheren Jahrhunderten
auch.[19]

Unsere Untersuchung hat sich auf die spanische Mystik des 16. Jahrhunderts
beschränkt – und innerhalb davon auf das Schreiben des Johannes vom Kreuz.
Beides stellt in der Geschichte der abendländischen Mystik zweifellos eine Ausnahme und in gewisser Weise einen unvergleichlichen Höhepunkt dar. Die spanische Mystik beerbt die rheinisch-flämische Mystik der Dominikaner und zugleich die franziskanische Tradition, aber daneben auch (zumindest teilweise) die
Überlieferungen der Sufis und der Kabbalisten. Sie wird verfaßt in einem Zeitalter humanistischer, neuplatonisch inspirierter Gelehrsamkeit; sie greift die Tendenzen der petrarchistischen Liebesdichtung auf und benutzt diese, während die
ältere Mystik oft genug der weltlichen Liebesdichtung ihre Motive und Stoffe
erst geborgt hatte. Insgesamt erlebt Spanien zur Zeit der karmelitischen Mystik
immer noch eine kulturelle – und auch wirtschaftliche – Blüte, wie sie später
kaum je wieder erreicht wurde. So erhebt sich unweigerlich die Frage, ob die Er-
gebnisse unserer Untersuchung, die in bezug auf ebendiese spanische Mystik er-
zielt wurden, zu verallgemeinern und eventuell auf mystische Autoren anderer
Sprachen oder Kulturen zu übertragen sind.

---

19 Cf. Louis Bouyer: «Mystique. Essai sur l'histoire d'un mot», *La Vie spirituelle,* Supplément 9 (15
    mai 1949), 3-23; „Mystisch. Zur Geschichte eines Wortes", in: *Das Mysterium und die Mystik.
    Beiträge zur Theologie der christlichen Gotteserfahrung,* ed. J. Sudbrack, Würzburg: Echter 1974,
    pp. 57-75.

Die germanistische Forschung hat bislang, soweit wir sehen, in der Analyse der mittelalterlichen Mystik andere Wege beschritten und ist folgerichtig zu anderen Ergebnissen gelangt, die nicht zuletzt darin begründet liegen, daß zwischen der Hoch-Zeit der deutschen und der spanischen Mystik mehrere Jahrhunderte verstrichen sind, sich demnach die politischen, gesellschaftlichen und auch mentalitätsgeschichtlichen Verhältnisse grundlegend gewandelt haben. Darüber hinaus aber hat ein Schwerpunkt der germanistischen Fragestellung in je unterschiedlicher Gewichtung auf der Entschlüsselung eines *énoncé* mystischer Texte gelegen.[20] Zwar wurde festgestellt, daß sich einer solchen Entschlüsselungsarbeit gewaltige Widerstände entgegensetzen, aber man schien doch insgesamt von der Existenz eines *énoncé* überzeugt zu sein, das man meist als die Erfahrung der *unio mystica* bezeichnete.

Wir sind unsererseits vom Apophatismus der areopagitischen Theologie und in einem damit von der gründenden Absenz des *énoncé* überhaupt ausgegangen. Die *scène de l'énonciation* lasen wir im Anschluß an Michel de Certeau, Jacques Derrida und Paul de Man nicht mehr als den Ausdruck oder gar das Symbol einer Erfahrung, sondern als Symptom, Supplement oder Allegorie eines gründenden Mangels. In die Bresche dieses Mangels sprangen alsbald der zu opfernde Körper und (als eines seiner Organe) die Sprache, nicht aber jene körperlose *expérience originaire* des selbstmächtigen Subjekts,[21] wie sie längst schon von der

---

20 Prägend war zweifelsohne Josef Quints Wort von der „Form eines Kampfes der Mystik gegen die Sprache", da die Sprache „das sprachlich auszusagen versucht, was begrifflich nicht zu fassen ist". Cf. Josef Quint: „Mystik und Sprache. Ihr Verhältnis zueinander, insbesondere in der spekulativen Mystik Meister Eckharts" (1953), in: *Altdeutsche und altniederländische Mystik*, ed. K. Ruh (Wege der Forschung, vol. XXIII), Darmstadt: Wissenschaftliche Buchgesellschaft 1964, pp. 113-115 (48-76), ibid. pp. 121 (54) et 141 (69). Mit Quints starker – und auf den ersten Blick überzeugender – These haben sich seither die Autoren immer wieder auseinandergesetzt, aber in der Regel wurde nie völlig in Zweifel gezogen, daß die mystische Rede überhaupt etwas „sprachlich auszusagen versucht".
Für Alois Maria Haas erweist sich am *sermo mysticus* in einer chiastischen Verkehrung die Ohnmacht der Sprache als ihre Macht und die Macht der Sprache als ihre Ohnmacht. Cf. Alois Maria Haas: *Sermo mysticus. Studien zu Theologie und Sprache der Deutschen Mystik*, Freiburg in der Schweiz: Universitätsverlag 1979. Walter Haug betrachtet die mystische Sprache selbst als ein „Medium der Erfahrung und als solche funktional in den Ich-Welt-Bezug eingebunden". Cf. Walter Haug: „Zur Grundlegung einer Theorie des mystischen Sprechens", in: *Abendländische Mystik im Mittelalter* (Symposion Kloster Engelberg 1984), ed. K. Ruh, Stuttgart: J. B. Metzler 1986, pp. 494-508, ibid. p. 495.
In solchen Modellen scheint die mystische Rede – in welchen Vermittlungen und Brechungen auch immer – letztlich imstande zu sein, einen Sinn zu produzieren und eine Erfahrung zu artikulieren. In (für unseren Ansatz) provozierender Klarheit findet sich diese Auffassung allein schon im Titel seiner profunden Aufsatzsammlung formuliert bei Haas: *Mystik als Aussage. Erfahrungs-, Denk- und Redeformen christlicher Mystik*, Frankfurt am Main: Suhrkamp 1996. Eine nuancierte Haltung vertritt hingegen Steven T. Katz, der sich auf breites religionshistorisches Material aus unterschiedlichsten Kulturen stützen kann und – ohne den propositionalen Gehalt mystischer Rede abstreiten zu wollen – doch deren performative, ja sogar theurgische Potenz ins Bewußtsein ruft: Cf. Steven Katz: "Mystical Speech and Mystical Meaning", in: *Mysticism and Language*, ed. id., Oxford: University Press 1995, pp. 3-41, ibid. pp. 12 sq.
21 Cf. Foucault: *L'Ordre du discours*, pp. 49 sq.

Phänomenologie (mit Edith Stein), später aber auch von Bataille, Foucault und Derrida in Frage gestellt worden ist.

Den Spaniern waren die Schriften eines Tauler, Ruusbroec oder Thomas von Kempen vertraut, und sie verstanden in diesem Sinn ihre eigene mystagogische Schriftstellerei eher als das Fortschreiben einer vorgefundenen denn als die Neuschöpfung einer erst zu schaffenden Tradition. Darum sollte in unserer Untersuchung – abgesehen von unbestreitbaren Besonderheiten im Detail – der spanischen Mystik insgesamt kein grundsätzlich anderer Charakter attestiert, für sie kein Sonderweg postuliert werden. Es bleibt vielmehr zu fragen, inwiefern sich unser Ansatz auf die Analyse weiterer mystagogischer und mystischer Texte übertragen läßt – auch und gerade außerhalb Spaniens. Wäre es etwa denkbar, das Schrifttum der mittelalterlichen Mystik aus der Perspektive der karmelitischen Autoren der spanischen Renaissance zu lesen und in den Texten dann andere Sinneffekte auszumachen als die bislang bekannten?

Das mystische Sprachspiel, das wir beschrieben haben, ist Ausdruck eines erotischen Opferungsbegehrens und Vollzug dieses Opfers im Medium der Sprache. Geopfert werden Buchstabe, Sinnlichkeit und Fleisch. Gern hatte man die allegorische – oder „symbolische" – Struktur der mystischen Dichtung insgesamt für einen Ausdruck der Analogie zwischen einem Gesagten und einem unaussprechlich Gemeinten genommen. In der mystischen Opferung, wie wir sie kennengelernt haben, ist das Gegenteil der Fall. Die mystische Allegorie prägt der Sprache jene Stigmata ein, die sie für die Vermittlung eines kommunikativen Sinns unbrauchbar und zum Dispositiv reiner Verschwendung machen:

> *ya no guardo ganado*
> *ni ya tengo otro officio*
> *que ya sólo en amar es mi exercicio*
> (Cántico C, vv. 98-100)

> [jetzt hüt ich auch kein Vieh mehr,
> noch hab ich sonst ein andres Amt,
> nur noch aus Lieben besteht mein Gewerbe].

In der erotischen Ekstase der *scène de l'énonciation* gerät die poetische Rede selbst zum Opferleib, dessen disperse Bedeutungseffekte sich im perversen Spiel eines unstillbaren Begehrens lustvoll verzehren:

> *con llama que consume y no da pena*
> (Cántico C, v. 195)

> [mit einer Flamme, die verzehrt, – und keinem tut's leid.]

Der Sprech- und Schreibakt des mystischen Dichters verdankt sich und zeugt von einem Potlatsch, der immer schon an einem andern Schauplatz statthatte, und er reproduziert ihn im Modus der Supplementarität, um dem Geschlechteten, der essentiell different ist zu ihm, gleichwohl ähnlich zu werden: eine unabschließbare *imitatio Christi*. Ein Medium solch supplementärer Mimesis oder Nachfolge ist für den mystischen Autor die verschwenderische Verausgabung seiner selbst an die Dichtung, an die Schrift, an das Wort, das sich ja seinerseits vor ihm immer schon verausgabt hat – und zwar restlos. Darum heißt es in einem mittelalterlichen Hymnus (dem auch das Motto zu Eingang unserer Untersuchung entnommen wurde) nicht von ungefähr:

> sparso verbi semine,
> sui moras incolatus
> miro clausit ordine.[22]

---

22 Thomas Aquinas: „Pange lingua gloriosi...", in: *Te Deum laudamus,* p. 68.

INDEX LIBRORVM

I. EDITIONES LIBRORVM VETVSTIORVM

I.A. SCRIPTORES ANTIQVITATIS ET MEDII AEVI

I.A.1. SCRIPTORES GRAECI ANTIQVI

ARISTOTELES
- Metaphysica. Aristoteles' Metaphysik (Griechisch-deutsch). In der Übersetzung von Hermann Bonitz. Neu bearbeitet, mit Einleitung und Kommentar herausgegeben von Horst Seidl. Griechischer Text in der Edition von Wilhelm Christ, voll. I-II, Hamburg: Felix Meiner 1978 et 1980
- Poetica. Aristotelis de arte poetica liber, ed. R. Kassel (Oxford Classical Texts), Oxonii: E typographeo Clarendoniano 1965

DAMASCIVS
- De principiis. Traité des premiers principes. De l'ineffable et de l'un, ed. L. G. Westerink, transt. J. Combès, Paris: Les Belles Lettres 1986

PLATO
- Opera omnia. Platon: Werke in acht Bänden. Griechisch und deutsch, herausgegeben von Gunther Eigler (Griechischer Text nach der Budé-Ausgabe, deutsche Übersetzung von Friedrich Schleiermacher), voll. I-VIII, Darmstadt: Wissenschaftliche Buchsgesellschaft 1970-1983
- Convivium, ibid., edd. L. Robin, L. Méridier, vol. III, 1974
- Phaedrus, ibid., edd. L. Robin, A. Diès, J. Souilhé, transtt. F. Schleiermacher, D. Kurz, vol. V, 1981
- Parmenides, ibid., edd. L. Robin, A. Diès, J. Souilhé, transtt. F. Schleiermacher, D. Kurz, vol. V, 1981
- Res publica, ibid., ed. E. Chambry, transt. F. Schleiermacher, vol. IV, 1971
- Sophistes, ibid., ed. A. Diès, transt. F. Schleiermacher, vol. VI, 1970
- Timaeus, ibid., edd. A. Rivaud, A. Diès, transtt. H. Müller, F. Schleiermacher, vol. VII, 1972

PLOTINVS
- Enneades, edd. P. Henry, H.-R. Schwyzer, in: Plotins Schriften, übersetzt von Richard Harder, Neubearbeitung mit griechischem Lesetext [ed. P. Henry, H.-R. Schwyzer] und Anmerkungen fortgeführt von R. Beutler u. W. Theiler, voll. I-VI, Hamburg: Felix Meiner 1956-1971

PROCLVS
- De malorum subsistentia [Latine]. Proclus: De l'existence du mal (Trois études sur la providence, vol. III), ed. D. Isaac, Paris: Les Belles Lettres 1982

I.A.2. SCRIPTORES LATINI ANTIQVI

Ad HERENNIVM
– Rhetorica ad Herennium, ed. H. Caplan, 1954 (Loeb Classical Library), London: William Heinemann; Cambridge, Massachusetts: Harvard University Press 1968
Q. HORATIVS Flaccus
– Opera, ed. F. Klingner (Bibliotheca Teubneriana), Lipsiae: B. G. Teubner 1950
L. APVLEIVS Madaurensis
– Metamorphoses sive asinus aureus, in: Apuleius: *Der goldene Esel. Metamorphosen* (Lateinisch und deutsch), ed. et transt. E. Brandt, 2., durchgesehene Auflage, München: Heimeran 1963
M. Valerius MARTIALIS
– M. Valerii Martialis epigrammata, ed. D. R. Shackleton Bailey, Stutgardiae in aedibus B. G. Teubneri 1990
P. OVIDIVS Naso
– P. Ouidi Nasonis amores, medicamina faciei femineae, ars amatoria, remedia amoris, ed. E. J. Kenney (Oxford Classical Texts), Oxonii e typographeo Clarendoniano 1961
C. PLINIVS Secundus maior
– C. Plini Secundi naturalis historiae libri XXXVII, edd. L. Ian, C. Mayhoff (1906), editio sterotypa editionis prioris, voll. I-VI, Stutgardiae in aedibus B. G. Teubneri 1970-1985
M. Fabius QVINTILIANVS
– M. Fabi Quintiliani institutionis oratoriae libri XII, ed. L. Rademacher (Bibliotheca Teubneriana), voll. I-II, Leipzig: B. G. Teubner 1971
P. VERGILIVS Maro
– P. Vergili Maronis opera, ed. R. A. B. Mynors (Oxford Classical Texts), Oxonii e typographeo Clarendoniano 1969

I.A.3. BIBLIORVM SACRORVM EDITIONES

– Septuaginta id est Vetus Testamentum Graece iuxta LXX interpretes, ed. A. Rahlfs (1939), vol. I-II, Stuttgart: Deutsche Bibelgesellschaft 1979
– Novum Testamentum Graece et Latine, edd. K. Aland et al. (editio Graeca XXVI), Stuttgart: Deutsche Bibelgesellschaft 1984
– Biblia sacra iuxta Vulgatam versionem, ed. R. Weber (1969), editio altera emendata, vol. I-II, Stuttgart: Württembergische Bibelanstalt 1975
- Nova Vulgata bibliorum sacrorum editio, iussu Io. Pauli II promulgata, Typis polyglottis Vaticanis 1979
– La Bible de Jérusalem, traduite en français sous la direction de l'Ecole Biblique de Jérusalem, Nouvelle édition entièrement revue et augmentée (1973), Paris: Cerf 1988
- Biblia: das ist: Die gantze Heilige Schrifft: Deudsch auffs new zugericht: Dr. Mart. Luther, Gedruckt zu Wittemberg / Durch Hans Lufft MDXLV, edd. H. Volz et al., voll. I-III, München: Deutscher Taschenbuchverlag 1974
– Die Schrift, verdeutscht von Martin Buber gemeinsam mit Franz Rosenzweig (Neubearbeitung von 1954), voll. I-V, 10. Auflage, Heidelberg: Lambert Schneider 1981
– Neue Jerusalemer Bibel, Einheitsübersetzung mit dem Kommentar der Jerusalemer Bibel (Einheitsübersetzung von 1980), edd. A. Deissler, A. Vögtle, Freiburg im Breisgau: Herder 1985

– Das Lied der Lieder von Schelomo, Aus dem Hebräischen übersetzt, nachgedichtet und herausgegeben von Stefan Schreiner, Bremen: Carl Schünemann 1981
– Die Bibel nach der Übersetzung Martin Luthers mit Apokryphen (Bibeltext in der revidierten Fassung von 1984), Stuttgart: Deutsche Bibelgesellschaft 1985
– The Song of Songs. A Commentary on the Book of Canticles or the Song of Songs. By Roland E. Murphy, O. Carm. Edited by S. Dean McBride, Jr. (Hermeneia. A Critical and Historical Commentary on the Bible), Minneapolis: Fortress Press 1990

I.A.4. SCRIPTORES ECCLESIAE GRAECAE ANTIQVI

DIONYSIUS Areopagita (Pseudo-Dionysius Areopagita)
– Opera, Unveränderter Nachdruck der Ausgabe Straßburg 1503, Frankfurt a. M.: Minerva 1970
– D. Dionysii Areopagitae scripta cum D. Ignatii martyris epistolis & aliss quae D. Dionysii scriptis annectuntur (Latine Ambrosio Traversario et Marsilio Ficino interpretibus), Compluti apud Ioannem Brocarium MDXLI (Biblioteca Nacional de Madrid R/20.084)
– S. Dionysii Areopagitae opera omnia quae exstant, ed. Balthasar Corderius, Patrologia Graeca, ed. J.-P. Migne, vol. 3
– Dionysiaca, Recueil donnant l'ensemble des traductions latines des ouvrages attribués à Denys de l'Aréopage, ed. Ph. Chevallier, voll. I-II, Bruges: Desclée de Brouwer & Cie 1937-1950
– Denys l'Aréopagite: La Hierarchie céleste, edd. R. Roques et al. (Sources chrétiennes, n° 58), Paris: Cerf 1958
– Corpus Dionysiacum, edd. Beate Regina Suchla, G. Heil, A. M. Ritter, voll. I-II (Patristische Texte und Studien, vol. 33 et 35), Berlin; New York: Walter de Gruyter 1990-1991
– Pseudo-Dionysius Areopagita: *Über die himmlische Hierarchie. Über die kirchliche Hierarchie,* transt. G Heil (Bibliothek der griechischen Literatur, vol. 22), Stuttgart: Anton Hiersemann 1986
– Pseudo-Dionysius Areopagita: *Die Namen Gottes,* transt. Beate Regina Suchla (Bibliothek der griechischen Literatur, vol. 26), Stuttgart: Anton Hiersemann 1988
– Dionysius Areopagita: *Von den Namen zum Unnennbaren,* ed. et transt. E. v. Ivánka, 3. Auflage, Einsiedeln: Johannes 1990
– Œuvres complètes du pseudo-Denys l'Aréopagite, transt. M. de Candillac, Réimpression, Paris: Aubier 1990
GREGORIVS Nyssenus
– De vita Moysis, Patrologia Graeca, ed. J.-P. Migne, vol. 44
– In canticum canticorum, Patrologia Graeca, ed. J.-P. Migne, vol. 44
IGNATIVS Antiochenus
– Epistolae, in: Ignace d'Antioche: Lettres. Martyre de Polycarpe, ed. Th. Camelot, 3e édition revue et augmentée (Sources chrétiennes, n° 10), Paris: Cerf 1958
ORIGENES
– Origenis de principiis libri IV, edd. H. Görgemanns, H. Karpp, Darmstadt: Wissenschaftliche Buchgesellschaft 1976
– Commentarium in canticum canticorum (Rufino interprete), in: Origène: Commentaire sur le Cantique des cantiques, edd. L. Brésard, H. Crouzel, voll. I-II, Sources chrétiennes, N° 375 et 376, Paris: Cerf 1991
– Homiliae in canticum canticorum, in: Origène: Homélies sur le Cantique des Cantiques, ed. O. Rousseau (Sources chrétiennes, N° 37), Paris: Cerf 1954

THEODORETVS Cyrensis
- Explanatio in canticum canticorum, in: Patrologia Graeca, ed. J.-P. Migne, vol. 81

I.A.5. SCRIPTORES ECCLESIAE LATINAE ANTIQVI

S. AMBROSIVS Mediolanensis
- De virginitate, Patrologia Latina, ed. J.-P. Migne, vol. 16
- Commentarius in cantica canticorum e scriptis sancti Ambrosii a Guillelmo quondam abbate Sancti Theodorici postea monacho Signiacensi collectus, Patrologia Latina, ed. J.-P. Migne, vol.15

S. AVGVSTINVS Hipponensis
- De doctrina christiana, ed. G. M. Green, Corpus scriptorum ecclesiasticorum Latinorum, vol. 80, Vindobonae: Hoelder-Pichler-Tempsky 1963
- De trinitate, ed. W. J. Mountain, Corpus Christianorum. Series Latina, vol. 50-50 A, Turnholti: Brepols 1968
- De catechizandis rudibus, ed. I. Bauer, Corpus Christianorum. Series Latina, Turnholti: Brepols 1969

BEDA Venerabilis
- In cantica canticorum libri VI, ed D. Hurst, Corpus Christianorum. Series Latina 119 B, Turnholti: Brepols 1983
- De schematibus et tropis, ed. Ch. W. Jones, Corpus Christianorum. Series Latina 123 A, Turnholti: Brepols 1975

S. GREGORIUS Magnus
- Moralia in Iob, ed. M. Adriaen, Corpus Christianorum. Series Latina 143, Turnholti: Brepols 1979
- Expositio in canticum canticorum, ed. P. Verbraeken, Corpus Christianorum: Series Latina 144, Turnholti: Brepols 1963

S. HIERONYMUS
- Epistolae, Patrologia Latina, ed. J.-P. Migne, vol. 30

S. ISIDORVS Hispalensis
- Etymologiae, in: Isidori Hispalensis episcopi etymologiarum sive originum libri XX, ed. W. M. Lindsay (Oxford Classical Texts), voll. I-II, Oxonii e typographeo Clarendoniano 1911

L. Caelius Firmianus LACTANTIVS
- Institutiones divinae, edd. S. Brandt, G. Laubmann, Corpus scriptorum ecclesiasticorum Latinorum, Praegae et Vindobonae: F. Tempsky; Lipsiae: G. Freytag 1890

I.A.6. SACRAE LITVRGIAE FONTES

- Missale Romanum ex decreto SS. concilii Tridentini restitutum (1570), editio XVII juxta typicam Vaticanam, Ratisbonae: Sumptibus et typis Friderici Pustet 1933
- Hebdomada sancta, ed. H. A. P. Schmidt, voll. I-II, Romae; Friburgi Brisgaviae; Barcinone 1956-1957
- Missale Romanum ex decreto Sacrosancti Oecumenici concilii Vaticani II instauratum (1970), editio typica altera, Typis polyglottis Vaticanis 1975
- Te Deum laudamus. Große Gebete der Kirche. Lateinisch-deutsch, ed. A. Adam, Freiburg im Breisgau: Herder 1987

I.A.7. THEOLOGIAE DOGMATICAE FONS

– Enchiridion symbolorum definitionum et declarationum de rebus fidei et morum, edd. H. Denzinger, A. Schönmetzer (1965), editio XXXVI emendata, Barcinone; Friburgi Brisgoviae; Romae: Herder 1986

I. A. 8. SCRIPTORES ECCLESIAE MEDII AEVI

ALANVS ab Insulis
– Rhythmus et rhythmus alter, Patrologia Latina, ed. J.-P. Migne, vol. 210
S. BERNARDUS Clarae-Vallensis
– Sermones in cantica canticorum, Patrologia Latina, ed. J.-P. Migne, vol. 183
S. BONAVENTVRA
– Itinerarium mentis in Deum, in: Bonaventura: Itinerarium mentis in Deum. De reductione artium ad theologiam, ed. J. Kaup, München: Kösel 1961
– De profectu religiosorum, in: S. Bonaventurae opera omnia, ed. A. C. Peltier, vol. XII, Parisiis: Ludovicus Vives 1848
– Legenda maior sancti Francisci, in: Legendae S. Francisci Assisiensis saeculis XIII et XIV conscriptae, vol. I (Analecta Franciscana, ed. patres collegii S. Bonaventurae), Ad Claras Aquas; Florentiae: Ex typographia collegii S. Bonaventurae 1926-1941.
GLOSSA ORDINARIA
– Glossa ordinaria, in: Walafridi Strabi opera omnia, Patrologia Latina, ed. J.-P. Migne, voll. 113-114, Parisiis 1879
IACOBVS a Voragine
– Legenda aurea, vulgo historia Lombardica dicta, ed. Th. Graesse (1890), Reproductio phototypica, Osnabrück: Otto Zeller 1965
IOANNES Scotus Eriugena [Erigena]
Periphyseon. De divisione naturae, Libr. I-III, edd. I. P. Sheldon-Williams, L. Bieler, vol. I-III (Scriptores Latini Hiberniae), Dublin: The Dublin Institute for Advanced Studies 1968-1981
RICHARDVS DE SANCTO VICTORE
– De quattuor gradibus violentae caritatis, Patrologia Latina, ed. J.-P. Migne, vol. 196
S. THOMAS Aquinas
– S. Thomae Aquinatis summa theologiae, cura fratrum eiusdem ordinis, quarta editio, voll. I-V, Matriti: Biblioteca de Autores Cristianos 1985
– S. Thomae Aquinatis quaestiones quodlibetales, cura et studio F. Spiazzi, editio VII revisa, Taurini et Romae: Marietti 1949
THOMAS a Kempis [Thomas von Kempen, Tomás Kempis]
– De imitatione Christi, Lateinisch-deutsch, ed. et transt. Friedrich Eichler, München: Kösel 1966

I.B. SCRIPTORES A SAECVLO XV VSQVE AD SAECVLVM XIX

I.B.1. SCRIPTORES SAECVLI XV ET XVI LATINI

Nicolaus CVSANVS [Nikolaus von Kues]
– Die philosophisch-theologischen Schriften (lateinisch-deutsch), ed. Leo Gabriel, transtt. Dietlind Dupré, Wilhelm Dupré (1964), voll. I-III, 2. Nachdruck, Wien: Herder 1989

Marsilius FICINVS [Marsilio Ficino]
– De amore (ca. 1470). Marsile Ficin: Commentaire sur le Banquet de Platon, ed. R. Marcel, Paris: Les Belles Lettres 1956
– Theologia Platonica (1482). Marsile Ficin: Théologie platonicienne de l'immortalité des âmes, ed. R. Marcel, voll. I-III, Paris: Les Belles Lettres 1964 bis et 1970
– Plotini enneades cum Marsili Ficini interpretatione castigata, iterum ediderunt Frid. Creuzer et Georg. Henricus Moser, Parisiis: Editore Ambrosio Firmin Didot 1855
HIERONYMUS Lauretus [Jeroni de Lloret, Jerónimo de Lloret]
– Sylva allegoriarum totius sacrae scripturae [1570], Coloniae Agrippinae apud Hermannum Demen sub momocerote anno MDCLXXXI, Fotomechanischer Nachdruck der zehnten Ausgabe Köln 1681, Einleitung v. Fr. Ohly, München: Wilhelm Fink 1971
LVISIVS Legionensis [Fray Luis de León, cf. I B 3, I B 4]
– F. Luysii Legionensis Augustiniani divinorum librorum primi apud Salmanticenses interpretis. In cantica canticorum Solomonis explanatio. Ad serenissimum Principem Albertum, Austriae Archiducem, S. R. E. Cardinalem. Salmanticae. Excudebat Lucas à Junta. MDLXXX. Cum privilegio (Biblioteca Nacional de Madrid, R/33550)
– F. Luysii Legionensis Augustiniani divinorum librorum primi apud Salmanticenses interpretis. In cantica canticorum Salomonis explanatio. Secuda editio ab ipso authore recognita & purior a mendis quam prima. Salmanticae. Excudebat Lucas à Junta. Anno 1582. Cum privilegio (Biblioteca Nacional de Madrid, U/1548)
– Fratris Luysii Legionensis Augustiniani in canticum canticorum triplex explanatio, in: Luysii Legionenis Augustiniani Theologiae doctoris & divinorum librorum primi apud Salmanticenses interpretis explanationum in eosdem tomus primus. Salmanticae. Apud Guillelmum Foquel. MDXXCIX (= 1589) (Biblioteca Nacional de Madrid R/31369)
– In canticum canticorum triplex explanatio [1589], in: Magistri Luysii Legionensis [...] opera [...] ex mss. ejusdem omnibus pp. Augustiniensium studio edita, t. II, Salmanticae episcopali Calatravae collegio sub Rodríguez typ. ductu 1892 (Bayerische Staatsbibliothek Exeg. 1345 g/1)
– Votum et ad Dei Genetricem carmen ex voto, in: Poesía, ed. J. F. Alcina, 2ª edición, Madrid: Cátedra 1987
NICOLAUS a Iesu Maria [Fray Nicolás de Jesús María]
– Phrasium mysticae theologiae V. P. F. Ioannis a Cruce Carmelitarum excalceatorum Parentis primi elucidatio. Authore P. F. Nicolao a Iesu Maria sacrae theologiae lectore Salmanticensis Collegii eiusdem Ordinis. Ad Illm. DD. Melchiorem de Moscoso Episcopum Segoviensem. Cum privilegio. Compluti. Ex officina Ioannis de Orduña. Anno 1631 [titulus brevior: Elucidatio theologica] (Biblioteca Nacional de Madrid, 3/54875)
SILVESTER Prierias [Silvestro Mazzolini]
– Sylvestrinae summae nitori suo restitutae pars secunda, Lugduni apud Ioannem Frellonum MDXLIX (Biblioteca Nacional de Madrid 3/16816)
THOMAS a Iesu [Fray Tomás de Jesús]
– De contemplatione divina libri sex. Auctore R. P. F. Thoma a Iesu Carmelitarum excalceatorum in Belgio et Germania provinciali. Antuerpiae. Ex officina Plantiniana. Apud Balthasarem Moretum, viduam Io. Moreti et Io. Meursium. MDCXX (Biblioteca Nacional de Madrid 3/63523)
– Divinae orationis sive a Deo infusae methodus, natura et gradus. Libri quatuor [...] Auctore R. P. F. Thoma a Iesu, Carmelitarum excalceatorum per Belgium et Germanicam Exprovincilai. Antuerpiae. Ex officina Plantiniana. Apud Balthasarem

Moretum et Viduam Ioannis Moreti, & Io. Meursium. MDCXXIII [titulus brevior: Divinae orationis methodus] (Biblioteca Nacional de Madrid 3/63522)

S. THOMAS a Villanova [Santo Tomás de Villanueva]
– Conciones sacrae illustrissimi et reverendissimi D. D. Thomae a Villanova. Ex ordine Eremitarum diui Augustini, Archiepiscopi Valentini, & in sacra Theologia magistri. Nunc primum in lucem editae. Compluti. Ioannes à Lequerica excudebat. Anno 1572 (Biblioteca Nacional de Madrid R/31330)
– Divi Thomae a Villanova archiepiscopi Valentini cognomento Eleemosynarii ex ordine eremitarum S. P. Augustini opera omnia juxta Salmant. et Mediol. editiones P. Laurentii a S. Barbara notis aliisque permultis aucta cura, studio, sumptibusque pp. Augustinianorum provinciae SSmi. Nomnis Jesu insularum Philippinarum, voll. I-V, Manilae apud typographiam vulgo «Amigos del país» anno 1881-1884

I.B.2. SCRIPTORES ITALIAE

Ludovico ARIOSTO
– *Orlando furioso,* edd. M. Turchi, E. Sanguineti, vol. I-II, Milano: Garzanti 1974
Giovanni BOCCACCIO
– Genealogiae deorum gentilium, in: Genealogiae Ioannis Boccatii cum demonstrationibus in formis arborum designatis, Venetiis: apud Bonetum Locatellum 1494/95
– *Decameron,* ed. M. Marti (1950), vol. I-II, Milano: Rizzoli 1974
Baldassare CASTIGLIONE
– *Il libro del Cortegiano,* ed. E. Bonora, Milano: Mursia 1972
DANTE Alighieri
– *Vita nuova,* ed. E. Sanguineti, Milano: Garzanti 1977
– *Il Convivio,* ed. Maria Simonelli, Bologna: Riccardo Pàtron 1966
– *La Divina Commedia,* edd. A. Chiari, G. Robuschi (1965), Testo critico della Società Dantesca Italiana, 5a edizione, Milano: Bietti 1966
– *Epistola ad Canem Grandem,* in: Id., Opere minori, edd. P. V. Mengaldo et al., Milano; Napoli: Riccardo Ricciardi 1979, t. II, pp. 598-643
LEONE Ebreo [Leo Hebraeus, Juda Abarbanel/Abravanel]
– *Dialoghi d'amore,* ed. S. Caramella, Bari: Gius. Laterza & Figli 1929
– León Hebreo: *Diálogos de amor,* transt. Garcilaso Inca de la Vega, (Madrid 1590), ed. Julián Martínez, voll. I-II, Madrid: Victoriano Suárez 1948-1949
– León Hebreo: *Diálogos de amor,* transt. D. Romano, Madrid: Tecnos 1986
Francesco PETRARCA
– *Canzoniere,* ed. U. Dotti, Milano: Feltrinelli 1979
– *Concordanze del Canzoniere di Petrarca,* ed. Accademia della Crusca, voll. I-II, Firenze: Consiglio Nazionale delle Ricerche 1971
Iacopo SANNAZARO
– *L'Arcadia,* ed. F. Erspamer, Milano: Mursia 1990

I.B.3. SCRIPTORES HISPANIAE SACRI

ANONYMI
– [Fray Luis de León?] *Los Cantares del rey Salomón en octava rima,* in: Fray Luis de León: *Obras completas,* ed. F. García, 5ª edición, Madrid: Biblioteca de Autores Cristianos 1991, vol. II, pp. 1021-1039

– [Fray Luis de León?] *Los Cantares del rey Salomón en versos líricos,* in: Fray Luis de León: *Obras completas,* ed. F. García, 2ª edición, Madrid: Biblioteca de Autores Cristianos 1951, pp. 1705-1722

Fray ALONSO de la Madre de Dios

– *Vida virtudes y milagros del santo padre fray Juan de la Cruz, maestro y padre de la Reforma de la Orden de los Descalzos de Nuestra Señora del Monte Carmelo* (ante 1635), ed. F. Antolín, Madrid: Espiritualidad 1989
– Cf. José de Jesús María (Quiroga)

ANDRÉS de la Encarnación

– *Memorias historiales* (Biblioteca Nacional de Madrid, Ms. 13482)

Benito ARIAS MONTANO

– *Paraphrasis super cantica canticorum,* Biblioteca Nacional de Madrid, Ms. 3977 (= M. 98), foll. 268 r. – 293 v.
– «Paráfrasis del maestro Benito Arias Montano sobre el Cantar de los Cantares de Salomón en tono pastoril», *Revista Española de Estudios Bíblicos,* Año 3 (febrero 1928), pp. 83-112

Sebastián de CÓRDOBA

– *Garcilaso a lo divino,* ed. G. R. Gale, Ann Arbor: University of Michigan; Madrid: Castalia 1971

Fray DIEGO de Jesús (Salablanca)

– *Apuntamientos y advertencias en tres discursos para más fácil inteligencia de las frases místicas y doctrina de las obras espirituales de nuestro Padre San [sic] Juan de la Cruz* (1618), in: S. Juan de la Cruz: *Obras completas,* ed. Silverio de Sta. Teresa, vol. I, Burgos: Monte Carmelo 1929, pp. 179-208

Fray JERÓNIMO de San José (Ezquerra)

– Cf. José de Jesús María (Quiroga)

Fray JOSÉ de Jesús María (Quiroga)

– José de Jesús María (Quiroga), Alonso de la Madre de Dios, Jerónomo de San José (Ezquerra): *Primeras biografías y apologías de San Juan de la Cruz,* ed. Junta de Castilla y León, Salamanca: Europa 1991
– *Apología mística* (post 1624?), ibid.

San JUAN de la Cruz [Ioannes a Cruce]

– *Noche oscura,* Biblioteca Nacional de Madrid, Ms. 3446 [Codex Hispalensis]
– Obras espirituales que encamina una alma a la perfecta vnion con Dios. Por el Venerable P. F. Juan de la Cruz primer Descalzo de la Reforma de N. Señora del Carmen Coadjutor de la Bienauenturada Virgen S. Teresa de Iesus Fundadora de la misma Reforma. Con vna resunta de la vida del Autor y unos discursos por el P. F. Diego de Iesús Carmelita descalzo Prior del Conuento de Toledo. Dirigido al ilustrísimo Señor Don Gaspar de Borja Cardenal de la Santa Iglesia de Roma del titulo de Santa Cruz en Hierusalen. Impreso en Alcalá por la viuda de Andrés Sanches Ezpeleta. Anno de MDCXVIII
– Obras del venerable i místico doctor F. Joan de la Cruz, Primer descalço i padre de la Reforma de N. Sa del Carmen, dedicadas al seueríssimo Sr Infante Cardenal, Arzobispo de Toledo, Don Fernando. Año 1630. Con privilegio. En Madrid. En casa la Viuda de Madrigal (Biblioteca Nacional de Madrid U/6966)
– *Obras completas,* ed. Silverio de Sta. Teresa, vol. I-V, Burgos: Monte Carmelo 1929-1931
– *Obras completas,* ed. L. Ruano, 10ª edición, Madrid: Biblioteca de Autores Cristianos 1977
– *Obras completas,* ed. L. Ruano, 11ª edición, Madrid: Biblioteca de Autores Cristianos 1982

– *Obras completas,* ed. J. V. Rodríguez, 4ª edición, Madrid: Espiritualidad 1992
– *Cántico espiritual. Poesías* (Códice de Jaén), ed. C. Cuevas, Madrid: Alhambra 1979
– *Cántico espiritual* (Primera redacción y texto retocado), ed. E. Pacho, Madrid: Fundación Universitaria Española 1982
– *Cántico espiritual y poesías,* Manuscrito de Sanlúcar de Barrameda, Facsímil y transcripción, ed. Junta de Andalucía (prólogo E. Pacho), voll. I-II, Madrid: Turner 1991
– *Cántico espiritual y poesías,* Manuscrito de Jaén, Facsímil y transcripción, ed. Junta de Andalucía (prólogo J. A. Valente), vol. I-II, Madrid: Turner 1991
– *Poesía* (1983), ed. D. Ynduráin, 5ª edición, Madrid: Cátedra 1990
– *Poesie,* ed. Paola Elia, L'Aquila; Roma: Japadre 1989
– *Poesías,* ed. Paola Elia, Madrid: Castalia 1990
– *Concordancias de los escritos de San Juan de la Cruz,* ed. J. L. Astigarraga, A. Borrell, F. J. Martín de Lucas, Roma: Tereswianum 1990
– Johannes vom Kreuz: *Sämtliche Werke in fünf Bänden,* edd. et transtt. Aloysius ab Immaculata Conceptione, Ambrosius a S. Theresia (1925-1929), 8. Auflage, vol. I-V, Darmstadt: Wissenschaftliche Buchgesellschaft 1987
– Johannes vom Kreuz: *Die dunkle Nacht und die Gedichte,* transtt. H. U. v. Balthasar, Cornelia Capol (1978), 3. Auflage, Einsiedeln: Johannes 1983
– Johannes vom Kreuz: *Gesammelte Werke,* Vollständige Neuübertragung, transtt. Ulrich Dobhan OCD, Reinhard Körner OCD, Elisabeth Hense, Elisabeth Peeters OCD, voll. I-V, Freiburg; Basel; Wien: Herder 1995-2000
Fray Luis de LEÓN [Luisius Legionensis, cf. I B 1, I B 4]
– *Obras completas castellanas,* ed. Felix García, 5ª edición revisada, voll. I-II, Madrid: Biblioteca de Autores Cristianos 1991
– *De los nombres de Cristo,* ed. Cr. Cuevas (Letras Hispánicas), 5ª edición, Madrid: Cátedra 1986
– *Poesía,* ed. J. Alcina, 2ª edición, Madrid: Cátedra 1987
Pedro MALÓN DE CHAIDE
– *La conversión de la Madalena, en que se esponen los tres estados que tuvo de pecadora, i de penitente, i de gracia* (Barcelona 1588), ed. Félix García, voll. I-II, Madrid: Clásicos Castellanos 1930
Fray Bartolomé de MEDINA
– Instrucción de cómo se ha de administrar el Sacramento de la penitencia, diuidida en dos libros, compuesta por el padre maestro F. Bartolomé de Medina Cathedrático de prima de Theologia de la vniuersidad de Salamnaca de la orden de S. Domingo. En Alcalá, en casa de Iuan Gracián que sea en gloria. Año 1591 (Biblioteca Nacional de Madrid R/35.244)
Santa TERESA de Jesús [Teresia a Jesu]
– *Obras completas,* ed. Efrén de la Madre de Dios, Otger Steggink, Madrid: Biblioteca de Autores Cristianos 1979
– *Libro de la vida,* ed. D. Chicharro, Madrid: Cátedra 1979
– Teresa von Avila: *Von der Liebe Gottes* (Nach der deutschen Erstübersetzung von 1649), ed. André Stoll, Frankfurt am Main: Insel 1984

I.B.4. SCRIPTORES HISPANIAE PROFANI

ANONYMVS
- *Tratado de los buenos usos del matrimonio* (Bibloteca de la Real Academia de la Historia, Ms. S-2 BRAH, fol. 75 v. -103 r.), ed. Luce López Baralt, in: Ead.: *Un Kama Sutra español,* Madrid: Siruela 1992, pp. 351-372

ANTHOLOGIAE
- *Cancionero Espiritual* (Valladolid 1549), Reimpreso directamente de la primera edición, ed. Bruce W. Wardropper, Valencia: Castalia
- *Floresta de poesías eróticas del Siglo de Oro* (Con su vocabulario al cabo por el orden del a.b.c.), edd. P. Alzieu, R. Jammes, Yvan Lissorgues, Toulouse: Université de Toulouse-Le Mirail 1975
- *Poesía lírica del Siglo de Oro,* ed. E. L. Rivers, Madrid: Cátedra 1985
- *Cancionero tradicional,* ed. J. M. Alín, Madrid: Castalia 1991

Francisco de ALDANA
- *Poesías castellanas completas,* ed. J. Lara Garrido, Madrid: Cátedra 1985
- Cf. José de Jesús María (Quiroga)
Juan Ruiz ARCIPRESTE de Hita
- *Libro de buen amor,* ed. et transt. H. U. Gumbrecht (Klassische Texte des Romanischen Mittelalters), München: Wilhelm Fink 1972
Juan BOSCÁN [Joan Boscà]
- *Poesías escogidas,* in: Garcilaso y Boscán: *Obras poéticas,* ed. E. Díez Canedo, Madrid: Calleja 1917
Miguel de CERVANTES Saavedra
- *El ingenioso hidalgo don Quijote de la Mancha,* edd. J. J. Allen, Madrid: Cátedra 1977
DELICADO, Francisco
- Retrato de la Lozana Andaluza, ed. C. Allaigre, Madrid: Cátedra 1985
GARCILASO de la Vega
- *Poesías castellanas completas,* ed. E. L. Rivers, Madrid: Castalia 1972
- *Garcilaso de la Vega y sus comentaristas.* Obras ompletas del poeta acompañadas de los textos íntegros de los comentarios de El Brocense, Fernando de Herrera, Tamayo de Vargas y Azara, ed. A. Gallego Morell, Granada: Universidad de Granada 1966
- *Concordancias de las obras poéticas en castellano de Garcilaso de la Vega,* ed. E. Sarmiento, Madrid: Castalia 1970
Luis de GÓNGORA y Argote
- *Sonetos completos,* ed. Biruté Ciplijauskaité, Madrid: Castalia 1982
Fernando de HERRERA
- *Poesía castellana original completa,* ed. C. Cuevas, Madrid: Cátedra 1985
Fray Luis de LEON [Luisius Legionensis, cf. I B 1, I B 3]
- *Obras completas castellanas,* ed. Felix García, 5ª edición revisada, vol. I-II, Madrid: Biblioteca de Autores Cristianos 1991
- *Poesía,* ed. J. Alcina, 2ª edición, Madrid: Cátedra 1987
Juan de MENA
- *Obras completas,* ed. M. A. Pérez Priego, Barcelona: Planeta 1989
Jorge de MONTEMAYOR
- *Los siete libros de la Diana,* ed. Asunción Rallo, Madrid: Cátedra 1991
Fernando de ROJAS
- *La Celestina,* ed. P. M. Piñero Ramírez, Madrid: Espasa Calpe 1983

Juan RUIZ
- Cf. ARCIPRESTE de Hita
Iñigo López de Mendoza, Marqués de SANTILLANA
- *Obras completas,* edd. A. Gómez Moreno, M. Kerkhof, Barcelona: Planeta 1988
TIRSO de Molina (Gabriel Téllez)
- *El burlador de Sevilla y convidado de piedra,* ed. J. M. Oliver Cabañés, Barcelona: Plaza & Janés 1984

I.B.5. SCRIPTORES LVSITANIAE

Anthologia
- *Cantigas d'Amigo dos Trovadores Galego-Portugueses,* ed. J. J. Nunes, vol. I-III, Coimbra: Imprensa da Universidade 1926-1928, Reprint, New York: Kraus Reprint Co. 1971

Luís de CAMÕES
- *Poesia lírica,* ed. Isabel Pascoal, Editora Ulisseia s. a.

I.B.6. SCRIPTORES PROVINCIAE NARBONENSIS

Anthologia
- *Les Troubadours,* edd. et transtt. René Nelli, René Lavaud (1960), voll. I-II, Paris: Desclée de Brouwer 2000

I.B.7. SCRIPTORES GALLIAE

Charles BAUDELAIRE
- *Les Fleurs du mal* (1857), ed. H. Lemaître, Paris: Garnier-Flammarion 1964
Blaise PASCAL
- *Pensées,* ed. E. Périer, Paris: Jules Tallandier 1977

II. CETERA AVXILIA

II.A. LEXICA, ARTES, ENCYCLOPAEDIAE

II.A.1. LEXICA ATQVE ARS GRAMMATICA ET ARS METRICA LINGVAE HISPANICAE CHRONOLOGICE

Gonzalo CORREAS
- *Vocabulario de refranes y frases proverbiales* (1627), ed. Louis Combet, Bordeaux: Institut d'Etudes Ibériques et Ibéro-Américaines de l'Université de Bordeaux 1967
Sebastián de COVARRUBIAS Orozco (Horozco)
- *Tesoro de la lengua castellana o española* (1611), ed. M. de Riquer (1943), Barcelona: Alta Fulla 1987
REAL ACADEMIA ESPAÑOLA ed.
- *Diccionario de Autoridades* (1737), Edición facsímil, voll. I-III, Madrid: Gredos 1963-1964
BAEHR, Rudolf
- *Spanische Verslehre auf historischer Grundlage,* Tübingen: Max Niemeyer 1962

REAL ACADEMIA ESPAÑOLA ed.
- *Esbozo de una nueva gramática de la lengua española*, Madrid: Espasa Calpe 1974
ALONSO HERNÁNDEZ, José Luis
- *Léxico del marginalismo del Siglo de Oro* (Acta Salmanticensia, Filosofía y Letras, 99), Salamanca: Universidad de Salamanca 1976
María MOLINER
- *Diccionario de uso del español* (1966), voll. I-II, Madrid: Gredos 1979
REAL ACADEMIA ESPAÑOLA ed.
- *Diccionario de la lengua española,* 20ª edición, voll. I-II, Madrid: Espasa Calpe 1984
Joan COROMINAS; José A. PASCUAL
- *Diccionario crítico etimológico castellano e hispánico,* voll. I-VI, Madrid: Gredos 1980-1991

II.A.2. ENCYCLOPAEDIAE SINGVLARVM ARTIVM

Realenzyklopädie für Antike und Christentum (RAC)
- Edd. Th. Klauser et. al., exstant adhuc voll. I-XV, Stuttgart: Anton Hiersemann 1950-1991
Dictionnaire de spiritualité ascétique et mystique
- Edd. M. Viller, A. Derville et al., exstant adhuc voll. I-XV, Paris: Beauchesne 1957-1991
Lexikon für Theologie und Kirche (LThK)
- Zweite, völlig neu bearbeitete Auflage, edd. J. Höfer, K. Rahner, voll. I-XI, Freiburg im Breisgau: Herder 1957-1967
Historisches Wörterbuch der Philosophie
- Edd. J. Ritter, K. Gründer, exstant adhuc voll. I-VIII, Darmstadt: Wissenschaftliche Buchgesellschaft 1971-1992
Theologische Realenzyklopädie (TRE)
- Edd. G. Kruse, G. Müller, exstant adhuc voll. I-XXII, Berlin: Walter de Gruyter 1977-1992
Historisches Wörterbuch der Rhetorik
- Ed. Gerd Ueding, Tübingen: Niemeyer 1992 sqq.

II.B. STVDIA SCRIPTORVM RECENTIORVM ALPHABETICE

ADNÈS, Pierre
- Art. «Sommeil spirituel» (1989), in: *Dictionnaire de spiritualité ascétique et mystique,* vol. XIV, coll 1041-1053
- Art. «Toucher, touches» (1991), ibid. vol. XV, coll. 1073-1098
- Art. «Transverbération» (1991), ibid. vol. XV, coll. 1174-1184
ALONSO, Dámaso
- La poesía de San Juan de la Cruz (desde esta ladera), 1942, 3ª edición, Madrid: Aguilar 1958
- «El misterio técnico de la poesía de San Juan de la Cruz», in: *Ensayo de métodos y límites estilísticos* (1950), 4ª edición, Madrid: Gredos 1962, pp. 217-305
ALZIEU, Pierre; JAMMES, Robert; LISSORGUES, Yvan
- «Introducción», in: *Floresta de poesías eróticas del Siglo de Oro,* con su vocabulario por el orden del a.b.c., edd. iid., Toulouse-Le Mirail: France-Ibérie Recherche 1975

ARANGUREN, José Luis López
– «San Juan de la Cruz» (1963), in: *Estudios literarios,* Madrid: Gredos 1976, pp. 9-92
ARENAL, Electa; SCHLAU, Stacey
– *Untold Sisters: Hispanic Nuns in their own Works,* Albuquerque, New Mexico: University of New Mexico Press 1989
ARIS, Marc-Aeilko
– *Contemplatio. Philosophische Studien zum Traktat Benjamin Major des Richard von St. Victor,* Frankfurt am Main: Josef Knecht 1996
ASÍN PALACIOS, Miguel
– *El Islam cristianizado: Estudio del «sufismo» a través de las obras de Abenarabí de Murcia* (1931), 2ª edición, Madrid: Hiperión 1981
AUERBACH, Erich
– „Figura" (1938), in: *Gesammelte Aufsätze zur romanischen Philologie,* Bern; München: Francke 1967, pp. 55-92
BACHTIN, Michail
– „Das Wort im Roman" [Russice 1934/35; publ. 1965], in: Id.: *Die Ästhetik des Worts,* ed. R. Grübel, transtt. R. Grübel, Sabine Reese, Frankfurt am Main: Suhrkamp 1979, pp. 154-299
BALTHASAR, Hans Urs von
– *Herrlichkeit: Eine theologische Ästhetik,* 2. Auflage, voll. I-III, Einsiedeln: Johannes 1962
BARTHES, Roland
– *Sade, Fourier, Loyola,* Paris: Seuil 1971
– *Fragments d'un discours amoureux,* Paris: Seuil 1977
BARUZI, Jean
– *Saint Jean de la Croix et le Problème de l'expérience mystique* (1924), 2ᵉ édition revue et augmentée, Paris: Félix Alcan 1931
BATAILLE, Georges
– «La notion de dépense» (1933), in: *La Part maudite,* ed. J. Piel, Paris: Minuit 1967, pp. 23-45
– *L'Expérience intérieure* (1943), Texte revu et corrigé, Paris: Gallimard 1954
– *Théorie de la religion* (1948), Paris: Gallimard 1973
– *La Souveraineté* (partim 1950-56), in: *Œuvres complètes,* vol. VIII, Paris: Gallimard 1976
– *Lascaux ou la Naissance de l'art* (1955), Genève: Skira 1992
– *L'Érotisme,* Paris: Minuit 1957
– *La Littérature et le Mal,* Paris: Gallimard 1957
BATAILLON, Marcel
– «La tortolica de Fontefrida y el Cántico Espiritual», *Nueva Revista de Filología hispánica* 7 (1953), n° 1-2
BECERRA HIRALDO, José María
– «El 'Cántico espiritual' de San Juan de la Cruz y la 'In Canticum canticorum triplex explanatio' de fray Luis de León», in: *Homenaje al profesor Antonio Gallego Morell,* edd. C. Argente et al., Granada: Universidad de Granada 1989, vol. I, pp. 183-189
BEHN, Irene
– *Spanische Mystik: Darstellung und Deutung,* Düsseldorf: Patmos 1957
BEIERWALTES, Werner
– „Reflexion und Einung. Zur Mystik Plotins", in: Id. et al.: *Grundfragen der Mystik,* Einsiedeln: Johannes 1974, pp. 7-36
– „Negati affirmatio: Welt als Metapher. Zur Grundlegung einer mittelalterlichen Ästhetik durch Johannes Scotus Eriugena", in: *Jean Scot Erigène et l'Histoire de la*

philosophie (Actes, Laon, 7-12 juillet 1975), ed. R. Roques, Paris: Editions du CNRS 1977, pp. 263-275
– *Identität und Differenz,* Frankfurt am Main: Vittorio Klostermann 1980
– *Denken des Einen: Studien zur neuplatonischen Philosophie und ihrer Wirkungsgeschichte,* Frankfurt am Main: Vittorio Klostermann 1985
– *Visio facialis. Sehen ins Angesicht: Zur Coincidenz des endlichen und unendlichen Blicks bei Cusanus,* Vorgetragen am 9. Januar 1987 (Sitzungsberichte der Bayerischen Akademie der Wissenschaften), München: Verlag der Bayerischen Akademie der Wissenschaften 1988
– *Platonismus im Christentum,* Frankfurt am Main: Vittorio Klostermann 1998
BEIRNAERT, Louis
– «Signification du symbolisme conjugal dans la vie mystique», in: *Mystique et Continence* (Travaux scientifiques du VIIe Congrès international d'Avon), Les Etudes carmélitaines (Paris: Desclée et Brouwer) 31 (1952), pp. 380-389
BENEDICTINE of Stanbrook Abbey
– Cf. *Mediaeval Mystical Tradition and Saint John of the Cross*
BENJAMIN, Walter
– *Ursprung des deutschen Trauerspiels* (1928), ed. R. Tiedemann (1978), 2. Auflage, Frankfurt am Main: Suhrkamp 1982
– „Über den Begriff der Geschichte", in: *Illuminationen,* Frankfurt am Main: 1974, pp. 251-263
BENVENISTE, Émile
– «L'appareil formel de l'énonciation», *Langages* 17 (mars 1970), 12-18
BERGSON, Henri
– *Les Deux Sources de la morale et de la religion* (1932), 64e édition, Paris: Presses Universitaires de France 1951
BIANCHI, M.
– Cf. FATTORI, M.
BLANCHOT, Maurice
– «La littérature et le droit à la mort», in: *La Part du feu,* Paris: Gallimard 1949, pp. 291-331
– *L'Espace littéraire,* Paris: Gallimard 1955
BLOOM, Harold
– *The Anxiety of Influence. A Theory of Poetry,* Oxford: University Press 1973
– *A Map of Misreading,* Oxford: University Press 1975
– *Ruin the Sacred Truths: Poetry and Belief from the Bible to the Present,* Cambridge, Massachusetts; London, England: Harvard University Press 1989
BOHRER, Karl Heinz
– *Plötzlichkeit: Zum Augenblick des ästhetischen Scheins,* Frankfurt am Main: Suhrkamp 1981
– *Der romantische Brief: Die Entstehung ästhetischer Subjektivität,* München: Carl Hanser 1987
BONAPARTE, Marie
– «De l'essentielle ambivalence d'Eros», *Revue française de psychanalyse,* 12 (1948), 167-212
BONNEVILLE, Henry
– *Le Poète sévillan Juan de Salinas (1562?-1643). Vie et œuvre,* Paris: Presses Universitaires de France 1969
BORD, André
– *Plotin et Jean de la Croix,* Paris: Beauchesne 1996

BOUYER, Louis
– «Mystique: essai sur l'historie d'un mot», *La Vie spirituelle,* Supplément 9 (15 mai 1949), 3-23
– „Mystisch: Zur Geschichte eines Wortes", in: *Das Mysterium und die Mystik: Beiträge zur Theologie der christlichen Gotteserfahrung,* ed. J. Sudbrack, Würzburg: Echter 1974, pp. 57-75

BREDOW, Gerda von
– Art. „Coincidentia oppositorum" (1971), in: *Historisches Wörterbuch der Philosophie,* vol. I, coll. 1022 sq.

BRENAN, Gerald (1973)
– *St. John of the Cross. His Life and Poetry,* Cambridge: University Press 1973

BRETON, Stanislas
– *Foi et raison logique,* Paris: Seuil 1971

BÜHLER, Karl
– *Sprachtheorie: Die Darstellungsfunktion der Sprache* (1934), Ungekürzter Neudruck, Stuttgart; New York: Gustav Fischer Verlag

BULTMANN, Rudolf
– *Theologie des Neuen Testaments* (1948-1953), ed. Otto Merk, 7., durchgesehene, erweiterte Auflage, Tübingen: Mohr 1977

CACCIARI, Massimo
– «'Tocar' a Dios», in: *Lo santo y lo sagrado,* ed. Félix Duque, Madrid: Trotta 1993, pp. 139-150.

CAILLOIS, Roger
– *L'Homme et le Sacré,* Paris: Gallimard 1950

CAMELOT, Thomas
– «Les traités 'de virginitate' au IVe siècle», in: *Mystique et Continence* (Travaux scientifiques du VIIe Congrès international d'Avon), Les Etudes carmélitaines (Paris: Desclée et Brouwer) 31 (1952), pp. 273-292

CÁRDENAS, Viviana Isabel
– «Le poème de la 'Noche oscura' ou l'indicible dans les interstices du dire», in: *Saint Jean de la Croix (1591-1991),* Etudes rassemblées par A. Vermeylen, *Les Lettres romanes* (Louvain-la-Neuve: Université Catholique de Louvain), numéro hors série (1991), pp. 37-47

CARRETE PARRONDO, Carlos
– *Hebraístas judeoconversos en la Universidad de Salamanca* (Lección inaugural del curso académico 1983-1984), Salamanca: Universidad Pontificia 1983

CARRUTHERS, Mary J.
– *The Book of Memory. A Study of Memory in Medieval Culture* (1993), Cambridge: University Press 1997

CASTRO, Américo
– «La mística y humana feminidad de Teresa la Santa», in: *Santa Teresa y otros ensayos,* Santander: Aldus 1929, pp. 7-63

CERQUIGLINI, Bernard
– *L'Eloge de la variante: histoire de la philologie* (Des travaux), Paris: Seuil 1989

CERTEAU, Michel de
– «Lacan: une éthique de la parole» (1982), in: *Histoire et psychanalyse entre science et fiction,* Paris: Gallimard 1987, pp. 168-196
– *La Fable mystique: XVIe-XVIIe siècle,* vol. I (Bibliothèque des Histoires), Paris: Gallimard 1982

CHEVALLIER, Philippe
– «Le *Cantique spirituel* de saint Jean de la Croix, a-t-il été interpolé?», *Bulletin hispanique* 24 (1922), 307-342
CHYDENIUS, Johan
– «La théorie du symbolisme médiéval» [Anglice 1960], *Poétique* 23 (1975), 322-341
CRISÓGONO de Jesús
– *Vida de San Juan de la Cruz* (1945), in: *Vida y Obras de San Juan de la Cruz,* edd. id. et al., 10ª edición, Madrid: Biblioteca de Autores Cristianos 1978, pp. 15-340
CROCE, Benedetto
– *Estetica come scienza dell'espressione e linguistica generale* (1902), Bari: Giuseppe Laterza & Figli 1973
CUEVAS GARCÍA, Cristóbal
– «Estudio preliminar», in: S. Juan de la Cruz: *Cántico espiritual. Poesías,* ed. id., Madrid: Alhambra 1979, pp. 1-100
– «Aspectos retóricos en la poesía de San Juan de la Cruz», *Edad de Oro,* 11 (1992, Universidad Autónoma de Madrid), 29-41
CULLER, Jonathan
– "Apostrophe", in: *The Pursuit of Signs: Semiotics, Literature, Deconstruction,* London; Henley: Routledge & Kegan Paul 1981, pp. 135-154
– *On Deconstruction: Theory and Criticism after Structuralism,* London; Melbourne; Henley: Routledge & Kegan Paul 1983
DERRIDA, Jacques
– «Cogito et histoire de la folie» (1964), in: *L'Ecriture et la Différence,* Paris: Seuil 1967, pp. 51-97
– «La structure, le signe et le jeu» (1966), ibid. pp. 409-428
– *L'Ecriture et la Différence,* Paris: Seuil 1967
– *La Voix et le Phénomène: introduction au problème du signe dans la phénoménologie de Husserl* (1967), 4ᵉ édition, Paris: Presses Universitaires de France 1983
– *De la grammatologie,* Paris: Minuit 1967
– «La différance», in: Michel Foucault et al.: *Théorie d'ensemble* (Collection «Tel Quel»), Paris: Seuil 1968
– «Comment ne pas parler. Dénégations» ("How to Avoid Speaking", Jerusalem, 1986), in: Id., *Psyché. Inventions de l'autre,* Paris: Galilée 1987
DIDI-HUBERMAN, Georges
– *L'Invention de l'hystérie. Charcot et l'iconographie photographique de la Salpétrière,* Paris: Macula 1982
– *Die Erfindung der Hysterie. Die photographische Klinik des Jean-Martin Charcot,* transtt. Silvia Henke, Martin Stingelin, Hubert Thüring, München: Wilhelm Fink 1997
DIEGO, Gerardo
– «Música y ritmo en la poesía de San Juan de la Cruz» (1942), in: *Crítica y poesía,* Madrid: Júcar 1984, pp. 47-72
DOBHAN, Ulrich
– *Johannes vom Kreuz, Lehrer des ,neuen Denkens'. Sanjuanistik im deutschen Sprachraum,* Würzburg: Echter 1991
DURKHEIM, Émile
– *Les Formes élémentaires de la religion* (1912), 7ᵉ édition, Paris: Quadrige; Presses Universitaires de France 1985
DUVIVIER, Roger
– *La Genèse du 'Cantique sprituel' de saint Jean de la Croix,* Paris: Les Belles Lettres 1971

ECO, Umberto
– *Semiotica e filosofia del linguaggio,* Torino: Einaudi 1984
EGIDO, Teófanes
– «Claves históricas para la comprensión de San Juan de la Cruz», in: Salvador Ros et al.:
Introducción a la lectura de San Juan de la Cruz, ed. Junta de Castilla y León, Salamanca:
Europa 1991, pp. 59-124
ELIA, Paola
– «Introduzione», in: Juan de la Cruz: *Poesie,* ed. ead., L'Aquila; Roma: Japadre 1989, pp.
19-72
– «Bibliografia», ibid. pp. 73-130
– «La poesía de Juan de la Cruz entre la oralidad y la escritura», *Insula,* n° 537, año XLVI
(septiembre de 1991), 7-9
ELIADE, Mircea
– *Le Sacré et le Profane* (Germanice 1957), Paris: Gallimard 1965
FATTORI, M.; BIANCHI, M. edd.
– *Phantasia. Imaginatio* (V° Colloquio Internazionale, Roma, 9-11 gennaio 1986), Roma:
Edizioni dell'Ateneo 1988
FEDERER, K.
– Art. „Lex orandi – lex credendi", in: *Lexikon für Theologie und Kirche,* vol. VI, Freiburg
im Breisgau: Herder 1961, coll. 1001 sq.
FERNÁNDEZ MARCOS, Natalio
– «'De los nombres de Cristo' de fray Luis de León y 'De arcano sermone' de Arias
Montano», in: *Fray Luis de León: Aproximaciones a su vida y obra,* edd. C. Morón
Arroyo, M. Revuelta Sañudo, Santander: Sociedad Menéndez Pelayo 1989, pp. 63-93
FERNÁNDEZ TEJERO, Emilia
– «Fray Luis de León, hebraísta: El 'Cantar de los Cantares'», in: *Fray Luis de León: Apro-
ximaciones a su vida y obra,* edd. C. Morón Arroyo, M. Revuelta Sañudo, Santander:
Sociedad Menéndez Pelayo 1989, pp. 203-227
FORTE, Bruno
– «L'universo dionisiano nel prologo della 'Mistica teologia'», *Medioevo* (Rivista di storia
della filosofia medievale) 4 (1975), 1-57
– *In ascolta dell'Altro. Filosofia e rivelazione,* Brescia: Morcelliana 1995
– «La salutare finitezza dell'altro», in: *Ermeneutiche della finitezza,* ed. Giovanni Ferretti
(Atti del settimo colloquio su filosofia e religione, Macerata 16-18 maggio 1996),
Macerata; Pisa; Roma: Istituti Editoriali e Poligrafici Internazionali 1998
FOUCAULT, Michel
– «Préface à la transgression» (*Critique,* N° 195-196 [août-septembre 1963], 751-769),
in: Id.: *Dits et écrits,* edd. Daniel Defert, François Ewald, Paris: Gallimard 1994, vol. I,
§ 13, pp. 233-250
– «La pensée du dehors» (*Critique,* N° 229 [juin 1966], 523-546), in: Id.: *Dits et écrits,*
edd. Daniel Defert, François Ewald, Paris: Gallimard 1994, vol. I, § 38, pp. 518-539
– *L'Ordre du discours* (Leçon inaugurale au Collège de France, prononcée le 2 décembre
1970), Paris: Gallimard 1971
– «Nietzsche, la généalogie, l'histoire» (in: Suzanne Bachelard et al.: *Hommage à Jean
Hyppolite* [Collection Epiméthée], Paris: Presses Universitaires de France 1971, pp.
145-172), in: Foucault: *Dits et écrits,* edd. Daniel Defert, François Ewald, Paris:
Gallimard 1994, vol. II, § 84, pp. 136-156
– *La Volonté de savoir* (Histoire de la sexualité, vol. I), Paris: Gallimard 1976
– «Le Combat de la chasteté» (*Communications* 35 [1982], 15-25), in: Id.: *Dits et écrits,* edd.
Daniel Defert, François Ewald, Paris: Gallimard 1994, vol. IV, § 312, pp. 295-308

– *L'Usage des plaisirs* (Histoire de la sexualité, vol. II), Paris: Gallimard 1984
– *Le Souci de soi* (Histoire de la sexualité, vol. III), Paris: Gallimard 1984
– *Dits et écrits,* edd. Daniel Defert, François Ewald, voll. I-IV, Paris: Gallimard 1994
FREUD, Sigmund
– *Das Unheimliche* (1919), in: *Studienausgabe,* edd. A. Mitscherlich et al., vol. IV (1970), Frankfurt am Main: Fischer 1982, pp. 241-274
– *Drei Abhandlungen zur Sexualtheorie* (1904-1905), ibid. vol. V, 1972
– *Totem und Tabu* (1912-1913), ibid. vol. IX, 1974
FRIEDRICH, Hugo
– *Epochen der italienischen Lyrik,* Frankfurt am Main: Vittorio Klostermann 1964
FUCHS, Guido; WEIKMANN, Hans Martin
– *Das Exsultet: Geschichte, Theologie und Gestaltung der österlichen Lichtdanksagung,* Regensburg: Friedrich Pustet 1992
GABILONDO PUJOL, Angel
– «La mística como lenguaje de la carne», *Edad de Oro,* 11 (1992, Universidad Autónoma de Madrid), 59-71
GADAMER, Hans Georg
– *Wahrheit und Methode: Grundzüge einer philosophischen Hermeneutik* (1960), 2. Auflage, Tübingen: J. C. B. Mohr (Paul Siebeck) 1965
GALE, Glen R.
– «Introducción», in: Sebastián de Córdoba: Garcilaso a lo divino, ed. G. R. Gale, Ann Arbor: University of Michigan; Madrid: Castalia, 1971, pp. 11-74
GARCÍA DE LA CONCHA, Víctor
– *El arte literario de Santa Teresa,* Barcelona; Caracas; México: Ariel 1978
– «Montería y cetrería de amor 'a lo divino': la Encarnación», in: *Estudios sobre literatura y arte dedicadas al profesor Emilio Orozco Díaz,* edd. A. Gallego Morell et al., Granada: Universidad de Granada 1979, vol. II, pp. 53-66
– «Guía estética de las ínsulas extrañas», *Insula,* n° 537 (setiembre 1991), 1 sq. et 35 sq.
– *Filología y mística. San Juan de la Cruz, «Llama de amor viva»* (Discurso leído el día 10 mayo de 1992, en su recepción pública), Madrid: Real Academia Española 1992
GARCÍA LORCA, Francisco
– *De Fray Luis a San Juan: La escondida senda,* Madrid: Castalia 1972
GARCÍA VALDECASAS, José Guillermo
– «Un nuevo e importante manuscrito de San Juan de la Cruz», *ABC Literario* (4 de mayo de 1991), p. VIII
GEHLEN, Arnold
– *Urmensch und Spätkultur,* 2. Auflage, Frankfurt a. M. 1964
GENETTE, Gérard
– *Palimpsestes: La Littérature au second degré,* Paris: Seuil 1982
GERL, Hanna Barbara
– *Unerbittliches Licht. Edith Stein: Philosophie, Mystik, Leben,* Mainz: Grünewald 1991
GIRARD, René
– *Mensonge romantique et Vérité romanesque,* Paris: Bernard Grasset 1961
– *La Violence et le Sacré.* Paris: Grasset 1972
– *Des choses cachées depuis l'origine du monde,* Recherches avec J.-M. Oughourlian et G. Lefort, Paris: Bernard Grasset 1987
GOETHE, Johann Wolfgang von
– *Maximen und Reflexionen,* in: *Werke,* Hamburger Ausgabe, 8. überarbeitete Auflage, edd. E. Trunz, H. J. Schrimpf, München: C. H. Beck 1978

GOYTISOLO, Juan
– *Las virtudes del pájaro solitario,* Barcelona: Seix Barral 1988
GUILLEN, Jorge
– «Lenguaje insuficiente: San Juan de la Cruz o lo inefable místico» [Anglice 1961], in: *Lenguaje y poesía: Algunos casos españoles,* Madrid: Revista de Occidente 1962, pp. 95-142
GULIK, Robert van
– *La Vie sexuelle dans la Chine ancienne,* transt. L. Evrard, Paris: Gallimard 1971
GUMBRECHT, Hans Ulrich
– *Eine Geschichte der spanischen Literatur,* voll. I-II, Frankfurt am Main: Suhrkamp 1991
HAAS, Alois Maria
– „Die Problematik von Sprache und Erfahrung in der deutschen Mystik", in: Werner Beierwaltes et al.: *Grundfragen der Mystik,* Einsiedeln: Johannes 1974, pp. 75-104
– *Sermo mysticus. Studien zu Theologie und Sprache der Deutschen Mystik,* Freiburg in der Schweiz: Universitätsverlag 1979
– „Was ist Mystik?", in: *Abendländische Mystik im Mittelalter* (Symposion Kloster Engelberg 1984), ed. K. Ruh, Stuttgart: J. B. Metzler 1986, pp. 319-341
– *Mystik als Aussage. Erfahrungs-, Denk- und Redeformen christlicher Mystik,* Frankfurt am Main: Suhrkamp 1996
HABERMAS, Jürgen
– *Der philosophische Diskurs der Moderne: Zwölf Vorlesungen,* Frankfurt am Main: Suhrkamp 1985
HADOT, Pierre
– *Exercices spirituels et Philosophie antique* (1981), 2ᵉ édition augmentée, Paris: Etudes Augustiniennes 1987
HÄRLE, Winfried
– Art. „Dialektische Theologie" (1981), in: *Theologische Realenzyklopädie,* vol. VIII, pp. 683-696
HATZFELD, Helmut
– *Estudios literarios sobre mística española* (1955), 2ᵃ edición corregida y aumentada, Madrid: Gredos 1968
HAUG, Walter
– „Zur Grundlegung einer Theorie des mystischen Sprechens", in: *Abendländische Mystik im Mittelalter* (Symposion Kloster Engelberg 1984), ed. K. Ruh, Stuttgart: J. B. Metzler 1986, pp. 494-508
HEGEL, Georg Wilhelm Friedrich
– *Vorlesungen über die Ästhetik* (1835-1838), edd. Eva Moldenhauer, K. M. Michel, vol. I-III, Frankfurt am Main: Suhrkamp 1970
HEIDEGGER, Martin
– „Was ist Metaphysik?" (1929), in: *Wegmarken,* 2., erweiterte und durchgesehene Auflage, Frankfurt am Main: Vittorio Klostermann 1978, pp. 103-121
– „Einleitung zu: 'Was ist Metaphysik?'" (1949), ibid. pp.361-377
– „Zürcher Seminar" (Aussprache vom 6. November 1951), in: *Seminare,* ed. C. Ochwadt, Gesamtausgabe, vol. XV, Frankfurt am Main: Vittorio Klostermann 1986, pp. 423-439
– „Zur Seinsfrage" (1955), in: *Wegmarken* (1967), 2. erweiterte und durchgesehene Auflage, Frankfurt am Main: Vittorio Klostermann 1978, pp. 378-419 (213-353)
– „Die onto-theo-logische Verfassung der Metaphysik", in: Id., *Identität und Differenz,* Pfullingen: Neske 1957, pp. 31-67

HERZOG, Reinhart
– „Veritas fucata: Hermeneutik und Poetik in der Frührenaissance", in: *Die Pluralität der Welten: Aspekte der Renaissance in der Romania,* edd. K. Stierle, W.-D. Stempel (Romanistisches Kolloquium, Bd. 4), München: Wilhelm Fink 1987, pp. 107-136
HOCHSTAFFL, Josef
– *Negative Theologie: Ein Versuch zur Vermittlung des patristischen Begriffs,* München: Kösel 1976
HUBERT, Henri
– Cf. MAUSS, Marcel
IRIGARAY, Luce
– *Spéculum de l'autre femme,* Paris: Minuit 1974
JAKOBSON, Roman
– "Linguistics and Poetics", in: *Style in Language,* ed. Th. A. Sebeok, Cambridge, Massachusetts: M.I.T. Press 1960, pp. 350-377
– «Glossolalie», *Tel Quel* 26 (été 1966), 3-9
JAMMES, Robert
– Cf. ALZIEU, Pierre
JAURALDE POU, Pablo
– «La condición histórica del 'Cántico espiritual'», *Edad de Oro,* 11 (1992, Universidad Autónoma de Madrid), 87-97
JAUSS, Hans Robert
– „Entstehung und Strukturwandel der allegorischen Dichtung", in: *Grundriß der romanischen Literaturen des Mittelalters,* vol. VI,1, edd. id., E. Köhler, Heidelberg: Carl Winter 1968, pp. 146-244
JUNG, Carl Gustav
– *Psychologische Typen* (1920), 9., revidierte Auflage (Gesammelte Werke, vol. VIII), Zürich; Stuttgart: Rascher 1960
JUNGMANN, Josef Andreas
– *Missarum sollemnia: Eine genetische Erklärung der römischen Messe* (1948), 5., verbesserte Auflage, vol. I-II, Wien; Freiburg; Basel: Herder 1962
KÖPF, Ulrich
– Art. „Hoheslied", § III,1: „Auslegungsgeschichte im Christentum. Alte Kirche bis Herder", in: Theologische Realenzyklopädie [TRE], Bd. XV, Berlin; New York: Walter de Gruyter 1986, pp. 508-513
– „Hoheliedauslegung als Quelle einer Theologie der Mystik", in: *Grundfragen christlicher Mystik* (Studientagung Theologia mystica in Weingarten vom 7. – 10. November 1985), ed. Margot Schmidt, Stuttgart; Bad Canstatt: Frommann-Holzboog 1987, pp. 51-72
KATZ, Steven T.
– "Mystical Speech and Mystical Meaning", in: *Mysticism and Language,* ed. id., Oxford: University Press 1995, pp. 3-41
KOPPENFELS, Werner von
– „Esca et hamus amoris. Versuch einer historischen Liebesmetaphorik" (1973), in: Id.: *Bild und Metamorphose. Paradigmen einer europäischen Komparatistik,* Darmstadt: Wissenschaftliche Buchgesellschaft 1991, pp. 13-60
KRAFFT-EBING, Richard von
– *Psychopathia sexualis* (1886), Vierzehnte vermehrte Auflage, ed. A. Fuchs (1912), München: Matthes & Seitz 1984

KRISTEVA, Julia
– «Bakhtine: le mot, le dialogue et le roman» (1967), in: Ead.: Σημειωτικὴ Recherches pour une sémanalyse (Collection «Tel Quel»), Paris: Seuil 1969, pp. 143-173

KRYNEN, Jean
– *Le Cantique spirituel de saint Jean de la Croix commenté et refondu au XVII' siècle: un regard sur l'histoire de l'exégèse du Cantique de Jaen* (Acta Salmanticensia) Salamanca: Universidad de Salamanca 1948
– *Denys le Mystique et saint Jean de la Croix: contribution à l'étude de la tradition dionysienne en Espagne aux XVI siècle et à l'étude des sources de saint Jean de la Croix* (Thèse doctorale, Sorbonne 1955)
– *Saint Jean de la Croix et l'Aventure de la mystique espagnole,* Toulouse: Presses Universitaires du Miral 1990

KUNZ, L.
– Art. „Exsultet iam angelica turba. 1. Liturgisch" (1959), in: *Lexikon für Theologie und Kirche,* vol. III, coll. 1318 sq.

KÜPPER, Joachim
– *Diskurs-Renovatio bei Lope de Vega und Calderón: Untersuchungen zum spanischen Barockdrama,* Tübingen: Gunter Narr 1987
– „Mundus imago Laurae: Petrarcas Sonett 'Per mezz'i boschi' und die Modernität des 'Canzoniere'", *Romanische Forschungen* 104 (1992), 52-88

LACAN, Jacques
– «Dieu et la jouissance de la femme» (1972/73), in: *Encore* (Le Séminaire, vol. XX), ed. J.-A. Miller, Paris: Seuil 1975, pp. 61-71

LACHMANN, Renate
– „Dialogizität und poetische Sprache", in: *Dialogizität,* ed. ead., München: Wilhelm Fink 1982, pp. 51-62

LANCZKOWSKI, G.
– Art. „Epiphanie" (1972), in: *Historisches Wörterbuch der Philosophie,* vol. II, coll. 585 sq.

LARA GARRIDO, José
– «Introducción», in: Francisco de Aldana: *Poesías completas castellanas,* ed. J. L. G., Madrid: Cátedra 1985, pp. 9-116
– «Prólogo», in: S. Juan de la Cruz: *Cántico espiritual y poesías,* Manuscrito de Jaén, Edición facsímil y transcripción, ed. Junta de Andalucía, Madrid: Turner 1991, vol. II, pp. XXI-LXVI

LAUSBERG, Heinrich
– Art. „Exsultet iam angelica turba. 2. Hymnologisch" (1959), in: *Lexikon für Theologie und Kirche,* vol. III, coll. 1318 sq.
– *Handbuch der literarischen Rhetorik,* voll. I-II, München: Hueber 1960

LAZARO CARRETER, Fernando
– «Poética de San Juan de la Cruz», *Asterisco Cultural* (Publicación de la Fundación Germán Sánchez Ruipérez), n° 5 (1992), 34-40

LEBRAVE, Jean-Louis
– «La critique génétique: une discipline nouvelle ou un avatar de la philologie?», *Genesis* (Revue internationale de critique génétique, Paris: Jean-Michel Place), 1 (1992), 33-72

LEIRIS, Michel
– *Miroir de la tauromachie* (1937/1980). *Spiegel der Tauromachie,* München: Matthes & Seitz 1982
– «De la littérature considérée comme une tauromachie» (1945/46), in: *L'Age d'homme,* Paris: Gallimard 1988

LEVINAS, Emmanuel
– *Le Temps et l'Autre* (1948), Réimpression (1983), 2ᵉ édition, Paris: Quadrige; Presses Universitaires de France 1985
– *Totalité et Infini: essai sur l'extériorité* (1961), 4ᵉ édition, The Hague; Boston; Lancaster: Martinus Nijhoff 1961
LEWIS, Clive S.
– *The Allegory of Love. A Study in Medieval Tradition* (1936), Oxford; New York: Oxford University Press 1990
LEZAMA LIMA, José
– «Sierpe de don Luis de Góngora» (1950), in: *Analecta del reloj,* in: *Obras completas,* ed. C. Vitier, México: Aguilar 1977, vol. II, pp. 183-227
LISSORGUES, Yvan
– Cf. ALZIEU, Pierre
LÓPEZ ARANGUREN, José Luis
– Cf. ARANGUREN, José Luis López
LÓPEZ BARALT, Luce
– *San Juan de la Cruz y el Islam: Estudio sobre las filiaciones semíticas de su literatura mística,* México: Colegio de México; Puerto Rico: Universidad de Puerto Rico 1985
– *Un Kama Sutra español,* Madrid: Siruela 1992
LORENZ, Erika
– „Über das Was, Wie und Warum", in: Francisco de Osuna: *Versenkung: Weg und Weisung des kontemplativen Gebetes,* Freiburg im Breisgau: Herder 1982, pp. 13-25
– «Surimpressions d'images dans le langage mystique de saint Jean de la Croix», in: *Saint Jean de la Croix (1591-1991),* Etudes rassemblées par A. Vermeylen, Les Lettres romanes (Louvain-la-Neuve: Université Catholique de Louvain), numéro hors série (1991), pp. 9-24
LOSSKY, Vladimir
– *Essai sur la théologie mystique de l'Eglise d'Orient* (1944), Paris: Cerf 1990
LÖWENICH, Walther von
– *Luthers Theologia crucis,* München: Christian Kaiser 1929
LUBAC, Henri de
– *Exégèse médiévale: les quatre sens de l'Ecriture,* voll. I-IV, Paris: Aubier 1959-1964
MAN, Paul de
– "The Rhetoric of Temporality" (1969), in: *Blindness and Insight: Essays in the Rhetoric of Contemporary Criticism,* 2nd Edition, Revised, Minneapolis: University of Minnesota 1983, pp. 187-228
MARION, Jean-Luc
– *L'Idole et la Distance,* Paris: Grasset 1977
– *Dieu sans l'être* (1982), Paris: Quadrige; Presses Universitaires de France 1991
MAURER, Karl
– *Himmlischer Aufenthalt: Fray Luis de Leóns Ode «Alma región luciente»,* Vorgelegt am 9. Juli 1958 (Sitzungsberichte der Heidelberger Akademie der Wissenschaften, Philosophisch-historische Klasse), Heidelberg: Carl Winter 1958
MAUSS, Marcel
– Henri Hubert, Marcel Mauss: *Essai sur la nature et la fonction du sacrifice* (1899), in: M. Mauss: *Œuvres,* I. Les fonctions sociales du sacré, Paris: Minuit 1968, pp. 191-354
– *Essai sur le don* (1902-1903), in: *Sociologie et Anthropologie,* ed. C. Lévi-Strauss, Paris: Quadrige; Presses Universitaires de France 1950
McGINN, Bernard
– "The Language of Love in Christian and Jewish Mysticism", in: *Mysticism and Language,* ed. S. T. Katz, Oxford 1995, pp. 202-235

Mediaeval Mystical Tradition and Saint John of the Cross
– By a Benedictine of Stanbrook Abbey, London: Burns & Oates 1954
MENÉNDEZ Y PELAYO, Marcelino
– «La poesía mística en España» (1881), in: *Estudios y discursos de crítica histórica y literaria,* ed. E. Sánchez Reyes, vol. II (Edición Nacional, vol. VII), Santander: Aldus 1961, pp. 69-110
– *Historia de las ideas estéticas en España,* ed. R. de Balbín, 4ª edición, voll. I-II, Madrid: Consejo Superior de Investigaciones Científicas 1974
MILNER, Max
– *Poésie et Vie mystique chez saint Jean de la Croix,* Paris: Seuil 1951
MOI, Toril
– *Sexual/Textual Politics. Feminist Literary Theory,* London; New York: Methuen 1985
MONTERO, Juan
– «De la 'Diana' de Montemayor al 'Cántico espiritual'. Especulaciones en la fuente», *Edad de Oro,* 11 (1992, Universidad Autónoma de Madrid), 113-121
MOREL, Georges
– *Le Sens de l'existence selon saint Jean de la Croix,* voll. I-III, Paris: Aubier 1960
MORÓN ARROYO, Ciriaco; Manuel REVUELTA SAÑUDO (edd.)
– *Fray Luis de León: Aproximaciones a su vida y obra,* Santander: Sociedad Menéndez Pelayo 1989
MOSÈS, Stéphane
– „Eingedenken und Jetztzeit", in: *Memoria. Vergessen und Erinnern,* edd. A. Haverkamp, Renate Lachmann (Poetik und Hermeneutik, vol. XV), München: Wilhelm Fink 1993, pp. 385-405
NAVARRETE, Ignacio
– *Orphans of Petrarch. Poetry and Theory in the Spanish Renaissance,* Berkeley, California: The University of California Press 1994
– *Los huérfanos de Petrarca. Poesía y teoría en la España renacentista,* transt. Antonio Cortijo Ocaña, Madrid: Gredos 1997
NEUMANN, Gerhard
– „Der verschleppte Prozeß. Literarisches Schaffen zwischen Schreibstrom und Werk-idol", *Poetica,* 14 (1982), 92-112
NIETO SANJUÁN, José C.
– *Mystic, Rebel, Saint. A Study of St. John of the Cross,* Genève: Droz 1979
– *Místico, rebelde, santo. En torno a San Juan de la Cruz,* México: Fondo de Cultura Económica 1982
– *San Juan de la Cruz, poeta del amor profano,* San Lorenzo de El Escorial: Swan, Avantos y Hakeldama 1988
– «El proceso poético de la 'Llama de amor viva'», *Edad de Oro,* 11 (1992, Universidad Autónoma de Madrid), 123-132
NIETZSCHE, Friedrich
– „Über Wahrheit und Lüge im aussermoralischen Sinn" (1873, publ. 1903), in: *Werke,* edd. G. Colli, M. Montinari, III. Abt., 2. Bd., Berlin: Walter de Gruyter 1968, pp. 367-384
– *Zur Genealogie der Moral* (1887), in: *Werke,* edd. G. Colli, M. Montinari, VI. Abt., 2. Bd., Berlin: Walter de Gruyter 1968
NITSCH, Wolfram
– *Sprache und Gewalt bei Claude Simon: Interpretationen zu seinem Romanwerk der sechziger Jahre,* Tübingen: Gunter Narr 1992
– Art. „Concessio" (1994), in: *Historisches Wörterbuch der Rhetorik,* vol. II, coll. 309-311.

NOLTING-HAUFF, Ilse
– „Literatur und Zensur am Beispiel der 'Sueños' von Quevedo", in: *Textüberlieferung, Textedition, Textkommentar* (Kolloquium zur Vorbereitung einer kritischen Ausgabe des 'Sueño de la muerte' von Quevedo), ed. ead., Tübingen: Gunter Narr 1993, pp. 31-51

NUNES, José Joaquim
– «Introduçao», in: *Cantigas d'Amigo dos Trovadores Galego-Portugueses,* ed. id., vol. I, Coimbra: Imprensa da Universidade 1928, Reprint, New York: Kraus Reprint Co. 1971

NYGREN, Anders
– *Eros und Agape,* transt. Irmgard Nygren (1930), Berlin: Evangelische Verlagsanstalt 1955

Ochs und sein Hirte, Der
– *Der Ochs und sein Hirte: Eine altchinesische Zen-Geschichte,* erläutert von Meister Daizohkutsu R. Ohtsu, mit japanischen Bildern aus dem 15. Jahrhundert, übersetzt von Kôichi Tsujimura und Hartmut Buchner (1958), 6. Auflage, Pfullingen: Neske 1988

OHLY, Friedrich
– *Hohelied-Studien: Grundzüge einer Geschichte der Hoheliedauslegung des Abendlandes bis um 1200,* Wiesbaden: Franz Steiner 1958

OLIVEIRA, Carlos
– *Das Verhältnis von Sinnlichkeit und Geist bei Juan de la Cruz: Zur philosophischen Interpretation seiner Gedichte* (philosophische Magisterarbeit, unveröffentlicht), München: Ludwig-Maximilians-Universität 1986

OROZCO, Emilio
– *Poesía y mística: Introducción a la lírica de San Juan de la Cruz,* Madrid: Guadarrama 1959

PACHO, Eulogio de la Virgen del Carmen
– Art. «Denys l'Aréopagite et saint Jean de la Croix» (1957), in: *Dictionnaire de spiritualité ascétique et mystique,* vol. III, coll. 399-408
– *El «Prólogo» y la hermenéutica del «Cántico espiritual»* (Excerpta ex dissertatione ad lauream), Romae in facultate theologica collegii internationalis SS. Teresiae a Iesu et Ioannis a Cruce O.C.D. 1958
– «Introducción, edición y notas», in: S. Juan de la Cruz: *Cántico espiritual,* ed. E. Pacho, Madrid: Fundación Universitaria Española 1982
– «Un nuevo e importante manuscrito de San Juan de la Cruz», *ABC Literario* (4 de mayo de 1991), p. VIII
– «Una novedad reveladora sobre el 'Cántico espiritual'», *Insula,* n° 534, año XLVI (junio de 1991), 1 sq.

PARKER, Alexander A.
– *The Philosophy of Love in Spanish Literature: 1480-1680,* ed. T. O'Reilly, Edinburgh: Edinburgh University Press 1985

PAX, E.
– Art. „Epiphanie" (1962), in: *Reallexikon für Antike und Christentum,* vol. V, coll. 832-909

PELLETIER, Anne-Marie
– «Exégèse et histoire: tirer du nouveau de l'ancien», *Nouvelle Revue théologique* 110 (1978), 641-665.
– *Lectures du Cantique des Cantiques: de l'énigme du sens aux figures du lecteur,* Romae ex Pontificio Instituto Biblico 1989

PEPIN, Jean
– *Mythe et Allégorie: les origines grecques et les contestations judéo-chrétiennes* (1958), Nouvelle édition revue et corrigée, Paris: Etudes augustiniennes 1976
– *La Tradition de l'allégorie de Philon d'Alexandrie à Dante: études historiques,* Paris: Etudes augustiniennes 1987
PÉREZ, Joseph
– «La bible et les humanistes dans l'Espagne du XVIᵉ siècle», in: *Homenaje al profesor Antonio Vilanova,* ed. Marta Cristina Carbonell, Barcelona: Universidad de Barcelona 1989, vol. I, pp. 505-520
PFANDL, Ludwig
– *Geschichte der spanischen Nationalliteratur in ihrer Blütezeit,* Freiburg im Breisgau: Herder & Co. 1929
PFISTER, Manfred
– *Das Drama: Theorie und Analyse,* München: Wilhelm Fink 1977
POLO CABEZAS, Teodoro
– *San Juan de la Cruz: La fuerza de un decir y la circulación de la palabra (Valor teológico del 'hablar' místico),* Madrid: Espiritualidad 1993
POPKES, Wiard
– *Christus traditus. Eine Untersuchung zum Begriff der Dahingabe im Neuen Testament,* Zürich; Stuttgart: Zwingli-Verlag 1967
QUINT, Josef
– „Mystik und Sprache. Ihr Verhältnis zueinander, insbesondere in der spekulativen Mystik Meister Eckharts" (1953), in: *Altdeutsche und altniederländische Mystik,* ed. K. Ruh (Wege der Forschung, Bd. XXIII), Darmstadt: Wissenschaftliche Buchgesellschaft 1964, pp. 113-115 (48-76)
RAHNER, Hugo
– *Symbole der Kirche: Die Ekklesiologie der Väter,* Salzburg: Otto Müller 1964
REVUELTA SAÑUDO, Manuel
– Cf. MORON ARROYO, Ciriaco
RIEDEL, Wilhelm
– *Die älteste Auslegung des Hoheliedes* (Inaugural-Dissertation zur Erlangung der Licentiatenwürde, vorgelegt der theologischen Facultät zu Kiel), Naumberg a. S.: Lippert & Co. (G. Pätz'sche Buchdruckerei) 1898
RODRÍGUEZ, José Vicente
– «¿Borradores sanjuanistas?», in: S. Juan de la Cruz: *Obras completas,* ed. id., 4ª edición, Madrid: Espiritualidad 1992, pp. 412
RODRÍGUEZ-SAN PEDRO BEZARES, Luis Enrique
– *La formación universitaria de Juan de la Cruz,* ed. Junta de Castilla y León, Salamanca: Europa 1992
ROQUES, René
– *Structures théologiques de la gnose à Richard de Saint-Victor: essais et analyses critiques,* Paris: Presses Universitaires de France 1962
RUANO, Lucinio de la Iglesia
– «Introducción», in: S. Juan de la Cruz: *Obras completas,* ed. L. Ruano, 11ª edición, Madrid: Biblioteca de Autores Cristianos 1982
– «Nota introductoria al 'Cántico espiritual'», ibid. pp. 423-433
– «Guión bibliográfico», ibid. pp. 911-925
SALINAS, Pedro
– «Defensa e ilustración de la lírica castellana» (1943), in: *Ensayos de literatura hispánica: Del 'Cantar de Mío Cid' a García Lorca,* ed. J. Marichal, 3ª edición, Madrid: Aguilar 1967, pp. 171-176

SARDUY, Severo
– «El barroco y el neobarroco», in: *América y su literatura,* ed. C. Fernández Moreno, México: Siglo XXI 1972, pp. 167-182
SARTRE, Jean-Paul
– «Un nouveau mystique» (1943), in: *Situations,* vol. I, Paris: Gallimard 1947, pp. 143-188
SCHÄUBLIN, Christoph
– *Untersuchungen zur Methode und Herkunft der antiochenischen Exegese* (Theophaneia, Beiträge zur Religions- und Kirchengeschichte des Altertums, vol. 23), Köln; Bonn: Peter Hanstein 1974
SCHLAU, Stacey
– Cf. ARENAL, Electa
SCHMITHALS, Walter
– Art. „Bultmann, Rudolf" (1981), in: *Theologische Realenzyklopädie,* vol. VII, pp. 387-396
SCHÖNE, Albrecht
– *Emblematik und Drama im Zeitalter des Barock,* München: C. H. Beck 1968
SCUBLA, Lucien
– «Le christianisme de René Girard et la nature de la religion», in: *Violence et Vérité: autour de René Girard,* Colloque de Cerisy, ed. Michel Dumouchel, Paris: Bernard Grasset 1985, pp. 242-257
STEGGINK, Otger, ed.
– *Juan de la Cruz, espíritu de llama* (Estudios con ocasión del cuarto centenario de su muerte X [1591-1991]), Roma: Institutum Carmelitanum; Kampen, The Netherlands: Kok Pharos Publishing House 1991
STEIN, Edith (Teresia Benedicta a Cruce)
– *Wege der Gotteserkenntnis: Dionysius der Areopagit und seine symbolische Theologie* [1941; publ. 1979], edd. Waltraud Herbstrith, Veronika Elisabeth Schmitt, München: Kaffke 1979
– *Kreuzeswissenschaft: Studie über Joannes a Cruce* [1941/42; publ. 1950], *Werke,* edd. L. Gelber, Romaeus Leuven, Bd. I, 2. verbesserte Auflage, Louvain: Nauwelaerts; Freiburg im Breisgau: Herder 1954
STEINER, George
– *Real Presences: Is there anything in what we say?,* London; Boston: Faber and Faber 1989
STEINHAGEN, Harald
– „Zu Walter Benjamins Begriff der Allegorie", in: *Funktionen und Formen der Allegorie* (Symposion Wolfenbüttel 1978), ed. W. Haug, Stuttgart: J. B. Metzler 1979
STIERLIN, Anne; STIERLIN, Henri
– *Alhambra* (Francogallice 1991), transt. Ingrid Hacker-Klier, München: Diederichs 1992
STOICHITA, Victor I.
– *Image picturale et expérience visionnaire dans l'Espagne du 'Siecle d'Or'* (nondum publicatum)
– *Das mystische Auge. Vision und Malerei im Spanien des Goldenen Zeitalters,* transt. Andreas Knop, München: Wilhelm Fink 1997
STOLL, André
– „Poetische Rückeroberung der irdischen Paradiese des Ichs. Elemente einer (weiblichen) Liebestheorie", in: Teresa von Avila: *Von der Liebe Gottes* (Nach der deutschen Erstübersetzung von 1649), ed. id., Frankfurt am Main: Insel 1984, pp. 86-176

– „Beatrice im Versteck: Zur ästhetischen Produktivität von Bretons 'Nadja'", in: *Das Schicksal der Liebe*, edd. D. Kamper, Chr. Wulf, Weinheim; Berlin: Quadriga 1988, pp. 347-365

– „San Juan de la Cruz: 'En una noche oscura'. Itinerarium extaticum oder Kryptische Durchquerung der Liebesgärten", in: *Die spanische Lyrik von den Anfängen bis 1870*, ed. Manfred Tietz, Frankfurt am Main: Vervuert 1997, pp. 325-354

STRUBEL, Armand

– „Allegoria in factis et allegoria in verbis", *Poétique* 23 (1975), 342-357

SULLIVAN, John

– "Night and Light: The Poet John of the Cross and the 'Exsultet' of the Easter Liturgy", *Ephemerides Carmeliticae* (Teresianum Romae) 30 (1979), 52-68

SWIETLICKI, Catherine

– *Spanish Christian Cabala: The Works of Luis de León, Santa Teresa de Jesús and San Juan de la Cruz*, Columbia: University of Missouri Press 1986

– «La deidad enamorada: un estudio a lo profano de San Juan de la Cruz», in: *Homenaje al profesor Antonio Vilanova*, ed. Marta Cristina Carbonell, Barcelona: Universidad de Barcelona 1989, vol. I, pp. 677-688

TAUBES, Jacob

– „Vom Adverb 'nichts' zum Substantiv 'das Nichts'", in: *Positionen der Negativität*, ed. H. Weinrich (Poetik und Hermeneutik, Bd. VI), München: Wilhelm Fink 1975, pp. 141-153

TEUBER, Bernhard

– *Sprache, Körper, Traum. Zur karnevalesken Tradition in der romanischen Literatur aus früher Neuzeit*, Tübingen: Max Niemeyer 1989

– „Saint Jean de la Croix lecteur de Bataille. Ein Versuch zur erotischen Transgression im Lied von der dunklen Nacht", in: *Bataille lesen: Die Schrift und das Unmögliche*, edd. Helga Finter, G. Maag, München: Wilhelm Fink 1992, pp. 73-100

– „Erotik und Allegorie bei San Juan de la Cruz", *Romanische Forschungen* 104 (1992), 104-131

– Rec.: José C. Nieto: *San Juan de la Cruz, poeta del amor profano* (1988), *Romanische Forschungen*, 104 (1992), 493-499

– „Allegoria apophatica. Negative Theologie und erotischer Exzeß bei Dionysius Areopagita, San Juan de la Cruz und José Lezama Lima", in: *Studies in Spirituality* (Nijmegen: Titus Brandsma Instituut) 3 (1993), pp. 213-247

– «Chair, ascèse et allégorie: sur la généalogie chrétienne du sujet désirant selon Michel Foucault», *Vigiliae Christianae* (Leiden: E. J. Brill) 48/2 (1994), 367-384

– „Zur Frage des Neuplatonismus in der Dichtung der spanischen Mystik", in: *Philosophie in Literatur*, edd. Christiane Schildknecht, Dieter Teichert, Frankfurt am Main: Suhrkamp 1996, pp. 230-256

– „Mystische Erfahrung und ästhetische Subversion. Zu zwei deutschen Neuausgaben karmelitischer Mystik", *Merkur*, 567 (Juni 1996), 533-537

– «Le sacrifice du sujet dans la poésie mystique espagnole», in: Michel Narcy et al.: *Dispositifs du sujet à la Renaissance*. Id est: *Rue Descartes*, 27 (mars 2000, Collège International de Philosophie, Paris: Presses Universitaires de France), 67-78

– „Der verschwiegene Name. Hohelieddichtung, exegetischer Kommentar und Mystagogik bei San Juan de la Cruz im Kontext der spanischen Renaissance", in: *Deutsche Mystik im abendländischen Zusammenhang* (Kolloquium Kloster Fischingen 1998), edd. Walter Haug, Wolfram Schneider-Lastin, Tübingen: Max Niemeyer 2000, pp. 773-799

– „Sacrificium auctoris. Die Anthropologie des Opfers und das postmoderne Konzept der Autorschaft", in: *Autorschaft. Positionen und Revisionen*, ed. Heinrich Detering, Stuttgart; Weimar: J. B. Metzler 2001, pp. 122-141

- «Cuerpos sagrados. En torno a las imágenes perversas de la carne en España», in: *Iberische Körperbilder im Dialog der Medien und Kulturen,* edd. id., Horst Weich, Frankfurt am Main: Vervuert 2002, pp. 35-47
- „Sichtbare Wundmale und unsichtbare Durchbohrung. Die leibhafte Nachfolge Christi als Paradigma des anhermeneutischen Schreibens", in: *Stigmata. Körperinschriften,* edd. Bettine Menke, Barbara Vinken, München: Fink, sub prelo
- „Die mystische Mär. Eine postmoderne Relecture der christlichen Tradition nach Michel de Certeau", in: *Prophetie aus Gotteserfahrung. Die Kirchenkritik der Mystiker,* edd. Mariano Delgado, Gotthard Fuchs, Stuttgart; Berlin: W. Kohlhammer; Freiburg in der Schweiz: Universitätsverlag, sub prelo

THOMPSON, Colin P.
- *The Poet and the Mystic. A Study of The Cántico Espiritual of San Juan de la Cruz,* Oxford: University Press 1977
- *El poeta y el místico: Un estudio sobre «El Cántico Espiritual» de San Juan de la Cruz,* transtt. Susana Hurtado, D. Lorenzo, San Lorenzo de El Escorial: Swan, Avantos & Hakeldama 1985
- *The Strife of Tongues: Fray Luis de León and the Golden Age of Spain,* Cambridge: University Press 1988
- «La tradición mística occidental: dos corrientes distintas en la poesía de San Juan de la Cruz y de fray Luis de León», *Edad de Oro,* 11 (1992, Universidad Autónoma de Madrid), 187-194.

TIETZ, Manfred
- *Saint François de Sales' 'Traité de l'amour de Dieu' und seine spanischen Vorläufer,* Wiesbaden: Franz Steiner 1973

TITZMANN, Michael
- „Allegorie und Symbol im Denksystem der Goethezeit", in: *Funktionen und Formen der Allegorie* (Symposion Wolfenbüttel 1978), ed. W. Haug, Stuttgart: J. B. Metzler 1979, pp. 642-655

TODOROV, Tzvetan
- «Problèmes de l'énonciation», *Langages* 17 (mars 1970), 3-11
- *Symbolisme et Interprétation,* Paris: Seuil 1978

VALENTE, José Angel
- *Variaciones sobre el pájaro y la red,* Barcelona: Tusquets 1991
- «Noticia incierta», in: S. Juan de la Cruz: *Cántico espiritual y poesías,* Manuscrito de Jaén, Edición facsímil y transcripción, ed. Junta de Andalucía, Madrid: Turner 1991, vol. II, pp. XIII-XX

VALERY, Paul
- «Cantiques spirituels» (1941), in: *Variété,* vol. V (1944), in: *Œuvres,* ed. J. Hytier (Editions de la Pléiade), Paris: Gallimard 1957, vol. I, pp. 445-457

VERMEYLEN, Alphonse (ed.)
- *Saint Jean de la Croix (1591-1991),* Etudes rassemblées par A. Vermeylen, Les Lettres romanes (Louvain-la-Neuve: Université Catholique de Louvain), numéro hors série (1991)

VOSSLER, Karl
- *Poesie der Einsamkeit in Spanien,* München: C. H. Beck 1940
- *Fray Luis de León,* München: Schnell & Steiner 1946

WAGNER, Max Leopold
- «Sobre algúns arabismos do português», *Biblos* (Revista da Faculdade de Letras da Universidade de Coimbra), 10 (1934), 427-453

WARDROPPER, Bruce W.
– *Historia de la poesía lírica a lo divino en la cristianidad occidental,* Madrid: Revista de Occidente 1958
WARNING, Rainer
– *Funktion und Struktur: Die Ambivalenzen des geistlichen Spiels,* München: Wilhelm Fink 1974
– „Der ironische Schein: Flaubert und die 'Ordnung der Diskurse'", in: *Erzählforschung: Ein Symposion,* ed. E. Lämmert, Stuttgart: J. B. Metzler 1982, pp. 290-318
– „Imitatio und Intertextualität. Zur Geschichte lyrischer Dekonstruktion der Amortheologie: Dante, Petrarca, Baudelaire", in: *Interpretation: Das Paradigma der europäischen Renaissance-Literatur* (Festschrift für A. Noyer-Weidner), edd. K. W. Hempfer, G. Regn, Wiesbaden: Franz Steiner 1983, pp. 288-317
– „Gespräch und Aufrichtigkeit: Historisches und repräsentierendes Bewußtsein bei Stendhal", in: *Das Gespräch,* edd. id., K. Stierle (Poetik und Hermeneutik XI), München: Wilhelm Fink 1983, pp. 425-446
– „Petrarkistische Dialogizität am Beispiel Ronsards", in: *Die Pluralität der Welten. Aspekte der Renaissance in der Romania,* edd. K. Stierle, W.-D. Stempel (Romanistisches Kolloquium, Bd. 4), München: Wilhelm Fink 1987, pp. 327-358
WEBER, Alison
– *Teresa of Avila and the Rhetoric of Femininity,* Princeton, New Jersey: Princeton University Press 1990
WEIKMANN, Hans Martin
– Cf. FUCHS, Günter
WEISMAYER, Josef
– „Was ist Mystik?", *Geist und Leben* (Begründet als Zeitschrift für Mystik und Aszese, Würzburg: Echter), 61 (1988), 348-358
WITTGENSTEIN, Ludwig
– *Tractatus logico-philosophicus. Logisch-philosophische Abhandlung* (1922), in: *Werkausgabe,* vol. I, Frankfurt am Main: Suhrkamp 1989
– *Philosophische Untersuchungen* (1958), Frankfurt am Main: Suhrkamp 1977
YNDURÁIN, Domingo
– «Introducción» (1983), in: S. Juan de la Cruz: *Poesía* (1983), 5ª edición, Madrid: Cátedra 1990, pp. 11-233
– *Aproximación a San Juan de la Cruz: Las letras del verso,* Madrid: Cátedra 1990
– «En púrpura tendido», *El Ciervo* XL, 485-486 (agosto-septiembre 1991), 29-31
YNDURAIN, Francisco
– «San Juan de la Cruz, entre alegoría y simbolismo», in: *Relección de clásicos,* Madrid: Prensa Epsañola 1969, pp. 11-21
ZAMBRANO, María
– *Claros del bosque* (1977), Barcelona: Seix Barral 1986
ZWECK, Heinrich
– *Osterlobpreis und Taufe: Studien zu Struktur und Theologie des Exsultet und anderer Osterpraeconien unter besonderer Berücksichtigung der Taufmotive,* Frankfurt a. M.; Bern; New York: Peter Lang 1986

Index tabvlarvm

INDEX NOMINVM

B. IOANNIS A CRVCE

CARMINA MYSTICA POTIORA

HISPANICE ET GERMANICE

IN VSVM LECTORVM COMMODIOREM
EDIDIT
BREVIQVE ADNOTATIONE CRITICA
INSTRVXIT
BERNARDVS TEVBER

MONACHII
APVD GVILLELMVM FINK
ANNO DOMINI MMIII

EDITOR LECTORI

En habes libellum, lector beneuole, qui tria praecipua beati Ioannis a Cruce poemata mystica continet, Noctem uidelicet obscuram et Cantica diuina et Flammam amoris. etiamsi quam plurimae horum carminum editiones iam exstant, tamen admodum pauci notis criticis exornati sunt. itaque putauimus lectorum nostrorum commodo esse consulendum quo facilius nostri poetae scripta arte critica exarata adire possent. quare hoc opusculum confecimus, in quo tribus carminibus singulos apparatus criticos adiecimus. praetera in Noctis obscurae atque Flammae amoris poematis exscribendis magna ex parte eam editionem sequi licebat, quam Paula Elia iam anno 1989 et Aquilae et Romae in publicum protulerat. sed in Canticis diuinis exscribendis, cum tres huius carminis formae inter se satis diuersae exstent, ualde aliud consilium iniimus. nam nobis utilius et tutius uisum est, lector praeclare, tibi huius carminis totidem uaria exempla prae oculis ponere. ergo primo leges primigeniam formam littera A designatam, quae XXXIX strophis constat, deinde recentiorem immutatamque formam paulo longiorem, quae ad numerum XL stropharum producta nomen e littera B cepit, postremo tertiam quandam formam XL stropharum interpolatam atque permixtam, cui nostro Marte titulum litterae C inscripsimus et quam uetustis saeculi XVII editionibus nixi ea uidelicet condicione composuimus ut priscam orthographiam primi codicis, quem poeta ipse sua manu emendauisset, quam saepissime conseruaremus. inter quas Canticorum diuinorum formas tertium tantummodo exemplum critice enarrauimus. artem criticam enim amplexi id semper studuimus ut quam breuissimi essemus. itaque uarias lectiones maioris momenti ubique clare enumerauimus, sed codices locos fontes unde hausissemus omisimus. praeterea uniuersas paene interpunctiones uerborum de medio sustulimus, nisi utraque gemina signa erant, quibus binis signis Hispani et initium et finem exclamationum interrogationumue indicare solent. etiam in litteris maiusculis adhibendis praeter stropharum initia maxime parci fuimus. scito denique nos et Noctem obscuram et tertium Canticorum diuinorum exemplum et Flammam amoris Germanice uertisse.

VALE

Huic libello insunt

Nox obscura
Hispanice
Germanice

Canticorum diuinorum
forma litterae A Hispanice
forma litterae B Hispanice
forma litterae C Hispanice
forma litterae C Germanice

Flamma amoris
Hispanice
Germanice

In carminibus exscribendis secuti sumus duos potissimum codices uetustos atque editionem Matritensem anni MDCXXX, inter recentiores auctores autem duas adhibuimus editiones criticas.

- Códice de Sanlúcar de Barrameda (Madres Carmelitas Descalzas), saec. XVI
- Códice de Jaén (Madres Carmelitas Descalzas, arch. n° 531), saec. XVI-XVII
- Obras / del venerable / i mistico dotor / F. Joan de la Cruz, / Primer / Descalço, i Padre / De la Reforma de N. Sᵃ del Carmen / Dedicadas / Al serenissimo Sʳ Infante Cardenal, / Arçobispo de Toldeo / Don Fernando / Año de 1630 / Con Priuilegio. En Madrid // En casa la Viuda de Madrigal (Biblioteca Nacional de Madrid, U/6966)
- S. Juan de la Cruz: *Cántico espiritual – Poesías,* Edición, estudio y notas de Cristóbal Cuevas García, Madrid: Alhambra 1979
- Juan de la Cruz: *Poesie,* Edizione critica a cura di Paola Elia, L'Aquila – Roma: Japadre 1989

NOX OBSCVRA

NOCHE OSCURA

Canciones del alma
que se goza de auer llegado
al alto estado de la perfección
que es la unión con Dios
por el camino de la negación espiritual
de el mesmo author

En una noche escura
con ansias en amores inflamada
¡o dichosa ventura!
salí sin ser notada
5   estando ya mi casa sosegada

A escuras y segura
por la secreta escala disfraçada
¡o dichosa ventura!
a escuras y encelada
10   estando ya mi casa sosegada

En la noche dichosa
en secreto que nadie me veýa
ni yo miraua cosa
sin otra luz y guía
15   sino la que en el coraçón ardía

---

1 escura : oscura : obscura
2 con ansias en amores : con ansias amorosas
7 disfraçada : despreciada
9 a escuras : ascuras   encelada : en celada
10 mi casa : mi caza

DUNKLE NACHT

Lied der Seele,
die sich freut, den hohen Stand der Vollkommenheit,
was die Einung mit Gott ist,
auf dem Weg der geistigen Verleugnung
erreicht zu haben.
Vom selben Verfasser.

In einer dunklen Nacht,
voll Sehnsucht, in Liebe entflammt,
    o glückliches Geschick!
    da brach ich auf, ohne bemerkt zu werden,
5   als mein Haus schon zur Ruhe gekommen war.

In Dunkelheit und Sicherheit,
über die geheime Leiter, in Verkleidung,
    o glückliches Geschick!
    im Dunklen und im Verborgnen,
10   als mein Haus schon zur Ruhe gekommen war.

In der glücklichen Nacht,
im geheimen, daß niemand mich sah,
    noch ich etwas schaute,
    ohne anderes Licht und Geleit
15   außer dem, das in meinem Herzen brannte.

---

12 nadie : nayde
15 sino la que : mas de la que

Aquésta me guiaua
más cierto que la luz del mediodía
adonde me esperaua
quien yo bien me sabía
20   en parte donde nadie parecía

¡O noche! que guiaste
¡o noche! amable más que el aluorada
¡o noche! que juntaste
amado con amada
25   amada en el amado transformada

En mi pecho florido
que entero para él solo se guardaua
allí quedó dormido
y yo le regalaua
30   y el ventalle de cedros ayre daua

El ayre de la almena
quando yo sus cabellos esparciá
con su mano serena
en mi cuello hería
35   y todos mis sentidos suspendía

Quedéme y oluidéme
el rostro recliné sobre el amado
cessó todo y dexéme
dexando mi cuydado
40   entre las açucenas oluidado

---

20 en parte : a solas   nadie : nayde   parecía : me veýa
21 más amable : más hermosa   que el aluorada : que la aluorada : quel aluorada
24 con amada : con la amada
25 amada en el amado : y amada en el amado : amada en su amado : amado en la amada   transformada : transformaste
30 y el ventalle : el ventalle : en ventalle   ayre daua : y ayre daua : ayudaba

Dieses führte mich
sicherer als das Licht des Mittags
dorthin, wo auf mich wartete,
von dem ich ganz genau wußte,
20 an einem Ort, wo niemand erschien.

O Nacht, die du geleitet!
O Nacht, liebenswerter als das Morgenrot!
O Nacht, die du vereint hast
Geliebten mit Geliebter,
25 Geliebte in den Geliebten verwandelt!

An meiner blühenden Brust,
die für ihn allein sich unversehrt bewahrte,
dort war er eingeschlafen,
und ich liebkoste ihn,
30 und es kam vom Fächeln der Zedern Lufthauch.

Der Lufthauch der Zinne,
als ich sein Haar duchkämmte,
mit seiner unbekümmerten Hand
verletzte er mich am Hals
35 und ließ alle meine Sinne schwinden.

Da blieb ich und vergaß mich,
neigte das Gesicht auf den Geliebten;
alles hörte auf, ich ließ mich fallen,
ließ ab von meiner Sorge,
40 unter weißen Lilien vergessen.

---

31 el ayre : y el ayre   del almena : de la almena : del aurora
32 quando yo : quando ya
35 sentidos : suspiros
37 recliné : incliné : decliné   sobre el amado : sobre la mano
38 dexéme : dexóme
39 dexando mi cuydado : dexando en mi cuydado
40 *nonnulli codices addiderunt* fin

DIVINA CANTICA

CANCIONES ENTRE EL ALMA Y EL ESPOSO

A   1

Esposa   ¿Adónde te escondiste?
                     amado y me dexaste con gemido
                             como el cieruo huiste
                             auiéndome herido
            5   salí tras ti clamando y eras ydo

                                          2

                             Pastores los que fuerdes
                     allá por las majadas al otero
                             si por ventura vierdes
                             aquel que yo más quiero
            10   dezilde que adolesco peno y muero

                                          3

                             Buscando mis amores
                     yré por essos montes y riberas
                             ni cogeré las flores
                             ni temeré las fieras
            15   y passaré los fuertes y fronteras

                                          4

Pregunta   ¡O bosques y espesuras!
a las   plantadas por la mano del amado
criaturas   ¡o prado de verduras!
                             de flores esmaltado
            20   dezid si por vosotros ha passado

CANCIONES ENTRE EL ALMA Y EL ESPOSO

B   1

Esposa   ¿Adónde te escondiste?
amado y me dexaste con gemido
como el cieruo huyste
auiéndome herido
5   salí tras ti clamando y eras ydo

2

Pastores los que fuerdes
allá por las majadas al otero
si por ventura vierdes
aquel que yo más quiero
10   dezilde que adolezco peno y muero

3

Buscando mis amores
yré por essos montes y riberas
ni cogeré las flores
ni temeré las fieras
15   y passaré los fuertes y fronteras

4

¡O bosques y espesuras!
plantadas por la mano del amado
¡o prado de verduras!
de flores esmaltado
20   dezid si por vosotros ha passado

CANCIONES ENTRE EL ALMA Y EL ESPOSO

C   1

Esposa   ¿Adónde te escondiste?
                     amado y me dexaste con gemido?
                            como el cieruo huiste
                            auiéndome herido
5   salí tras ti clamando y eras ydo

                                  2

                            Pastores los que fuerdes
                     allá por las majadas al otero
                            si por ventura vierdes
                            aquel que yo más quiero
10   dezilde que adolesco peno y muero

                                  3

                            Buscando mis amores
                     yré por essos montes y riberas
                            ni cogeré las flores
                            ni temeré las fieras
15   y passaré los fuertes y fronteras

                                  4

Pregunta   ¡O bosques y espesuras!
a las   plantadas por la mano del amado
criaturas   ¡o prado de verduras!
                            de flores esmaltado
20   dezid si por vosotros ha passado

---

3 como el cieruo : como cieruo
5 tras ti : triste   clamando : llamando
6 pastores los que fuerdes : pastoras las que fuerdes
10 adolesco : padezco
16 bosques y espesuras : bosques de espesuras
17 plantadas : plantados   la mano : las manos   del amado : de mi amado
20 dezid : dezí   por vosotros : por vosotras

LIED DER BRAUT

1

Braut

Wo hast du dich verborgen,
Geliebter, und voll Stöhnen mich zurückgelassen?
Entflohen bist du wie der Hirsch,
doch war ich schon verletzt,
5   ich lief dir nach, laut schreiend, du warst fort.

2

Hirten, wenn ihr euch aufmacht
dort an den Hürden zu der Höh hinauf,
wenn ihr mit Glück den seht,
den ich am liebsten mag,
10   sagt ihm, daß ich bin krank und leide, sterbe!

3

Nach meiner Liebschaft suchend
will ich durch diese Berg und Täler ziehn,
will weder Blumen pflücken
noch die wilden Tiere fürchten,
15   und will passieren Forts und Grenzen.

4

Frage
an die
Geschöpfe

O Wälder und Gebüsche,
gepflanzt von des Geliebten Hand,
o Wiesen grüner Kräuter,
mit Blumen übersät,
20   sagt mir, ob er an euch vorüberging!

A   5

Respuesta   Mil gracias derramando
de las   passó por estos sotos con presura
criaturas   e yéndolos mirando
                             con sola su figura
25   vestidos los dexó de hermosura

                                6

Esposa   ¡Ay! ¿quién podrá sanarme?
                   acaba de entregarte ya de vero
                        no quieras embiarme
                        de oy más ya mensagero
30   que no saben dezirme lo que quiero

                                7
                         Y todos quantos vagan
                   de ti me van mil gracias refiriendo
                       y todos más me llagan
                        y déxame muriendo
35   vn no sé qué que quedan balbuciendo

                                8

                        Mas ¿cómo perseueras?
                   ¡o alma! no viuiendo donde viues
                       y haciendo porque mueras
                       las flechas que recibes
40   de lo que del amado en ti concibes

B 5

Mil gracias derramando
pasó por estos sotos con presura
y yéndolos mirando
con sola su figura
25 vestidos los dexó de hermosura

6

¡Ay! ¿quién podrá sanarme?
acaba de entregarte ya de vero
no quieras embiarme
de oy más ya mensajero
30 que no saben dezirme lo que quiero

7

Y todos quantos vagan
de ti me van mil gracias refiriendo
y todos más me llagan
y déxanme muriendo
35 vn no sé qué que quedan balbuziendo

8

Mas ¿cómo perseueras?
¡o vida! no viuiendo donde viues
y haziendo porque mueras
las flechas que reciues
40 de lo que del amado en ti concibes

C   5

Respuesta   Mil gracias derramando
de las   passó por estos sotos con presura
criaturas   e yéndolos mirando
                 con sola su figura
25   vestidos los dexó de hermosura

6

Esposa   ¡Ay! ¿quién podrá sanarme?
                 acaba de entregarte ya de vero
                 no quieras embiarme
                 de oy más ya mensagero
30   que no saben dezirme lo que quiero

7

                 Y todos quantos vagan
                 de ti me van mil gracias refiriendo
                 y todos más me llagan
                 y déxame muriendo
35   vn no sé qué que quedan balbuciendo

8

                 Mas ¿cómo perseueras?
                 ¡o vida! no viuiendo donde viues
                 y haciendo porque mueras
                 las flechas que recibes
40   de lo que del amado en ti concibes

---

22 estos sotos : este soto : essos sotos : otros sotos
23 e yéndolos : ÿéndolos
25 dexó : dexo   de | hermosura : de su hermosura
26 ay : o
30 no saben : no sabe   dezirme : dezirte
31 y todos : que todos
32 y todos : y todas
34 déxame : déxanme
35 que quedan : que queda   balbuciendo : barbuciendo

5

Antwort   Verströmend tausendfache Anmut,
der   ging er in Eil vorbei an diesen Büschen,
Geschöpfe   und wie er hin zu ihnen schaute,
                         allein mit seinem Blick
25   ließ er in Schönheit sie gekleidet stehn.

6

Braut   Ach je! Wer kann mich heilen?
                         Mach Schluß und liefre wirklich dich mir aus!
                         Und schick nicht länger mir
                         von heut an einen Boten!
30   Denn, was ich will, das können die nicht sagen.

7

                         Und alle die umherziehn,
                         erzählen mir von deiner Anmut tausendfach,
                         und meine Wunde machen alle schlimmer,
                         und sterben läßt mich
35   ein Ich-weiß-nicht-was, das sie dann immer stammeln.

8

                         Doch warum lebst noch immer du,
                         o Leben, dort nicht, wo du lebst,
                         und fertigst, um zu sterben
                         die Pfeile, die dich treffen,
40   aus dem, was der Geliebte in dir traf?

---

37 o vida no viuiendo donde viues : o alma no viuiendo donde viues : o vida no viuiendo porque
    viues : o vida no vïendo donde vives : pues que de aquél careces como viues
40 que del amado : que a el amado : que del amor : que de la amada   concibes : recibes

A   9

¿Por qué? pues has llagado
aqueste coraçón no le sanaste
y pues me le has robado
¿por qué assí le dexaste?
45   y no tomas el robo que robaste

10

Apaga mis enojos
pues que ninguno basta a deshazellos
y véante mis ojos
pues eres lumbre dellos
50   y sólo para ti quiero tenellos

11

¡O christalina fuente!
si en essos tus semblantes plateados
formasses de repente
los ojos desseados
55   que tengo en mis entrañas dibuxados

B   9

¿Por qué? pues has llagado
aqueste coraçón no le sanaste
y pues me le as robado
¿por qué assí le dexaste?
45   y no tomas el robo que robaste

10

Apaga mis enojos
pues que ninguno basta a deshazellos
y véante mis ojos
pues eres lumbre dellos
50   y sólo para ti quiero tenellos

11

Descubre tu presencia
y máteme tu vista y hermosura
mira que la dolencia
de amor que no se cura
55   sino con la presencia y la figura

12

¡O christalina fuente!
si en essos tus semblantes plateados
formasses de repente
los ojos desseados
60   que tengo en mis entrañas dibuxados

C   9

¿Por qué? pues has llagado
aqueste coraçón no le sanaste
y pues me le has robado
¿por qué assí le dexaste?
45   y no tomas el robo que robaste

10

Apaga mis enojos
pues que ninguno basta a deshacellos
y véante mis ojos
pues eres lumbre dellos
50   y sólo para ti quiero tenellos

11

Descubre tu presencia
y máteme tu vista y hermosura
mira que la dolencia
de amor que no se cura
55   sino con la presencia y la figura

12

¡O christalina fuente!
si en essos tus semblantes plateados
formasses de repente
los ojos desseados
60   que tengo en mis entrañas dibuxados

---

55 de amor que no se cura : de amor no bien se cura : el amor no se cura
56 o christalina fuente : o xpalina fuente : o cristalinas fuentes
57 si en essos : si en estos : sin estos
58 formasses : formassen : mostrases

9

Warum denn hast verwundet
du dieses Herz, dann aber nicht geheilt?
Und da du's mir gestohlen,
warum dann so verlassen
und nimmst die Beute nicht, die du gestohlen?

45

10

Zerstreu mir meine Sorgen,
denn niemand sonst ist gut genug, sie wegzunehmen!
Dich sehn woll'n meine Augen
denn du bist ja ihr Licht,
und haben will ich sie allein für dich!

50

11

Enthülle deine Gegenwart,
und töten soll dein Blick und deine Schönheit mich!
Denn schau, das Leid
der Liebe heilt man nicht,
wenn nicht durch Gegenwart und durchs Gesicht.

55

12

O Quelle, wie Chrystall so klar,
wenn du in diesen deinen silberhellen Zügen
urplötzlich formen würdest
diese langersehnten Augen,
die ich in meinen Eingeweiden eingezeichnet trage!

60

A   12

                    Apártalos amado
Esposo   que voy de buelo * buéluete paloma
                    que el cieruo vulnerado
                    por el otero asoma
60   al ayre de tu buelo y fresco toma

                               13

Esposa   Mi amado las montañas
                 los valles solitarios nemorosos
                    las ínsulas estrañas
                    los ríos sonorosos
65   el siluo de los ayres amorosos

                               14

                    La noche sosegada
                 en par de los leuantes de la aurora
                    la música callada
                    la soledad sonora
70   la cena que recrea y enamora

                               15

                    Nuestro lecho florido
                 de cueuas de leones enlaçado
                    en púrpura tendido
                    de paz edificado
75   de mil escudos de oro coronado

B

13

Apártalos amado
que boy de buelo *[Esposo]* buéluete paloma
que el cieruo vulnerado
por el otero asoma
65   al ayre de tu buelo y fresco toma

14

Mi amado las montañas
los valles solitarios nemorosos
las ínsulas estrañas
los ríos sonorosos
70   el siluo de los ayres amorosos

15

La noche sosegada
en par de los leuantes de la aurora
la música callada
la soledad sonora
75   la cena que recrea y enamora

16

Caçadnos las raposas
que está ya florescida nuestra viña
en tanto que de rosas
hazemos vna piña
80   y no parezca nadie en la montiña

C   13

                                Apártalos amado
Esposo   que voy de buelo * buéluete paloma
                        que el cieruo vulnerado
                         por el otero asoma
65   al ayre de tu buelo y fresco toma

                                     14

Esposa   Mi amado las montañas
                    los valles solitarios nemorosos
                          las ínsulas estrañas
                         los ríos sonorosos
70   el siluo de los ayres amorosos

                                     15

                            La noche sosegada
                  en par de los leuantes de la aurora
                          la música callada
                          la soledad sonora
75   la cena que recrea y enamora

                                     16

                          Nuestro lecho florido
                    de cueuas de leones enlaçado
                          en púrpura tendido
                           de paz edificado
80   de mil escudos de oro coronado

---

64 por el otero asoma : por el alto | asoma
65 al ayre : el ayre : y al ayre : y el ayre   fresco toma : y fresco toma
66 mi amado las montañas : mi amado en las montañas : mirando las montañas : mi amado las
     entrañas
67 nemorosos : menorosos : temerosos
69 ríos sonorosos : ríos amorosos
70 ayres amorosos : ayres sonorosos
72 leuantes : velantes   de la aurora : del aurora : de laurola
74 música sonora : música señora

13

*Bräu-
tigam*

Wend ab sie, o Geliebter,
ich komm im Fluge! * Taube, kehre um!
Der versehrte Hirsch
zeigt sich am Hügel,
65   im Windschlag deines Fluges, erfrischend sich an
kühler Luft.

14

Esposa

Mein Geliebter — die Gebirge,
die Täler, einsam, waldbedeckt,
die fremden Inseln,
die Flüsse, tönend,
70   das Säuseln der verliebten Lüfte.

15

Die ruhevolle Nacht
schon nahe bei den Winden der Aurora,
verschwiegene Musik,
die Einsamkeit voll Klang,
75   das Nachtmahl, das erquickt und Liebe weckt.

16

Unser Blütenbett,
von Höhlen der Löwen umsäumt,
mit Purpur bespannt,
auf Frieden gegründet,
80   von tausend goldenen Schilden gekrönt.

---

76 nuestro : vuestro
78 en púrpura : en puérpera (?) : de púrpura   tendido : teñido : tegido : tellido : vestido
79 de paz : con paz : en paz
80 coronado : rodeado

A

16

A zaga de tu huella
las jóuenes discurren al camino
al toque de centella
al adobado vino
80 emissiones de bálsamo diuino

17

En la interior bodega
de mi amado beuí y quando salía
por toda aquesta vega
ya cosa no sabía
85 y el ganado perdí que antes seguía

18

Allí me dio su pecho
allí me enseñó sciencia muy sabrosa
y yo le di de hecho
a mí sin dexar cosa
90 allí le prometí de ser su esposa

19

Mi alma se ha empleado
y todo mi caudal en su seruicio
ya no guardo ganado
ni ya tengo otro officio
95 que ya sólo en amar es mi exercicio

B

17

Detente cierço muerto
ven austro que recuerdas los amores
aspira por mi huerto
y corran sus olores
85　　y pacerá el amado entre las flores

18

¡O ninfas de Judea!
en tanto que en las flores y rosales
el ámbar perfumea
morá en los arrabales
90　　y no queráis tocar nuestros humblares

19

Escóndete carillo
y mira con tu haz a las montañas
y no quieras dezillo
mas mira las compañas
95　　de la que va por ínsulas estrañas

20

A las aues ligeras
leones cieruos gamos saltadores
montes valles riberas
aguas ayres ardores
100　　y miedos de las noches veladores

C   17

A çaga de tu huella
las jóuenes discurren al camino
al toque de centella
al adobado vino
85   emissiones de bálsamo diuino

18

En la interior bodega
de mi amado beuí y quando salía
por toda aquesta vega
ya cosa no sabía
90   y el ganado perdí que antes seguía

19

Allí me dio su pecho
allí me enseñó sciencia muy sabrosa
y yo le di de hecho
a mí sin dexar cosa
95   allí le prometí de ser su esposa

20

Mi alma se ha empleado
y todo mi caudal en su seruicio
ya no guardo ganado
ni ya tengo otro officio
100   que ya sólo en amar es mi exercicio

---

81 a zaga : a caja : álaga   tu huella : su huella
82 las jóuenes : los jóuenes
83 al toque : alto que : a lo que
84 al adobado vino : el adobado vino
85 emissiones : e missiones : y misiones : en missiones   de bálsamo : del bálsamo
87 de mi amado : del amado   beuí : biuí   y quando : quando
88 aquesta : aquella

17

Deiner Spur hinterdrein
eilen die Mädchen am Wege dahin,
beim Funkenschlag,
beim gewürzten Wein,
85   Duftströme von göttlichem Balsam.

18

Im inneren Weinkeller
beim Geliebten trank ich, und als ich hinaustrat,
in diesem ganzen Wiesengrund,
wußte von nichts mehr ich,
90   und das Vieh, dem ich vorher folgte, verlor ich.

19

Dort gab er seine Brust mir,
dort lehrte er mich leckre Wissenschaft,
und ich gab in der Tat ihm
mich, ohne etwas zu verpassen;
95   dort versprach ich ihm, seine Braut zu sein.

20

Meine Seele hat sich verdingt
und all mein Gut in seinem Dienst,
jetzt hüt ich auch kein Vieh mehr,
noch hab ich sonst ein andres Amt,
100   nur noch aus Lieben besteht mein Gewerbe.

---

89 ya cosa : acaso : y acaso : ya nada   no sabía : no veya : no se vía
90 seguía : tenía
92 muy sabrosa : sabrosa
93 y yo : allí
94 sin dexar : sin quedar
96 empleado : entregado
97 mi caudal : su caudal : lo demás
99 ni ya tengo : ni tengo ya : ya tengo
100 que ya sólo : por que sólo : que sólo ya   en amar : el amor : de amar

A   20

                        Pues ya si en el exido
                   de oy más no fuere vista ni hallada
                        diréis que me he perdido
                        que andando enamorada
100   me hize perdidiza y fui ganada

                                     21

                        De flores y esmeraldas
                   en las frescas mañanas escogidas
                        haremos las guirnaldas
                        en tu amor florecidas
105   y en vn cabello mío entretexidas

                                     22

                        En solo aquel cabello
                   que en mi cuello bolar consideraste
                        mirástele en mi cuello
                        y en él presso quedaste
110   y en vno de mis ojos te llagaste

                                     23

                        Quando tú me mirauas
                   tu gracia en mí tus ojos imprimían
                        por esso me adamauas
                        y en esso merecían
115   los míos adorar lo que en ti vían

B   21

Por las amenas liras
y canto de serenas os conjuro
que cesen vuestras iras
y no toquéis al muro
105   porque la esposa duerma más siguro

22

Entrado se a la esposa
en el ameno huerto desseado
y a su sabor reposa
el cuello reclinado
110   sobre los dulces braços del amado

23

Debaxo del mançano
allí conmigo fuiste desposada
allí te di la mano
y fuiste reparada
115   donde tu madre fuera violada

24

Nuestro lecho florido
de cueuas de leones enlazado
en púrpura tendido
de paz edifficado
120   de mil escudos de oro coronado

C   21

Pues ya si en el exido
de oy más no fuere vista ni hallada
diréis que me he perdido
que andando enamorada
105   me hize perdidiza y fui ganada

22

De flores y esmeraldas
en las frescas mañanas escogidas
haremos las guirnaldas
en tu amor florezidas
110   y en vn cabello mío entretexidas

23

En solo aquel cabello
que en mi cuello bolar consideraste
mirástele en mi cuello
y en él presso quedaste
115   y en vno de mis ojos te llagaste

24

Quando tú me mirauas
tu gracia en mí tus ojos imprimían
por esso me adamauas
y en esso merecían
120   los míos adorar lo que en ti vían

---

103 diréis : dirán : dirás
107 mañanas : montañas
108 guirnaldas : guirnardas
112 consideraste : con su desastre
113 mirástele : mirástelo : mirándole

21

Wenn ich nun auf dem Anger
von heut an nicht gesehen noch gefunden werde,
so sagt ihr dann, ich hätte mich verirrt,
denn, weil ich so verliebt war,
105   da stahl ich mich davon und war gewonnen.

22

Aus Blumen und Smaragden,
in der Morgenfrühe Frische abgepflückt,
da binden wir uns Kränze,
die in deiner Liebe erblühn,
110   und in eines meiner Haare flechten wir sie ein.

23

An jenem Haar alleine
das du im Flug an meinem Hals betrachtet hast,
das blicktest du am Hals an
und bliebst an ihm gefangen,
115   und an einem meiner Augen hast du dich verletzt.

24

Wenn du dann auf mich schautest,
so prägten deine Augen deine Anmut in mich ein,
drum war ich deine Liebschaft,
und meine waren nun auch wert,
120   das zu vergöttern, was sie an dir gesehn.

---

114 quedaste : te daste
115 en vno de mis ojos te llagaste : en vno de tus ojos me llagaste : en vno de mis ojos te llegaste :
en el rio de mis ojos te llagaste
116 mirauas : miraste
117 tu gracia : su gracia   imprimían : imprimieron
118 adamauas : adamaste
119 merecían : me dezían : merecieron
120 los míos : mis ojos   lo que : los que   vían : veyan : vieron

A   24

                   No quieras despreciarme
            que si color moreno en mí hallaste
                   ya bien puedes mirarme
                   después que me miraste
120   que gracia y hermosura en mí dexaste

                                25

                   Cogednos las raposas
            que está ya florecida nuestra viña
                   en tanto que de rosas
                   hazemos vna piña
125   y no paresca nadie en la montiña

                                26

                   Detente cierço muerto
            ven austro que recuerdas los amores
                   aspira por mi huerto
                   y corran sus olores
130   y pacerá el amado entre las flores

                                27

Esposo   Entrado se ha la esposa
            en el ameno huerto desseado
                   y a su sabor reposa
                   el cuello reclinado
135   sobre los dulces braços del amado

B   25

A çaga de tu huella
las jóuenes discurren al camino
al toque de centella
al adobado vino
125   emissiones de bálsamo diuino

26

En la interior bodega
de mi amado beuí y quando salía
por toda aquesta bega
ya cosa no sabía
130   y el ganado perdí que antes seguía

27

Allí me dio su pecho
allí me enseñó sciencia muy sabrosa
y yo le di de hecho
a mí sin dexar cosa
135   allí le prometí de ser su esposa

28

Mi alma se ha empleado
y todo mi caudal en su seruicio
ya no guardo ganado
ni ya tengo otro officio
140   que ya sólo en amar es mi exercicio

C

25

No quieras despreciarme
que si color moreno en mí hallaste
ya bien puedes mirarme
después que me miraste
125   que gracia y hermosura en mí dexaste

26

Cogednos las raposas
que está ya florecida nuestra viña
en tanto que de rosas
hazemos vna piña
130   y no paresca nadie en la montiña

27

Detente cierço muerto
ven austro que recuerdas los amores
aspira por mi huerto
y corran sus olores
135   y pacerá el amado entre las flores

28

Esposo   Entrado se ha la esposa
en el ameno huerto desseado
y a su sabor reposa
el cuello reclinado
140   sobre los dulces braços del amado

---

122 color moreno : color morena
125 que gracia : tu gracia   en mí : me
126 cogednos : cazadnos
127 que está ya : que ya ¦ es   viña : villa
130 no paresca nadie : no paresca nayde : no parescan ay de
131 cierzo : cieruo   muerto : yerto
132 austro : astro   amores : olores
133 aspira : espira : y aspira : y sopla
134 sus olores : tus olores
135 y pacerá : pues pacerá : y pasará : parecerá : y parezca : pues parece

25

Du darfst mich nicht verachten,
auch wenn du meine Farbe dunkel fandst,
schon kannst du nach mir schauen,
seit du auf mich geschaut hast,

125

denn Anmut und Schönheit hast du an mir
zurückgelassen.

26

Fangt uns die Füchse ein,
denn unser Weinberg steht in Blüte schon!
Derweil woll'n wir aus Rosen
anhäufen einen Hügel...

130

und daß ja niemand am Berg erscheint!

27

Halt ein, du toter Nordwind,
komm, Südwind, der die Liebesfreuden weckt,
und weh durch meinen Garten,
es sollen seine Düfte strömen,

135

und der Geliebte wird dann zwischen Blumen weiden.

28

Bräutigam

Die Braut ist eingetreten
in diesen lieblichen, ersehnten Garten,
und nach ihrem Geschmack ruht sie
mit geneigtem Hals

140

auf den süßen Armen des Geliebten.

---

137 ameno huerto desseado : ameno huerto de su amado : vergel ameno desseado : vergel ameno de su amado : vergel a manos de su amado : vergel entre los braços de su amado
138 sabor : saber : saçón
140 los dulces braços : mis dulces braços

A   28

                          Debaxo del mançano
                    allí conmigo fuiste desposada
                          allí te di la mano
                          y fuiste reparada
140   donde tu madre fuera violada

                                     29

                          A las aues ligeras
                    leones cieruos gamos saltadores
                          montes valles riberas
                          aguas ayres ardores
145   y miedos de las noches veladores

                                     30

                          Por las amenas liras
                    y canto de serenas os conjuro
                          que cesen vuestras iras
                          y no toquéis al muro
150   porque la esposa duerma más seguro

                                     31
Esposa   ¡O nymphas de Judea!
                    en tanto que en las flores y rosales
                          el ámbar perfumea
                          morá en los arrabales
155   y no queráis tocar nuestros humbrales

B

29

Pues ya si en el egido
de oy más no fuere vista ni hallada
diréis que me he perdido
que andando enamorada
145   me hize perdediza y fui ganada

30

De flores y esmeraldas
en las frescas mañanas escogidas
haremos las guirnaldas
en tu amor floridas
150   y en vn cabello mío entretexidas

31

En solo aquel cabello
que en mi cuello bolar consideraste
mirástele en mi cuello
y en él presso quedaste
155   y en vno de mis ojos te llagaste

32

Quando tú me mirauas
tu gracia en mí tus ojos imprimían
por esso me adamauas
y en esso merecían
160   los míos adorar lo que en ti vían

C   29

Debaxo del mançano
allí conmigo fuiste desposada
allí te di la mano
y fuiste reparada
145   donde tu madre fuera violada

30

A las aues ligeras
leones cieruos gamos saltadores
montes valles riberas
aguas ayres ardores
150   y miedos de las noches veladores

31

Por las amenas liras
y canto de serenas os conjuro
que cesen vuestras iras
y no toquéis al muro
155   porque la esposa duerma más seguro

32

Esposa   ¡O nymphas de Judea!
en tanto que en las flores y rosales
el ámbar perfumea
morá en los arrabales
160   y no queráis tocar nuestros humbrales

---

141 del mançano : de el mançano
142 conmigo fuiste desposada : fuiste conmigo desposada : fuïste conmigo ¦ esposa : fuiste conmigo dispertada
144 y fuiste : do fuiste
145 fuera : fuë : aurá sido
147 cieruos gamos : gamos cieruos : cieruas gamos   saltadores : salteadores
148 montes valles : valles montes
150 y miedos de las noches veladores : y miedos de la noche veladores : dize que no recuerden los amores : a las furias y miedos beladores

29

Unter dem Apfelbaum
dort wurdest du mit mir vermählt;
dort gab ich dir die Hand,
und deine Ehre wurde dir zurückgegeben,
145   wo deine Mutter vergewaltigt worden war.

30

An die leichtfiedrigen Vögel,
Löwen, Hirsche, springenden Gemsen,
Berge, Täler, Ufer,
Gewässer, Lüfte, Gluten
150   und Ängste der Nächte, die wach halten:

31

Bei den lieblichen Lautenklängen
und beim Gesang der Sirenen beschwör ich euch:
Laßt euren Zorn verfliegen,
und rührt nicht an die Wand,
155   damit die Braut so unbesorgter schlafen kann.

32

Braut   O Nymphen aus Judäa,
während noch über den Blumen und den Rosenstöcken
der Amberduft liegt,
bleibt draußen vor der Stadt,
160   und rührt an unsre Schwellen nicht!

---

152 canto : cantos   serenas : sirenas : seranas
154 al muro : el muro
155 la esposa duerma : la esposa duerme : duerma la esposa   más seguro : más siguro : a más seguro
157 en tanto : aora   que en las flores : que las flores
160 no queráis : no querás : no querray   tocar nuestros : tomar nuestros : tocá a mis   humbrales : lumbrales : humblares

A

32

Escóndete carillo
y mira con tu haz a las montañas
y no quieras dezillo
mas mira las compañas
160   de la que va por ínsulas estrañas

33

Esposo   La blanca palomica
a la arca con el ramo se a tornado
y ya la tortolica
al socio desseado
165   en las riberas verdes a hallado

34

En soledad biuía
y en soledad a puesto ya su nido
y en soledad la guía
a solas su querido
170   también en soledad de amor herido

35

Esposa   Gozémonos amado
y vámonos a ver en tu hermosura
al monte u al collado
do mana el agua pura
175   entremos más adentro en la espesura

B　　　　　　　　　　33

> No quieras despreciarme
> que si color moreno en mí hallaste
> ya bien puedes mirarme
> después que me miraste

165　　　que gracia y hermosura en mí dexaste

　　　　　　　　　34

> La blanca palomica
> al arca con el ramo se a tornado
> y ya la tortolica
> al socio desseado

170　　　en las riberas verdes a hallado

　　　　　　　　　35

> En soledad viuía
> y en soledad a puesto ya su nido
> y en soledad la guía
> a solas su querido

175　　　también en soledad de amor herido

　　　　　　　　　36

> Gozémonos amado
> y vámonos a ver en tu hermosura
> al monte y al collado
> do mana el agua pura

175　　　entremos más adentro en la espesura

C

33

Escóndete carillo
y mira con tu haz a las montañas
y no quieras dezillo
mas mira las compañas
165   de la que va por ínsulas estrañas

34

Esposo   La blanca palomica
a la arca con el ramo se a tornado
y ya la tortolica
al socio desseado
170   en las riberas verdes a hallado

35

En soledad biuía
y en soledad a puesto ya su nido
y en soledad la guía
a solas su querido
175   también en soledad de amor herido

36

Esposa   Gozémonos amado
y vámonos a ver en tu hermosura
al monte u al collado
do mana el agua pura
180   entremos más adentro en la espesura

---

161 escóndete : escondite
162 haz : faz : luz
164 mira las : mira a las   compañas : campañas
165 la que va : la cueua   ínsulas : ínsolas
167 a la arca : al arca : a el arca : el arca
170 hallado : hablado
176 gocémonos amado : gocemos del amado
177 en tu hermosura : ya tu hermosura : en su hermosura : tu ¦ hermosura
178 al monte o al collado : al monte y al collado
180 entremos más : y entremos más : entramos más : entrémonos

33

Verbirg dich doch, mein Liebster,
und blicke mit dem Antlitz zu den Bergen,
auch darfst du es nicht sagen,
schau nur auf die Begleitung
165 der Frau, die jetzt durch fremde Inseln streift!

34

Bräutigam   Die kleine weiße Taube
ist nun zur Arche mit dem Zweig zurückgekehrt,
und auch die Turteltaube
hat den ersehnten Gefährten
170 gefunden an den grünen Ufern.

35

In Einsamkeit lebte sie,
in Einsamkeit hat schon ihr Nest sie sich erbaut,
in Einsamkeit geleitet sie
allein ihr Allerliebster,
175 auch er in Einsamkeit verletzt ist von der Liebe.

36

Braut   Laß uns die Lust genießen, Geliebter,
und laß uns dann in deiner Schönheit uns auch sehn,
am Berg oder am Hügel,
wo reines Wasser fließt,
180 laß tiefer ins Gebüsch hinein uns gehn!

A

36

Y luego a las subidas
cauernas de la piedra nos yremos
que están bien escondidas
y allí nos entraremos
180   y el mosto de granadas gustaremos

37

Allí me mostrarías
aquello que mi alma pretendía
y luego me darías
allí tú vida mía
185   aquello que me diste el otro día

38

El aspirar del ayre
el canto de la dulce philomena
el soto y su donaire
en la noche serena
190   con llama que consume y no da pena

39

Que nadie lo miraua
Aminadab tanpoco parecía
y el cerco sosegaua
y la cauallería
195   a vista de las aguas descendía

B

37

Y luego a las subidas
cauernas de la piedra nos yremos
que están bien escondidas
y allí nos entraremos
180   y el mosto de granadas gustaremos

38

Allí me mostrarías
aquello que mi alma pretendía
y luego me darías
allí tú vida mía
190   aquello que me diste el otro día

39

El aspirar del ayre
el canto de la dulce filomena
el soto y su donaire
en la noche serena
195   con llama que consuma y no da pena

40

Que nadie lo miraua
Aminadab tampoco parescía
y el cerco sosegaua
y la cauallería
200   a vista de las aguas descendía

C   37

                             Y luego a las subidas
                        cauernas de la piedra nos yremos
                             que están bien escondidas
                              y allí nos entraremos
185   y el mosto de granadas gustaremos

                                       38

                              Allí me mostrarías
                         aquello que mi alma pretendía
                              y luego me darías
                               allí tú vida mía
190   aquello que me diste el otro día

                                       39

                              El aspirar del ayre
                         el canto de la dulce philomena
                              el soto y su donaire
                             en la noche serena
195   con llama que consume y no da pena

                                       40

                             Que nadie lo miraua
                         Aminadab tanpoco parecía
                              y el cerco sosegaua
                               y la cauallería
200   a vista de las aguas descendía

---

181 subidas : salidas
182 cauernas : cauerna
183 que están : que son   escondidas : abscondidas
184 y allí : allí
186 allí : y allí   me mostrarías : me mostraras
187 pretendía : te pedía
188 darías : dirías : darás
189 tú vida : la vida
191 el aspirar : el resonar
195 no da pena : nada quema

37

Dann woll'n wir zu den hohen
felsigen Höhlen emporsteigen,
die gut versteckt sind,
und dort treten wir ein
185   und kosten der Granatäpfel Most!

38

Dort solltest du mir zeigen,
jenes, was meine Seele verlangte,
und dann solltest du mir geben
dort, du mein Leben,
190   jenes, was du mir kürzlich gegeben hast.

39

Das Atmen der Luft,
der Gesang der süßen Nachtigall,
die Büsche und ihr Liebreiz
in der klaren Nacht,
195   mit einer Flamme, die verzehrt und keinen Schmerz
zufügt.

40

Da schaute niemand hin,
Aminadab erschien auch nicht,
die Einfriedung lag in Ruhe,
und das Pferdegespann
200   stieg auf Sichtweite der Wasser hinab.

---

196 nadie : nayde   lo : la
197 Aminadab : a mi nada   tanpoco : tan poco : tampoco
198 cerco : cerro : cierço
200 *nonnulli codices addiderunt* fin : finis : laus Deo

FLAMMA AMORIS

LLAMA DE AMOR VIVA

*Canciones del alma
en la íntima comunicación
de unión de amor de Dios.
Del mismo auctor.*

¡O llama de amor viua!
que tiernamente hieres
de mi alma en el más profundo centro
pues ya no eres esquiua
acaba ya si quieres
6   rompe la tela deste dulce enqüentro

¡O cauterio suaue!
¡o regalada llaga!
¡o mano blanda! ¡o toque delicado!
que a vida eterna sabe
y toda deuda paga
12   matando muerte en vida la as trocado

¡O lámparas de fuego!
en cuyos resplandores
las profundas cauernas del sentido
que estaua oscuro y ciego
con estraños primores
18   calor y luz dan junto a su querido

¡Quán manso y amoroso!
recuerdas en mi seno
donde secretamente solo moras
y en tu aspirar sabroso
de bien y gloria lleno
24   ¡quán delicadamente me enamoras!

---

3   pues ya no eres : que ya no eres
7   cauterio : cautiuerio : captiuerio
8   llaga : llama
9   toque delicado : toque sagrado
10   toda deuda paga : toda deuda apaga
14   matando muerte en vida la as trocado : matando muerte de vida la as trocado

LODERNDE FLAMME DER LIEBE

Lied der Seele
in der innigsten Gemeinschaft
der Liebeseinung mit Gott.
Vom selben Verfasser.

O lodernde Flamme der Liebe,
die du zart verwundest
im tiefsten Grunde meiner Seele,
nun bist du nicht mehr spröde,
mach schon Schluß, wenn du willst,
6   zerreiß das Tuch dieses süßen Treffens!

O sanftes Brenneisen,
o willkommene Wunde,
oh weiche Hand, o zärtliche Berührung
die nach ewigem Leben schmeckt
und jede Schuld zahlt,
12   du hast den Tod tötend in Leben vertauscht!

O Feuerlampen,
in deren Widerschein
die tiefen Höhlen der Sinnlichkeit,
die dunkel und blind war,
mit fremdartiger Pracht
18   Wärme und Licht geben vereint mit dem Geliebten!

Wie sanft und liebevoll
erwachst du in meinem Schoß,
wo heimlich du allein dich aufhältst,
und in deinem köstlichen Atem,
der voll von Glück und Herrlichkeit ist,
24   wie zärtlich machst du mich da verliebt!

---

13 o lámparas : o lámpara
14 en cuyos resplandores : en viuos resplandores
16 oscuro : obscuro : escuro
18 dan junto a su querido : dan gusto a su querido
24 *nonnulli codices addiderunt* fin : finis